国家林业局普通高等教育“十三五”规划教材
全国高等农林院校基础类课程教材

体育理论与实践教程

（第 4 版）

孙承文　主编
赵　宏　姜志明　副主编

中国林业出版社

图书在版编目(CIP)数据

体育理论与实践教程/孙承文主编．-4版．-北京：中国林业出版社，2016.8
国家林业局高普通等教育“十三五”规划教材　全国高等农林院校基础类课程教材
ISBN 978-7-5038-8122-0

Ⅰ．①体…　Ⅱ．①孙…　Ⅲ．①体育—高等学校—教材　Ⅳ．①G807.4

中国版本图书馆CIP数据核字（2015）第198685号

国家林业局生态文明教材及林业高校教材建设项目

中国林业出版社·教育出版分社
策划编辑：杨长峰　　责任编辑：杨长峰　高兴荣
电　　话：(010)83143516　　传　　真：(010)83143516

出版发行：中国林业出版社(100009　北京市西城区德内大街刘海胡同7号)
E-mail:jiaocaipublic@163.com　电话:(010)83143500
http://lycb.forestry.gov.cn
经　　销：新华书店
印　　刷：北京北林印刷厂
版　　次：2004年11月第1版
2006年8月第2版
2009年8月第3版
2016年8月第4版
印　　次：2016年8月第1次印刷
开　　本：787mm×1092mm　1/16
印　　张：33.25
字　　数：880千字
定　　价：40.00元

第 4 版前言

2014 年教育部颁发了《高等学校体育工作基本标准》《国家学生体质健康标准（2014 年修订）》，《基本标准》是对全日制普通高等学校体育工作的基本要求，也是评估、检查高等学校体育工作的重要依据，凡是达不到《基本标准》要求、学生体质健康水平连续三年下降的学校，在“高等学校本科教学工作水平评估”中不得评为合格等级，各省（自治区、直辖市）不得批准其为高水平运动队建设学校。教育部要求各高等学校要充分认识加强学校体育工作的重要意义，牢固树立健康第一的指导思想，把体育工作摆上重要位置，切实加强领导和规范管理，认真落实《基本标准》和新版《国家学生体质健康标准》。这两个文件指明了高等学校体育工作改革的方向和思路，推动了高等学校体育工作改革进程。本书正是在此背景下，为适应高等学校体育工作改革的需要而进行编写和修订的。

本书秉承的指导思想是：突出健康教育，为增强学生体质服务；重视培养学生终身体育的兴趣、态度和能力；加强体育卫生保健教育，提高学生体育文化素养；强调适应和发展学生的个性。本书可作为高等学校体育课的教学用书，同时也可作为进行和开展体育活动的参考书。

本书在 2009 年出版的教材《体育理论与实践教程（第 3 版）》的基础上进行增删、修改出版，以适应学科和体育的发展。本书内容包括理论篇、实践篇、奥林匹克运动知识和体育法规政策四大部分。理论篇详细介绍了现代社会环境下体育与大学生的发展、体育锻炼对人体体质的影响、体育锻炼的科学基础与方法、体育运动的卫生保健知识以及体育锻炼与心理健康的关系等基本理论；实践篇重点介绍了田径、篮球、足球、排球、乒乓球、羽毛球、艺术体操、形体运动、健美运动、武术、太极拳、散手、健美操、网球、跆拳道、空手道、拓展训练、体育舞蹈、瑜珈、轮滑、木球等高校体育教学中开设较为普及和流行的运动项目。此外，书末附有《全民健身计划纲要》《国家学生体质健康标准》等相关文件供读者参阅。

本书由孙承文主编，赵宏、姜志明任副主编。参加本书编写的有理论篇：姜志明（第一章），魏红敏（第二章），满昌慧（第三章），孙承文、宋昭颐（第四章）；实践篇：陈东（第五章），陈晓鸣、刘蓟生（第六章），赵宏、王斌（第七章），尹沛、孙恒（第八章），张毅、万秀先（第九章），孔宁、邓晓（第十章），韩旭、叶茜（第十一章），王洪琴、于萍（第十二章），孙承文、王涛（第十三章），吴马 、闪明（第十四章），王霞、杨华（第十五章），刘东、王涛（第十六章），刘甄悦（第十七章），刘立伟、姜志明（第十八章），王涛、董金蕾（第十九章），董金蕾（第二十章），满昌慧、孙峰（第二十一章），姜志明（第二十二章），魏红敏（第二十三章），高建玲、张振明（二十四章），孙承文、宋卓（二十五章）；第三篇：高建玲（奥林匹克运动知识）；第四篇：赵宏、郑美霞（体育法规政策）。

本书在撰写过程中参阅和引用了国内外诸多学者的研究成果和资料，特此感谢。由于编写人员的水平有限，不足之处在所难免，真诚欢迎专家和读者批评指正。

编　者

2016 年 6 月

第3版前言

中共中央、国务院《关于深化教育改革全面推进素质教育的决定》中指出："健康体魄是青少年为祖国和人民服务的基本前提，是中华民族旺盛生命力的体现。学校教育要树立健康第一的指导思想，切实加强体育工作，使学生掌握基本的运动技能，养成坚持锻炼身体的良好习惯。确保学生体育课程和课外体育活动时间，不准挤占体育活动时间和场所。举办多种多样的群众性体育活动，培养学生的竞争意识、合作精神和坚强毅力。"本书正是在全面推进素质教育的背景下，为适应高等学校体育课程教学改革的需要而编写的。本书的指导思想是：突出健康教育，为增强学生体质服务；重视培养学生终身体育的兴趣、态度和能力；加强体育卫生保健教育，提高学生体育文化素养；强调适应和发展学生的个性。本书可作为高等学校体育课的教材，同时也可作为进行和开展体育活动的参考书。

本书在2006年出版的教材《体育理论与实践教程(第2版)》的基础上进行增删、修改出版，以适应学科的发展。本书内容包括理论篇、实践篇、奥林匹克运动知识和体育法规政策等四大部分。理论篇中详细介绍了体质健康的时代要求、体育锻炼的科学基础、体育锻炼对人体体质的影响、科学锻炼身体的方法、体育运动的卫生保健知识以及体育锻炼与心理健康的关系等基本理论；实践篇中重点介绍了田径、篮球、足球、排球、乒乓球、羽毛球、艺术体操、形体运动、健美运动、武术、太极拳、散手、健美操、网球、跆拳道、拓展训练、体育舞蹈、瑜珈、定向越野等高校体育教学中涉及的体育项目。此外，书末附有《全民健身计划纲要》《学生体质健康标准》等相关文件供读者参阅。

本书由孙承文主编，刘蓟生、陈东、赵宏、姜志明、满昌慧任副主编。参加本书编写的有：姜志明(第一章)，魏红敏(第二章)，满昌慧(第三章)，孙承文(第四章)，陈东(第五章)，陈晓鸣、时小冬(第六章)，赵宏、王斌(第七章)，尹沛、孙恒(第八章)，万秀先、张毅(第九章)，时小冬、孔宁(第十章)、韩旭(第十一章)，王洪琴(第十二章)，孙承文、甘运标(第十三章)，吴马 、闪明(第十四章)，王霞(第十五章)，刘东(第十六章)，刘悦(第十七章)，刘蓟生、刘立伟(第十八章)，索海洋(第十九章)，郭冬青、满昌慧(第二十章)，姜志明(第二十一章)，魏红敏(第二十二章)，孙峰(第二十三章)，高建玲(第三篇奥林匹克运动知识)，满昌慧(第四篇体育法规文件)。

本书在撰写过程中参阅和引用了国内外诸多学者的研究成果和资料，特此感谢。由于编写人员的水平有限，不足之处在所难免，真诚欢迎专家和读者批评指正。

编　者

2008年6月

第2版前言

2008年北京奥运会的脚步越来越近了。在北京奥运会开幕倒计时2周年之际，我们将《体育理论与实践教程》一书进行了修订、再版。

在第2版教材中融入了我们对学校体育教育的新的认识，第2版教材对第1版教材中的错漏之处进行了改正，并根据体育学科的最新成果对第1版教材中的部分内容进行了补充、修改；特别是近年来各体育项目竞赛规则的变化将补充在第2版教材中。跆拳道是奥运会的正式比赛项目，亦受到广大青少年的欢迎。在新版教材中增加了由索海洋编写的“跆拳道”一章内容，以满足学校在教学中的需要。

编　者

2006年8月

第 1 版前言

中共中央国务院《关于深化教育改革全面推进素质教育的决定》中指出："健康体魄是青少年为祖国和人民服务的基本前提，是中华民族旺盛生命力的体现。学校教育要树立健康第一的指导思想，切实加强体育工作，使学生掌握基本的运动技能，养成坚持锻炼身体的良好习惯。……培养学生的竞争意识、合作精神和坚强毅力。"本书正是在全面推进素质教育的背景下，为适应高等学校体育课程教学改革的需要而编写的。本书的指导思想是：突出健康教育，为增强学生体质服务；重视培养学生终身体育的兴趣、态度和能力；加强体育卫生保健教育，提高学生体育文化素养；强调适应和发展学生的个性。本书可作为高等学校体育课的教材，同时也可作为进行和开展体育活动的参考书。

本书在 2002 年出版的教材《高校体育理论》的基础上进行增删、修改出版，以适应学科的发展。本书内容包括理论篇、实践篇和奥林匹克运动知识三大部分。理论篇中详细介绍了科学锻炼的方法、体育锻炼对人体体质的影响、体育运动的卫生保健知识，以及体育锻炼与心理健康的关系等基本理论；实践篇中重点介绍了田径、篮球、足球、排球、乒乓球、羽毛球、艺术体操、形体运动、健美运动、健美操、武术、散手等高校体育教学中涉及到的体育项目。此外，书末附有《全民健身计划纲要》《学生体质健康标准》等相关文件供读者参阅。

本书由冯治隆主编。参加本书编写的有：成凤仙(第一章)、李瑛(第十六章)、时小冬(第七、十一章)、陈晓明(第七章)、刘蓟生(第七章)、孙承文(第十四章)、王洪琴(第二、十三章)、韩旭(第五、十二章)、尹沛(第九章)、赵宏(第八章)、高建玲(第三篇)、陈东(第六章)、孙恒(第九章)、王虹(第十五章)、刘悦(第十八章)、刘东(第十七章)、王霞(第十六章)、满昌慧(第三章)、孔宁(第十一章)、张毅(第十章)、闪明(第十五章)。

本书在撰写过程中参阅和引用了国内外诸多学者的研究成果和资料，特此感谢。由于编写人员的水平有限，不足之处在所难免，真诚欢迎专家和读者批评指正。

编　者

2004 年 9 月

目　录

第一篇　理论篇

第二篇　实践篇

第一篇　理论篇

第一章

体育概述

第一节　现代社会与体育

一、现代社会及其主要特征

在人类上下五千年的文明史中，有一种有趣的现象，那就是社会整体呈加速发展态势。人类经历了8 000多年的农业经济，约300年的工业经济，迎来了知识经济的时代。知识经济如强大的冲击波，震撼着整个世界。对漫长的农业经济时代，美国未来学家托夫勒称之为第一次浪潮。人们往往以铁器的发明和使用作为其特征。人类进入工业经济时代被称之为第二次浪潮。人们往往以蒸汽机的发明和机器化大生产为其标志，有人称之为原子的时代。

现在人类已经步入知识经济时代，人们往往把“3C”(Computer，Communication，Content)和“三化”(数字化、网络化、信息化)作为其特征。现代社会展现的特点是：

(一)经济发展可持续化

知识经济是以知识为基础的经济，对知识的投资可以出现“收益递增”，反过来收益递增又促进知识的积累，而知识不像资源，不存在用完的问题，只有新旧之分。

(二)资产投入无形化

知识经济的投入中无形资产所占比例越来越大。美国的微软公司，未见高大烟囱，未见连自厂房，但其产值相当于美国三大汽车制造厂产值的总和。这种以多信息、新知识、高智力、新技术为主要内容的无形资产投入，其作用越来越得到认识和重视。

(三)世界经济一体化

知识经济主要靠无形资产的投入，而智力资源是人类的共同财富，任何一个国家都无法全面垄断资源，任何国家都可以利用自己的资源在世界经济大市场中占一席之地。

(四)信息传递网络化

电脑与数字化通讯正在呈现出指数增长态势。数字化是技术特征，网络化是实施途径，信息化是要达到的目的或得到的结果。这些发展将改变我们的学习方式、工作方式和娱乐方式。

(五)社会知识化

在知识经济时代，占有资源已不再是财富的主要表现形式。“良田千顷不如薄技在身”显示出更加积极的价值观。

(六)教育终身化

知识的重要性已广泛为人们所认可，谁要在21世纪占有一席之地，谁就得重视科技和教育随着知识更新速度加快，这种学习将是终身的。

二、现代社会的发展对人类的影响

现代科学技术的高速发展，引起了人们的生产方式和生活方式的巨大变化；现代科学技术的进步，也给人类的社会科学管理带来了许多新的矛盾，总之现代社会发展给人类带来的影响是深刻的。

（一）现代生产方式对身心健康的影响

随着现代科学技术的发展，现代生产方式已经由传统的生产方式向自动化、电气化、智能化的方向发展，人在生产中的身体活动，越来越多地被现代技术装置所代替。这种变化全面地影响到社会结构和社会生存活动的一切方面，影响到劳动者的生活方式、文化以及身心的发展。

由于生产中繁重的体力劳动大大减少，大幅度、高强度的劳动动作被小肌肉群参加的小动作（如手的动作）所取代。由于身体活动的减少，因而对人体的积极影响也就相应地减少了。在现代化的生产中，往往要求劳动者要有丰富的知识，掌握精密复杂的技术，能灵活、准确、协调地控制生产的过程，快速而准确判读各处理文字或数据信息，这要求大脑皮层长时间高度集中，给人体带来心理和生理上更重的负担。长期工作压力过大而缺少活动就会出现“不活动性萎缩”“新陈代谢低下”“适应能力降低”“肌力衰退”“神经衰弱”等现象。

（二）现代生活方式对人体健康的影响

现代社会的生活方式给人体的发展也带来了某些不利的影响。随着社会的发展，城市人口将急剧增加，这就不可避免地迫使现代建筑向高空发展，人们居住在摩天大楼里，势必与大自然相隔越来越远，这在某种程度上破坏了人与大自然长期保持下来的良好的天然关系。

城市工业化带来大气毒化、淡水污染、土壤流失、填补减少，生态平衡遭到破坏，从而招致了大自然对人类的报复，烟雾、酸雨、沙尘暴、CO_2和SO_2增多，这些都构成了对人体健康的威胁；又由于城市交通和通讯联络工具的现代化，人们走路的机会大大减少；还由于家务劳动社会化，家用设备电气化、电脑化，人们在日常生活中的体力劳动也大为减少。

同时，由于生活水平的提高，人们从食物中摄入的营养越来越多，这就造成现代社会人体“运动缺乏，营养过剩”的状况，加之现代社会生活节奏大大加快，人们经常牌紧张状态之中，精神上随着巨大的压力。

现代生活方式的急剧变化，造成现代人的机体结构和机能（生理、心理）的失调，甚至还导致了人际关系方面的不平衡。近年来，摩天大楼综合症、冠心病、高血压、神经官能症、肥胖症等现代文明病发病率大幅度上升。在我国一些大学中，由于学生负担过重，精神压力过大，而又运动不足，导致神经系统方面的疾病增多，并有逐年增加的趋势。根据世界卫生组织公布的材料表明，心脏病是当前死亡率最高的疾病之一，人类几乎有四分之一死于心脏病。可见，现代文明病的确严重地威胁着人们的健康和生命。

（三）现代社会给人类带来的挑战与危机

1. 现代科技的挑战

信息时代，大众传媒的覆盖面越来越广；电脑被广泛应用，信息“大爆炸”；人们则需要不断地获得、挑选和应用诸多信息，学会正确面对崭新的环境。

2. 精神过度的紧张

以机械、自动化为代表的生产方式虽然大大减轻了劳动者身体的“生理负荷”，然而久而久之却会产生“厌倦感”，增大了“心理负荷”。伴随着机器工作，人的精神紧张度也越来越高，精神疲劳大为增强；城市中的人口密度大，交通拥挤、噪音增大，加之以广告为代表的宣传泛滥等，均可成为使人易疲劳的因素。

3. 道德情感的困惑

现代社会以互联网用户构成的社区也将逐渐成为城市日常生活的主流；这些超越时空的因

素使人与人之间的交往、交流方式变得复杂化，这种情感的交流是不完全的；此外，办公家庭化、信息个人化等因素，使人应有的面对面的直接情感交流越来越少，这种时空阻断和对直接交流的渴望，使有些人不可避免地产生道德和情感困惑。

4. 生态危机的困扰

由于人的居住条件的不断改善，人口相对的高度集中，人与大自然的距离日渐拉大。加之生产过程的多种失误，人生活中不可缺少的水、空气受到污染，生态环境遭到不同程度的破坏，直接威胁着人体的健康与生命。

三、现代社会对人才的要求

社会的变迁和发展，对人才的要求也随之发生变化。我们曾把识字多少作为判断是否文盲的标准，但在以信息转移为特征的知识经济时代，人们将把会不会使用电脑、使用熟练程度作为判断是否文盲的标准。

现代社会对人才的要求可以归纳为健壮的体魄，高超的智能，良好的心理因素，良好的职业道德和协作精神。健壮的体魄是人才的“物质基础”，它应具备四个条件：

1. 良好的体质

它包括健壮的体格，良好的体能和较强的适应能力。具体说，人体的形态结构是良好的，生长发育是正常的，身体的整体指数与比例是合适的，身体姿势是端正的。

2. 全面的体能

身体基本活动能力的走、跑、跳、投、攀、爬和身体素质的力量、速度、灵敏、耐力和柔韧得到全面发展，神经系统、呼吸系统、循环系统、消化系统、泌尿生殖系统等的机能协调发展。

3. 健康的心理

英国著名的教育家洛克有句至理名言：“健康的心理寓于健全的身体。”身心一元论者从来认为身心不可分。一个体魄健壮但精神不正常的人，是谈不上健康的，只能是精神病患者(哪怕是轻微的)。健康的人，应该是精力充沛，充满活力，朝气蓬勃，奋发向上，行动迅速，思维敏捷，观察敏锐，态度积极，兴趣广泛，心胸宽广，情绪良好。

4. 高尚的道德

一个生物的人要真正成为社会的人，“必须不断转化为真正的人”(M·蓝德曼著、彭富春译：《哲学人类学》)。这个转化过程，是从模仿开始，从学习文化知识飞跃。这就是我们常讲的世界观、价值观、人生观的形成过程。作为一个道德高尚的人，应该是敬业乐群，诚实谦虚，充满爱心，敢于负责；勇敢顽强，果断坚毅，坚忍不拔，敬老扶弱；爱国家，爱人民，爱科学，爱劳动。一个心地狭窄，损人利己的人，生活不可能充满情趣，不仅为社会所不从，于健康也有害。

5. 高超的智能

随着信息时代的到来，现代社会对人的智能要求起了深刻变化，除了应有扎实的基本知识和精深的专业知识之外，还要求有学习能力、创新能力、观测能力、动手能力。现代科学朝着分化和综合两个方向发展。一方面，专业越分越细；另一方面，协同攻关要求越来越强。在知识爆炸的时代，不学会学习，知识就难以更新，就会落伍。

四、体育在现代社会中的地位和作用

由于体育具有强身健体、调节感情、娱乐身体等特殊的作用，因而它是调节现代社会生活的一个强有力的工具，也是现代人生活方式中不可缺少的一项内容。实践证明，在现代社会中，体育运动已经不是某个个体的需要了，而且是整个社会的需要；已经不仅是提高社会生产的需要，而且是保证人体健康发展有人类正常生活活动的需要。

现代社会的发展，一方面提出了加速发展体育运动的必要性和迫切性；另一方面也为加速发展体育运动提供了可能性。因为，随着社会生产的发展，人们物质水平的提高，为发展体育运动提供了较好的场地、器材、服装等物质条件；科学技术的发展为发展体育运动提供了高水平的测试仪器、技术装备；工作时间和工作周期的缩短与假期的增加，人类寿命的延长使人们的余暇时间大大增加，退休后的生活阶段也大大延长。这些都为加速体育运动的发展，提供了非常有利的条件。

随着现代社会的发展，人们对体育的认识越来越深刻，要求也越来越高，体育也随之越来越发展，越来越丰富，越来越爱到各国政府和政界人物的重视。许多国家都把体育列入政府工作日程，作为国家的一项事业，在政府部门中设立了主管部门和专门机构。各国政府都把体育作为教育的一个重要组成部分在学校中广泛开民用工业，并把体育列为必修课程，从少儿开始就进行系统的体育教育。在不少国家的政府法令中，还把体育列为公民的一种权利。

现在，体育已经成了人民群众日常生活中不可缺少的组成部分。越来越多的人，根据自己不同的目的，经常参加各种不同的体育锻炼，有的为了促进身体的正常发展；有的为了防治某种疾病；有的为了松弛一下疲劳的神经，让精神和身体轻松一些；有的为了领略大自然的风光，去参加野外活动；有的为了推迟衰老，延年益寿；还有的就是为了娱乐，满足自己的某种心理需要，而且还从体育运动中吸取了力量，树立了信心，赢得了尊重，取得了相互的理解。

竞技运动近年来也迅速地进入了人类社会生活领域，日益成为人们最感兴趣的社会活动之一，特别是对重大国际比赛所表现出来的热情，更是达到了狂热的程度。近两届的世界杯足球比赛，电视观众高达百亿人次。在美国每年有35亿人次观看重要竞技项目的比赛，美国工业有10.5亿美元用于竞技娱乐，ABC电视台花费60万美元独家转播全国大学生橄榄球比赛，广告费高达每分钟10.8万美元。世界六大通讯社的发稿量，体育消息占四分之一。苏联学者H. H. 维兹金在他的《现代竞技运动的社会性质》一书中，估计地球上有一半的人是竞技体育的捧场者。在当代社会活动中，很难有其他活动能像体育这样博得如此众多如此持久的“着迷”与狂热的献身精神。

社会学家在对体育进行研究时，反反复复强调体育是社会的缩影、社会的焦点、社会的折射，体育和家庭、宗教、政治、经济这些传统的研究领域一样，也是社会中普通劳动者的文化生活方式和基本的社会性制度，是工业社会中最广泛的文化领域之一。

国务院颁发的《全民健身计划纲要》中讲道：“体育发展水平是社会进步与人类文明程度的一个重要标志。”在社会走向现代化的过程中，体育所起的作用越来越为人们重视，它既是社会现代化的组成部分和标志，也是社会走向现代化的一个重要推动力。

第二节　现代体育的特征与功能

现代体育的兴起是文明社会的标志之一，它成为一种普遍的社会现象，渗透到社会各个阶层与领域，现代体育的发展大致可归纳为几个特征：国际化、社会化、科学化和商品化。

(1)现代体育的国际化：现代体育已成为现代国际社会的普遍现象，无论其政治制度、宗教信仰、民族特点如何，无不重视体育运动的开展。在国际奥林匹克运动的推动下，竞技体育的规模日益扩大。目前世界上除四年一届的奥林匹克夏季和冬季运动会外，还有各大洲地区性、综合性运动会，单项国际组织的世界锦标赛、世界杯赛及一些其他形式的国际比赛，这不仅促进了体育运动本身的发展，也推动了人类文化与精神文化的交流。现代体育的国际化还表现在不同国家之间学校体育、群众性体育及军队体育交流活动的发展，从理论学术上的交流到实践活动交流的深入。如我国的太极拳、武术，已逐渐为世界人民所认同。中国教练员、运动员出现在几十个国家的运动场上，为当地的运动水平提高作出贡献，中国运动员姚明更是登陆世界顶级的 NBA 篮球赛场。数十个国家的教练员又在中国各级运动队中效力。体育人才的国际性流动，已经成为一种趋势。

(2)现代体育的社会化：体育的社会化包括两个方面：一是体育面向全社会。现代体育的社会功能不仅是增强体质，而且已成为改善生活方式、提高生活质量不可缺少的部分，体育已成为人们生活的必不可少的内容；二是全社会都兴办体育。体育已成为一种产业，这一趋势在发达国家日趋明显。在我国，体育正从单一的政府包办向多元的社会管理过渡。

体育的社会化包括三种含意：竞技体育的社会化、大众体育的社会化和学校体育的社会化。竞技体育的社会化，主要是俱乐部形式，个人或大公司举办某个项目的俱乐部，某个产业系统兴办体育协会等，这一趋势在我国已开始出现。大众体育的社会化，指的是人们普遍参加体育锻炼，进行体育投资，体育消费已成为不少家庭开支的一个重要项目。学校体育的社会化在于学校的体育场地设施向社会开放，学校也可利用社会上的体育场馆设施来锻炼或训练。这在发达国家比较普遍，而在我国才开始推行。

(3)现代体育的科学化：科学化是体育现代化的重要标志。体育科学化的内容十分广泛，表现在体育管理、体育锻炼、体育训练、体育教学的科学化等方面。体育科学化在体育运动训练中表现最为充分。选拔苗子、制订训练方案、进行技术诊断、作出成绩预测、实行医务监督等都离不开科学理论的支持。电子计算机、激光、遥测空间技术等在体育运动训练和比赛中的运用，都是体育科学化的体现。随着现代科技的发展，体育的科学化程度也将随之提高。

(4)现代体育的商业化：体育的商业化主要表现在企业对体育的商业性投入、运动员的有偿转让、体育场所设施的有偿使用、体育广告、电视转播权、门票及体育旅游收入等。以电视转播权有偿转让为例，1980 年洛杉矶奥运会仅电视转播权转让一项就收入 2.25 亿美元。又如企业对体育的商业性投入，仅运动饮料一项，洛杉矶奥运会就收入 1 260 万美元。体育产业在我国尚属朝阳产业，但是已经显示出勃勃生机。

体育的功能是指体育以其自身的特点作用于人和社会所产生的良好影响和效益。体育如果不具备自身固有的特点，就不可能产生任何功能。但是，如果体育功能不能被社会所接受，它的功能也不可能得到发挥并产生效益。这种相辅相成的关系始终伴随着体育事业的不断发展和兴旺。随着社会的发展和进步，体育的功能将会越来越多地被发现，并将更好地造福于人类。

(1)教育功能：教育功能是体育最基本的社会功能，就其作用的广泛性而言，它对人类社会产生的影响，是体育的其他社会功能无法比拟。教育的体育互相渗透、互相影响，在现代化的社会里，它们在塑造人的身体、精神、智力、情感和社会关系诸方面将起到举足轻重的作用。它们对建立人的正确的价值观念、思维方式、情感方式、生活方式无疑都是卓有成效的。现代的体育教育不仅仅是促进人体的生长发育、增强学生体质、掌握运动技能，而且还需要培养人对终身体育的兴趣和习惯，改善生活方式，提高生活质量，以适应现代社会发展的需要。

除此以外，我们应充分认识到，体育教育与德育、智育的统一性与连贯性，由于体育运动本身表现出来的拼搏、竞争、荣誉、责任等特点，使学生在参与体育活动的同时也潜移默化受到集体主义、爱国主义、吃苦耐劳、团结协作、遵纪守法、勇敢顽强和拼搏向上等优良品质和高尚道德的教育。这种通过体育运动被诱发出来的社会情感教育因素，使体育的社会影响变得更加深刻、广泛，会产生不可低估的社会教育作用。

(2)健身功能：体育在促进人体的生长发育、防止疾病和推迟生命衰老方面具有不可替代的作用。体育以身体运动为基本形式，身体运动又对有机体产生全面而深刻的影响。体育的健身功能表现为：①促进机体器官系统机能的完善和提高；②促进有机体的生长发育，提高身体素质和运动能力；③提高人体的适应能力；④调节心理；⑤防病治病，延年益寿。

(3)政治功能：在阶级社会中，不同的社会制度和阶级利益决定着不同的体育目的和任务，体育成为阶级斗争、政治斗争的工具。尽管一些资产阶级体育家、奥林匹克某些领导者宣扬"体育超阶级""体育与政治无关"等观点，但奥运会的历史和近代体育比赛中所发生的许多事实，无可争辩地表明体育与政治密切关系。

国际体育竞赛的胜负直接关系到国家的荣誉。1984 年我国运动员在第 23 届洛杉矶奥运会上一举夺得 15 枚金牌，实现了零的突破，为祖国赢得了荣誉，为中华民族增添了光彩，外国报纸称赞"中国人已不是 50 年前的'东亚病夫'"，"醒狮怒吼"了，"东方巨龙腾飞"了。由此可见体育竞赛意义之大，影响之深。

(4)经济功能：体育的经济功能是近期被认识和开发的社会功能，由体育与经济的互相促进作用所决定。经济学家认为，劳动生产力提高是社会经济发展的重要标志，特别是在对生产力进行价值评价时，人的素质又成为最主要的衡量标准。人的素质包括身体素质、文化素质、道德素质、心理素质等等。但从某种意义上讲，身体素质作为诸素质的物质基础，对生产力的提高起着至关重要的作用。

体育对发展社会经济的功能，是由体育的健身作用所决定的。通过体育运动提高身体素质，在提高劳动者健康水平方面有显著的作用，可以有力地促进社会经济的发展。世界各国体育的发展历史证明，经济是体育发展的基础，体育的发展有赖于经济的发展。同时，体育又是一项全民的，具有重大经济效益的事业可以服务于经济的发展，对物质生产和国民收入的增长起直接和间接的促进作用。比如，一场精彩的体育比赛可以吸引成千上万的观众，并直接获取门票收入；一些大型运动会，除可以带动旅游、商业、交通、电信和新闻出版等行业的发展外，还可通过出售电视转播权，发行彩票、邮票、纪念币，收纳广告费、印刷宣传品等途径中得到相当可观的经济效益。近几年来，随着商品经济浪潮的猛烈冲击，像奥林匹克这样的运动会也表现出鲜明的商业化倾向。例如 1984 年在美国举行的第 23 届奥运会是首次民间组办的奥运会，在金融界人士彼得·尤伯罗斯的领导下，一改以往奥运会亏损的局面，不仅节约了原定的 5 亿美元的耗资，而且从中获得了 2.5 亿美元的赢利。为此，国际奥委会特授予他金质勋章。

20 世纪 90 年代以来，由于体育产业的迅猛跃升，经济学家提出"国民体育总产值"的概念，体育经济学已成为诸如美国这类以民办体育为主体的国家的极为热闹的专门经济学。在美国，体育运动不仅将触角介入社会经济生活的方方面面，而且本身也成长为一个庞大的产业部门。90 年代初，美国体育产业包括的 19 个产业中，产值最高的前 7 位依次是消遣性和参与性体育中的(大众体育，群众体育)付费，体育用品，体育广告，合法赌博，比赛门票，电视转播，公司赞助，整个体育产业总值达到 631 亿美元，占该年度国民生产总值的 1.3%，在各大产业部门中位居第 22 位，超过了石化、汽车、航空、木材等重要的工业门类，体育与经济结缘的规模与层次由此可见一斑。我国的体育事业与市场也正在不断地接轨，如一些公司集团办体育运动队、体育健康娱乐市场、各种体育咨询培训市场使得这个新的市场显得格外的具有朝气和活力。这几年我国举办的足球甲级超级联赛，篮球、排球、乒乓球职业联赛，国际汽车接力赛，国际龙舟赛，风筝赛等等，都表明我国在挖掘体育经济功能的潜力方面积累了一定的成功经验，为中国体育进军国际市场开拓了道路。

(5)情感功能：体育的剧烈对抗与竞赛结果的不确定性，产生许多因素能刺激人的情感，而使心理平衡发生变化。积极的影响能使人得到满足，振奋人心，而消极的影响会使人产生颓丧、气愤情绪等。

(6)娱乐功能：体育既可以自娱也可观赏，生理、心理、精神在运动参与中得到满足，在欢悦中得到积极休息。能起到丰富人们文化生活，满足人们的精神需要的作用。

随着社会政治、经济、文化科学的发展，当代体育也进入了一个新的阶段，其内涵更加丰富，分化也更加明显。当前，我国体育基本上划分为三个组成部分：竞技体育、学校体育、全民健身体育。而这三个组成部分构成了我国体育发展的战略方针——以青少年为重点，以全民健身为基本内容的群众体育和以奥运为最高层次、以训练竞赛为主要手段的竞技体育的协调发展战略。

(7)军事功能：体育军事功能的存在，主要是出于战争和训练士兵的需要。从史前时代部落间争夺土地、牧场和血亲复仇引起的暴力冲突，到原始社会末期以掠夺财产为目的的奴隶战争，由于武器的不断演进，不仅为健身活动提供了广泛的运动器材，也促进了人们积极从事军事操练和与之有关的身体训练。

在我国，进入奴隶社会，特别是春秋战国时期，由于诸侯称霸而引起的兼并战争，大大刺激了军事体育的发展。据我国甲骨文字记载，商朝就出现了当时称为“痒”“序”和“西庸”的学校教育形式。教育的内容为“六艺”，即“礼、乐、射、御、书、数”。其中射、御就含有体育的因素。在古希腊的学校教育中，奴隶主子弟从小学起就要接受严格的体操和军事训练，学习角力、竞走、跳高、掷标枪和游泳。

随着资本主义的发展，西方体育经“文艺复兴”和宗教改革运动，开始竭力主张把跑、跳、投掷、摔跤等活动引入学校，要求学生掌握未来军事生活所必需的一些基本技能。在此期间，由欧洲教育改革推出的传统体操，更因它具有军事实用价值而风靡欧洲。

现代社会中，随着尖端武器的发展，部队机动性的提高，以及新战略、战术的运用，需要士兵掌握复杂的军事技术，并能最大限度地动员人的精神和身体能力。因此，在全面进行体力训练的同时，掌握部分体现军事实效的体育训练，如游泳、爬山、攀岩、滑雪、划船、摔跤、格斗、擒拿、拳击及队列操练等，已成为军事训练所必需的内容，使军事体育项目不断发展。

第三节 体育与大学生的发展

我国高等学校最根本的任务是培养德智体全面发展的高素质优秀人才，这是一个庞大的系统工程。在这个系统工程中，“德”是方向、“智”是根本、“体”是基础。学校体育是大学生健康成长必要的教育手段，它必将在社会精神生产和文化消费的高度统一的过程中，成为培养高素质人才不可替代的重要组成部分。2004 年第七届全国大学生运动会发出的“每天锻炼一小时，健康工作五十年，幸福生活一辈子”的号召，就是对体育与大学生密切关系的生动诠释。

(一)学校体育是向学生进行生存教育的重要组成部分

联合国教科文组织在 1972 年年度报告《学会生存——教育世界的今天和明天》中提出：

"我们再也不能刻苦地、一劳永逸地获取知识，而需要终身学习如何建立一个不断演进的知识体系——学会生存。"24年后，该组织又发表了题为《教育——财富蕴藏其中》的报告。报告在关于终身教育的概念里，提出了教育的四个支柱的观点，"学会生存"就是其中之一。该报告认为学会生存有着十分重要的意义，它包含着极为深广的内容，其中既包括知识的积累、运用，也包括生理上的强健、健康的心理素质及对自然对社会的适应能力。我们认为，在学会生存的教育中，学校体育扮演着重要角色。体育是随着人类社会的发展而发展起来的，没有哪一门学科像体育那样与人类生存的关系如此直接和紧密。我们的祖先在生存斗争中，发展了走、跑、跳、投掷、攀登、游泳等基本的生存技能，在物竞天择的法则下，具有优良运动能力和雄健的体魄成为种群或民族兴旺发达的象征，至今现代体育中许多技能、技巧仍在为人们的生存斗争做出贡献。提高或改善人类生存质量是社会发展的首要课题。在物质文明和科学技术发展的现代社会，随着物质生活越来越丰富，人们必然要求有更多、更好的精神文化生活，而展现人们意志、智慧与自信的各种体育运动也走进人们的生活，成为我国现代化进程中的一道风景。与此同时，随着生产和生活自动化、电气化程度的提高，人们的体力活动越来越少，缺少运动成为现代社会"文明病"的根源之一。1997年中国成年人体质监测公报(国家体育总局)指出："经常参加体育锻炼的人，体质状况优于不参加体育锻炼的人。经常参加体育锻炼的人群达合格级以上的为73.8%，其中优良率为41.5%。不经常参加锻炼的人群达合格级以上为69%，其中优良率为34.3%，相差4.8和7.2个百分点。"今天，科学的体育锻炼与合理的营养、良好的生活习惯并列为保持健康的三个基本要素。学校体育的主要任务之一就是使学生掌握科学锻炼身体的知识和技能，养成参加体育锻炼的习惯，为他们终身参加体育锻炼奠定基础。从生存教育的角度来看，学校体育将交给学生一把提高和改善生存质量、开启健康之门的钥匙。21世纪是一个竞争激烈的世纪，未来生存竞争的成功并不仅仅取决于智力因素，它还受非智力因素的制约。研究表明，人群中智力因素呈正态分布。天才仅占1%~2%，白痴占1%~2%，大部分居中，差别不大。谁的非智力因素具有优势，谁就能在未来竞争中占得先机。在《日本企业与中国文化》一文中有这样一段话：索尼公司同其他公司一样，每年从日本主要大学招收理工科大学毕业生。但有趣的是，他们不喜欢成绩优秀的书呆子，而更愿意录用乐观向上、胸襟开阔、兴趣广泛的学生。索尼公司解释道，乐观向上、兴趣广泛的学生肯下功夫，富于创造性、易于取得成功；尖子生过于自信，反而容易丧失创造性。发展非智力因素是素质教育的重要课题，在这方面，学校体育有着与其他学科无法比拟的优势。在朝气蓬勃的运动场上，良好的群体氛围激发着学生热爱生活、乐观向上的情绪；体育锻炼中要求学生不断战胜自身和外界的阻力和困难，培养他们不怕困难、勇敢顽强的意志品质；在体育竞赛中，面对激烈的对抗与竞争，学生们可以体验到人对生命的执著追求以及在人生战场上的拼搏进取精神。这些难得的心理体验，将使年轻人更快地成熟起来，以积极的人生态度面对未来的生存竞争。

(二)学校体育是学生接受教育获得自我发展的过程

学生时代是一个接受教育、发展自我能力的过程。大学生自我能力的发展包括两个方面：一是身体或生理方面的发展；二是心理方面的发展(包括文化知识、性格、意志品质等)。从人的生理过程看，人的生理发展是第一位的，身体不存在，知识道德就都不存在。人的心理上的发展是在生理发展基础上向更高层次的发展，是生理上和心理上和谐的发展。毛泽东在《体育之研究》一文中曾指出："勤体育则强筋骨，又足以增知识……又足以调感情……又足以强意志。"把强筋骨—增知识—调感情—强意志视为一个不断递进的发展过程，并把强意志作为最高层次或最终追求的目标。学校体育从人才培养的整体素质出发，把学生作为一个社会的、文化的人来看待，最大限度地开掘其潜力，全面发展学生身心素质，有着其他手段不可替代的作用。目前，世界上各国的科学家开始把目光转向人体潜能的开发上。一个人的机械能到底有多大，美国科学家一项科研报告指出：假若一个人的体内潜能充分发挥出来，其力量可以推动一辆载重 5 吨的卡车。实验证明，当一个人用拉纤的方法拖动重物时，其肌肉内力 90% 没有发挥出来；另外人脑的150 亿个神经细胞即有 85% 没有用上；而人体的微血管则尚有 25% 被封闭着。科学家认为，要使人的潜力充分发挥出来，就要通过锻炼把未被充分发挥的内在力量调动起来。从这个意义上来理解体育运动的价值，是十分重要的。

(三)学校体育是向学生进行品德教育的课堂

体育是对学生进行品德教育的重要手段之一。在学校教育中，很难把体育与德育、智育、美育分开。如在体育教学中，学生必须承受一定的生理负荷，需要克服一定的困难，这对培养学生刻苦耐劳、坚忍不拔的意志品质有一定作用；竞争是体育鲜明特点之一，现代奥林匹克“更快、更高、更强”的口号就是这种精神的体现。在激烈的对抗与竞赛中，就要求学生具有不屈不挠、拼搏进取的竞争精神；体育教学与各项竞赛活动，都要求学生按一定规则、制度进行，对于培养学生服从指挥、遵纪守法、团结协作、关心集体等优良品质有着积极作用。此外，体育还以它丰富的内容，独特的形式培养学生的审美观，使之不仅练就灵活的动作、健壮匀称的体格、端庄健美的姿态，而且使学生懂得什么是美的动作、美的仪表、美的心灵，从而提高对美的感受、鉴赏、表达和创造的能力。

第四节　高等学校体育

体育是学校教育的重要组成部分，是培养合格人才不可缺少的一个方面。信息社会对人才培养提出了严格的要求，使世界各国在确立“主动接受教育”和“终身教育”思想的同时，又相应制定了人才培养的新标准。现代教育理论认为，在学校教育的过程中，应完成教育、教养和发展三个方面的任务，体育本身的特征决定了它在这方面更具广阔的前景。因此，作为人才教育工程最后阶段的高等学校，应充分利用学生身心共同参与体育过程的有利条件，培养学生在德、智、体、美各方面所需的素养和素质，以适应未来社会生活和工作的需要。

一、高校体育的目的与任务

(一)增强体质、增进健康

增强体质、增进健康是我国高校体育的首要任务，它充分体现了我国社会主义现代化建设对大学生身心发展的基本要求，也是我国体育本质功能的正确反映。

大学时期，人的生理上的同化作用和异化作用基本平衡，生长发育日趋完善和稳定，生理机能和适应能力均发展到较高水平，是性发育成熟、生命活动最旺盛、身心同时发展的关键时期。根据调查资料显示，坚持体育锻炼的青少年身高要比一般青少年高出 4 厘米，体重增加 2 千克，胸围增加 2~3 厘米，尤其是大脑皮层对全身各器官系统的调节功能也比一般青少年更加完善。在这个时期，通过体育教育，促使学生遵守合理的作息制度，参与校园文化生活，重视营养卫生，积极参加体育活动，我党地进行体育锻炼，能有效地促进大学生的身心正常发育，提高身体素质水平和发展基本活动能力，从而以强健的体魄和充沛的精力保证完成学习任务和适应未来工作的需要。

(二)掌握体育的基本知识、技能、技术，培养学生体育锻炼的能力和习惯

体育的基本知识、技能、技术是人类在体育方面所创造的精神财富的一部分。根据大学生神经细胞物质代谢旺盛、灵活性相对提高、抽象思维能力较强、分析综合能力显著提高的特点，加之大学生有求知和独立从事体育锻炼的欲望，对大学生进行体育基本知识、技能、技术的教育，有助于他们掌握锻炼身体的方法，养成锻炼身体的习惯。懂得如何根据自身的需要进行体育锻炼，学会符合卫生要求的健康生活，提高体育文化素养和体育审美能力，为“终身体育”奠定基础。此外，学习有关体育的基本知识还可以使学生学会欣赏体育比赛，丰富他们的业余生活。

(三)培养良好的思想品质，提高道德素养

我们的大学生，进校年龄大多在17~18岁之间，其身体仍处在生长发育阶段，世界观、人生观、价值观也正处于形成过程。体育的特点使之在贯彻党的教育方针、完成党的教育使命中可以发挥特殊的作用。通过高校体育教学，可以对学生进行爱国主义和集体主义教育，使学生更加热爱党、热爱社会主义，培养他们团结互助的集体主义精神。在参加体育活动的过程中，培养其吃苦耐劳、艰苦奋斗、勇于奉献、朝气蓬勃、拼搏进取、勇于创新的优良品质，从而养成文明、科学、健康的生活习惯，促使学生在德、智、体、美几方面都得到全面的发展。

(四)发展学生的体育才能，提高学校的运动技术水平

学校体育是国家体育的战略重点，我国在提出“全民健身计划”纲要的同时，又出台了“奥运争光计划”的战略决策。学校在广泛开展群众性体育活动的基础上，对部分体育基础较好，并有一定专项运动才能的学生进行有计划的课余运动训练，充分利用学校的有利条件和大学生在体能和智能上的优势，坚持系统的科学训练，不断提高运动技术水平。这样，既可为学校培养体育骨干，又能进一步推动学校体育活动的开展；既能丰富校园文化生活，又能培养竞技运动的人才，为学校、为国家争得荣誉。

二、高校体育的发展方向

随着“健康第一”和“终身体育”思想的提出，新的健康观念正在使高校体育的教学目标、教学方法以及考核内容和方式发生着变化。

1. 教育指导思想——健康第一

高校体育正在把第三次教代会提出的“健康第一”作为其指导思想。高校体育正在从单纯地追求体制的发展和技术的传习，转变为新的健康观指导下的体育教育。

高校体育逐渐把其教育的最终目的确定为培养适应现代化生产和生活的人，要完成这一体育教育的育人宗旨，必须树立健康第一的指导思想。

2. 教育目标——培养适应现代化生产和生活的人

体育教学要为完成这一任务服务。为此，体育教学要在两个方面转向：

其一，在目标的空间上，从单纯追求学生的外在技能水平转移到全面追求学生的身心协调发展上来，即打破以往的以运动技术传授为主线的教学体系，建立起合理的运动实践手段，全面完成增强体质、发展身体活动能力和锻炼习惯的统一协调的新教学体系。

其二，在目标的时间上，要通过体育教学不但完成在校期间增进学生生长发育、培养技能、传授知识的任务，还要培养学生爱好体育的能力和意识，为学生终身参加体育活动打下基础，即完成对现在和未来两个方面的培养任务。

3. 教学内容——丰富多彩

在教学内容方面继续强调要打破以竞技运动项目为主线的教学体系，改变把“素材”当作教材的错误观。从育人的角度出发，全面结合体育文化的显性教材意义（健身技能和健身意识培养的功能）和潜性教材意义（对人的社会化，人格培养和情感的作用），许多新兴的项目（如轮滑、体育舞蹈、登山、攀岩、击剑、高尔夫球等）成为高校体育教学内容。教学内容的丰富提高了学生对体育项目的选择性，进而增强了学生的学习兴趣。

4. 教学方法——灵活多样

体育教学方法的研究一直是高档体育的研究课题之一，目前高校体育教学方法正向多样化发展。教法的改进主要分三个方面：

其一，改变过去只强调教师在教学过程中的主导作用、忽视学生在教育过程的主体地位的现象，采用有利于学生理解原理、掌握技术和体验乐趣的新的教学方法。

其二，改变过去过分强调组织纪律性的呆板教学方法，实现课堂上不拘泥于形式的整齐划一，快乐体育的教学思想进入课堂。强调体育教育的参与性、娱乐性，降低学习难度，采用多种形式的教法，让学生在运动中体验快乐。

其三，改变过去“千人一法”的教学模式，注意学生的修改发挥，因材施教培养学生的创造性思维。

5. 教学组织形式——课内外一体化

高校体育过去只重视体育课堂教学，忽视了学生课外活动的重要性。目前高校体育正在向全校园进行体育教育的方向发展，即在重视课堂教学的同时，重视学生的课外体育活动，把其列入整体体育教育的范畴。鼓励学生自主进行体育锻炼，养成锻炼习惯，树立终身体育锻炼思想。同时改变体育教育是体育教师的任务这一现象，调动其他各个方面的积极性，使体育教育全园化。

6. 考核方式——科学化

高校体育的考试方式正在从过去以运动技能的好坏、运动素质的高低来评价学生的方式改变为从能力、参与、健康等方面对学生进行考核。从单一的评价转向全面的综合质量的评价强化普及教育，淡化技术技能评定。

7. 高校体育俱乐部正在成为学生体育锻炼的主要载体

各种体育俱乐部和体育协会在各大高校中方兴未艾。体育俱乐部以其灵活的组织形式吸引有浓厚兴趣的学生长期参与体育锻炼，是高校学生今后课外锻炼的主要形式。体育俱乐部具有以下功能：

（1）为学生提供一个体育活动的场所。

（2）为学生提供一个社交活动的地方。

（3）为学生提供一个学习、提高体育技能的课堂。

（4）组织训练，提高运动技术水平，参加校内、外各级比赛。

（5）组织校内、外各级各类体育比赛。

8. 高校体育与社会体育接轨

高校体育越来越多重视将体育教学与学生的生活和课外活动相联系，重视体育教学与生活体育、社会体育的联系，主要表现在以下几个方面：

（1）体育教学的内容向社区体育活动内容靠拢。

（2）非场地型的野外型活动日益受到重视。

(3)自由表现类项目受到重视。

(4)体育与现在、未来生活的结合日益受到重视。

三、实现高校体育目的、任务的途径与方法

(一)学校体育必须严格执法

新中国诞生以来，党和国家对青少年的健康十分关心，制定和发布了一系列有关学校体育工作的文件和指示。如1951年政务院通过《关于改善各级学校学生健康状况的决定》；1956年高教部、国家体委、卫生部、团中央发出《关于加强领导，进一步开展一般高等学校体育运动》的联合指示；1964年教育部、国家体委、卫生部针对学生课程多、作业多、考试多、负担过重、片面追求学生升学率影响了学生身体健康等问题向国务院提出《关于改善中、小学生健康状况和改进学校体育卫生工作的报告》，国务院批准了这个报告并采取了一系列措施改进学校体育工作。这一切为学校体育的蓬勃开展，为青少年健康成长奠定了良好基础。特别是1978年党的十一届三中全会以来，教育部、国家体委、卫生部联合发出《关于加强学校体育、卫生工作的通知》，同时颁布了《高等学校体育工作暂行规定》，把高等学校体育工作提到全面育人的一个重要方面的高度来认识。在贯彻执行《暂行规定》的10多年间，国家教委、体委共同拟订了《学校体育工作条例》，经国务院批准于1990年3月12日正式发布实施。这是新中国成立以来我国正式发布的学校体育工作的法规性文件。正如在关于实施条例的通知中所说："《条例》是学校体育工作的基本法规。条例的制订与施行，体现了国家对学校体育的重视和关心。《条例》中规定的各项任务、内容及要求是指导学校体育工作的重要依据，是全面加强学校体育工作的有力措施。"2002年8月，教育部根据《学校体育工作条例》制定《学生体质健康标准》及《学生体质健康标准实施办法》，2014年重新修订并颁发《国家学生体质健康标准》及《实施办法》，两个文件印发到各高等学校。在印发这两个文件通知中指出："《标准》是促进学生体育健康发展，激励学生积极进行身体锻炼的教育手段，是学生体质健康的个体评价标准，也是学生毕业的基本条件之一。"《中华人民共和国体育法》是新中国成立以来第一部由国家最高权力机关制定的体育法律。《体育法》于1995年8月29日第八届全国人民代表大会常务委员会第十五次会议上获得全票通过，国家主席江泽民于同日签署第55号主席令，公布该法于1995年10月1日起施行。《体育法》共八章，五十六条，对体育工作的基本内容进行了全面的规范。其中第三章学校体育，共有七条。对于学校体育进行立法，是教育、体育现代化发展的一个重要标志。它必将对学校体育工作产生深远的影响。学校体育工作既然有法可依，我们就必须严格执法。

(二)学校体育工作必须处理好三个方面的关系

(1)处理好体育课和课外体育锻炼的关系。学校体育的目的任务是通过体育课、课外体育锻炼、运动训练和竞赛等多种形式来实现的，而体育课是学校体育工作的主要组织形式。教学质量的高低对完成体育任务有决定性作用。因此，《学校体育工作条例》中规定：普通高等学校一、二年级必须开设体育课，对三年级以上学生开设体育选修课；把体育课作为学生毕业、升学的考试科目，要求每个在校学生首先上好体育课，达到体育教育的基本要求，否则就不能毕业。与此同时对于病残学生的体育活动也做出相应的规定：学生因病、因残免修体育课或者免除体育课考试的，必须持医院证明，经学校体育教研室(组)审核同意，并报学校教务部门备案，记入学生健康档案。但是，仅靠每周一次2学时的体育课是不够的，这就要求教师根据体育课及课外活动的特点及各自的任务适当安排早操、课外锻炼、达标测验及多种多样的竞赛

活动，利用假日闲暇时间到郊外远足、野营……。保证学生每天有1个小时体育锻炼和体育娱乐的时间，使课内课外、假日休闲有机地结合起来，互为补充、相互促进。

(2)处理好普及和提高的关系。学校体育的主要任务在于增强学生体质，因此其着眼点应该是面向全体学生，通过有计划有系统的体育教育和课外锻炼全面增强学生体质。实践证明：群众体育活动搞好了，就会涌现出一批运动技术水平较高的运动员，对他们再加以重点训练，使其达到一个更高的水平。运动水平的提高，又进一步指导和推动群众性体育运动的开展，激发群众参加体育锻炼的热情。

目前，已有部分高校建立了高水平运动队和单项体育俱乐部。高校办高水平运动队，这不仅是高等教育本身的需要，而且也是我国体育发展战略的需要。高校办高水平运动队，形成小学、中学、大学一条龙的训练体制，打破过去仅仅由体校、运动队培养优秀运动员的单一体制，使教育与体育这两个体系接轨，必将迅速壮大我国优秀运动员队伍。另外，高校师资力量雄厚、文化层次高、科研能力较强，只要学校重视，组织各方面力量，创造必要训练条件，优秀运动员在训练中需要解决的问题就不难解决。因此，高等学校在广泛开展群体活动基础上，训练好各项目体育代表队，逐步建立一支既有高文化素养又有高运动水平的优秀运动员队伍是完全必要的，它必将为我国在21世纪成为世界体育强国做出积极贡献。

(3)处理好学校体育与卫生保健的关系。学校体育工作与卫生保健工作是保证学生健康成长不可分割的两个方面，应当紧密结合起来。学校体育教师与保健医生相互配合，根据大学生的生长发育规律和体育本身的运动规律，向学生进行有关体育卫生保健知识的教育，使学生在体育活动中懂得自我医务监督，以便进行科学的锻炼。特别是《大学生体育合格标准》中把学生的身体形态、身体机能、视力状况作为评价学生体育合格的标准之一，并由校医院负责测试和评定成绩，从而把学生的体育锻炼与卫生保健有机地结合起来。

(三)学校体育工作必须十分重视学生心理素质的提高

学校体育的根本目的是增强学生体质，提高其健康水平。而健康的标准不仅局限于身体无病，心理健康也是其中重要的组成部分。有的心理学家认为：随着经济的发展和社会的进步，现代化程度的提高，由心理不健康引起的心身疾病越来越威胁着人们的健康。当前在我们的大学生中，由于种种原因，存在着大量心理不健康的现象，从而导致心态失衡，出现心理健康疾患。因此在学校体育教育中，把学生的心理健康及良好品格的养成放在重要位置上来抓，具有十分重要的意义。

第五节 大学生体质健康的评价——《国家学生体质健康标准》解读

一、实施《国家学生体质健康标准》的意义

《国家学生体质健康标准》是《国家体育锻炼标准》的一个组成部分，是《国家体育锻炼标准》在学校中的具体应用。《国家学生体质健康标准》测试的目的是为了贯彻落实第三次全国教育工作会议提出的“学校教育要树立‘健康第一’的指导思想”的精神，促进学生积极地参加体育锻炼，上好体育课，增强学生的体质和提高健康水平，把学生培养成为德、智、体、美全面发展的高素质人才。

通过每年一次的《国家学生体质健康标准》的测试，可以清楚地了解自己体质与健康的状

况，还可帮助自己监测一年来体质与健康状况是否发生变化及变化的程度。这些都有助于在新的一年里有的放矢地设定自己的锻炼目标，有针对性地选择锻炼策略，制订切实可行的锻炼计划。

二、《国家学生体质健康标准》的内容

《国家学生体质健康标准》自2002年试行以来，各地认真组织推广试行，取得了很好的经验。教育部、国家体育总局在认真总结试行工作的基础上，根据新的形势2014年对《国家学生体质健康标准》进行了修改和完善，主要为建立健全国家学生体质健康监测评价机制，激励学生积极参加身体锻炼，引导学校深化体育教学改革，推动各地加强学校体育工作，促进青少年身心健康、体魄强健、全面发展。

（一）说明及实施办法

（1）《国家学生体质健康标准》（以下简称《标准》）是国家学校教育工作的基础性指导文件和教育质量基本标准，是评价学生综合素质、评估学校工作和衡量各地教育发展的重要依据，是《国家体育锻炼标准》在学校的具体实施，适用于全日制普通小学、初中、普通高中、中等职业学校、普通高等学校的学生。

（2）本标准的修订坚持健康第一，落实《国家中长期教育改革和发展规划纲要（2010～2020年）》、《国务院办公厅转发教育部等部门关于进一步加强学校体育工作若干意见的通知》（国办发〔2012〕53号）和《教育部关于印发〈学生体质健康监测评价办法〉等三个文件的通知》（教体艺〔2014〕3号）有关要求，着重提高《标准》应用的信度、效度和区分度，着重强化其教育激励、反馈调整和引导锻炼的功能，着重提高其教育监测和绩效评价的支撑能力。

（3）本标准从身体形态、身体机能和身体素质等方面综合评定学生的体质健康水平，是促进学生体质健康发展、激励学生积极进行身体锻炼的教育手段，是国家学生发展核心素养体系和学业质量标准的重要组成部分，是学生体质健康的个体评价标准。

（4）本标准将适用对象划分为以下组别：小学、初中、高中按每个年级为一组，其中小学为6组、初中为3组、高中为3组。大学一、二年级为一组，三、四年级为一组。

（5）小学、初中、高中、大学各组别的测试指标均为必测指标。其中，身体形态类中的身高、体重，身体机能类中的肺活量，以及身体素质类中的50米跑、坐位体前屈为各年级学生共性指标。

（6）本标准的学年总分由标准分与附加分之和构成，满分为120分。标准分由各单项指标得分与权重乘积之和组成，满分为100分。附加分根据实测成绩确定，即对成绩超过100分的加分指标进行加分，满分为20分；小学的加分指标为1分钟跳绳，加分幅度为20分；初中、高中和大学的加分指标为男生引体向上和1000米跑，女生1分钟仰卧起坐和800米跑，各指标加分幅度均为10分。

（7）根据学生学年总分评定等级：90.0分及以上为优秀，80.0～89.9分为良好，60.0～79.9分为及格，59.9分及以下为不及格。

（8）每个学生每学年评定一次，记入《〈国家学生体质健康标准〉登记卡》（附表1～6）。特殊学制的学校，在填写登记卡时可以按规定和需求相应地增减栏目。学生毕业时的成绩和等级，按毕业当年学年总分的50%与其他学年总分平均得分的50%之和进行评定。

（9）学生测试成绩评定达到良好及以上者，方可参加评优与评奖；成绩达到优秀者，方可获体育奖学分。测试成绩评定不及格者，在本学年度准予补测一次，补测仍不及格，则学年成

绩评定为不及格。普通高中、中等职业学校和普通高等学校学生毕业时，《标准》测试的成绩达不到50分者按结业或肄业处理。

(10)学生因病或残疾可向学校提交暂缓或免予执行《标准》的申请，经医疗单位证明，体育教学部门核准，可暂缓或免予执行《标准》，并填写《免予执行〈国家学生体质健康标准〉申请表》(附表7)，存入学生档案。确实丧失运动能力、被免予执行《标准》的残疾学生，仍可参加评优与评奖，毕业时《标准》成绩需注明免测。

(11)各学校每学年开展覆盖本校各年级学生的《标准》测试工作，《标准》测试数据经当地教育行政部门按要求审核后，通过"中国学生体质健康网"上传至"国家学生体质健康标准数据管理系统"。测试和数据上传时间由教育行政部门确定。

(12)本标准由教育部负责解释。

(二)单项指标与权重

测试对象	单项指标	权重(%)
小学一年级至大学四年级	体重指数(BMI)	15
	肺活量	15
小学一、二年级	50 米跑	20
	坐位体前屈	30
	1 分钟跳绳	20
小学三、四年级	50 米跑	20
	坐位体前屈	20
	1 分钟跳绳	20
	1 分钟仰卧起坐	10
小学五、六年级	50 米跑	20
	坐位体前屈	10
	1 分钟跳绳	10
	1 分钟仰卧起坐	20
	50 米×8 往返跑	10
初中、高中、大学各年级	50 米跑	20
	坐位体前屈	10
	立定跳远	10
	引体向上(男)/1 分钟仰卧起坐(女)坐(女)	10
	1000 米跑(男)/800 米跑(女)	20

注：体重指数(BMI)＝体重(千克)/身高^2(米^2)。

(三)评分表请参见《第四篇 体育政策法规》

第二章

体育锻炼与体质健康

体育锻炼是指有计划、有组织、反复进行的身体活动，其目的是增强或保持体质和健康水平，属于身体活动的一种。适当的体育锻炼通过改善新陈代谢而对人体产生良性影响，这种影响通过人体自我调节机制的充分发挥得以实现，从而维持身心健康。

第一节　体育锻炼的生理基础

新陈代谢是生命活动的基本特征。新陈代谢包括合成和分解两个方面。营养物质不管是从外界摄取的，还是自身贮存的，通过一系列反应步骤转变为较小的、较简单的物质的过程称为分解代谢，与分解代谢相伴随的，是将蕴藏在有机大分子中的能量逐步释放出来。合成代谢是生物体利用小分子或大分子的结构元件建造成自身大分子的过程。这种建造过程分子结构变得更为复杂，需要提供能量。物质代谢的过程必然伴随着能量的转化。这种能量转化过程称为能量代谢。

一、三大营养物质代谢

(一)糖代谢

从食物中摄取的碳水化合物通过胃肠消化吸收，最终分解为葡萄糖，通过血液循环运输到全身各组织细胞。血液中的葡萄糖亦称为血糖。人体细胞中葡萄糖的贮存形式是糖原。

机体贮存的糖原作为能源大约可供机体 12 小时的需要。在安静状态下，血液中的葡萄糖在肌肉和肝脏中以糖原形式贮存起来，分别称为肌糖原和肝糖原。肌糖原含量约占肌肉重量的 1% ~2%；肝糖原约占肝脏湿重的 7% ~10%。

血糖水平的稳定对确保细胞执行其正常功能具有重要意义。正常人血糖的水平为每 100 毫升血液含有约 80 毫克葡萄糖，相当于 4.5 毫摩尔/升(医院检测的正常指标为 4 ~6 毫摩尔/升)。饥饿时机体首先动用的是肝糖原，肝糖原可在 1 ~2 天之内下降至正常含量的 10%。肌糖原的动员不如肝糖原迅速，肌糖原主要提供肌肉运动时的能量需要；肝糖原在维持血糖水平的稳定中起着重要作用。

正常生理情况下，血糖的来源与去路保持动态平衡，故血糖浓度相对恒定。可维持组织细胞的糖代谢正常，这对保证组织器官特别是脑组织的正常生理活动具有重要意义。

正常人进餐后，约 1 小时血糖达 7.8 ~8.9 毫摩尔/升，最高不超过 10.0 毫摩尔/升。这是因饭后从肠道吸收的葡萄糖逐渐增多，而致高血糖，高血糖刺激胰岛 β 细胞分泌胰岛素增加，胰岛素通过抑制肝糖元的分解减少糖元的异生，促进葡萄糖转变为肝糖元和进入肌肉、脂肪等组织，从而阻断了血糖的来源，加速了血糖的利用，故使饭后血糖不至过度升高。正常人饭后 2 小时，血糖及血浆胰岛素都下降至饭前水平。由此可见若正常人一日三餐，那么 24 小时内就有6小时血糖升高，其余18小时血糖都在空腹水平。

正常人空腹时并不出现低血糖，而使血糖维持在正常范围(正常人空腹血浆中血糖为3.9～6.1毫摩尔/升)。这是因为空腹时胰岛素分泌减少，胰升糖素分泌增加，促进肝糖原的分解及糖异生，使血糖增加；同时生长激素分泌增多，抑制人体内各组织细胞对血糖的利用，从而保证了人体最重要器官——脑得到充分的血糖供应。

糖原的降解和合成是完全不相同的两条途径，但都受到严格而复杂的别构调节和激素调节。

运动开始时，机体从肌糖原和肝糖原中的葡萄糖为“燃料”，当这些储备快用完时，肌肉就会摄入血中的葡萄糖供自己使用。因此，运动过程中血糖水平逐渐下降，锻炼结束后，肌体又在肌细胞及肝脏中储存葡萄糖，这时血糖又进一步降低，并可持续至锻炼后数小时。

不同持续时间和运动强度的体育锻炼中，血糖浓度的变化有所不同。短时间、中小强度的运动过程中以及运动结束后，血糖可能有所下降。这是因为，血中葡萄糖的消耗速度快于肝脏释放葡萄糖的速度。如果运动时间过长，或者在运动开始时血糖就不充足，则很可能会出现低血糖。另外，短时间、高强度的运动或其他强烈应激状态下，体内对抗胰岛素的激素如胰升糖素、生长激素、肾上腺素及肾上腺皮质激素分泌增加，使血糖增高。

(二) 脂肪代谢

人体摄入的大部分脂肪经胆汁乳化成小颗粒，胰腺和小肠内分泌的脂肪酶将脂肪里的脂肪酸水解成游离脂肪酸和甘油单酯(偶尔也有完全水解成甘油和脂肪酸). 水解后的小分子，如甘油、短链和中链脂肪酸，被小肠吸收进入血液。甘油单脂和长链脂肪酸被吸收后，先在小肠细胞中重新合成甘油三酯，并和磷脂、胆固醇和蛋白质形成乳糜微粒，由淋巴系统进入血液循环。脂肪除了能由食物中获得外，还可以在体内由糖或蛋白质转变而成，脂肪除了作为主要的氧化供能外，还可以构建细胞组成成分，促进脂溶性维生素的吸收和利用，并起到保护器官，减少摩擦和保持体温的作用。

血液中的游离脂肪酸在体内的β氧化过程是高度的能量释放过程。运动过程中脂肪代谢具有如下特点：动员较慢；长时间运动后期主要依靠脂肪酸氧化供能；短时间剧烈运动时脂肪分解受到抑制。

运动对脂肪代谢的影响：提高机体氧化利用脂肪酸供能的能力；长期运动可改善血脂，降低血浆中低密度脂蛋白(LDL)，增加血浆中高密度脂蛋白(HDL)；长期运动锻炼可减少体脂积累，改善身体成分。

(三) 蛋白质代谢

蛋白质主要是由氨基酸构成的，氨基酸主要用于建造、修补和重新合成细胞成分以实现自我更新，也用于合成酶、激素等生物活性物质，调节机体生理供能，还可以氧化供能，以备机体不时之需。

正常情况下，人体蛋白质的代谢状况与组织的生理活动相适应，蛋白质的分解与合成处于动态平衡状态，即摄入氮含量等于排出氮含量，称为总氮平衡状态。

体育锻炼会促进蛋白质的分解和合成。运动时消耗了部分蛋白质，必将破坏了许多组织细胞，同时酶活性提高增加了蛋白质的分解代谢，同时蛋白质的修补和再生过程亦有所加强。而长时间大强度运动时，人体内蛋白质净降解，并且氨基酸参与供能。蛋白质可以为机体提供超长运动所需的能量。

所以，运动后要注意蛋白质和氨基酸的合理补充，以防止肌肉组织蛋白质降解，造成负氮平衡，损害机体正常生理功能。

二、能量代谢

（一）能量来源

食物中的能量不能直接用于细胞活动，只能在细胞中发生化学反应时释放出来，以高能化合物三磷酸腺苷（ATP）的形式储存，ATP是一种储存能量并可以直接供给细胞能量的高能化合物。

安静时，身体所需要的能量几乎一半来源于糖类的分解，一半来源于脂肪，蛋白质用于构成身体的基本成分，也可以为细胞提高少量能量。肌肉收缩强度由低到高时，糖利用比例越来越大，脂肪供能比例越来越小；在短时间高强度运动中，ATP几乎全部由糖分解合成。

1. 糖　类

糖类最终转化成葡萄糖，通过血液循环运输到全身各组织细胞。在安静状态下，摄入的糖在肌肉和肝脏中转化成糖原。糖原储存在细胞质中，用于细胞合成ATP。储存在肝脏中的糖原在必要的时候可以重新转化为葡萄糖，然后运输到相应的组织细胞中被氧化。

肝糖原和肌糖原的储量是有限的，如果不能从食物中摄取适量的糖类，糖就会消耗殆尽。所以人体必须摄取食物中的淀粉和糖，用以补充体内的糖储备。如果不能保证足够的糖摄入，肌肉和肝脏会失去基本的能量来源。

2. 脂　肪

人体脂肪的储量远远大于糖。脂肪的主要成分为甘油三酯，广泛存在于人体各组织器官和血液中。甘油三酯在脂肪酶作用下水解为甘油和脂肪酸。其中甘油只能在肾、肝等少数组织被氧化利用，由于肌肉内缺乏磷酸甘油激酶，所以，甘油直接为肌肉功能的意义不大。脂肪酸是长时间运动的基本燃料。在线粒体内一系列酶的催化下，脂肪酸逐步裂解出二碳单位-乙酰辅酶A，再经三羧酸循环和呼吸链氧化生成ATP。

骨骼肌中储存的糖只能生成2 000千卡[①]能量，相当于32千米跑所需要的能量，而储存的脂肪所能生成的能量超过70 000千卡。见表2-1所示，单位重量的脂肪所能生成的能量比相同量的糖中生成的能量多。但是，脂肪分解释放能量的速率太慢，不能满足肌肉在高强度运动时的能量需求。

表2-1　生体内储存的能源物质和能量

能源形式		克	千卡
糖	肝糖原	110	451
	肌糖原	250	1 025
	体液中的糖	15	62
	总计	375	1 538
脂肪	皮下脂肪	7 800	70 980
	细胞内脂肪	161	1 465
	总计	7 961	72 445

注：以平均体重为65千克，体脂含量在12%的人为计算标准（引自Jack H. Wilmore，1994）。

3. 蛋白质

蛋白质对人体最重要的意义在于构成身体的基本结构。在长时间大强度运动时，人体内存

① 1千卡=4.2千焦耳。下同。

在蛋白质净降解和氨基酸参与供能的情况。蛋白质可以为机体提供超长时间运动所需能量的5%～10%，只有构成蛋白质的最基本结构——氨基酸才能作为能源物质。氨基酸的分解代谢通常开始于脱去α-氨基，生成相应的α-酮酸。脱去α-氨基的方式是转氨基和氧化脱氨基作用。脱去氨基后，相应的酮酸可以从不同部位进入三羧酸循环，最终通过有氧氧化生成ATP。

（二）ATP 的生成

ATP是一种储存能量并可以直接供给细胞能量的高能化合物。一个ATP分子是由一个腺苷（一分子腺嘌呤与一分子核糖结合）和三个磷酸（Pi）组成的。在ATP酶作用下，最后一个磷酸脱离ATP分子，立即释放大量的能量（7.6千卡/摩尔），然后ATP转化成二磷酸腺苷和磷酸。

肌细胞内ATP贮量十分有限，但由于ATP在消耗的同时，又不断再合成，其水解过程几乎总是和再合成过程密切地偶联在一起，使人体利用ATP的总量非常大。例如，一个静卧状态的人，24小时内消耗ATP约40千克。在剧烈活动时，ATP利用可高达0.5千克/分钟。ADP等其他化学物质生成ATP并储存能量的过程叫磷酸化，即通过不同的化学反应，一分子磷酸与一分子能量相对较低的ADP结合，生成ATP。当这个过程在无氧条件下发生时，叫做无氧代谢，在有氧条件下发生时叫做有氧代谢。有氧代谢情况下由ADP向ATP转化的过程叫氧化磷酸化。

（三）人体三大供能系统

1. 磷酸原系统

高能磷酸化合物ATP和磷酸肌酸CP组成了人体最快速的供能系统，即磷酸原供能系统。短时间、极量运动项目需要瞬间快速的能量供应。如100米冲刺跑、25米最大速度游泳、举重等运动，这些运动过程中能量释放的主要方式，是通过ATP和CP实现的。

2. 乳酸能系统

乳酸能系统是指糖原或葡萄糖在细胞内无氧分解生成乳酸过程中，再合成ATP的能量系统。由于最终产物是乳酸，故称乳酸能系统。其特点是，供能总量较磷酸原系统多，输出功率次之，不需要氧，产生乳酸。由于该系统产生乳酸，并扩散进入血液，所以，血乳酸水平是衡量乳酸能系统供能能力的最常用指标。乳酸是一种强酸，在体内聚积过多，超过了机体缓冲及耐受能力时，会破坏机体内环境酸碱度的稳态，进而又会限制糖的无氧酵解，直接影响ATP的再合成，导致机体疲劳。乳酸能系统供能的意义在于保证磷酸原系统最大供能后仍能维持数十秒快速供能，以应付机体的需要。该系统是1分钟以内要求高功率输出运动的供能基础。如400米跑、100米游泳等。专门的无氧训练可有效提高该系统的供能能力。

3. 有氧供能系统

有氧氧化系统是指糖、脂肪和蛋白质在细胞内彻底氧化成水和二氧化碳的过程中，再合成ATP的能量系统。其特点是ATP生成总量很大，但速率很慢，需要氧的参与，不产生乳酸类的副产品，是进行长时间耐力活动的物质基础。

（四）能量连续统一体

1. 概　念

由于不同能量系统的能量输出（即ATP再合成）之间与完成不同类型运动项目的全过程之间是一个能量连续的统一整体，因此，运动生理学把不同类型的运动项目的能量供应途径之间，以及各能量系统之间下相互联系形成的一个连续统一体，称为能量连续统一体。

2. 形　式

在一项运动中，三种能量系统供能百分比和活动时间及功率输出之间有着紧密的依存关系。运动时间越短、功率输出越大、能量需要也越多。因此能量连续统一体的一端是时间短、强度大的运动，如100米跑，主要由磷酸原系统供能使ATP再合成；能量连续统一体的另一端是运动时间长、强度小的运动，如马拉松，几乎全部由有氧系统供能使ATP再合成；处于能量连续统一体中间区域的运动，根据运动特点，由有氧系统和无氧系统以不同的比例供能使ATP再合成。

3. 能量连续统一体的应用

能量连续统一体理论在体育实践中的应用：根据运动项目的实际需要，着重发展发挥主要作用的供能系统，制订合理的训练计划。

（五）运动中的能量消耗

1. 能量代谢率

能量代谢率是指人体消耗能量的速率。评定人体在休息和运动中的能量消耗基于对身体总耗氧量及其热价的测量。休息时，人体平均耗氧量约为0.3升/分钟，相当于1.8升/小时。基础代谢率（basical metabolic rate，BMR）是指一个人在至少8小时睡眠和12小时禁食后，在仰卧位的能量消耗速率。BMR反映人体维持基本生理功能所需要的最低能量。影响人体的BMR的因素有：

（1）去脂体重。去脂体重越大，一天消耗的能量就越多。女性的体脂一般比男性多，所以女性的BMR比相同体重的男性低。

（2）体表面积。体表面积越大，皮肤散热越多，需要越高的基础代谢率产生能量来维持体温。

（3）年龄。BMR随年龄增长而降低。

（4）体温。BMR随体温增高而升高。

（5）外界压力。外界压力可兴奋交感神经系统，提高BMR升高。

（6）激素。甲状腺和肾上腺素都能使BMR升高。

BMR值一般在1 200～2 400千卡/天，但是一个人在从事日常运动时的总平均能耗速率在1 800～3 600千卡/天。

2. 不同运动项目的能耗

人体平均每分钟需要0.20～0.35升氧气来满足安静时的能耗。任何在休息水平以上的活动使基础能耗增加，所以每天总能耗的变动范围很大，主要取决于多种因素，包括：活动水平、年龄、性别、体重和身体成分。

不同运动项目需要的能量随运动强度和运动类型而不同。许多运动的能耗已经被确定下来，通过检测运动中耗氧量来确定单位时间内平均摄氧量。根据该值可以计算出每分钟消耗的能量。

运动后过量氧耗与运动中的能量消耗同样重要。因为在运动中消耗1 256千焦耳能量的项目，在恢复阶段会消耗额外的419千焦耳，总能耗应为1 674.2千焦耳，而不是1 256千焦耳。

不同运动的能耗也不同，像射箭、保龄球之类的运动，能量消耗比休息时略多。而像短跑之类的运动，需要的能量极多，且其能量只能维持运动几秒钟，再加上运动强度等因素，因此这些运动的能耗大小必须考虑这项运动的持续时间。比如，当以2.5千米/小时的速度跑时，消耗能量约29千卡/分钟，这个速度只能持续很短的一段时间。另一方面，当以11千米/小时的速度步行时，消耗能量约 14. 5 千卡/分钟，由于运动持续的时间比跑步更长，所以慢走的总耗能比跑步还要多。表 2-2 显示了成年男女在不同运动项目中的平均能耗。大多数运动涉及移动身体，所以这些数字会随着前面所提到的个体差异和个人技术(运动效率)不同而改变。

表 2-2 不同运动项目中的能量消耗

项目	耗能量(千卡/分钟)		单位体重耗能量(千卡/千克/分钟)
	男性	女性	
篮球	8. 6	6. 8	0. 123
自行车	5. 0	3. 9	0. 071
自行车	7. 5	5. 9	0. 107
手球	11. 0	8. 6	0. 157
跑步	14. 0	11. 0	0. 200
跑步	18. 2	14. 3	0. 260
静坐	1. 7	1. 3	0. 024
睡觉	1. 2	0. 9	0. 017
站立	1. 8	1. 4	0. 026
游泳	20. 0	15. 7	0. 285
网球	7. 1	5. 5	0. 101
走路	5. 0	3. 9	0. 071
举重	8. 2	6. 4	0. 117
摔跤	13. 1	10. 3	0. 187

(引自 Jack H. Wilmore，1994)

三、恢复与超量恢复

(一) 恢 复

1. 恢 复

恢复过程是指人体在体育运动结束后，各种生理供能和能源物质逐渐恢复到运动前状态的一个功能变化过程。运动时体内新陈代谢加强，不间断地代谢以满足运动时能源的补充需要，在运动中及运动停止后能量物质都在不断地进行补充和恢复。

2. 促进人体机能恢复的措施

多种科学手段可以加速机体功能的恢复。

(1)活动性手段：变换活动部位和调整运动强度；整理活动。

(2)营养性手段：能源物质的合理调配；三大营养物质摄取总量应以能满足机体代谢需要为依据；水和矿物质以及维生素的补充。

(3)物理手段：在大强度和大运动量训练之后，常采用按摩、理疗、吸氧、针灸、气功等医学物理手段加速机体恢复。

(4)睡眠：睡眠对生理功能的恢复是非常重要的，通过睡眠使精神和体力得到恢复。

(5)心理学手段：训练和比赛之后，采用心理调整措施恢复工作能力，能够降低神经-精神的紧张程度，减轻心理压抑状态，加快恢复消耗的神经能量，从而对加速身体其他器官系统的功能恢复。

(二) 超量恢复

超量恢复也称超量代偿。有关运动时和运动后休息期间能量物质消耗和恢复过程的超量恢复学说，是由前苏联学者雅姆波斯卡娅提出来的。她的研究证明：

(1) 在适宜的刺激强度下，运动肌糖原消耗量随刺激强度增大而增加。

(2) 在恢复期的一个阶段中，会出现被消耗的物质超过原来数量的恢复阶段，称为超量恢复。

(3) 超量恢复的数量与消耗过程有关，在一定范围内，消耗越多，超量恢复效果越明显。

此后，许多运动生化工作者对肌肉中磷酸肌酸、肌肉蛋白质、肌红蛋白、磷脂、酶活性的超量恢复过程进行了研究，进一步证实超量恢复的基本规律是客观存在的；并且不同物质超量恢复的速度不同。由此提出：①肌肉活动时消耗物质的超量恢复原理；②运动后恢复期物质恢复的异时性原理。

超量恢复的程度和时间取决于消耗的程度，在一定范围内，肌肉活动量越大，消耗过程越剧烈，超量恢复越明显。如果活动量过大了，超过了生理范围，恢复过程就会延缓。运动实践证明，运动员在超量恢复阶段参加训练或比赛，能提高训练效果和创造优异比赛成绩。

第二节　体育锻炼对体质健康的影响

一、体质概述

(一)医学界对体质的认识

体质是人类生命过程中独有的特性。体质最早来源于构成和组成，它的原始定义为：

某一个体的一切生物学特征的总和。《黄帝内经》对体质和体质养生有过详细的论述，《灵枢 通天篇》中就根据人体阴阳多少，并结合体态和体格特征，将人体分为“太阴”“少阴”“太阳”“少阳”和“阴阳和平”五种类型，并明确指出长期阴阳偏颇是病态的体质，只有经常保持阴阳相对平衡才是正常体质。在《灵枢・阴阳二十五人》中对人体体质类型作了进一步的论述，根据人的体形、肤色、性格、态度和对自然界的适应能力，把人体归纳为木、金、火、土、水五种类型；然后根据阴阳属性、五音太阴和手足之阳经的左右、上下、气血之多少，五脏六腑之五别，将上述5种类型又细分为25个类型。《黄帝内径》对体质的论述可以称为中国古代医学理论的经典，它不仅详细论述了体质的概念，而且还阐述了体质与自然、先天和后天因素的相互关系。

西方国家对体质的研究也有较长历史。Damon从不同的角度对体质进行了论述，指出体质对不同研究者有不同的含义：对临床医生而言，它意味着病人的生物学个体特征；对流行病学家而言，它是疾病过程中的宿主因素；对免疫学家而言，它是机体内各组织的特征和适应能力；对人类学家而言，体质意味着体格、环境适应力、疾病和行为的相互关系。所以，体质研究归属哪一类学科范畴，至今还众说纷纭。

不过，体质对于人类来说，其研究范畴就是针对人体结构和功能之间的相互关系。所以，体质是指群体和人体在遗传和环境的影响下，有机体在生长、发育和衰老过程中形成的结构、机能和代谢上相对稳定的特殊状态；这种特殊性决定了机体生理反应的特异性，机体对某种致病因素的易感性和所产生病变的倾向性。

医学界对体质的认识，强调了体质研究的重点是个体的特殊状态，带有共性特征的群体体质是建立在个体特征基础上形成的普遍规律；人体体质特征是从受精卵就开始形成，并伴随个体的生长、发育和衰老的全过程；且体质形成的机理是遗传和环境共同作用的结果。但是，该定义忽略了心理状态对体质的影响，认为心理特征属于心理学范畴，属于气质问题，不应该纳入人体体质学研究范畴。

（二）体育界对体质的认识

1. 研究现状

“体质”是中国体育界关注和研究健康问题的一个独特视角。从1995年国务院颁布《全民健身计划纲要》以来，“全民健身，利国利民，功在当代，利在千秋”已经成为我国推行“全民健身计划”的标志。在过去的20世纪中，中国为了增强人民体质做了许多卓有成效的工作：1979年，首次进行“中国青少年儿童身体形态、机能和素质的研究”；以后，在1985年、1991年、1995年和2000年分别进行了四次全国范围的学生体质和健康调研。此外，“1993年全国职工体质调研”和“1997年成年人体质监测”使我国体质研究领域扩展到成年群体。1999年，由科技部资助的国家“九五”重点攻关课题——《中国国民体质监测系统的研究》的完成，标志我国体质研究从事走上了系统化和科学化相结合发展的道路。2000年，国家体育总局会同11个部委局在全国31个省（自治区、直辖市）首次完成了全年龄段（3～69岁）国民体质监测工作。21世纪初，由科技部资助和启动的“十五”重点攻关课题——“中国国民运动健身指导系统的研究和应用”更是预示着中国将建立完善的国民体质诊断、评价和运动处方系统。

2. 定　义

“体质是人体的质量，它是在遗传性和获得性基础上表现出来的人体形态结构、生理功能和心理因素的综合的、相对稳定的特征”。该定义充分强调了遗传是人体体质形成的重要因素，并对其发展提供了可能性；但是，人类的生存、发展和变化又与内外环境（包括自然和社会）有着密切的联系，并受到制约。

3. 研究内容

体质研究主要包含以下5个方面的内容：

（1）身体的发育水平：主要包括体格、体型、体姿、身体成分和营养状况等。

（2）身体的机能水平：主要包括机体的新陈代谢状况和各器官、系统的效能等。

（3）身体的素质和运动能力水平：主要包括速度、力量、耐力、灵敏、协调，以及走、跑、跳、投等身体的基本活动能力。

（4）心理的发育水平：主要包括智力、情感、行为、感知觉、个性、性格和意志等。

（5）适应能力：主要包括对自然环境、社会环境、各种生活紧张事件的适应能力，对疾病和其他有碍健康的不良应激原的抵抗能力或抗病的能力。

4. 特　点

中国体育界对体质的认识具有以下鲜明的特点：首先，比较注重机体是一个统一的、相互联系的整体，体质是构成人体各要素能力的一种综合体现，是人们生活和劳动的物质基础，是发展生产力的一种主要潜能；其次，强调了体质是人体身心两方面密切联系的结果；第三，在承认遗传因素对机体作用的同时，强调了后天塑造的重要性；不同种族、民族、地域，以及不同性别、年龄的群体和个体，其体质发展既有规律性，又有特殊性，不应该是一个模式；第四，群体和个体的体质评价，应该从上述5个方面综合考虑，特别是儿童青少年群体；第五，既强调身体素质和运动能力是体格发育与生理功能水平的主要外在表现，又强调科学合理的体育锻炼是增强体质最有效的能动手段；第六，充分说明了体质研究是一个复杂的系统工程，就其研究内容上看，各学科之间的相互交叉、相互联系非常密切。

总之，体育界对体质的认识奠定了中国体质研究的基础，中国体质学是建立在解剖学、生理学、生物化学、医学、生理学、心理学、社会学等学科基础理论之上的一门综合性应用学科。

（三）欧美国家对体质的认识

欧美国家对体质研究非常重视。以美国为例，“体质是一种可以换回最多东西的投资”就是美国人对体质研究的一种独特评价。1980 年，AAHPER 出版的《Health – Related Physical Fitness Test Manual》，认为“fitness”能应用在不同的目标（different goals）上，如在疾病的预防，日常生活效率和能力的评估，以及评价在一定水平上（如跳舞和运动等）保持身体活动的能力，及其评价心理健康和社会适应等方面；并明确指出具有良好体质状况的群体和个体为了维持高水平的生活质量（quality of life），除了满足上述条件外，还应具备高水平的心肺功能，适中的体脂含量，较好的肌肉力量、耐力和柔韧性、精神健康和良好的社会关系，轻松自如地应付日常生活和工作，影响健康的高危险行为较少等。

1. 定　义

“physical fitness”中译文有“体质（中国内地）、体适能（港澳台）、体能、体力。欧美国家对“physical fitness”认识还存在不同的观点，如在德国将其称为“工作能力”（leistungs fahigkeit），法国称为“身体适应性”（physical apitude）。美国运动医学学会（ACSM）将“physical fitness”定义为：“机体在不过度疲劳状态下，能以最大活力愉快地从事休闲活动的能力，以及应付不可预测紧急情况的能力和从事日常工作的能力。”属于“身体适应能力”，该定义强调了体适能是人们能有效的从事需要活力的工作和休闲活动的能力，而不是观赏电视。

美国健康、体育、休闲活动协会（AAHPER）则将“physical fitness”定义为：“个体的运动能力”。认为体能好的人应该具备：①应用现代医学知识的能力；②身体器官健康；③拥有足够的体力和活力应付突发事件及日常生活；④具有团队意识和适应团队生活的能力；⑤具有良好的社会知识；⑥具备全面参加日常活动所应有的态度、价值观和手段；⑦具备健康的精神状态和社会道德。

总之，欧美国家将体质视为身体适应生活、运动和环境（如温度、气候和疾病等）等因素变化的综合能力。体质（或体适能）较好的人在日常生活、工作、劳动和运动过程中，均有较佳的活力及适应能力，不会轻易疲劳或产生力不从心的感觉。

2. 构成要素

ACSM 认为，体适能由“健康体适能”和“技能体适能”组成。

（1）健康体适能：与健康有密切关系的体适能，是指心血管、肺和肌肉发挥最理想效率的能力。它不仅是机体维护自身健康的基础，而且还是机体保证以最大活力完成日常工作和降低慢性疾病危险因素出现的条件。其主要内容如下：

① 心肺耐力。心肺耐力是指肌肉、神经、循环和呼吸等系统维持长时间活动的能力，也可称为有氧耐力（aerobic fitness）。一般情况下，高水平的有氧耐力既可以保持机体在相对疲劳状态下持续工作的能力，又可以协助消除疲劳。心肺耐力被认为是健康体适能中最重要的要素，经常参加有规律的有氧锻炼，将有助于降低许多与长时间坐位工作有关的健康危险因子。

② 身体成分。身体成分是指构成身体的各种物质及其比例，一般包括身体脂肪量和瘦体重。瘦体重包括肌肉、骨、水、血液和其他非脂肪组织。身体成分一般用体脂%表示。

③ 肌肉和肌肉耐力。肌肉是指肌肉群在对抗阻力的条件下，全力完成 1 次最大收缩的能力。如：卧推和负重深蹲。

肌肉耐力是指大肌肉群在最大强度下，保持持续收缩的能力。良好的肌肉耐力可以确保机体在不疲劳的状态下，反复从事各种活动。一般采用持续工作的次数、距离和时间来评价。如仰卧起坐、俯卧撑等。

④ 柔韧素质，是指在无疼痛的条件下，关节自如活动的范围，也可称为可动性。一般受到关节周围肌肉群和韧带伸展性的制约，它是保持运动能力、降低受伤几率、防止运动意外伤害事故和腰腿疼痛的主要条件。一般采用坐位体前屈或站立体前屈表示。

(2)技能体适能：是指与动作、舞蹈和体操等表现有关的运动技术能力。一般包括灵敏、平衡、协调、速度、爆发力和反应时间等。该要素一般受遗传的控制，是从事各种运动项目(如网球、足球、排球、棒球和高尔夫球等)的基础。然而，目前还没有证据表明这些要素与增进健康和预防疾病有直接的关系。如身体协调性好的人群并不比差的人群存活时间长或患病机会少。

二、健康概述

(一)健 康

健康的概念是随着人类对客观世界认识的不断深化而改变的，过去，由于受传统观念、世俗文化，以及科学技术和医学发展的限制，人们对健康的认识单纯理解为“无病、无伤和无残”或“健康是机体的一种动态平衡状态”等，并将“没有疾病”作为衡量健康的唯一标准。显然，以上观点都具有消极的成分，都不能准确的反映健康的本质或全部。

世界卫生组织(WHO)于1948年，在《WHO卫生宪章》中首次给健康明确了含义：“健康不仅是免于疾病和衰弱，而是保持体格方面、精神方面和社会方面的完美状态。”此后，WHO在1978年9月召开的国际初级卫生保健大会通过的《阿拉木图宣言》中由重申了健康的含义，指出“健康不仅仅是没有疾病或不虚弱，而是包括身体、心理和社会适应等方面的良好状态”。并同时指出：“健康是基本人权，达到尽可能的健康水平是世界范围内一项重要的社会性目标。”

(二)亚健康

自从人类步入现代文明社会以来，由于环境因素的急剧改变、不良个人行为和生活方式的出现，以及人类还将面临许多慢性退行性疾病的挑战，都将会促使个体产生身体、心理乃至精神方面的功能障碍，并由此造成了机体始终处在一种不良的状态中。WHO指出：21世纪威胁人类健康的“头号杀手”就是“生活方式病”，即所谓的“亚健康”。目前，关于“亚健康”还缺乏统一的认识，普遍认为“身体虚弱就是亚健康”，表现为身体活动能力下降，时感疲劳、失眠、心情压抑及社交障碍等。WHO估计全世界有约60%的人处在“亚健康”状态中，并建议改善亚健康状态，最积极、最有效的手段就是改变个人不良行为、倡导健康的生活方式。其中，积极参加体育锻炼就是提升生活质量最有效的手段之一。

(三)理想健康

人人渴望健康，追求健康已经成为时代发展的必然趋势。WHO所倡导的多元健康观已经将健康的内涵大大扩展，突破了传统健康模式和医学范畴。健康是人类拥有的最基本权利，也是人类体现其社会价值最重要的标志。所以，学者们为了进一步强化健康的本质和彻底改变传统健康评估体系，提出了一个促进健康的终极目标——理想健康或健全健康。

理想健康是指个体致力于维持健康状态，并充分发挥自己最大潜力，以达到“身心合一”的整体完美。理想健康的提出其目的就是强调人们要想获得健康的终极目标，除了要摆脱疾病的威胁以外，还要积极地改善自身的社会、心理、教育、运动和营养状态，使其真正获得生理、心理和社会“三维”健康，并享有完美的生活。所以，理想健康包含了很多层面的内容，与其说它丰富了健康的本质，倒不如说是强调了获得健康的途径。

（四）影响健康的因素

研究证实，个体和群体的健康是伴随生存时间的延长逐渐改变的，一个人从出生到死亡，每一个人都会表现出起伏不定的健康曲线，而影响这一过程的主要因素为遗传和环境。

（1）遗传：人们是否能达到健康目标，在一定程度上取决于遗传控制。遗传是决定或限制健康状态表现的直接因素，许多人健康或不健康就是由各自的遗传潜力决定的。然而，遗传对健康的制约因素到底是多少，遗传到底是会“毁灭”健康，还是“维护”健康，目前还无法准确的判断。不过，一旦遗传发挥作用，常常会引发许多不可逆转的疾病。如血友病、色盲和其他家族性遗传疾病等。

（2）环境：环境因素可在不同程度上影响遗传所赋予健康潜力的发挥，并最终决定健康可能达到的程度。如保持良好的精神状态和积极参加体育锻炼就会对健康产生十分有益的影响。但是，许多环境因素却对健康产生负面影响。如人体长时间暴露在污染的空气、水质和土壤等危险的工作环境中，造成了许多致病微生物直接侵入机体，引发各种不可预知的疾病。

此外，在诸多环境因素中，现代社会发展带来人们许多无法回避的问题。如工作条件的改善，使越来越多的人习惯于久坐的工作，严重缺乏运动；吸烟、酗酒等不良生活习惯的养成，以及过分控制饮食、忽略健康教育等都是严重制约健康的主要因素。所以，在这样的背景下，个人生活方式和态度是造成个体健康状态显著下降的主要因素。由此可见，要获得理想健康状态，其主要挑战在于如何改善个人的生活方式和行为，促进生活质量的提高，这样才能明显降低健康的危险因素，最终使机体获得整体的完美状态。

所以，我们认为影响健康的主要因素是环境，其次是生活方式、医疗卫生和生物遗传等因素。

三、身体活动、健康和运动缺乏病

（一）运动缺乏病

根据美国疾病预防和控制中心（Centers for Disease Control and Prevention，CDC）和运动医学学会（American College of Sports Medicine，ACSM）的调查报告，美国有250 000的人因久坐造成体质明显下降；美国人中有30. 5%的人“不参加运动”，28. 5%的人“参加运动不规律”，尤其是成年人群中有60%的人不参加规律的身体活动，而有规律地参加体育锻炼仅占成年人25%。“身体活动不足”被认定是心脏疾病的重要危险因素。WHO也将运动不足和严重缺乏运动列为导致心血管疾病的主要危险因素。我国国民体质监测中心（2000）的调查结果也显示，在我国中青年（30～55岁）群体中，不参加体育锻炼的人数占60. 1%（男性）、64. 2%（女性），明显高于参加锻炼的人数。由此可见，“活动不足”已经成为危险现代健康的重要因素。

1. 定　义

“运动缺乏病”是指由于身体活动所导致的部分慢性疾病的总称。个体由于不经常参加体育锻炼，结果导致运动缺乏综合病的出现，表现为高血压、高胆固醇、肿瘤、肥胖、肌肉—骨骼系统失调等疾病。

2. 对健康的危害

许多研究证实，身体活动和锻炼不足，以及久坐的生活方式会导致身体产生许多不良反应，从事规律的身体活动和锻炼将有助于预防许多慢性疾病和早衰现象的发生，并维持高水平的生活质量。

（二）身体活动和体育锻炼的健身效果

身体活动是指身体在骨骼肌收缩下保持身体移动和持续消耗体内能量的过程。

体育锻炼是指有计划、有组织、反复进行的身体活动，其目的是增强或保持体质和健康水平，属于身体活动的一种。

身体活动和体育锻炼对健康和构成体质各要素水平的增强作用与活动内容有直接的关系，部分适合个人参加的项目（如跑步、自行车、登楼等）对增强体质的作用较强；但是，诸如篮球、乒乓球、高尔夫球、排球等需要一定技能的项目，对体质增强的作用不十分明显。因为，这些项目对心脏、肺脏和肌肉系统的刺激作用，还不能促使它们表现出积极的变化，这些运动一般只能维持身体的健康状态（表2-3）。

表2-3 身体活动和锻炼的健身效益

1. 促进心肺功能的提高	增加最大吸氧量降低次最大强度运动的心肌耗氧量、心率和血压增加乳酸阈值增加心肺耐力和骨骼肌内毛细血管数量
2. 降低冠状动脉疾病危险因子	降低安静时收缩压和舒张压降低血胆固醇和增加高密度脂蛋白含量降低体脂肪量，尤其是腹部脂肪量降低胰岛素的需求量，改善葡萄糖耐受力
3. 降低致病率和死亡率	慢性心血管疾病、肿瘤和Ⅱ型糖尿病
4. 其他相关效益	降低焦虑和忧郁增加幸福感提高工作、娱乐和运动的能力

注：资料来源于《ACSM's Guidelines For Exercise Test and Prescription》Sixth Edition。

（三）身体活动和锻炼模式（举例）

美国疾病预防和控制中心（CDC）的研究证实，从事中等量的身体活动和锻炼对促进健康的作用最明显，“中等量身体活动”是指每天能消耗627.8千焦耳能量或每周消耗4185.5千焦耳能量的运动。从事这样的活动能够使50%的人明显降低慢性心脏病的发病率，30%的人降低高血压、糖尿病和肿瘤的发病率。所以，ACSM推荐：体质和健康来源于规律的身体活动和体育锻炼，并提出一个“简单锻炼”模式，即每周至少从事3次、每次30分钟、强度适中的体育锻炼或身体活动。常用的中等身体活动和锻炼模式见表2-4。

表2-4 常用的中等量身体活动和锻炼模式

较低强度、长时间的锻炼模式	较高强度、短时间的锻炼模式
擦汽车45~60分钟	游泳20分钟
擦窗户和清洁地面45~60分钟	参加篮球比赛20分钟
打排球45分钟	骑自行车4英里15分钟
打手球30~45分钟	跳绳15分钟
整理花园30~45分钟	跑步1.5英里15分钟（速度：10分钟/英里）
步行1.75英里35分钟（速度：20分钟/英里）	铲雪15分钟
投篮练习30分钟	上下台阶15分钟
跳韵律操30分钟	
散步2英里30分钟（速度：15分钟/英里）	

注：资料来源于USA，Dept. of health and human services，1996，Physical Activity and Health：A Report of the surgeon General。

（四）不同锻炼方式对体质的影响

正如前述，体质是隶属于人体的一组“属性”是保证完成身体活动的基础。ACSM强调：身体活动和锻炼的主要目的就是维持和提高个体完成日常工作的能力，以及明显降低“运动缺乏病”。

根据体质的构成要素，个体在选择锻炼内容时，应该重点考虑该活动内容是否具备改善心肺耐力、肌力和肌肉耐力以及保持适当身体成分的功效；同时，是否还兼顾具有降低心脏病、肿瘤、高血压、骨质疏松等慢性疾病发生的功效。ACSM 推荐的活动内容和主要功效见表2-5。

表 2-5　身体活动内容的选择和功效

身体活动	有氧耐力和身体成分	肌力和肌肉耐力	备注
有氧体操★	4	4	中等强度
篮球	4	2	比赛强度
自行车★	5	3	快速
划船★	5	4	中等强度
循环力量训练	2	5	
手球	4	3	比赛强度
高尔夫、快走	3	2	负重
壁球	4	3	比赛强度
跳绳	4	3	中等强度
游泳★	5	4	
网球	3	3	比赛强度
越野跑★	5	4	中等强度
登山	5	3	

注：1＝没有作用；2＝有部分作用；3＝一般作用；4＝较好作用；5＝很好作用；★为 ACSM 推荐采用的活动内容（引自《The Exercise－Health connection》）。

四、体育锻炼与体质评价

（一）身体活动能力的评价

为了更有效地让普通人群在参加健身锻炼前，了解身体活动能力的强或弱，部分欧美学者提出了一个简单评估模式——即活动指数。该指数从锻炼强度、持续时间和锻炼频率三个方面，对个体参加锻炼的基本情况进行评估，以使人们明白“需要参加多少运动”。活动指数的内容和评价见表 2-6，评价标准和体质类型见表 2-7。

表 2-6　活动指数的内容和评价

	得分	日常活动		得分	日常活动
锻炼强度	5	持续的深呼吸和大量排汗		2	10～20 分钟
	4	间断的深呼吸和排汗，如网球和壁球		1	10 分钟以下
	3	适度的深呼吸和排汗，如休闲运动和自行车	锻炼频率	5	每日或几乎每日
	2	中等的呼吸和排汗，如排球和垒球		4	每周 3～5 次
	1	轻微的呼吸和排汗，如钓鱼和行走		3	每周 1～2 次
持续时间	4	30 分钟以上		2	每月几次
	3	20～30 分钟以上		1	每月几乎不

表 2-7 评价标准和体质类型

总分	评价	体质类型
100	具有很好的锻炼习惯和运动能力	高
80～100	具有较好的锻炼习惯和运动能力	较高
40～60	具有一般的锻炼习惯和运动能力	中等
20～40	锻炼习惯和运动能力较差	较差
20 以下	锻炼习惯和运动能力很差	很差

注：总分＝锻炼强度×持续时间×锻炼频率（引自《Fitness and Health》Fouth Edition）。

（二）体质评价方法和运动方案

1. 心肺耐力和有氧运动

（1）评价意义：一个人的运动能力和竞技表现主要取决于心血管、肺和骨骼肌系统的功能，心肺耐力水平是维持健康和体质的基础。因为，低水平的心肺耐力可以增加慢性疾病的发生率和死亡率；相反，高水平的心肺耐力不仅会明显降低患病率和死亡率，而且，还常常伴有高水平的身体活动能力。所以，具备高水平的心肺耐力是增强体质和促进健康的重要条件。

有氧运动是由 Kenneth H Cooper 博士于 1968 年倡导的，并迅速风靡了整个世界。有氧运动是指身体大肌肉群反复从事持续的、有节奏的，且能够持续较长时间的活动。机体在运动过程中，吸入的氧气量能够满足运动中的消耗，不会造成体内乳酸的大量堆积。快走和慢跑就是典型的有氧运动。值得注意的是身体中小肌肉群的反复工作不属于有氧运动，如弹琴、织毛衣等。

（2）评价方法和常用指标：评价心肺耐力指标是最大吸氧量或最大有氧能力。最大吸氧量是指个体在运动过程中，机体最大摄取氧气的能力。评价心肺耐力的方法有实验室环境下的测试和场地测试。实验室测试常用的指标方法包括台阶实验检测、跑台测试和功率自行车测试。场地测试包括 12 分钟跑和 1 英里快走测验。

（3）有氧运动方案：ACSM 推荐的典型有氧运动模式为：每周 3～4 次，每次 20～60 分钟，采用 50%～80% 最大吸氧量（或 60%～90% 最大心率）的强度进行；可以采用的运动形式有：快走（WALKING）、慢跑（jogging）或快跑（running）、游泳、自行车、登山、上下楼梯、跳绳、有氧体操和“连续性柔软体操”等。经常从事有氧运动可以有效地降低慢性心脏病、休克、肿瘤、糖尿病、高血压、肥胖、骨质疏松的发病危险，同时，还可以明显的改善焦虑等心理不良现象。

2. 身体成分和体重控制

（1）评价意义：身体成分的测量和评价一直被医生、教练员和体质专家作为评价健康、运动能力和体质的主要依据，特别是对于成年人和老年人群。大量流行病学调查证实，肥胖是引发心血管疾病、高血压、高血脂、糖尿病和骨关节病等疾病的危险因子，也是导致运动伤害和运动能力低下主要因素。研究证实，肥胖是慢性心脏病长期的、独立的危险因子。所以，身体成分保持“理想水平”或维持体重在正常范围将是保持体质水平和避免疾病发生的基础。

（2）评价方法和常用指标：身体成分一般采用体脂% 表示，成年男性“理想的”比例为 15%，女性为 20%。肥胖是指体脂% 超过了理想标准，体脂在体内过度的堆积。ACSM 建议：体脂% 大于 25%（男）和 32%（女）就可以初步确定为肥胖。

体脂评价方法一般包括水下称重法和人体测量法。下面重点介绍人体测量法。其中包括：

皮褶厚度法、身高标准体重、身体质量指数和腰臀比。皮褶厚度法是通过直接测量人体皮下脂肪(约占全身脂肪含量的60% ~80%)的厚度来推测体脂%。常用的测量部位有：胸部、腋下、肱三头肌、肩胛下角、腹部、髂前上棘、大腿和小腿皮褶等。身高标准体重是一个评价体重相对于身高来说是否存在“超重”或“体重过轻”的派生指标，适合评价相同年龄和性别的个体。但是，该评价方法无法区分引起体重变化的原因，如超重到底是由于肌肉含量过多，还是体脂含量过多。身体质量指数(boby mass index，BMI)BMI = 体重(千克)÷身高(米)。因测量方法简单，故运用广泛，比较适合大样本、群体和个体间比较。对于大多数人来说，BMI 超过 25 将会出现许多与肥胖相关的健康问题。但是，BMI 的评价结果还是无法准确说明超重是属于“过重”，还是“过胖”。所以，常常与皮褶厚度一同使用。近期的研究发现，身体脂肪的分布与健康有密切的关系，如果脂肪过多堆积在腰腹部，其患病(如高血压、Ⅱ型尿病、高血脂等)的危险性会大大增加，即所谓“向心性肥胖”比“梨形体型”的人更容易患各种慢性疾病。

除上述方法外，身体成分评价方法还有生物电阻抗法、双能量 X 光吸收法、核磁共振、计算机断层扫描等方法。

(3)体重控制方案：美国医学学会科学事务委员会对控制体重的推荐方案：预防是治疗肥胖的最佳选择，若已经肥胖要尽早治疗，并需要努力克服导致肥胖的不良生活习惯和危险因子，而运动、饮食控制与生活行为的修正为必须的条件，三者缺一不可。

ACSM(1991)建议控制体重的计划：成年人每日能量的摄入量不要低于 1 200 千卡，不要过度限制能量的摄取，以免造成营养不良；每日摄取的能量要低于所消耗的能量，达到负氮平衡；每周减少体重的量不要超过 2 千克，体重要逐渐降低；尽量调整和改变导致肥胖的不良饮食习惯；从事有规律的有氧运动(如快走、慢跑、游泳和骑自行车等)，每日的运动要消耗 300 千卡以上的能量；提供的饮食和运动计划，要充分考虑受试者能够持续不断地实施，最终使他们的体重处于理想的状态。

3. 肌肉力量和负重练习

(1)评价意义：20 世纪 90 年代以后，ACSM 倡导均衡发展“健康体适能”，建议除了提高心肺耐力以外，还要重视肌肉力量的提高，并指出：肌力和肌肉耐力是“健康体适能”的重要组成部分，从事规律的负重练习对增强体质具有十分重要的意义，具体表现在以下几个方面：① 将有助于提高或维持骨密度，避免骨质疏松的发生；②优化身体成分，促进瘦体重增加；③改善神经对肌肉的控制能力，促进肌肉发达，维持肌肉质量；④强化软组织(如肌腱)的强度，对于老年人群来说，还可以减缓腰背疼痛和行动迟缓等；⑤改善自我意识，强化自信心，并增强完成日常工作的能力。

但是，还没有证据发现，负重练习可以明显地降低慢性疾病(如 CHD、糖尿病等)的发生率和提高有氧能力。

总之，经常从事负重训练对维持理想体重、保持优美身材，预防运动损伤和提高生活质量具有重要的作用。

(2)评价方法和常用指标：肌肉力量的评价包括两个方面：肌力和肌肉耐力。在评价时，常常受到检测部位、肌肉收缩类型(静力、向心和离心)、肌肉收缩速度(慢速或快速)，动作速度或关节运动幅度，以及测试仪器的影响。所以，目前还没有一个单一的评价模型能够对全身肌肉力量和耐力进行评估。

肌肉等长收缩的评价指标有握力、腿力和背力等。肌肉等速收缩量力量常用的评价指标有：峰值力矩、最大做功和平均功率等。ACSM 推荐的肌肉等张收缩力量常用的评价方法是 1-

RM(1-repetiting maximum，最大重复次数)测试。

肌肉耐力是指肌肉群重复工作的能力，可以采用肌肉群在一个固定负荷下重复收缩的次数和维持一定重量的持续时间或重复次数来评价。ASCM 针对普通人群的标准评价方法是俯卧撑(push-up)和仰卧起坐(curl-up)。具体要求见表 2-8。

表 2-8 俯卧撑和仰卧起坐的测量

俯卧撑
1. 男性采用标准动作：手与肩同宽，躯干保持伸直，脚趾着地；
2. 女性采用“跪式“俯卧撑：膝关节弯曲，着地，小腿抬起，手与肩同宽，躯干保持伸直，抬头；
3. 身体下降直到下颌触地，但是腹部不能触地；
4. 不管男性和女性，在动作的全过程，躯干必须伸直，撑起直到手臂伸直；
5. 记录完成规范动作的最大次数，并以此评价受试者的肌肉耐力。
仰卧起坐
1. 受试者呈仰卧位，膝关节屈 90°，手臂自然放在体侧；
2. 跟随节拍器(40 次/分钟)的节奏，受试者抬起躯干，使肩离地，后背与地面呈 30°；然后后背还原；
3. 记录受试者完成动作的最大次数，并依此评价肌肉耐力。

(3)负重练习方案：

①制定负重练习的原则。负重练习的原则包括超负荷原则和特殊性原则。超负荷原则即施加的负荷要超过机体组织、器官所能承受的正常负荷；尤其是当肌肉适应该负荷以后，要循序渐进的递增负荷，以促进肌肉功能的进一步提高。特殊性原则是指负重练习计划要有针对性。例如，采用大重量的练习计划，会促进肌细胞体积增大，使肌力得到发展；相反，如果采用轻重量，多重复次数，肌细胞产生能量的能力会得到加强，即促进了肌肉耐力的提高。

②渐进负重练习计划(progressive resistance exercise，PRE)。ACSM 推荐发展肌力的计划为：负重 4~8RM，2~3 组，每周 2~3 次。当每组能够完成 8 次以上后，增加负重和训练组数。ACSM 推荐发展肌肉发展耐力的计划：负重 15~30RM，2~3 组，每周 3 次。采用 PRE 计划进行上肢肌群练习的起始重量为体重的 1/4~1/3；如体重为 180 磅，则起始重量为 45~60 磅；采用 PRE 计划进行下肢肌群练习的起始重量为体重的 1/2~2/3。如体重为 180 磅，则起始重量为 90~120 磅。

4. 柔韧素质和伸展练习

(1)评价意义：柔韧素质是健康和体质的重要组成部分。柔韧素质反映人体各关节的活动幅度，它不仅是运动能力的基础，而且还是人们完成日常工作和进行锻炼必备的能力。保持良好的柔韧素质对维护健康，提升锻炼效果是相当有益的。值得注意的问题是，随着现代社会的不断进步，社会老龄化和长期缺乏运动日渐突出，造成关节周围软组织弹性和肌肉伸展性明显下降，结果会促使人们活动效率大大降低，可能还会引发运动伤害事故。比如，困扰现代人的“后背疼”(low back pain)就是腰背部和大腿后群肌肉伸展性不足，肌肉耐力较差造成的。所以，拥有良好大柔韧素质不仅可以为身体活动提供重要的保障，而且对降低疾病的威胁也大有益处。

不过，人体各关节的活动幅度都是有限度的，活动范围太小，对完成动作不利；反之，也容易造成更大的伤害，因为柔韧素质过度，也会造成关节结构不稳，这样对从事体育锻炼极为不利。

（2）评价方法和常用指标：柔韧素质（flexibility）是指人体在完成动作过程中关节的最大活动幅度。可以区分为静态和动态两种，前者可用最大活动幅度反映，后者常用转动力矩表示。研究证实，柔韧素质受到关节周围组织（关节囊、韧带、肌腱等）紧张度（tightness）、肌群黏滞性（viscosity）、年龄、性别等因素的影响，所以，对柔韧素质的评价具有一定的局限性，目前还没有一个独立地测试方法可以准确的评价全身柔韧素质。

常用的评价方法有直接测试法和间接测试法两种，前者主要采用各种测量关节角度的仪器进行，测试结构用"角度"表示；后者采用一些简单仪器进行，经常测试部位包括：躯干、髋关节、下肢、肩关节等。直接测试法是指应用测角仪测量关节转动的幅度或程度，用"关节角度"表示。测量时，选取待测关节常见的运动形式（如屈伸、内收、外展等），将测角仪对准关节轴的中心位置，并将其设定为"零点"，然后根据关节开始和运动结束的位置，记录关节转动的幅度，确定为ROM。间接测量法是指采用"线性测量"技术确定ROM，测量仪器简单，如带尺和坐位体前屈测试仪等。通过测量身体运动环节移动的距离来判定ROM。

ACSM（1995）推荐经典测验是坐位体前屈测试。该测验主要是评价腰背部和髋关节柔韧素质，采用坐位体前屈测试仪。受试者呈坐位，下肢伸直，双手缓慢前伸，记录手指向前滑动的距离。此方法简单，对测试仪器的要求不高，也可以采用带尺进行测量。但是，该方法测量有效性会受到测试对象身高、肢体长度、测量动作是否标准等因素的影响。

（3）伸展练习方案：伸展练习就是通过拉长肌肉，适当降低结缔组织的紧张度，从而达到维持和提高关节活动幅度的目的。伸展练习有两种类型：静态练习和动态练习。

①静态伸展练习：是采用缓慢的速度，逐渐拉长肌肉群，使关节活动逐渐达到较大（或最大）范围，并持续保持该姿势的一种练习。练习时，不要产生明显的疼痛感（关节可略感到紧）。练习时一般保持10～30秒。该练习由于动作伸展速度缓慢，肌肉产生的张力较小，施加的外力也是循序渐进。所以，提高柔韧素质的效果也较好，发生运动伤害事故的几率也较低。目前认为是维持和提高柔韧素质最好的方法，尤其是对中老年人群。

②动态伸展练习：是利用肌肉的反复收缩（还可施加一定的负荷），使关节尽量伸展到最大活动范围。该方法尽管对发展柔韧素质很有效，但是，由于动作速度较快，肌张力也较大，如果施加的负荷或动作幅度过大，超出了关节周围肌群和软组织所能承受的最大范围，将会造成不必要的损伤。尤其是对部分不经常锻炼的人群。

（4）伸展练习的注意事项：

①伸展练习前，要充分热身，可以采用短时间的慢跑或快走等。

②设计伸展练习动作时，要注意特殊性和循序渐进原则，不可超过个人关节的最大ROM，一定要避免产生明显的疼痛感。

③对于普通人群，尽量选择静态伸展练习，尤其对中老年和不经常锻炼的人群，确保锻炼的安全性。

④伸展练习还可以融入到有氧运动、负重练习的热身和整理活动中，也可以将其贯彻到日常生活的基本动作中；

⑤伸展练习时，要保持顺畅的呼吸，不可屏息和憋气。

（三）体质综合评价

1. 体质评价的基本形式

（1）体质评价的定义：测验（test）是了解体质构成要素特征和变化规律的一个重要手段，而评价就是在此基础上对测验结果的描述和价值判断。体质评价是指将体质测验结果对照相应的评价标准，对个体和群体的体质状况和水平进行判断的过程。

当需要对体质构成要素进行评价时，一般都要选择相应的测验手段获取测试数据。这一过程为量化；然后，将测试数据赋予一定的内涵，即“质化”，如“极好”“较好”“一般”“较差”“差”等，才算完成了一套完整的体质评价过程。因此，在对体质进行评价时，测验和评价是一个相辅相成，不可分割的一套程序。

(2)体质评价的基本形式：根据评价目的和内容的不同，包括以下几种形式：

① 对体质动态发展过程的评价：分为初始状态的评价、过程状态的评价和目标状态的评价。

② 对体质要素的评价：分为单项指标评价和多项指标综合评价。

③ 对评价指标的性质：分为定性评价和定量评价。

2. 体质综合评价

(1)综合评价的必要性和意义：正如前述，体质的本质就是从生物学、心理学和社会学等方面综合反映人体所固有的基本特征和状态。在生命过程中，形态、机能、素质、心理，以及对内外环境的适应能力都是寓于人体相互影响，相互依存的要素，缺一不可。正是因为如此，对体质进行综合评价是很有必要的。

从我国对体质研究的现状看，体质综合评价的意义在于，能够具体的了解和掌握个体或群体的体质状况，评价其发展水平，研究其发展规律；并鉴别增强体质的手段和检查其效果，为个体、群体，乃至国民从事科学健身提供重要的科学依据。

(2)体质综合评价的步骤和方法：体质综合评价是一个极为复杂的系统，它不仅涉及评价内容的确定，评价指标的筛选和检测，以及确定各类指标的权重，单项评分表和综合评分表的制订等内容。具体步骤和方法如下：① 评价内容的确定；② 评价指标的筛选和指标体系的建立；③ 评价指标的检测；④ 评价标准的制订。

(3)常见的体质综合评价体系(举例)：

① 中国国民体质监测系统——中老年人群(40 岁以上)测验方案(2000)：身高、体重、肺活量、台阶实验(不含 60 岁以上人群)、握力、坐位体前屈、选择反应时、闭眼单腿站立。

② 美国 ACSM 健康体适能测验方案(1992)：1 英里跑、伏地挺身、坐位体前屈、BMI。

③ 美国 AAHPERD 健康体适能测验方案(1982)：耐力跑、体脂%、屈膝仰卧起坐、坐位体前屈。

④ 台湾地区健康体适能测验方案：皮褶厚度、反应时、立位体前屈、握力、仰卧起坐、台阶实验。

第三章

科学锻炼身体的方法

健康的体魄是各项活动的基石。随着现代科学技术的飞速发展和物质文化生活水平的提高，逐渐把人们带进了缺少活动的安逸状态。当人们尽情享受现代文明成果时，因缺乏运动而造成的运动不足症对人类健康带来的危害却日益明显。2007 年《中共中央 国务院关于加强青少年体育增强青少年体质的意见》中指出，近期体质健康监测表明，青少年耐力、力量、速度等体能指标持续下降，视力不良率居高不下，城市超重和肥胖青少年的比例明显增加，部分农村青少年营养状况亟待改善。这些问题如不切实加以解决，将严重影响青少年的健康成长，乃至影响国家和民族的未来。2012 年教育部、发展改革委、财政部、体育总局联合颁布的《关于进一步加强学校体育工作的若干意见》中要求，各级各类学校要制订和实施体育课程、大课间（课间操）和课外体育活动一体化的阳光体育运动方案。要创新体育活动内容、方式和载体，增强体育活动的趣味性和吸引力，着力培养学生的体育爱好、运动兴趣和技能特长，大力培养学生的意志品质、合作精神和交往能力，使学生掌握科学锻炼的基础知识、基本技能和有效方法，每个学生学会至少两项终身受益的体育锻炼项目，养成良好体育锻炼习惯和健康生活方式。因此当代大学生应该掌握体育锻炼的基本理论，了解科学锻炼身体的方法，努力提高基本身体素质，养成终身参加体育锻炼的习惯。科学地进行体育锻炼不但能保证大学生身体全面健康地发展，而且有助于其顺利完成国家和学校规定的各项任务。

第一节　科学进行体育锻炼的基本原则

成功的实践需要有科学的理论作指导，体育锻炼的目的是增进体质健康，不科学的锻炼会损害健康。为了达到良好的锻炼效果，在体育锻炼中，必须遵循如下基本原则：

（一）自觉锻炼　培养兴趣

大学时代是人生的黄金阶段，在知识获取、心理成熟和身体发育上都有一个由量的积累到质的突破的渐进过程。学习任务比较繁重，时间非常紧迫。有关研究者在抽样调查中发现，在这一阶段中，大学生的体育锻炼呈现出复杂多样的局面。首先表现在不同性别之间的差异。男生比女生更能积极主动地参加体育锻炼，对某一个项目或若干项目能产生兴趣，无论在体育课上还是在业余锻炼时都表现得非常活跃、投入，并以此为乐。其次表现在相同性别之间的差异。大约有 85% 以上的男生好奇、好动，性格活泼，竞争意识强，表现欲望明显，能积极地参加体育锻炼，有良好的锻炼习惯，身体素质较好。而女生中这部分同学仅占总数的 40% 左右。不愿参加锻炼的同学中有的是因为对学校有条件设置的课程无兴趣。有的是身体素质较差，对一些项目信心不足，缺乏挑战性，只练习体育课程中要求测试的内容，不想深入练习，更不想研究自己到底有没有兴趣。有的则强调学习忙，没有时间。另外还有一些同学患有慢性疾病，上课跟不上进度，课下锻炼不得要领，对体育项目有畏难心理并长期得不到克服，进而越来越没有体育锻炼的兴趣等。总之，这些各种各样的动机会影响同学们锻炼的自觉性。同学们只有真正认识到体育锻炼的长远意义和现实作用时，才会把它转化为自身发展的一种需要，并在实践中进行有意识地自觉锻炼，慢慢地摸索出适合自己的锻炼项目和锻炼方法，培养练习和探索的兴趣。只有这样，才能产生从事体育锻炼强大而持久的动力。毛泽东在《体育之研究》一文中指出："坚实在于锻炼，锻炼在于自觉。"正是说明了这个道理。

（二）全面锻炼　协调发展

全面锻炼身体是指锻炼时应使身体得到全面的发展，包括发展身体的各个部位、各个器官系统的机能以及各项身体素质的基本活动能力。大学生正处在青春发育期，各器官系统生长发育不均衡，全面发展各项身体素质是对他们身体的正常发育是非常重要的。高校体育课程的设置与考核都突出体现了这一要求。各种体育项目的锻炼对人体都有良好的影响，但由于具有不同特点，作用于肌体的效果就不完全一样。因此，参加体育锻炼时，尽量采用各种形式、手段、内容与方法进行全面锻炼。否则，身体素质的不协调发展，可以使一个短处抑制多个长处。如果没有各个器官系统机能水平的普遍改善，就不可能有某个器官系统机能水平的大幅度提高。由于每个学生的锻炼时间和体力都是有限的，因此应根据每个人的身体条件和爱好的不同，有针对性地选择行之有效的锻炼内容与方法。在锻炼时，不可能对每类项目都面面俱到，要分阶段有侧重点地进行选择搭配。要纠正单纯从兴趣出发，不重视全面锻炼的倾向。

（三）循序渐进　持之以恒

循序渐进的"序"是指身体锻炼的内容、方法与负荷大小的安排与加大应有合理的顺序，由易到难，由简到繁，由已知到未知。要想获得理想的锻炼效果，运动负荷增加不宜太快或太慢。运动负荷增加太快可能会造成过度疲劳或运动损伤，太慢又会限制身体素质的进一步提高。在安排运动负荷时，要遵循青少年生理机能活动规律。青少年身体机能水平随着年龄的增长有个自然增长的过程，并且在不同的年龄阶段不同身体素质增长的速度是不同的。因此在练习时，应循序渐进地安排各类项目，如先发展速度、后发展耐力和力量，负荷强度也要由小到大，要使各器官系统的活动和机能水平有一个逐步适应与提高的发展过程。不能操之过急，急于求成，否则不仅达不到增强体质，提高活力的目的，反而容易造成运动损伤和过度疲劳，阻碍身体的正常生长发育。循序渐进原则不仅体现在一段时间的系统锻炼上，而且也体现在一次练习中，如在练习前要做准备活动，练习后要做放松整理活动等。然而体育锻炼不能长时间地进行相同内容、相同负荷的练习。如果肌体连续多日承受定量负荷，就会从明显疲劳、肌肉酸痛的状态，逐渐变得轻松愉快起来，并出现各种机能节省化现象，这就是适应。当机体适应某种负荷后，要想获得进一步提高，就必须在原负荷的基础上，再增加负荷，否则锻炼效果就会不明显或逐渐减小，体能只能保持在原有水平上，因此体育锻炼应不断提高要求，逐渐提高运动量。同样简单地进行一、两次练习也不会产生明显的效果，体育锻炼还应坚持经常性原则，要把体育锻炼纳入日常作息制度中，使之成为必不可少的生活内容。即使因故中断练习，间隔时间也不要太长，否则锻炼效果的积累就会发生消退现象，降低体质水平。美国国家航空和宇宙航行局的科学家证实，肌肉一旦停止锻炼，退化之快是惊人的。一个人 3 天不运动，肌肉的最大力量就会丧失 1/5。在 48 ~ 72 小时之后，一个人必须使其肌肉再次"取得"所需的物理效果，否则就会前功尽弃，因此保持良好的身体素质是一个持续不断而且需要终身追求的漫长历程。

（四）实事求是　讲求安全

脱离实际，体育锻炼就没有科学性。《中华人民共和国体育法》规定，学校应当按照国务院教育行政部门规定的标准配置体育场地、设施和器材。然而目前在我国大多数高校，体育场地、设施和器材还远远不能满足在校学生体育锻炼的需要，短时间内难以完全改善这种环境。因此大学生进行体育锻炼应从实际出发，因人、因地、因时制宜。首先应考虑到个人的具体情况，如身体是否健康，有无心脏病、高血压等运动禁忌症；有无体育锻炼的实践经验与体会，对体育锻炼知识掌握的情况如何等。掌握这些情况是科学地进行体育锻炼的先决条件。高校体育教学一般要采取以下措施进行教学：男女生要分班上课，以便合理安排练习项目、练习量与强度。对有运动禁忌症的同学要区别对待，降低要求，这部分同学可参加学校设置的保健体育课。运动水平比较高、有培养前途的学生可参加学校运动队定期进行训练。只有这样，才能区别对待不同体质的学生。另外同学们在进行课外体育锻炼时，也要考虑自身的具体情况，合理安排体育锻炼。其次进行体育锻炼还要考虑到外界环境的实际情况，如场地、器材和服装是否安全、卫生；气候是否有利于锻炼等。实践证明，在气候条件很差的情况下锻炼身体，会由于人体不适应而对健康产生不良影响，甚至引起疾病。器材不安全也容易酿成重大事故等。

以上基本原则是有机统一体，不可分割。它们相互联系，相互制约。任何一种割裂它们之间联系的做法，对体育锻炼都是有害无益的。只有全面贯彻每一个原则，才能完全实现体育锻炼的科学化。

第二节 体育锻炼的内容与方法

(一)正确选择日常锻炼时间

1. 时 间

在一天之中选择合适的时间进行体育锻炼，对我们大学生是非常重要的。我们不但要根据每天的学习和生活时间来安排身体锻炼，而且还要考虑到当时的天气和环境情况。我们在紧张的学习工作之余，只有合理地利用业余时间进行锻炼，才会使生活变得更加绚丽多彩。由于大部分高校上午上课时间一般安排在8点，下午下课时间安排在大约4、5点，因此大学生除了在学校安排的体育课和课间进行锻炼身体外，也可利用的业余时间主要是清晨和下午课外活动时间。当然如果学校课程排不满，我们还有其他的时间可以进行选择。

清晨，是一天的开始。在公园内，街道上，操场里，我们经常会看到成千上万的人们以各种各样的形式进行着体育锻炼。由于人体从睡眠中醒来，大脑皮层处于由抑制转向兴奋状态。为了使人体快速地进入最佳工作状态，有组织地开始一天的学习和工作，这时进行一定的体育锻炼是很有必要的。夏、秋季一般在清晨5~6点，春、冬季6~7点起床进行体育锻炼效果较好。然而清晨进行体育锻炼，一定要量力而行。由于清晨5~6点时人的血压比较低，因此不宜做剧烈活动，活动量一般以微微出汗为主。如有心脑血管疾病的同学最好在太阳出来后或下午进行体育锻炼。如果有的同学晨练后，上午发困想睡觉，这是由于锻炼中不注意自己身体的实际情况，盲目增大运动量，使身体消耗过大，身体恢复的时间过长造成的。晨练后，也不要回宿舍睡“回笼觉”，这样既无益于健康，也会削弱锻炼效果。同时，清晨是一天中空气质量最差的时间。锻炼时要选择比较开阔的地带，远离污染源。

大学生最重要、效果最好的锻炼时间是下午的课外活动时间。环保专家研究证明，下午的空气质量较清晨好。人体经过一天的学习、工作后，无论在生理和心理能力上都进入了最佳状态，适合进行负荷较大的体育活动。

2. 周频率

周频率是指每周锻炼的次数。在一周内，究竟锻炼几次为好？根据日本池上晴夫的研究证明，一周运动 1 次，运动效果不积累，肌肉酸痛和疲劳每次都发生，运动后 1 ~3 天身体不适，易发生伤害事故。一周运动 2 次，疼痛和疲劳减轻，效果有一定积累，但不显著。一周运动 3 次，基本上是隔日运动，不仅效果明显，也不易产生疲劳。如果一周运动增加到 4 ~5 次，效果也有提高。根据国家体育人口标准，大学生在教师的指导下，坚持每天 1 小时体育活动者为一个体育人口。然而是否每日都参加运动最好？也不一定必要。因为只有小运动量或次日不留有疲劳的运动才是可取的。如果疲劳持续积累，运动效果就会降低。因此不同的人要根据自身的身体状况和运动习惯来选择适合自己的锻炼次数，但每周不应少于 3 次。

（二）合理选择运动项目

运动项目种类繁多，具有不同的锻炼价值。锻炼者从中找出适合自己的运动项目是科学锻炼的基本要求之一。在选择项目时，要注意以下几点：

1. 要根据自身的生理特点来选择运动项目

在不同的年龄阶段，各项运动素质增长的速度是不同的。某项身体素质增长速度快的年龄阶段，称为该项身体素质发展的敏感期。大学生正处在青春发育期，要根据身体素质的发展敏感期，有计划、分步骤地进行体育锻炼。如在青春发育中期，要选择一些速度力量为主运动项目，如短跑、短距离游泳等，以增强肌肉活动的强度。青春发育后期，身体各器官、系统的发育接近于成年人，体育锻炼可增加一般耐力、速度耐力等力量性练习如长跑、各种球类、俯卧撑、仰卧起坐、引体向上等，发展心肺功能。另外，大学生也可选择一些伸展性项目，如健美操、广播操、跳绳、跳皮筋、体操等练习，以发展机体柔韧、协调素质。

2. 在全面发展身体素质的基础上，根据兴趣来选择运动项目

参加体育锻炼时，要尽量采用各种形式、手段、内容与方法进行全面锻炼，包括各器官、系统的速度、力量、柔韧、协调等各项素质的协调发展。由于每个人都有自己所喜好的运动项目，在同一类项目中可以根据自己的兴趣来进行重点选择。如有好动性格的同学可以选择四肢参与比较多的体育运动，如轮滑、健身操等，好静的同学可以选择爬山、远足等运动。

3. 根据自身的体质情况和锻炼基础来选择运动项目

如果发育正常、身体健康的人，可选择一些激烈、运动量较大的运动项目，如球类和各种跑的项目。如果身体有残疾或其他运动障碍的人，要参加运动量较小的运动项目，如慢跑、太极拳、太极剑等项目。另外选择锻炼项目时，还要考虑到对该项目是否了解，是否有一定的锻炼基础来定。实践证明，大学生选择锻炼项目时，往往对自己有一定锻炼基础的项目更感兴趣。

4. 根据学校的学习生活状况和锻炼环境来选择运动项目

大学生由于学业负担重，经常采用坐姿进行学习。时间久了，就会出现腰酸背痛、疲劳乏力、视力下降、工作效率不高等症状。大学生要在实践中针对自己的学习生活状况，采用与自己的学习生活节奏互补的体育运动来进行锻炼。如在学习一定的时间后，可以通过一些体育活动来进行积极性休息，如做课间广播体操，眼保健操、游戏、舞蹈及慢跑等。有助于消除学生在学习中产生的疲劳，使原来持续兴奋的大脑细胞得到完全、充分的休息，防止身体畸形，提高视力与学习效率。如果长时间采用坐姿进行学习，就会使大量血液滞留在下肢静脉血管中，造成下肢血流不畅。在这种情况下应选择一些以锻炼下肢为主的项目如各种跑类、跳类、球类等练习，有助于血液循环。以脑力劳动为主的大学生，应该选择容易恢复大脑疲劳、轻松愉快、节奏感强的有氧运动来进行体育锻炼。

5. 一般体育锻炼项目

目前在健身界把影响身体健康的素质称为身体健康素质，它们包括身体成分(体脂百分比)、心血管系统的功能(有氧耐力)、肌肉的力量与耐力(维持日常的工作与生活所必须具备的能力)、关节和肌肉的柔韧性(伸展运动)。大量的实验证明：身体健康素质与人的身体健康二者的相关系数最高。

(1)有氧运动的耐力性运动项目：健身走、慢跑、走跑交替、长距离游泳、滑冰、跳绳、上下楼梯及室内功率自行车、跑台等。

其中，跑步是最常见最容易掌握、最不讲究场地设备的锻炼方法。长距离、长时间的慢跑可以改善人体呼吸系统和心血管系统的功能，发展耐力素质，培养顽强的意志及克服困难的毅力和精神。下面介绍几种练习的方法：

定时跑：用中等速度在田径场或野外进行。如 5 分钟跑、10 分钟跑、12 分钟跑、1 小时跑等。

间歇跑：在一次或一组跑的练习之后，按照严格规定的间歇时间进行积极性的休息，当心率下降到 120~140 次/分时进行下一次练习。如用 4×400 米，间歇 5 分钟。

重复跑：在一次跑的练习中，通常采用接近比赛的强度进行练习，两次练习之间有足够的间歇时间。一般说来，间歇时间为练习时间的 2~3 倍，心率在 110 次/分以下。

变速跑：采用慢跑与中速跑、快速跑相结合的方法进行练习。如：200 米中速跑 +100 米慢跑 +300 米中速跑 +100 米快跑等组合练习。也可采用走跑交替练习。

越野跑：泛指不在运动场跑道上，如在公路、公园、森林、海滨、河滩等进行的中长距离跑。由于越野跑是在野外和利用不同的地形，因此锻炼的效果更好。同时还能弥补学校运动场地的不足。该类项目一般以集体的方式进行严密组织，也可个人进行，但要注意安全性。

由于青少年呼吸道和肺都很柔嫩，对致病微生物和急剧环境变化的抵抗能力较差，易受感染。因此在进行跑类项目练习时，要养成用鼻呼吸的卫生习惯和规律的呼吸节律。

(2)课间操、太极拳、形体运动和艺术体操等伸展性运动：该类项目属于有氧性伸展运动，通过这类运动可以使各关节得到充分伸展，肌肉、韧带拉长并增加其柔韧性、协调性。正处在生长加速期的大学生，应多进行一些增加肌肉强度的练习。

课间操的内容，除了做广播操外，还可以安排游戏、舞蹈和锻炼功能性的体操等简单易行的小型多样的体育活动。但课间操负荷量不宜过大，要保证以充沛的精力投入到以后的学习中去。

太极拳是我国的传统的武术项目，有着良好的锻炼效果。练拳时，以腰为轴，全身上下肌肉关节都可得到活动，从而促进了肌肉强健、关节灵活。其动作轻捷圆活、刚柔相济，练后身心轻松愉快，可消除焦虑，增加对事物的兴趣。加之练太极拳时要求气沉丹田，这必然导致呼吸匀细深长，胸腔负压增大，回心血流也增加，促进了血液循环，使得心肺功能加强，对消化系统也有着明显的改善作用。

形体运动和艺术体操节奏性较强，轻松活泼。不但能塑造人体良好的体型，培养优美的姿势和动作，而且能匀称和谐地发展人体。特别适合女大学生的生长发育特点与爱美心理需要。

(3)力量性运动：从训练学角度，人的力量素质可以划分为最大力量、快速力量和力量耐力三种类型。由于人体的力量素质训练是一个复杂的动态系统，其内部各因素之间存在着复杂的相互关系，各种具体练习手段的实际效果的有机综合则完整地构成了人的力量训练水平。德国、美国、俄罗斯等国的一些研究表明最大力量是基础，在很大程度上决定着快速力量的发展水平，对力量耐力也有影响。因此，人体只有具备一定的最大力量训练水平，才能有效地发展其快速力量和力量耐力。

(4)各种球类运动：能促进人体力量、速度、耐力、灵敏等各项身体素质的全面发展，提高分配和集中注意力的能力以及时空定位能力。

6. 提高身体素质

在神经系统支配下人体运动系统表现出的能力：速度、力量、耐力、灵巧性、柔韧性等。是人体体质重要内容。其中力量、速度、耐力是最基本的三项身体素质。身体素质发展得越充分，机体就能发挥出越大的活动能力，越能表现出良好的运动技能。

(1)力量素质：影响力量素质的主要因素：①肌肉的生理横断面。肌肉的收缩力与其横断面大小成正比。横断面越大，肌肉的收缩力越大。②肌肉收缩前的初始长度。在一定范围内肌肉收缩前的初始长度越长，收缩力越大。③机体的物质储备与供应条件。④神经系统的调节作用。

发展力量素质的方法：

等张力量练习：即用负重练习发展等张力为主要练习手段。这是最常用的练习。具体方法：①用接近本人极限负荷重量，重复1~3次，共2~3组，发展绝对力量。②用中等负荷(60%~80%)重量，重复快速动作，发展速度力量。③用轻重量尽量多次重复，发展力量耐力。④用中、小重量(大体上只能重复8~12次的重量)，使肌肉工作到极限。共3~5组，增加肌肉的围度。

此外，还有等长力量练习、等动力量练习等方法。

注意事项：①随着肌肉力量提高，必须不断加大负荷。以提高肌肉负荷能力。②练习时间安排，以隔日练习为好。③注意全身协调发展。大肌肉群、小肌肉群，上下肢肌肉群均衡发展。④练习后必须放松肌肉。

(2)速度素质：影响速度素质的主要因素：①机体能量供应特点。速度练习时间短、强度大。机体在无氧条件下工作。因此，要求有较强的无氧代谢能力。②肌肉自身特点。肌纤维有白纤维和红纤维两种。白纤维适于快速用力，但易疲劳。红纤维可长时间工作，但力量小、速度慢。如白纤维在肌肉中占优势则是良好速度素质的物质基础。③神经调节作用。速度取决于神经系统的灵活性、准确性、协调性和同步作用。

发展速度素质的方法(以短跑为例)：①发展快频率练习。如快速高抬腿跑、快速小步跑等。②发展爆发力练习。主要是快速力量练习，即在不降低速度的条件下加大负荷量的练习，如徒手或负重的跳跃练习等。③提高无氧代谢能力的练习。多采用重复跑、间歇跑等方法。

(3)耐力素质：影响耐力素质的主要因素：①心血管系统和呼吸系统的功能。耐力运动持续时间长、能耗大，主要是有氧代谢。心血管系统和呼吸系统的提高，是发展耐力素质的重要条件。②大脑皮层运动中枢机能的稳定性。③肌肉中红纤维所占的比例。④机体内能量物质储备水平。⑤心理素质水平。

发展一般耐力素质的方法："渐进的极限负荷"原则是发展耐力素质的主要依据。理想的负荷应当是接近个人机能极限，又最大限度在有氧代谢的范围内工作，通常掌握在最大强度的70%~85%，即运动时心率为140~160次/分左右。

常用的方法有：①持续训练法。用中等强度，匀速跑较长距离。②间歇训练法。以60%~80%强度快跑几段距离，中间间隔较长距离的慢跑。③重复训练法。以中等强度重复跑几段较长的距离。

(4)灵巧和柔韧性：人体运动机能和各种素质在运动过程中的综合表现。

提高大脑皮层神经过程的灵活性。体操、技巧、球类、跳高、跳远等非周期性项目，对提高灵巧性效果较好。柔韧性由关节结构、关节周期组织体积大小、韧带肌腱、肌肉与皮肤的伸展性等因素来衡量。柔韧性练习要注意以下原则：准备活动充分，尤其在冬季。压腿、踢腿、摆腿等等活动幅度由小到大，动静相结合。不同部位要交替进行，要有间歇与放松。

(三)科学把握适宜的运动负荷

在锻炼时，如果运动负荷过重，会使练习者过度疲劳和造成运动伤病，影响身体健康。如果运动负荷过小，对身体机能起不到锻炼作用。因此掌握适宜的运动负荷，对提高锻炼效果、增强体质具有非常重要的意义。运动负荷包括负荷强度与运动时间。

1. 负荷强度

在练习中，以周期性动作为主的项目如跑、游泳等，其负荷强度往往以跑速或游速来表示。而非周期性的练习如举重等以负重大小、练习次数与组数来表示负荷强度。

怎样控制锻炼时的运动强度？下面介绍两种方法：

(1)测定10秒钟脉搏来控制运动强度：

方法：在停止运动后的5秒钟内，用手指触摸颈动脉或桡动脉进行测量，再乘以6计算出1分钟的脉搏数。

判定标准：以本人最大心率的60%～80%之间的心率范围为安全范围。此心率范围称之为靶心率。靶心率是指把能获得最佳效果并能确保安全的运动心率。青少年学生靶心率的上限可以达到最大心率的85%。通常最大心率可用以下公式来推定近似值，误差在±10次左右。

一般人：最大心率＝220－年龄

平时常运动的人：最大心率＝210－0.8×年龄

(2)主观运动强度法(RPE)：这是由美国运动医学会于1990年推出的表示运动强度的分类系统。所谓“主观运动强度”是指由自已来判断运动时身体负担度的方法，并把这些自我感觉进行量化(表3-1)，把量化值扩大10倍，来推算即时心率，从而推算运动强度和掌握体育锻炼的负荷量。如进行某运动时感到“稍费劲”时，RPE值在12～13左右，即可得到当时运动的大概心率在120～130之间。

表3-1　主观感觉强度量化表

RPE	强度量化分类
<10	很轻松
10～11	轻松
12～13	稍费劲
14～15	费劲
>16	很费劲

注：据美国运动医学会，1990。

利用心率作为评定锻炼强度指标是通用的标准做法。通常认为，RPE可以作为心率评定的一个补充，可对照使用。

如何逐渐增加负荷量，进行超负荷练习？要想既能逐渐提高身体健康素质，又不造成运动损伤，同学们要遵照一种“百分之十原则”来调整运动负荷。其含义为：每周的运动强度或持续运动时间的增加不能超过前一周的10%。

2. 运动时间

运动时间是每次运动持续的时间。每次运动持续时间的长短要根据负荷强度的高低而定。强度大，时间短一些；强度小，时间长一些。为了提高心肺循环系统的耐力，至少应持续进行20～30分钟的有氧运动。

（四）有效的恢复措施

机体在进行一定负荷的练习之后，会产生疲劳。研究证明，疲劳是人体大脑皮层的一种生物学防御反应，是一种正常的生理反应。在疲劳时机体的工作能力表现为暂时下降状态。每次练习之后都要使机体达到一定的疲劳。只有这样才能使机体对该练习的负荷刺激产生适应，获得良好的锻炼效果。在运动实践中，疲劳的积累是必然的。如果积累到一定程度就会形成过度疲劳。过度疲劳后，人体若继续运动就容易造成运动损伤。因此如果机体不能得到有效的措施进行恢复，不但会影响体育锻炼，对身体健康也不利。

促使人的机能恢复可以采用下述手段：

1. 教育学恢复手段

（1）要在大负荷练习以后，安排一定量的积极性休息练习内容，如游戏、放松的慢跑、体操的技巧或伸展活动等放松性练习。练习结束后要做整理活动。

（2）负荷的安排要有节奏性，贯穿于整个练习过程。练习内容要有目的地相互搭配，注意活动不同的部位。注意掌握好适宜的运动间歇。

（3）产生过度疲劳时，要暂时降低运动量或停止运动。待身体机能完全恢复后，再进行运动。

2. 医学、生物学恢复手段

（1）练习后，应及时补充肌体能量消耗。如要补充糖、脂肪、蛋白质、维生素、矿物质和水分等多种营养物质。补充营养要讲究方法，如要合理安排进餐时间，一般在运动结束后休息30分钟再进餐，大运动量后要休息45分钟才能进餐。进餐后，一般要间隔1.5～2小时后才能运动。为了在体内暂时储存一些水分，减轻运动时的缺水程度，要在运动前10～15分钟饮水400～600毫升。在运动中，饮水应少量多次，间隔20～30分钟，每次150～200毫升。

（2）采用物理方法，运用水、电、光、空气离子、按摩、针灸、日光浴、蒸气浴等手段来进行恢复。一次可以采用一种手段，也可采用几种手段同时进行恢复。这里主要介绍按摩手段，按摩手段在现代体育中被广泛应用。主要采用推摩法、揉捏法、擦法、按压法、抖法等手法，对练习中承受最大负荷的身体部位和伤处，沿着静脉血和淋巴液回流的方向进行按摩，或对全身进行按摩。可以让同伴协助按摩，也可以自我按摩。一般在练习前后或练习中均能进行，练习前按摩时间大约为10～15分钟，目的是使人体快速进入工作状态；在练习中则利用间歇时间进行按摩，时间为3～5分钟，主要是迅速消除肌肉僵硬和疲劳；练习后过半小时再进行按摩，时间为10～30分钟。

（3）心理学恢复手段。心理恢复采用的手段有自我暗示、语言诱导、气功、生物反馈等，对练习者心理产生影响，以达到消除神经紧张的目的，从而加速疲劳的恢复。锻炼者应该学会在一定时间内对自己进行催眠放松。下面介绍自我暗示方法中通常快速默念时运用的话："我很放松，我想睡觉，出现睡意……这种感觉越来越强烈，眼皮越来越沉，闭上眼睛，开始入睡"，每一句话都应该在心中慢慢默念。催眠时间通常为20～40分钟。

（五）定期评价身体锻炼情况

在体育锻炼中，对身体锻炼情况的定期评价是指在锻炼过程中，每隔一定的时间，通过观察、感觉、实验、测量与测验等主、客观手段，客观地了解锻炼的效果，以避免盲目进行锻炼，产生不良后果。

1. 主观感觉评价

锻炼得当的人一般精力充沛，活泼愉快，对运动表现出浓厚的兴趣。运动中机体出现疲劳，经适当休息后疲劳会消失。饮食时食欲旺盛。晚上睡眠状况良好，入睡快，睡得熟，少梦或无梦，醒后精神抖擞。锻炼不当的人则会出现相反的症状。

2. 客观检查评价

(1)基础脉搏测定法：基础脉搏是指清晨醒后即刻静卧时每分钟脉搏次数。身体健康，机能良好的人，基础脉搏是相对稳定的。如果健康状况不良或疲劳积累过多时，基础脉搏就会加快。在锻炼中，如果持续数天基础脉搏值都在正常值5次以上，则表明运动负荷安排过大或疲劳未消除，锻炼效果不佳。这时应找出症结，加以调整。

(2)差异性检验法：通过测验锻炼后的力量、速度、耐力、柔韧等各项身体素质的成绩，与锻炼前成绩进行相比，两者进行差异性检验，以判定是否具有差异性。另外还可对锻炼前后的身体形态如身高、体重、脂肪量和身体围度等情况进行差异性检验。要注意选择指标具有代表性。

除了上述方法外，还可采用体重评价法。如果一个身体健康的人在锻炼中体重持续下降，超过1.5~2千克，经恢复后也达不到原来的水平。这时就要考虑到造成锻炼效果不佳的原因可能是运动量过大或恢复措施安排欠妥。

第三节 加强体育锻炼的计划性

在体育锻炼中，要想获得良好的锻炼效果，依赖于科学、合理地制订锻炼计划。制订锻炼计划时，要明确某一个阶段(一学期或一年)的锻炼目的，需要达到的目标。然后根据自己的身体状况、学习和生活、爱好等进行合理地安排，以便获得预期的锻炼效果。体育锻炼计划一般应包括以下几个部分：锻炼的目的与目标；锻炼的项目；锻炼时间；练习强度与持续时间、频率；注意事项及调整；锻炼效果的检查与评定。

我们可以根据前三节所学的知识，科学地安排每一部分的细节。做到既在内容上有所侧重，又要各方面兼顾。在注意事项及调整部分要认真记录每次变化，及时反馈，进行调整，以便准确找出适合自己的锻炼方法来。

目前，在体育运动实践领域广泛流行用运动处方的形式来制订个人锻炼计划。那么何谓运动处方呢？运动处方是指对从事体育锻炼的人，根据医学检查资料(包括运动实验及体力测验)，按其健康、体力以及心血管功能状况，结合生活环境条件和运动爱好等个体特点，用处方的形式规定适当的运动种类、时间及频率，并指出注意事项，以便有计划的经常锻炼，达到健身防病或治病康复的目的。

制订运动处方的步骤有：

第一步，一般体检：收集病史、运动史。主要了解既往和家族病史、运动兴趣与以往运动史、学习生活环境、饮食营养等基本情况。

第二步，临床检查：对身体状况进行评价，有无运动禁忌症等，以便进行下一步的体力测验，预防发生事故。

第三步，运动实验或体力测验：运动负荷实验的方法很多，最普遍采用的是“递增运动负荷实验”，采用活动平板或利用功率自行车等，利用心率递增来逐渐增加运动负荷强度，来测定最大摄氧量，评价人体心血管功能。或者进行体力测验。根据库珀和日本学者浅见的实验研究，认为12分钟跑测验与最大摄氧量密切相关。另外还有2 400米跑测验，都可以来评价心血管功能。实施体力测验要求测验者具备一定的锻炼水平，在循序渐进练习之后再进行测试。

也可采用游泳和走步测试。

第四步，制定运动处方，安排锻炼计划：通常根据以上检查结果，按其具体情况制订运动处方，主要规定适宜的运动强度，运动持续时间和频率。运动处方制订后，一般要进行试行锻炼，对不适当的地方进行调整。待适合后要坚持锻炼 3～6 个月，再做体力测验，重新制订下一阶段的运动处方。运动处方要包含热身运动、主要运动、整理活动等内容。

第五步，运动效果评价：运动处方实施过程中或实施后，要总结实施情况，对锻炼效果进行科学评价。必要时，进一步调整运动处方。可由医生进行评价，也可在医生指导下由个人进行评价。

根据应用的目的和对象，运动处方可以分为三类：运动员提高身体素质和技术水平的竞技训练运动处方；一般体格健康的人增强体质，提高健康水平的预防保健运动处方；以及对身体有残障的人治疗疾病、提高康复医疗效果的临床治疗运动处方。下面我们仅介绍在青少年中出现的一些主要常见病的运动处方。

（1）肥胖症的运动处方：

运动种类：步行、慢跑、自行车、游泳、滑冰等。

辅助运动：太极拳、羽毛球、网球、健身操等。

运动强度：慢跑速度开始由 100～110 米/分钟，逐渐增加到 120～180 米/分钟。

运动时间与频率：每次 30～40 分钟，每周 3～5 次。

力量性锻炼：应根据脂肪蓄积的部位进行选择。如果脂肪蓄积在腹部，要进行仰卧起坐、双腿直抬高及一些抗阻性抬腿运动。如果脂肪蓄积在肩、胸、背，可做哑铃操及拉力器练习等。

注意事项：锻炼前经医学检查有合并症者，要根据合并症酌情锻炼。运动应与饮食相结合，减少食量，控制脂肪和糖类食品。练习安排要注意循序渐进原则。

（2）身体增高运动处方：

运动种类：单杠悬垂，纵跳摸高，劈腿、摆动、抖动等柔韧性练习和拉伸躯干练习。

运动强度：柔韧性练习要进行 15～20 分钟。单杠悬垂要采用负重与不负重两种，负重一般为 5～10 千克。纵跳摸高分单腿和双腿跳跃，做两组，每组各进行 10 次。拉伸躯干要在同伴的帮助下，一人抓住双手，一人抓住双腿，两人反方向用力拉伸躯干，连续 2～3 次，每次 15～20 秒。

运动频率：每天早晚各进行一次以上练习。

注意事项：要有长高的强烈愿望，有信心和持之以恒的毅力，并怀有浓厚的兴趣去运动。在全面身体锻炼的基础上，主要练习以悬吊、跳跃等伸展性、灵活性和柔韧性为主的运动项目，不宜进行负重过大的力量练习。

（3）神经衰弱症的运动处方：

运动种类：太极拳，气功，散步，健脑功等。

运动强度：太极拳以整套动作为主，要求掌握一般练功要领，用意识带动动作，并与呼吸配合，尽量不受外界干扰。气功要练以入静为主的强壮功。练习时，如有浮念发生，要及时收敛。

运动时间与频率：开始时，练习时间以完成整套动作为主。随着入静境界的逐步提高，时间可适当延长，一般为 30～60 分钟。每周练习次数为 3～5 次。

注意事项：要消除过重的顾虑和焦虑情绪，注意劳逸结合。在坚持以上练习的基础上，辅以药物来对症治疗，效果更佳，但不能完全依赖药物。

(4)慢性肝炎的运动处方：

运动种类：眼睛保健操，太极拳、气功(静息调养功)、慢跑、散步等。

运动强度：长期过多的用眼会影响肝功能，学习生活中用眼1小时后，要做眼睛保健操或极目远眺、闭目养神等5~10分钟作为休息。当肝功能正常时，慢性肝炎患者可进行户外活动，但要注意控制运动强度。练习时总的原则为运动量的增加以不感觉疲劳为主，每次活动以自觉微微出汗为度。

运动时间与频率：每天1~2次，每次30分钟左右。

注意事项：运动后如果食欲好转、身心愉快、乏力减轻，肝功能改善，可以适当增加活动量，但增加幅度要小。在身体状况允许的情况下，可进行散步和慢跑。肝功能不正常时，应尽量多卧床休息。慢性肝炎患者要保证有充足的睡眠。

(5)痛经的运动处方：

运动种类：

①患者取俯卧位。一侧下肢后身抬起，左右交替进行20~30次。再做两侧下肢同时后伸抬起动作，10~20次。

②患者取仰卧位。做两下肢同时直腿抬起的屈髋收腹动作。腿抬高70°左右即可，抬起后维持片刻再放下，做10~50次。

③患者取仰卧位，两下肢抬起凌空，交替做屈髋伸膝动作，如蹬自行车状。左右脚踩一圈算1次，连续做10~20次。稍休息，再把一条腿伸直抬起凌空约45°，并外展20°左右。然后以髋为轴，做两腿绕环练习，绕环幅度由小到大，达到最、大限度，做10~50次。

④推拿疗法。

运动强度：刚开始锻炼时，运动次数以身体感觉疲劳为止。随着能力的提高，运动次数要逐渐增加。

运动频率：每周做2~3次。月经期间练习量视具体情况而定，因人而异。一般来说，经期第1、2天可进行轻微的运动，第3、4天可逐渐增加运动量，5、6天便可正常进行锻炼了。

注意事项：锻炼前应做医学检查判断病因。如果由精神因素、子宫位置不正、子宫收缩不协调、慢性盆腔炎症后引起的痛经，可以用运动疗法和推拿疗法来治疗。如果盆腔有其他器质性病变，如肿瘤等则不宜用推拿疗法来治疗。在严重痛经的情况下，经期应暂停体育锻炼。

以上例子只能作为参考。运动处方的制定要因人而异。即使同一症状的患者运动处方也是有区别的。因此我们一定要根据个人的具体情况制定适宜的运动处方。

实践证明，按照运动处方进行科学锻炼，具有以下优点：普及面广，不同性别、年龄，不同体力水平的人都可制定适合自己的运动处方；针对性强，对不同体质的人和不同类型的疾病患者都能按症制定不同的处方；科学性与实效性强，通过试行、调整与评价，能获得良好的锻炼效果，有效地防止运动损伤。

第四章

体育运动与卫生保健

健康是人类生存与发展的要素。它属于个人，更属于社会。健康与长寿是千百年来人类最美好的愿望。传说中秦始皇统一天下后派出五百童男童女东渡大洋，寻求长生不老之药。一代天骄成吉思汗曾感叹道：我没有战胜不了的敌人，我现在只希望战胜死亡。随着社会的进步，人类的寿命在不断增加。我国国民平均寿命从50年前的35岁左右，提高到今天的70岁左右。这是了不起的成就。但是，国内外科学家的大量研究证明：人类的理论寿命应当是100～120岁。造成这一差距的原因既有自然环境、社会环境等客观原因，又有遗传、心理、生活方式等主观原因。

随着医学科学的发展，“亚健康”这一新的概念越来越引起人们的重视。“亚健康”是人体处于非病非健康，有可能转化为疾病，也可能恢复到健康的中间状态。因而“亚健康”也被称为“第三状态”或“灰色状态”。据对国内近万人的调查报告表明，有超过半数的人群处于“亚健康”状态。其中沿海城市的“亚健康”人群比例高于内地，城市知识分子人群高于一般人。

处于“亚健康”的人多表现为易疲劳、情绪低落、工作效率低等。在流感等传染病多发季节特别容易染病。超负荷的工作、学习，缺乏必要的体育锻炼，饮食不科学，生活不规律，吸烟、酗酒，以及不注意心理卫生，都是造成“亚健康”状态的温床。“亚健康”状态最大的危害是容易引发多种慢性病，如心脑血管疾病、呼吸消化系统疾病、肿瘤等。这些疾病已经逐渐成为现代文明社会最主要的杀手。因此，我们必须树立强烈的自我保健意识，克服那些有害于健康的因素，在日常生活中自觉坚持科学的生活方式，讲求心理卫生。这样就能够防止出现“亚健康”状态，即使出现“亚健康”状态也可能及时扭转过来。

联合国世界卫生组织(WHO)提出的概念：健康不仅是没有疾病，而且包括躯体健康、心理健康、社会适应良好和道德健康。这就表明现代健康观的内涵已从生物健康模式扩大到了社会健康领域。这一定义结束了“无病就是健康”的旧观念。现代的健康不仅是指四肢健全和身体机能健康，而且需要精神上有完好的状态，还包括人的心理、行为的正常和社会道德的规范，以及环境因素的完好。据资料表明：当人口死亡率下降到1.5%以下时，与生活方式有关的疾病将成为主要影响方面。不良的生活方式导致的疾病已成为影响全世界人民健康的大敌。运动和饮食是健康的主要因素。因而，养成科学健康的生活方式，坚持合理的体育锻炼，对于增强体质、提高健康水平具有极为重要的意义。

第一节　体育锻炼的一般卫生知识

在体育锻炼的过程中，存在两个基本要素：人与运动环境。人是运动行为的主体，是体育锻炼的主导要素。运动环境是指人们进行体育锻炼时所处的外界条件，如场地设施、气候等。环境是人实现锻炼行为的外在因素，人体在体育运动时，由于体内物质代谢增强，与环境的关系更为密切，因此受环境的影响更大。环境在相当程度上影响和制约着锻炼的效果。为了科学地进行体育锻炼，获得最佳的锻炼效果，大学生需要了解运动时的基本卫生知识。

(一)注意个人着装，消除安全隐患

参加体育锻炼时，应根据锻炼项目和季节气候的要求着装。运动服装一般应厚薄适当，透气性好，宽紧适宜，这样有利于排汗和感觉舒适、便于运动。运动时所穿鞋子的大小要合脚，以运动鞋最佳，透气性要好，鞋底要有弹性，不要穿皮鞋、硬底鞋、塑料鞋或高跟鞋。尽可能穿棉线袜，袜底要平整等。最好不要戴戒指、项链、胸针、别针等首饰和小刀等锋利物品，以免在运动中被割伤或划破皮肤。

(二)了解场地设施条件，做到防患于未来

不良的场地设施，容易使锻炼者造成运动损伤，也不利于运动成绩的提高。因此，大学生要了解体育设施的基本状况，在锻炼时就会做到防患于未来。下面分别对高校体育课程设置的主要运动项目的场地设施进行介绍。

1. 室外体育设施

(1)田径场：在我国，有条件的高校都在田径场上铺设有塑胶跑道，另外还存在一定数量的煤渣跑道。进行跑的各类项目，最好在跑道上进行。锻炼时，跑道地面一般应平坦、无碎石、浮土等其他杂物；地质较结实，有较好的渗水性或排水功能，并且有一定弹性，弹性不能过大也不能过小。弹性过大，人体在踏地时地面给予的反作用力就越大，容易造成下肢应力性损伤。反之弹性过小，反作用力又不够，就会跑不快、跳不高，影响运动能力的发挥。在跑道的终点附近不要设有障碍物，以免学生在冲刺中撞伤。

选择跳跃场地时，要考虑其方位，避免在助跑或跳跃时阳光耀眼，造成受伤。跳远场地的沙坑内要铺有50～60厘米厚的干净细沙，不能掺杂有小石块或其他硬物等杂物。踏跳板与沙坑边缘、坑内的沙面应与地面齐平。进行跳高与撑竿跳高练习时要检查跳高架的稳固程度和海绵的厚度与平整程度，避免腾空落地时跳高架后倒伤人和肩、背落地受伤。选择投掷场地的首要条件要注意安全。投掷场地一般要与其他场地分开，投掷圈和保护网应完整，练习时要严禁在投掷区附近站人，严禁器械同时对掷。器械落地区应松软，以免落地时器械弹起伤人。

(2)球场：篮球场和排球场地面应平坦结实，无碎石浮土，不过硬过滑，以防止跌倒和减少震荡。足球场地应平坦，最好铺有草皮，场地上不宜有石子、砖块、碎玻璃、铁钉等硬物。要求球门、球网设施稳固、安全；球场边线外2.5米范围内不应设有障碍物。

(3)游泳池：选择游泳池进行游泳时，首先要考虑到水质的卫生。资料显示，一般要求游泳池内水的细菌总数每毫升不超过1 000个，在任取10毫升水中不应发现大肠菌群，余氯含量保持在0.1～0.5毫升/升，pH值在7.2～8.0。从表面看来，池水清澈见底，没有人眼能见的浮游生物和悬浮物。其次要考虑到水的温度。游泳者在进行体格检查后，合格者才能入池游泳。池内同一时间游泳的人数不能过多。

另外如选择天然水域，要选择没有受到污染的水区，水底不要太浅或太深，不应有烂泥、树根等杂物，也不要有坑洼，最好有沙底。沼泽、死水塘的水一般不清洁，不宜游泳。如果选择在海滨游泳，要考虑到有无伤害人的鱼类和其他动物。

2. 室内体育设施

体育馆要有足够的照明，光线分布均匀，若人工照明，放射光谱最好接近日光光谱。同时体育馆还要注意经常通风、换气，保持空气新鲜。室内应严禁吸烟。应有足够的采暖、降温设备，尽量保证室内有适宜的气温。

3. 其他条件

学校根据自身条件，经常会组织学生参加各种各样的课外体育活动，如有时去野外组织各种越野赛和去校外开展一些学校无条件开展的项目。这时要注意地形和环境的不同，选择有利地形，熟悉运动路线，防止发生伤害事故。

(三)体育锻炼与自然环境

在阳光下锻炼身体，我们可以直接接受太阳辐射到地球上的光线、紫外线和红外线，它们对人类的健康与生存尤为重要。但是，这些射线和自然环境中的一些有害因素也随时威胁着我们的健康。

(1)太阳射线对人体运动的不良影响。在体育锻炼时，皮肤过度暴露在强烈的阳光下对机体也会产生很大的伤害。紫外线可使局部皮肤毛细血管扩张充血，使表皮细胞破坏，导致皮肤发红、水肿，出现红斑；过量紫外线照射还可能引起光照性皮炎、眼炎、白内障、头痛、头晕、体温升高、精神异常等症状。此外，过度紫外线照射还会诱发皮肤癌。过强的红外线照射对机体有害，它可使局部组织温度过高，甚至发生烧伤。当头部受强烈阳光照射时，其中的红外线可使脑组织的温度上升，而引起全身机能失调。因此，要尽量避免在强烈的阳光下进行体育活动，同时还应选择在反射率低的场地进行锻炼。

(2)热环境中的体育锻炼。只有当体温恒定在37℃时，机体才能维持进行正常的生理活动，超出这一范围过大就会对人体造成伤害。运动时，人体内产热量会大幅度增加，特别是剧烈运动时比平时增加100倍以上。体内产生这样多的热量，如果蓄积在体内使体温升高，会引起一系列的机能失调，甚至休克，而热环境是不利于体内热量向外散发的。因此，在热环境中进行体育锻炼，必须采取防暑措施，否则就有患热辐射疾病的危险。

(3)湿度对体育锻炼的影响。在气温适中时，空气的湿度对人体影响不大，而在高温或低温时，较大的湿度对人体十分不利。湿度越大，人体通过蒸发散热的途径将受到越大的阻碍，人体产热和散热的平衡将被打破，使机体的正常功能受到不良的影响。在一般情况下，适宜的湿度为40%～60%，在气温过高或过低的情况下，空气湿度越低越好，当气温高于25℃时，空气湿度以30%为宜。因此，在体育锻炼时一定要对环境进行适时地监控，将不利于健康的因素控制到最低点。

(4)冷环境中的体育锻炼。在冷环境下，肌肉的黏滞性增大、伸展性和弹性降低、工作能力下降，更容易引起运动损伤。为了避免冷环境给运动带来的不利影响，在运动前一定要做好准备活动并增加热身活动的时间，保证体温进一步地升高；其次，不要张大嘴巴呼吸，避免冷空气直接刺激喉咙而引起呼吸道感染、喉痛和咳嗽等；再次，注意对耳、手、足的保温，防止冻伤的发生。在运动时不要穿太厚的服装，以免在运动中出汗较多，运动后感冒。运动后要及时穿好衣服保持身体温度。

(5)避免在空气污染的环境中进行锻炼。大气中的二氧化碳是影响体育锻炼效果的重要污染物，它们可导致胸腔发闷、咳嗽、头痛、眩晕及视力下降等，严重的还可导致支气管哮喘。在马路边跑步，呼吸带中弥漫着由汽车排放的大量二氧化碳，会对锻炼者的健康造成严重的危害。因此，应避免到汽车流量大的马路边快走或跑步。因为空气中的可吸入颗粒物和烟雾中含有许多有害健康的物质，所以在遇到沙尘暴、可吸入颗粒物较多或大雾的天气时，也应停止在户外的锻炼。

(四)定期进行体格检查

为了解每一个学生的身体健康状况，掌握体育锻炼对学生体质的影响及机体的变化，确定体育锻炼内容和方法是否合理，运动量是否适宜，大学生应当定期进行体格检查。“全民健身一二一工程”中就规定学校学生每年应当进行一次体检。这是非常必要的。

(五)准备活动和整理活动

准备活动的目的在于进一步提高机体各器官系统的兴奋性，使之达到适宜的水平，为机体进入运动状态做好准备。从而增强锻炼效果，提高运动成绩。有效防止运动性疾病和运动创伤的发生。准备活动的内容应当包括快走、慢跑、徒手操等全身性活动，以及与运动内容有关的模仿练习。准备活动持续时间及强度大小应依据运动者的年龄、身体状况、运动水平和季节的不同而定。时间一般为 10 ~ 30 分钟，以身体发热、微微出汗为度。

运动者剧烈运动后不可立即进入安静状态，应继续进行一段时间的整理活动，使因运动而亢进的机体功能逐渐恢复到基础状态。整理活动的意义在于加速机体内代谢产物的清除，加快体力恢复，防止运动性不适症状及运动性疾病，如肌肉痉挛、重力性休克的发生。研究表明：停止剧烈运动后若立即进入安静状态，则体内积累的乳酸消失一半的时间约 30 分钟。如接着进行轻量运动达到同样目的仅需要 15 分钟，从而加速疲劳的消除。

整理活动的内容包括：1 ~ 3 分钟慢跑或步行；全身伸展性体操；抖动或按摩放松肌肉。

(六)合理补充营养和水分

参加体育锻炼所消耗的大量营养物质和水分，必须及时从饮食中得到补充，以稳定体内环境平衡，加快机体的调整和恢复。

运动时机体内发生一系列生理生化反应，新陈代谢旺盛。单位时间的能量消耗高于安静时几倍至十几倍。这些变化使机体对营养物质和水分的要求大大增加。如果缺乏足够的营养和水分，消耗得不到及时补充，使机体处于“亏损”状态。机体内环境平衡被破坏，因脱水和衰竭导致生理机能和运动机能下降，影响身体健康和运动水平。

合理饮食要做到：①定时就餐。尤其应当重视早餐。②营养全面，不要偏食，注意补充蛋白质、无机盐和各种维生素。③合理补充水分。运动中和运动后不要立即大量饮水。这样不仅影响运动，而且会加重心脏和肾脏的负担。

(七)女同学应注意经期体育卫生

女子青春期后出现一系列生理变化，对于体育锻炼来说影响最大的就是月经。经期的体育锻炼应根据个人的健康状况、经期反应和运动水平做出合理安排。身体健康、月经正常的女同学，经期参加适当的体育活动可以改善盆腔血液循环，调整大脑皮层兴奋和抑制过程，减轻身体不适的感觉，对健康是有益的。但是，应当避免从事剧烈的运动，或震动大的跑跳练习和力量性练习。此外，经期不要游泳。如经期紊乱，不适反应严重，应当暂停体育锻炼。

第二节　体育锻炼中常见的生理反应及处置

在体育锻炼时，人们要在某一特定的环境中使机体承受一定的生理负荷。人体活动过程的有序性受到暂时性的破坏，使机体经常出现一些特殊的生理反应。我们应当对此有所认识，正确对待，避免陷入盲目性。

(一)疲　劳

疲劳是人们由于运动或工作引起组织器官甚至整个机体工作能力暂时性下降的现象。疲劳产生的原因是多方面的。

疲劳首先产生于大脑皮层的保护性反应。运动中机体的内环境发生变化，促使大脑皮层产生保护性抑制。疲劳标志着中枢神经系统工作能力下降。能源物质的耗竭，血液中代谢产物的堆积，造成机体内环境平衡破坏，则是疲劳产生的基础。

一般的疲劳经过休息和调整可以很快消除。应当说适度的疲劳对于维持正常的生理活动具有积极意义。但长时间无法消除的过度疲劳则会损害健康。消除疲劳的方法很多。保证充足的睡眠，合理补充营养是其中最基本的手段。此外，热水浴、按摩也是经常采用的方法。由于人们的体质不同。对于疲劳的耐受能力也不尽相同。体育锻炼是提高人们的抗疲劳能力最积极、有效的途径。另还应当合理安排体育锻炼的运动量和运动节奏，遵循“适应—提高—再适应—再提高”的原则，循序渐进，防止过度疲劳发生。

(二)肌肉酸痛

刚开始锻炼或间隔较长时间没有锻炼，如果运动量较大，往往会出现局部肌肉酸痛、发硬、发胀的现象。造成肌肉酸痛的原因是肌肉运动时产生大量代谢产物。乳酸是其中主要成分。如果这些乳酸不能及时排除，堆积在肌肉组织之中，刺激神经末梢，使肌肉出现酸痛感。此外，也可能由于过量运动引起局部肌纤维及结缔组织细微损伤或痉挛所致。轻微的疼痛不必停止锻炼。一般经过几天就会自行消失。如果疼痛严重可局部按摩或热敷，以加强局部血液循环，加速乳酸分解及排除。

为减少和减轻运动后肌肉酸痛，参加体育锻炼要循序渐进，避免局部负担过重。运动前后认真做好准备活动和整理活动。最积极的办法是坚持体育锻炼，提高机体有氧代谢与无氧代谢的能力，从根本上解决肌肉酸痛问题。

(三)肌肉痉挛

肌肉痉挛俗称抽筋，是肌肉不由自主强直收缩的现象。常常令人疼痛难忍，无法活动。如在游泳时发生十分危险。运动中肌肉长时间连续快速收缩，得不到放松，容易引起肌肉痉挛。这在长跑、足球比赛中常见。运动中出汗过多，血液中钠离子含量过低，导致肌肉神经应激性提高，也是导致肌肉痉挛的重要原因。

肌肉痉挛时只要用力牵引痉挛的肌肉，使之充分拉长，症状一般可以得到缓解。局部按摩、热敷对缓解肌肉痉挛也有较好效果。预防肌肉痉挛要做到：①加强体育锻炼，提高机体对环境的适应能力和肌肉的工作能力。②运动前做好准备活动。③冬季注意保暖，夏季注意补充盐分。④不宜在低温环境中长时间活动。⑤疲倦和饥饿时不要进行剧烈的运动。

(四)运动性腹痛

多数发生在中长跑等持续时间较长、强度较大的运动中。主要原因是准备活动不充分，开始时运动过于剧烈，内脏器官功能未能充分进入工作状态，循环系统功能失调，肝脾淤血，引起腹痛。此外运动前饮食不当，或腹部着凉，导致胃肠痉挛，引起腹痛。一些腹腔疾病也可能引起运动时腹部疼痛，应加以区别。出现运动性腹痛时应减慢运动速度，调整呼吸，用手按压疼痛部位。一般疼痛会减轻或消失。如一直未见缓解，甚至有加重趋势，则应当停止运动。只要坚持体育锻炼，提高内脏器官的功能，饭后不要立即参加剧烈运动，运动前做好准备活动，运动中注意呼吸方法，运动性腹痛大多可以防止和减少。

(五)运动性昏厥

运动性昏厥的症状为全身无力，头昏耳鸣，脸色苍白，手足发凉，甚至突然昏倒失去知觉。此时血压降低，脉搏慢而弱。运动性昏厥常见的有两种——重力性休克和低血糖症。

重力性休克产生原因是运动中身体各部毛细血管处于扩张状态。停止运动后大量血液由于重力原因滞留在下肢，血液回流困难，造成脑供血不足，引起休克。因此，剧烈运动后应做整理活动，不要立即停止下来。如发生重力性休克，首先应当使患者平卧并抬高下肢，由下向上按摩，同时可以面部热敷，促进血液向心脏回流，增加头部供血量。

低血糖症是由于不按时就餐，空腹运动，血糖过低所致。对于低血糖患者适当补充糖分即可缓解。

(六)极点和第二次呼吸

在长时间运动如长跑途中的某一阶段会出现呼吸困难、胸闷难忍、四肢无力、动作失调，甚至腹痛、呕吐等现象。这在运动生理学中称为“极点”。由于人体机能存在惰性。控制内脏器官的植物性神经的惰性比运动神经惰性大。突然开始剧烈运动，使内脏器官无法满足运动系统的需要，氧气供应不足，代谢产物在体内积累，于是出现“极点”现象。如果此时减低运动强度，加深呼吸，坚持运动，植物性神经的惰性逐渐克服，适应了运动系统的要求，二者在新的基础上达到平衡。于是，“极点”症状消失——呼吸顺畅，动作轻松有力，运动能力提高。这在运动生理学上称为“第二次呼吸”。

“极点”的出现与每个人的运动水平有关。缺乏体育锻炼的人“极点”出现早，反应激烈，持续时间长。而运动水平高的人“极点”出现晚，持续时间短，症状不明显。因此，对付“极点”要一不怕，二坚持。这样才能有效地增强健康，提高运动水平，培养不怕困难，勇于战胜自我的意志品质。

第三节 体育锻炼中运动性损伤的预防和处置

(一)运动性损伤产生的原因及预防

体育锻炼往往是比较激烈的，有些项目还具有很强的对抗性。容易发生运动性损伤，给自己或他人带来精神和肉体上的痛苦。因此，了解运动性损伤的预防和简单处置方法，具有十分重要的意义。

造成运动性损伤的原因是多方面的，既与本人体质水平、运动基础有关，也与运动项目的特点及运动环境有关。其主要原因有：

(1)思想麻痹大意是所有造成运动损伤的因素中最主要的一条。由于运动前不检查场地器材，预防措施不得力，好奇心重，好胜心强，容易在盲目和冒失的行动中受伤。

(2)运动前准备活动不充分，身体各器官系统未进入运动状态，容易造成运动损伤。

(3)运动时生理状态、心理状态不佳，注意力分散，过分紧张，力不从心。

(4)组织安排不当，纪律松弛，动作粗野，缺乏保护以及技术错误。

(5)场地环境、器材设备及服装不符合安全要求。

只要我们加强安全教育，克服麻痹思想，提高预防意识；合理组织，科学安排体育锻炼；认真做好准备活动；加强运动中的保护与帮助。特别要提高自我保护能力。就能够最大限度地减少运动性损伤发生。

(二)常见运动性损伤及处置

1. 开放性软组织擦伤

(1)产生原因：皮肤被粗糙物摩擦引起皮肤表面损伤。如运动中摔倒所引起的皮肤擦伤。

(2)症状：毛细血管出血，血液从伤口慢慢渗出。常常自行凝固止血，危险性不大。

(3)处置：可用生理盐水或冷开水清洗伤口，伤口周围用酒精消毒，然后局部涂抹红汞。一般不需要包扎。严重时应送医院处理。

2. 闭合性软组织损伤

(1)产生原因：肌肉、韧带、关节囊等软组织受外力或自身作用力过分拉长或挤压受损。如挫伤、扭伤、拉伤等。

(2)症状：局部疼痛，肿胀，皮下淤血，肌肉痉挛，活动困难。

(3)处置：初期处理方法是：制动、冷敷、加压包扎、高抬伤肢。即减少或停止局部活动，以免伤情加重。采用冷敷、加压包扎、高抬伤肢等手段以止痛、止血、减轻肿胀。

伤后 24 ~48 小时的处置原则是活血去淤，消肿止痛。可进行热敷、按摩以促进局部血液循环，解除肌肉痉挛，加速血肿和渗出液的吸收，并减轻疼痛。恢复期应进行功能锻炼，防止损伤组织粘连或萎缩，促进组织愈合。功能锻炼时要注意循序渐进，逐渐增加活动的幅度、强度和运动量。

3. 关节脱位(脱臼)

(1)产生原因：关节脱位大多是外力作用所致，使关节的完整连接受到破坏。关节脱位常常伴随韧带及关节囊的撕裂，甚至损伤神经。

(2)症状：关节脱位后常出现关节畸形、局部疼痛、肿胀，失去正常活动功能，可能发生局部肌肉痉挛。

(3)处置：用夹板固定伤肢。如果没有夹板可将伤肢固定在躯干或健侧肢体上，及时送到医院治疗。不要让非专业人员实施复位。

4. 骨折

(1)产生原因：运动中身体受到暴力撞击，使骨的完整性遭到破坏，造成骨折。骨折是一种恶性损伤，后果严重。骨折分为不完全性骨折和完全性骨折两种。

(2)症状：骨折发生后患处立即出现肿胀，有剧烈疼痛，活动时疼痛加重，常伴随肌肉痉挛，肢体失去正常功能。肢体骨折部位可能发生变形。完全性骨折移动时可听到骨擦音。严重骨折时常伴有大出血、神经损伤及休克。开放性骨折还可能导致感染。

(3)处置：如出现休克应首先实行抗休克处理，点按人中穴，并实行人工呼吸或心脏胸外按摩。若伤口出血，应实施止血及包扎。应在骨折部位固定之后及时送医院治疗。切勿由非专业人员整复，以免造成新的损害。

5. 脑震荡

(1)原因：头部受到外力打击后，使平衡器官机能失调，引起意识和机能的暂时性障碍。

(2)症状：受伤后患者可能神志昏迷，脉搏徐缓，肌肉松弛，瞳孔稍大但尚对称；清醒后常有头痛、头晕、恶心或记忆力减退等症状。

(3)处置：立即让患者平卧，头部冷敷；如昏迷则指压人中、合谷穴催醒；如呼吸障碍，则实施人工呼吸。如仍出现反复昏迷，或耳口鼻出血，瞳孔不对称，则表明伤情严重，有可能颅内出血，必须立即送医院抢救。轻度脑震荡一般可以自愈，但要注意休息。

第四节 急救知识

(一)急救的意义

急救是指对突然发生的严重损伤进行紧急、初步和临时的处理，以减轻患者的痛苦，预防并发症，为进一步治疗创造条件。这对于保护患者生命安全和日后康复具有十分重要意义。急救是一项极其重要的工作。如果处理不当，轻者加重伤情，重者危及生命。因此，必须及时、准确、合理、有效地实施急救。作为林业院校的学生，野外作业的机会较多。经常有遭遇各种损伤的可能。了解和掌握急救技术更具有特殊价值。

（二）急救原则

（1）抓住主要矛盾实施急救：现场急救情况复杂。必须抓住主要矛盾。如出现休克，应首先实行抗休克，采取针刺人中、人工呼吸、体外心脏按压等手段。如伴有出血时应同时实行止血，然后再作其他处理。

（2）判断准确，分工明确，沉着镇定：急救人员要有高度的责任感和救死扶伤的崇高品德。临危不惧、有条不紊地实施抢救；正确的抢救技术和丰富的临场经验是抢救成功的基础。

（3）快抢、快救、快运：急救时必须分秒必争，当机立断，切勿犹豫以至延误时机。待抢救有效后尽快转送医院。

（三）急救方法

1. 止　血

（1）冷敷法：冷敷可以使血管收缩，减少局部充血，抑制神经感觉，从而有止血、止痛和减轻局部肿胀的作用。此法主要用于急性闭合性软组织损伤。

（2）压迫法：可分为指压法和止血带法。直接指压法：以消毒纱布覆盖伤口，然后用手指压迫伤口，以达到止血目的。间接指压法：用指腹压迫出血血管近心端处，如能压迫在相邻的骨面上最好。以阻断血液流动。止血带法：常用的止血带有胶管、布带、毛巾、皮带等。实施时先将患肢抬高，然后在伤口近心端上方缚扎止血带。注意止血带的松紧以出血停止为度。为防止肢体远端坏死，一般止血带缚扎时间不超过 2～3 个小时。并且，应当每一个小时放松 5 分钟，然后，在另一个稍高的平面重新缚扎。

2. 搬　运

较重的伤员经过现场急救后应及时安全送往医院。在搬运伤员时应当注意以下几点：①搬运前尽可能作好患处初步处理，如止血、包扎、固定等。②搬运动作要轻巧、迅速，尽量避免不必要的震动。特别是脊柱损伤患者，必须整体固定在担架或硬性代用品上，方能移动。③搬运过程中应随时注意伤情变化，及时处理。

3. 人工呼吸

人工呼吸有多种方法。其中以口对口呼吸法效果最好。实行口对口呼吸法时，患者仰卧，头部后仰，托起下颌，捏住鼻孔，轻压环状软骨，防止空气泄露或进入消化道。救护者随即深吸气，对口吹入患者口中，吹气后随即松手。如此往复，每分钟约 16～18 次，直至患者恢复自主呼吸。

4. 心脏复苏

当患者因意外事故心脏停止跳动时，必须立即实施心脏复苏术，争取在最短时间内恢复患者心脏跳动。心脏复苏经常采用的方法是心脏胸外挤压法。心脏胸外挤压法实施时患者仰卧，救护者两手上下重叠，以掌根置于患者胸骨下半段处，借助体重和肩臂力量，均匀而有节律地向下施加压力，将胸壁下压 3～4 厘米为度，然后迅速松开，让胸壁自行弹回。如此反复，每分钟约 60～80 次，直至心脏跳动恢复为止。心脏复苏常和人工呼吸联合实施。

抢救贵在坚持，千万不要轻易放弃抢救。生命的回归就在不懈的坚持之中。

（四）溺水及其急救

1. 原　因

溺水时，水经口鼻进入肺内，造成呼吸道阻塞，或因为吸入冷水的刺激，引起喉部肌肉痉挛，使气体不能交换，导致窒息和昏迷。如时间较长，则会危及生命。

2. 急救步骤

(1)将溺水者救上岸后，立即清除口腔异物，并迅速进行倒水。但不要因过分强调倒水而延误抢救时机。

(2)立即进行人工呼吸。若心跳停止，则同时实行心脏体外挤压法。人工呼吸与心脏体外挤压二者以 1:4 的频率进行，直至呼吸心跳恢复为止。

(3)待患者苏醒后立即送往医院做进一步检查和治疗。途中必要时应继续实施人工呼吸和心脏复苏。

第五节　营养卫生

在大众体育中，体育锻炼和合理营养的结合在增强人民体质和健康水平中的作用日益突出。合理营养和适量的体育运动对防治一些疾病如冠状动脉硬化、高血压、冠心病、糖尿病、肥胖症、骨质疏松等都是有效的。同时，也只有在合理营养的前提下，体育锻炼才能达到增强体质和增进健康的目的。

合理营养是决定健康水平和运动能力的重要因素之一。合理营养的目的是促使人体正常生长发育，确保各组织器官和机能的正常活动，提高人体对疾病的抵抗力，进而提高工作效率，延长寿命。为了保证摄入营养的合理性，应遵循以下原则：①平衡性原则；②适当性原则；③全面性原则；④针对性原则。

合理营养主要是通过平衡膳食来实现的，其基本要求是：第一，供给人体所需要的热能和营养素。第二，膳食要具有良好的感官性状，色、香、味俱全，饭菜要多样化，能够引起使用者的食欲。第三，食物要易于消化吸收和有一定的饱腹感。第四，应有适合工作和生活特点的合理膳食制度及良好的进食环境。第五，讲究膳食卫生，进餐食品应当新鲜、干净，腐败变质或含有致病微生物及有毒物质的食品一律不能食用。在食用的加工处理和烹调过程中，必须破坏或消灭食物中的微生物、寄生虫卵等有害物质，以达到无害化的要求。

(一) 平衡膳食

1. 平衡膳食中各种营养素的合理构成

平衡膳食是指膳食所含有的营养素构成合理，可以满足人体正常生理的需要，而且利于消化、吸收和利用。合理的营养素构成应具备以下条件：

(1) 蛋白质、脂肪、糖三大能源物质供应比例合理。足够的糖和脂肪可减少蛋白质作为能源而进行的消耗即糖和脂肪对蛋白质的节约作用。但是如果膳食中蛋白质供给量不足，单纯提高糖和脂肪的供给量，也不能维持正常的氮平衡。通常认为糖、脂肪和蛋白质三者供给量的比例分别占总热量的 60%~70%、20%~25% 和 10%~15%。

(2)蛋白质中氨基酸平衡。平衡膳食中蛋白质所含的人体必需 8 种氨基酸，应种类齐全，数量充足，比例适当；而且还含有一定比例的非必需氨基酸。一般认为，必需氨基酸和非必需氨基酸的比值应为 4:6。

(3)不饱和脂肪酸和饱和脂肪酸的平衡。人体必需脂肪酸都是不饱和脂肪酸，在植物油中含量较高，所以平衡膳食除了维持脂肪功能的比例，还应增加不饱和脂肪酸。通常认为必需脂肪酸应占总热量的 2%，每日脂肪摄入量中植物性脂肪应占 2/3，而且植物油的摄入量要大于 10 克才能维持不饱和脂肪酸和和饱和脂肪酸的平衡。

(4)矿物质之间的平衡。钙、磷两类矿物质对人体的生长发育和体制健康影响较大，膳食中的钙、磷比例恰当才利于二者的吸收和利用。一般成年人膳食中钙磷之比为1∶1.5，儿童为1∶1。过量的铜、钙和亚铁离子可抑制锌的吸收。铁和铜在造血过程中起协同作用，缺铜时，铁不能进入血红蛋白分子，因而即使铁量充足也会发生贫血。此外，脂肪过多可影响钙和铁的吸收等。

(5)维生素和其他营养素之间的平衡。硫胺素(维生素B1)作为辅酶参与体内糖代谢，故当膳食热能摄入量较高时，维生素B1的摄入量也要相应增加，反之则减少。核黄素(维生素B2)和尼克酸(维生素PP)在生物氧化过程中具有递氢作用，供给量也应随热量需要量的不同而变化。维生素D可促进钙、磷的吸收代谢和利用。维生素C能促进铁的吸收和利用等。动物实验还表明，维生素E能促进维生素C在肝内的储存，维生素B1/B2能促进维生素C的合成等。一种维生素的不足可影响其他维生素的代谢，如缺乏生物素，会引起泛酸缺乏；缺乏维生素B1影响维生素B2在体内的利用等。

此外，缺乏膳食纤维会使某些生理机能失调，并成为导致一些疾病的原因，但膳食纤维过多则会影响其他营养素的吸收，故要适量。

总之，要注意各营养素之间的平衡，具体供给量可参照有关的营养素供给量标准。

2. 平衡膳食的基本原则

1997年4月10日中国营养学会常务理事会通过的“中国居民膳食指南”的宗旨是“平衡膳食、合理营养、促进健康”。它包含以下7项基本原则：

(1)食物多样、谷类为主。谷类是碳水化合物的主要来源，其碳水化合物的含量均在70%~75%。一个合理的平衡膳食中，碳水化合物的供能应该占总能量摄入的55%~65%。也就是说，每天要保证摄入300~500克谷类(也就是我们通常说的主食)。如果按照不同的体重来计算，应该摄入主食5~8克/千克体重。

(2)多吃蔬菜、水果和薯类。蔬菜与水果含有丰富的维生素、矿物质和膳食纤维。对保持心血管健康、增强抗病能力及预防某些癌症等方面，起着十分重要的作用。

(3)常吃奶类、豆类或其制品。奶类除含丰富的优质蛋白质和维生素外，含钙量较高，且利用率也很高。我国居民膳食提供的钙质普遍偏低，平均只达到推荐供给量的一半左右。美国大约有1.5亿~2亿人口受到骨质疏松症侵害，然而美国人的乳制品消耗量是世界第一位。平均每位年平均消耗量约为三百磅(136千克)。我国人均仅仅25千克(2003年统计)，还不到美国的1/5。豆类是我国的传统食品，含大量的优质蛋白质、不饱和脂肪酸，钙及维生素B1、维生素B2、烟酸等。

(4)经常吃适量鱼、禽、蛋、瘦肉，少吃肥肉和荤油。鱼、禽、蛋、瘦肉是优质蛋白质、脂溶性维生素及矿物质的良好来源。肥肉和荤油为高能量物质，摄入过多会引起肥胖。

(5)食量与体力活动要平衡，保持适宜体重。根据个人年龄、性别、身高、体重、劳动强度、季节等情况确定食物需要。根据体重指数来确定是否需要减肥。饥饱要适当，三餐要合理，早、午、晚餐应分别占一天总热量的30%、40%、30%。

从事健身运动的人最为注重身体的脂肪，甚至将脂肪的多少作为评判健身效果的唯一标准，有的人体型已似“洗衣板”却依然在节食减肥，这也是不科学的。一般健康人群的身体脂肪所占的百分数应该是，男子15%~18%，女子20%~25%。

(6)吃清淡少盐的食品。我国饮食有高盐高油的特点。中国营养学会建议的盐摄入量为10克，同时要减少油脂特别是动物性脂肪的摄入。这是防治高血压等疾病的重要手段。

(7)饮酒应限量。饮酒过多会引起食欲下降，摄食量减少，造成营养素缺乏，严重时会引起酒精性肝硬化。饮酒后交感神经兴奋，导致血压升高，易发生中风。中国营养学会还发布了平衡膳食宝塔(图4-1)。平衡膳食宝塔共分五层，包含我们每天应吃的主要食物种类。宝塔各层位置和面积不同，这在一定程度上反映出各类食物在膳食中的地位和应占的比重。谷类食物位居底层，每人每天应该吃300～500克；蔬菜、水果占据第二层，每天应吃400～500克和100～200克；鱼、禽、肉、蛋等动物性食物位于第三层，每天应该吃125～200克(鱼虾类50克，畜、禽肉50～100克，蛋类25～50克)；奶类和豆类食物合占第四层，每天应吃奶类及奶制品100克和豆类及豆制品50克。第五层塔尖是油脂类，每天不超过25克。

图4-1 平衡膳食宝塔

(二)大学生的营养特点

1. 大学生常见的不良饮食习惯

(1)纵欲式的进食方式。许多学生在校期间有时暴饮暴食，有时忍饥挨饿。饥饿多半是因为睡懒觉，错过了早餐时间空腹去上课，或夜间学习过晚；暴饮暴食则多发生在亲朋聚会、过生日、野餐等场合。早餐不吃就去上课，随着大脑和其他器官机能活动所需能量的消耗，血糖就会下降，当血糖含量降低到每100毫升血液中不到45毫克时，就会严重影响脑组织的机能活动，全身乏力，注意力分散。暴饮暴食，会使消化器官的功能发生紊乱，从而使机体代谢功能失去平衡，产生许多疾病。

(2)盲目节食。这种情况女生多于男生，她们主要的目的是减肥。限制饮食虽然可以使人消瘦，但体内的营养物质也随之越来越匮乏，势必出现种种功能障碍或疾病，轻则头晕眼花、四肢乏力，重则出现贫血、低血糖、月经失调等情况。有的学生明知道过分限制饮食对身体有害，但仍甘愿付出巨大代价。这就不是单纯的缺乏健康知识的问题，而是涉及现代大学生的心理问题。如由于“肥胖恐惧”心理导致的饮食紊乱，其不良后果包括病理性肥胖及危险的体重过低，表现为神经性厌食和饥饿症，这些人对于形体瘦弱，表现为一种病理性的需要，他们摄入的热量仅能维持其生存，而不能满足生长的需要，还会严重影响其学业，造成终身遗憾。

(3)追求高蛋白、高脂肪饮食。有些学生盲目追求西餐高能量、高蛋白饮食，大量食用牛奶、鸡蛋面包，向欧美饮食模式靠拢。其实东西方饮食习惯的差异由来已久，东方饮食所含的能量和蛋白质，虽比西方饮食明显低，但东方人的体型和需求也小，体内酶含量和消化液分泌液的分泌量已与饮食结构适应。盲目模仿，很容易造成消化不良和营养元素的失衡。现代西方发达国家也已认识到，营养过剩会引起心血管病、结肠癌、糖尿病、胆结石病等许多病症。东西方饮食模式各有利弊，彼此可以取长补短，但须根据自身体制状况逐渐适应，并以科学的分析监测来指导，这样才能饮食科学化、合理化。

(4)偏食。现在，有些学生片面认定某些食物是高营养食物而长期偏食，导致营养摄取的不平衡和某些营养元素缺乏。如有的学生不肯吃肉，结果身体不能及时补充蛋白质，造成发育迟缓或发育不良。有的学生不吃蔬菜，引起多种维生素和矿物质缺乏，这会给成年后患高血脂、高血压、动脉硬化等留下隐患。特别是一些女同学因为怕胖，这也不敢吃那也不敢吃，结果面黄肌瘦，弱不禁风，致使学习时注意力不能集中，精力不充沛。

(5)偏爱营养补品。有些大学生听信广告相信营养补品的作用，甚至以此代替食品，认为营养补品可以补救一切营养缺乏。其实，营养补品仅仅能提供一小部分营养素，而且只能对缺乏某些营养素的人起作用。至于补药，不是人人皆宜的强化剂，更不能替代食物。

2. 平衡膳食　合理营养

大学期间身体正处于青春发育期的顶峰时期，人体的生长发育需要大量的全面的营养素进行补充，以促进青春期身体发育的完成。另外，大学时期主要以用脑力学习知识为主，脑力消耗量大，故大脑对各种营养的需要量也应随之大幅度增加。所以，大学生的营养特点，除了遵循膳食平衡原则和提倡全面营养外，要保证充足的葡萄糖供应，为大脑及时补充能量；还要提高优质蛋白质的摄入量，适当补充锌、维生素 C、D、B 族等微量元素以及乙酰胆碱和卵磷脂。平衡膳食应做到以下原则：

(1)保持三大营养成分供热的最佳比例。每日饮食中三大营养成分所提供热量最佳比例为：50% 的热量来自糖类，20% 来自蛋白质，30% 来自脂肪。这条原则简称为 50:20:30 最佳热量来源比例原则。

(2)合理安排一日三餐。一日三餐的食物分配应与学习、运动和休息相适应，蛋白质食物应在学习、运动和工作前摄取，不应该在睡眠前摄取，这是因为蛋白质消化比较慢，会影响睡眠。

①早餐：热能摄入占全天的 25%~30%，蛋白质、脂肪食物应多一些，以便满足上午学习和工作的需要。有些同学早餐分配偏低，仅占全天总热能量的 10%~15%，甚至不吃早餐，这与上午学习和工作的热能消耗是很不适应的，既影响健康，又影响学习效果。

②午餐：热能摄入占全天的 40%，糖、蛋白质和脂肪的供给均应增加，因为既补偿饭前的热能消耗，又储备饭后学习、运动和工作的需要，所以在全天各餐中应占热能最多。

③晚餐：热能摄入应占全天的 30%~35%，宜多吃含糖多的事物。故晚餐可多吃些谷类、蔬菜和易消化的食物，富有蛋白质、脂肪和较难消化的食物应少吃。大学生晚餐后，仍有晚自习，用脑时间较长，所以晚餐不可减量。

(3)食物要力求多样化。因为任何一种食物都不能包含机体所需要的全部营养物质，为了保证营养充足、均衡，食物要力求多样化，绝不能偏食。

(4)节食减肥不可压缩维生素的摄入。为减肥而进行节食，不要压缩含有丰富维生素的食物摄入，如水果和蔬菜。为了促进沉积脂肪燃烧和防止肌肉总量减少，平时还要加强体育锻炼。

(5)大运动量时的饮食。参加耐力性运动的人，当运动量较大时，可适当补充一些富含糖类的食品。一般的健身运动，则只需多加一杯低糖饮料即可。

(三)运动与营养

运动过程伴随着大量的能量消耗。食物中的能量不能直接用于细胞活动，只能在细胞中发生化学反应时释放出来，以高能化合物三磷酸腺苷(ATP)的形式储存。ATP 是一种储存能量并可以直接供给细胞能量的高能化合物。

运动时所需能量主要来源于糖类和脂肪的分解，蛋白质主要用于构成身体的基本成分，也可以为细胞提供少量能量。肌肉收缩强度由低到高时，糖利用比例越来越大，脂肪供能比例越来越小；在短时间高强度运动中，ATP 几乎全部由糖分解供能。而长时间中小强度运动时，能量供给主要来自脂肪和糖的有氧氧化。

运动时新陈代谢旺盛，伴随各种化学反应酶活性的提高，组成多种活性酶的氨基酸和组成辅酶的维生素消耗也在加大。同时，运动增加排汗量，伴随汗液的排出损失大量的水分和无机盐。

所以，应适当增加营养以满足运动的需要。因环境、运动强度、运动类型、个人技术的差异应采取与其相适应的营养补充方案。

1. 不同运动项目能耗及营养补充特点

人体在安静时也要消耗氧气来满足基本的生理需要。人体每天总耗能的变动范围很大，主要取决于多种因素，包括：活动水平、年龄、性别、体重和身体成分。

(1)不同运动项目能耗特点：不同运动项目需要的能量随运动强度、运动类型、持续时间以及运动效率(个人技术)而不同，运动后恢复阶段也会额外消耗能量。表 4-1 显示了成年男女在不同运动项目中的平均能耗。大多数运动涉及移动身体，所以这些数字会随着前面所提到的个体差异和运动效率不同而改变。

表 4-1 不同运动项目中的能量消耗

项目	耗能量（千卡/分钟）		单位体重耗能量（千卡/千克/分钟）
	男性	女性	
篮球	8.6	6.8	0.123
自行车(7 英里/小时)	5.0	3.9	0.071
自行车(10 英里/小时)	7.5	5.9	0.107
手球	11.0	8.6	0.157
跑步(7.5 英里/小时)	14.0	11.0	0.200
跑步(10 英里/小时)	18.2	14.3	0.260
静坐	1.7	1.3	0.024
睡觉	1.2	0.9	0.017
站立	1.8	1.4	0.026
游泳(3 英里/小时蛙泳)	20.0	15.7	0.285
网球	7.1	5.5	0.101
走路(3.5 英里/小时)	5.0	3.9	0.071
举重	8.2	6.4	0.117
摔跤	13.1	10.3	0.187

(译自 Jack H. Wilmore，1994)

(2) 不同运动项目营养补充特点：各运动项目能量代谢的特点不同，对营养素的需求也存在差异。在保证运动员膳食平衡的基础上，还应充分考虑出其所从事的运动专项特点。

①速度性运动的营养特点。速度性运动的代谢特点是能量代谢率高，运动中高度缺氧，能量来源主要依靠 ATP-CP 磷酸原系统和糖的无氧酵解。因此膳食中应含较多易吸收的碳水化合物、维生素 B1 和维生素 C，同时还应有足够的蛋白质。

②耐力性运动的营养特点。耐力性运动的代谢特点是运动时间长，能量消耗大，能量代谢以有氧氧化为主、肌糖原消耗大，蛋白质分解加强，脂肪供能比例随运动时间延长而增加。因此，应供给充足的碳水化合物，以增加体内糖原储备，以及丰富的蛋白质和铁(瘦肉、鸡蛋、绿叶蔬菜等)，膳食中可适当增加脂肪含量和维生素 C 及维生素 B 族。

③力量性运动的营养特点。力量性运动要求肌肉有较强的爆发力，所以肌肉对蛋白质的需要量大大增加，特别在训练初期，要供给充足的蛋白质和维生素 B1，同时也要保障碳水化合物、铁、钙和维生素 C 的供给。

④灵巧性运动的营养特点。灵巧性运动要求机体的协调性高，神经系统紧张；为完成高难动作，对体重的控制有较高的要求，所以膳食中要保障充分的蛋白质、维生素 B1、维生素 C 和磷。

⑤球类运动的营养特点。球类运动对速度、耐力、灵敏和力量等素质都有较高要求，所以球类运动的营养供给应较全面。球类比赛间歇中，一般不必进食，可服少量含水果酸及维生素 C 的饮料；若感到饥饿时，可在饮料中加些葡萄糖。

⑥游泳运动的营养特点。游泳运动使机体散热量增加，能量消耗量加大。所以其膳食的热能要高，同时要注意补充较多的脂肪和维生素 A，以利于保持体温和保护皮肤。

2. 运动和比赛不同时期的能耗及营养补充特点

（1）比赛前期的营养特点：对于耐力性运动和间歇性长时间大强度的运动一般采用改良的糖原负荷法，在赛前一周一般属于减少运动量的调整期，直到赛前 1 天休息；赛前 4 天采用高糖膳食，在膳食中注意选择含糖量高的食品，不要过多进食蛋白质和脂肪等酸性物质，以防体液偏酸，不利比赛。参加短跑和跳跃项目运动员的膳食应保持较高的蛋白质和足够的糖，减少脂肪的进食量；参加投掷项目者此阶段主要进行类似比赛强度的完整技术练习，对肌肉的最大力量及爆发力要求较高，所以应注意高蛋白质食物摄取。

此外，比赛前一周内还应多吃蔬菜、水果，以供给充足的维生素和微量元素，尽量使它们在体内达到饱和状态。每日维生素 A、B1、B2、C、E 等可增加到平时的 1～2 倍。维生素 C、E 摄入 40～60 分钟即可发挥作用，短、中跑可以在赛前 60 分钟服维生素 C 和维生素 E 各 100 毫克，长跑、马拉松可在赛前 30 分钟服维生素 C、E 各 200 毫克，这对维持心脏、肌肉、红细胞的功能均有好处。

（2）比赛当日的营养特点：

①赛前饮食：忌空腹参加比赛，赛前 2～3 小时吃最后一餐，食物应体积小、热量高、易消化。短时间结束的项目，不须考虑能量是否充足；长时间耐力项目如马拉松，应热量充足，除供应高糖外，还应补充蛋白质和脂肪性食物，以维持饱腹感，另外，还要补充维生素和无机盐。赛前 30～90 分钟内不要服糖，因为可能引起比赛时出现胰岛素低血糖反应而影响比赛，运动前 20～30 分钟内补糖则有防止低血糖发生的作用，不过补充糖量不得超过 60 克。

②赛中饮料：在超长距离项目的比赛中，由于水分、盐丢失多，能量消耗大，途中通过饮料补充能量和水分、盐，对维持运动能力有良好作用；摄入量视气温而定，原则是少量多饮，饮料通常多是鲜果汁、糖、柠檬酸、食盐等加水配制。在训练中饮用适量的运动饮料可增强体

力，推迟运动性疲劳的发生。例如从事耐力项目的，可采用含糖较高的饮料，如健力宝、高能运动饮料、沙棘精等；短时间剧烈运动，由于缺氧，酸性物质生成较多，可选用碱性电解质饮料；当体力下降，身体机能不佳，血色素低时，可选择滋补强身的饮料，如沙棘精、枣汁等。

(3)比赛后恢复期的营养特点：参加长时间竞赛，如马拉松、足球等项目，恢复期补充营养的主要任务是尽快恢复体液平衡和体能平衡，以消除疲劳。比赛结束后即饮用一杯含100～150克葡萄糖的果汁，对促进肝糖原的恢复、防止肝脂肪浸润、消除中枢神经疲劳有良好的作用。其后按照补水原则逐步恢复机体的水盐平衡。在休息2～3小时后，可吃一些精细、可口、高热量的食物，以促进热量及其他营养素恢复平衡。

比赛后两三天内的膳食，仍应维持较高的热量和丰富的营养素，因为比赛时所消耗的热量和营养素不可能在一天内就得到恢复。此外，恢复期由于身心负担小，运动量和训练强度都较低，食欲会不断增加，所以要注意控制体重。

第二篇　实践篇

第五章

田　　径

第一节　田径概述

一、起　　源

人类社会发展的史卷，记载着人类向自然界不屈斗争的篇章；奥林匹克辉煌的画册，无处不在述说田径运动的进展。从为了维持人类基本生存的生活技能，演进为竞技运动的竞争，田径运动经久不衰。当今，田径运动已成为奥林匹克运动会金牌的魁首，成为世人最喜爱参与、最普遍的体育运动项目之一。

田径运动源于人类生活实践，人类社会的发展与进步，是田径运动发生、发展和演进的根本原因。远古时期，原始人群为了维持生存，必然要和大自然进行斗争。人们出没于荒野，跋涉于崇山峻岭，跨沟渠、过障碍，逐步形成了基本活动技能，后来随着战争的出现，更加强化了这些活动技能并扩展了它们的功能。于是以走、跑、跳跃、投掷为主要内容的"田径运动"逐步形成了雏形。

当然，作为竞技比赛项目的出现，还应归功于奥林匹克运动。古代奥林匹克运动会上就有田径运动的比赛项目，虽然原始，但已构成田径运动的雏形，尽管古代奥林匹克运动会与现代奥运会在项目设置、宗旨、举办形式、参加资格、裁判方法、奖励方式等诸多方面不同，但有两点是始终一致的。其一是从古至今，奥林匹克运动会上，田径运动的比赛始终被视为一个主要项目，体现在参加的国家多，比赛的项目多(金牌多)，参加比赛的人数多；其二是奥林匹克的格言"更快、更高、更强"的口号始终回荡在赛场，在田径运动中得以更充分的体现。田径运动作为竞技项目为世界各国选手瞩目，发展成为当今世界第一大项目，而且在现代奥运会恢复以后，尤其在20世纪以来取得了长足进步。尽管史书中记载了许多古代奥运会上有关田径比赛的一些情节，某些动人的故事，比如关于马拉松赛跑的动人故事，比如短跑英雄的传说，比如"掷铁饼者"的精美雕塑等等。但是，能集中、全面地反映世界田径运动的发展、演进、运动水平以及科技进步，还是从现代奥运会开始以后，即1896年第1届现代奥运会田径运动比赛至今。

从1896～2012年，奥运会已整整116年了。在这100多年间，世界局势风云变幻、动荡不安，曾爆发了两次世界性的战争。然而，也是在这100年间，科技有了突破性进展，奥林匹克运动随之得以进步，田径运动发展到一个新水平。迄今，已有210个国家和地区加入了国际田径联合会，是夏季奥运会参加单位最多的比赛项目。同时，在田径运动比赛中有46个单项列入正式比赛，也是奥运会上设金牌最多的项目。

二、田径运动的定义

由于人们对田径运动的认识及田径运动的发展和意义尚有不同见解。因此，对田径运动定义的文字表述有统一的必要。

根据国际业余田径联合会章程第 1 条对田径运动的解释，田径运动的定义应做如下的表述："田径运动是由田赛和径赛、公路赛、竞走和越野赛组成的运动项目。"

三、田径运动比赛项目的分类

在当前的田径教材或专著中，大多将田径运动分为竞走、跑、投、跳和全能五个部分。田径运动比赛分类一般又都是按以上五个部分将大型田径运动会男、女比赛的40多个单项归类。

随着世界田径运动的发展，有的国家对田径运动分类和比赛项目分类是按各自的需要进行的。如前苏联体育学院《田径运动教科书》中关于田径运动的分类列为：竞走、平跑、自然条件下的跑、超障碍跑、接力跑、跳跃、投、推、全能九大类。这九大类中，又划分项目类，如自然条件下的跑分为越野跑、公路跑，接力跑分为短距离、混合距离接力跑等。按项目类别和性别、年龄、组别再分很多的比赛项目，如，全能就有 10 个比赛项目，接力跑有 13 个比赛项目。中国、日本的田径教材主要是按走、跑、跳、投和全能五个部分以及奥运会田径赛项目并结合本国男女青少年年龄组别进行田径运动分类和田径运动比赛项目分类的。这些都反映了各自田径运动的发展特点。

从宏观上看，现代世界田径运动按国际田联对其定义的解释，即分为田赛、径赛、公路赛、竞走、越野赛五大类。在五大类之下是世界田径比赛项目的分类，即按国际田联承认有世界纪录的项目进行分类。国际业余田径联合会至今承认有世界纪录的已有 150 项。在世界田径运动比赛项目分类中，跑、与跑密切相关的项目占大多数，150 个项目中属径赛的就有 107 项，占 71. 33%。跑的比赛历史漫长，比赛项目分为短距离、中距离、长距离。短、中、长距离项目是根据人们跑的距离、能力和生理负荷特点分类的。现在，世界室内外田径比赛中跑的项目繁多：50 米，60 米，100 米，200 米，400 米都属短距离；800 米，1 500米，2 000米都属中距离；3 000 米，5 000 米，10 000 米都属长距离。现代田径训练进一步专项化，在国内外大赛中，运动员一般都是参加一个专项的比赛，所以，在跑的专项训练中将400 米跑视为长段落的短跑，将3 000 米视为接近中距离的长跑的训练观点更有助于发展专项身体素质和提高专项能力。

四、田径运动的特征

(1)走、跑、跳、投是人类生活的重要技能，是田径运动项目中最基本的活动形式。这些自然动作和技能对学习掌握田径运动各项技术有着十分密切的关系，这些自然动作如果做得好，能力强，就有助于较好地、较快地掌握田径运动技术。

(2)田径运动具有个体性，又具有广泛的群众性。田径运动是以个人为单位参加比赛的运动项目，团体成绩和名次是由个人成绩和名次决定的。田径运动是体育运动中最大的一个项目，它包括很多单项，是任何大型运动会中比赛项目最多，参赛运动员最多的项目。练习也较容易，经常参加田径运动的人很多。

(3)一般参加田径运动很少受条件限制，基层比赛可因地制宜地举行。在一般情况下，男女老少都可以在田野、公路、河滩、沙坑、较宽敞的地带从事田径运动。"任何坚固、匀质、可以承受跑鞋鞋钉的地面均可用于田径运动。”使用简易的器材和设备也可举行基层田径运动会。举行较高层次的田径比赛，田径场地、器材等设施设备都必须符合国际田联颁布的田径竞赛规则的要求，因为随着田径水平越来越高，对比赛条件的要求也越来越高。现代奥林匹克运动会的田径赛、世界田径锦标赛、洲际田径赛及我国全运会的田径赛等场地、器材等设施设备都不同程度地反映出当代较高的科技水平。

(4)田径运动中各单项和全能项目，对人体形态、主要身体素质发展水平和心理特点等有一定要求。运动员要从个人实际和特点出发，掌握具有个人特点的、先进的、合理的运动技术。

五、田径运动的意义

田径运动能有效地发展速度、力量、耐力以及灵敏、协调性等身体素质，增强体质，获得运动技能，提高运动成绩，培养意志品质。

(1)长时间竞走或慢跑，全身肌肉都能参加工作，可加速物质代谢，增强心血管、呼吸和其他系统的活动能力，协调有机体各器官和系统的机能，提高机体各系统器官的适应能力。有效地发展速度、耐力、力量，也能使人的顽强拼搏精神跨入一个更高的阶段。

(2)跳跃是人体在短时间、高强度克服障碍的运动。诸如克服地心引力、身体重量、自身运动中的生理性和病理性的不协调、不适应，以及克服运动环境、器械、心理、情绪等阻力，因此，跳跃练习能提高控制身体和集中用力的能力，能有效地发展弹跳力、力量、速度、灵敏、协调性，培养勇敢精神。

(3)投掷项目是将专门器械掷远的练习。通过练习能有效地发展臂部、肩带、躯干和腿部等肌肉力量。

(4)全能运动能更加全面地提高身体素质，更加全面地掌握田径运动技术，也能更好地发展一般耐力，培养顽强的意志品质。

“田径运动是基础”“田径是体育运动之母”等通俗、概括的名言，肯定了田径运动对增强人类体质、对竞技运动都具有积极意义。其含义都是强调田径在体育运动中的重要性，告诫人们要重视和采用田径练习发展速度、力量、耐力等身体素质，达到增强体质和提高专项成绩的目的。运动实践表明，我国体育运动发展迅速、实力雄厚的省(区、市)，也是田径项目成绩突出的省(市、区)。世界体育强国，也是田径强国。体育运动中有些项目互相关联，田径运动员也需适当采用其他运动项目练习提高身体素质和改善技术。

六、田径运动的发展

(一)世界田径运动

19 世纪中叶，英国、美国先后举行过田径冠军赛。至于现代田径运动何时形成？难以严格、准确地界定。1896 年第 1 届现代奥林匹克的田径赛可认为是现代世界田径运动开始的标志。世界田径运动 100 年来，经受过重大政治事件的影响与考验，按其发展和提高，可分为五个阶段：

第一阶段：19 世纪末至 20 世纪初，是现代田径运动开始形成、发展、从较低水平逐步提高的阶段。1912 年 7 月 17 日在瑞典斯德哥尔摩举行“国际业余田径联合会”(IAAF)的成立大会，有 17 个国家的代表参加。国际田联把这个成立大会作为第一次代表大会。1913 年在柏林代表大会上通过了第一部章程。

第二阶段：1913~1920 年，受第一次世界大战影响，是世界田径运动成绩下降阶段。由于第一次世界大战爆发，第6届奥运会未能举行。

第三阶段：20世纪20年代至30年代中期(1921～1936年)，是世界田径运动恢复、发展与提高的阶段。1922年在巴黎首次举行了女子田径赛，在1928年荷兰阿姆斯特丹举行的第9届奥运会上，首次将女子5个项目列为田径比赛项目。从那时起，女子田径比赛项目不断增加，运动成绩不断提高。

第四阶段：20世纪30年代后期至40年代后期(1937～1948年)受第二次世界大战的影响，是世界田径运动水平第二次下降阶段。

第五阶段：20世纪50年代至今的60余年是世界田径运动成绩持续不断提高并达到很高水平的阶段。1968年是世界田径运动更加创新，运动成绩全面提高的一年。世界上出现了人工合成的塑胶跑道。这种跑道的出现和使用，对田径运动具有划时代的意义。在这一阶段，技术的更新更是屡见不鲜，如背越式跳高技术在世界各地广泛而迅速地普及开来，跳高成绩也迅速提高。世界田径运动开展至今，已呈波澜壮阔、蒸蒸日上之势。历次的成功，各项运动成绩的提高，都是一代又一代运动员、教练员、教师、科技和管理人员等共同努力的结果，给后人留下了丰富的精神财富和物质财富。

(二)中国的田径运动

旧中国举办过七届全运会，中华人民共和国成立以来也举行了八届全运会。田径运动比赛在每届全运会中都是主要内容。中国田径运动历史约80余年，大致可分为四个阶段：

第一阶段：20世纪初期至40年代末期(1910～1948年)，是中国田径运动的引进、初步开展和停滞不前的阶段。旧中国第1、2届全运会田径赛的组织、规程、规划的制定和裁判员、工作人员等大多由外籍教士包办。1924年旧中国的第3届全运会田径赛由中国人自己主办。这一时期从引进、学习到中国人自己主办，是中国田径运动的开端。1932年，张学良将军捐资，刘长春第一次代表中国参加第10届奥运会的100米、200米比赛，虽成绩不佳被淘汰，但他热爱祖国、维护中华民族尊严的高尚情操，受到中外人士的敬佩。1936～1948年，中国人民先后历经第二次世界大战、抗日战争、解放战争，中国处于大动荡的年代，旧中国分别派运动员参加了第11、14届奥运会，均未得分。旧中国的田径运动比世界水平落后了半个世纪。

在这个阶段，解放区的田径运动蓬勃发展。即使在艰苦的岁月里，各级人民政府对田径运动都很重视并积极地开展，每年都举行较大规模的运动会，设有赛跑、跳跃和投掷等项目的比赛，以增强解放区军民的体质。

第二阶段：1949～1965年是中国田径运动迅速普及和提高阶段。中华人民共和国成立以后，随着国民经济的恢复和建设事业的发展，逐步增建了田径场、田径馆，增设田径教学训练器材等。1957年11月，中国优秀女子跳高运动员郑风荣跳过1.77米横杆，打破世界纪录，轰动世界体坛。50年代，中国引进翻译出版了苏联、美国、日本等大量田径专著、杂志，也编著发表了大量的田径专著、论文等。60年代初，我国编写出版了第一部全国体育院系通用田径教材。田径运动的教学、训练和科学研究工作呈现一派繁荣景象。

第三阶段：1966～1976年是中国田径运动遭受“文化大革命”浩劫，运动水平显著下降阶段。这个阶段特别是前期，许多田径队伍被解散，大批田径教练员、科学研究人员遭到批判；否定和销毁了一些教材、论著；取消了运动员、裁判员等级制度；田径场馆变成了会场，田径比赛几乎完全停止了。在此期间，除男子跳高运动员倪志钦以2.29米创造了世界纪录外，许多有才能、水平较高、正向世界田径运动高峰攀登的运动员夭折。这给中国田径运动造成了无法弥补的损失。

第四阶段：1977～2014 年是中国田径迅速恢复发展，冲出亚洲，走向世界，向世界水平进军的阶段。1983～1984 年，我国优秀跳高运动员朱建华三破世界纪录。1988 年第 24 届奥运会田径比赛中，我国女子铅球运动员李素梅以 21.06 米的成绩获得铜牌。1990 年在北京举行的第 10 届亚运会时，我国田径运动员共获 29 枚金牌。1991 年，我国运动员在东京第 3 届世界田径锦标赛上获得令人瞩目的成绩，除黄志红、徐德妹分获女子铅球、标枪金牌外，竞走、女子中长跑、投掷、男子 110 米栏分别获得较好名次。1992 年全国第 7 届全运会中崛起的"辽宁女子中长跑队"全面地在中长跑项目上打破世界纪录，进入世界先进水平。1996 年王军霞在第 26 届奥运会上取得 5 000 米金牌，10 000 米银牌。2004 年在雅典奥运会上我国运动员刘翔、邢慧娜分别取得了男子 110 米栏和女子 10 000 米跑的金牌，又一次吹响了中国运动员冲击世界田坛顶峰的进军号角。2008 年北京奥运会，中国田径项目女子马拉松周春秀和女子链球张文秀摘取两枚铜牌。2012 年伦敦奥运会田径男子 20 公里竞走决赛陈定获得冠军，女子 20 公里竞走决赛中国藏族选手切阳什姐获得铜牌，男子 50 公里竞走比赛司天峰获得铜牌，女子铅球巩立姣获得铜牌。

世界田径锦标赛创办于 1983 年，为世界第三大国际性体育赛事。赛事最初每四年举办一届，1991 年起改为每两年一届，其影响力在田径界不亚于奥运赛事。历经 32 年，北京首次成功申办田径世锦赛，让我们共同期待 2015 年 8 月的北京鸟巢，期待中国田径的新突破!

第五阶段：中国田径聘请 11 名外教"洋务运动"是"后刘翔时代"重新腾飞的翅膀，男子 100 米请外籍教练特训是中国田径在"后刘翔时代"振兴计划的集中表现之一。今年称得上是中国田径的元年，亚洲田径锦标赛和 2015 年田径世锦赛都将在中国进行，而水平极高、影响力很大的田径世锦赛更是首次落户中国。国家体育总局田径运动管理中心提出了在 2015 年田径世锦赛争夺 4～5 枚奖牌，1 枚金牌的目标。为了田径世锦赛和 2016 年的里约奥运会，田管中心制定了"1516 行动计划"，这其中重要的一条就是让有潜力的中国田径选手踏上留洋取经的征程，即在苏炳添、张培萌、李金哲、张国伟等一批选手身上展开"洋务运动"，聘请 11 名外教来带他们。比如曾经的男子 100 米世界纪录保持者加特林的教练就在指导张培萌；竞走的外教是曾培养出 5 位奥运冠军、6 个世锦赛冠军的意大利金牌教练达米拉诺；指导李金哲的美国外教是兰德尔·亨廷顿，此人的两大知名弟子分别是男子跳远世界纪录保持者鲍威尔以及前男子三级跳远世界纪录保持者班克斯……

中国田径队的海外拜师学艺行动，因为人数多，规模大，也被称为中国田径史上"规模最大的留洋潮"。自从刘翔在雅典奥运会夺冠后，中国田径已经 11 年没有属于自己的荣耀时刻，刘翔退役后留下的空白需要人填补，而田径是基础大项，是体育强国的标志之一。对中国田径队来说，"洋务运动"是重新腾飞的翅膀，而近期苏炳添创历史地破 10 秒无疑是中国田径的强心剂，也许在这些留洋的重点田径项目中，未来会诞生下一个"刘翔"。

几十年以来，我国田径运动经过一代又一代人的努力走向世界。但与美国、俄罗斯、德国等体育强国相比，我国田径运动的发展尚不平衡，不够全面，差距较大，尚需努力学习和研究各国先进的田径运动理论与经验，结合我国实际，走自己的路。我国成为世界田径运动的强国大有希望。

第二节 田径运动的技术特点

(一)跑

跑的种类很多，在正规田径运动比赛中，经常设有短跑(100 米、200 米、400 米)，中跑(800 米、1 500 米)，长跑(300 米、5 000 米、10 000 米)，超长距离跑(即马拉松赛跑，全程 42 195 米)，有时还有越野跑。田径比赛中还设有跨栏跑(男 110 米栏、400 米栏，女子 100 米栏、400 米栏)和男子3 000米障碍跑的比赛。此外，在田径运动会上还要设置最精彩的接力赛跑项目(男、女 4×100 米接力赛跑和男、女 4×400 米接力赛跑)。如此众多的跑类虽然不同，跑的技术都有各自的技术特点，但从跑步的基本技术动作结构和跑步技术原理来看，跑是一种通过自身动作使身体迅速移动的技能。从动作技术上分析是属于一种两脚轮流支撑与交替腾空的周期性运动。况且，跑步又是人类本身的基本活动技能，因此，掌握跑的正确技术，无论是长跑还是短距离跑，无论是在运动场上跑还是在公路上跑，首先要跑得省力，跑得自然、放松，只有这样才能跑得快，跑得持久。跑步动作技术不仅是两条腿的动作，两臂的协调摆动、躯干的正确姿势都会影响整个跑步动作。

首先是两脚着地动作。脚着地一定要富有弹性，通常都用前脚掌着地，并且两脚要落在直线上。当然，长距离或超长距离跑时，可采用全脚掌着地的技术。任何距离的跑步都应避免用足跟先着地。两条腿在跑步中是以轮流着地支撑用力的，因此，两腿的支撑用力和摆动应力求均衡。跑步中两腿的交替摆动，不仅应该用力均衡，而且应该使摆动腿的大小腿适当折叠(即膝关节放松、弯曲，使大小腿靠拢)。这样有助于缩小摆动半径，有利于提高摆动速度。两腿交替向前摆动时，还要注意摆动的方向应始终指向前进的方向，避免两腿“内扣”或“外撇”。内扣式摆动像“罗圈腿”跑，外撇式的摆动像“X 形腿”跑，都妨碍提高速度。跑的速度快慢是由步幅大小和两腿交换频率决定的。其中步幅取决于两腿的长度，髋关节灵活性，两腿的柔韧性，以及两腿轮流蹬伸地面的力量；两腿交换的快慢，也就是跑步的“频率”，取决于灵活性和腿部力量。因此，要想跑得快，必须提高步幅和步频。锻炼中应经常进行柔韧性练习、力量练习和关节灵活性练习。短跑项目是属于极限强度工作，生理学、生物化学的理论认为极限强度工作是属于由无氧代谢方式供给能量。因此，练习短跑人体会经常缺氧。老年人在进行短跑锻炼时应持慎重态度。正是由于短跑是极限强度工作，经常练短跑可以提高人体抗缺氧的能力。

短跑技术要求人的躯干稍前倾，但不能低头弯腰。两臂应弯曲在体侧做前后摆动，直臂摆或两臂交叉摆都会影响跑的速度。由此可见，短跑技术是一项要求全身协调配合、反应快、灵活性高、强度大的激烈运动项目，比较适合青少年参加。然而中距离跑是属于极限下强度的运动，在进行中距离跑锻炼时，身体也会出现缺氧现象，也是属于比较剧烈的运动。

长跑是属于中等强度的运动。在进行长跑锻炼时，只要控制好跑的速度(控制运动强度)，身体就不会出现缺氧现象。长跑锻炼时，身体基本属于有氧代谢。因此，同短跑、中距离跑相比较，长跑的运动强度较小一些。但是由于长跑距离长、运动的时间长容易较多地消耗体力，因此，参加长距离跑锻炼一方面要掌握跑的正确技术，减少不必要的体力消耗，另一方面也要在总量上进行控制。中长跑步技术动作和短跑动作很相似。主要区别是跑步的频率、步幅要比短跑小，用力程度及紧张程度，比短跑要低一些，躯干姿势接近于身体自然直立姿势，两臂的摆动幅度和摆动速度要小一些。总的原则是自然、省力，贵在持久。参加中长跑锻炼时，在技术上有一个特别要求，就是要掌握好跑时的呼吸节奏，运用好正确的呼吸方法。正确的呼吸方法应该是口与鼻共同进行的，通常是采用微张口与鼻同时吸气，用口呼气。在寒冷的季节里，吸气时为了避免冷空气直接从口腔进入体内，可采用卷起舌尖抵住上腭的口腔吸气方法。呼吸的节奏应和跑步的节奏相配合。通常在慢速跑时，可采用三步一呼、三步一吸的方式，跑速加快时，可用两步一呼、两步一吸的方式。在跑步中的呼吸动作，应特别注意呼气的深度。呼气时应用力，最好把气呼净，这样便于更多地吸入空气，供给跑步时必要的氧气，使参加者能长时间地坚持锻炼。

（二）跳 跃

跳高、跳远、三级跳远和撑竿跳高作为田径运动中的四个跳跃项目，在技术上都可以人为地划分为四个技术阶段，即助跑、起跳、空中动作（也叫腾空动作）和落地这四个技术阶段。每个阶段都有其独特的机理和技术要求。

1. 助 跑

助跑是人体向前水平移动的基本方式。目的是为了获得较高的水平速度，为获得较大的起跳效果准备条件。在跳跃运动中称为助跑技术阶段。由于跳跃项目不同，各项跳跃的助跑形式、助跑距离、路线，以及助跑速度等方面的具体要求都有差别。但其中一点是共同的，这就是助跑必须与起跳相衔接，为起跳做准备，适应起跳的需要。由此，任何跳跃项目的助跑都不能像短跑那样用最高跑速进行，而是采用“可控跑速”进行助跑，保证顺利、快速地进行起跳。各项跳跃的助跑最后几步的技术非常重要，助跑动作结构应逐渐与起跳的动作相衔接，主要表现在身体重心保持平稳，不能出现过大的起伏，跑步的步频较快，节奏明显，使助跑与起跳动作紧密结合起来。

2. 起 跳

跳跃项目的起跳是技术关键，它主要的任务是转换人体的运动方式。起跳的任务是利用助跑速度和起跳技术结合，获得一个腾起高度或超越远度的腾空运动，进而克服垂直障碍或水平障碍。也可以说起跳的任务是要完成由跑步变成跳跃的人体运动转换。由于跳跃运动项目不同，要求起跳的动作方式、起跳角度、运动形式也不相同。但其中都有一个共同任务，就是要获得项目本身所需要的垂直速度，这在技术上必然表现为起跳时起跳脚着地点，都要落在身体重心投影点的前面，通过一定程度的“制动”，获得垂直速度，改变人体运动方向和运动形式。起跳动作的完成是在起跳腿与摆动腿共同协调作用下实现的。其中摆动腿的作用一方面能加大起跳腿的支撑力，从而提高起跳的蹬伸效果；另一方面摆动腿又有着减轻起跳腿压力的作用，从而提高起跳的腾空效果。因此，在起跳技术中，应十分重视摆动腿的作用。

3. 腾 空

跳跃运动的腾空技术，俗称空中动作。

首先，人体腾空后，由助跑、起跳所创造的速度和身体重心运动轨迹，在没有其他外力的作用下，是不能发生改变的。根据这一力学原理，运动员只能利用处于腾空阶段人体姿态的改变，产生身体各环节的补偿运动，充分利用腾空空间完成一系列运动，帮助越过横杆或超越一定远度。

其次，由于助跑与起跳的结合，身体产生合力，特别是起跳时，摆动腿与起跳腿的蹬摆配合技术，会产生一种旋转动力，这个旋转动力将使腾空的身体围绕着三个基本轴旋转。在跳跃运动中，尤其在跳高、撑竿跳高这两个项目中，应充分利用这种旋转，帮助人体超越横杆。在腾空阶段的技术中，无论是跳跃高度的项目，还是跳跃远度的项目，都要在腾空阶段完成落地的准备动作。因此跳跃运动员所采取的腾空(空中动作)技术，不仅要有利于充分利用腾空抛物线，顺利地腾越高度或跨越远度，而且也有利于最后的落地技术。

4. 落 地

跳跃运动项目的落地技术，不仅是为了减缓身体下落时的震荡，而且对运动成绩的优劣也产生一定影响，尤其在远度跳跃项目中的落地技术，直接影响跳远、三级跳远的成绩。因此要求跳跃的远度项目，在落地前应使躯干前倾，两臂上举，两腿尽量靠近胸部，借以延长腾空时间，并且注意保持落地后身体稳定。

(三)投 掷

当今，在国际上进行正式比赛的投掷项目有推铅球、掷铁饼、掷标枪和掷链球四个项目。这些投掷项目对培养和增强人们的力量、速度素质，提高身体的协调性、柔韧性以及培养人们顽强、勇敢等心理素质都是有积极意义。四个投掷项目都具有同样的特征，就是运动员通过滑步、助跑或旋转的方式，远距离腿支撑，形成超越器械，首先使器械获得预先的加速度。然后再通过人体各部位的协调用力，最后再给器械一个关键的最后用力，使器械(投掷物)向最远的距离飞行，取得较好的运动成绩。由于四种投掷器械形状、重量及投掷方式各不相同，其具体完成掷出的技术也各有特点。就其共性来讲都需要学习和掌握专门握持器械的方法，即握法；各自给器械预先加速的方法，即滑步、助跑或旋转；由于预先加速方式各不相同，但都具有最后用力这样一个最关键的技术环节；还有一个共性，就是当把器械投出后，必须维持身体平衡，以防跌倒，避免犯规。不同的投掷器械因形状、重量不同，它们在空中飞行运动的方式也不一样，这又要求在投掷技术上予以考虑，使其能在空气中尽量减少阻力，以获取较好成绩。这些就是这四种投掷项目应共同遵循的基本理论。

第三节 田径竞赛知识问答

1. 什么是田径运动？包括哪些项目？

国际田联(IAAF)给田径运动下的定义是：田赛和径赛、公路赛、竞走和越野赛。以时间来计算成绩称为径赛；以高度或远度计算成绩称为田赛；由跑、跳、投的部分项目组成全能运动。第29届奥运会田径比赛项目男女共46项。

男子：100米、200米、400米、800米、1 500米、5 000米、10 000米、110米栏、400米栏、3 000米障碍、4×100米接力、4×400米接力、马拉松(42 195米)、20公里竞走、50公里竞走、标枪、铁饼、铅球、链球、跳高、跳远、三级跳远、撑竿跳高、十项全能。

女子：100米、200米、400米、800米、1 500米、5 000米、10 000米、100米栏、400米栏、3 000米障碍、4×100米接力、4×400米接力、马拉松(42 195米)、10公里竞走、标枪、铁饼、铅球、链球、跳高、跳远、三级跳远、撑竿跳高、七项全能。

2. 田径运动的国际性大赛有哪些?

主要有奥运会、世界杯赛、世界锦标赛等。

3. 什么是短跑、中跑、长跑与超长跑?

在径赛中，一般将100米、200米、400米称为短跑项目，800米、1 500米称为中跑，5 000米、10 000米称为长跑，10 000米以上为超长跑，如半程马拉松、马拉松(42 195米)等。大部分赛程在田径场外进行。

4. 什么是全能运动？有哪些基本规则？

男子全能运动有以下 10 个项目：100 米、跳远、铅球、跳高、400 米、110 米栏、铁饼、撑竿跳高、标枪、1 500 米。两天比赛完毕。第一天前五项，第二天后五项。比赛结果按运动员 10 个项目的得分总和(查全能评分表)排列名次。女子全能运动有以下 7 个项目：100 米栏、跳高、铅球、200 米、跳远、标枪、800 米。两天比赛完毕。第一天前四项，第二天后三项。比赛结果按运动员 7 个项目的得分总和排列名次。2002 年增加了女子十项全能比赛，比赛项目为 100 米、铁饼、撑竿跳高、标枪、400 米、100 米栏、跳远、铅球、跳高、1 500 米。

全能运动比赛规则与单项比赛不同之处主要有以下几点：①运动员起跑犯规二次才取消比赛资格。②风速最大允许值为 4 米/秒。③田赛的远度比赛运动员只试掷或试跳 3 次。④全能的高度项目每次提升高度固定不变，跳高为 3 厘米，撑竿跳高为 10 厘米。

除以上几点外，比赛规则与单项相同。

5. 什么是接力赛？有哪些基本规则？

奥运会接力赛项目有男、女 4×100 米接力与 4×400 米接力。由一个队 4 名运动员经过接力区内的传接棒跑完全程。在 4×400 米接力中第一棒运动员持棒在自己跑道上跑完全程，在接力区内将棒传给第二棒运动员。第二棒运动员跑完第一弯道，跑过抢道线后可切入里道，不按分道跑进。第三棒运动员按本队前一运动员跑完 200 米时的先后顺序由里至外排列在第三棒接力区后沿内，在接力区内接棒后不分道跑进。第四棒传接如第三棒。

6. 什么是跨栏跑？有哪些基本规则？

男子跨栏跑项目有 110 米栏、400 米栏。共跨越 10 个栏架。

女子跨栏跑项目有 100 米栏、400 米栏。共跨越 10 个栏架。

运动员过栏时脚或腿不得低于栏架顶的水平面，不得跨越他人栏架，或有意用手或脚推倒栏架。跨栏跑其他比赛规则与短跑相同。

7. 什么是竞走比赛？有哪些基本规则？

奥运会男子竞走分 20 公里、50 公里。女子有 10 公里。

竞走的定义：竞走是运动员与地面保持接触连续向前迈进的过程，没有人眼可见的腾空，前腿从触地瞬间至垂直部位应该伸直。当运动员的竞走动作不符合竞走定义时，必须予以警告，并示以白色标志牌。在比赛的任何阶段中，倘若有 3 名裁判示以红牌，即取消比赛资格。

8. 什么是障碍赛跑？

3 000 米障碍赛跑，运动员在跑进中，每一圈要跨过 5 个栏架，其中跨上第 4 个栏架后要跳过 1 个水池。运动员必须越过或涉过水池。凡踏上水池两侧的任一边或在过栏瞬间其脚或腿低于栏架顶端水平面者取消比赛资格。栏架可以跨过，或用腿踏上栏顶后跳下，或用手支撑腾越。其他有关规则与长跑相同。

9. 短跑比赛是怎样进行？有哪些基本规则？

400 米及 400 米以下的短跑(包括接力跑与跨栏跑)，运动员必须用起跑器采用蹲踞式起跑。裁判员口令为"各就各位"、"预备"、鸣枪！第一次起跑犯规的运动员将受到警告，之后每次起跑犯规的运动员将被取消比赛资格(全能除外)。运动员必须自始至终在本跑道内跑进(4×400 米接力第二、三、四棒除外)。

10. 800 米跑比赛是怎样进行的，有哪些基本规则？

800 米跑比赛为部分分道跑。运动员分道，站立式起跑，发令员口令为"各就各位"、鸣枪！运动员在本跑道跑完第一个弯道并通过抢道线后方可切入内道，按不分道跑进。当人数较少时，也可采用不分道起跑，起跑后即可切入内道。

11. 1 500 米跑及 1 500 米以上项目有哪些基本规则?

1 500 米及 1 500 米以上项目的比赛为不分道跑，起跑后运动员即可切入内道跑进。发令员口令为"各就各位"、鸣枪！运动员在跑进中不得故意阻碍、冲撞他人，被超圈运动员不得为本队运动员领跑。

12. 跳远及三级跳远比赛怎样进行? 有哪些基本规则?

跳远及三级跳远比赛每个运动员试跳 3 次，成绩最好的 8 名运动员再跳 3 次，以 6 次试跳成绩中的最好一次成绩排列名次。最好成绩相等时按次好成绩排列名次。跳远、三级跳远运动员必须在裁判员通知其试跳后的 1 分钟内开始试跳。三级跳远第一跳为单足跳，第二跳为跨步跳，第三跳为跳跃，助跑距离最长 45 米。

13. 跳高及撑竿跳高的比赛如何进行? 有哪些基本规则?

跳高和撑竿跳高运动员必须在裁判员通知其试跳后的 1 分钟内开始试跳。当比赛剩余2～3名运动员时，其时限为：跳高 1.5 分钟，撑竿跳高 2 分钟，只有 1 名运动员比赛时其时限为：跳高 3 分钟，撑竿跳高 5 分钟。

运动员可在任何高度上开始试跳，也可在任何高度请求免跳，但在任何高度上，只要运动员连续三次失败，即失去继续比赛的资格。跳高与撑竿跳高运动员按最后跳过的高度排列名次。成绩相等，最后跳过的高度上试跳次数较少者列前；如再相等，以全部试跳失败次数少的列前；再相等，如属第一名将进行决定名次赛。其他名次并列。

14. 标枪、铁饼、链球怎样进行比赛? 有哪些基本规则?

标枪比赛场地由 4 米宽助跑道、起掷弧和扇形落地区组成。男子标枪 800 克重，女子标枪 600 克重。比赛时每名运动员试掷 3 次，成绩最好的前 8 名运动员再试掷 3 次。以全部试掷中最好的一次成绩排列名次。运动员在裁判员通知他试掷的 1 分钟时限内开始试掷。助跑距离最长为 36.5 米。

铁饼比赛运动员在直径 2.50 米的投掷圈内由静止姿势开始投掷。落地区为 34.92°角的扇形。运动员投掷后，待器械落地后方可走出投掷圈，而且离圈时接触圈外地面的第一步必须完全在中线延长线的后面。同样铁饼比赛也有 1 分钟的时限。男子铁饼重 2 千克，女子铁饼重 1 千克。为了安全起见，正式比赛铁饼投掷圈外必须设护笼。链球比赛运动员在直径 2.135 米投掷圈内做旋转投。落地区为 34.92°角扇形。其他规则与投铁饼相同。链球重 7.26 千克，有链子与把手。为了安全，投掷圈外必须设有护笼。

15. 铅球比赛怎样进行? 有哪些基本规则?

男子铅球重 7.26 千克，女子铅球重 4 千克。投掷圈直径 2.135 米，落地区为 34.92°角扇形。运动员在投掷圈内由静止姿势开始投掷，可采用滑步、旋转投掷。待器械落地后才能离开投掷圈，并且接触圈外地面的第一步必须完全在中线延长线后面。铅球投掷圈前部为抵趾板。铅球投掷比赛有 1 分钟的时限。推铅球时，应将铅球抵住或靠近下颌，用单手由肩上推出，不得将铅球移至肩下或肩后抛掷。每名运动员试掷 3 次，成绩最好的前 8 名运动员再试掷 3 次。以全部试掷中最好一次成绩排列名次。成绩相等，看次好成绩。

16. 运动员应如何参加比赛?

首先，运动员应该取得代表本单位参加比赛的资格。运动员应该了解比赛的规程，特别是比赛项目、时间、地点、比赛办法、录取办法及报名办法。运动员应按竞赛规程规定在本单位报名表上报名。运动员应按比赛项目的检录时间准时在赛前控制中心(检录处)参加检录。并提前做好准备工作。按规定佩戴号码布，检查自己的服装、钉鞋、器材等。并在裁判员带领下到达比赛现场，不得私自离开。运动员比赛结束后应离开运动场。在正式比赛中，运动员比赛结束，在裁判员带领下到达赛后控制中心，领取自己的衣物，必要时进行兴奋剂检查，获得名次运动员准备领奖。

17. 举办田径运动会一般要经过什么过程?

举办田径运动会一般要经过以下过程：

(1)筹备过程：成立相应组织机构，如组织委员会、竞赛委员会以及下属的各部门：宣传、竞赛、场地、器材、后勤、保卫、仲裁等等。拟定竞赛规程、编造经费预算、准备场地器材、组织裁判队伍。报名、审核、编排、编印秩序册及有关材料，开幕式准备。

(2)竞赛过程：运动员要经过赛前控制中心(检录处)参加检录，并检查服装、号码布、钉鞋、器材及所带物品。大型比赛的径赛项目要进行几个赛次(预、次、复、决赛)。田赛项目要经过及格赛，然后进行决赛。运动员比赛结束后在裁判员带领下进入赛后控制中心，然后颁奖。在全部比赛结束后举行闭幕式，颁发团体奖，宣布比赛结束。

(3)竞赛后过程：总结、整理场地、器材。破纪录、等级运动员审核，参加更高一级比赛代表队的选报。

18. 田径运动会有关佩带号码布的规定是什么?

在田径赛中运动员一定要按规则规定佩戴号码布，否则不得参赛。比赛途中号码布丢失即取消录取资格。在正式比赛中撑竿跳高和跳高运动员可在前胸或后背佩戴 1 块号码布，其他项目必须佩戴 2 块号码布。

19. 在径赛进行中，场外同伴是否可以为场内运动员伴跑?

不可以，如发生场外同伴为场内运动员伴跑，即取消场内运动员录取资格。规则规定场内被超圈运动员不得为同伴领跑或伴跑。

20. 越野跑、公路跑或马拉松跑途中，运动员是否可以离开比赛路线?

在公路比赛和田径场内 2 万米或 2 万米以上竞走项目比赛中，运动员得到许可，并在 1 名裁判员的监督下，可以离开公路或跑道，但不得通过离开路线而缩短其比赛距离。

21. 比赛中或比赛后如果对裁判员的判决及成绩的丈量、公布和其他问题有意见，正确的做法是什么?

对运动员参赛资格抗议应在大会开始前向仲裁委员会提出。抗议涉及一个项目的成绩或执行问题，应在该项成绩正式宣告后的 30 分钟内提出。所有的抗议应由运动员本人或其代表向裁判长口头提出，对裁判长判决有向仲裁委员会申诉的权力。在正式比赛中向仲裁委员会申诉应采用书面形式，由代表该运动员的官员签名并附上申诉费(国际比赛 100 美元)。如不能胜诉，申诉费予以没收。

22. 田径赛的计分办法与奖励是什么?

一般录取 8 名，按 9、7、6、5、4、3、2、1 计分。前 3 名分别发给金质、银质、铜质奖牌。

23. 田径赛有关破纪录有什么规定?

正式比赛有关破纪录规定如下：径赛同一组所破纪录、田赛同一轮次所破纪录均可承认。其中最好成绩视为新纪录。

24. 男女运动员是否可以同场竞赛?

全部在田径场内举行的项目,男女同场混合比赛,所创个人成绩不予承认。部分在田径场比赛,部分在场外比赛的项目,如马拉松比赛,起终点设在田径场内,男女可同场比赛。

25. 田径赛有哪些项目有风速规定?

100 米、200 米、110 米栏、100 米栏、跳远、三级跳远等项目都有风速规定，其最大允许值为 2 米/秒，超过最大允许值所创纪录不予承认(全能风速最大允许值 4 米/秒)。

26. 田径赛中有关兴奋剂的规定是什么?

国际田联明文规定：服用兴奋剂是违反国际田联规则的行为，应严格禁止。下列情况被视为违反禁用兴奋剂的规定：①在运动员身体组织或体液内发现存在某禁用物质。②运动员使用某种禁用技术。③运动员承认使用某种禁用物质或禁用技术。④运动员拒绝进行兴奋剂检查。⑤帮助或唆使别人使用禁用物质或禁用技术或承认帮助和唆使别人使用。

第一次违反，从提供检验样品或处罚之日起停赛二年。

第二次违反，终生停赛。

第六章

篮　　球

第一节　篮球运动概述

篮球运动自产生到现在已有100多年的历史，在世界各国得到了广泛的开展。它作为人们喜爱的娱乐和锻炼身体的手段出现，是各国人民进行交往的重要工具之一，成为仅次于足球运动的世界第二大球类运动项目。

参加篮球运动具有多方面的锻炼意义。参加者不受年龄、性别和场地的限制，在工作之余随时几个人进行全场或半场的比赛，能从中得到极大的乐趣。篮球比赛需要参赛者同场竞技，攻守交错变化，在有限的地面和时间内展开激烈的争夺，具有强烈的竞赛性、对抗性和多变性。参加该项运动，能够提高人的神经中枢的灵活性和随机应变的能力。

一、篮球运动发展简介

(一)篮球运动的起源

篮球运动是球类运动项目之一，是一项以投篮为中心的对抗性体育运动。比赛时分两队，每队5人在长28米、宽15米的篮球场上按照竞赛规则比赛，运用各种攻防技术、战术互相争夺，各自努力将每次获得的球投入对方球篮，并防止对方获球得分。每场比赛40分钟，分上、下半时，每半时20分钟，得分多的一方获胜(每投中一球得2分或3分，每罚中一球得1分)。终场战平，加时5分钟，直到分出胜负。现行国际篮联组织的比赛将比赛的时间划分为四节，每节10分钟。而美国NBA的比赛每节12分钟，共四节。中国CBA的比赛时间与国际篮联的比赛时间相同。

篮球运动始于1891年12月25日，为美国马萨诸塞州斯普林菲尔德(旧译春田)基督教青年会训练学校教师奈·史密斯所创。最早的篮筐是用装桃子的竹筐，悬挂在健身房两侧栏杆上，离地面10英尺①，用足球作比赛用球，投球入篮得1分。每次球投中后要登上梯子把球取出来再重新开始比赛，1893年才以带网的铁圈代替竹筐。为了防止粗野动作和抱球跑等现象的出现，1892年由奈·史密斯编写了《青年会篮球规则》，内容归纳为5项原则13条规则，1893年增加到21条，后逐步修改和增加条款。国际篮联规定每四年修改一次规则，最初设计的13条规则至今只有篮圈距地面3.05米和掷界外球必须在5秒钟内掷入场内未变，其他条款都变化和发展了。

(二)篮球运动逐步成为世界性运动项目

篮球运动于1892年传入加拿大，1895年传入中国天津，1900年传入菲律宾，1904年传

---

① 1英尺=0.3048m。

入德国，同年列入奥运会的表演项目。1932 年 6 月 18 日成立了国际业余篮球联合会。男子篮球于 1936 年第 11 届奥运会才被列为正式比赛项目。除奥运会举行篮球比赛外，还有四年一届的世界锦标赛，每两年举行 1 次的各大洲篮球锦标赛。篮球运动在世界各国得到了广泛的开展。当今世界篮球最高水平当属是美国的“NBA”，美国职业篮球联盟于 1946 年举行了首届职业联赛，当时就有 25 支职业球队参加了比赛，至今已走过了 50 多年的历程。“NBA”每年举行一次比赛，同时向世界各国转播比赛实况，年赢利几十亿美元，已发展成为一种产业。我国从 90 年代初开始转播 NBA，深受广大观众的欢迎。NBA 有独特的比赛规则，比赛分为四节进行，每节 12 分钟，只许人盯人防守，不许联防，队员犯规达 6 次即被罚下，比赛时 3 名裁判执法。“WNBA”——美国女子职业篮球联盟成立于 1996 年 4 月 24 日，“WNBA”与“NBA”一样深受广大球迷喜爱，是世界最高水平的女子篮球比赛，与 NBA 一样吸引了世界最优秀的篮球运动员参加，我国著名篮球运动员郑海霞是加入 WNBA 的第一位亚洲球员。在 NBA 的历史上出现了许多著名球星，在它成立 50 年之际，选出了 50 名最优秀的球星，迈克尔·乔丹是其中最杰出的一个。他效力于芝加哥公牛队，以“飞人”著称，他年收入达 4 000 多万美元，成为美国人乃至世界球迷心目中崇拜的偶像。

篮球运动于 1895 年传入我国，最初仅在天津、上海、北京等地的基督教青年会有活动，后来逐渐在一些教会学校里有所开展。篮球运动在旧中国虽有 50 多年的历史，但开展并不广泛，大多作为学校的体育课和文化娱乐的一项内容，极少有专门的篮球训练，篮球运动技术提高缓慢。新中国成立以后，在体育运动“普及与提高相结合”方针的指导下，篮球运动得到蓬勃的发展。

自 1983 年起，中国的篮球运动开始腾飞，中国男女篮球队相继在亚洲比赛中获得好成绩之后，中国女子篮球队在世界锦标赛中获第 3 名。在 1984 年第 23 届奥运会篮球比赛中再次获得铜牌。1992 年中国女子篮球队在第 25 届奥运会上获得银牌。中国男子篮球队于 1986 年举行的第 10 届世界男子篮球锦标赛上荣获第 9 名。2008 年第 29 届北京奥运会篮球比赛中，中国男篮在现役 NBA 球员姚明带领下，保持良好的竞技状态，取得第八名的优异成绩，从而使中国男篮进入了世界强队的行列。目前中国篮球已经走上了职业化道路，CNBA 甲 A、甲 B 联赛争夺激烈，受到了球迷的青睐，促进了中国篮球进一步走向世界。NBA 球星姚明正是在这种环境中脱颖而出，成为中国具有国际影响力的知名人士。他的影响力已经超出篮球，跨越国界，更重要的是他把中国文化传播到了全球各地，让更多的人了解、认识中国。随着 CNBA 的开展，CUBA——中国大学生篮球联赛于 1998 年正式开始运行，受到了大学生的热烈欢迎，促进了篮球运动在高校的进一步开展。随着改革开放和社会主义建设事业的飞速发展，人民群众对业余文化生活需求的变化，群众性的篮球运动水平将会有很大的提高。

二、当前篮球运动的发展趋势

(1)速度、高度、技术相统一，即在高度不断提高的情况下，速度和技术的全面发展。早在 1976 年第 21 届奥运会和第 8 届世锦赛之后，世界篮坛就做出了这样的评价：“快速这一点已不仅为身材矮小的队员所具有，而且已成为高大队员的发展趋势。”随着篮球运动的发展，高大队员无论是技术还是身体素质都起了质的变化。身高的发展不仅没有影响速度的提高，而且由于他们步幅大、起步远、冲抢凶、反而促进了比赛在高速中进行，比赛中一旦得到球都是力争快攻。战术组织快而简练，战机捕捉准确。防守中也同样体现了快速的特点。由攻转守快，个人防守的移动速度快，控制面积大。高度包括两方面，一是运动员的身高提高，二是身体素质好，特别是力量、弹跳力、柔韧性的提高使得运动员滞空能力增强，篮下争夺的高度增加，争抢篮板球的高度达到3.30~3.50米。

当前的世界强队不仅占有身高、速度的优势，技术的运用和掌握也高人一筹。主要表现在以下三点：①运动员对球的控制和支配能力强。投、传、运、切等技术动作连贯准确，因而表现出极高的技巧性。②表现在运动员的技术全面上，技术全面发展加上高超的控制球、支配球的能力使进攻战术显得灵活而富有成效。③更强调全队整体配合，移动进攻及精准的3分投篮技术。

(2)比赛争夺激烈，对抗性强，运动员的身体素质好。现代篮球比赛是在高速度、高空优势和高度技巧中进行的。争夺激烈的标志表现在比分的差距上。例如在第8届世锦赛男篮的最后一天比赛上，冠亚军、3~4名、5~6名的比赛只差4分球。在第28届奥运会男篮比赛中，中国队以1分险胜欧锦赛冠军立陶宛队。比赛中争夺最明显的就是篮板球。在高速度、高强度的激烈争夺中，运动员运用各种攻守技术、战术，无一不是围绕着运动员的身体素质展开的。激烈的比赛不仅对运动员的身体素质提出了很高的要求，而且由于比分接近，胜负往往在终场才见分晓，所以还对球员的心理素质稳定性提出了更高的要求。心理素质水平如何，影响着运动员的临场竞技状态和技术水平的发挥，这些方面是值得我们研究的重要课题。

(3)攻守平衡。攻守的交替转换是篮球运动的规律之一。20世纪70年代，攻守平衡的理论在国际篮坛舆论界引起反响。由于防守技术、战术的提高，促进了进攻技战术的发展，战术由换位进攻发展为移动进攻。穿插、移动、巧妙的传球、凶狠的突破、准确的投篮，突破了攻防均衡的局面，出现了趋向于进攻的打法。但是人们看到，为了保住进攻的成效必须重视防守的作用与效果，尽量采用有针对性、攻击性的防守以破坏对方进攻。攻守平衡的理论得到举世的公认，进攻水平再高，防守问题不解决也赢不了球。攻守平衡是步入世界强队行列的条件之一。

(4)智力与体力并重。随着篮球运动水平的提高，运动员的智力水平对比赛的成败影响越来越大。篮球运动的智力的含义很广，包括文化知识、专项理论知识、接受能力、思维能力等等。但智力在球场上就集中表现为篮球意识。所谓篮球意识就是运动员在比赛中根据彼我双方的情况，主动、及时、合理地运用已掌握的技术、战术解决临场问题的能力。一个篮球运动员不仅要具有身高、良好的身体素质、扎实的基本功，还必须具有良好的篮球意识才能保证在比赛中合理地运用技术、战术，使全队打得巧妙而富有实效。篮球意识的高低决定了一个队的竞技水平的高低。巧妙的配合不但使对手无法预测，对运用者来说也是一个不定式。这些全靠在比赛中通过观察、判断、合理运用技术表现出来。由此可见一个优秀球员不仅要注重身体、技术的发展，还要注重篮球意识的培养，使其思维能力不断提高。一个球队在比赛中常表现出起伏较大，时好时坏，极不稳定，其中很重要的因素就是战术意识差。因此加强篮球意识的培养，以提高篮球技术、战术水平是亟待解决的问题。智力与体力并重也是篮球运动发展趋势之一。

第二节 篮球基本技术

篮球技术是进行比赛所必需的专门动作方法的总称，它是篮球运动的基础，篮球比赛中完成战术质量的高低，主要取决于队员基本技术掌握的切实、准确和熟练程度。篮球技术分为进攻与防守两大部分，它们包括脚步移动、传球、接球、投篮、运球、突破、防守对手、抢球、打球、断球、抢篮板球等，每一类技术又都由许多技术动作组成。由于篮球比赛是攻守反复交替进行的，因此，各种技术的运用并不是孤立的，而是相互联系、相互制约、相互促进的。

一、篮球基本技术

(一)基本姿势与移动

为了更好地的发挥进攻和防守技术，队员在球场上需要随时保持一个稳定而又机动的站立姿势，即基本站立姿势，才能为突然起动、转身和变化重心等做好准备。这个站立姿势是两脚前后或左右开立，与肩同宽，两膝微屈，身体重心的投影(简称重心)落在两脚之间，上体微向前倾，抬头含胸，两臂屈肘下垂于体侧。防守时，站立姿势稍有不同，两脚开立距离略比肩宽，屈膝降低重心，直腰含胸，上体稍向前倾，张开两臂。

(二)中枢脚的概念(详见第四节)

(三)起　动

起动是队员改变静止状态的一种方法。突然快速的起动与快跑结合运用，是摆脱防守最有效的方法之一。防守时，迅速的起动也是抢占有利位置，看住对手的首要环节。

方法：起动是在基本站立姿势的基础上，迅速以上体的前倾或侧转，向跑动方向移动身体重心，同时用后脚或异侧脚的前脚掌短促有力地蹬地，利用蹬地的反作用力迅速向跑进方向迈出。起动后的前两三步，要短促而迅速，并用前脚掌的蹬地来提高跑的速度。

(四)急　停

急停是队员在跑动中突然制动的一种方法。急停不仅能够直接摆脱防守，而且可以衔接脚步动作的各种变化，从而更有效地完成攻守任务。球场上常用的急停有两种：

(1)跨步急停(两步急停)：队员在快速跑动中，先向前跨出一步，用前脚掌外侧着地抵住地面，迅速屈膝，同时身体稍后仰，转移重心，减缓向前的冲力。第二步着地时，身体侧转(右脚跨第一步，身体右转)，脚尖稍向内转，用前脚掌内侧蹬地，两膝弯曲，重心落在两脚之间。在做策应跨步急停时，由于速度不太快，当第一步着地后，第二步可迅速横跨一步，两脚平行开立，屈膝保持平衡。

(2)跳步急停(一步急停)：队员在近距离慢跑中，用单脚或双脚起跳(离地不高)，上体稍向后仰，两脚同时平行(略比肩宽)落地。落地时用脚跟先着地(迅速过渡到全脚掌着地)，两膝弯曲，下降重心，保持身体平衡。

(五)侧身跑

比赛时，队员在跑动中为了更好地观察场上情况，经常采用侧身跑，侧身跑头部和上体放松地向球的方向扭转，同时侧肩，脚尖朝着跑的方向，既要注意观察场上情况，又要保持奔跑速度。弧线跑和侧身跑的动作基本相同，只是在跑动中上体侧转的幅度略大于侧身跑。

(六)变速跑

变速跑是队员在跑动中用速度的变换来完成攻守任务的方法。进攻队员为了摆脱防守，可用突然加速或减速破坏防守者的正确防守位置来完成进攻任务的。防守队员也可及时地变换速度来紧紧防住对手。不管进攻或防守，变速时动作都要突然。加速时用前脚掌短促而有力地向后蹬地，上体稍向前倾，前两三步要短促而迅速。减速时步幅可稍大，上体稍直立，前脚掌用力抵住地面，减缓重心的前移，从而降低跑速。

(七)变向跑

变向跑是队员在跑动中突然改变方向并加快速度来摆脱防守的一种方法。变向时(以从右向左变向跑为例)，上体稍向前倾，同时右脚前脚掌内侧用力蹬地，随之腰部扭转，上体向左前倾，移动重心，左脚向左前方跨出一小步后，右脚迅速向左腿的侧前方跨出一大步，继续跑动。

(八)转　身

转身是队员以一脚做中枢脚和另一脚蹬地向前，后跨出，改变自己身体的站位方向和与对手位置关系的一种方法。转身在比赛中运用非常广泛，经常与跨步、急停结合使用，获得摆脱防守切入、接球、传球、运球、投篮的机会，防守时也常用来抢占有利位置获得堵截、抢篮板球和抢断球的机会。转身前，两膝微屈，上体稍向前倾，重心落在两脚之间。转身时以中枢脚的前脚掌为轴，体重移至中枢脚上，用转动腰部带动和移动脚的前脚掌内侧蹬地，向前或向后改变身体的方向。在身体转动的过程中，要保持身体重心平稳，不要起伏。转身后重心落在两脚之间。持球转身时，要注意利用身体做好护球动作。

转身可分为前转身和后转身：

(1)前转身：移动脚向自己身前(中枢脚前的方向)跨步使身体改变方向叫前转身。前转身用于队员背对进攻方向或防守者时。转身前要视觉领先，观察判断情况，以利发挥前转身的攻击性。前转身经常与假动作、切入等动作结合运用。

(2)后转身：移动脚向自己身后(中枢脚后的方向)跨步使身体改变方向叫后转身。后转身可在原地和行进间进行。当队员面对或侧对防守者较近时，经常运用后转身来摆脱防守。行进间的后转身比较复杂，在跑动中由于惯性的关系，不易保持身体平衡。因此，在转身前，要以前脚为中枢脚，用后脚蹬地做后转身。转身时，要适当减速，把力量放在中枢脚上，从而加快旋转的速度。转身时要注意降低重心和保持身体平稳，以便衔接下一个动作。

(九)滑　步

滑步是队员防守时主要的移动方法。滑步易于保持身体平衡和转移重心。队员为了保持自己有利的位置和及时起动，经常采用各种滑步来阻截对方的路线和进攻。滑步分侧滑步、前滑步、后滑步三种：

(1)侧滑步：由两脚平行站立姿势开始，向左侧滑步时，左脚向左跨出，落地的同时，右脚蹬地滑动，跟随左脚移动，保持屈膝、低重心的姿势。身体不要上下起伏，两脚不要交叉，重心要落在两脚之间。向右侧滑步时动作相反。

(2)前滑步：由两脚前后站立姿势开始，向前滑步时，前脚向前跨一小步，着地后，后脚随着前脚向前滑一步，保持两脚开立姿势。注意屈膝降低重心。

(3)后滑步：动作与前滑步相同，方向相反。

(十)攻击步

攻击步是防守队员采取突然前蹿时的一种步法。它利用后脚蹬地，前脚迅速向前跨出，迫近对手身前。用来进行抢球、打球或造成对手接球、投篮、移动的困难。动作要快，要突然，但动作不要过大，注意重心落在后脚上。

(十一)后撤步

后撤步是变前脚为后脚的一种步法。防守队员为了保持有利的防守位置，特别是在防守对方持球突破时常用后撤步，并与滑步结合运用。做后撤步时，两膝弯曲，重心降低，用前脚掌内侧蹬地，加上腰部扭转，后撤前脚，后脚辗转然后用力蹬地，紧接滑步，保持防守位置。

(十二)交叉步

交叉步也是脚步移动的方法之一。为了及时地起步，抢位来变换和保持有利的防守位置，有时需要用交叉步结合其他步法来完成。一般在后场内线防守不宜采用。交叉步向右移动时，左脚用力蹬地，迅速从右脚前向右交叉跨出，控制身体重心。两脚交叉动作要快，身体不要上下起伏，以便衔接滑步或奔跑动作。

二、传接球技术

传球是篮球比赛中队员之间有目的地转移球的方法，是组织进攻的纽带。传球技术的好坏，直接影响战术的质量。成功的传球，既能发挥队员的集体力量，创造更好的进攻投篮机会，又可起到声东击西的作用，打乱对方的防御部署，达到本队进攻的目的。这就需要做到传球准确、及时、隐蔽、多变。准确是指选择机会准确，球的落点准确和安全。及时是抓战机，及时地传球给同伴，做到人到球到。隐蔽是把自己的真正意图隐蔽起来，真假结合，使对手不易察觉，防不胜防。多变是指传球时方法多种多样，出球点多面广。多样化的传球是实现准确及时的保证，传球方法越多，用的越活，隐蔽传球的意图越好，传球成功的机会就越多。

(一)双手胸前传球

双手胸前传球是一种最基本而又常用的传球方法。这种传球迅速有力，可在不同方向，不同距离中使用，而且便于与投篮、突破等动作结合运用。

动作方法：两手五指自然分开，拇指相对成八字形，用指根以上部位持球的后侧方，手心空出。肩、臂、腕肌肉放松，两肘自然弯曲于体侧，将球置于胸腹之间的部位。身体成基本姿势站立，两眼注视传球目标。传球时，前臂短促地前伸，手腕由下而上转动，并与由内向外翻转结合而急促抖腕，同时拇指用力下压，食、中指用力弹拨将球传出。出球后拇指和手心向下，其余四指向前。传球距离越近，前臂前伸的幅度越小；远距离的传球，则需要加大蹬地、展腰和伸上臂的全身协调用力，而且传球距离越远，蹬地、伸臂时动作幅度越大。双手胸前传球可在跑动中和跳起在空中进行。

(二)单手肩上传球

这是比赛中经常运用的一种远距离传球方法，它的速度快，准确性高，快攻偷袭时运用较多。

动作方法：以右手传球为例。双手持球于胸前，两脚平行开立。传球时，左脚向传球方向迈出半步，左肩对着传球方向，同时将球引到右肩上方，上臂与地面近似平行，手腕后屈，右手托球的后下方。体重落在右脚上。出球时，右脚蹬地的同时转体带动上臂肘领先，前臂迅速前摆，手腕迅速前扣，最后通过食指、中指、无名指的下压动作将球传出。

(三)单手胸前传球

多用于近距离快速传球，以攻内线为多用。这种传球持球部位适中，出球灵活，容易转换成其他传球方式，并易于与投篮、突破结合使用。

动作方法：以右手传球为例。持球方法与双手胸前传球相同。传球时，上体稍左转，左手离开球，右手持球侧后下方，手腕后屈，同时前臂外展向前侧甩，手腕迅速前压内翻，最后通过手指拨动将球传出。如传球距离较远，可借助身体由右向左转动加大传球速度和力量。

(四)单手体侧传球

这是一种隐蔽传球的方法，外围队员传球给内线队员时，常用这种方法。与跨步、突破等假动作结合运用效果较好。

动作方法：以右手传球为例。两脚开立，两腿微屈，双手持球于胸前。传球时，左脚向左跨出半步，同时将球移至右手，右臂向后，向前作弧线摆动，当球摆过身体右前方时，迅速收前臂，用手腕和手指的力量将球传出。

接球是与传球紧密联系在一起的。由于传球是多种多样的，传球的速度、力量、角度都有所不同，因此接球又有双手、单手接球。不论是哪种，接球时肩臂都要放松，手臂要迎球伸出，手指自然分开。当手指触及球时，肘关节逐渐弯曲，臂后引，缓冲来球的力量，两手握球，保持身体平衡以便做下一个动作。

（五）传球时应注意的问题

（1）传球经常是在严密防守的情况下进行的，而接球的时机又往往是短暂的。因此，传球队员必须捕捉战机，设法摆脱防守队员的封阻，及时地把球传到有利位置上的同伴手里。这就要求传球队员扩大视野，能对场上情况全面地观察和了解。一般说，快攻时的传球要先远后近；阵地进攻时要先近后远，先篮下后外围，力争抓住每个有利的进攻时机。

（2）传球前要敢于接近自己的对手，这样便于传球，而使对手难于做出反应。如果传球时距离对手较远，而又不便于传球给同伴时，要用投篮或运球等假动作吸引对手或接近对手，制造有利的传球位置和角度，快速突然地将球传出，使对手难以防守，从而保证传球的安全和及时。

（3）传球要争取时间，及时传出，尽量减少在手中的停留。要在动中创造和捕捉战机，争取进攻的机会。

（4）手中持球不能立即传给同伴时，可做投篮、突破等假动作，隐蔽自己的意图，以便获得好的传球空隙。

（5）接球前就要观察判断好传球的时机，要有预见性。传球时，眼睛不要直盯着接球人，要用眼的余光旁视，以免暴露传球意图，导致传球的困难和失误。

（6）掌握左右手多种多样的传球方法，是传好球的基础，这不仅能够扩大出球面，增加传球的灵活性，而且可以根据对手的情况采用合理的传球方法，保证传球的准确和及时。

三、投　　篮

投篮是队员在进攻中得分的一种方法，是篮球运动的主要进攻技术，是组成战术的重要环节。进攻队运用各种技术和战术的目的，都是为了造成尽可能多的投篮机会，力争投中得分，而防守队积极防御，则是为了防止进攻队的投篮和投中得分，力求从防守转为进攻。篮球比赛的胜负是由两个队得分的多少决定的。因此，要取得比赛的胜利，就必须重视投篮，而且要提高投篮的命中率，否则达不到预期的进攻目的。由于投篮技术动作方法较多，我们仅就几种常用的重点动作方法加以介绍。

（一）单手肩上投篮

单手肩上投篮是现代篮球比赛中应用比较广泛的一种投篮方法。它是行进间投篮、跳起投篮和转身单手肩上投篮的基础。它具有出手点高、便于结合其他技术动作和不易防守的优点，能在不同距离和位置上应用。投篮的手法：五指自然分开，球放在手掌上，手心略空出，手腕后翻，球的重心投影落在食指和中指之间的指根部位，前臂上举，肘关节自然弯屈正对球篮。

动作方法：右手持球于肩上，左手扶球的左侧，右臂屈肘，前臂与地而接近垂直，两腿微屈，右脚在前，重心落在两脚上。投篮时，右臂随腿的蹬伸和腰腹的伸展，抬肘向前上方充分伸直，用手腕前压的动作使球从食指、中指指端飞出。身体重心应随出球方向上升，脚跟提起。

(二)行进间单手低手投篮

它是在快速中超越对手后投篮的一种方法。具有速度快、伸展的距离远和护球好的优点。一般多在快攻中或切入篮下时运用。

动作要求：根据规则规定，行进间投篮脚部动作的共同点是跨第一步的同时接球，跨第二步跳起来在空中投篮出手。

(三)投篮时机

准确的投篮，除了取决于正确的技术动作外，还与良好的投篮时机有关。投篮时机好，防守者的干扰少，自己有信心，同伴也支持，就比较容易投中。因此，个人在比赛时要注意捕捉投篮时机，全队要努力创造投篮时机。一般可以利用下列时机果断地投篮：①自己接球摆脱对手后。②自己在投篮比较有把握的位置上得到球后。③战术中出现了预期的投篮机会时。④同伴处于良好的抢篮板球位置，或有抢篮板球的准备时。⑤防守者距离自己比较远，或他的注意力分散时。⑥实践中需要的强行投篮时。

四、运 球

持球队员在原地或移动中，用手连续拍按借助地面反弹起来的球，叫运球。运球是篮球比赛中个人进攻重要的手段之一，它不仅是个人摆脱防守进行攻击的方法，而且是组织全队进攻配合的桥梁，对发动快攻、击破紧逼防守都起着较大作用。合理地运用可以创造有利于进攻的机会，如果滥用运球，则会影响全队进攻和贻误战机。

(一)原地运球技术

动作方法：运球动作一般是脚趾朝着运球方向，两脚前后开立，腿微屈，大腿与地面约成45°角，低运球时可弯曲得深些，快速高运球时可伸直些。背部稍向前弯曲，头抬起，眼向前看，运球臂的肘部弯曲，以肘关节为轴上下摆动。另一臂平架起，准备“挡”住对手抢打球。手指自然地张开，用手掌接触球(避免手心触球)，用手指的前部关节控制球，用手腕的上扬和下压动作控制球反弹的角度、速度和高低，一般拍球的落点在后脚的外侧。为了加强对球的感应和控制，手臂应在球从地面弹起的同时向上摆动，扩大手指与球接触的面积，好像把球粘在手上一样地运球。运球时，身体重心要下降以保持平衡，并随时注意保护球。

(二)行进间高运球

在没有对手阻挠的情况下，可采用这种运球方法，其特点是按拍球的力量大，反弹的距离远，队员跑动时身体重心高，速度快，便于观察场上情况。

(三)行进间低运球

当受到对手紧逼或处于对手防守区域时，常采用这种运球方法摆脱防守。运球中遇到防守时，两腿应迅速弯曲，降低重心，上体前倾，靠近防守队员的一侧，用上体和腿来保护球。同时，用手短促地按拍球，使球从地面向上反弹的高度在膝关节以下，以便更好地控制球和摆脱防守继续前进。

(四)体前变向换手运球

当对手堵截运球前进的路线时，突然向左或右改变运球方向，借以摆脱防守的一种运球方法。如运球队员要从对手右侧突破时，先向对手左侧快速运球，当对手向左侧移动时，运球队员突然变向。变向时，右手拍球的右侧后上方，使球从自己的身体右侧拍向左侧，同时，左脚向左前方跨出，上体向左转，用肩挡住对手，然后用左手拍球的正后上方，右腿跨出，从对手的右侧突破。换手时，球要压低，动作要快。

（五）运球转身

当对手逼近，并堵截一侧时，可运用后转身运球，改变运球路线以摆脱防守。以右手运球为例，当对方靠近自己的右侧时，如果右脚在前，应迅速上左脚，并以左脚做中枢脚，右手按拍球的右侧前方，随着后转身动作，将球拉向身体的后侧方，同时换左手拍球从对方的右侧突破。注意转身时要降低重心，拉球动作要与转身同时完成，这样才能收到较好的效果。

（六）运球的时机

比赛中，运球一定要讲求实效，运用合理，一般在下述情况可以运球：①当同伴被对手看守住不能传球时。②为了摆脱防守或运球后可以投篮和便于传球时。③组织和发动阵地进攻，配合或调整进攻位置时。④组织和发动快攻时。⑤为了给同伴创造进攻机会时。

五、持球突破

持球突破是持球队员运用脚步动作和运球技术快速超越对手的一项攻击性很强的技术。比赛中与中投和传球密切结合运用，不但能有效地增强个人进攻威力，而且能打乱对方的防守部署，为同伴创造良好的投篮时机。

（一）持球突破的动作方法

（1）原地交叉步突破：以右脚作中枢脚为例。两脚左右开立，两膝微屈，身体重心降低，持球于胸前。突破时先做向左侧突破的假动作，然后左脚前脚掌内侧迅速蹬地向右前方迈出一大步，上体右转左肩下压，同时，右手运球迅速超越对手。

（2）原地同侧步突破：以左脚作中枢脚为例。准备姿势同交叉步。突破时左脚前脚掌内侧蹬地，右脚迅速向右前方跨出一步，同时上体右转，左肩下压，用右手将球放于右脚的侧前方，左脚再迅速蹬地上步超越对手。

（二）持球突破的运用时机

（1）根据本队进攻战术的需要，为了扭转当时的被动局面，利用持球突破打乱对方的防守部署，创造良好的进攻机会。

（2）根据对方防守的情况，抓住其薄弱环节，在局部地区形成一对一的局面，利用持球突破攻击其防守能力较差的队员。

（3）及时了解和掌握对手的位置、距离、步法和身体重心的情况，抓住其某一点的不当，采用持球突破攻击对手。

第三节　篮球基本战术

篮球战术，是在比赛中队员个人技术的合理运用以及队员之间相互协同配合的组织形式。其目的是为了制约对方，掌握比赛的主动权，争取比赛的胜利。

战术组织得正确与否，在于是否最大限度地发挥出每个队员的积极作用，是否体现出队员的战斗作风、坚强意志和技术特长等。在于强调协同配合，而不在于参加战术配合的人数多少和战术路线多么复杂。战术的运用，必须根据比赛的具体情况灵活机动地加以变换，任何单一的战术都不会取得良好的效果，因为任何一种战术都不是万能的。战术的变化就是要力争主动，避免被动，时刻都要以己之长攻彼之短，为此在组织运用战术的过程中，必须贯彻“积极主动，勇猛顽强，快速灵活，全面准确”的指导思想，正确认识和处理技术与战术，战术与技术，进攻与防守等的关系。

要以我为主，根据本队的具体条件(身体、技术、意识等方面)，确定符合本队实际情况的基本攻防战术。由于比赛的情况不同，各种类型、风格、打法不同，要适应各种复杂的情况，适应多样的战术变化，企图以一套攻防战术适应多种情况是困难的。所以还要有一定数量的战术方法。

一、个人战术行动

个人战术行动是队员在比赛中根据本队战术的需要、对方攻防的特点和临场的情况变化而采取的有针对性的策略行动，既是队员有针对性地运用技术和独立作战的能力，也是队员身体、技术、战术意识的综合体现。

个人战术行动是集体战术的组成部分，因而要受到全队战术的制约。然而比赛是千变万化的，所以在比赛中要发挥队员个人的主观能动作用，把原则性与灵活性结合起来，根据临场情况的变化改变战术行动，要约而不死，活而不乱，更好地运用战术，打出自己的风格和水平。

(一)个人战术行动的基本要求

(1)及时正确的判断。个人战术行动的及时、合理和准确取决于观察与判断，必须保持清醒的头脑和良好的视野，快速地反应以及应有的战术意识，才能抓住时机，做出自己行动的决定。

(2)明确的目的。表现在从全队战术需要出发，结合比赛的实际情况，有针对性地采取个人的行动，以及准确及时地与同伴协调配合，积极地完成战术任务。

(3)合理的行动。即按照比赛的实际情况运用技术。其不仅表现在技术运作的选择与组合，而且表现在动作的快速、隐蔽、及时和策略性方面，从而达到战术的目的。

(二)个人战术行动的基本内容

1. 进 攻

(1)队员无球时：①摆脱防守；②调整位置；③掩护。

(2)队员有球时：①主攻；②助攻。分三种情况：后场、前场外线、内线。

2. 防 守

防守战术行动是根据本队防守所采用的战术、对手的动作和场上的具体情况合理地运用防守技术，阻挠和破坏对方的进攻意图，并以争夺控制球为目的的策略行动。它是通过队员在场上的积极性、攻击性防守技术表现出来。其基本内容如下：

(1)防守无球队员时，有两项任务：①不让对手跑向篮下有利的位置上接球。②抢断传向自己对手的或传越自己防区的球。为了完成上述任务，必须保持有利的位置，力求自己的视野范围能观察到对手和球的活动。

(2)防守有球队员，主要任务是尽力干扰和破坏对方的行动，不让他顺利地传、运、投，还要积极地、及时合理地运用抢、打、断球来争取转守为攻。积极主动地根据对手的位置，站立姿势及其特长与习惯，采取有效的对策以控制其进攻。

3. 注意事项

(1)个人战术行动决不能理解为单干，要根据比赛中双方攻防战术和实际情况变化的需要，采取合理的个人行动，没有同伴之间的相互默契和协同动作是很难奏效的。

(2)时间因素对完成个人战术行动极为重要，战机的出现只是一瞬间。

(3)脚部动作的快速和多变是完成个人战术行动的基础。

(4)注意假动作的运用，以转移对手的注意力，使之产生错觉，从而出其不意实现自己的真正意图。做假动作要注意控制自己身体重心，动作幅度要做到逼真的程度，转换的速度要快。

二、战术基础配合

战术基础配合是两三人之间组成的简单配合，包括进攻与防守两部分。它是组成全队战术的基础，虽然比赛中战术变化多端，但是都离不开这些战术基础配合，只有熟练地掌握与运用战术基础配合才能使全队战术更加灵活、更加有效地发挥作用。

(一)进攻战术基础配合

进攻战术基础配合包括传切配合、突分配合、掩护配合和策应配合。下面我们将各种进攻配合方法分别加以叙述：

1. 传切配合

传切配合是利用传球和切入组成的简单配合。

(1)传切配合的方法：包括一传一切和空切。

一传一切：是持球队员传球后向篮下切入，接回传球投篮。如图 6-1 所示，④传球给⑤后，立即摆脱对手△4向篮下切入接⑤的回传球投篮。

空切：就是无球的队员掌握时机，摆脱对手。如图 6-2 所示，④传球给⑤时，⑥趁△6注意球的机会立即摆脱△6空切篮下接⑤的传球投篮。

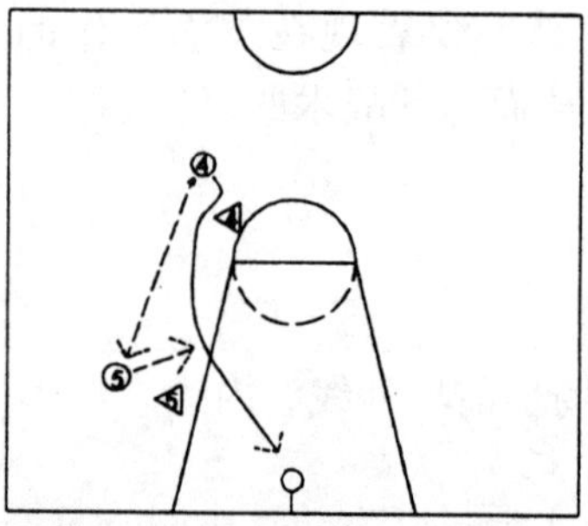

图 6-1

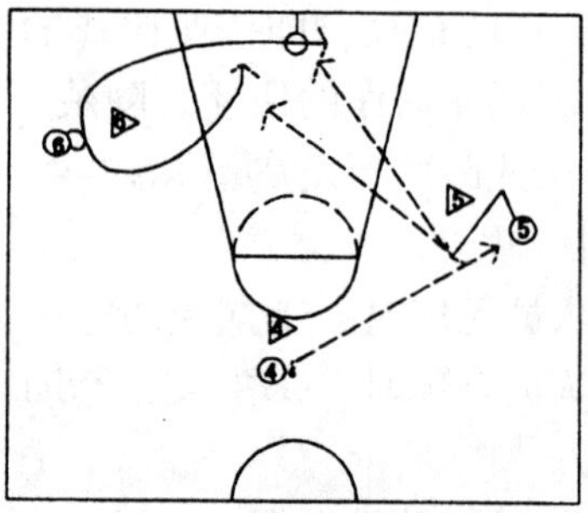

图 6-2

(2)传切配合的要求：切入队员要善于掌握时机，例如当防守者只注意球或因封锁传球而失去防守位置时乘机切入。对方防守较紧时，要用假动作摆脱防守，突然快速切入篮下，传球队员要先做瞄篮、突破或其他进攻假动作，牵制对手，当切入者摆脱对手并能接球时，要及时地传给他。

2. 突分配合

是持球队员利用突破技术打乱对方的防御部署，给同伴创造无防守的有利时机，并及时传球给进攻位置好的同伴的简单配合。

(1)突分配合的方法：如图 6-3 所示，④从防守者的左侧突破，并吸引△5上来和△4“关门”防守。此时⑤及时跑到有利的进攻位置上去接④传来的球投篮或做其他进攻配合。

如图 6-4 所示，⑦从底线突破对手后，如△8上来补防，△4也后撤进行协助防守时，可及时传球给插入到有利位置的⑧或④进攻。

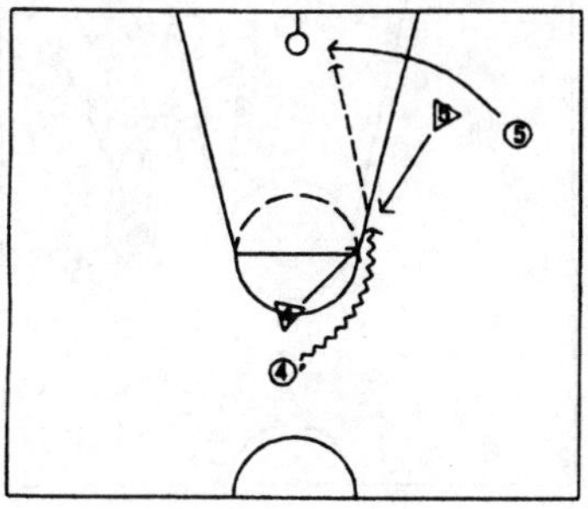

图 6-3

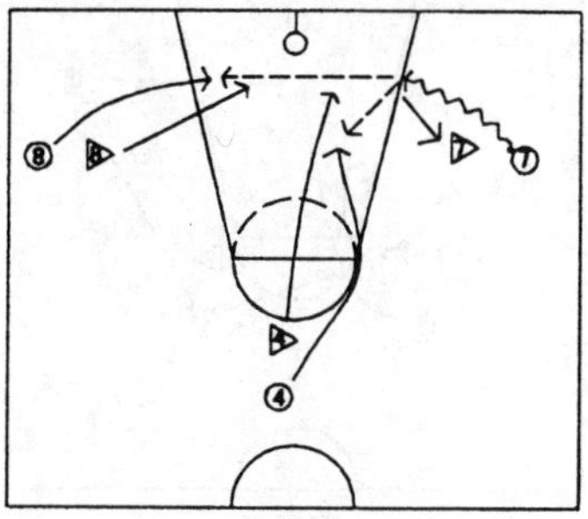

图 6-4

(2)突分配合要求：突破队员的动作要突然、快速，在突破过程中既要做好传球准备，又要做好投篮准备，要随时注意观察场上攻守队员的位置和变化。传球要及时，投篮要果断。其他进攻队员要掌握时机及时跑到有利的进攻位置上去接球。

3. 掩护配合

掩护配合是采取合理的行动用自己的身体挡住同伴的防守者的移动路线，使同伴借以摆脱防守的一种配合方法。这种战术，根据掩护者与被掩护者的身体位置和方向的不同，可采用前掩护(略)、侧掩护和后掩护三种形式。

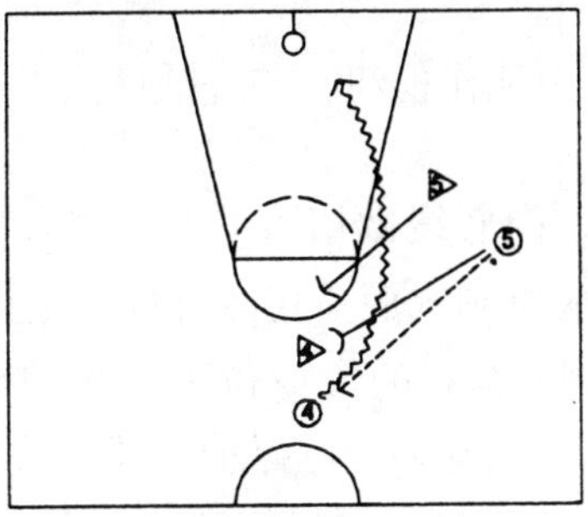

图 6-5

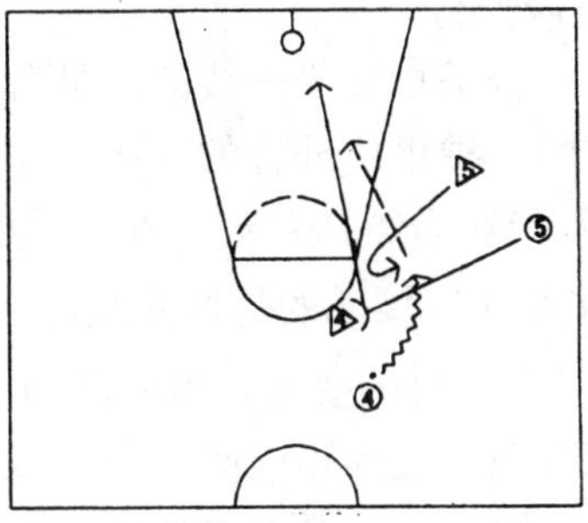

图 6-6

(1)侧掩护：做掩护的队员站在同伴的防守者的侧面(稍偏后一些)，用身体挡住他的移动路线，使同伴得以摆脱，叫侧掩护。

给持球队员做掩护，如图 6-5 所示，⑤传球给④后跑到侧后方做掩护，④利用这机会，持球突破上篮。⑤掩护后利用后转身跟进篮下抢篮板球。如果⑤做掩护时对方换防，如图 6-6 所示，④就不向篮下突破，而适当向外拉开运球。⑤此时及时利用转身把△4挡在身后而篮下切入接④的传球投篮。

给无球队员做侧掩护，如图 6-7 所示，④传球给⑤后，跑到△6的侧后方给⑥做掩护，⑥借机摆脱对手切入篮下接⑤传来的球投篮。⑤传球给⑥前要做投篮或突破的假动作，以便吸引住自己的对手和调整配合的时间。④掩护后利用后转身跟进抢篮板球。

(2)后掩护：是掩护队员到同伴的防守者的身后做掩护，使同伴借助掩护摆脱对手的一种配合。这种掩护的特点，是防守者不易发现，配合容易成功。

如图 6-8 所示，⑤传球给④的同时，⑥上提到△5身后给⑤做后掩护。⑤传球后先向左侧做切入的假动作，当⑥掩护即将到位时突然靠近⑥摆脱△5向篮下切入，接④传来的球投篮。⑥转身跟进抢篮板球。如果对方换人防守，⑥应及时转身切向篮下，接④的传球投篮。

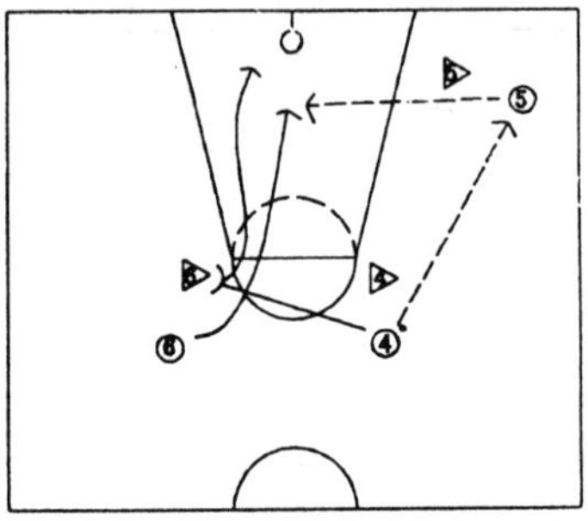

图 6-7

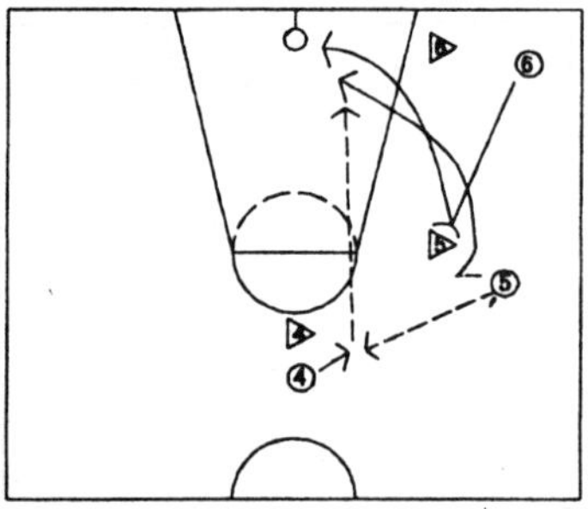

图 6-8

(3)掩护配合的要求：①掩护队员给同伴做掩护时，要面向或侧向同伴的防守者，两脚自然开立，两膝微屈，上体稍前倾，扩大掩护的面积，站在同伴的防守者必经的路线上，距离约半步。掩护动作完成后，应根据场上情况，及时转身切向篮下或摆脱出去接球。切入队员在同伴掩护以前，要以进攻的假动作吸引自己的对手，并借助同伴的掩护突然摆脱防守。②掩护配合是两三人之间的联合行动，因此，彼此要相互默契，协同配合。③在进行掩护配合的过程中，掩护者和同伴都要做一些进攻动作，吸引住自己的对手，隐蔽掩护配合的意图。④掩护配合时，要利用合理的掩护动作，避免因掩护而造成犯规。

4. 策应配合

策应配合是指处于内线的队员背对或侧对球篮接球，由他作枢纽，与外线队员的空切相配合而形成的一种里应外合的方法。

(1)策应配合方法：如图 6-9 所示，⑤将球传给④后，向底线做切入的假动作，突然摆脱△5跑到罚球线后接④的传球做策应。④传球后立即摆脱△4跑到⑤面前接球跳投或上篮。

(2)策应配合的要求：策应队员策应前要注意及时抢占有利的策应位置，接球后两脚开立，两膝弯曲，上体稍前倾，两肘微屈，两手持球于腹前，用臂和身体保护好球。要随时注意观察场上情况，以便及时将球传给获得有利进攻机会的同伴或自己伺机进攻。在策应过程中，要用转身、跨步来及时调整策应的方向和位置，以便协助同伴摆脱防守，增加策应的变化与威胁。传球队员要根据策应者的位置和机会，及时将球传给策应队员，争取做到人到球到。传球后要及时摆脱防守准备接应和切向篮下进攻。

(二)防守战术基础配合

防守战术基础配合包括挤过配合、穿过配合、绕过配合、交换防守配合、“关门”配合(略)、夹击配合(略)和补防配合(略)等。下面就几种防守配合方法加以介绍：

1. 挤过配合

是在对方进行掩护配合时，防守者为了破坏对方的掩护，在掩护者临近的一刹那，主动靠近自己防守的对手，并从两个进攻队员之间侧身挤过去，继续防住自己的对手，防守掩护队员的同伴，此时应向后撤，以便补防。当对方掩护时，防守掩护的队员要及时提醒同伴，以便同伴挤过。这种防守，多在紧逼人盯人防守而进攻队利用掩护时采用。

(1)挤过配合的方法：如图 6-10 所示，当④传球给⑤去给⑥做掩护时，△4应及时提醒△6。△6在掩护者临近的一刹那，迅速前跨一步靠近⑥，并从⑥和④之间侧身挤过去，继续防住⑥。此时△4应向后撤，以便△6漏人时及时补防。

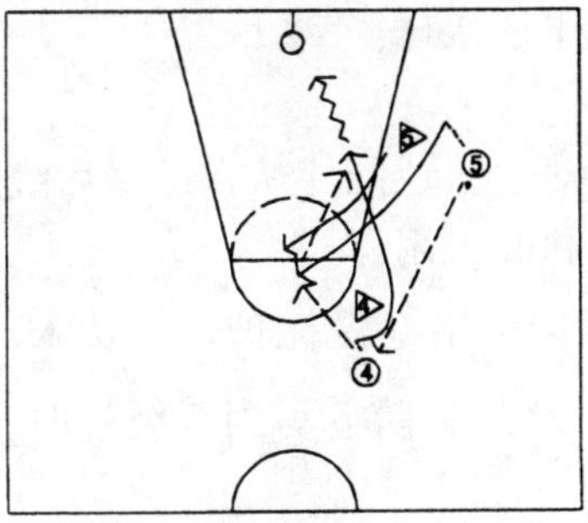

图 6-9

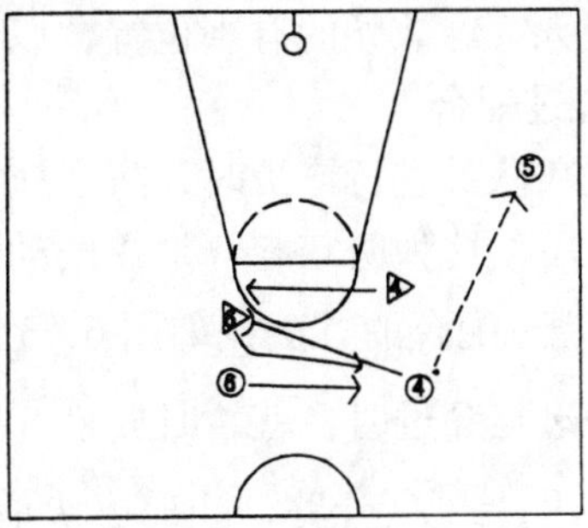

图 6-10

（2）挤过配合的要求：挤过时要贴近进攻者，动作要及时、突然。后撤防守的队员位置要适当，注意观察切入者和掩护者的行动，做好补防准备。

2. 穿过配合

当进攻队员进行掩护时，防掩护的队员主动后撤一步，让同伴及时从自己和掩护队员之间穿过去，以便继续防守自己的对手。这种配合，一般多在对方无投篮威胁时采用。

（1）穿过配合的方法：如图 6-11 所示，⑤传球给⑥，④上来给⑤做掩护，△5发现不便于挤过时，应后撤一步并用滑步从④和△4中间穿过继续防守⑤。此时要主动后撤半步，以增大与④的距离，保证△5能顺利地穿过。

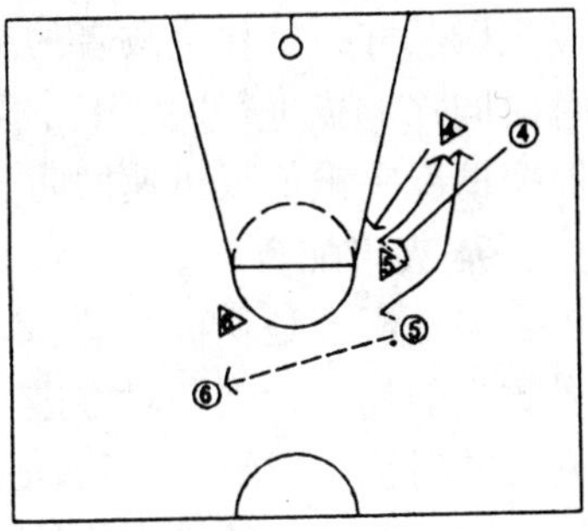

图 6-11

（2）穿过配合的要求：防守掩护的队员要及时提醒同伴并主动让路。穿过的队员要及时而迅速地调整防守位置和距离。

3. 交换防守配合

为了破坏进攻队员的掩护配合，防守队员及时交换自己所防守的对手所采用的一种配合方法。

（1）交换防守配合的方法：如图 6-12 所示，④持球，⑤去给④做掩护，△5要预示同伴，△4被挡住时，△5主动招呼同伴换防，并堵住④运向篮下的路线。此时，△4应迅速调整自己的防守位置，防止⑤掩护后向篮下切入。

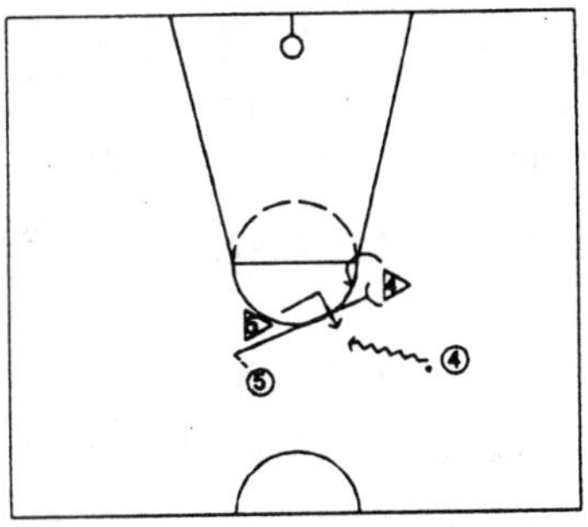

图 6-12

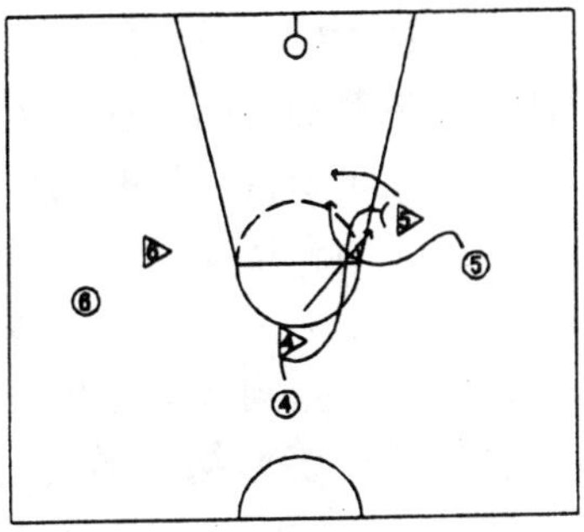

图 6-13

（2）交换防守配合的要求：交换防守时，在一般情况下由于防守掩护者的队员对场上情况观察得比较清楚，所以他根据场上情况预示同伴，及时换防。换防时，防守掩护者的队员要及时上前阻截进攻队员的进攻路线，而被掩护的防守队员要迅速调整自己的防守位置，抢占人、篮之间或人、球兼顾的有利位置，以防掩护者乘机切向篮下或接球。

4. 绕过配合

当进攻队员进行掩护时，防守掩护者的队员主动贴近对手，让同伴从自己身后绕过，继续防守其对手。这种防守配合是在松动盯人或对手无投篮威胁时采用。

(1)绕过配合的方法：如图6-13所示，④传球给⑥后，去给⑤做掩护，⑤切入。△5发现不便于挤过与穿过时，就暂时放松⑤，撤步迅速从△4身后绕过去防⑤。当⑤绕过时，△4应主动贴近对手，给△5让路，让他更快地通过。

(2)绕过配合的要求：防守掩护的队员在同伴绕过的一刹那要贴近对手。做绕过的队员要快速调整防守位置和距离。

5."关门"配合

"关门"配合是临近两个防守队员协同防守突破的配合方法：要求：①负责防突破的队员应积极防守，堵住进攻者的突破路线。协助防守的队员要在进攻者可能突破和超越同伴时，及时向同伴靠拢进行"关门"，不给突破者留有空隙。②"关门"后当突破队员停球或传球时，要根据情况夹击他或迅速回防自己的对手。

6. 夹击配合

夹击配合是积极主动、攻击性较强的一种防守方法，是防守队员在局部地区主动地造成以多防少的局面，破坏对方进攻配合，造成对方慌乱和失误的一种防守配合。要求：①正确选择夹击的时机、位置。②行动要果断、突然，出其不意，攻其不备。③夹击时用躯干、两臂和腰、脚围住持球的进攻队员，挥动两臂封堵其传球路线，不要轻易打对方的球，避免犯规。

7. 补防配合

补防配合是两三个防守队员之间的一种协同防守的配合。当同伴被进攻者突破或绕过时，临近的其他防守队员要主动放弃自己的对手，去防守那个威胁最大的进攻者。要求：①同伴被对方突破后，应由临近内线的防守队员去补防。②被突破的防守队员在退守时，应注意控制对方传球的路线。

三、快攻及防守快攻

(一)快　攻

快攻是篮球进攻战术中的重要组成部分，也是进攻战术中最锐利的武器，是由防守转入进攻时以最快的速度，最短的时间，在人数上造成以多打少的优势，或在人数相等以及人数少于对方的情况下乘对方立足未稳，果断而合理地进行攻击的一种速决战的进攻战术。其组织形式一般分为长传、短传、结合运球突破三种结构，除长传外(直接越过了推进阶段)由发动、推进和结束三个阶段组成。

发动和运用的时机：抢到后场篮板球；抢断球；后场掷界外球；跳球。

快攻的要求：①队员要始终保持冷静的头脑，机智果断地处理好结束阶段的快攻时机。②队员之间必须保持一定的距离和层次。③边线队员跑到接近罚球线延长地带，中间队员跑到接近弧顶地带时，要根据对方防守情况加速或减速，以便保持进攻队形和传球角度，严禁过早地往篮下跑而把防守者带入限制区，造成互相干扰的局面。④持球队员要大胆地接近防守队员，其他队员要拉空篮下，选择有利位置准备接球进攻，并为同伴创造更好的投篮时机。⑤结束快攻时，要充分而果断地利用中远距离投篮。跟进队员要积极冲抢篮板球。

（二）防守快攻

防守快攻的方法：①提高成功率，拼抢篮板球。②堵截快攻第一传和接应。③对方队员抢到篮板球后，运用二夹一封堵第一传。④防快下队员。⑤提高以少防多的能力。

四、人盯人防守及进攻人盯人防守

（一）人盯人防守

人盯人防守是篮球比赛中运用最普遍的一种防守战术，它的方法是每个防守队员盯住一个进攻队员，同时还协助同伴完成全队的防守任务，分工明确，能发挥队员的防守积极性和提高防守责任感。它的特点是以看人为主，针对性强，容易理解，便于掌握。运用时方法上有松动和紧逼，范围上又分为半场和全场。本书着重介绍半场人盯人战术。

半场人盯人：是在后场进行人盯人的一种防守战术，放弃前场的防守。

1. 基本要求

“以人为主，人球兼顾”和“有球紧，无球松”，一般有“松动”和“紧逼”两种。“松动”是对外围中投不太准或篮下攻击力量较强的一种防守形式。防区较小，有利于控制对方篮下进攻和外线突破，防守重点在（篮下）内线。做到对接球队员突出，对无球队员缩回，不仅容易协助防守，控制篮下，减少犯规，而且还能加强篮板球的控制，创造快攻反击的机会。

2. 防守的方法

每个队员在退守中，都要注意自己防守的对手在场上位置的变化，做好准备，当对手进入后场防区后开始盯住。全队首先要控制住对方的接球队员，并组织好集体防守，要观察分析对方的特点和识破其进攻方法，采取相应对策，破坏对方配合，争取主动。“紧逼”战术一般是用来对付外围攻击力强而内线攻击力较弱的队，由于紧逼对手，所以能够破坏对方的习惯打法，不让对方从容地组织配合，从而打乱其进攻部署，对外围掌握球能力差，经验少的对手，突然采用这种方法，容易奏效。要大胆地抢断和组织突击，以造成对方违例与失误，同时要注意协同防守，以控制篮下限制区，从而争取防守的主动权。

3. 要　求

（1）退守时，应迅速地找到自己防守的对手，同其保持一定的距离，等对手进入攻击的区域后，即应做紧逼防守，特别对持球队员，要控制其速度，防止突破和组织发动进行配合。

（2）对方进入攻击的内线区域时，每个队员都应积极抢前或绕前防守不让其轻易接球，以破坏其进攻配合。

（3）离球越近的对手越要防止对手与持球队员的配合，远离球的队员要相应向限制区后撤以便协同防守。

（4）当持球的进攻队员在场角停球时要坚决进行夹击和组织抢断球。对此进行进攻时可以比较顺利地将球推进到前场，进攻的准备比较充裕，可按照既定的战术配合制造对方的漏洞，利用其弱点进行有组织、有步骤的进攻。

（二）进攻半场人盯人

1. 基本要求

（1）合理地组织队形，扩大攻击面，增加攻击点，扬己之长，攻彼之短。

（2）内外结合，主攻明确，有所侧重，结合情况，灵活机动。

（3）人、球移动，调动防守，创造机会，连续进攻。

（4）掌握进攻节奏，快、慢、动、静结合，要组织争夺篮板球，注意攻守平衡，提高攻守转换的速度。

2. 方 法

(1)队形：进攻中，应根据本队的条件，特别是中锋的特点，站位以及选择的战术方法来确定本队进攻的队形：2—3 单中锋策应，2—2—1 单中锋在篮下，外线灵活机动进攻，1—2—2 双中锋并站篮下，1—2—2 无中锋的马蹄形，外线机动进攻和不固定中锋进攻，1—4 内外线机动打法。

(2)方法：战术打法，它的基础是两三人配合(基础配合)，应在熟练掌握两三人配合的基础上，根据本队的特点和组织阵地进攻的基本要求制定的本队的基本战术。

全场紧逼人盯人防守：这是一种积极主动、富有攻击性的防御战术。队员在全场始终紧紧地防守着自己的对手，积极地阻挠对手移动、接球、运球和投篮。限制对手的自由行动，不让对手充分发挥个人技术顺利地进行战术配合。这种战术不但能破坏对方有组织、有计划的战术配合，提高比赛速度，而且能促使对方失误。对阻挠对方快攻和拖延其进攻的速度都非常有效。由于全场紧逼是与对方在整个场地上展开激烈的争夺，所以采用这一防守时不仅全队要思想统一，行动一致，而且还要具备充沛的体力来保证比赛中的激烈争夺和长时间的快速移动。还必须正确地掌握抢、打、断球等技术，熟练地运用防守配合。其实质就是迫使对方无喘息的机会，使进攻队员处于被动地位。

五、区域联防

区域联防是全队战术的一种防守形式，防守者退回后场后每个队员在半场内分配一定的防守区域，并把每个区域有机地联系在一起所组成的集体防守网。它是建筑在个人防守基础上的集体防守。其战术特点：防守队员随球的转移而转移，积极地移动，选择有利的防守位置，监视自己防区内进攻队员的活动，并与同伴紧密配合，对协同防守下有组织地争夺篮板球及时地发动快攻等都是较为有利的，可以针对进攻队的特长和弱点，以及临场比赛战略战术的需要来运用。但这种防守战术也有一定的缺点，特别是同紧逼盯人相比联防显得消极，因为防守者受到一定区域的限制，如运用不当，会使进攻队在某一区域形成以多打少，另外有还往往会在两个队员防守之间地区产生防守职责不明确而漏人的现象。所以，在区域联防中要注意贯彻“积极防御”的精神，在保证集体防守的前提下，个人要采取积极行动，如突然出击打球，快速移动进行干扰，大胆抢断球，遇有机会果断地采取夹击防守等。

1. 方 法

区域联防的站位队形是根据五个队员占据不同的区域所形成的队形而决定的。由于站位队形不同，防守作用也就不同，形式虽多，但基本上是以 2—1—2 队形为主，这种队形队员分布均衡，容易联系，协作，并能根据临场比赛时进攻队的特点，改变队员的防守位置区域，演变成其他联防的队形。

2. 基本要点

区域联防的区域划分是一个分工负责的范围，绝对不能因为划分区域而使防守者分家，无论哪一种固定形式的区域联防，由于人员分布受着一定区域限制，都各有一定的薄弱区域，这也是联防本身存在的不可克服的缺点，因此在分区防守时，不能机械地受区域限制，不能只顾自己的守区，或只固定在自己的守区之内。每个防守队员之间都应协同配合，以弥补空隙地区的漏人现象和避免在一个区域内出现以少防多的局面。

(1)五个队员必须协同一致积极随球移动，加强有球一侧的防守，并监视远离球的一侧。

以防为主，人球兼顾。

(2)对付外围持球队员，应按盯人防守的要求，积极阻止其投篮、突破和传球，其余防守队员应协同向有球一侧移动，根据情况要有伸缩性，及时进行阻截、夹击、“关门”和补位等协同防守。要始终封锁限制区，抢断向限制区的传球，加强篮下防守，此外还要准备断对方的远传球。

(3)防守队员除了注意随球移动外，仍要守住自己的防区，看守进入自己防区的无球队员，离球远的防区，要注意进攻队员的背插和溜底线，以便及时地切断其插入路线。在特殊情况下，如发现篮下附近区域内有直接进攻威胁的对手，则可以暂时离开自己的区域去补防。

(4)要注意联防的集体行动，不要被对方纵横交错的穿插打乱，尤其是两个防区之间的薄弱地区，分工要明确，要互相呼应，以免出现漏洞。

(5)防守时要积极快速移动选位，同时要不停地扬臂摆动，干扰和阻止对方的传球配合。如果在一个防区内出现一防二的不利局面，防守人要高度发挥主观能动性，在运用技术的同时，要有策略性，对人的防守，要先内后外，对球进入本防区时，防守要先球后人，对有球队员要防紧，选择适当的防守位置，尽可能使进攻队员的行动受到一定的限制。

3. 运用的时机

(1)对方中、远投不准，而内线进攻的威胁较大时。

(2)本队个人防守技术较差或犯规较多，而后备力量不足时。

(3)本队队员的身高和身体素质比对方差，而对方又善于攻篮下时。

(4)本队比分领先，对方为了挽回败局，而采用强行突破和猛攻篮下时或离终场只剩几分钟，本队比分暂时领先，为了使对方在进攻中消耗一些时间时。

(5)对方不善于进攻区域联防时，或作为一种战术变化时。

第四节 篮球竞赛规则简介

篮球竞赛规则是篮球运动的法规。它肯定正确的技术、战术，提倡积极主动、顽强拼搏的进取精神，保护合理的(身体)接触，否定错误的动作，限制不符合体育道德的行为和作风，保证比赛的顺利进行，促使篮球运动不断地向更加健康的方向发展。随着篮球运动的发展，篮球竞赛规则也在不断地修改和完善，逐步形成了一套较为完整的体系。目前的(2006 年)规则共有八章包含各款项、细目在内的五十条规则(条文)和裁判手势、记录表、抗议程序、名次排列以及电视暂停等内容，并附有图表。由于篇幅有限，本教材摘录了规则(条文)的部分内容，经过重新编辑后介绍给同学们，以指导同学们的篮球(竞赛)活动，从而依照规则的基本精神，正确地学习和掌握各种技、战术方法，合理地将它们运用于比赛的过程中，在增进身心健康的同时，不断提高自己的篮球运动技术水平。

一、比赛的器材、设备

(1)球场、线、尺寸：球场长 28 米，宽 15 米，从界限内沿量起，长边的界线叫边线，短边的界线叫端线。界线外 2 米内，不得有任何障碍物。除国际篮联主要正式比赛外，可使用长 26 米、宽 14 米的现存球场。场地上的线条要用相同的颜色(建议白色)，宽度为 5 厘米。中线要向两侧边线外各延长 15 厘米。罚球线与端线平行，它(远离球篮一侧)的边缘距离端线内沿 5. 80 米，这条线长 3. 60 米。罚球区是限制区加上以罚球线中点为圆心，以 1. 80 米为半径，向限制区外所画出的半圆区域。

(2)罚球区两旁的位置区：沿罚球区两侧边线丈量，距离端线内沿 1.75 米为第一位置区的线，该位置区(不包括线)宽 85 厘米，并且与中立区域的始端相接，中立区域宽 40 厘米，要用和线条相同的颜色涂实，第二位置区与中立区域相邻，宽 85 厘米，第三位置区与第二位置区相邻，宽 85 厘米(不包括两区之间线条的宽度)。所有划分位置区的线长 10 厘米，并垂直于罚球区边线的外侧。中圈半径 1.80 米，从圆周的外沿丈量。

(3)3 分线：由一条与对方球篮中心垂直线与地面的交点(距端线内沿的中点 1.575 米)为圆心，半径 6.25 米(至外沿)的半圆弧线和从端线引出的两条平行线构成。两平行线分别距该交点 6.25 米(包括线的宽度)。

(4)球篮和篮板：两块篮板用适宜的透明材料制成，它们是整块的具有与 3 厘米厚的硬木篮板相同的坚硬度。也可用其他材料制作，但必须符合上述列举的规格并漆成白色。横宽 1.80 米，竖高 1.05 米，下沿距地面 2.90 米。边缘和篮圈后面的长方形要用宽 5 厘米的线条画出，这个长方形的外沿横宽 59 厘米，竖高 45 厘米，其底边的上沿与圈顶面齐平。篮板是透明的，线条用白色，若不透明，用黑色。它们前面的中心垂直地落在球场上，距离端线内沿中点 1.20 米。

(5)球的材料、尺寸和重量：球的圆周不得小于 74.9 厘米，不得大于 78 厘米(7 号)。重量不得小于 567 克，不得多于 650 克。充气后，使球从 1.80 米的高度(从球的底部量起)落到球场的地面上，反弹起来的高度不得低于 1.20 米，也不得高于 1.40 米(从球的顶部量起)。

二、篮球比赛和球队的定义

篮球比赛由两个队参加，每队出场 5 名队员。每队的目标是在对方球篮得分，并阻止对方得分。

当一名球队成员按照竞赛组织部门的规程(包括管理年龄限制的规程)已被认可为某队参赛，是合格参赛的球队成员。

竞赛中一个队超过三场比赛时，不超过 12 名队员，一名教练员，还可配备一名助理教练员，其中一名有资格参赛的队员是队长。当一名球员在比赛开始前已被登记在记录表上，并且他既没有被取消比赛资格又没有达到 5 次犯规，即是有资格参赛。在比赛中，所有队员必须把他们的背心塞进短裤内，圆领衫不可以穿在背心里面，除非该队员有明确的医生书面证明。如果有这样的许可，圆领衫的颜色必须和背心的主要颜色相同。短裤前后的主要颜色相同，但没必要和背心的颜色相同，允许穿长于短裤的紧身内裤，但要与短裤的颜色相同。球队要使用 4 ~ 15 的号码，同队队员不得使用重复的号码。

受伤队员的替换：如果受伤队员不能立即(大约 15 秒钟)参加比赛，或者如果他接受治疗，他必须被替换出场。比赛期间，任一正在流血或者有伤口的队员必须被替换。该队员只有在流血已经停止并且患部或创面已被全面安全地包扎后才可返回比赛场地。

队长的职责和权利：队长在场上代表他的球队，他可以为获得必要的情况向裁判员提出请求。这样做要有礼貌，而且只能在球成死球并停止比赛计时钟时。如果球队抗议比赛的结果并在记录表上标有“球队抗议队长签名”栏内签名，队长应在比赛结束时立即通知裁判员。

教练员的职责和权利：至少在预定的比赛开始前 20 分钟，每位教练员或他的代表要将参赛球员姓名、号码，以及队长、教练员和助理教练员的书面名单送交记录员。至少在比赛开始前 10 分钟，教练员要确认该队已登记的球员姓名、号码和教练员们姓名的名单，并在记录表上签字。同时指明开始上场的5名队员。"A"队教练员要首先办理此事。比赛中，仅允许在记录表上登记姓名的教练员或助理教练员站立着，他可以与队员们讲话，只要他停留在他们的球队席区域。队长因任何正当原因离开球场时，教练员要把他不在场期间代理他当队长的队员号码通知裁判员。如果没有教练员，或如果教练员不能继续工作，并且记录表内没有填入助理教练员（或者后者不能继续工作），队长应担任教练员。

三、比赛通则

对所有的比赛，在秩序册中队名列前的球队（主队）应有球篮和球队席的选择权，但应在比赛开始前20分钟告诉主裁判员。如果某队在场上准备比赛的队员不满5名，比赛不能开始。比赛应由4节组成，每节10分钟；第1节和第2节之间、第3节和第4节之间以及每一决胜期之前的休息时间为2分钟，第2节和第3节之间的休息时间应为15分钟。比赛要在中圈内跳球开始，每节或每个决胜期的比赛开始程序相同。第3节的比赛双方队要交换球篮。

（1）得分相等和决胜期：如果在第4节比赛时间终了时比分相等，为打破平局需要一个5分钟的决胜期或多个这样的5分钟来继续比赛。球队应朝向第3节和第4节中相同的球篮继续比赛。

（2）球的状态：球可以是活球或死球。下面简单向大家介绍下一般情况下的活球和死球。跳球中，球被一名跳球队员合法拍击时；罚篮罚中，罚球队员可处理球时；掷球入界中，掷球入界队员可处理球时；以上情况球是活球。而以下情况则球是死球：当任何投篮或罚球中篮时；球是活球裁判员鸣哨时；在一次罚球中球明显不会进入球篮，且该次罚球后接着有另一（多次）罚球时，有进一步的罚则（罚球和/或掷球入界）时；比赛计时钟信号响以结束每节时；某队控制球24秒钟装置信号响时；投篮中飞行的球在下述情况后被任一队的队员触及时：裁判员鸣哨；比赛计时钟信号响以结束每节；24秒钟装置信号响。

（3）跳球和交替拥有：在第1节开始时，一名裁判员在中圈、在任何两名互为对方的队员之间将球抛起，一次跳球发生。跳球时，球到达最高点后必须被一名或双方跳球队员用手拍击，如球未被拍击而触及地面，要重新跳球。在此之前，任一跳球队员都不得离开他的位置。在球触及非跳球队员、地面、球篮或篮板前，任一跳球队员都不能抓住球或触及球超过两次。在球被拍击前，任何其他队员不得使身体的任一部分在圆圈线上或超越圆圈线（圆柱体）。如果一名对方队员要求站立其中一个位置，本方队员不得围绕圆圈毗连站立。交替拥有是以掷球入界而不是以跳球来使球成为活球的一种方法。在所有的跳球状况中，双方球队将交替拥有在最靠近发生跳球情况的地点掷球入界权。在第一节开始的跳球后未在场上获得控制活球的队应开始交替拥有。在任一节结束时对下一次交替拥有权的队应在记录台对面的中线延长部分以掷球入界开始下一节。应有指向对方球蓝的交替拥有箭号来指明对交替拥有掷球入界的有权的队，当交替拥有掷球入界结束时，箭号的方向立即反转。

（4）如何打球：篮球运动是用手来打球。带球跑、用拳击球或故意地踢球是违例。踢球就是用腿的任何部位或脚去击球或拦阻球；脚或腿偶然地接触或触及球不是违例。

（5）控制球：当队员拿着或运着一个活球、或在掷界外球的情况下，掷界外球队员可处理球时，为队员控制球；当该队的队员控制球或球在同队队员之间传递时，为球队控制球。直到对方队员获得控制球、球成死球、或在投篮或罚球中，球不再接触投篮队员的手之前，均为球队继续控制球。

（6）掷球入界：投中或最后一次罚球成功后，得分队的对方任一队员有权在中篮处的端线上或端线后任何一点掷界外球，在每次中篮后的暂停或中止比赛后，裁判员将球递交给队员或置于他可处理之后，该款也适用。他可将球传给位于端线上或端线后的同队队员，但从界外的第一名队员可处理球的瞬间开始计算5秒，球中篮后裁判员不必递交球，掷界外球队的对方队员不得触及球。在违犯或任何其他的比赛中止后(罚球成功或投篮成功后除外)，掷界外球队员要站在裁判员指定的距违犯或停止比赛地点最近的界外，裁判员必须将球递交、传给掷界外球的队员或将球置于该队员可处理处，掷界外球队员在球离手前不得从裁判员指定的地点横向移动超过正常的一步(大约1米)，并向不止一个方向移动，允许沿一个方向移动一些小步，但总距离不超过正常的一步；如周围的情况许可，队员沿垂直界线的方向后退多远都可以。掷界外球队员不得违反下列规定：在球触及另一队员前在场内触及球；球离手前或离手时踏场地；球离手的时间超过5秒钟；从前场掷球给位于后场的同队队员；掷界外球离手后，在球接触场上队员前，球触及界外、停留在篮圈支架上或进入球篮。在球掷过界线前，任何其他队员都不可以使身体的任何部分越过界线。当场地的边缘距离界外障碍物不足2米时，双方任何队员都不得站在距掷界外球队员1米的距离内。

(7)要登记的暂停：教练员或助理教练员请求中断比赛是暂停。在一次暂停机会开始当：球成死球，比赛计时钟停止，以及当裁判员结束了与记录台的联系时；在最后一次或仅有的一次罚球成功后球成死球时；投篮得分对于非得分队。在第一半时的任何时间每队可准予2次暂停，在第二半时任何时间可准予3次暂停，以及每一决胜期的任何时间准予一次暂停。每次暂停应持续1分钟。未用过的暂停不得遗留给下一个半时或决胜期。

(8)替换：当替补队员请求比赛中断成为队员是一次替换。只有替补球员有权请求替换替补队员要亲自去记录员处用手做出专门的常规手势清楚地请求“替换”。替补队员要留在界线外，直到裁判员招手示意他进场。已被替换的队员不必向裁判员或记录员报告，允许他直接去他的球队席。如果在一次要登记的暂停中请求替换，替补队员在进入比赛前必须向记录员报告。在记录员信号响前，替换的请求可以撤销。在没有其他的违犯时，不允许违例后没有掷界外球权的球队进行替换。如果罚球的队员必须被替换有以下几种情况：他受伤了；他已经发生5次犯规；他已经被取消比赛资格。罚球必须由替补队员执行，直到他已经在下一个计时钟运行片段比赛后，才能再次被替换。在第4节最后2分钟或每一决胜期最后2分钟内，在一次成功的投篮后比赛计时钟停止，不允许得分队替换，除非裁判中断了比赛或非得分队被准予了暂停或替换。

(9)比赛因弃权或缺少队员告负：如果球队在主裁判员通知后拒绝比赛或其行为阻碍比赛的正常进行，或在比赛开始时间15分钟后未出场，或能上场的队员不足5名，要判给对方队获胜，比分是20比0，因弃权告负的队要在名次排列中记入0分。如果在比赛过程中某队场上队员少于两人，则该队因“缺少队员”使比赛告负。如判获胜的队得分领先，则以比赛停止时的比分作为结局。如判获胜的队得分落后，则记录该队以2比0的比分获胜。此外，因“缺少队员”告负的球队要在名次排列中记入1分。

(10)违例：违例是违犯规则的行为。罚则是将球判给对方队在最靠近发生违例的地点掷界外球，直接位于篮板后面的地方除外。

(11)队员出界和球出界违例：当队员身体的任何部分接触界线上、界线上方或界线外的除队员以外的地面或任何物体时，即是队员出界。当球触及了下列物体即是出界：

- 在界外的队员或任何其他人员；
- 界线上、界线上方或界线外的地面或任何物体；

• 篮板支撑架、篮板背面或赛场地上方的任何物体。

(12)运球规则：当已获得控制球的队员将球掷、拍或滚在地面上，并在球触及另一队员之前再触及球为运球开始，队员用双手同时触及球或允许球在一手或两手中停留的瞬间运球即完毕。队员的手不和球接触时，运球队员可行进的步数不受限制。

下列情况不是运球：连续投篮；一次运球的开始或结束时，队员偶然地失掉球，然后恢复控制球(漏接)；与附近的其他队员抢球中用挑、拍意图获得控制球；拍击另一队员控制的球；拦截传球并获得该球。只要不构成带球走的违例，允许球在触及地面前在手中抛接和停留。队员第一次运球结束后不得再次运球，除非是因为下列情况他在球场上已失去了对活球的控制以后：由于投篮；球被对方队员触及；传球或漏接，然后球触及了另一队员或被另一队员触及。队员不得掷球打篮板，并在球触及另一队员之前再触及球，裁判员认为是投篮则除外。

(13)带球走规则：在球场上正持着一个活球的队员用同一脚向任一方向踏出一次或多次，而其另一脚(称为中枢脚)保持着它与地面的接触点时为旋转。

(14)确定中枢脚：双脚着地接到球的队员，可以用任一脚作中枢脚。一脚抬起的一刹那，另一脚就成为中枢脚。在移动或运球中接到球的队员，如果一脚正触及地面，另一脚一触及地面，原先那只脚就成为中枢脚，队员可以跳起那只脚并双脚同时着地，则哪只脚都不是中枢脚；如果双脚离地接到球，并双脚同时着地，则任一脚都可以是中枢脚；双脚分先后着地则先触及地面的脚是中枢脚，队员可以跳起那只先着地的脚并双脚同时再次着地，则哪只脚都不是中枢脚。确定了中枢脚后，在传球或投篮中，中枢脚可以抬起，但在球离手前不可以落回地面；运球开始时，在球离手前中枢脚不可以抬起。停步后，当哪只脚都不是中枢脚时，在传球或投篮中，一脚或双脚都可以抬起，但在球离手前不可以落回地面；运球开始时，在球离手前哪只脚都不可以抬起。当一名队员持着球跌倒在地面上，或躺在或坐在地面上时获得控制球是合法的，如果尔后该队员持球滑动、滚动或试图站起来是违例。

(15)3 秒钟规则：当某队在场上控制活球并且比赛计时钟正在运行时，该队的队员不得停留在对方的限制区内超过持续的 3 秒钟。划定限制区的各线都属于限制区的一部分，队员触及任何一线都算位于限制区内。队员为证实自身在限制区外，他必须把双脚置于限制区外的地面上。对下列情况的队员应被默许：试图离开限制区；他在限制区内，当他或他的同队队员正在做投篮动作，并且球正离开或恰已离开投篮队员的手时。他在限制区内已接近 3 秒钟时运球投篮。为证实队员自身位于限制区外，他必须将双脚置于限制区外的地面上。

(16)被严密防守的队员：被严密防守(对方队员在正常的一步之内处于积极的防守位置)的持着活球的队员必须在 5 秒钟内传、投或运球。

(17)8 秒钟规则：当一名队员在自己的后场获得控制活球时，他的队必须在 8 秒钟内使球进入前场。当球触及前场或触及有部分身体接触前场的队员时为球进入该队的前场。某队的前场包括对方的球篮、篮板的界内部分以及对方球篮后面的端线、边线和距对方球篮最近的中线边缘围成的球场部分。球场的另一部分包括中线和本方球篮、篮板的界内部分是该队的后场。

(18)24 秒钟规则：当一名队员在场上获得控制一个活球时，他的队应在 24 秒钟内尝试投篮，在 24 秒信号发出前，球必须离开投篮队员的手，如投篮不中，则球必须先触及篮圈。

(19)球回后场：某队控制前场活球，该队的队员不得使球回他的后场。当球触及后场或触及有部分身体接触后场的队员或裁判员时为球进入某队的后场。当球被认为已回到后场后，控制球队的队员在他的前场最后触及球，并且尔后同队队员首先触及球；或触及前场活球的这名队员接触后场；或在他的后场最后触及球，随之球触及前场，然后接触后场的同队队员首先触及球，就认为球已回他们的后场。该限制适用于某队在前场的所有情况，包括掷界外球，但不适用于在边线中点处掷界外球的情况。

(20)干涉得分和对球干扰(略)。

(21)犯规是违犯规则的行为，含有与对方队员的身体接触和/或违反体育道德的举止。

(22)接触：在一场篮球比赛中，10 名队员快速移动在一个有限的空间内，身体接触不可避免。是否处罚这样的接触，裁判员应注重和考虑下列基本原则：

①规则的精神和意图以及坚持比赛完整的需要。

②运用“有利/无利”概念中的一致性；不应企图靠不必要的打断比赛的流畅来处罚附带的身体接触，况且这样的接触没有给有责任的队员利益，也未置他的对方队员于不利。

③在每场比赛中运用常识的一致性；比赛中要记住有关队员的能力以及他们的态度和行为。

④在比赛控制和比赛流畅之间保持平衡的一致性；对于参与者们正想做什么以及宣判什么对比赛是正确的，要有一种“感觉”。

侵人犯规：侵人犯规是队员犯规，含有与对方队员的非法接触。是不管在活球还是死球时涉及与对方队员非法接触的队员犯规。队员不得通过伸展他的手、臂、肘、肩、髋、腿、膝或脚，以及将其身体弯曲成“反常的”姿势(超出他的圆柱体)来拉、阻挡、推、撞、绊对方队员以阻碍其行进；也不得放纵任何粗野或猛烈的动作。

阻挡：是阻碍有球或无球对方队员行进的非法身体接触。

撞人：是有球或无球的队员推动或移动到对方队员躯干上的非法身体接触。

背后违法防守：是防守队员从对方队员的背后与其发生的身体接触。即使防守队员正在试图去抢球，从背后与对方队员发生身体接触也是不正当的。

拉人：是干扰对方队员移动自由而发生的身体接触。这个接触(拉人)能用身体的任何部位造成。

非法掩护：是试图非法拖延或阻止非控制球的对方队员达到希望达到的场上位置。

非法用手：发生在防守队员处在防守状态，将手放置在对方队员身上并阻碍其行进。

推人：是队员用身体的任何部位强行移动或试图移动控制成未控制球的对方队员时发生的非法身体接触。

罚则：在所有情况下都要登记犯规队员一次侵人犯规。此外，如果对没有做投篮动作的队员犯规，由非犯规队在距犯规地点最近的界外掷界外球重新开始比赛。如果对正在做投篮动作的队员犯规，投球命中要计得分并判给一次罚球。投篮没有成功，则按照投篮地点的分值判给 2 次或 3 次罚球。如果犯规队全队犯规超过规定次数，则全队犯规罚则将生效，对没有做投篮动作的队员犯规，将判给该队员 2 次罚球。如果控制球队的队员发生犯规，由非犯规队在距犯规地点最近的界外掷界外球重新开始比赛。如果投篮或罚球的球中篮无效，则随后的掷界外球要在罚球线延长部分的界外执行。例外：(略)。

圆柱体原则：一名站在地面上的队员占据一个假想的圆柱体内的空间，它受下列限制：前面由手的双掌；后面由臀部，和两侧由双臂和双腿的外侧，双手和双臂可以在躯干前面伸展，其肘部的双臂弯曲不超过双脚的位置，因此两前臂和双手要举起．他的双脚间的距离应与他的高度成比例。

垂直原则：在篮球场上，每一队员都有权占据没有被对方队员已经占据的任何场上位置(圆柱体)。这个原则保护队员所占据的地面空间和他上方的空间，或他垂直跳起时他下方的空间。一旦队员离开了他的垂直位置(圆柱体)并与已经确立了垂直位置(圆柱体)的对方队员发生身体接触，则离开了垂直位置(圆柱体)的队员要对此接触负责。对于防守队员垂直地离开地面(在他的圆柱体之内)或在他自己的圆柱体内向上方伸展他的双手和双臂，则不必判罚。进攻队员无论是在地面还是腾起在空中，都不得与处于合法防守位置的防守队员发生接触。如：使用他的手臂来为自己创造额外的空间(清除障碍)；在投篮的时候或刚投篮之后伸展他的双脚或双臂去造成接触。

合法防守位置：当达到下述状态时，防守队员就已建立了最初的合法防守位置：他正面对对手，双脚以正常的跨立姿势着地，双脚间的距离一般与其身高成正比。合法防守位置垂直伸展到他的上方(圆柱体)。他可以将双臂举过头或垂直跳起，但他必须保持垂直姿势并在这假想的圆柱体内。

防守控制球的队员：在防守控制球的队员(他正持球或运球)时，时间和距离的因素不适用。每当对方队员在持球队员面前占据(甚至是一瞬间占据了)最初的合法防守位置，持球队员必须料到对方的防守并准备停步或改变方向。防守队员建立最初的合法防守位置，必须在占据位置前没有造成身体接触。一旦防守队员已建立了最初的合法防守位置，他可以移动以便防守他的对手，但不得伸展他的臂、肩、臀或腿以及通过做这些动作造成接触去阻止从他身边通过的运球队员。防守队员必须面对持球队员并双脚着地，为了保持这个防守位置，他可以保持静止，垂直跳起，侧移或后撤，只要该侧移或后撤动作被认为是正常的防守动作。在保持这个防守位置的移动中一脚或双脚可以离开地面一瞬间。防守队员必须先占据该位置，并且接触必须发生在躯干部位，如果是在躯干部位，则应该认为防守队员已经首先占据该位置。已经确立了一个合法防守位置的防守队员可以在他的圆柱体内转动，去缓和冲撞或避免受伤。如发生上述情况，应认为持球队员已造成犯规。

腾空的队员：从场上某处跳起在空中的队员有权落回原地点或场上另外地点，只要起跳时该地点尚未被对手占据，起跳点和落地点之间的直线通道尚未被对手占据。如果队员已跳起并落地，可是其动量使他碰撞在他落地点以外已占据合法防守位置的对方队员，则该跳起队员对接触负责。当对方队员已跳起在空中后，队员不得移至该跳起队员的路径上，移至一个腾空队员的身下并引起接触，通常是违反体育道德的犯规，在某些情况下可能是取消比赛资格的犯规。

防守不控制球的队员：不控制球的队员有权在场上自由移动并占据任何未被另外队员已经占据的位置，防守队员不能在对方队员没有足够的时间或距离停步或改变方向的情况下，过于靠近或过快地在正在移动的对手的路径中占据一个位置，此距离与对方队员的速度直接成正比，不得少于正常的1步，不必多于2步。如果队员在占位时不顾时间和距离的因素并与对方队员发生接触，他对接触负有责任。一旦防守队员已占据了合法防守位置，他不能为了阻止对手通过他而在对手的路径中伸展臂、肩、臀或腿来与他发生接触。然而他可以转身或将手臂置于身前并贴近身体以避免受伤；已占据合法防守位置的队员可以移动、侧移或后撤，以便保持在对手的路径中，也可以迎着对手前移，然而如果发生身体接触，他对此负责。他必须注意空间的因素，也就是他和对手间的距离。

掩护——合法的和非法的：掩护发生在队员试图延误或阻止非控制球的对手到达希望到达的场上位置时。正在掩护对手的队员在发生接触时已双脚着地和静止不动(在他的圆柱体内)，为合法掩护。发生了接触时正在移动，或在静立对手的视野之外建立掩护，没有给出适当的距离，或对移动中的对方队员没有考虑时间和距离的因素，为非法掩护。如果掩护建立在静立对手的视野之内(前面或侧面)，则该队员可以按自己的愿望，只要在不发生接触的情况下尽量靠近对手。如果掩护建立在静立对手的视野之外，掩护队员必须允许对手向他迈出正常的一步而不发生接触。如果对方队员在运动，时间和距离的因素就要适用。掩护队员必须留有足够的空间，以便被掩护者能停步或改变方向来避开掩护。要求的距离不得少于正常的1步，但不必多于2步。与已经建立了合法掩护的队员发生任何的接触，由被掩护的队员负责。

阻挡：如果试图去做掩护的队员在移动中与静立的或后退的对方队员发生接触，则构成了阻挡犯规。如果队员不顾球，面对着对方队员并随着对方队员的移动而移动，除非涉及其他因素，该队员应对随后发生的任何接触负主要责任。所谓“除非涉及其他因素”是指被掩护的队员故意推人、撞人或拉人。队员在场上占据位置时伸展他的臂或肘是合法的，但是当对方队员试图从他身边通过时，臂或肘必须放下(在圆柱体内)。如果队员没有将臂或肘放下，发生接触就是阻挡或拉人。

用手和/或手臂接触对方队员：用手触及对方队员本身未必是犯规，如果这个接触在任何方面限制对方队员的移动自由，这样的接触是犯规。如果防守队员在试图抢球中用他的手接触对方队员，并且这样的接触只是接触了对方队员持球(甚至是正在做投篮动作)的手则应被认为是偶然的，该接触不要判罚。当手或臂放置在持球或不持球的对方队员身上并保持与他的接触，就发生了非法用手或非法伸展手臂。反复地触及或“戳”持球或不持球的对方队员，当它可能导致逐步升级的粗暴动作时也可认为是犯规。下列情况通常被认为是持球进攻队员的犯规：为了获得利益，用手臂或肘“钩住”或缠绕防守队员；为了阻止来抢球或试图来抢球的防守队员而推开他；为了在他和防守队员之间造成更大的空间而推开他；运球时用伸展的前臂或手来阻止对方队员获得球。不持球进攻队员为下列原因“推开”对方通常被认为是犯规：摆脱以接球；阻止来抢球或试图来抢球的防守队员；在他和防守队员之间造成更大的空间。

居中策应：垂直原则也适用于居中策应，位于居中策应的进攻队员和防守他的队员都必须尊重彼此的垂直权利(圆柱体)，居中策应的进攻队员用肩或臂将对方队员挤出他所占的位置或用伸展的肘或臂来干扰后者的活动自由是非法的。防守队员使用他的臂、膝或身体的其他部位干扰策应队员活动的自由是非法的。

双方犯规：是两名互为对方的队员大约同时相互发生侵人犯规的情况。罚则：应给每一犯规队员登记一次侵人犯规。不判给罚球。比赛应按下列所述重新开始：如果在大约同时投篮有效或最后一次或仅有一次的罚球得分，应将球判给非得分队从端线掷球入界。如果某队已控制了球或拥有球权，应将球判给该队在最靠近违犯的地点掷球入界。如果任一队都没控制球也没有拥有球权，一次跳球情况发生。

违反体育道德的犯规：根据裁判员的判断，一名队员不是在规则的精神和意图的范围内合法地直接地试图抢球，造成的侵人犯规是违反体育道德的犯规；如果队员在持球或不持球对方队员身上发生过分的接触(严重犯规)，那么这样的接触被认为是违反体育道德的犯规。拉、打、踢或故意推对方队员是一起违反体育道德的犯规，对反复发生违反体育道德的犯规的队员必须被取消比赛资格。罚则：登记该队员相应的犯规，判给对方罚球和随后的球权。

取消比赛资格的犯规：队员、替补队员、被逐出的队员、教练员、助理教练员或随队人员的任何恶劣的违反体育道德的行为是取消比赛资格的犯规。

行为规定：裁判员绝不允许队员、教练员和随队人员的导致比赛器材损坏的行为。裁判员的宣判不能漠视和争辩。

队员的技术犯规：队员的技术犯规是指所有不包括与对方队员接触的队员犯规，有两种：

队员不理裁判员的劝告或运用如下不正当行为，是技术犯规：同裁判员、到场的技术代表、记录台人员或对方队员讲话或接触没有礼貌；使用很可能引起冒犯或煽动观众的言语或举动；戏弄对方或在对方眼睛附近摇手妨碍他的视觉；妨碍迅速地掷界外球以延误比赛；被判犯规后，在裁判员要求举手时不正正当当地举手；没有报告记录员和主裁判员擅自更换比赛号码；替补队员进入场地没有报告记录员以及没有得到裁判员的招呼，如果在暂停期间要求替换，则只需向记录台报告；离开场地去获得不正当的利益；在最后一次或仅有一次的罚球中"干扰球"；把整个身体的重量悬挂在篮圈上；在扣篮中，队员瞬间并偶然的抓住篮圈，或根据裁判员的判断，某队员正试图防止自己或另一名队员受伤而悬挂在篮圈上是可以的；当投篮或罚球的球在空中时，防守队员故意使篮板或篮圈摇动，根据裁判员的判断，这种方法可能阻止球进入球篮；显然是无意的和对比赛没有影响的，或属管理性质的技术性违犯不被看做是技术犯规，除非在裁判员提出警告后又重犯。根据裁判员的判断，队员故意地或以一种违反体育道德的方式造成技术犯规，或这个犯规给他带来不正当的利益时是违反体育道德的技术犯规。

罚则：进行相应的登记后，对一起队员的技术犯规要判给对方队 1 次罚球和随后在中场的球权。由队长指定罚球队员。在比赛开始前、比赛中或比赛的休息时间内裁判员都有权对队员、替补队员、教练员、助理教练员和随队人员宣判技术犯规并予以处罚。

在比赛休息期间对一名有资格参赛的球员的技术犯规应作为下一节全队犯规之一进行登记；对教练员、助理教练员或随队人员的技术犯规都应登记在教练员名下(不作为全队犯规)，判给对方队 2 次罚球。在比赛期间对球队席区域内发生的所有技术犯规都应将相应的次数登记在教练员名下并判给对方队 2 次罚球及随后在中场的球权。

一般规定基本原则：比赛期间，不论是活球或死球，每一位裁判员在任何时候都有独立做出宣判的权力。对某一队或双方队可能宣判多次犯规。不管其罚则如何，对每一起犯规都要在记录表上给犯规队员登记一次犯规。

队员 5 次犯规：在 4 节的比赛中，一名队员不论侵人犯规和/或技术犯规共达 5 次，应通知本人并必须立即自动离开比赛。他必须在 30 秒钟内被替换。已达 5 次的队员再犯规，登记在教练员名下。

犯规全队——处罚规则：在一节中，一个队的队员侵人犯规或技术犯规共达 4 次时，所有以后发生的对未做投篮动作队员的侵人犯规要处以 2 次罚球，由那个受到侵犯的队员罚 2 次球，如果涉及更为严重的罚则，则规则中的适当条款将适用。如果控制球队的队员犯规，非犯规队只获得掷界外球的球权。在任一决胜期内发生的所有的全队犯规要看做是最后一节的一部分。所有发生在比赛休息时间内的队员犯规被看做是紧接着的一节或决胜期中发生犯规的一部分。

特殊情况下的犯规：在一起犯规后的同一个停止比赛计时钟期间发生多起犯规时，登记每个犯规队员一次犯规。

罚球：一次罚球是给予一个队员在罚球线后的半圆内、在无争抢的情况下得一分的机会。当宣判侵人犯规，罚则是判给罚球时，裁判员要指令受到侵犯的队员执行罚球；如果受到侵犯的队员被请求替换，他在离场前必须执行罚球；如果被指定罚球的队员因受伤或被取消比赛资格而必须离场时，替换他的队员必须执行罚球；如果没有有效的替补队员，要由队长或队长指定的任一队员罚球。当宣判技术犯规时，可由对方球队队长指定的任一队员罚球。该罚球队员要在罚球线后半圆内就位；可用任何方式投篮，但必须使球在被别的队员触及前从篮圈上方进入球篮或触及篮圈；在裁判员将球置于他可处理时，要在 5 秒钟内投球离手；在球触及篮圈前不得触及罚球线或罚球线前的地面；不得做假动作罚球；当球正在飞向球篮的途中不得触及球；当球与球篮接触时不得触及球篮和篮板。违反上述条款是违例，如果罚球队员违例，不能得分，任何其他队员在同时或紧接着造成的任何其他违例不究，将球判给对方队员在罚球线的延长部分掷界外球，除非还有后续的罚球。在罚球时，最多5名队员(最多3名防守队员和最多2名进攻队员)可以占据被看做是1米深的位置区内。限制区两侧的第一位置区，只有罚球队员的对方队员可以占据，占据位置区的队员要交错站位，不得占据他们无权占据的位置区；在球离开罚球队员的手之前不得进入限制区、中立区域或离开位置区；当球正在飞向球篮的途中不得触及球，直到球触及篮圈或明显不会触及篮圈；当球与篮圈接触时不得触及球篮和篮板；在还有后续罚球的任一罚球中，只要球有机会进入球篮，他们不得触及球、球篮或篮板；一旦罚球球成活球，他们不得从所确立的位置中移动，直到球离开了罚球队员的手。罚球队的对方队员不得用他的行为去扰乱罚球队员，当球在球篮中时不得触及球或球篮，违反上述条款是违例。

罚则：如果罚球成功并出现罚球队员之外其他队员的违例(违规触球、球篮和篮板除外)，违例不究，中篮计得分；如果罚球不成功而造成上述违例的是：罚球队员的同队队员，将球判给对方队员掷界外球；罚球队员的对方队员，判给罚球队员重罚一次；双方队，在罚球线、在双方任何2名队员之间跳球重新开始比赛。如果出现下列队员违反触及球、球篮和篮板等条款造成的违例：罚球队员的同队队员，不能计得分，将球判给对方队员掷界外球；罚球队员的对方队员，认为该罚球成功得1分；双方队，不能计得分，在罚球线、在双方任何2名队员之间跳球重新开始比赛；在执行最后一次或仅有一次的罚球中，如果罚球队员的对方队员在球触及篮圈(和明显地将会触及篮圈)之前触及了球，则认为该罚球成功，并登记造成该违例的队员一次技术犯规。所有不在罚球位置区的队员，要停留在罚球线的延长部分和3分投篮线之后，直到球撞击篮圈或罚球结束时，并不得用他们的行为去扰乱罚球队员。违反本条款是违例(罚则见前面)。在一次或多次罚球中，其后还要继续执行后续罚则的罚球，或在边线中点处掷界外球的情况下，队员们不得占据任一位置区，所有队员要位于罚球线的延长部分和3分线的后面，不得用他们的行为扰乱罚球队员。违反本条款是违例(罚则同上)。如果出现一次以上的罚球，判给掷界外球或跳球的罚则仅适合在最后一次罚球中发生的违例。

注解：一次罚球及其伴随的动作被认为已经结束：当球从上方直接进入球篮并停留在球篮中或穿过球篮；当球不再有可能进入球篮；当投出的球已触及篮圈后，被任一队的队员合法地触及；当投出的球触及地面；当球成死球。

能纠正的失误：如果裁判员无意地忽略了某条规则并仅仅是导致了下列情况时，允许裁判员纠正这个失误：判给不应得的罚球；允许不该罚球的队员执行罚球；没有判给应得的罚球；不正确地判给了得分或取消得分。要纠正上述失误，必须在失误后，比赛计时钟开始计时的第一次死球后球再成为活球前的期间进行，否则不再可纠正。

第七章

足　　球

第一节　足球运动概述

足球运动是以脚支配为主，两个队互相进行攻守对抗的一项体育运动项目，它是世界上开展最广泛，影响最大的体育运动项目之一，被誉为“世界第一运动”。有些国家把足球定为“国球”。它以其场面宏大、竞争激烈、对抗性强的特点，吸引着无数球迷争相观战。一场精彩的足球比赛，能吸引成千上万的观众和数以亿计的电视观众，足球场上的胜败牵动着亿万观众的心，也促使人们走进绿茵场，投身到趣味无穷的足球运动中。足球运动有如此大的魅力，这与足球运动的特点和作用是分不开的。

一、足球运动的特点与作用

(一)特　点

(1)足球运动是一项富有战斗性的、激烈对抗的项目。在比赛中双方为了把球踢进对方球门，而又不让球进入自己的球门，展开了短兵相接的争斗，在两个罚球区附近争夺更为激烈。

(2)技战术复杂，掌握动作难度大。它的技、战术受对手直接的干扰、限制和抵抗。技、战术是按照比赛情况灵活机动地运用和发挥。足球比赛参加人数多，行动不易协调和统一。比较而言，足球运动是用人体最笨拙的部位——脚去支配和控制球，因此，技术动作比较难掌握。

(3)比赛时间长、场地大、体能消耗大。正式足球比赛时间为 90 分钟，有的比赛还要加时 30 分钟，甚至还要以互踢罚球点球决定胜负。一场激烈的比赛，一名优秀运动员的跑动距离达 10 000 米以上，少则也有 6 000 ~ 7 000 米，而且还要做上百个有球和无球动作，身体能量消耗是很大的。

(4)足球竞赛规则比较简练，器材设备也比较简单。一般的足球比赛可不受时间、人数、场地、器材等限制。

(二)足球运动的主要作用

(1)有助于精神文明建设，思想品德教育。经常从事足球运动，可培养勇敢顽强、机智果断、坚忍不拔、勇于克服困难等优良品质和敢于斗争，敢于胜利的战斗作风，以及团结协作、密切配合、热爱集体等集体主义精神。

(2)能促进健康，增强体质。经常从事足球运动，可以增进人们的健康，提高力量、速度、灵敏、耐力等身体素质，特别是对增强人体的心血管系统、呼吸系统等内脏器官的功能是非常有益的。

(3)有助于振奋民族精神，扩大国际交往。现代足球运动的作用和影响，已经远远超出了足球运动自身的范围！它已成为国际交往的一种工具，对振奋民族精神以及反映一个国家的实力具有重要意义！

二、足球运动发展简况

(一)现代足球运动发展简况

足球运动是一项古老的运动项目，相传古希腊就有人踢球，后被罗马人继承下来。公元前，中国就有了用脚踢球的游戏，并且作为军事训练项目之一。在欧洲古代有苏里特游戏、萨依游戏等，但都属于足球游戏的一种。到了 15 世纪末人们才称之为“足球”(football)当时的球、游戏方法与现在的足球运动不同。根据有文字记载的史料，世界最早的球是中国古代的“鞠”。其他国家还有用布做的，甚至用瓜果当球踢的。另外，根据史书的记载，最早发明灌气的球也是起源于中国。

在 16 世纪以后，足球游戏在欧洲一些国家盛行起来。尤其是 1800 年以后，英国军队对传播足球运动起很大作用，他们所到之处，便以足球游戏。当地人很快也接受并学会了这一游戏。

就近代和现代足球来说，英国是开展得最早的。英国自工业革命后，足球运动开始发生变化，逐渐成为城镇居民的一种有组织的体育活动。1857 年英国成立了第一个足球俱乐部。1863 年 10 月 26 日，英国人在伦敦成立了世界上第一个足球运动组织——英国足球协会，并统一了足球规则，人们把这一天当作现代足球运动的诞生日。这次制定的足球规则共十四条，主要内容包括：制定了相应的场地面积、上场队员为 11 人、禁止用手触球(包括守门员)等，规则虽然很简单，而且还极不详细、极不完善，但它是足球竞赛规则的基础，也是现代足球史上第一部较为统一的足球竞赛规则，对世界足球运动的发展具有很深的影响。现代足球运动，从 1863 年作为开端，发展至今已是 100 多年的历史，而且逐渐发展形成了一套比较完整的、固定的比赛规则，可是在 1863 年以前，虽说也有一些简单的规定，但是当时的比赛水平较低，经常处于混乱状态，对于比赛中出现的一些问题，只能是稀里糊涂、不了了之。

1904 年 5 月 21 日，法国、比利时、西班牙、荷兰、丹麦、瑞典、瑞士等七个国家足球协会的代表在巴黎召开会议，成立了足球的国际性组织——国际足球联合会(FIFA)，总部设在瑞士的苏黎世。从此，足球运动日益发展，特别是在欧洲和南美洲。足球已成为人们最喜欢、参加活动和参观比赛人数最多的一项运动。这项运动在其他地区也发展和提高得很快。当时会员国只有 7 个，英国足协于 1906 年才加入“国际足联”，目前国际足联会员协会已达 204 个，是会员协会最多的国际单项体育组织，这使得足球成为世界上最具吸引力的运动。

国际足联共设有 12 个组织机构，他们分别是国际足球代表大会、执行委员会、世界杯组织委员会、业余委员会、裁判委员会、技术委员会、医务委员会、新闻和出版委员会、纪律委员会、法律事务委员会、世界青年锦标赛委员会和秘书处。

国际足联历任主席见表 7-1。

除了国际足联这个国际足球组织外，还有许多洲际足球组织。它们是南美洲足球联合会(英文缩写为 CONMENOL)，亚洲足球联合会(AFC)，欧洲足球协会联盟(UEFA)，非洲足球联合会(CAF)，中、北美洲及加勒比海地区足球联合会(CONCACAF)，大洋洲足球联合会(OFC)。

表 7-1　国际足联历任主席

届数	姓　名	国籍	任　期
1	罗尔特·格林	法国	1904～1906 年
2	丹尼尔·伯利·伍尔福尔	英国	1906～1918 年
3	朱尔·里梅	法国	1921～1954 年
4	罗尔多夫·威廉·赛尔德拉耶尔	比利时	1954～1955 年
5	亚瑟·德鲁里	英国	1956～1961 年
6	斯坦利·劳斯	英国	1961～1974 年
7	乔·阿维兰热	巴西	1974～1998 年
8	约瑟夫·布拉特	瑞士	1998 年至今

（二）我国足球运动发展简况

1. 我国古代足球运动

根据有关史料记载，我国古代就有了足球运动。在我国 2500 年以前就有文字记载了。在西汉时代，已经有了研究足球的书，叫《蹴鞠二十五篇》，那时候的蹴鞠比赛已分队进行，有球门、有输赢、有规则。汉代和唐代，这项运动有了新的发展；唐代是蹴鞠活动的昌盛时期，当时有两大发展，一是用充气的球代替了过去，二是用球门代替了鞠室。唐代的女子蹴鞠的规则更加完善。所以，古代足球发源地在中国。

2. 我国现代足球运动的发展概况

我国的现代足球运动是从 19 世纪末和 20 世纪初发展起来的。当时的香港和上海是我国开展现代足球运动最早的两个城市。随后在北京等几大城市（主要是学校）和一些教会学校中开展起来。1906 年在北京，通州协合书院足球队对英国的“英兵队”，在东单附近足球场（当时的英兵足球场）进行比赛，结果 2∶0 获得“九龙杯”这是我国现代足球运动的第一次国际性比赛。

1908 年在香港成立了中国现代足球运动的第一个组织“南华足球会”。1913～1934 年间，旧中国的足球队还参加了十次远东运动会，获得九次冠军。1931 年旧中国加入了国际足球联合会。但从未派队参加世界足球锦标赛，1936 年和 1948 年，旧中国还参加过第 11 届和 14 届奥运会足球比赛，在初赛中就分别以 0∶2 和 0∶4 败给英国和土耳其足球队。

新中国成立后，足球运动被列为重点项目，得到了大力推广。为了提高足球运动水平，采取了一系列有力措施。

大力培养人才，努力开展足球教学训练、科研工作。1954 年，我国选派了两批青年足球运动员赴匈牙利学习，成为我国第一批接受系统训练的青年足球运动员。1955 年，我国聘请了苏联足球专家在北京体育学院培养了我国第一批足球研究生。近些年来，专门举办青年足球教练员培训班，另外，还邀请一些外国专家来我国短期教学。此外，还选派教练员、裁判员、运动员等赴一些足球先进国家考察、进修、学习。

大力展开竞赛活动，足球运动水平不断提高。1951 年在天津举行了全国足球首届比赛。有东北、华北、中南、华东、西南、西北六大行政区及解放军和铁路等 8 个代表队参加。1952 年 5 月成立了国家队，1954 年组派国家青年队赴匈牙利学习，运动员回国后为国内足球运动水平的提高发挥了重大作用。

1955 年年初，中国足球协会成立。从 1956 年起，根据我国足球运动的发展情况，开始实行甲、乙级联赛制度并规定升降级办法。同时，还开始实行运动员、裁判员等级制度。

1957 年，中国足球队第一次参加世界足球锦标赛在预赛中失利。1959 年中国足球队先后战胜过匈牙利国家二队和第6届世界足球锦标赛亚军瑞典的“尤哥登”队，同时还获得了中、苏、匈三国对抗赛的亚军。1958～1960年，我国足球运动跃进到一个新阶段，达到了当时建国以来最高水平。

新中国成立以来，我国足球队同世界许多的国家进行了广泛的接触，尤其70年代末重返国际足联后，参加了各种性质的竞赛活动，如世界杯预选赛、奥运会足球赛、亚洲足球锦标赛、我国及各国举办的各种邀请赛、杯赛，使我国的足球水平有了新的发展和提高。1993年开始，我国足球竞赛体制进行改革，实行职业联赛，原有球队也进行了职业俱乐部的重组，在新的主客场赛中，不仅球员表现积极，观众球迷也越来越多，出现了空前活跃的景象，足球运动焕发了勃勃生机的竞赛场景。1994年全国甲级联赛A、B组各有12支队伍参加比赛，继续采用主客场制并注入市场机制，实行比赛收入分成。同时公布了《中国足球协会章程》《中国足球协会俱乐部章程》及足球运动的管理、训练、比赛及经营活动的规章制度，逐步把我国足球事业的发展纳入法制化轨道。2004年5月我国职业联赛又有了新的形式“中超联赛”，目前，我国联赛主要为“中超”“中甲”“中乙”联赛，和女子足球超级联赛等。1988年第24届奥运会及2002年第17届世界杯中国足球队进入决赛圈，虽然比赛没有取得好的成绩，但也是我国足球运动的重大突破，积累了很多宝贵的经验。为了使我国足球运动水平尽快“冲出亚洲、走向世界”，社会各界及广大足球爱好者都给予了很大的帮助和支持。广大足球工作者也在积极努力地奋斗着。随着改革开放的进程，我国同世界各国的交往将会越来越频繁，这对发展和提高我国的足球运动水平，也是一大优势。

（三）女子足球运动发展概况

中国是世界上女子足球开展最早的国家。早在东汉时期就有女子足球游戏。唐宋时期更为盛行。但是到了清代就逐渐消失了。

16世纪，英国出现了女子足球运动。1890年英国开始创建女子足球队，并有了女子足球比赛。1957年，第一届欧洲女子足球锦标赛在西柏林举行，女子足球运动正式登上了历史舞台。亚洲的马来西亚、新加坡、印度、泰国，中国的台湾、香港及大洋洲的澳大利亚、新西兰等国家和地区也纷纷开展女子足球运动。1971年11月，亚洲女子足球联合会在中国香港成立，1975年第一届亚洲女子足球锦标赛在中国香港举行。

进入20世纪80年代以后，欧洲女子足球运动发展势头迅猛，英国、联邦德国、瑞典、意大利都有数10万妇女参加足球运动。中国女子足球运动在80年代初也跃入国际足坛。

1988年，国际足联在我国广东省举办了世界女子足球邀请赛。此后，国际足联要求各大洲足联将女子足球运动的开展列入议事日程，并建立相应的管理机构，亚足联建立了女子足球委员会。1990年7月，国际足联成立女子足球委员会。

1991年，第1届世界女子足球锦标赛在中国广州举行，1993年，第101次国际奥委会全会上批准女子足球为奥运会为正式比赛项目，并在1996年的第26届奥运会上增设女子足球赛。1995年第2届世界女子足球锦标赛在瑞典举行，1999年第3届世界女子足球锦标赛在美国举行。

从2005年第4届女足世界杯比赛中看出世界女足的新格局。进入本届比赛前4名的队伍均来自欧美国家。从本届比赛前8强的情况看4支队伍来自欧洲，最后决赛的也是3支欧洲球队，北美2支球队分列第3、4名，中国队和巴西队是8强中的亚洲和南美洲的球队，但是这两支球队仍然是欧美列强不可忽视的力量。非洲女足的成长和进步应该受到重视。她们在比赛中表现出来的天赋和后劲让人们不敢忽视她们的存在。非洲女足将首先对亚洲构成威胁。亚洲女足队伍的成长进步日本是最典型的代表，她们根据自身特点形成技战术风格，赢得了全世界的尊重。

通过本届世界杯，我们可以看出当前女足的发展潮流和趋势。在日益快速激烈的女足比赛中，没有力量与没有技术都是不可想象的，都难以立足的。德国、瑞典、美国等队的技术和身体状况都很出色，而巴西、尼日利亚等队的身体条件也很优秀。加拿大和北欧的队伍她们体质优越，打法简洁。技战术略显粗糙，但有时却非常实用，世界女足出现的历史比较短暂，技战术仍有很大的提升空间。因此，我们要顺应世界女足发展趋势，必须在快速对抗的压力下提高技战术水平，同时必须具备优良的身体素质才能与对手抗衡。

现代足球传入中国后，大约在20世纪20年代一些沿海城市中出现了女子足球活动。1951年年初，女子足球运动在香港出现，1979年春天，西安铁路一中和东方机械厂子弟学校的女子足球队相继成立，随后西安市、陕西省也组建了女子足球队，成为我国开展女子专业足球运动的先导，不久，广东梅县、北京、上海、辽宁、云南、天津、广州、长春、延边等地也纷纷成立女子足球队。1981年8月素有女子踢球传统的云南楚雄地区率先举办了一次地区性的女子足球邀请赛。1982年全国10省市女子足球邀请赛在北京拉开战幕。到1982年年底，国家体委正式把女子足球赛纳入全国足球竞赛计划，并从1983年起，每年举行一届全国女子足球锦标赛。很快，全国各地、各行业体协纷纷组建女子足球队，最多时有38支队伍参加比赛。中国女子足球队的国际交往是从1983年开始的，11月18～27日，我国历史上第一次国际女子足球邀请赛在广州举行，比赛结束后，在广州组建了第一支国家女子足球集训队。1984年在西安再次举办国际女子足球邀请赛。1986年7月，中国女子足球队迈出了走向世界的步伐，出访欧洲，参加意大利威尼斯和托尔托纳举行的两次国际女子足球邀请赛，分别获得季军和冠军，同年12月中国女子足球队第一次参加第6届亚洲女子足球锦标赛，以全胜的战绩夺冠。1987年第6届全国运动会上女子足球被列为正式比赛项目。1988年6月，国际足联、亚洲足联、中国足协在广东成功地举办了国际足联世界女子足球邀请赛。这是当时世界女子最高水平的比赛，来自5大洲12个国家的女足姑娘在绿茵场上一展风采，引起世人瞩目。挪威队力挫群芳夺得冠军，中国队屈居第四。同年12月，中国足协与广州奇星药厂签订了共建中国女子足球队的正式文件，开创了企业与足协共建国家级运动队的“奇星模式”。

在1989年第7届亚洲女子足球锦标赛上，海峡两岸的女足姑娘同场竞技，结果中国队蝉联冠军，中国台北队获亚军。

进入20世纪90年代，中国女子足球克服重重困难，稳步发展，继续向世界女足高峰攀登。1990年在北京举办的第11届亚运会上，在亚洲体育联合会，中国亚运会组委会和亚足联的共同努力下，经亚奥理事会批准，女子足球第一次被列为亚运会的正式比赛项目。中国女子足球队夺得冠军奖杯。随后又蝉联了第12、13届亚运会女子足球比赛冠军。由于中国女子足球运动开展得十分成功，得到国际足联主席阿维兰热的高度赞赏，他建议首届国际足联世界女子足球锦标赛在中国举行。他认为，没有比中国更适合于举办女足世界杯赛的国家了。经过中国足协和广东省政府两年的精心准备，1991年首届世界女子足球锦标赛在广东成功地举行，开创了世界女子足球运动的新纪元，对世界女子足球运动做出了卓越的贡献。中国女子足球队在本届比赛中获得第5名，在1995年瑞典举行的第2届世界女子足球锦标赛上，中国女子足球队百尺竿头更进一步，获得第4名。1996年在美国举行的第26届奥运会上中国女足荣获亚军，实现了我国女子足球运动历史上的突破。亚足联秘书长维拉潘说：“这不光是中国的荣誉，而且是亚洲的荣誉。”1999年7月中国女子足球队在美国举行的第3届世界女子足球锦标赛与美国队的冠亚军争夺战上，表现出高昂的斗志和良好的技战术水平，最后以点球决胜负时，惜败于美国队屈居亚军。2000 年悉尼奥运会上中国女足未能进入前 4 名。

自从 1992 年中国足球改革的启动，为女子足球运动提供了更大的发展机遇。为了加强对女子足球运动领导，根据国际足联和亚洲足联的规定，中国足协在 1995 年 11 月成立了女子足球委员会。并确定了北京、上海、广东、大连、河南、河北、山东、四川及 8 个省、市解放军 1 个单位为开展女子足球运动的重点地区。随后，各地区陆续成立了女子足球领导小组，1998 年 3 月成立了中国女子足球希望队，为中国女足保持世界领先地位，培养后备人才。此外，在完善和健全女子足球竞赛体制上也迈出了新的步子。1992 年开始举行全国女子足球联赛，1995 年开始举行南北明星对抗赛和超霸赛，1997 年又开始举行女子足球超级联赛。

我国的现代女子足球从无到有，在较短的时间内迅速成为世界强队，令世人瞩目，中国女子足球队从 20 世纪 80 年代中期取得亚洲盟主地位后，一直保持到 20 世纪末，在一系列的世界大赛中取得较好的成绩，曾两次冲击世界女足比赛的桂冠未果，而屈居亚军。进入新世纪，由于世界各国女足运动的蓬勃发展和技、战术水平的迅速提高。而中国女足正处于新老交替青黄不接的状况，在世界比赛中成绩有所下降，在亚洲也两次败在朝鲜女足脚下，痛失亚洲盟主地位。在日本举行的 2004 年奥运会女足比赛预选赛中，新一代中国女足奋勇拼搏，提前一轮出线并重获亚洲盟主地位。中国女足的姑娘们正在卧薪尝胆，厉兵秣马，积蓄力量准备发起新一轮的冲击，勇攀世界女足运动高峰。

三、发展趋势

(一)比赛阵型的演变

比赛阵型的演变，从一个重要的方面反映出现代足球运动的发展趋势。

自从足球比赛规定十一人制后，比赛由重攻轻守的“九锋一卫”“七锋三卫”“六锋四卫”等阵型逐步向攻守人数排列平衡的阵型发展。1918 年前的“塔式”是一个攻守人数排列基本平衡的阵型(图 7-1)。1930 年，英国人埃尔贝·契甫曼创造了“WM”式阵型(图 7-2)。采用这种阵型，进攻时中锋中央突破，两边锋外围吊中，防守时三个后卫看守对方三个前锋，两个前卫防守对方两个内锋。“WM”式在足球阵型发展中第一次达到了攻守人数排列上的平衡。一直保持到 50 年代。

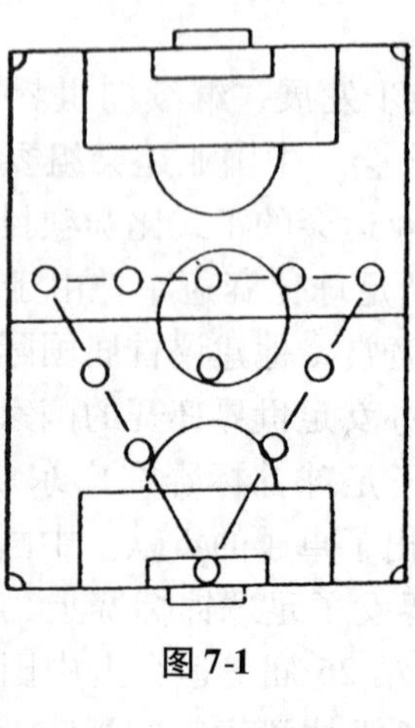
图 7-1

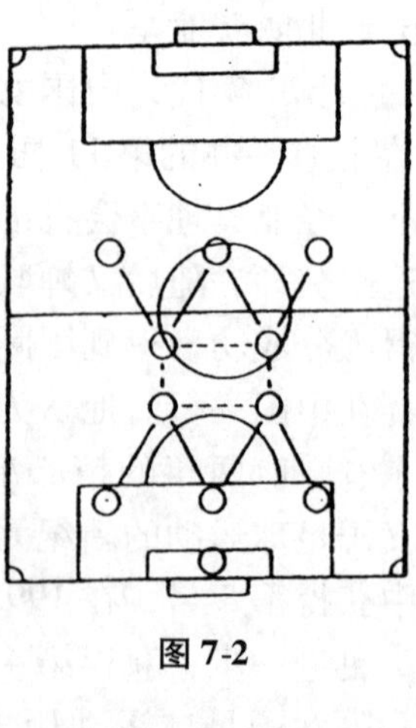
图 7-2

20世纪50～70年代，国际足球竞赛越来越频繁，训练更加严格、科学。足球技术得到突飞猛进的发展，比赛阵型不断改变。50年代初匈牙利足球队针对英国人创造的"WM"式特点，为了加强进攻，突破三后卫的防守线，创造了在进攻时便于灵活换位的比赛阵型——"四前锋"式(图7-3)。在一个时期内，匈牙利队运用此阵型，所向无敌。它被称为足球运动发展中的第一次变革。1958年在瑞典举行的第六届世界足球锦标赛中，巴西国家队首次利用"四二四"阵型一举夺得冠军(图7-4)。"四二四"阵型大大加强了攻防的力量，特别是在两个禁区投入了更大的力量，这样就更适应现代足球"总体型打法"的方向发展。它被称为足球运动发展中的第二次变革。从60年代中期到70年代，又出现了"四三三"式(图7-5)和"四四二"式。"四三三"式的基本特点同于"四二四"式，但从全队力量的分配，加强了中场，更侧重于防守。1974年的第10届世界杯赛上出现以联邦德国、荷兰、波兰队为代表的，被称为最先进的总体打法。按照这种打法，比赛开始前队员站位时，可以是"四三三"阵型，而当比赛进行时，由于真正做到"全攻全守"，"四三三"的排阵就难于辨认了，这是由于身体训练水平提高，技术更全面，更熟练，战术意识更强，每个队员的职责和活动范围更加扩大了。全攻全守的踢法，使足球比赛出现了崭新的面貌，它被称为战术发展中的第三次变革。攻守这一矛盾是推动足球技战术发展的动力，它也是阵型演变和发展的依据。当攻与守的某一方占了优势时，另一方必然要起来抑制占优势的一方。现在人们认识到只强调某一方面，总是片面的、不完善的、必须攻守平衡。随着国际足球竞赛的日益增多，大大促进了不同流派的相互交流。最有代表性的是欧洲足球越来越重视发展运动员的个人技巧；南美洲足球强调重视集体配合和加强身体训练，足球运动发展至今，两大流派已十分接近，都朝着技术、战术、身体素质、意志品质等高度全面发展的方向前进。

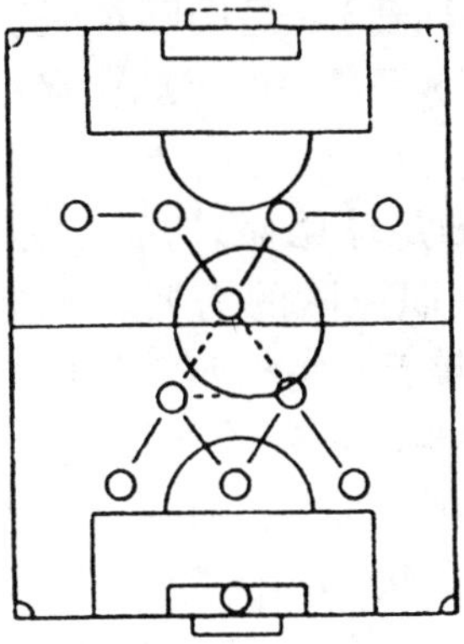

图7-3

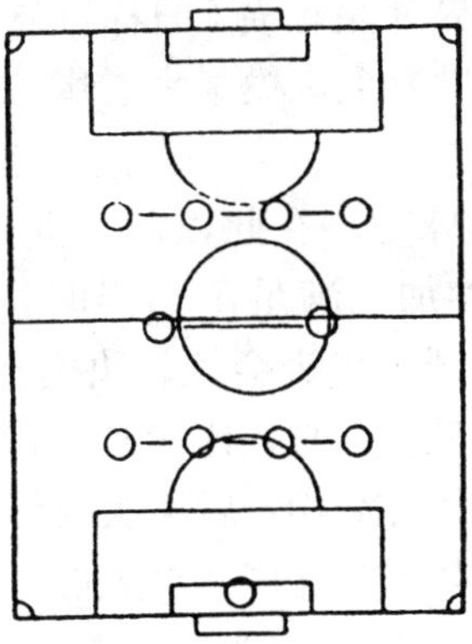

图7-4

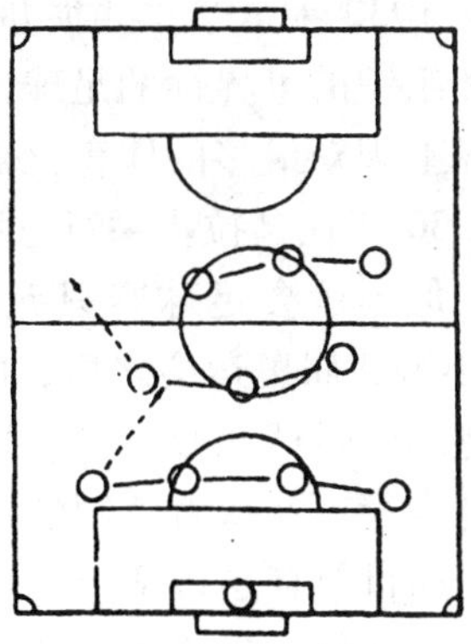

图7-5

(二)现代足球阵型演变与发展的基本规律

"全攻全守"的现代足球采用的阵型，有"四三三""四四二""五三二""三五二"等。人们逐渐认识到攻守平衡不仅是阵型排列上的平衡，实质上要求攻防人数在比赛过程中的平衡，要求每个队员进攻时都能上得去，防守时能及时退回。从现代足球运动的发展过程中我们可以看出阵型演变与发展的基本规律主要有这几方面：①攻守矛盾的斗争是阵型演变与发展的动力，推动了足球水平的不断提高。②队员的竞技能力是阵型演变发展的基础。③从实际出发是阵型变革成功的重要条件。

(三)现代足球运动发展的主要趋势

从1974年至今的历届世界杯赛上，各队都是在全攻全守的基础上，根据各队技战术与队员的特点，采用相应的阵型与打法。当今世界足球的各个流派都朝着技能、体能和心智能等高度全面发展的方向前进，片面强调技能或体能的时代已结束。

攻守平衡是现代足球运动重要发展趋势之一。在重大比赛中，任何一个重攻轻守或重守轻攻的队都不会取得优异成绩，而攻守兼备则是衡量当今优秀球队的重要标志之一，因此，整体而快速的攻守，也是现代足球运动的发展趋势之一。

四、世界重大足球比赛

世界性足球比赛主要有奥林匹克运动会足球赛和世界杯足球赛。世界杯足球赛是最引人注目的，此外还有世界青年锦标赛以及地区性足球赛，如欧洲杯赛、亚洲杯赛等。另外，从1991 年开始，每四年举行一次世界女子足球锦标赛，也是非常引人注目的，第 1 届于 1991 年 11 月 16 日开始，在中国广东举行，共十二个队参加比赛，获得前四名的依次是美国、挪威、瑞典、德国。

（一）奥运会足球赛

1896 年在希腊举行的第 1 届奥林匹克运动会上，足球是表演赛项目。从 1900 年第 2 届奥运会起，足球被列入正式比赛项目，只有英法两国参加，英国获得冠军，奥运会的足球比赛经历了许多变化，主要由于最初的这项比赛只允许业余选手参加，在世界范围进行资格赛的这项比赛现在已成为各国 23 岁以下职业选手参加的比赛。按规定，经过预选赛进入奥运会足球决赛阶段比赛的队共 16 个队，包括上届冠军队和本届举办国队。1996 年女子足球比赛首次在亚特兰大奥运会上进行了正式比赛。

（二）世界杯足球赛

从 1930 年至今，共举办了 18 届世界杯足球赛（旧称世界足球锦标赛），是国际足联统一领导和组织的世界性的足球比赛。它是世界上规模最大、影响最大、水平最高的足球比赛，也是世界上观众最多的体育比赛项目。

1930 年在乌拉圭举行首届世界杯足球赛。在此以前，世界范围的足球比赛只有奥运会足球赛。但奥运会足球赛只允许业余队参加，满足不了当时一些国家职业队的需要。于是在 1928 年第 9 届奥运会之后，国际足联召开了代表会议，决定自 1930 年起，每隔四年举行一届世界范围的足球比赛，各会员国派出一支最强的队伍参加。国际足联当时还对奖杯做了规定，奖杯是为冠军获得者特制的流动杯，一个国家若先后 3 次获得奖杯，则可永久占有此杯。1970 年第 9 届世界杯足球赛上，巴西队第 3 次夺得冠军，永久占有了此杯。从 1974 年第 10 届世界杯开始，即使先后 3 次获得冠军，奖杯也只是作为流动杯。1971 年国际足联又重新做新杯，定名为“国际足联世界杯”。

世界杯足球赛因第二次世界大战停办两届（1942 年和 1946 年），直至 1950 年才恢复举行第 4 届比赛。目前，按地理位置划分参加世界杯赛的有欧洲、中北美洲、南美洲、亚洲和大洋洲、非洲的国际足球联合会成员国的球队。每届世界杯赛，先分别进行预选赛，根据国际足球联合会规定的名额，由各大洲预选赛中优胜队参加决赛，上届冠军队和主办国的球队，可不经预选赛直接参加决赛。1998 年世界杯决赛阶段的参赛队增加到 32 支。2002 年第 17 届世界杯共同由日本、韩国举办。2006 年第 18 届世界杯在德国举行。

第二节 足球基本技术

足球技术是指运动员在足球比赛中所采用的合理动作的总称。

足球比赛要求运动员能够在快速运动中和激烈对抗的条件下，准确地完成踢、停、顶、运、抢截以及无球的各种跑动等技术动作。因此，从事足球运动者只有熟练地掌握技术，才能在比赛中有目的地采取行动和正确处理球，以达到战术上的要求。

足球技术可分为锋卫队员技术和守门员技术两大类，其中无球技术基本相同。锋卫队员和守门员的无球技术，可分为起动、快冲、跳跃、急停、转身、移动和假动作。

锋卫队员的有球技术分为踢球、停球、头顶球、运球、抢截球、有球假动作、掷界外球。

守门员的有球技术分为接球、扑接球、拳击球、托球、掷球、抛踢球。

一、无球技术

通过对足球比赛中运动员场上控球时间统计分析，一场 90 分钟的比赛，运动员所能结合球的时间也只有两三分钟，而其他时间是在无球的情况下活动的。因此，掌握好无球技术，也是为比赛胜利创造必备的条件。

(一)无球技术分类

(1)起动：是指运动员由静止或活动中突然加速快跑，占据有利空间或地域的一种技术。

(2)快跑：足球比赛的跑动方式主要分为：直线跑、变向跑、侧身跑、变速跑、后退跑等。

(3)急停：急停是快速运动中的一种制动方法。制动时全脚掌着地，同时屈膝、降低重心、身体向反方向偏移，脚掌用力蹬地以抵消原身体活动的冲力。

(4)转身：利用脚步的移动和身体的转动来达到转身的目的。转身分为前转身、后转身两种。

(5)跳跃：在比赛中采用单脚或双脚起跳，以争夺空间位置。

(6)移动：移动是指运动员在比赛中采用跨步、撤步、滑步、交叉步等技术，从而抢占有利位置。

(7)假动作(无球)：假动作是使对方产生错误的判断从而发生错误的行动。

由于运动员的行动首先是通过视觉进行判断的，所以练习应使用视觉刺激信号，不宜采用听觉信号。

(二)无球技术在比赛中的作用

在足球比赛中无论攻守，大多数时间队员都在做无球动作行动。在进攻时去跑位、接应、策应制造空当；在防守时去选位、盯人、补位及与其他防守队员保持位置等，几乎都是在无球状态下完成的。

二、有球技术

(一)踢　球

踢球是运动员有目的地用脚的某一部位把球击向预定目标的动作。踢球脚法很多，动作要领和方法也不尽相同，然而它们的整体结构却相一致，均由助跑、支撑脚站位、踢球腿摆动、脚触球和踢球的随前动作等五个环节组成踢球动作的完整过程。

1. 踢球的技术

主要有脚内侧、脚背正面、脚背内侧、脚背外侧、脚跟、脚尖等部位踢球。

(1)脚内侧踢球：

【特点】平稳准确，但出球力量小，不隐蔽。

【动作要领】直线助跑，支撑脚踏在球的侧方15厘米左右，膝关节微屈。踢球腿以髋关节为轴由后向前摆，踢球腿屈膝外展，脚尖稍翘起，脚底与地面平行，小腿急速前摆，用脚内侧部位击球的后中部，接着脚随球前摆落地。

【易犯错误】①踢球腿屈膝外展不充分，脚尖没有翘起。②踢球腿前摆时关节伸直，形成直腿扫踢球。③踢球脚脚掌内翻。

(2)脚背内侧踢球：

【特点】踢球的力量大，出球方向高低变化较大，用途较广。

【动作要领】斜线助跑，助跑方向与出球方向约成45°，支撑脚先以脚掌外沿积极着地，踏在球的侧后方20~25厘米左右处，膝关节微屈，制动身体重心，脚尖指向出球方向，身体稍向支撑脚一侧倾斜，在支撑脚着地的同时踢球腿以髋关节为轴，大腿带动小腿由后向前摆。当身体转向出球方向，膝关节摆至接近球的内侧上方的刹那，小腿做爆发式前摆，脚尖稍外转，绷直脚背，脚趾扣紧，脚尖指向斜下方，以脚背内侧踢球的后中下部，踢球腿随球继续前摆。

【易犯错误】①支撑脚离球过近，击球点偏外，出球不准。②踢球脚的脚背外转不够，脚的接触部位不正确。③弧线摆腿。击球点偏外。

(3)脚背正面踢球：

【特点】力量大，球速快，出球方向单一。

【动作要领】直线助跑，最后一步稍大并要积极着地，支撑脚踏在球侧方约15厘米左右处，脚尖正对出球方向，膝关节微屈；摆动腿要在准备做支撑的脚前跨和助跑的最后一步蹬离地面时，顺势向后摆起，小腿屈曲，在支撑脚着地的同时，以髋关节为轴，大腿带动小腿由后向前摆，当膝关节摆至接近球的正上方的刹那，小腿做爆发式前摆，脚尖稍外转，脚趾扣紧脚尖指向斜下方，以脚背正面踢球的后中部，踢球腿随球继续前摆。

【易犯错误】①支撑脚位置靠后，造成身体后仰，出球偏高。②小脚过早前摆，出球无力。③怕脚尖触地，造成脚趾背面触球。

(4)脚背外侧踢球：

【特点】除具备脚背正面踢球的优点外，出球方向较多，用途广，隐蔽性强。

【动作要领】动作与脚背正面踢球基本相同，只是膝盖、脚尖内转，脚背绷直，脚趾扣紧，以脚背外侧踢球的后中部。

【易犯错误】①支撑脚靠后，造成后仰，出球偏高。②膝盖和脚尖内转不够，接触球的部位不准确。③踢球腿摆动成弧线，使出球成弧线运行或出球无力。

2. 踢球在传球中的运用

传球是组织进攻与创造射门机会的有效手段。

(1)来球的判断：先判断球的方向、状态、性质、速度。例如：来球是从哪个方面来，是地滚球、反弹球或是高空球；是旋转还是不旋转等。根据来球的不同情况，观察同伴所处的位置、行动方向及行进速度，采用不同的踢球传球方法，要在极短的时间进行判断，传出力量、高低、时间、落点好的球，达到战术目的。

(2)传球的分类：①从接触球的次数分为直接传、间接传。②从状态分为地滚球、平直球、高空球、弧线球。③从距离分为短距离传球(15米以内)、中距离传球(15~25米)、长距离传球(25米以上)。④从传出球的方向分为直传球、横传球、斜传球。

运动员在比赛中要根据场上的具体情况，结合各种踢球方法，灵活地加以运用。一般传中、近距离的地滚球和低平球，多适用脚内侧传球方法。在做中、远距离传球时主要用三种脚背的踢法，尤以脚背内侧更适合传“过项球”。在比赛中弧线球隐蔽性大，对手难以判断，弧线传球一般采用脚背内、外侧的踢球方法。

3. 踢球在射门的运用

射门是比赛取胜的最重要的手段，而当前每个队都加强了门前的密集防守，给进攻队员制造了严重的障碍，进攻队员必须在紧逼拼抢的情况下起脚射门。

在足球比赛中一般分三种情况下射门：首先是定位球射门；其次是个人运球突破后射门；最后是通过传球配合射门。

(二)接球

接球是指运动员有目的地用身体的合理部位，把运行中的球挡在所需要的控制范围内的动作。

1. 接球技术

比赛中常用的停球部位有脚内侧、脚底、脚背正面、胸部、大腿和腹部等。

(1)脚内侧接球：脚内侧接球应用最广，比较容易掌握。用脚内侧可以接地滚球、反弹球和空中球。

①脚内侧接地滚球：支撑脚正对来球，膝关节微屈，接球腿屈膝外展并前迎，脚尖翘起。当脚与球接触的刹那开始后撤，把球控制在要做下一个动作的准备位置上。

②脚内侧接反弹球：支撑脚踏在球落点的侧前方，膝关节微屈，上体稍前倾，同时停球脚提起，踝关节放松，脚内侧对准球的反弹路线，当球落地反弹刚离地时，用脚内侧挡压球的中上部。

③脚内侧接空中球：移动身体，面对来球，将接球脚举起前迎，脚内侧对准来球，球与脚接触的刹那间脚开始后撤，后撤速度稍慢于球，把球控制在衔接下一个动作的位置上。另一种方法是将接球脚举到稍高于选择的接球点，在脚与球接触前的刹那间用脚下切球靠近脚内侧，然后将球控制平稳。

【易犯错误】①接球脚的关节没有充分放松，缓冲作用不明显。②接球动作时间或早或晚，造成效果不好。

(2)脚底接球：主要是利用脚掌和地面形成的夹角停球，用脚底可以接地滚球和反弹球。脚底接地滚球：面对来球，支撑脚支撑重心，脚尖正对来球，同时接球脚提起，脚尖翘起高于脚跟，脚底与地面成锐角，脚跟离地面要稍低于球，踝关节放松，用脚掌前部挡压球的中上部。

【易犯错误】①接球脚抬起过高、漏球。②脚用力踩球，球接不稳。

(3)脚背外侧停地滚球：侧对或面对来球，接球脚稍提起，膝关节和脚尖内转，以脚背外侧正对来球，在支撑脚的前侧接触球的侧后方，并向停球脚外侧轻拨，把球接在侧前方或侧方的范围内。

(4)胸部接球：胸部接球有挺胸接球和收胸停球两种方法。挺胸式是针对高于胸部的空中下落球；收胸式是针对胸部高度的平直球。

①挺胸接球：面对来球，两臂自然张开，眼睛注视来球，稍收下颌，两脚开立，两膝微

屈。当球运行到与胸部接触前的刹那。两脚蹬地上挺的同时展腹、上体后仰用胸大肌触球，使球向预定的方向稍弹改变运行路线，然后落于需要的控制范围内。

②收胸接球：面对来球，两脚前后开立，身体重心前移，挺胸迎球。当球运行到胸部接触前的刹那，重心迅速后移并同时收胸、收腹挡压球，使球落于地面并迅速控制住球。

【易犯错误】①身体后仰不够，球未到就主动挺身迎球。②触球的身体部位不正确。③采用收胸式时，收胸的时间过早或过晚，造成球弹出而控制不住。

(5)大腿接球：面对来球，支撑腿支撑住身体重心，停球腿屈膝抬起，以大腿中部对准来球，肌肉适当放松，当大腿与球接触前的刹那，快速后撤将球停住。

(6)腹部接球：面对来球，当球落地反弹与腹部接触前的刹那，主动挺腹推压球，球挡落后控制住球。

(7)头部接球：两眼注视球，判断好落点，头部稍后仰，前额正面对准来球，当前额接触球的刹那，屈膝收腹，身体放松下撤，使球下落并控制住球。

2. 接球技术在比赛中的运用

比赛中接控球技术的运用，要根据不同情况采用不同的方法。例如在不同场区不同位置应采取不同的处理办法：在后场多数处于无对手逼抢的情况，接球后应及时传出富有威胁性的球；在中、前场多数是处于有对手逼抢情况下接控球，要尽快摆脱对手做突破射门或传球。

接控球是一切技术的先导和基础，一个球员接控球是否合理、熟练、快捷、是其足球技术水平的一个重要标志。

(三)头顶球

头顶球是用头的合理部位把球击向预定目标的一种技术。头顶球从部位上分前额正面顶球和侧面顶球，从形式上分为原地顶球、跳起顶球和鱼跃顶球。

1. 前额正面顶球

(1)原地前额正面顶球：身体正对来球，两脚前后或左右开立，上体后仰成反弓形，膝关节微屈，重心放在后脚上，两臂自然张开，眼睛注视来球，当球运行到身体垂直部位前的刹那，后脚用力蹬地，迅速向前摆体，颈部紧张，收下颌，快速甩头，用前额正面顶球的后中部，球被水平顶出，上体随球继续前摆。

(2)跳起前额正面顶球：及时移动，使身体正对来球路线，双脚起跳或助跑单脚起跳，脚用力蹬地，跳起上升过程中身体成反弓形，当球运行到身体的垂直部位前的刹那快速收腹折体前屈并甩头，用前额正面将球顶出，顶球后两腿自然屈膝，屈踝落地。

2. 前额侧面顶球

准备动作与前额正面顶球相同，上体和头部稍向出球的相反方向回旋侧屈，当球运行到出球方向同侧肩上方前的刹那，后脚用力蹬地，上体迅速向出球方向扭摆，同时颈部紧张并用力甩头，用前额侧面击球的后中部。

【易犯错误】①闭眼，顶球部位不对，不敢主动顶球。②顶球点选择不正确，过早或过晚。③跳起时间选择或早或晚，顶球效果不好。

(四)运　球

运球是球员在跑动中有目的地用脚连续推、拨球、使球控制在其脚下的触球动作。

1. 运球的技术

运球分为脚背内侧、脚背正面、脚背外侧运球。

(1)脚背内侧运球：

【特点】多向异侧脚方向运动，有掩护作用。

【动作要领】运球跑动时，步幅稍小，上体放松稍前倾并向运球方向扭转，两臂屈肘摆动摆动腿膝关节微屈，脚跟提起，脚尖稍外转，在摆动腿着地前，用脚背内侧推拨球。

(2)脚背正面运球：

【特点】适合于直线快速运球。

【动作要领】运球跑动，身体稍前倾，步幅适中，运球脚提起，膝关节微屈，脚跟提起脚尖向下，在摆动腿着地前，用脚背正面推球前进。

(3)脚背外侧运球：

【特点】速度快，可用身体掩护，改变方向。

【动作要领】运球跑动，上体稍前倾，步幅要小些，运球脚提起时膝关节弯曲，脚跟提起，脚尖稍内转，在迈步前伸着地前，用脚背外侧推拨球。

【易犯错误】①踝关节不放松，击球时人球分开太远。②不能随时抬头，只低头看球。

(4)拨球：是用脚腕的扭拨动作，以脚背内侧或外侧触球，使球向侧方或侧前方运动，用脚背内侧拨球的动作叫做“里拨”；用脚背外侧拨球的动作叫做“外拨”。

(5)扣球：是用突然地转身和脚腕急转扣压动作从脚背内侧或外侧，将球向侧后方停下或改变方向运行，用脚背内侧扣球的动作叫“里扣”；用脚背外侧扣球的动作叫“外扣”。

(6)拉球：是指用脚掌将球由前后或由左(右)向右(左)拖拉球的动作。一般均用脚的内侧做一下挡球动作，然后接下一个动作。

2. 运球技术在比赛中的运用

在足球比赛中，运用运球技术时要人球兼顾，随时准备躲闪对手和改变方向、速度、及时完成传球、射门，注意在接近防守队员时，要放慢速度并靠近球，而一旦突破应快速推进。

不论是运球时，还是过人时拨、拉、扣等触球动作，用力都不宜过大，以保持人球不分家，在遇有对手争抢时，要用身体掩护球或用距对手远侧的脚控制球。

运球时要尽量变速变向使防守队员不易抢到球，运球时要注意用远离防守人的一侧脚运球，以便用身体掩护球，要在没有明显传球时机时，改变速度、方向或做假动作，使对手处于被动防守的地位，如果对手盲目抢球，可乘机摆脱运球，然后抬头或传或射，如果对手只封堵不上抢，首先做各种诱骗动作过人，然后抬头观察传球。

(五)抢截球

抢截球是指球员运用合理的动作把对手控制的球，传出的球夺过来或破坏掉所采用的各种技术动作。

1. 抢截球技术

抢球包括正面抢球，侧面抢球和侧后抢球。

(1)正面抢球

【正面跨步抢球的动作要领】当对手运球脚触球后即将着地或刚着地的刹那或者运球距离过远时，抢球者快速前移重心，支撑脚用力后蹬，抢球脚以脚内侧对着球并屈膝向球跨出，从正面抢堵球，同时上体稍前倾，身体重心由后移至抢球脚上，支撑脚随即前跨，维持身体平衡。

【易犯错误】①动作不突然，后蹬无力，抢球脚踝关节放松，抢不到球。②抢球的时机掌握得不好，出脚时间不对，抢球失败。③抢球脚抬得过高，造成犯规。

(2)侧面抢球：是与运球的对手或并肩跑动或从后面追成平行跑动时采用的抢球动作。

【合理冲撞抢球的动作要领】与运球的对手成并肩跑动时，身体重心稍下降，同对手接触一侧的臂紧贴自己的身体，当对手靠近自己一侧的脚离地时，用肘关节以上部位冲撞对手相应的部位，使其失去平衡而离开球，乘机把球抢过来。

【易犯错误】①冲撞时用手或肘、肩推人犯规。②冲撞时机不对，效果不好。

(3)侧后抢球：主要是通过倒地铲球来完成，侧后铲球分为同侧铲球和异侧铲球两种动作。同侧铲球指用与对手靠近的一侧脚铲球；异侧铲球指用离对手的远侧脚铲球。

【铲球的动作要领】当控制球的对手拨出球的刹那，抢球后脚用力后蹬或跨步，上体后仰，前脚从脚外侧沿地面向前外侧滑动中，用脚背或脚尖将球踢出或捅出去；接着小腿外侧、大腿外侧和臀部依次着地滑动。

【易犯错误】①动作不连贯，摔伤擦伤。②蹬地不够用力，铲不到球。

2. 抢截球在比赛中的运用

防守人员要选择恰当的位置，当与控制球的对手迎面相对准备抢球时，要与对手保持大约一大步的距离，以便能随时出击。

比赛中的抢截行动要与整体防守相呼应。抢截失误后要立即回防，或在有人补位的情况下防守队员紧追不舍，给对手造成心理威胁。还要注意在本方罚球区内或禁区附近，抢球要尽量不犯规，避免被罚点球；在后场破坏尽量往边线出球，不可向球门线出球。

(六)假动作

假动作是指球员为了隐蔽本身的意图，运用各种动作的假象迷惑防守人，使其做出错误动作或失去身体的平衡，从而取得时间、位置、距离等有利条件，更好地实施自己真正意图的各种动作。

1. 假动作技术

有球的假动作形式很多，常用的有传球假动作、运球假动作、接球假动作等。

(1)传球假动作：

【动作要领】传球前可假做向左(右)方传球的动作，诱使对方向该方向堵截，然后向右(左)方传球，借以躲过对方的阻截。

(2)运球假动作：

【动作要领】运球过人时，假向抢球人一侧运球，当对方向这一侧堵时，立即用拨、扣、拉、推等动作向反方向或改变速度运球过防守人。

(3)接球假动作：

【动作要领】先做一明显接球准备动作，使防守人清楚意识到你将用什么方法停控球，在接触球前突然改变停球方式，以摆脱对方防守。

【易犯错误】①假动作不明显，没有起到诱骗作用。②假动作不逼真，不形象。

2. 假动作在比赛中的运用

假动作在比赛中运用比较广泛，优秀球员在使用假动作时，形象逼真，使对手防不胜防。比赛中，掌握假动作与真动作的衔接时间，是假动作奏效的关键，当假动作使对手产生相应反应而暴露出空当时，由假变真的动作要突然，使对手来不及做下一个反应动作。

假动作要做得明显，尤其要使对手从视觉上产生下意识反应，使用假动作要随机应变，简练实用，不要有过多无意义的假动作。

(七)界外球

掷界外球是指球员将比赛中越出边线的球，按照规则的规定用双手掷入场内预定目标的动作。

1. 掷界外球的方法

掷界外球分为原地掷界外球和助跑掷界外球两种方法。

（1）原地掷界外球：面对出球方向，两脚前后开立或左右开立，膝关节微屈，上体后仰或背弓，重心移至后脚上，两手自然张开，拇指相对，持球的后侧部，屈肘上举将球置于头后，掷球时，后脚用力蹬地，两腿快速伸膝，同时摆体，身体重心由后脚移向前脚，同时两臂急速前摆，当持球摆到头上时，用力甩腕将球掷入场内，掷球后，后脚方可沿地面向前滑动，但两脚均不得离地或踏入场内。

（2）助跑掷界外球：双手持球于胸前，在助跑迈出最后一步时，上体后仰成背弓，同时将球举至头后，掷球时的动作与原地掷界外球相同。

【易犯错误】①球未放置在头后，违例。②掷球动作不连贯，违例。③球出手的同时脚离地，违例。

2. 掷界外球在比赛中的运用

在比赛中，如果获得掷界外球权，掷得既远又准，会为本队创造良好的进攻机会。由于掷界外球时没有越位的规定，在对方禁区附近获得掷界外球时，要敢于超越对方后卫，造成对方后防的混乱。

在对手紧逼的情况下，掷给靠近或面向自己跑动的同伴，同伴做直接传回球，也可掷给沿边线向前跑动的同伴，也可以掷给前来接应的后卫。总之，在比赛中，掷界外球机会很多，要在不违例的情况下及时有效地利用掷球发动有效进攻。

（八）守门员技术

守门员是全队的最后一道防线，主要任务是守住球门。因此，守门员应有争扩大在罚球区的防守范围，以便尽早截获各种来球，及时地把球传到有利于进攻的位置上，组织发动进攻。

守门员要善于观察全局，分析比赛的发展变化，协助指挥全队的防守和进攻；守门员要具有沉着冷静的心理素质，勇敢顽强的战斗意志，快速敏捷的反应和良好的身体素质及机智灵活的战术意识。

守门员技术分为无球技术和有球技术两大类。守门员的无球技术有：准备和移动，有球技术主要有：接球、扑接球、拳击球、托球、发球等。

第三节 足球基本战术

足球战术指在比赛中为了战胜对手，根据场上情况所采取的个人和集体配合行动的总称。

战术在比赛中的作用，就是将集体的力量组织起来，发挥每一个队员的特长，根据对手和自身的情况，采用一定的阵形和配合方法，使队员在技术、身体素质、战术意识等方面发挥较高水平，从而取得比赛的优异成绩。技术、身体素质、心理素质和战术质量及水平紧密相关。技术和身体素质是战术的基础，良好和稳定的心理是完成技术任务的思想保证。

一、足球战术的分类

足球战术分为进攻战术与防守战术两大系统。每一种系统包含着个人和集体战术。个人战术是集体战术的组成部分，集体战术是个人战术的综合。

在进攻与防守中任何战术，总是由个人战术和两、三人协同配合所组成的。个人战术和两、三人的协同配合就是全队战术的基础，一个或几个协调配合就组成全队的进攻与防守战术。

二、比赛阵形

比赛阵形即为了适应攻防战术的需要，全体队员在场上的攻防力量分配、职责分工及位置排列。

现代足球比赛阵形有新的发展，“全攻全守”替代了固定的阵形。每个位置上的队员在完成主要职责的情况下，还可发挥灵活运用的主观能动性，更多参与进攻和防守，阵形已不是僵死的规定。一个球队采用什么阵形是依据本队队员的特点和对手的特点来选择的。

足球比赛初创阶段，队员没有位置概念，只管往前踢，往前跑，队员多数往有球处跑，形成“扎堆”现象。后来，人们在比赛中做了攻守分工，进攻队员逐步减少，防守队员逐渐增强，并获了成功，最后演变到全攻全守阵形的出现。

三、进攻战术

(一)个人进攻战术

1. 摆脱与保卫(见本章第二节“无球技术在比赛中的作用”部分)

2. 传球(见本章第二节“踢球在传球中的运用”部分)

3. 运球突破

(1)运球突破的主要方法：

①强行突破：是队员以突然的推拨球与快速起跑相结合的个人战术动作。

②运球假动作：是队员佯做运球动作，在腿部、上体和头部的配合下迷惑对手，使对手产生错误判断而做出抢球动作，当发现其一侧露出空隙时，立即运球突破。

③单、双脚快速拨球突破：这是以小巧熟练的单、双脚运球的变化，不断变换运球方向，使对手难以判断运球突破的方向和时机。抓住对手在堵截中露出的空隙，快速运球突破。

④变速运球突破：变速运球突破主要运用于运球摆脱，一般对手多位于自己身体的侧面，在侧身掩护运球的同时，利用运球速度的变化，达到摆脱对手的目的。

⑤人球分走突破：它是球和突破的人分别从防守者的左右侧通过，突破对手的方法。

(2)运球突破的运用：在下列情况下应采用运球突破战术

①运球队员在无人接应或不利于传球的情况下，运球突破对手。

②在对方罚球区附近，一旦突破便能获得射门机会，大胆运球突破。

③在对手紧逼，处在一对一情况下，一旦突破便可传中或进行传球渗透时，运球突破。

(3)运球突破的注意事项：

①掌握突破时机。当运球逼近对手距离 1.5 米左右，而对手企图抢截又犹豫不定的瞬间，应果断突破。

②做假动作时，要控制自身重心，不要失去身体平衡，失掉突破良机。

③假如对手身后有较大的空隙，而又没有其他防守人，突破时推拨球力量可大些。

④突破动作尽量简洁、实用、有效、一旦突破，能射即射，能配合传球则立刻传，不要贻误战机。

(二)局部进攻战术

局部进攻战术主要是两个进攻队员通过传球和跑动，突破一个防守队员的“二过一”来完成的。在此基础上，“三过一”“二打二”“三打二”道理基本相同。

1. 传切配合二过一

传切配合二过一是两名进攻队员通过一传、一切配合越过一名防守队员的配合方法。有直传斜插二过一(图7-6)和斜传直插二过一(图7-7)两种。

在进行斜传直插和直传斜插二过一配合时，要求两名进攻队员要保持适当的距离，掌握好传切配合的时机，避免过早切入造成越位或过晚切入被对手抢得先机。控球队员可采用运球或其他动作，诱使防守者上前阻截，伺机将球传至防守者身后的空当。切入的队员必须突然、快速起动。

2. 踢墙式二过一

踢墙式二过一是指两名进攻队员通过两次不停顿的传切配合传球越过一名防守队员的配合方法(图7-8)。

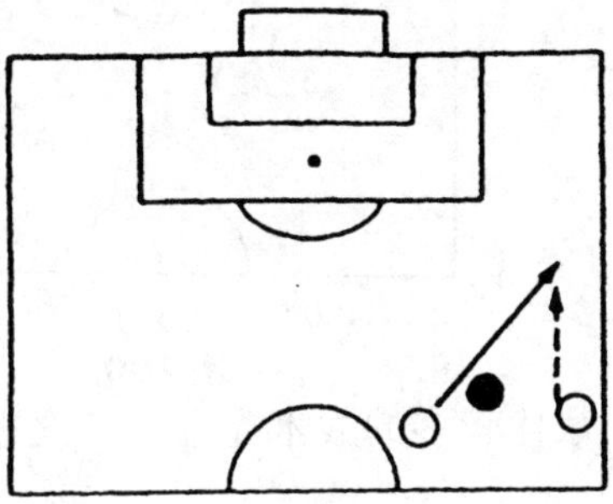

图7-6

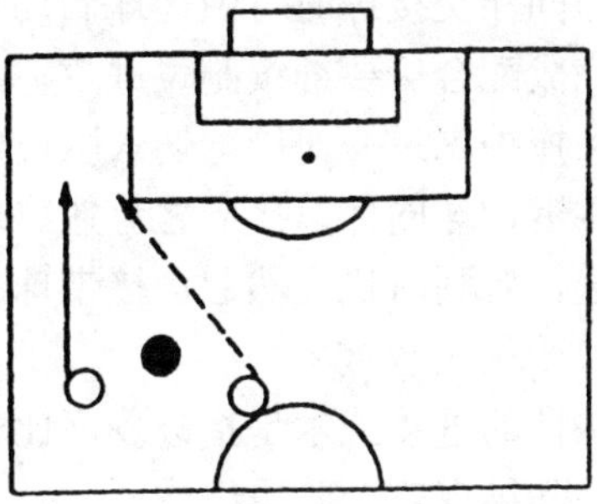

图7-7

踢墙式二过一对持球队员的要求：

①带球逼近防守队员，吸引防守队员上前，距离防守队员2～3米处时传球。

②最好传地滚球，力量适当，方向准确。

③传球后立即快速切入准备接球。

踢墙式二过一对接应队员(即做墙队员)的要求：

①当控球同伴带球逼近防守队员时，接应队员要突然摆脱防守者，与持球同伴形成三角形位置，并侧对进攻方向，有利于观察传球方向。

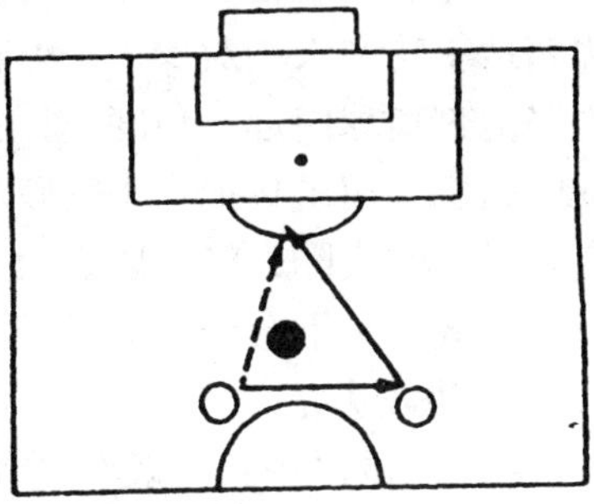

图7-8

②一次触球，力量适当，传球到位，尽量传地滚球。

③传球后立即跑位，寻找再次进攻配合的有利位置。

3. 回传反切二过一

回传反切二过一是通过三次传球构成的配合方法(图7-9)。

回传反切二过一对持球队员的要求：

①持球队员距接球队员8～9米处传球。

②要向接球队员脚下传球，力量应稍大些。

③接回传后立即将球传到防守队员身后的空当，传球要到位，力量要适当。

回传反切二过一对反切队员的要求：

①回撤接球要逼真，以引诱防守队员实施紧逼，制造防守队员身后的空当。

②回传球应传脚下球，传球力量稍大些。

③回传后，迅速转身，插向防守队员身后的空当。

运用回传反切二过一配合时，要有一定的纵深距离。特别是在罚球区前中路地区，要估计到守门员可能出来断截的情况。

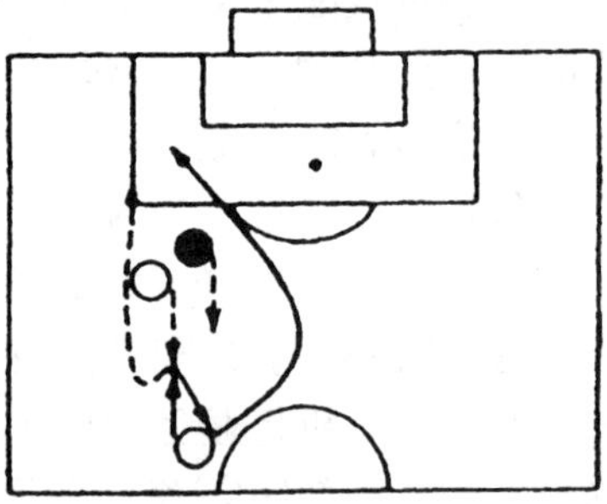

图 7-9

4. 交叉掩护二过一

交叉掩护二过一是两名进攻队员通过运球时身体与身体之间的掩护越过一名防守员的配合方法(图 7-10)。

交叉掩护二过一对持球队员的要求：

①远离防守者的脚带球将身体置于球与对手之间保护球。

②与同伴交接球时可做运球假动作而不触球。

③完成配合后要继续跑位进攻。

交叉掩护二过一对接球切入队员的要求：

①靠近运球同伴以接应之势迷惑对手。

②选择有利时机突然起动接带球越过对手。

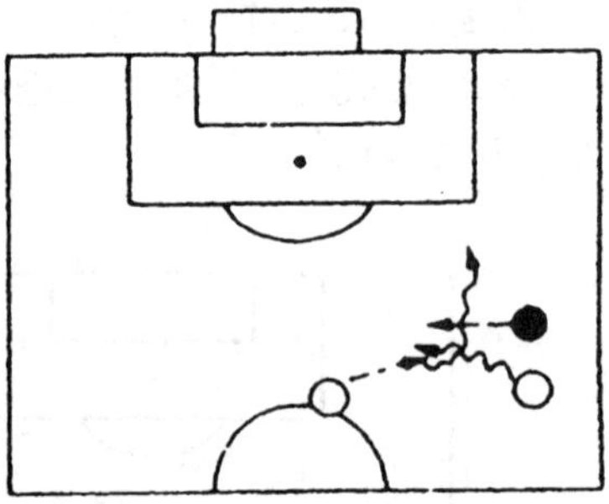

图 7-10

(三)全队进攻战术

全队性的进攻战术是指进攻面比较广，参加进攻的人数比较多的战术配合。一次进攻由发动、发展和结束三个阶段组成。

1. 边路进攻和中路进攻

边路进攻是指在对方半场侧面地区发展的进攻；中路进攻指在对方半场中间发展的进攻。边路地带防守人相对少，空隙较大，攻方在此便于发展进攻、突破防守，创造攻门机会。但是边路地带离球门远，角度小，不易直接得分。中路地带由于离门近，角度大，威胁也大，缺点是中路多采用重兵把守，突破难度大。一般来说，在考虑进攻全队战术时，必须考虑本方的特点和对手的实际，确定以边为主结合中路，还是以中路为主结合打边路的战术。单一使用边路或中路效果是不会令人满意的。

2. 进攻方法

(1)外围吊中：一般在进攻受阻，难以从中间和边路发展时，采用斜线长传吊中利用高大中锋的身高优势以完成顶射攻门或传球配合攻门任务。

(2)快速反击：在攻方大举进攻时，后卫压至中场，防守人数由于插上进攻相对减少，因此，后防守空隙较大，此时守方如能抓住攻方失球后来不及回位，或在退守中防守位置出现错误时，发动快速反击。

(3)插上进攻：多数球队前锋一般安排两名队员，而往往又被盯得很死，为了保证第一线的攻击力，常常靠处于中后场的前卫、后卫突然插到第一线进攻，出奇制胜。

(4)转移进攻：攻方在一侧进攻时，守方在有球一侧采取局部紧逼盯人，并力争做到以多防少。当进攻难以在这一侧展开时，应及时地将球转移至另一侧展开进攻，在转移进攻时，守方需要一定的时间调整防守，攻方则在赢得时间或抓住防守的漏洞时展开攻击。

四、防守战术

（一）个人防守战术

1. 选位

防守队员的位置，原则上是站在对手与本方球门中心形成的一条直线上，与对手的距离必须根据场区以及球所处的位置来决定，同时还应使防守者清楚地看到场上情况。

2. 盯人

盯人是指防守者本身所处的位置能够限制、看守对手的活动，达到及时地封堵对手接球或传球路线。

盯人有两种：紧逼盯人与松动盯人。紧逼盯人是贴近对手不给他从容活动的机会；松动盯人是对手保持一定距离，以便随时上前抢截对手的球或在对手得球后能立即逼近对手进行紧逼盯人。一般情况下，离球远的一侧可采取松动盯人，离球近或对可能接球的队员以及对球门有威胁的队员要采取紧逼盯人。

（二）局部的防守配合

1. 保护与补位

保护与补位是局部地区集体信守的基础，保护是补位的前提。防守队员补同伴在防守中出现的漏洞称为补位。

补位有两种：一种是保护队员去补位；另一种是临近队员相互补位，即交换防守。

2. 保护与补位的注意事项

（1）防守人能追上进攻持球人时，不要轻易补位。

（2）最好是相邻位置的两个防守人之间补位，不要牵动过多的防守人交换位置。

（3）两个防守人之间，要站成斜线，这样有利于补位。

（三）全队防守战术

全队防守战术包括：盯人防守、区域防守和混合防守三种。

混合防守战术即盯人防守和区域防守相结合的防守方法。

混合防守集中了盯人防守和区域防守的优点，避免两种防守的弱点，它延缓对方进攻，快速退守到位，保持防守层次；紧逼盯人，严密封锁球门前30米范围是全队集体防守的关键。

五、定位球战术

定位球战术包括中圈开球、掷界外球、球门球、角球、任意球等攻守战术。

（一）角球攻守战术

1. 角球进攻战术

（1）直接传至球门前，同队队员包抄射门，一般踢内弧线球传至门前，包抄队员跟进抢点射门。

（2）短传配合，发给近处接应的队员，再传至门前。

2. 角球防守战术

对方踢角球时，锋、卫要快速回防，一般以头球好的队员守在门前危险区，重点防守头球好的进攻队员。其他人盯人，并站地球门与进攻队员之间，守门员应站在稍靠近远端门柱附近。当守门员出击接球时，要有两名队员及时退至球门线，补守门员的位置。

（二）任意球战术

1. 任意球进攻战术

在中、后场的任意球，要求进攻队员快速、准确地发球，在前场，尤其在罚球区附近的任意球，它能直接威胁球门，多采用直接射门或传球配合射门。

2. 任意球防守战术

罚任意球时，守方的前锋、前卫应迅速退守。有可能直接射门的任意球，要筑“人墙”任意球防守战术应注意的问题：

（1）筑“人墙”要快，并且要在组织好之前，有一名队员站在球前干扰进攻队员发球，以避免攻方队员突然发球。

（2）筑“人墙”一般由2～5人组成，角度大，人数相应要多。

（3）筑“人墙”要听从守门员指挥。“人墙”封堵球门的近角，守门员则封远角。其他防守队员要盯门前相应的进攻队员，或做区域防守。

（4）除守门员外，其他任何防守队员都不站在“人墙”的后面。

（5）发球时，“人墙”不要躲闪球和跳动，更不能散开，以免球穿过“人墙”而射入门。

（三）掷界外球战术

（见本章第二节“掷界外球在比赛中的运用”部分）

六、足球比赛原则

（一）进攻原则

（1）制造宽度：当队员得一球时，同伴要充分利用场地的宽度进行摆脱和跑位。通过这种跑动，把防守队员拉开，制造防守上的难度和漏洞。

（2）传切渗透：通过制造宽度拉出空当，切入空当传球突破。

（3）机动灵活、随机应变。

（二）防守原则

（1）延缓对方的进攻：进攻失球后，离对方控球队员最近的防守队员就要立即阻挠和封堵控球队员，以延缓对方运球突破和传球时间，不给对方进行快速反击的机会，赢得时间使同伴们迅速退守。

（2）快速退守：使防守人员与进攻对方队员相等或多于进攻队员。

（3）收缩保护：按场区及要求采用紧逼或松动盯人，并逐渐缩小防守者相互间的距离，以便保护和补位。

（4）紧盯：紧紧逼住对手，使进攻队员行动不自由。

第四节 足球竞赛规则简介

《足球竞赛规则》共有十七章，为了使同学们更好的学习、理解足球竞赛规则，更全面地掌握足球比赛的有关知识，我们把规则的主要部分选编进教材，供同学们在学习技战术、组织比赛和担任裁判时参考。

《足球竞赛规则》是足球比赛的依据，作为裁判员、运动员、教练员和足球爱好者，一定要加深对规则的理解和认识，准确有效地执行和遵守规则。裁判员更应在执法过程中，做到以事实为依据，以规则为准绳，公正无私地引导比赛顺利进行。理解源自于学习，只有不断加强对规则的学习，才能在比赛中真正领会和应用规则，使足球比赛顺利健康地发展。

一、比赛场地

比赛场地示意图，如图 7-11 所示。

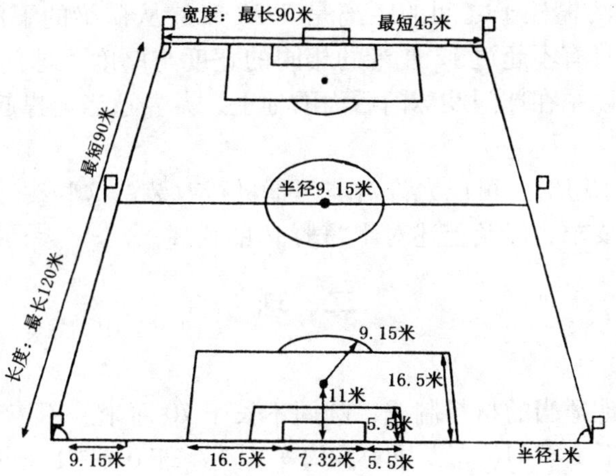

图 7-11 比赛场地示意图

(一)尺寸

比赛场地必须是长方形，边线的长度必须长于球门线的长度。长度：最短：90 米、最长 120 米；宽度：最短 45 米、最长：90 米；国际比赛长度：最短 100 米、最长 110 米；宽度：最短 64 米、最长 75 米。

(二)场地标记

比赛场地是用线来标明的，这些线作为场内各个区域的界线应包含在该区域之内。两条较长的边界线叫边线，两条较短的线叫球门线。所有线的宽度不超过 12 厘米。比赛场地被中线划分为两个半场，在场地中线的中点处做一个中心标记，以距中心标记 9. 15 米为半径画一个圆圈。

(三)球门区

球门区在场地的两端，规定如下：从距每个球门柱内侧 5. 5 米处，画两条垂直于球门线的线。这些线伸向比赛场地内 5. 5 米，并由一条与球门线平行的线相连接。由这些线和球门线组成的区域范围是球门区。

(四)罚球区

罚球区在场地的两端，规定如下：从距每个球门柱内侧 16. 5 米外，画两条垂直于球门线的线。这些线伸向比赛场地内 16. 5 米，并由一条与球门线平行的线相连接。由这些线和球门线组成的区域范围是罚球区。在每个罚球区内距球门柱之间等距离的中点 11 米处设置一个罚球点。在罚球区外，以距每个罚球点 9. 15 米为半径画一段弧。

(五)旗杆

场地每个角上各竖一根不低于 1. 5 米的平顶旗杆，上系小旗一面。在中线的两端、边线以外不少于 1 米处，也可放置旗杆。

（六）角球弧

在比赛场地内，以距每个角旗杆1米为半径画一个四分之一圆。

（七）球门

球门必须放置在每条球门线的中央。它们由两根距角旗杆等距离的垂直的柱子和连接其顶部的水平的横梁组成。两根柱子之间的距离是7.32米，从横梁的下沿至地面的距离是2.44米。两根球门柱和横梁具有不超过12厘米的相同的宽度与厚度．球门线与球门柱的横梁的宽度是相同的。球门网可以系在球门及球门后面的地上，并要适当地撑起以不影响守门员。球门柱和横梁必须是白色的。

当使用门线技术（GLT）时，可以允许对球门框进行改装。这些改动必须符合国际足联门线技术质量方案中的规格要求，以及上述对于“球门”的描述。

二、球

质量和测量

圆形；用皮革或其他适当的材料制成；圆周不长于70厘米、不短于68厘米；重量在比赛开始时不多于450克、不少于410克；压力在海平面上等于0.6～1.1个大气压（600～1100克/平方厘米）①。

坏球的更换

如果球在比赛过程中破裂或损坏：①停止比赛；②用更换的球在原球破漏时所在地点以坠球方式重新开始比赛。

如果球在开球、球门球、角球、任意球、罚球点球或掷界外球等成死球时破裂或损坏；按照相应的规定重新开始比赛。

在比赛中未经裁判员许可不得更换球。

三、队员人数

队员

一场比赛应有两队参加，每队上场队员不得多于11名，其中必须有1名守门员。如果任何一队少于7人则比赛不能开始。

正式比赛

在由国际足联、洲际联合会或国家协会主办的正式比赛中，每场比赛最多可以使用3名替补队员。

竞赛规程应说明可以有几名替补队员被提名，从3名到12名。

其他比赛

在国家A级比赛中，最多可使用6名替补队员。

在其他比赛中，只要符合下列条件即可增加替补队员数量：①双方关于替补人数达成一致意见；②比赛前通知裁判员。

如果赛前没有通知裁判员或双方未达成一致意见，替补队员不能超过6名。

所有的比赛

在所有的比赛中，替补队员名单必须在比赛开始前交给裁判员。未被提名的替补队员不得

① 摘自1999年7月由人民体育出版社出版发行的《足球竞赛规则》一书，原文如此。1个大气压约为100千帕。

参加比赛。

替补程序

替补队员时必须遵守以下规定：①替补前应先通知裁判员；②替补队员在被替补队员离场，并得到裁判员信号后方可进入比赛场地；③替补队员只能在比赛停止时从中线处进场；④当替补队员进入比赛场地，即完成了替补程序；⑤从那时起，替补队员成为上场队员，而被替补队员终止为上场队员；⑥被替补下场的队员不得再次参加该场比赛；⑦所有替补队员无论上场与否，裁判员均有权对其行使职权。

更换守门员

任何场上队员都可与守门员互换位置，并规定：①互换位置前通知裁判员；②在比赛停止时互换位置。

违规/判罚

如替补队员未经裁判员许可擅自进入比赛场地：①停止比赛；②对该替补队员予以警告并出示黄牌令其离开比赛场地；③在比赛停止时球所在地点以坠球方式重新开始比赛。

如果队员与守门员互换位置前未得到裁判员许可：①继续比赛；②有关队员将在比赛成死球时被警告并出示黄牌。

重新开始比赛

如果裁判员停止比赛执行警告：由对方队员在比赛停止时球所在地点踢间接任意球重新开始比赛。

队员和替补队员被罚令出场

队员在开球前被罚令出场，只可从被提名的替补队员中选一人替换。凡被提名的替补队员被罚令出场，无论是在开球前或在比赛开始后，均不得替换。

四、队员装备

安全性

队员不得使用或可能危及自己及其他队员的装备或任何物件(包括各种珠宝饰物)。

队员必需的基本装备是：运动上衣——如果穿内衣，其袖子的颜色应与运动上衣袖子的主色相同；短裤——如穿紧身内裤，必须与短裤的主色同一颜色；护袜；护腿板；足球鞋。

守门员

每个守门员的服装颜色必须有别于其他队员、裁判员和助理裁判员。

违规/判罚

对于任何违反此规则的：①比赛不需要停止；②裁判员指出上场队员的装备有问题后，该队员应离开比赛场地去调整装备；③除非该队员已经调整好装备，否则应在比赛停止成死球时离开比赛场地；④离开比赛场地调整装备的队员在未得到裁判员许可前不得重新进场；⑤裁判员在允许队员回场前需检查队员装备；⑥队员只有在比赛成死球时方可重新进入比赛场地。

队员因违反以上规则而离开比赛场地，在未得到裁判员同意即进入(或重新进入)比赛场地时，将被警告并出示黄牌。

重新开始比赛

如果裁判员停止比赛执行警告：由对方队员在比赛停止时球所在地点踢间接任意球重新开始比赛。

五、比赛时间

比赛时间

比赛分为两个半场，每半场45分钟。特殊情况经裁判员和双方同意另定除外。任何改变比赛时的协议(如因光线不足每半场减少到40分钟)必须在比赛开始之前制定，并要符合竞赛规程。

中场休息

队员有在中场休息的权利。中场休息不得超过15分钟，竞赛规程必须阐明中场休息的时间。只有经裁判员同意方可改变中场休息时间。

允许补充的时间

在每半场比赛中损失的所有时间应予补充：①替换队员；②对队员伤势的估计；③将受伤队员移出比赛场地进行治疗；④拖延时间；⑤任何其他原因。

根据裁判员的判断补充损失的时间。

罚球点球

如果执行罚球点球或重新执行罚球点球，每半场结束时间可延长至罚球点球结束。

决胜期

竞赛规程可以规定再进行两个半场相等时间的比赛。规则第八章的规定也能适用。

中止的比赛

除竞赛规程另有规定外，中止的比赛应重新进行。

六、比赛开始和重新开始

预备

通过掷币，猜中的队决定上半场比赛的进攻方向，另一队开球开始比赛。猜中的队在下半场开球开始比赛，下半场比赛两队交换比赛场地。

开球

开球是比赛开始和重新开始的一种方式：①在比赛开始时；②在进球得分后；③在下半场比赛开始时；④在决胜期两个半场开始时；⑤开球可以直接射门得分。

程序

①所有队员在本方半场内；②开球队的对方队员，应距球至少：9.15米(10码)，直到比赛进行；③球应放定在中心标记上；④裁判员发出信号；⑤当球被踢并向前移动时比赛即为进行；⑥开球队员在球未经其他队员触及前不得再次触球。某队进球得分后，由另一队开球。

违规/判罚

如果开球队员在其他队员触球前再次触球；由对方队在犯规发生地点踢间接任意球

在开球程序上的其他犯规：重新开球。

坠球

坠球是在比赛进行中因竞赛规则未提到的原因而需要暂停比赛之后，重新开始比赛的一种方法。

程序

裁判员在比赛停止时球所在的地点坠球。当球触地比赛即为重新开始。

违规/判罚

重新坠球：①如果球在接触地面前被队员触及；②如果球在接触地面前未经队员触及而离开比赛场地。

特殊情况

判给守方在其球门区内的任意球，可从球门区内的任何地点踢出。判给攻方在其对方球门区内的间接任意球，从距犯规发生地点最近的、与球门线平行的球门区线上踢出。

比赛暂停之后，在距比赛停止时球所在的球门区内的地点最近的、与球门线平行的球门区线上坠球，重新开始比赛。

七、比赛进行及死球

比赛成死球

下列情况比赛成死球：①当球不论在地面或空中全部越过球门线或边线时；②当比赛已被裁判员停止时。

比赛进行

其他所有时间均为比赛进行中，包括：①球从球门柱、横梁或角旗杆弹回场内；②球从比赛场地上的裁判员或助理裁判员身上弹回场内。

八、计胜方法

进球得分

当球的整体从球门柱间及横梁下越过球门线，而此前攻进球的队未违反竞赛规则，即为进球得分。

获胜的队

在比赛中进球数较多的队为胜者。如两队进球数相等或均未进球，则比赛为平局。

竞赛规程

当竞赛规程要求一场比赛或主客场两回合比赛成平局需要决出胜者时，只能遵循下列经国际足球理事会批准的程序：①客场进球规则；②决胜场；③踢罚球点球。

九、越　　位

越位位置

队员处于越位位置本身并不是犯规。

队员处于越位位置：队员较球和最后第二名对方队员更接近于对方球门线。

队员不处于越位位置：①他在本方半场内；②他齐平于最后第二名对方队员；③他齐平于最后两名对方队员。

犯规

处于越位位置的队员，在同队队员踢或触及球的一瞬间，裁判员认为其就下列情况而言“卷入”了现实比赛中时才被判为越位犯规：①干扰比赛；②干扰对方队员；③利用越位位置获得利益。

没有犯规

如果队员直接从下列情况下接到球，则没有越位犯规：①球门球；②掷界外球；③角球。

违规/判罚

对于任何越位犯规，裁判员应给对方在犯规发生地点踢间接任意球。

国际足球理事会决议

决议一 在越位的定义中，“接近对方球门线”的意思是指头、躯干和脚的任何部分比球和对方最后第二名队员更接近球门线。手臂不包含在内。

决议二 “卷入”现实比赛解释如下：

①干扰比赛是指参与传递或触到队友传、触的球。

②干扰对方是指通过明显的阻挡对方视线，或移动，做出裁判员认为有可能欺骗或干扰对方队员的姿势及动作，以达到阻止对方争抢球或可能争抢球。

③在越位位置获得利益是指在越位位置接到从球门横梁或立柱反弹回来的球，或在越位位置接到从对方队员身上反弹回来的球。

十、犯规与不正当行为

下列情况将被判罚犯规或不正当行为：

直接任意球

裁判员认为，如果队员草率地、鲁莽地或使用过分的力量违反下列六种犯规中的任何一种，将判给对方踢直接任意球：①踢或企图踢对方队员；②绊摔或企图绊摔对方队员；③跳向对方队员；④冲撞对方队员；⑤打或企图打对方队员；⑥推对方队员。

如果队员违反下列四种犯规中的任何一种，也判给对方踢直接任意球：①为了得到对球的控制而抢截对方队员时，于触球前触及对方队员；②拉扯对方队员；③向对方队员吐唾沫；④故意手球(不包括守门员在本方罚球区)。

在犯规发生地点踢直接任意球。

罚球点球

在比赛进行中无论球在什么位置，如果队员在本方罚球区内违反了上述十种犯规中的任何一种，应被判罚球点球。

间接任意球

如果守门员在本方罚球区内违反下列五种犯规中的任何一种，将判给对方踢间接任意球：①用手控制球后在发出之前持球超过6秒；②在发出球之后未经其他队员触及，再次用手触球；③用手触及同队队员故意踢给他的球；④用手触及同队队员直接掷入的界外球。

裁判员认为，如果队员在下列情况时，也将判给对方踢间接任意球：①动作具有危险性；②阻挡对方队员；③阻挡对方守门员从其手中发球；④因规则第十二章以前面各章未提及的任何其他犯规，而停止比赛被警告或罚令出场。

在犯规发生地点踢间接任意球。

纪律制裁

可警告的犯规：

如果队员违反下列七种犯规中的任何一种，将被警告并出示黄牌：①犯有非体育道德行为；②以语言或行动表示异议；③持续违反规则；④延误比赛重新开始；⑤当以角球或任意球重新开始比赛时，不退出规定的距离；⑥未得到裁判员许可进入或重新进入比赛场地；⑦未得到裁判员许可故意离开比赛场地。

罚令出场的犯规：

如果队员违反下列七种犯规中的任何一种，将被罚令出场并出示红牌：①严重犯规；②暴力行为；③向对方或其他任何人吐唾沫；④用故意手球破坏对方的进球或明显的进球得分机会（不包括守门员在本方罚球区内）；⑤用可判为任意球或球点球的犯规破坏对方向本方球门移动着的明显的进球得分机会；⑥使用无礼的、侮辱的或辱骂性的语言及动作；⑦在同一场比赛中得到第二次警告。

被罚令出场的队员、替补队员或替补下场的队员必须立即离开比赛场地附近及技术区域。

十一、任意球

任意球的种类

任意球分为直接任意球和间接任意球两种。无论是直接还是间接任意球，踢球时必须将球放定，踢球队员在球未经其他队员触及前，不得再次触球。

直接任意球

①如果直接任意球直接踢入对方球门，判为得分。②如果直接任意球直接踢入本方球门，判给对方踢角球。

间接任意球

信号：

当裁判员判间接任意球时，应单臂上举过头，并保持这种姿势直到球踢出后被其他队员触及或成死球为止。

球进门：

只有当球进门前触及另一名队员才可得分。①如果间接任意球直接踢入对方球门，判为球门球；②如果间接任意球直接踢入本方球门，判给对方踢角球。

任意球的位置

在罚球区内的任意球：

属于守方的直接或间接任意球：①所有对方队员距球至少 9.15 米；②所有对方队员应站在罚球区外直到比赛进行；当球被直接踢出罚球区比赛即为进行；③可以在球门区内任何一点踢任意球。

属于攻方的间接任意球：①所有对方队员距球至少 9.15 米直至比赛进行，除非他们已站在本方球门柱之间的球门线上；②当球被踢并移动时比赛即为进行；③当对方球门区内踢间接任意球时，应在距犯规发生地点最近的、与球门线平行的球门区线上执行。

在罚球区外的任意球：①所有对方队员距球至少 9.15 米直至比赛进行；②当球被踢并移动时比赛即为进行；③在犯规发生地点踢任意球。

违规/判罚

当踢任意球时，对方队员比规定距离更接近于球：应重踢。

当守方在本方罚球区内踢任意球时，球未被直接踢出罚球区：应重踢。

由除守门员外的队员踢任意球：

如果比赛进行后，踢球队员在其他队员触球前再次触球（用手除外）：由对方在犯规发生地点踢间接任意球。

如果比赛进行后，踢球队员在其他队员触球前故意用手触球：①由对方在犯规发生地点踢直接任意球；②如果犯规发生地点在踢球队员本方罚球区内，将判罚球点球。

由守门员踢任意球：

如果比赛进行后，守门员在其他队员触球前再次触球(用手除外)：由对方在犯规发生地点踢间接任意球。

如果比赛进行后，守门员在其他队员触球前故意用手触球：①如果犯规发生地点在守门员本方罚球区外，由对方在犯规发生地点踢直接任意球；②如果犯规发生地点在守门员本方罚球区内，由对方在犯规发生地点踢间接任意球。

十二、罚球点球

当比赛进行中，一个队在本方罚球区内由于违反了可判为直接任意球的十种犯规之一而被判罚的任意球，应执行罚球点球。罚球点球可以直接进球得分。在每半场比赛或决胜期上下半场结束时，应允许延长时间执行完罚球点球。

球和队员的位置

球：放定在罚球点上。

主罚球点球的队员：确认由其主罚。

防守方守门员：留在本方球门柱间的球门线上，面对主罚队员，直至球被踢出。

除主罚队员外的队员应处于：①比赛场地内；②罚球区外；③罚球点后，距罚球点至少9.15米。

裁判员

①应在队员处于规则规定的位置上后发出执行罚球点球的信号；②做出罚球点球完成后的决定。

程序

①主罚队员向前踢出球点球；②在其他队员触球前主罚队员不得再次触球；③当球被踢并向前移动时比赛即为进行。

在比赛进行当中，以及在上半场或全部比赛结束而延长时间执行或重新执行罚球点球时，如果球在越过球门柱间的横梁下之前遇到下列情况，应判定得分：该球触及任何一个或连续触及两个门柱、横梁、守门员。

违规/判罚

如果裁判员发出执行罚球点球信号后，球进入比赛之前发生下列情况：

主罚队员在踢球点球时违反竞赛规则：①裁判员允许踢出该球点球；②如果球进入球门，应重踢；③如果球未进入球门，裁判员应停止比赛，由守方在违规地点踢间接任意球重新开始比赛。

守门员违反竞赛规则：①裁判员允许踢出该球点球；②如果球进入球门，得分有效；③如果球未进入球门，应重踢。

主罚队员的同队队员违反竞赛规则：①裁判员允许踢出该球点球；②如果球进入球门，应重踢；③如果球未进入球门，裁判员应停止比赛，由守方在违规地点踢间接任意球重新开始比赛。

守门员的同队队员违反竞赛规则：①裁判员允许踢出该球点球；②如果球进入球门，得分有效；③如果球未进入球门，应重踢。

攻守双方队员都违反竞赛规则，应重踢。

如果球点球踢出之后：

主罚队员在其他队员触球前再次触球(用手除外)：由对方在犯规发生地点踢间接任意球。

主罚队员在其他队员触球前故意用手触球：由对方在犯规发生地点踢直接任意球。

球被外来因素触及而影响了其向前移动：应重踢。

球从守门员、横梁或球门柱弹回比赛场地内，接着被外来因素触及：①裁判员停止比赛；②在被外来因素触及的地点坠球重新开始比赛。

十三、掷界外球

掷界外球是重新开始比赛的一种方法。

掷界外球不能直接进球得分。

判为掷界外球

①当球的整体不论从地面或空中越过边线时；②从球越出边线处掷界外球；③判给最后触球队员的对方。

程序

在掷出球的一瞬间，掷球者应：

①面向比赛场地，任何一只脚的部分站在边线上或站在边线外的地上；②使用双手；③将球从头后经头上掷出。

掷球队员在其他队员触球前不得再次触球。所有对方队员距掷球者所在地点不能少于2米。球一进入比赛场地，比赛即为进行。

违规/判罚

由除守门员外的队员掷界外球：

如果比赛进行后，掷球队员在其他队员触球前再次触球(用手除外)：由对方在犯规发生地点踢间接任意球。

如果比赛进行后，掷球队员在其他队员触球前故意用手触球：①由对方在犯规发生地点踢直接任意球；②如果犯规发生地点在掷球队员本方罚球区内，则判罚球点球。

由守门员掷界外球：

如果比赛进行后，守门员在其他队员触球前再次触球(用手除外)：由对方在犯规发生地点踢间接任意球；

如果比赛进行后，守门员在其他队员触球前故意用手触球：①如果犯规发生地点在守门员本方罚球区外，由对方在犯规发生地点踢直接任意球；②如果犯规发生地点在守门员本方罚球区内，由对方在犯规发生地点踢间接任意球。

如果对方队员不正当地阻碍掷球队员或分散其注意力：他将因非体育道德行为被警告并出示黄牌。对于任何其他违反此规则的：由对方掷界外球。

十四、球门球

球门球是重新开始比赛的一种方法。

球门球可以直接射入对方球门而得分。

判为球门球

当球的整体不论在地面或空中越过球门线，而最后触球者为攻方队员，且根据《规则》第十章不是进球得分时。

程序

①由防守方从球门区内的任何一点踢球；②对方应在罚球区外直至比赛进行；③踢球队员

在其他队员触球前不得再次触球；④当球被直接踢出罚球区，比赛即为进行。

违规/判罚

如果球未被直接踢出罚球区进入比赛：应重踢。

由除守门员外的队员踢球门球：

如果比赛进行后，踢球队员在其他队员触球前再次触球(用手除外)：由对方在犯规发生地点踢间接任意球。

如果比赛进行后，踢球队员在其他队员触球前故意用手触球：①由对方在犯规发生地点踢直接任意球；②如果犯规发生地点在踢球队员本方罚球区，则判罚球点球。

由守门员踢球门球：

如果比赛进行后，守门员在其他队员触球前再次触球(用手除外)：由对方在犯规发生地点踢间接任意球。

如果比赛进行后，守门员在其他队员触球前故意用手触球：①如果犯规发生地点在守门员本方罚球区外，由对方在犯规发生地点踢直接任意球。②如果犯规发生地点在守门员本方罚球区内，由对方在犯规发生地点踢间接任意球。

对于任何其他违反此规则的：应重踢。

十五、角　　球

角球是重新开始比赛的一种方法。

角球可以直接射入对方球门而得分。

判为角球

当球的整体不论在地面或空中越过球门线，而最后触球者为守方队员，且根据《规则》第十章不是进球得分时。

程序

①将球放在离球出界处最近的角旗杆的角球弧内；②不得移动角旗杆；③对方应在距球至少9.15米以外，直至比赛进行；④由攻方队员踢球；⑤当球踢开移动时比赛即为进行；⑥踢球队员在其他队员触球前不得再次触球。

违规/判罚

由除守门员外的队员踢角球：

如果比赛进行后，踢球队员在其他队员触球前再次触球(用手除外)：由对方在犯规发生地点踢间接任意球。

如果比赛进行后，踢球队员在其他队员触球前故意用手触球：①由对方在犯规发生地点踢直接任意球；②如果犯规发生地点在踢球队员本方罚球区内，则判罚球点球。

由守门员踢角球：

如果比赛进行后，守门员在其他队员触球前两次触球(用手除外)：由对方在犯规发生地点踢间接任意球。

如果比赛进行后，守门员在其他队员触球前故意用手触：①如果犯规发生地点在守门员本方罚球区外，由对方在犯规发生地点踢直接任意球；②如果犯规发生地点在守门员本方罚球区内，由对方在犯规发生地点踢间接任意球。

对于任何其他犯规：应重踢。

十六、决定一场或主客场比赛胜负的程序

客场进球规则、决胜期和踢罚球点球是根据竞赛规程的要求、当一场或客场比赛打成平局需要决出胜队时采取的方法。

客场进球规则

竞赛规程应规定比赛队采用主客场制，如果第二场比赛后两队比分仍相同，则任何在客场进球数加倍计算。

决胜期

竞赛规程可以规定再进行两个半场相等时间的比赛，每半场时间不得超过 15 分钟。规则第八章的有关规定也适用。

踢球点球决胜

程序：①裁判员选定用于踢球点球的球门。②裁判员投币、挑币得胜的球队队长决定本队是否先踢球点球。③裁判员对踢球点球做记录。④按照下列解释，两队应各踢 5 次。⑤双方轮流踢。⑥如果两队在踢满 5 次前，一队的进球数已多于另一队踢满 5 次时可能射中的球数，则不需再踢。⑦如果两队均已踢满 5 次，双方进球数相同或均未进球，则按同样轮流的顺序踢球点球，直至双方踢球次数相同(无需踢 5 个球)，而一队较另一队多进一球时为止。⑧在踢球点球过程中，场上守门员受伤不能继续比赛时，可由竞赛规程规定的最大限额内被提名而尚未使用过的替补队员进行替换。⑨除上一条所述的情况，只有比赛结束时，包括在规定的延长期比赛结束时在场上的队员方可参加踢球点球。⑩每次应由不同的队员踢球点球，直至双方符合资格的队员均踢过一次后，方可踢第二次。⑪在踢球点球的过程中，符合资格的队员可以与守门员互换位置。⑫在踢球点球的过程中，只允许符合资格的队员和执法裁判员在场内。⑬除踢球点球的队员和两名守门员外，其他所有队员必须在中圈内。⑭踢球点球队员一方的守门员必须在罚球区以外的球门线与罚球区线交汇处的比赛场地内。⑮除非另有所述，有关足球竞赛规则和国际足球理事会的决议应在踢球点球决胜时实施。⑯比赛结束，踢球点球决胜之前，如果双方人数不等，人数多的一方应减去多出的人数以与对方人数一致，并通知裁判员出场队员的名字和号码。球队队长负责此事。⑰在开始踢球点球决胜之前，裁判员应确定留在中圈里的双方队员人数一致后再执行踢球点球。

十七、第四官员和候补助理裁判员

竞赛规程可安排一名第四官员。除已指派一名候补助理裁判员的情况外，当三名比赛官员中的任何一人不能继续工作时进行执法。他在整场比赛中协助裁判员进行工作。比赛开始前，组委会一定要明确在裁判员不能继续担任临场工作的情况下，应由第四官员担任比赛的裁判员，还是由第一助理裁判员担任裁判员，而第四官员担任助理裁判员。根据裁判员的要求，负责赛前、赛中和赛后的赛场管理；负责比赛中的换人；负责检查替补队员入场前的装备，如发现上场的替补队员装备不符合竞赛规则的要求，应告知裁判员；负责比赛换球，如果比赛中需要更换比赛球，则必须征得裁判员的同意并由第四官员提供，方可使用备用球，从而使比赛停顿时间减至最少。

根据规则，他协助裁判员控制比赛。不过，裁判员持有对比赛相关事实作出判罚的权力。比赛结束后，第四官员应向有关机构提交有关裁判员和助理裁判员视野外的任何不正当行为，或其他事故报告。第四官员必须将所写报告内容通报裁判员和助理裁判员。他有权将技术区域

内任何人的不负责任的行为通知裁判员。竞赛规程也可安排一名候补助理裁判员。他的职责仅仅是根据需要替换不能继续执法的助理裁判员或第四官员。

附加助理裁判员

赛事规程也可以指定附加助理裁判员，他们必须是现实条件下最高级别的活跃裁判。赛事规程必须明确当裁判员不能继续工作时的替换方案，选择：

①由第四官员替换裁判员，或者

②由第一附加助理裁判员替换裁判员，第四官员成为附加助理裁判员。

(1)职责：当获得委派时，附加助理裁判员的职责由裁判员确定，对以下情况进行示意：当球的整体越出球门线时；是角球还是球门球；当有不正当行为或其他事件发生在裁判员的视野之外时；当有犯规发生时(尤其是在罚球区内)，且他的视角比裁判员更好；当踢点球时，守门员是否在球被踢前离开了球门线，以及球是否越线。

(2)协助：附加助理裁判员也可以协助裁判员执行竞赛规则控制比赛，但最终的判罚应始终由裁判员做出；附加助理裁判员如过分干预比赛或有不合适的表现时，裁判员可解除其职务并将报告提交有关部门。

第五节 五人制足球竞赛规则简介

一、比赛场地

(1)场地尺寸：比赛场地应为长方形，其长度不得多于42米或少于25米，宽度不得多于25米或少于15米，在任何情况下，长度必须超过宽度。

决议：在国际赛事中，场地尺寸应为长度38~42米，宽度18~22米。

(2)画线：比赛场地必须有清晰的界线，线宽为8厘米。比赛场地两边较长的线叫边线。两端较短的线叫球门线。场地中间画一条横穿球场的线，叫中线。场地中央应做一个明显的标记，并以此点为圆心，以3米为半径，画一个圆圈叫中圈。

(3)罚球区：在球场两端距各球门柱6米处，向场内各画一条以6米为半径之弧线与球门线相接成直角，此弧线之上部分应为一长3米之直线，与两球门柱之间的球门线平行。此弧线内之地区，称为罚球区。

决议：假若球门线是15~16米，弧线之半径应为4米。

(4)罚球点：在两球门线中点垂直向场内量6米处各做一个适当之标记，以此为罚球点。

(5)第二罚球点：在两球门线中点垂直向场内量10米处各做一个适当之标记，以此为第二罚球点。

(6)换人区：在球场内有替补席的一方边线上，在距中线两方各3米处，各画一条长80厘米垂直边线的直线(场内场外各长40厘米)。再沿边线丈量相同的3米划线。当替换球员时，替入及被换出之球员须在各自边线的换人区域进出球场。

(7)角球区：以球门线与边线交接点为圆心，25厘米为半径划弧构成的区域。沿球门线距角球区5米处划一标志线。

(8)球门：球门应设在两球门线的中央，由两直竖的相距3米(由内侧测量)的门柱与一根下沿离地面两米的水平横木连接组成。横梁的宽度及厚度均为8厘米，门柱与横梁的宽度应相等。球网附加在球门后面的门柱及横木上，球网下部应以弧形柱或其他适当物体支撑。

附注：球门网允许用大麻，黄麻或尼龙绳编做，但尼龙绳不能比大麻或黄麻绳细。

(9)球场表面：球场表面必须光滑，平坦而不粗糙。球场表面应选用木料或合成材料，不得使用混凝土或沥青。

附注：天然草皮，人造草皮或泥土场可以适用于地方联赛，但不适合国际比赛。

二、球

球应为圆形，其外壳应用皮革或其他适当质料制成，不可使用可能伤害球员的质料。球的圆周最大为64 厘米，最小为62 厘米。球的重量，在比赛开始时不得超过440 克或轻于400克。球的气压为0.4～0.6 个大气压(400～600 克/平方厘米)比赛中未经裁判员允许，不得更换比赛用球。

决议：毡质球不能用于国际比赛。

当比赛用球从两米处坠下，弹起的高度(第一次弹起)不得超过65 厘米或低于50 厘米。除国际比赛须使用本规则所规定的球外，其他比赛可使用其他型号的球(如五号球弹力较小且较重等)。

三、队员人数

(1)比赛应由两队参加，每队队员不超过5 人而必须其中一人为守门员。

决议：比赛开始时，每队队员不得少于5 人。如果比赛中某队有多个队员被罚出场而场上该队队员数少于3 人时，比赛必须终止。

(2)在每场比赛中，各队可依照国际足联，洲际足联或国家足协的正式比赛规则使用替补队员。

(3)各队替补队员不得超过7 人。

(4)比赛中，“机动替换”次数不限，但如果替换守门员，必须在死球时进行。充当守门员的球员服色要区别于其他运动员，并用原号码，被替换下场的队员可以重新上场替补其他队员。

(5)队员可在比赛进行期间随时“机动替换”，但须按以下要求进行：①离场队员须由边线上的替换区离场。②上场队员也须由边线上的替换区入场，而且必须在离场队员完全跨出边线后方可入场。③替补队员不论上场与否，裁判员均有权对其行使职权。④当替补队员入场后，替换即告完成，该替补队员成为场上队员而被替换出场的队员不再为正式场上队员。

罚则：①队员若违反第五项规则，比赛不应暂停，应在比赛成死球时立即警告有关队员。②在进行“机动替换”时，若替入队员在被换出球员还未完全离场之前就进场，裁判员应立即停止比赛，由裁判员令被换出球员离场，并对提前入场的替补队员给予警告，判由对方在停止比赛时球所处地点踢间接任意球恢复比赛。如暂停时球在罚球区内，则在6 米线上距停止比赛时球所在地点最近的地点踢出。③在进行“机动替换”时，替补队员入场或换出队员出场时未经替换区进行，裁判员应立即暂停比赛，裁判员除警告有关犯规队员外，并判由对方在停止比赛时球所在地点踢间接任意球恢复比赛。如当时球在罚球区内，则应在停止比赛时距球所在地点最近的6 米线上执行。

四、队员装备

(1)队员不得穿戴对其他队员有危险的装备。

(2)队员通常的装备为球衣、短裤、护腿板、护袜与球鞋。球鞋须为帆布鞋、软皮训练鞋或体操鞋，且鞋底须为胶质材料或相近材料制成。队员上场必须穿球鞋。

决议：护腿板须被长袜覆盖，并由一些具有防护作用的材料制成(橡胶、塑料、聚氨酯或其他类似材料)。

(3)队员球衣须有编号，同队队员号码不得相同。

(4)守门员可穿着长裤，其球衣的颜色须容易与其他队员及裁判员分辨。如其他球员替换守门员，必须待死球，但服色要明显有区别，并保留原有的号码上场。

罚则：队员若违反第四章规则，应令其离场调整或配上有关的必需装备。离场后回场前，须先向其中一位裁判报告，经裁判检查其装备符合规定，才可在比赛成死球时入场参赛。

五、裁判员

每场比赛必须要派一名裁判员执行裁判任务。当他进入比赛场地，即开始行使规则所赋予他的职权，当他离开赛场时，职权即告终止。在比赛期间，以及在比赛暂停或死球时，裁判员均有判罚权。裁判员在比赛中根据比赛实际情况作出的判决为最后判决，如比赛结果等。

裁判员的职权为：

①执行规则。

②避免作出裁判员认为对犯规队有利的判罚。

③记录在比赛前，比赛中及比赛后发生的事件。

④如比赛中没有计时员，应负责计时员的工作。

⑤因违反规则、观众干扰或其他原因妨碍比赛时如主裁判员认为有必要，可以并有权暂停，推迟或终止比赛。事后须在规定时间内按主办协会的有关条款将具体情况书面报告主办机构。

⑥从进入赛场起，对犯有不正当行为或不君子行为的队员予以警告，经警告后仍坚持其不正当行为者，应罚令出场。事后须在规定时间内按主办协会的有关条款将该队员姓名及行为具体情况书面报告主办机构。

⑦除参加比赛的队员以及第二裁判员外，未经裁判员许可，任何人不得进入赛场。

⑧如裁判员认为队员严重受伤时，应立即停止比赛，将受伤队员迅速移至场外并立即恢复比赛。如认为队员受轻伤时，比赛不应停止，而应待比赛成死球时处理。凡受伤队员能够自己走到边线或球门线者，不得在场内护理。

⑨裁判员如认为队员有粗暴行为、严重犯规、使用粗言秽语或辱骂性语言时，应罚令其出场。

⑩每次比赛暂停后，应以信号指示恢复比赛。

⑪审定比赛用球是否符合规则第二章的要求。

决议：如裁判员和第二裁判员在比赛中同时发出判罚信号，而两者的判罚意见不一致时，应以裁判员的判罚为准。裁判员和第二裁判员均具有警告及罚令出场的权力，但当两人意见不一致时，应以裁判员的判罚为准。

六、第二裁判员

比赛时应委派一名第二裁判员，他与裁判员隔着场地面对面执行任务(注：简称对角执法)。第二裁判员拥有与主裁判员同样的职权，但规则第五章第 4 款除外。而第五章第 5 款的前半部分亦属第二裁判员的职权：因违反规则，观众干扰或其他原因妨碍比赛时，如认为有必要，可以并有权暂停、推迟或终止比赛。

第二裁判员具有下列职责：

①如果比赛没有计时员，他应负责队员被罚出场后两分钟处罚期的记录。

②他应负责“机动替换”的正确进行。

③负责计时一分钟的暂停规则。

若发现第二裁判员有不正当行为或妨碍比赛时，裁判员应免除其职务并指派他人代替，并将此情况报告主办机构。第二裁判员应携带哨子。

决议：在国际比赛中，必须委派第二裁判员。

如果比赛中，裁判员和第二裁判员同时发出判罚信号，而两人判罚意见不一致时，应以裁判员的判罚为准。裁判员和第二裁判员均有警告和罚令队员出场的权力，但当两人的判决意见不一致时，则以裁判员的判罚为准(根据规则第五章决议)。

七、计时员和第三裁判员

比赛时应委派一名计时员和一名第三裁判员，他们处于替补区域同侧，靠近中线的场外。计时员的职责为：

(1)确保比赛赛制规则第八章规定的时间。

①应在比赛开始后及从踢界外球、角球、任意球、罚球点球或第二罚球点罚球、掷门球、暂停或坠球恢复比赛后，继续计时。

②当比赛成死球时，应按停计时器。

(2)当有队员被罚令出场时，负责罚停两分钟的计时。

(3)用不同于裁判员的哨音或其他声音信号，表明上半场、全场和加时比赛结束。

(4)记录每队的暂停次数和使裁判员与球队知悉这些资料及在教练的要求下，向裁判员表示请求暂停(参照规则第八章第四款规定)。负责1分钟暂停计时。

(5)记录各球队于每半场所犯而裁判员已登记的前五次犯规。

第三裁判员应协助计时员的工作。

(1)记录各球队于每半场所犯而裁判员已登记的前五次被判的直接任意球犯规，并用信号告知该球队。

(2)记录比赛停顿情况及其原因；记录入球队员、受警告或被罚令出场队员的号码；记录暂停及提供有关比赛的其他资料。

计时员和第三裁判员如不恰当地干扰妨碍比赛，裁判员应停止其职务并指派他人替代，并在事后将事件向有关主办机构上报：有关部门(比赛场地所属协会或俱乐部)应提供计时员所有的计时器及可以显示累积犯规次数的设备。

决议：国际比赛必须委派计时员。国际比赛中，所用的计时器应具备所有的必需功能(如须附有小计时器以便能同时记录四名被罚出场队员的两分钟处罚期并能记录每队于每半场的累积犯规次数)。

八、比赛时间

(1)比赛应分为两段相等的半场，每半场20分钟。

(2)比赛时间应由计时员掌握，其职责在规则第七章中已有规定。

(3)在每半场中，如执行罚球点球，则应延长至罚完为止。

(4)第队每半场可要求一次一分钟暂停，但应遵守如下规定：

①只有各队教练才能提出暂停。

②比赛在死球时，计时员用不同于裁判的哨声或其他声音信号暂停比赛。

③暂停后，双方队员均应停留在场内，但可靠近后备席近旁的边线集合，听取教练的指示。同样，教练亦不能进入场内，只可以在场外边线作指导。

④一个球队如上半场未使用“暂停”，下半场亦只能要求一次暂停而不可以获得补偿。

(5)中场休息时间不得超过 15 分钟。

决议：比赛中若没有计时员，则由裁判员负责计时员的工作。在这种情况下，如全场比赛结束时打成平局，按竞赛规程需进行加时赛，则在加时赛期间没有暂停。

九、比赛开始

(1)比赛开始时，双方用掷币方式选定场地和开球权，由胜者选择场地或开球。比赛应在裁判员发出信号后，由开球方的一名队员将球踢入(即踢动放定在比赛场地中央的球)对方半场。在球踢出之前，双方队员必须在己方半场内，而且开球队的对方球员必须离球至少 3 米。皮球向前滚动，比赛即为开始。开球的队员在球未被其他队员踢或触及前，不得再次触球。

(2)当攻入一球后，由失球方队员按上述规则的方法重新开球继续比赛。

(3)中场休息后，双方应交换场地，并由上半场开球队的对方一名队员开球。

罚则：违反本章以上三项规定时，应重新开球，但如开球队员在球未经其他队员踢或触及前再次触球，应判由对方在犯规地点踢间接任意球。如开球队员在对方罚球区内犯规，则此间接任意球在 6 米线上离犯规地点最近的一点踢出。开球可以直接射门得分。

(4)比赛如因本规则中未规定的原因暂停，而暂停时球并未越出边线或球门线，则恢复比赛时，应由裁判员在比赛暂停时球所在地位置坠球，球一触地即恢复比赛。除非比赛暂停时球在罚球区内，则应在比赛暂停时球所在位置的最近 6 米线上坠球。球一触地即恢复比赛。如裁判员坠球后，球未经队员触及而越出边线或球门线，则应由裁判员重新坠球。坠球时在球触地前，任何队员均不得触球，若有队员违例，则应由裁判员重新坠球。

十、比赛进行及死球

在下列情况下，比赛成死球：

(1)当球的整体在地面或空中全部越过球门线或边线时。

(2)当裁判员停止比赛时。

自比赛开始至比赛终了，比赛均应视为进行中，包括下列情形：①球从门柱或横梁弹回场内。②球从场内的裁判员或第二裁判员身上弹落于场内。③场上队员犯规或有犯规嫌疑而裁判员并未作出判罚。

决议：球场四周边界是属于球场范围，故此，边线及球门线均属于比赛场地。如在室内球场比赛时，球意外击中顶棚，裁判员应停止比赛，并在击中顶棚之处的附近边线上由对方踢界外球恢复比赛。

十一、计胜方法

除规则另有规定外，凡球的整体从两门柱之间及横梁下越过球门线，而非由攻方球员用手掷入、带入、故意用手或臂推入球门，均为攻方胜一球。比赛中，胜球较多的一队为得胜队伍；如双方均未胜球或胜球数目相等，则比赛为“平局”。

十二、犯规与不正当行为

队员故意违反下列 11 项的任何一项时，应由对方在犯规地点踢直接任意球：

(1)踢或故意踢对方队员。

(2)绊摔对方队员(即在对方身前身后，伸腿或屈体绊摔或企图绊摔对方)。

(3)跳向对方队员。

(4)猛烈地或带有危险性地冲撞对方队员。

(5)从背后冲撞对方队员。

(6)打或企图打对方队员或向对方队员吐唾沫。

(7)拉对方队员。

(8)推对方队员。

(9)用肩膀冲撞对方队员。

(10)当对方队员正踢球或正欲踢球时，倒地铲球。

(11)用手触球，即用手或臂部携带、击或推球(此规则不适用于守门员在本方罚球区内)。

若守方队员在本方罚球区内故意违反上述十一项中的任何一项时，则不论当时球在何位置，只要比赛是在进行中，都应判罚六米罚球点球。若队员故意触犯下列四项的任何一项者：

(1)裁判员认为其动作危险者。如守门员已接稳球时仍企图踢球。

(2)队员不去踢球而故意阻挡对方。如在球与对方之间跑动或将身体插在中间阻挡者。

(3)冲撞守门员。守门员走出罚球区时除外。

(4)守门员违例：

①同伴故意回传球后，守门员用手触球或控制球。

②当同伴踢界外球时将球直接传给己方守门员，而守门员用手触球或控制球。

③守门员在本方半场内任何地点，用手或脚控球超过四秒钟。

④用手掷门球(传出或抛出罚球区)后，球未越过中线或未经对方队员踢或触及，而接到同伴的传球。

罚则：违反上述其中一项者，在犯规地点上对方踢间接任意球。若犯规地点在罚球区内时，则在 6 米线上离犯规地点最近的点踢出。在下列情况下，队员应被警告：

①进行“机动替换”时，替入队员在被换出队员还未完全离场时就进入场地或未从规定位置进入场地。

②连续违反规则。

③用言语或行为对裁判员的判决表示不满。

④有不正当行为。

若队员没有发生更严重的犯规，则违反上述四项中的一项，应予以警告并由对方在犯规地点踢间接任意球。若队员是在罚球区内犯规，则在 6 米上离犯规地点最近的一点踢出。

若裁判员认为队员有下列行为，应罚令出场：

①犯有严重犯规行为。

②犯有暴力行为。

③使用污言秽语或进行辱骂。

④因犯规而被第二次警告。

如比赛因队员违反上述第 3 或第 4 项而被罚出场，而该队员并无违反其他规则，应由对方在犯规地点踢间接任意球。如犯规地点在罚球区内，则由对方在六米线上离犯规地点最近的一点踢出。

决议：假如裁判员认为一名球员突破防守队员有明显得分机会时，防守队员故意犯规，裁判员判任意球(或球点球)，由于该防守队员的犯规直接妨碍了进攻队员先前的得分机会，那么该犯规队员由于严重犯规应被罚令出场。如果裁判员认为队员(不包括守门员)在本方罚球区内故意手球而妨碍了进攻队员的射门和明显的进球机会时，该队员由于严重犯规应被罚令出场，并由对方罚球点球。队员一旦被罚出场，他既不能重新参加该场比赛，也不能坐在替补席上。该队可在队员被罚出场两分钟后补充队员。如在这两分钟期间内其中一队有进球，则可引用下列条款执行：

①如场上是五人对四人，较多人数一队入球时，四人的一队可补足人数比赛。

②如两队同时四人，入球后，两队都可补充队员。

③如果是五人对三人或四人对三，而队员人数较多一方入球时，只有三名队员的一方只可补充一名队员。

④如果两队均是 3 名队员，入球后，双方可以各补充一名队员。

⑤如果队员人数较少一方取得入球，则比赛继续，两队均不补充队员。两分钟计算方法是计净打比赛时间的两分钟，队员如替补被罚出场的队员，时间一到即可进场，无须待死球。

十三、任意球

任意球可分为两种：直接(这种球可以将球直接射入犯规队球门得分)和间接(这种球不能直接射门得分，除非在球入球门前曾被其他队员踢或触及)。队员在踢任意球时，所有对方队员必须离球至少五米直至球被踢出为止。当球滚动比赛即为恢复。如果对方队员在任意球被踢出前侵入距球五米以内时，裁判员应令重新开球，且须符合规则为止。踢任意球时，须将球放定。踢任意球的队员将球踢出后，球未经其他队员踢或触及前，不得再次触球。

罚则：

①如踢任意球的队员将球踢出后，球未经其他队员触及而再次触球，应判由对方在犯规地点踢间接任意球。若在罚球区内犯规，则应在 6 米线上离犯规地点最近的一点踢出。

②如果踢任意球的一方未能在四秒钟内将球踢出，则应判由对方在原地点踢间接任意球。

决议：为了区别直接与间接任意球，当判罚间接任意球时，裁判员应单臂上举过头，并保持这种姿势直至球踢出后被其他队员踢或触及亦或成死球时为止。

十四、累积犯规

(1)累积犯规的原则适用于规则十二章(犯规与不正当行为)中提到的第一至十一项犯规，这些犯规的判罚为直接任意球。而其他犯规不计入累积犯规的范围。当某队累积犯规五次后，再犯规被判罚直接任意球的一律判第二罚球。被判罚间接任意球的不应判第二罚球。

(2)每队在每半场的首五次累积犯规将记录在比赛摘要内。

(3)每队在每半场首五次犯规被判罚的直接任意球，允许队员排人墙防守。

(4)由第六次累积犯规起，被判罚直接任意球不可排人墙防守。

①除守方守门员及主踢任意球的队员外，所有其他队员须留在球场内，且在一条经过球而

平行于球门线的假想横线之后，并离球5米。

②守方守门员必须留在己方罚球区内且离球至少5米。

③攻守双方队员必须离球五米及不能妨碍对方队员踢任意球。任何队员都不能超越穿过球的假想平行线，直至恢复比赛为止。

④主踢任意球的队员必须直接射门而不能传球给其他同伴。

⑤当任意球踢出后，任何队员都不能触球，直到球由守门员触及，或由球门柱或横梁反弹回来，或已成死球。

⑥根据规则第十三章第1项的规定，任意球不能在距离球门线不足六米处踢出。当一个通常情况下会被判罚间接任意球的犯规在罚球区内发生，此任意球须在距犯规地点最近的六米线上踢出。

⑦一个队如在半场时间内累积犯规5次后，任何该队队员如在本方半场内，介于球门线和通过10米处第二罚球点平行球门线的假想横线之间的区域内再犯规时，判由对方踢直接任意球。踢任意球的对方队员须申明是选择犯规地点亦或第二罚球点踢任意球。

⑧一个队累积犯规五次后，若该队队员在对方半场或在己方半场通过第二罚球点平行于球门线的假想横线前犯规，则判由对方在第二罚球点踢直接任意球。第二罚球点如规则第一章第五项所示，而踢任意球须遵循规则相关要求。

⑨如比赛须打加时赛，所有在下半场的累积犯规都将在加时赛中继续实行累积。

罚则：如有队员违反此规则，而违反者为：

①守方队员，如球未罚中，应重罚。

②除主罚队员外的攻方队员，如球罚中无效，应重罚。

十五、罚球点球

罚球点球应从罚球点上踢出。明确主罚队员后，除该队员和对方守门员外，其他队员均应在场内及该罚球区外，并至少离球五米。对方守门员必须站在两门柱之间的球门线上（双脚可以移动）直至球踢出为止。主罚队员必须将球向前踢出，在球未经其他队员踢或触及前，不可再次触球。当球滚动比赛即为恢复。罚球点球可以直接射门得分。当在比赛中执行罚球点球，以及在上半场或全场比赛终了时，延长时间执行或重踢罚球点球时，如踢出的球触及门柱，或触及横梁，或触及守门员，或连续触及门柱、横梁或守门员而进入球门，只要没有犯规现象发生，均应判进球有效。

罚则：如违反本规则者为：

①守方球员，如球未罚中，应重罚。

②攻方主罚球点球队员的队友，球罚中无效，须重罚。

③主罚球点球的队员在比赛恢复后犯规，应由对方队员在罚球点踢间接任意球。

十六、踢界外球

当球的整体在地面或空中越出边线时，应由出界前最后触球队员的对方队员，在球出界处把球踢入场内任何方向。踢球时，该队员的双脚须踩在边线外，而且球须放定在边线上。当球滚动比赛即为恢复。踢球队员在球未经其他队员踢或触及前，不得再次触球。而对方队员在球踢出前，应离球至少五米。踢界外球不能直接入门得分。

罚则：

①如球不按规定方法踢入场内，则由对方队员在原处踢界外球。

②如球不在其出界处踢入场内，则由对方在原出界处踢界外球。

③如踢界外球的队员在拿到球后未能在四秒钟内将球踢出，则由对方踢界外球。

④如踢球队员踢球入场后，在球未经其他队员触及前再次触球，则判由对方在犯规地点踢间接任意球。若犯规地点在罚球区内，则球在6米线上离犯规地点最近的一点踢出。

十七、掷门球

当球的整体不论在空中或地面从球门外越了球门线，而最后触球者为攻方队员，应由守方守门员在本方罚球区内，将球掷出罚球区外，可以直接掷过中线。当球出罚球区后，比赛即为恢复。当球掷出后在罚球区外掷球一方的半场内被其他队员踢或触及，这一掷球才算符合规则。掷门球时，对方队员在球被掷出罚球区前，都应站在该罚球区外。

罚则：

①守门员掷球后，在本方罚球区内球被本方或对方队员踢或触及，裁判员应判罚重掷门球。

②如果守门员将球掷出罚球区后，球未经其他队员踢或触及前再次触球，应判由对方在犯规地点踢间接任意球。

③如果守门员掷门球后，守门员接到同队队员的回传球并用手触球或控球，应判由对方踢间接任意球。该任意球在距守门员犯规地点最近的6米线上踢出。

十八、角　　球

当球的整体在空中或地面从球门外越出球门线，而最后触球者为守方队员，应由攻方队员踢角球。球应放在角球区域内踢出。踢球队员的对方队员在球未进入比赛状态时，即球未流动前，须距球至少五米。踢角球队员在球未经其他队员触及前，不得再次触球。角球可直接踢入球门得分。

罚则：

①若角球未按规定方法踢出，应重踢。

②踢角球的队员在球未经其他队员触及前再次触球，应判由对方在犯规地点踢间接任意球。

③如果踢角球的队员在掌握球后四秒钟内仍未将球踢出，应判由对方在角球点上踢间接任意球。

十九、有关以互踢球点球决胜的规定(在淘汰赛中决出胜负)

若比赛赛成平局，需以互踢球点球的方式决出胜负(取代平局抽签)时，应按下列规定执行。

①主裁判选定一个球门进行罚球点球。

②主裁判以投币方式决定何队先踢。

③两队各派五名不同球员轮流踢五球。这五名各队员应由双方队长在罚球点球前，报告给裁判员，而且应是在赛前提交给裁判员的十二名队员名单中的五名。

④如两队踢完首轮五球后，双方进球数相同或均无进球，则应按相同顺序继续踢球点球，直至双方踢球次数相等(不一定须再踢五球)，而一队比另一队多进一球时为止。

⑤在上述情况下，即第一轮五球后的额外罚球，应由剩余的7名队员继续踢。只有当队中的每个队员都踢过后，第3款所规定的队员才可进行新一轮的互踢球点球。

⑥在比赛中被罚出场的队员不得参加踢罚球点球。

⑦任何有资格参加踢罚球点球的队员均可与守门员互换位置。

⑧以互踢球点球决胜负时，所有队员都应集中停留在非踢球点球的半场。第二裁判员负责管理这一半场及在该半场的队员。

第八章

排　　球

第一节　排球运动概述

一、起　　源

排球运动起源于美国，是美国马萨诸塞州霍利奥克城基督教青年会的体育指导威廉·摩根于1895年发明的。当时他考虑到四年前即1891年发明的篮球运动太激烈，想寻求一种运动量适当又有乐趣，男女老少都能参加的室内的娱乐性运动项目，因而发明了排球。

排球于1900年首先传入印度，1905～1906年传入中国。排球传入亚洲时，规则处于不完备阶段，在1913年第一届远东运动会因认为“排球应让尽可能多的人参加”而采用了十六人制。这样亚洲各国都经历了十六人制、十二人制、九人制排球这一过程。直到50年代初才引进了六人制排球。至今，在日本还保持一定的九人制排球比赛。由于许多国家要求举行世界性的排球比赛，1947年在巴黎召开了有17个国家排协代表参加的大会，正式成立国际排联（FIVB），法国人鲍尔利伯被选为主席。会上决定采纳美国式的六人制排球为比赛制度，同时也制定和规定了正式比赛的规则。

排球的重大国际比赛有：奥运会、世界锦标赛和世界杯。

亚洲最早有远东运动会，之后有亚运会、亚洲锦标赛。

由于中国政府、各级体委、运动队等的重视和关心，中国排球运动水平有了飞速的发展和提高。1979年中国男女排双获亚洲排球锦标赛冠军，从而振奋了民族精神，继孙中山先生之后，再次提出了“团结起来、振兴中华”之口号。

之后，中国女排1981年在日本东京举行的第3届世界杯女子排球比赛中，7战7胜第一次荣获世界冠军，1982年在秘鲁利马举行的第9届女子排球锦标赛中再获冠军，1984年在美国洛杉矶举行的第23届奥运会上，中国女排以3:0战胜美国队第三次荣获世界冠军，1985年第4届世界杯和1986年第10届世界锦标赛中均获冠军。从而获得“五连冠”的称号，成为中国三大球中第一个登上世界顶峰的队伍。最为可喜的是，经过17年的沉寂，中国女排于2003年11月在日本举行的第九届世界杯女子排球比赛中又重新夺得冠军。2004年8月在希腊雅典举行的第28届奥运会女排比赛中，再创辉煌勇夺冠军。虽然2008年第29届北京奥运会，中国女排仅获第3名，但是在任何困难面前均不轻易言败的中国女排，从来都是国人心中无人能及的冠军。中国女排的精神仍然激励新一代女排继续奋进。

二、排球运动及特点

排球运动是两队各六名队员在长18米、宽9米的场地上，从中间隔开的球网（男子网高

2. 43 米，女子网高 2. 24 米，少年网高另有规定）上面，运用发、垫、传、扣、拦等技术，进行攻防对抗，不使球在本方场地内落地的一种球类运动(图 8-1)。正式比赛采用五局三胜制。

排球运动有以下几个特点：

(1)广泛的群众性：由于排球场地设备简单，比赛规则易掌握，既可在球场上比赛和训练，亦可在一般空地上打来打去。排球运动量可大可小，适合于不同年龄、不同性别、不同体质、不同训练程度的人。

图 8-1

(2)技术的全面性：规则规定：每个队员都要进行位置轮转，既要到前排扣球与拦网，又要到后排防守与接应。要求每个队员必须全面地掌握各项技术，要能在各个位置上比赛。从技术上讲，争取主动、夺取胜利的基础在于技术的全面。同时，排球运动也可以促使人的肌体得到全面的发展。

(3)激烈的对抗性：排球比赛中，从发球到接发球；从扣球到拦网、防守；从进攻到防守、反击，都是在激烈的对抗中进行的。目前，国际上高水平的比赛，对抗的焦点集中表现在网上扣、拦的激烈争夺上。双方都在力争空中优势，以高度、速度、灵活、多变等技术技巧摆脱被动，争取主动，夺取胜利。

(4)高度的技巧性：根据规则规定：比赛中，球不能落地，也不能在手中停留，不得连击，每方击球不得超过 3 次。因此对时间性、技巧性要求很高。高水平的排球比赛是在快速、突变、连续和复杂的争夺中进行，反映出良好的素质和精湛的球艺。

(5)严密的集体性：在排球比赛中，除发球外都是在集体的配合中进行的。如果没有严密的集体配合，就无法发挥技术、战术的作用。无论是接发球进攻中的一传、二传、扣球或是接扣球进攻中的拦网、防守、二传、扣球等等，技术都是一环扣一环地进行的，如某一环节配合不当，整个战术的配合就无从谈起。因此，要严密地配合，而且水平越高，集体配合就越严密。

(6)攻防技术的两重性：排球比赛中各项技术绝大多数技术都既能得分又能失分，所以说每项技术大多具有攻防的两重性。这一特点与足球、篮球不同。排球各项技术都是攻中有防，防中有攻，相互转化，相互制约。所以要求技术十分准确、熟练，既要有攻击性，又要有准确性。

第二节　排球基本技术

排球技术是在规则允许的条件下所采用的各种合理的击球动作。排球技术主要由步法和手法两部分构成。基本技术有：准备姿势与移动、发、垫、传、扣、拦六大技术。

步法是指快速灵活的脚步移动和起跳动作，保持好人与球的合理位置关系。

手法是指击球时手指、手腕、手臂用力和控制球的动作方法。

一、准备姿势与移动

(一)准备姿势

按身体重心的高低分为稍蹲、半蹲和低蹲三种。但半蹲准备姿势运用较多。稍蹲主要用于扣球助跑前或球在对方正在组织进攻时，不需要快速反应起动的场合。低蹲主要用于防守和接回拦球等。

半蹲准备姿势技术动作要领：

(1)下肢姿势：两脚左右开立与肩同宽(图 8-2)或前后开立(图 8-3)，两脚尖适当内收，脚跟稍提起，膝关节弯曲成 135°角。

(2)身体姿势：上体前倾，重心靠前，膝部的垂直线应在脚尖前面。

图 8-2

图 8-3

(3)手臂的位置：两臂放松自然弯曲，双手置于胸腹前。

(4)全身动作要求：全身肌肉不宜过于紧张，应适当放松，两眼注视来球，两脚始终保持微动。

(二)移　动

移动的目的主要是及时接近球，保持好人与球的位置关系以便击球，同时也为了迅速占据场上的合理位置。

技术动作要领：

1. 移动前的准备

应根据场上情况选择上述 3 种准备姿势之一，两脚的位置、膝关节的弯曲程度、身体重心位置以及手臂位置等都要有利于随时改变移动的方向和迅速起动。

2. 起　动

起动快慢是移动的关键。以向前移动为例，在正确准备姿势的基础上，迅速抬起前腿，收腹使上体向前探出，同时后腿迅速用力蹬地，使整个身体急速向前起动。

3. 步　法

起动后采用的移动步法应根据临场技战术的需要灵活运用，常用的有以下几种：

(1)并步与滑步：当来球距身体一步左右时可采用并步移动。向前移动，则后脚蹬地，前脚向来球方向跨出一步，后脚迅速跟上做好击球前的准备姿势。并步容易保持身体平衡，便于做击球动作，并可向前、后、左、右各方向移动。它主要用于传球、垫球、拦网等技术。滑步是一种快速连续并步的移动方式，它是在来球离体侧稍远，并步不能接近球时使用。

(2)跨步与跨跳步：当来球较低，离身体 2 米左右时采用，采用跨步移动时，如向前移动，则后脚用力蹬地，前脚向前跨出一大步，膝部弯曲，上体前倾，身体重心移至前脚上。跨步可向前、向斜前或向侧方移动。跨跳步是在跨步动作的基础上，后脚将身体向前蹬离地面，有一个腾空阶段。前脚落地后迅速屈膝，后腿及时跟上，同时降低重心，上体前倾准备击球。

(3)交叉步：采用向右侧交叉步时，上体稍向右转，左脚从右脚前面向右交叉迈出一步，然后右脚再向右跨出一大步，同时身体转向来球方向保持击球前的姿势。

(4)跑步：球远时须用跑步。采用跑步时，两臂要配合摆动，不要过早做击球动作的准备，以免影响跑步的速度，球在侧方或后方时，应边转身边跑。

(5)综合步法：以上各种移动步法可以综合运用，如跑步之后接侧滑步；滑步之后接交叉步或跨步等。

4. 制 动

(1)一步制动法：一步制动时，移动最后跨出一大步，同时降低身体重心，膝和脚尖适当向内转，全脚掌横向蹬地，抵住身体重心继续移动的惯性力，并用腰腹力量控制上体，使身体重心垂线停落在两脚所构成的支撑面以内。

(2)两步制动法：两步制动时，以倒数第二步做第一次制动，紧接着跨出最后一步做第二次制动。同时身体后倾，两膝弯曲，重心下降，两脚用力蹬地。使身体处于有利于做下一个动作的状态。

二、发球技术

发球是比赛的开始，也是进攻的开始。发球可以直接得分；可以破坏对方的战术组成；可以起到先发制人的作用。

发球技术可分为：正面上手发球；上手飘球；勾手大力发球；勾手飘球；正面下手发球；侧面下手发球和高吊球等。

(一)正面下手发球

技术动作要领：

(1)准备姿势：面对球网，两脚前后开立，左脚在前，两膝微屈，上体稍前倾，重心偏后脚，左手持球于腹前(图8-4①)。

图8-4

(2)抛球：左手将球轻轻抛起在体前右侧，离手高约20厘米。在抛球之前，右臂伸直，以肩为轴向后摆动(图8-4②③)。

(3)击球：借右脚蹬地力量，身体重心随着右手向前摆动击球而移至前脚上，在腹前以全手掌击球的后下方。手触球时，手指、手腕紧张，手成勺形，吻合球。击球后，随着击球动作重心前移，迅速进场比赛(图8-4④⑤⑥)。

(二)正面上手发球

技术动作要领：

(1)准备姿势：队员面对球网，两脚自然开立，左脚在前，左手托球于身前(图8-5①)。

(2)抛球：用抬臂和手掌的平托上送，将球平稳地垂直抛于右肩的前上方，高度适中(图8-5②)。

(3)挥臂击球：在左手抛球同时，右臂抬起，屈肘后引肘与肩平，上体稍向右侧转动(图8-5③)，击球时利用蹬地，使上体向左转动，同时收腹，带动手臂挥动(图8-5③~⑥)，在右肩上方伸直手臂的最高点，用全手掌击球的中下部(图8-5⑥)，击球时，手指自然张开吻合球

(图 8-6)，手腕要迅速主动做推压动作(图 8-7)，使击出的球呈上旋飞行，击球后随着重心前移，迅速进场比赛。

图 8-5

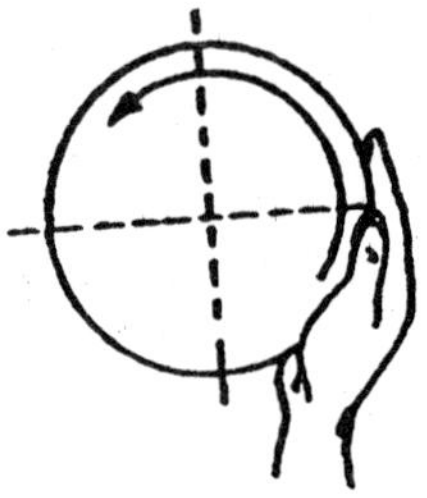

图 8-6

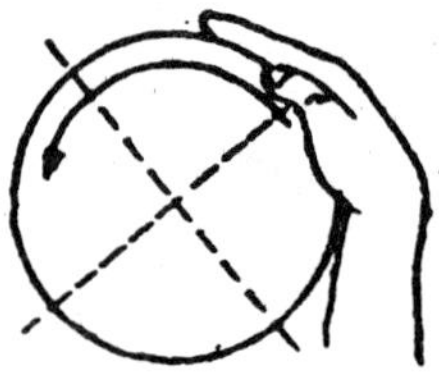

图 8-7

(三)正面上手发飘球

技术动作要领：

(1)准备姿势：同正面上手发球。

(2)抛球：同正面上手发球，但抛球比正面上手发球稍低，约 50 厘米稍靠前些。

(3)挥臂击球：与正面上手发球一样做鞭甩动作，击球前手臂的挥动轨迹是自后向前作直线运动。击球时五指并拢，手腕稍后仰，用掌根平面击准球体中下部，作用力通过球体重心。击球瞬间，手腕、手指紧张，手型固定，不加推压动作。击球结束，手臂要有突停动作，击球后，队员迅速入场比赛。

三、垫球技术

垫球技术按动作方法可以分为：正面双手垫球、跨步垫球、体侧垫球、低姿垫球、背垫、单手垫球、前扑垫球、侧卧垫球、滚翻垫球、鱼跃垫球以及挡球等。垫球技术按运用分类可区分为接发球、接扣球、接拦回球、接其他球等。

正面双手垫球的技术动作要领：

(1)准备姿势：对正来球两脚左右开立与肩同宽，成半蹲姿势站立，双手置于胸腹前，两眼盯着来球(图 8-8①)。

(2)手型：叠掌式、抱拳式。

(3)击球：当球飞到腹前一臂距离时，两臂夹紧前伸，插到腹前(图 8-8②)，向前上方蹬地抬臂，迎击来球，垫击球的后下部(图 8-8③)，身体重心随击球动作前移。

(4)击球点：应保持在腹前击球。

(5)用力：配合蹬地、跟腰动作，使重心向前上方移动，整个手臂要适当放松，便于灵活控制垫球的方向和力量(图 8-8④)。

(6)垫击部位：用前臂腕关节以上 10 厘米左右桡骨内侧平面为宜(图 8-8⑤)。

(7)手臂角度：要根据来球的角度和要求垫出的方向，调整手臂与地面的角度和左右转动手臂平面来控制垫球方向。

四、传球技术

传球动作多种多样，其基本的动作分为：正传、背传、侧传和跳传四种。

图 8-8

正传技术动作要领：

(1)准备姿势：与正面双手垫球类同，但双手置于脸前(图 8-9①)。

(2)迎球：当来球接近额前时，开始蹬地、伸膝、伸臂、两手微张从脸前向前上方迎球(图 8-9②)。

(3)击球：击球点在额前上方约一球距离处(图 8-9③)。

图 8-9

(4)手型：当手触球时，两手应自然张开成半球形，手腕稍后仰，以拇指、食指和中指托住球的后下部，手指手腕保持适当的紧张以承担球的压力，两拇指相对，成"一"字形，两手间要有一定距离，用拇指内侧，食指全部，中指二、三指节触球，无名指和小指在球两侧辅助控制传球方向。两肘适当分开，两前臂之间约成 90°角。

(5)用力：传球动作是由多种力量合成。如伸臂力量、手指手腕的反弹力、伸腿蹬地的力量、主动屈指屈腕的力量以及球的弹力等。而正面传球主要靠伸臂的力量，配合蹬地的力量，通过球压在手上使手指手腕所产生的反弹力将球传出。

五、扣球技术

扣球技术可分为：正面扣球、调整扣球、勾手扣球、扣快球和自我掩护扣球等。

(一)正面扣球

技术动作要领：

(1)准备姿势：扣球助跑前采用稍蹲姿势，两臂自然下垂。

(2)助跑：以两步助跑为例，助跑时，左脚先向前迈出一步，接着右脚再迅速跨出一大步(图 8-10②)，左脚及时并上，踏在右脚之前，两脚尖稍向右转(图 8-10③)。

(3)起跳：在助跑跨出最后一步的同时，两臂绕体侧向后引(图 8-10①②)，左脚在并上踏地制动的过程中，两臂自后积极向前摆动(图 8-10②③)，随着双腿蹬地向上起跳，两臂也配合起跳，有力地向上摆动。两腿从弯曲制动的最低点，猛力蹬地向上起跳。

图 8-10

(4)空中击球：起跳后，挺胸展腹，上体稍向右转，右臂向后上方抬起，身体成反弓形(图 8-10④)，挥臂时，以迅速转体、收腹动作发力，依次带动肩、肘、腕各部关节成鞭甩动作向前上方挥动。击球时，五指微张呈勺形，并保持紧张，以全手掌包满球，掌心为击球中心，击球的后上部，同时主动用力屈腕屈指向前推压，使扣出的球加速上旋(图 8-10⑦)。

(5)落地：落地时，以前脚掌先着地再过渡到全脚掌着地，同时顺势屈膝、收腹，以缓冲下落力量(图 8-10⑧)。

(二)近体快球技术

技术动作要领：

在二传队员体前或体侧约 50 厘米处扣的快球，统称为近体快球。这种快球的二传距离最近，因而速度快，节奏快，有突扣效果和掩护作用。

近体快球要随一传的球同时助跑到网前，助跑的角度一般与网成 45°角左右。当二传队员传球时，扣球队员应在二传队员体前近网处迅速起跳。紧接着快速挥臂，将刚刚传出网口的球立即扣过网去。击球时，利用含胸收腹动作带动前臂和手腕迅速挥甩，以全手掌击球的后上部。

六、拦网技术

拦网是排球的基本技术之一，是防守的第一道防线。拦网分为单人拦网和集体拦网。集体又可分为两人和三人拦网。

技术动作要领：

(1)准备姿势：队员面对球网，两脚平行开立，约与肩同宽，距网 30～40 厘米，两膝稍屈，两臂在胸前自然屈肘。

(2)移动：

①并步移动：向左右移动距离近时采用并步。由于面对球网便于观察，也便于随时起跳，但移动速度较慢。

②交叉步：移动距离稍远时采用交叉步。交叉移动后两脚着地时脚尖要转向球网。

③跑步：移动距离过远时采用，女队员用得较多。不管采用几步助跑，向右侧转身最后一步应以左脚(内侧脚)跨出制动，右脚(外侧脚)再向前跨出一步，脚尖向左转，随即起跳。如来不及转时，也可边跳边转，使身体正面转向球网。

④向前或斜前移动：为了提高弹跳高度或运用重叠拦网，开始不贴网站立，而是站在离网

一步远的地方，利用一步助跑到网前起跳。动作方法同并步或交叉步。

(3)起跳：原地起跳时，重心降低，两膝弯曲，用力蹬地，使身体垂直起跳。

(4)空中击球：起跳时，两手从额前贴近并平行球网向网上沿的前上方伸出，两臂伸直，两肩尽量上提，两臂保持平行，拦网时，两臂尽力过网伸向对方上空，两手接近球，自然张开，屈指屈腕呈勺型。当手触球时，两手要突然紧张，手腕用力下压盖住球的前上方。为了防止对方打手出界，2、4 号位队员的外侧手掌心要向内转。

(5)选择拦网部位：选择拦网的部位不能只根据球的位置，主要的是根据扣球人的身体位置和挥臂方向把注意力转到扣球人的动作上，最后根据其挥臂方向，判断球的过网位置，双手最后伸向这个部位拦网。

(6)落地：如已将球拦回，则可面对对方，屈膝缓冲，双脚落地。如未拦到球，则在下落时就要随球转头，并以转头方向相反的一只脚先横过来落地，随即转身面向后场。

第三节 排球基本战术

一、概 述

战术是队员在比赛中根据排球运动规则及彼我双方的具体情况和临场的发展变化，有意识地运用技术配合，所采取的有目的、有预见性的行动。排球战术一般分为个人战术和集体战术两大部分：个人战术包括发球、一传、二传、扣球、拦网及后排防守；集体战术包括接发球进攻、接扣球进攻、接拦回球进攻、接传垫球进攻。

(一)个人战术

个人战术是利用个人所具有的传、发、扣、拦及后排防守等技术特点获得最佳技术动作效果。

(1)发球个人战术：根据比赛的具体情况，采用各种不同的发球方法，造成对方一传的困难或传球失误，从而破坏对方的战术或直接得分。

(2)一传个人战术：一传是为了组成本队的进攻战术而有目的的垫击。它是进行比赛与组织进攻战术的基础，是防守与进攻、被动与主动的转折点。

在比赛时，由于有各种不同的进攻战术，所以对一传的要求也不同，例如：组织快攻战术时，一传的弧度要低平，速度稍快，以提高进攻节奏。组织两次球战术，一传的弧度要高，接近垂直下落时便于扣两次球或转移。组织前交叉，一传的落点要靠近球网中间，组织后交叉，一传的落点要偏向 2 号位。组织短平快球时，要根据是 3 号位扣球还是 4 号位扣球来决定一传的落点。

(3)二传个人战术：二传是为了有效地组成进攻战术，给扣球队员创造有利的进攻条件，使对方难于组织防御。二传个人战术主要是利用空间、时间和动作上的变化，为进攻创造有利的形势。

(4)扣球个人战术：扣球是进攻战术中的集中表现。扣球个人战术是扣球队员根据比赛中对方拦网和防守情况，选择合理有效的扣球方法和变换击球线路等，以达到突破对方防守的目的。

(5)拦网个人战术：拦网是阻拦对方进攻的第一道防线，是转守为攻整个过程的积极手段。拦网个人战术是通过时间、空间和动作变化等因素来体现的。时间就是掌握突然起跳的时机，使扣球队员来不及改变扣球路线。空间是拦网队员控制高度，接近球，扩大阻拦面，并拦住球的过网路线。动作变化是指用声东击西战术来迷惑扣球队员，造成扣球队员判断错误而使本方拦网获得成功。经常采用的拦网战术有单人拦网、双人拦网、三人拦网。运用拦网个人战术，要根据对方扣球队员的风格及技术特点来运用，有的人主张猛打猛攻，有的人善于巧打巧取，还有的人只会大力扣球，对于这些战术变化只有预先正确判断，比赛中灵活运用，才能取得良好效果。

(6)后排防守个人战术：防守应能选择有利的位置，并采取合理的接球动作，将球有效地按战术要求防起。好的防守队员，要看出对方进攻的意图和本方拦网情况，在接球前就做出正确的判断，并采取相应的措施。

(二)集体战术

集体战术是根据本方和对方的情况，利用场上每个队员的位置、行动和任务变化，互相配合，充分发挥全队队员的力量，给本队造成有利于向对方进攻或防守对方进攻的条件，以达到胜利的目的。

二、阵容配备

阵容配备是合理使用本队队员的一种组织手段。其目的在于把全队的力量有效地组织起来，最大限度地发挥每一个队员的特长和作用。

(一)阵容配备种类

阵容配备主要有“四二”配备与“五一”配备两种。

(1)“四二”配备：即安排4个进攻队员和2个二传队员。4个进攻队员又分为2个主攻队员，2个副攻队员，他们都站在对角的位置上(图8-11)。这样前、后排都能保持1个二传队员和2个进攻队员，容易组织发挥本队的攻击力量。目前在初学和一般水平的球队中，采用这种阵容配备的队较多。

(2)“五一”配备：即5个进攻队员和1个二传队员(图8-12)。其目的是为了加强拦网和进攻的力量，并使二传队员能够更好地控制比赛的进行。这种阵容配备，目前在水平较高的队中采用。

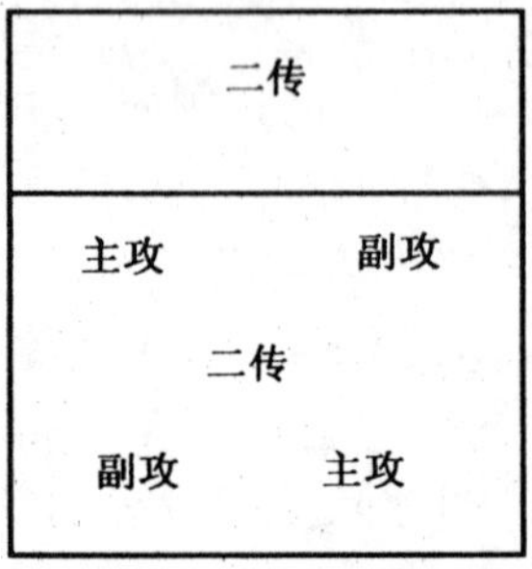

图8-11 “四二”配备

图8-12 “五一”配备

在初学者或基层开展排球比赛，如队员尚未掌握扣球技术，无法采取以上两种阵容配备，在比赛中的位置安排上，则采取把传球和防守较好的队员分散站位布局，使全队的防守力量比较均匀。如该队有两名较好的攻手，把他们安排在前后对称的位置上，以保持每一轮次都有一名进攻队员。

(二)两种阵容配备优缺点比较

“四二”配备的优点是每一轮次前排都有一个二传队员和两个进攻队员，这样便于组织“中、边一二”进攻。如两名二传队员也有攻击力量，每一轮次都可采用插上进攻，以加强进攻的威力，给对方拦网和后排防守造成困难。但是一个队培养两名高水平的优秀二传手，同时又是优秀的扣球手，这种情况是不多的，所以不少队着重启用攻击力量虽然不强，却是优秀二传手的队员。“五一”配备虽然加强了进攻力量，但当二传队员轮转到前排时，有三轮前排只有两名进攻队员。采取“五一”配备，全队进攻队员只需适应一名二传队员的打法，相互配合上容易建立默契。球队中由一个人做出战术决定，有利于统一指挥。

这两种不同的阵容配备，各有利弊，主要应从本队的实际情况出发，进行合理的组织。

三、进攻阵形和进攻打法

(一)进攻阵形

进攻阵形即进攻时所采取的队形。采取合理的进攻阵形，有助于顺利地进行各种战术变化。进攻阵形可分为两类：由前排队员作二传组织进攻的称为“中、边一二”进攻阵形；由后排队员作二传组织进攻的称为“插上”进攻阵形。

1.“中、边一二”进攻阵形

前排中队员或前排边队员作二传，将球传给其他两个前排队员扣球的进攻阵形(图 8-13、图 8-14)，叫“中、边一二”进攻阵形。这种阵形是最基本、最简单的，其特点是队员分工明确，阵形容易组成。缺点是只能保持两点进攻，战术变化较少，攻击性和突然性较差，战术意图易被对方识破。但这种阵形较适合初组的队采用。

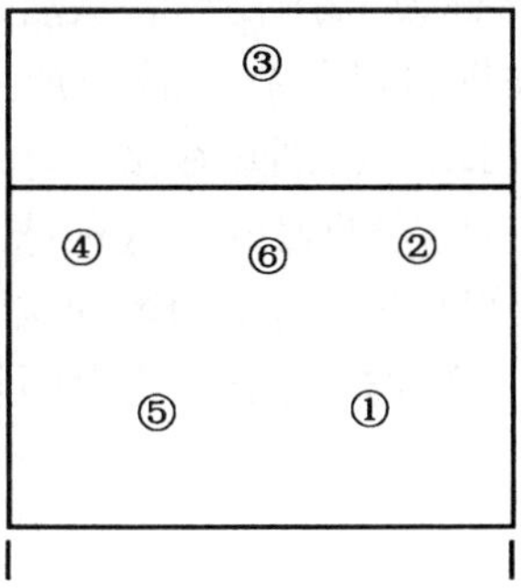

图 8-13

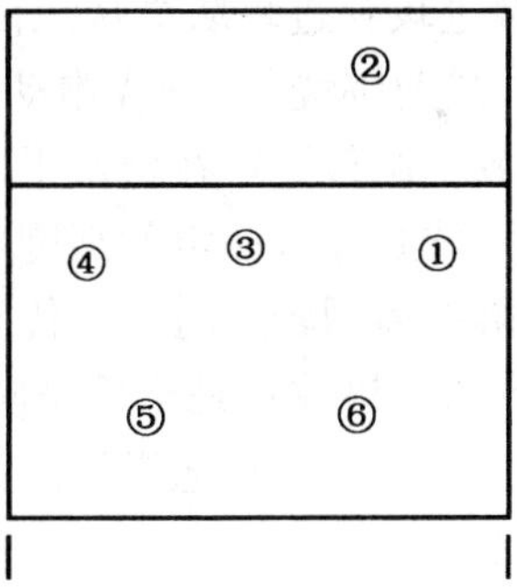

图 8-14

采用“中、边一二”进攻阵形时的注意事项：

(1)采用这种阵形时，3 号位二传队员如果利用正面长传和背后短传时，站位应靠近 2 号位，如果两边都采用正面传球时，可以居中站位。

(2)采用这种阵形时，二传队员应站在 2、3 号位之间，不要站得太靠近边线，以便运用快变战术。

(3)在“中、边一二”进攻阵形中，不仅可以通过灵活地运用强攻和快攻，而且也可以在一传较高时第二次就进行扣两次球进攻。

2.“插上”进攻阵形

后排队员插到前排作二传，将球传给前排 3 个队员扣球的进攻阵形，叫“插上”进攻阵形(图 8-15)。

这种进攻阵形在现代排球中为一般强队所普遍采用。"插上"进攻阵形的最大特点是：前排能保持 3 人进攻，进攻时能充分利用球网的全长，有利于突破对方的防线，战术变化多，可以组成各种快变战术；在接扣球组织进攻中伺机插上，有利于快速反击，争取主动。

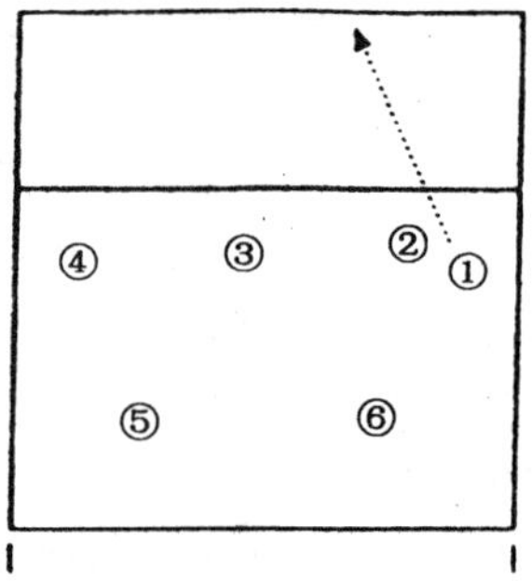

图 8-15

采用这种进攻打法应注意以下几点：

(1)插上队员在插上过程中不应影响其他队员接发球。

(2)插上要及时，不要因急于插上而造成位置错误。

(3)当前排 3 人都有进攻能力时，采用"插上"进攻阵形才有作用。

(二)进攻打法

进攻战术是由一传、二传和扣球三者所组成。在一传到位的情况下，二传队员和扣球队员之间所组织的各种进攻，称为进攻打法。进攻打法可分为强攻、快攻、两次攻三类。

1. 强 攻

起不到互相掩护作用，单凭个人高举高打强行突破对方拦网的打法。强攻的打法又包括集中进攻、"拉开"进攻、围绕进攻、调整进攻、后排队员进攻。

(1)集中进攻：一般适合初学者和水平较低的队运用。这种进攻打法是指在 4 号位或 3 号位、2 号位组织比较集中的不拉开的高球进攻。这种打法扣球人也容易掌握。

(2)拉开进攻：二传队员将球传到网边标志杆附近进行扣球，这种进攻可以扩大攻击面，造成对方拦网困难。

(3)围绕进攻：进攻队员从二传队员前面绕到后面去扣球称为"后围绕"。从后面绕到前面去扣球，称为"前围绕"。围绕跑动换位进攻的目的是充分发挥自己的扣球特长或避开对方拦网的有效区域。调整进攻在低水平队或高水平队比赛时经常出现，特别是在接扣球反击中采用较多，打这种球必须有一定的高度和力量，才能达到突破对方防守的目的。这种球是当一传不到位，球的落点离网较远时，二传队员或其他队员把球调整到网前有利于扣球的位置。

(4)后排队员进攻：是指后排队员在 3 米线后起跳扣球。这种打法击球点离网较远，进攻威力减小，但对方不容易选择拦网位置和起跳时间。

2. 快 攻

各种快球、平球以及以这种打法作为掩护，由同伴或本人所进行的进攻，称为快攻。

(1)快球进攻：二传队员快速地将球传给攻手并立即进行挥臂击球，称为快球进攻。其特点是速度快，突然性大，效果好，牵制性强，有利于争取时间、空间和组织多变战术。快球有近体快、短平快、背快、平拉开快、背平快、调整快等。组织快球战术，主要是二传队员与扣球队员之间的密切配合。二传要了解攻手的特点，攻手也要根据一传的情况和二传的特点，两者之间做到相互配合。

(2)自我掩护进攻：用自己打各种快球的假动作来掩护自己的第二个实扣进攻。它包括"时间差"进攻、"位置差"进攻、"空间差"进攻。

[时间差进攻]要求攻手与二传之间通过暗号密切配合。扣球队员的第一次佯攻助跑上步，急停制动和摆臂动作都要做得逼真，同时也要与快球实扣结合，交替使用才能奏效。

[位置差进攻]扣球队员的佯攻要逼真，错位的移动要迅速连贯，并与快攻实扣结合。

[空间差进攻]面宽、突然性大，很容易摆脱对方的拦网。但要求扣球队员必须与二传队

员密切配合。空间差又有“前飞”“背飞”“拉三”“拉四”。它们的共同特点是速度快、时间短、功效好。

(3)快球掩护进攻：利用扣各种快球吸引对方拦网，给其他队员实施真正的进攻创造条件。在“快球掩护”下，其他队员还可以进行各种形式的跑动进攻，从而突破对方的拦网。

在快球掩护进攻中，以近体快或短平快掩护最为普遍。在2号位运用背快球掩护也不少，它能帮助其他队员摆脱双人拦网的“困境”，造成单人拦网或空网进攻的机会。

快球掩护进攻有交叉进攻、梯次进攻、夹塞进攻等多种打法。交叉进攻，又可分为前交叉、后交叉、背交叉等几种，这种打法比较简单，突然性大，攻击性强，效果好，是目前运用最为普遍的打法。

[前交叉]4号位队员内切作近体快或短平快掩护，3号位队员作交叉跑到4号位附近扣半高球。

[后交叉]3号位队员作近体快球掩护，2号位队员交叉跑动绕至二传队员前面扣半高球。

[背交叉]二传队员背后形成的交叉进攻。2号位队员作背快掩护，3号位与2号位队员成交叉跑动，扣背传的短平球或半高球，组织交叉进攻时应考虑到一传落点对交叉进攻有一定的影响，交叉进攻时二传球不宜过高，与快球队员的距离也不宜太远。传球的高度以对方拦网队员来不及移动补位为宜，扣球队员助跑上步的时机必须恰当，不应过早或过晚。

3. 两次攻

当一传来球较高，又在网前适当位置，前排队员可以起跳在第二次击球时就进行扣球，这种打法就是两次攻战术。两次攻的特点是具有较大的突然性，可以加快进攻速度，破坏对方的节奏，运用两次转移进攻能够迷惑对方拦网，但这种战术对一传的要求较高。对攻手来说，直接扣后排传来的球也是有一定的难度。两次攻包括两次球进攻、两次球跳传转移进攻。

[两次球进攻]运用这种打法，要求一传的球要稳准地传到前排适当位置，扣球队员要有原地起跳扣调整球的能力。二传队员在跳传的基础上，突然运用两次球进攻，效果较好。

[两次球跳传转移进攻]当扣两次球的队员跳起做扣球动作时，发现对方进行拦网，可以虚晃一下，在空中变扣球为传球，转移给另一队员扣球。运用跳传转移进攻应注意跳传队员要有进攻能力，才能吸引对方拦网队员的注意力。跳传可以原地起跳，也可以助跑起跳，以一两步较为合适。跳传队员切不可起跳过早，在身体下降时进行传球，以免影响用力和准确性。

四、接发球及其进攻

接发球进攻，是在接起对方发球后，通过各种进攻战术阵形，运用多种战术配合打法，达到突破对方拦网，取得胜利的目的。在接发球进攻中，快攻战术是发展的重点和方向，而强攻战术又是接发球进攻的基础、后盾和保证。各个队应根据本队的技、战术水平，每个轮次队员的特点和特长，合理地运用强攻、快攻、两次攻打法，才能取得良好的战术效果。

(一)接发球站位

排球比赛是从发球和接发球的第一传开始的。当对方发球时，本队首先应考虑到队员在场上的站位，为合理地将对方的发球接起，传至预定的位置组织进攻，这时队员的站位要根据本方采用的进攻战术来确定。同时还要根据对方的不同发球方法，采取疏散或集中的站位。对方采用轻发球时，来球速度较慢，弧度较大，落点较分散，队员取位应前、后分布疏散均衡些。如对方来球速度快、弧度平、落点比较集中时，站位要后退些，前后排要压缩和靠近。如远飘、平快、大力一条线。

在场上的任何一个队员都要集中注视对方发球队员，随时保持半蹲的准备姿势，以便移动和接球。场上队员的站位还应考虑各个队员的特点，一般身体高大的队员稍前站，矮小的及女队员站位稍靠后。现在，发球已成为进攻手段之一，因此应善于根据临场发球特点，为本队创造有利的进攻条件。一般最常用的接发球站位法有以下几种：

1. “一三二”接发球

运用“中一二”或“边一二”进攻战术时采用。

形成“中一二”进攻战术，是由3号位队员站在网的中间，准备作第二传。2、4、6号位队员站在限制线附近接球，1、5号位队员站在距端线和边线各2米左右的地方接球。

形成“边一二”进攻战术，是由2号位队员站在近网前准备作第二传。1、3、4号位队员站在限制线附近接球，5、6号位队员站在距端线和边线各2米左右的地方接球。

2. “四二”插上接发球

利用后排1个队员插上作第二传，保持本方前排3个队员的扣球进攻战术，但也可以在组织两次球及其转移进攻战术时运用。形成“四二”插上战术，是前排2、3、4号位队员站在限制线附近接球，后排1号位队员站在2号位队员的右后侧方，准备插上作第二传，或6号位队员站在3号位队员的右后侧方，5号位队员站在4号位队员的右后侧方。5、6号位队员站在距端线和边线各2米左右的地方准备接球。

（二）进攻战术

当接起对方发球的同时，就立即组织本方的进攻。进攻的成败，取决于本队所采取的战术是否符合当时的情况。一般进攻战术分为“中一二”“边一二”“插上”三种。

1. “中一二”进攻阵形

“中一二”进攻阵形最容易，也易组织进攻。因而适合初学和水平较低的球队在接发球进攻中采用。“中一二”进攻战术，由前排3号位队员作第二传，2、4号位队员定位进攻，水平较高的队可在定位进攻的基础上，运用二传队员传出集中、拉开背传球等进攻。水平更高的队，不但可运用一点定位，另一点跑动活点进攻，甚至还可以运用两点跑动的换位进攻，在上述进攻中，可充分运用强攻、快攻和两次攻中的多种打法，达到突破对方防御的目的。

[定位进攻]3号位二传队员传给4号位和2号位队员集中或拉开进攻。

3号位二传队员传给4号位平拉开，传给2号位扣背传半高球。

3号位二传队员传给4号位队员扣短平快，传给2号位队员扣背传拉开球。

[一点定位，另一点跑动换位进攻]

在一传到位的情况下，4号位队员定点进攻，2号位队员跑动换位进攻，其进攻打法有：

(1)斜线助跑到二传队员面前扣近体快；

(2)在二传队员头后扣背快球；

(3)跑动换位至3号位扣短平快；

(4)直线助跑后，向右助跑扣背传拉开半高球或背平快。

2. “边一二”进攻战术

这也是初学者广泛采用的打法，这种战术除组织前排2名队员定位进攻外，还可以在定位进攻中组织3号位快球掩护，4号位拉开进攻。也可一点定位，另一点跑动换位进攻。

(1)定位进攻：接发球一传到位，2号位二传队员传给3号位，4号位队员扣一般集中或拉开球，4号位队员扣定位拉开高球或平球，3号位队员进行近体快或短平快球的实扣或掩护。

(2)一点定位，另一点跑动换位进攻：接发球一传到位后，4号位队员扣定位球，3号位队员围绕跑动进攻，换位到2号位扣二传队员传出的背快或半高球，以充分利用球网的全长展开进攻。

3. 接发球"插上"进攻战术

接发球插上进攻时，可充分运用快速多变战术，如结合后排队员进攻，战术应用更加丰富多彩。

例如：3号位队员打近体快球，2、4号位队员两边拉开进攻。这种打法在实战中运用较多，它能充分利用球网全长展开进攻，造成对方组成集体拦网的困难。这种战术一般前排3个队员都有一定进攻威力，特别是有扣快球的队员时采用比较理想。对"插上"队员的技术要求较熟练，有较高的战术修养。

五、接扣球及其进攻

接扣球及其进攻的过程中包括：拦网、后排防守、二传或调整二传、扣球等几个相互衔接的部分。其中拦网是第一道防线，后排防守是反攻的基础，二传是组织反攻的桥梁，而反攻中的扣球也是成败的关键。所以它们之间是相互联系的。

(一)接扣球战术

接扣球战术是由拦网和后排防守两部分组成。首先力争从网上就削弱对方的攻势，尽可能争取直接拦死，同时组织好后排防守，把前排没有拦到的球接起来。拦网与后排防守是不可分割的有机整体，两者相辅相成，相互弥补。

1. 拦 网

拦网又分为单人拦网和集体拦网两部分。单人拦网一般是在不得已时或对方进攻力不强时采用，大量采用的是集体拦网形式。

(1)集体拦网战术：集体拦网应在个人拦网技术的基础上进行2人和3人的互相配合。

(2)双人拦网：双人拦网是集体拦网的主要形式。根据对方不同的进攻位置，双人拦网的具体分工也不相同。当对方从4号位组成拉开进攻时，应以本方2号位队员为主，3号位队员协同配合拦网，组成2人拦网。

(3)三人拦网：3人拦网多在对方高点强攻而不善于吊球时采用。在组成3人拦网时，一般都应以中间队员为主，两侧队员协同配合。

(4)拦网战术的变化：对方的进攻战术比较简单时，一般都有比较充裕的时间来组织集体拦网。但当对方进攻战术灵活多变时，拦网战术也要随机应变，力争组成集体拦网，至少保持一人拦网，不能让对方空网进攻。

①根据对方不同的进攻阵形采取不同的拦网站位与配合。

②根据对方不同进攻打法采取不同的拦网战术变化：

人盯区的拦网战术：这是一种对付定位进攻及一般进攻配合较为有效的拦网技术。

人盯人拦网战术：3个拦网队员各自负责对方3个队员，进行固定人员的对称拦网。优点是职责清楚，分工明确。但当对方打交叉进攻时，需要换人盯拦，以免造成无人拦的被动局面。近年来，由于进攻战术日益发展，人盯人拦网战术已被广泛采用。

重叠拦网战术：是在人盯人拦网战术基础上的一种变化。为了便于交换拦网位置，前排拦网队员在网前不是平行站位，而是前后重叠站位。其优点是能保证人盯人拦网，不致造成空网进攻。

2. 后排防守

后排防守是第二道防线，是保证少失分和争取反攻多得分的基础。目前拦网的高度和拦网的技、战术有了很大的发展，同时也刺激和促进了进攻战术的发展。通过拦网攻入后排的球仍占多数，如果这些球防不起来，反攻的机会就会减少。后排防守还体现着一个队的精神面貌，顽强而有效的后排防守能鼓舞士气，增强信心，激发队员的斗志。

后排防守应注意以下三点：

(1)与拦网的配合：后排防守必须与前排拦网密切配合，互相弥补。两者之间的配合应以对方进攻手的变化能力及有无吊球而确定。

(2)防守的互相弥补和接应：每个防守队员的判断取位都可能发生错误，当其他队员发现其判断行动失误而出现空当时，应主动采取弥补措施。

(3)要具有良好的心理素质：心理因素在后排防守中起着重要作用。因而培养队员具备良好的心理素质，保持良好的心理状态是十分必要的。

3. 接扣球防守战术的阵形

防守阵形是拦网与后排防守的综合体。即使个人具有较强的防守能力，如果没有组织和集体配合，就不可能有理想的防守效果。组织接扣球的阵形，首先要针对对方进攻的特点及变化进行部署。其次要充分发挥本方队员的特点，合理地配备力量。同时还要结合本方防守后的反攻战术打法进行部署。

接扣球防守阵形按前排拦网队员的多少可分为单人、双人、三人和不拦网情况下的 4 种防守阵形。几种阵形各有利弊，一个成熟的球队必须熟练地掌握各种阵形，根据场上的变化和需要灵活、正确地运用。

(1)单人拦网时的防守阵形：这种阵形一般在水平较低的队比赛时采用。由于对方扣球力量小，路线变化少，用单人拦网进行防守比较合适，其优点是增加了后防人数，便于组织进攻，但当对方攻击力量较强时，单人拦网就显得第一道防线太弱。此外，在水平较高队之间的比赛时，也经常被迫采用单人拦网防守阵形。这是由于对方进攻战术多变，无法组成双人拦网则被迫采用单人拦网。这种单人拦网的防守阵形则与上述主动地采取单人拦网阵形不同。单人拦网可分为：与对方队员相对位置队员拦网和固定由 3 号位队员拦网两种：

①与对方扣球队员相对位置队员拦网的防守阵形：以对方 4 号位进攻为例，由本方 2 号位队员单人拦网，3 号位后撤防吊球，不拦网的 4 号位队员后撤防守，与后排 3 人组成弧形防守圈，每人防守一个区域。

②固定由 3 号位队员拦网的防守阵形：无论对方从任何位置发起进攻，均由 3 号位队员单人拦网，2、4 号位后撤与后排 3 人共同组成防守阵形。

(2)双人拦网防守阵形：

①边跟进防守阵形：双人拦网下的边跟进防守阵形，也称之为“马蹄形”或“1、5 号位跟进”防守阵形。这种阵形是目前国内外强队广泛采用的一种阵形。一般在对方进攻比较强，战术变化较多，吊球较少时采用。这种防守阵形，前排由两人拦网，不拦网的前排队员和后排 3 个队员组成半弧形的防守阵形。这种防守阵形其弱点是球场中间空隙较大，容易形成中心空。对方如扣直线结合轻扣或吊球，防守较为困难。

边跟进防守阵形的布局变化：

活跟：在对方扣球路线变化多，并打吊结合的情况下，应采用活跟。跟进与不跟进由 1 号或 5 号队员灵活掌握。

死跟：对方扣直线少，吊球多，或我方拦网区完全封锁了直线，1 号或 5 号位队员就可跟到底，以防吊为主，兼防拦网打手出界球。

内撤：对方扣直线多，并常有吊心球，4 号或 2 号位队员可采取内撤防吊，内撤时要果断，一撤到底。这种防守的弱点不利于转入反攻。

双卡：对方以吊球和轻打战术为主，打吊结合，本方拦网又较强时，就采用 4 号位内撤 1 号位跟进的办法共同防守前排的吊球，但双卡防守时，后场只有两人防守，空隙太大。两人跟进要适时，过早地跟上会被对方识破，于我不利。

②"心跟进"防守阵形：这种阵形也可称为"6 号位跟进"防守阵形。当对方经常采用打吊结合，本方拦网能力强，能封住后排中场，而 6 号位或某个队员又善于防吊球，可采用"心跟进"防守阵形。采用"心跟进"防守阵形，对接吊球和拦网弹起的球较有利，也便于接应和组织反攻。但后场只有两人防守，空隙较大，后场中央和两腰容易造成空当。如对方进攻战术多变，突破点多时，则不宜采用这种防守阵形。

③双人拦网两种防守阵形的灵活运用："边跟进"和"心跟进"两种防守阵形，各有优缺点，在比赛中不应单一的采用某一种阵形进行防守。高水平的队均能根据本队具体情况和临场变化，灵活运用"边跟进"和"心跟进"的防守战术。运用"边跟进"防守可以加强后排防守力量。运用"心跟进"防守时，跟进队员一上去，后排两个队员防守两侧的场区似乎扩大了，但他们防守的纵深面积却相应缩小了。特别在对方吊的较多，本方拦网力量较强时，"心跟进"防守就能充分显出它的长处。

(3)3 人拦网时的防守阵形：3 人拦网时的防守阵形，是在对方扣球队员攻击性强，路线变化多，吊球少时采用。它也只有在对方高球强攻的情况下才有可能组成。采用 3 人拦网固然加强了第一道防线，但后场空隙相对增大。3 人拦网后，组织反攻的难度较大，因前排队员拦网后立即后撤转入进攻，比较仓促。所以采用 3 人拦网，要根据实际情况，一般在对付对方突出的强攻队员或某个轮次时可适当采用，一旦采用，拦网要果断，只有这样才能挫伤对方的扣球锐气。

3 人拦网的分工和布局有两种：一种是 6 号位队员压底，1、5 号位队员突前。这种阵形便于防两侧的重扣和拦网弹到后场的球，但拦网队员身后空隙太大，不便于防起吊球。

另一种是 6 号位队员跟进防守，1、5 号位队员压在后场防守。这种阵形可以防起吊球，便于接应和组织进攻，但后排防区上有两名队员，任务较重。

(4)不拦网的防守阵形：不拦网的防守阵形，初学排球还不会运用扣球和拦网时，为了通过比赛去掌握传球、垫球、发球技术时，就用不拦网的阵形。如果对方扣球很弱，或进攻时球离网很远，就不需要拦网。在没有拦网的情况下，防守必须布局合理，才便于防守和组织反攻。

不拦网的防守布局，前排进攻队员要撤到进攻线后，既准备防前排的球，又便于反攻。二传队员则留在网前。如果 3 号位是二传队员，也可按"中一二"接发球位置站位。

(二)接扣球进攻战术

接扣球进攻比接发球进攻困难，而且复杂得多，在比赛中出现的数量也多，又是得分的主要手段，对比赛的胜负起着重要的作用。

它的特点是来球经过拦网触手或后排防起，一传往往不到位，反攻扣球大多是来自后排不同位置的困难调整球；二传队员常常是在拦网落地之后立刻转身后撤接应传球；前排进攻队员也往往是在拦网之后，经过后撤再转为进攻的，有时甚至来不及后撤，要采用原地起跳进行扣球。因而最有效的接扣球进攻是前排队员直接将球拦回或拦死。因此，在接扣球进攻中，首先要发挥拦网的进攻作用。其次要努力提高调整强攻后排进攻的威力，并抓住一切机会，尽可能多地组织快速反击。

一个队在接扣球进攻中能够采用何种战术打法，要取决于：拦网的效果如何；后排防守起球的效果和到位的程度；二传的组织能力；扣球队员进行调整传球的能力；扣球队员强攻的能力和进行战术进攻的意识等。

接扣球进攻除直接拦网外，还有以下两种情况：

1. 拦起后的进攻

在比赛中，虽然力争把对方的扣球拦死或拦回，但仍然会有一部分球被拦起到本方场区，这种球的飞行很不规律，因此，只能根据具体情况灵活运用各种进攻战术打法。

(1)前排拦网触手后，球的力量还很大，而且速度快，落点较远，弧度较低。

(2)前排拦起的球，弧度较高，落点在前场或中场。在这种情况下，可以将球传给不拦网的队员，组织两次球及转移进攻，趁对方拦网没充分准备的情况下，展开突然袭击。

(3)拦起的球弧度较高，落点又在5、6号位上。这时适合采用插上进攻战术。这种插上组成快速多变进攻战术的难度较大，对二传队员和进攻队员要求都较高，但是一旦组成反击对对方威胁较大。

2. 后排防起后的进攻

在前排没有拦到球时，主要靠后排防起球来组织反攻，这种球在比赛中也经常出现，特别是前排拦网队员个子比较矮，弹跳又不高，拦网技术掌握不好的情况下出现较多，这时就得靠后排防守队员将球防起组织反攻。

六、接拦回球及其进攻

扣球被拦死，不仅造成对方直接失分、失权，在心理上也受到一次挫折。相反，接好拦回球不仅可减少失分、失权的机会，还能增强扣球队员的信心。目前，拦网的高度和技巧得到了很大发展，扣球被直接拦死和拦回球的比例逐渐增多，接拦回球的好坏，对比赛胜负的影响也越来越大。

(一)接拦回球的基本要求

(1)首先从思想上树立“一人扣球，全队防拦回球”的意识。只要本队有人扣球，其他队员就应及时地去接拦回球。

(2)被拦回的球，大多数落在前区，速度快、路线短、距网近、突然性大，队员除应具备敏捷的反应能力外，还必须掌握多种多样的垫、挡、顶等防守技术。

(3)组成接拦回球阵形的基本原则，是离扣球队员最近的后排队员，再加上其他队员，组成一个跟进防守的集体。

(4)无论在哪里进攻，二传队员都应及时去接拦回球。因为他最了解在什么位置进行怎么样的进攻。

(5)扣球点附近是接拦回球最困难的地区，也是被拦回球最集中的地区。所以，对这一地区应作为重点防守地区。

(6)防拦回球时，队员选择的位置，应根据扣球的方向、路线、力量和击球点离网的远近，以及对方拦网的高度和手型而有所不同。

(7)任何时候，扣球队员都要养成自我防拦回球的习惯。

(二)接拦回球的阵形及变化

接拦回球的阵形，应根据本方的进攻战术，彼我双方情况，及参加防拦时队员的人数来确定。接拦回球的阵形通常分为5人、4人、3人等。

(1)五人接拦回球阵形及变化：本方强攻时，二传弧度高，进攻点明确，除扣球队员外，全队队员均可参加防拦的阵形，并根据对方拦网及我方扣球情况，灵活采用不同阵形。

(2)四人接拦回球阵形及变化：本方组织进攻时，如后排队员插上作跳起二传或前排队员作快球掩护，则只有4人能参加接拦回球。

(3)三人、二人或一人接拦回球阵形及变化：如本方组织快速多变战术，接拦回球的人数可能减少。如2、3号位队员掩护4号位队员进攻时，只有5、6号位队员和插上传球的1号位队员组成3人接拦回球阵形。

(三)接拦回球进攻

拦回球可以分为三种情况：一种是无法控制的，只有争取垫起后打调整进攻；另一种是可以控制的，就要有意识地垫给二传队员来组织进攻，或直接垫给扣手进行两次攻；还有一种是对方拦回的高球，可以组织各种插上快攻战术和两次攻战术。

七、接传、垫球及其进攻

比赛中，除接发球、接扣球和接拦回球三种来球外，还有一种形式是对方无法组织有力的进攻，被迫用传、垫球击入本方的来球。这种球在初学者或水平较低的队比赛时，出现次数较多。在高水平的队比赛时，这种球的出现率较小，但由于这种来球的攻击性小，本方又正作好充分准备，因而这种球对高水平的队来说是组成快变战术，争取得分的好机会。这种进攻与接发球进攻基本相同，但也有其特殊性，为此应注意：

(1)尽管上述来球，是在对方失去了强有力扣球的机会下进行，但对方仍可利用各种手段给本方造成困难，如采用平推空当，放高球，使二传队员接一传等办法。因此，在接传、垫球时，全体队员从思想上和行动上，决不可掉以轻心，以致丧失良机。

(2)当出现接对方传、垫球进攻时，全队应共同努力组织好有力的战术进攻，在组织好防守阵形的同时，就应为本方创造良好的进攻条件。

(3)组织后排插上，争取3人进攻，但后排插上队员要注意时机。

(4)前排在后撤和换位的过程中，行动要迅速，随时做好防守的准备，并合理地分布每一个人的防守范围，不要为了准备进攻而出现防守漏洞。

(5)接传、垫球时，队员一传应大胆采用正面双手上手传球。因为来球力量小，速度慢，运用上手传一传球容易到位，组成战术的速度也快。

(6)如果来球落在前区，前排队员也已经及时后退，这时组织两次球进攻较为有利。

(7)如来球落在后区，则组织插上战术更为有利。

(8)如组织“边一二”进攻，应充分发挥3号位队员的快攻作用。不但要进行快节奏的突扣，还要发挥交叉进攻的自我掩护作用，同时积极跑动起牵制和掩护作用。

第四节 排球竞赛规则简介

一、场地、器材与设备

(一)比赛场地

包括比赛场区和无障碍区(图 8-16)。比赛场区为 18 米×9 米的长方形，其四周至少有 3 米宽的无障碍区。比赛场区上空的无障碍空间从地面量起至少高 7 米，其间不得有任何障碍物。场地的地面必须平坦、水平，不得有任何可能伤害队员的隐患，不得在粗糙、湿或滑的场地上进行比赛。

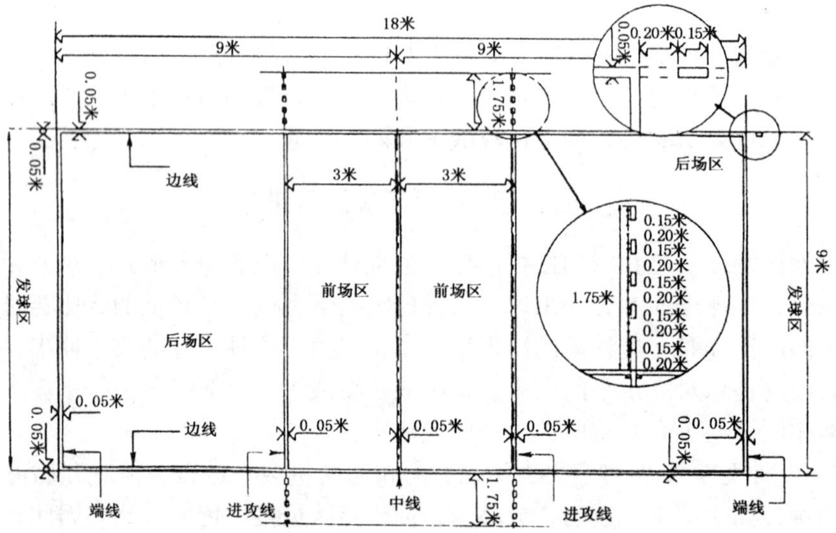

图 8-16 比赛场区

两条边线和两条端线划定了比赛场区。所有的界线宽 5 厘米。边线和端线都包括在比赛场区的面积之内。

(二)中 线

中线在网下连接两条边线的中点。中线的中心线将比赛场区分为长 9 米、宽 9 米的两个相等的场区。

(三)前场区

每个场区各画一条距离中线中心线 3 米的进攻线(其宽包括在内)。中线与进攻线之间为前场区。

(四)发球区

发球区宽 9 米，位置在端线后(不包括端线)。两条边线的延长线各画一条长 15 厘米、垂直并距离端线 20 厘米的短线，两条短线之间的区域为发球区，短线宽度包括在发球区之内。

发球区的深度延至无障碍区的终端。

(五)换人区

两条进攻线的延长线之间、记录台一侧边线外的范围为换人区。

(六)球网高度

球网架设在中线上空，高度为男子2.43米，女子2.24米。

球网的高度应用量尺从场地中间丈量，球网两端(边线上空)的高度必须相等，并不得超过规定网高2厘米。球网为黑色，长9.50~10米、宽1米，网眼直径10厘米。

(七)标志带

两条宽5厘米、长1米的白色带子为标志带，分别系在球网两端，垂直于边线。标志带被认为是球网的一部分。

(八)标志杆

标志杆是有韧性的两根杆子，长1.80米，直径10毫米，由玻璃纤维或类似质料制成。

两根标志杆分别设置在标志带外沿球网的不同两侧，标志杆高出球网80厘米。高出部分每10厘米应涂有明显对比的颜色，最好为红白相间。标志杆被认为是球网的一部分，并视为过网区的边界。

(九)球的特性

球是圆形的，由柔软皮革或合成革制成外壳，内装橡皮或类似质料制成的球胆。合成革材料必须经国际排联批准。圆周为65~67厘米，重量为260~280克，气压为0.30~0.325千克/平方厘米(294.3~318.82毫巴)。

球的颜色可以是一色的浅色，或国际排联批准的多色球。

(十)球的统一性

在一次比赛中所用的球，其特征，包括圆周、重量、气压、牌号及颜色等都必须统一。

二、比赛参加者

(一)组　成

一个队最多有十二名队员，一名教练员，一名助理教练员，一名训练员和一名医生。队员其中的一人为队长。

(二)服　装

队员服装包括上衣、短裤、袜子(必须一致)和运动鞋。全队队员上衣、短裤和袜子必须统一、整洁和颜色一致，自由防守队员除外。队员上衣必须有号码，序列为1~18号，身前号码至少15厘米高，身后号码至少20厘米高，笔画宽度至少2厘米。运动鞋必须是没有后跟的柔软轻便的胶底或皮底鞋。

(三)队的领导

队长和教练员应对全队成员的行为和纪律负责。比赛中，队长担任场上队长。当队长不在场上时，教练员或队长应指定除自由防守队员外的另一名队员担任场上队长代其行使职权。

仅有场上队长在死球时可以和裁判员讲话：①请求对规则和规则的执行进行解释，转达本队队员提出的问题和请求，如果他对解释不满意，必须立即向裁判员提出声明，并保留其在比赛结束时将此意见作为抗议记在记分表上的权利；②请求允许：更换衣服或器材；核对双方队员的场上位置；检查地板、球网和球等；③请求暂停和换人。在比赛结束时队长要感谢裁判员，并在记分表上签字承认比赛结果。如果他曾向第一裁判员提出过声明，可进一步确认后作为抗议记录在记分表上。

比赛自始至终，教练员应在场外进行指挥，他填写队员上场位置表、请求换人和暂停，并在暂停时进行指导。教练员比赛中与队的其他成员一样，可以对场上队员进行指导，可以在球队席前的无障碍区直至准备活动区站立或走动进行指导。但不得干扰或延迟比赛的进行。

(四)后排自由防守队员

各队在最后确认的十二名队员中，可选择一名队员为后排自由防守队员。后排自由防守队员不能担任队长和场上队长。

后排自由防守队员可以替换后排任何一名队员，作为特殊的后排队员，他不可在任何位置上(包括比赛场区和无障碍区)对高于网的球完成进攻性击球；不得发球、拦网和试图拦网；他在前场区运用上手进行传球，其同伴不允许在高于球网处完成对该球的进攻性击球，但他可以在后场自由传球。

后排自由防守队员必须穿有别于其他队员颜色的队服。他的替换不计在该队的换人次数之内，且没有次数限制；上下场必须在比赛成死球后，第一裁判员鸣哨前并经过一次发球的比赛过程在进攻线和端线之间的边线处进、出场。

当"自由人"受伤时，可由登记的任何一名队员来替换，受伤的自由人在该场比赛中不得再参加比赛。

(五)比赛参加者的行为要求

——参加者必须了解并遵守规则。

——参加者必须以良好的体育道德作风服从裁判员的判定，不允许进行争辩。如有疑问，可以并只能通过场上队长提请解释。

——参加者的行为必须符合"公正竞赛"的精神。

——必须尊重裁判员、对方队员和观众，而且有礼貌。

——不得以任何行为影响裁判员的判断或掩护本队犯规的动作和行为表现。

——比赛期间队的成员之间的交流是允许的。

三、比赛方法

每场排球比赛开始时，双方上场队员各6名，按照场上区域站位，站在靠近网前的2、3、4号位为前排，站在后面的1、6、5号位队员为后排。比赛开始先由发球队的1号位队员站在发球区进行发球，如果发球直接落在对方场区内，得一分，继续发球，如果发球失误就失去发球权并失一分，则由对方2号位队员发球，依次按顺时针方向轮转发球。

在比赛过程中，球不能落地，每队最多允许3次击球(拦网除外)将球击到对方场地，同时每个队员不能连续触球一次以上(拦网除外)。每场正式比赛为五局三胜制，也可以采用三局二胜制。每局某队先满25分为胜一局。若遇双方均得分24分时，比赛继续进行至一方领先2分为止。如果双方在各胜二局成2∶2时，则第五局为决胜局，必须重新选择场地或发球权。在决胜局中，采用15分制并领先2分为胜。任何一方先得8分时，两队应立即交换场地，在交换场地时，双方队员不得任意交换位置和进行场外指导，交换场地后仍由发球一方继续发球。决胜局采用每球得分制，无最高分限。

替换队员，每一局每队最多可替换六人次(后排自由防守人除外)。可以同时替换一人或多人。每局开始上场阵容的队员在同一局中可以退出比赛和再次上场各一次，而且只能回到原阵容的位置上。替补队员每局只能上场比赛一次，替补开始上场阵容的队员。而且他只能由被他替换下场的队员来替换。

某一队员受伤不能继续比赛时，必须进行合法的替换。如果不可能进行合法替换时，可采取特殊替换。

四、比赛行为

(一)比赛开始

裁判员鸣哨允许发球，发球队员击球时比赛开始。

(二)比赛中断

裁判员鸣哨中止比赛，但如果裁判员是由于比赛中出现犯规而鸣哨的，则比赛的中断实际上是由犯规的一刻开始的。

(三)界内球

球触及比赛场区的地面包括界线为界内球。

(四)界外球

下列情况为界外球：

——球接触地面的部分完全在界线以外；

——球触及场外物体、天花板或非场上比赛成员等；

——球触及标志杆、网绳、网柱或球网标志杆以外部分；

——球的整体或部分从过网区以外过网，包括发球时或进入对方场区时。

——球的整体从网下穿过。

(五)球队的击球

每队最多击球三次(拦网除外)将球从球网上击回对方，超过规定次数的击球，判为“四次击球犯规”。无论是主动击球或被球触及，均作为该队击球一次。

(六)击球的性质

球可以接触身体的任何部分。球必须击出，不可接住或抛出，球可以向任何方向弹出。球可以触及身体不同部位，但必须是同时。

下列情况例外：在拦网动作中，同一队员或同一拦网中的不同队员可以连续触球，但必须发生在一个单一动作中。在第一次击球时，允许身体不同部位在同一击球动作中连续触球。

(七)击球时的犯规

①“四次击球”：一个队连续触球四次。②“借助击球”：队员在比赛场地以内借助同伴或任何物体的支持进行击球。③“持球”：没有将球击出，造成接住或抛出。④“连击”：一名队员连续击球两次或球连续触及他身体的不同部位。

(八)球通过球网

球必须通过球网上空的过网区进入对方场区。过网区是球网垂直平面部分，其范围：下至球网上沿；两侧至标志杆及其延长线；上至天花板。球的整体部分从过网区以外进入对方无障碍区，可以在下列情况下将球击回；队员不得进入对方场区；球必须由同侧过网区以外击回，对方队员不得阻碍此击球。球的整体越过球网以下垂直平面为“界外球”。

(九)网下穿越

在不妨碍对方比赛的情况下，允许队员在网下穿越进入对方空间。队员的一只(两只)脚或一只(两只)手越过中线触及对方场区的同时，其余部分还接触中线或置于中线上空是允许的，不判为犯规。队员身体的任何其他部分都不允许接触对方场区。比赛中断后队员可以进入对方场地。在不影响对方比赛的情况下，队员可以穿越而进入对方的无障碍区。

(十)触 网

触网或触标志杆不是犯规，但队员击球时或干扰比赛的情况下触网除外。队员击球后可以触及网柱、全网长以外的网绳或其他任何物体，但不得影响比赛。由于球被击入球网而造成球网触及队员，不算犯规。

（十一）发球的允许

第一裁判员检查发球队员已握球在手并且双方队员已做好比赛准备时，则鸣哨允许发球。

（十二）发球的执行

球被抛起或持球手撤离后，必须在球落地前，用一只手或手臂的任何部分将球击出；发球队员在击球时或击球起跳时，不得踏及场区（包括端线）或发球区以外地面。击球后，可以踏及或落在场区内或发球区以外、发球队员必须在第一裁判员鸣哨后 8 秒钟内将球击出；裁判员鸣哨前的发球无效，重新发球。

（十三）发球掩护

发球队的队员不得利用掩护阻挡对方观察发球队员和球的飞行路线。在发球时，发球队某一队员挥臂、跳跃或左右移动等，并且发出的球从他的上空飞过，则构成个人掩护。发球队有两名或更多队员密集站立遮挡发球队员，而且发出的球从他们的上空飞过则构成集体掩护。

（十四）发球犯规

下列犯规应判为发球犯规，进行换发球，即使对方位置错误。发球队：①发球次序错误；②没有遵守“发球的执行”的规定；③没有遵守“发球试图”的规定。

球被发出后，出现以下情况仍被判为发球犯规（除队员位置错误）：①球触及发球队队员或没有通过球网的垂直平面；②球触网；③界外球；④球越过发球掩护的个人或集体。

（十五）进攻性击球的限制

除发球和拦网以外，所有直接向对方的击球都是进攻性击球。前排队员可以对任何高度的球完成进攻性击球，但触球时必须在本场地空间。后排队员可以在进攻线后对任何高度的球完成进攻性击球，但起跳时脚不得踏及或越过进攻线；击球后可以落在前场区。后排队员也可以在前场区完成进攻性击球，但触球时球的一部分必须低于球网上沿。对方发球，接发球队队员不能在进攻区内对高于球网上沿的球做进攻性击球。

（十六）进攻性击球犯规

在对方场区空间击球；击球出界；后排队员在前场区完成进攻性击球，并且击球时球的整体高于球网上沿；在前场区对球的整体高于球网上沿的发球完成进攻性击球。

（十七）拦　网

拦网是队员靠近球网，将手伸向高于球网处阻挡对方来球的行动。没有触及球的拦网行动为拦网试图。触及球的拦网行动被认为完成拦网。只有前排队员允许完成拦网。两名或三名队员彼此靠近进行拦网为集体拦网。其中一人触球则完成拦网。在一个动作中，球可以迅速而连续触及一名或更多的拦网队员；球可以连续触及拦网队员任何身体部位。

拦网时队员可以将手或手臂伸过球网，但不得影响对方击球。过网拦网应在对方队员进攻性击球之后。拦网的触球不算作球队三次击球中的一次击球。拦网后可以由任何一名队员进行第一次击球，包括拦网时已经触球的队员。对发球的拦网是被禁止的。

（十八）拦网犯规

在对方进攻性击球前或击球的同时，在对方场区空间拦网触球；后排队员完成拦网或参加了完成拦网的集体；拦对方发球；拦网出界；从标志杆以外伸入对方空间拦网。

五、比赛间断和延误比赛

(一)正常的比赛间断

正常的比赛间断有“暂停”和“换人”。每局比赛中，每队最多请求两次暂停和六人次换人。只有教练员和场上队长可以请求间断。请求暂停或换人必须使用正式手势，时机在比赛成死球、裁判员鸣哨发球之前。一局开始前请求换人是允许的，但应计算在换人次数之内。一次或两次暂停可以与双方的各一次换人相连续，中间无须经过比赛进程。同一队未经过比赛过程不得连续提出换人请求。但在同一次换人请求中可以替换两名或更多的队员。

不符合规定的请求：

在比赛进行中或裁判员鸣哨发球的同时或之后提出请求；无请求权的成员提出请求；同一队未经过比赛过程再次请求换人；超过所规定正常间断次数的请求。任何没有影响和延误比赛的不符合规定的请求应予拒绝而不进行判罚，但在同一局中不能再次发生。

(二)延误比赛的类型

一个队拖延比赛继续进行的不正当行动为延误比赛。包括以下行动：

——换人延误时间；

——在裁判员鸣哨恢复比赛后，拖延暂停时间；

——请求不合法的替换；

——再次提出不符合规定的请求；

——球队成员拖延比赛的继续进行。

(三)对延误比赛的判罚

对延误比赛的判罚为“延误警告”和“延误判罚”；在同一场中，对一个队的第一次延误比赛给予“延误警告”；在同一场中，同一队任何一名队员或其他成员造成任何类型的第二次延误犯规，则给以“延误判罚”，失去一球。局前和局间的延误判罚记在下一局中；延误判罚对全场比赛有效。

(四)例外的比赛间断

(1)受伤：比赛中出现严重伤害事故，裁判员应立即中断比赛，该球重新进行；如受伤队员已不能进行合法替换和特殊替换，则给予受伤队员 3 分钟的恢复时间，一场比赛中同一队员只能给予一次供恢复的时间。3 分钟后仍不能进行比赛，该队被宣布阵容不完整。

(2)外因造成的比赛间断：比赛中出现任何外界干扰，都应停止比赛，该球重新进行。

如果一次或数次间断的时间累计不超过 4 小时，则比赛仍在原场地进行，间断的一局应保持原比分、原队员和原场上位置，已结束的各局保留比分；如比赛改在另外场地进行，则间断的一局应取消，但保持该局开始时的阵容和位置，重新比赛，已结束的各局比分保留。如果一次或数次间断时间累计超过 4 小时，则全场比赛重新开始。

第五节　沙滩排球和软式排球

一、沙滩排球

沙滩排球于 1920 年起源于在美国加利福尼亚的 Santa Monica。早在 1940 年就开始举行了沙滩排球比赛，最初仅仅是以一种闲暇游戏形式出现，后来吸引了越来越多的参加者，使沙滩排球活动得到了迅速的发展。在美国、巴西，沙滩排球运动开展得最普及，水平也较高，其次是欧洲沿海国家。亚洲沙滩排球起步较晚，水平较低。1987 年 2 月，国际排联在巴西举办了第 1 届世界沙滩排球锦标赛，有巴西、美国、意大利、阿根廷、智利、墨西哥、日本等 7 个国家的 40 名选手参加了比赛。1988 年国际排联正式成立了"世界沙滩排球委员会"。1989 年分别在巴西、意大利、日本、美国举行了第 1 届世界沙滩排球系列大奖赛。1988 年我国首次派出男队参加日本沙滩排球国际邀请赛。1989 年我国在北戴河首次举办沙滩排球赛。在 1993 年 9 月 18 日，国际奥林匹克委员会第 101 次会议确定了沙滩排球作为第二个排球比赛项目被列为 1996 年亚特兰大奥运会的正式比赛项目。沙滩排球进入奥运会比赛的梦想终于成为现实。

（一）比赛场地

沙滩排球比赛场地、器材与室内排球基本相同，不同之处有以下几点：国际排联组织的正式沙滩排球比赛场地，要求边线外和端线的无障碍区至少 5 米，最多 6 米，比赛场地上空的无障碍空间至少高 12.50 米；场地的地面必须是水平的沙准，尽可能平坦和统一。沙滩必须至少 40 厘米深并由细沙组成；场地的所有界线宽 5 ~ 8 厘米，界线必须是与沙滩明显不同的颜色（最好为深蓝色）的抗拉力材料制成的缎带构成；没有中线和进攻线；球网设在场中央中心线的垂直上空，拉紧时长 8.5 米，宽 1 米（±3 厘米），上、下沿各缝有 5 ~ 8 厘米的双层深蓝色或其他鲜明颜色的帆布带；标志带为 5 ~ 8 厘米宽，1 米长的彩色带子；球的内压为 171 ~ 221 毫巴（0.175 ~ 0.225 千克/平方厘米）。

（二）比赛方法

国际排联组织的正式比赛，采用两人制。除此之外，还有组织女子四人制，男女混合四人制，男女混合两人制，男女混合三人制的沙滩排球比赛。

沙滩排球的比赛方式：

比赛采用三局二胜制，胜两局的队胜一场。一局中（决胜局除外），先得 21 分并同时至少超过对方 2 分的队胜一局。当比分 20:20 时，比赛继续进行至某一队领先 2 分为止。如果 1:1 平局时，决胜局（第三局）先得 15 分，并至少领先对方 2 分的队获胜。比赛采用每球得分制。

（三）比赛规则

国际排联组织的两人制沙滩排球比赛，比赛规则与室内排球比赛规则的不同之处是：

（1）一个队由两名队员组成。每队的两名队员必须始终在场上，没有换人。当发球队员击球时，除发球队员外，双方队员必须在本场区内，可随意站位，没有固定的位置，没有位置错误或轮转错误，但有发球次序错误。一局比赛每队首次发球时，记录员记录发球次序，比赛中，记录员应展示发球队员 1 号或 2 号的号码牌，指明该队的发球次序。记录员发现发球次序错误，应在发球击球后立即通知裁判员。

（2）每队最多可击球三次，拦网的触球也计一次击球，第三次必须将球从球网上空击回至对方场区。

（3）队员不得用手指吊球的动作来完成进攻性击球。

（4）队员用上手传球完成进攻性击球时，传球轨迹不垂直于双肩连线即犯规。

（5）用上手传球防守重扣球时，允许球在手中有短暂的停滞。当双方队员网上同时触球时可以"持球"。

（6）在不妨碍对方比赛的情况下，允许队员穿入对方空间、场区和无障碍区。

（7）任何队员在本场区空间都可以对任何高度的球进行进攻性击球。

（8）每局比赛中，每队最多可请求 1 次暂停，每次暂停时间为 30 秒，任一队员都可向裁判员提出暂停请求。

(9)对方每积7分(第1、2局)和5分(第3局)后交换场区。交换场区时没有休息时间。

(10)所有局间休息时间均为1分钟。

(11)队员在比赛过程中受伤时，一局比赛中最多给予受伤队员一次5分钟的恢复时间。队员5分钟内没有恢复无法继续比赛(只有受伤队员自己决定是否可以比赛)，则宣布该队为阵容不完整。

二、软式排球

软式排球运动是继室内排球、沙滩排球之后又一项既具有竞技体育特点、又符合全民健身要求的新兴体育项目。由于软式排球具有器材重量轻、体积大、制造材料柔软、便于练习者控制、安全，受到广大体育爱好者的欢迎。20世纪90年代初，软式排球运动由日本传入我国。短短几年内，在我国大、中、小学及社会团体之间得到广泛开展。1998年我国正式公布了《软式排球竞赛规则》。目前采用的规则是2002年由国家体育总局排球管理中心和教育部体育卫生与艺术教育司审定通过的。

软式排球的特性：软式排球是两队在由球网分开的场地上进行比赛的集体项目。它可以有多种比赛方式，以适应各种不同性质、不同层次比赛的需要，从而不断推动此项运动的广泛开展。

软式排球如同室内六人制排球一样，主要是用手或手臂进行击球，身体其他任何部位也可击球。

比赛的目的是各队遵照规则，将球击过网，使其落在对方场区内，而阻止其落在本方场区内的地面上。每队可击球3次(拦网时除外)将球击回对方场区。

比赛由发球开始，发球队员击球使其从网上飞至对区。比赛由此连续进行，直至球落地、出界或某一队不能合法地将球击回对区。

正式比赛分为A制(4人，其中1人为后排队员)和B制(6人，其中3人为后排队员)，采用三局两胜制、每球得分制。发球队胜一球即得1分，并继续发球；接发球队胜一球即得一分，同时获得发球权。每次换发球时发球队员按顺时针方向轮转一个位置。

第六节 裁判工作

排球裁判员要有高度的事业心，热衷于做排球竞赛的裁判工作。在工作中不为名，不为利，不计较个人的得失，作风正派，坚持原则，不徇私情。只有这样才能在履行裁判员职责时做到严肃、认真、公正、准确。

正式比赛应有第一裁判员一人，第二裁判员一人，记录员一人，司线员四人。

(一)第一裁判员

1. 权 力

他自始至终领导该场比赛。他对所有裁判员和比赛队员行使权力。在比赛中他的判定是最终判定。如果发现其他裁判员的错误，他有权改判。他有权决定涉及比赛的一切问题，包括规则中没有规定的问题。

2. 责 任

比赛前：检查场地、器材和比赛用球；主持抽签；掌握两队的准备活动。

比赛中：只有第一裁判员有权：

(1)向球队提出警告。

(2)对不良行为和延误比赛进行判罚。

(3)判定：发球犯规和发球位置错误，包括发球掩护；比赛击球的犯规；高于球网和球网上部的犯规；后排队员和后排自由防守队员进攻性击球犯规；比赛后在记分表上签字。

(二)第二裁判员

1. 权 力

第二裁判员是第一裁判员的助手。他可以用手势指出他职权以外的犯规，但不得鸣哨，亦不得向第一裁判员坚持自己的判断。他允许比赛间断的请求，掌握间断的时间和拒绝不合规定的请求；他掌握各队暂停和换人次数，并将第二次暂停和第五、第六人次换人告诉第一裁判员和有关教练员并掌管记录员的工作；发现队员受伤。他可以准许进行替换或准予恢复的暂停时间。

2. 责 任

(1)在每局开始、决胜局交换场地以及任何必要的时候，检查场上队员的实际位置是否与位置表相符。

(2)在比赛中对以下犯规做出判断，同时鸣哨并做出手势：

①接发球队位置错误。

②球或触及第二裁判一侧的标志杆。

③队员触及球网下部或第二裁判员一侧的标志杆。

④网下穿越进入对方场区和空间。

⑤后排队员进行进攻性击球或拦网犯规，后排自由防守队员试图拦网犯规。

⑥球触及场外物体以及地面而第一裁判难于观察时。

⑦比赛后在记分表上签字。

第九章

乒乓球

第一节　乒乓球运动概述

乒乓球运动是由两名或两对选手分别站在球台的两端，在球台中间隔放一个球网的球台上，用手中的球拍，把对方打过来并击中本方球台的球，还击到对方，这样打来打去的一项球类运动项目。它的特点是：球小速度快，变化多；运动量可大可小，不同年龄、性别和身体状况的人都可以参加的运动。

一、乒乓球运动的起源

乒乓球运动的起源与网球有密切的联系，乒乓球运动英文名为 Table Tennis 即为桌上网球。乒乓球运动于 19 世纪末起源于英国，流行于欧洲。自从一位名叫詹姆斯·吉布(James Gibb)的英格兰人到美国旅游时，偶然发现有一种用赛璐珞制成的空心玩具球，弹性很强。于是，他就将这种球稍加改进后，代替了软木球和橡胶球，逐步在英国和世界各地推广起来。由于拍击球和球碰桌面时发出的是"乒""乓"的声音，所以"乒乓"的名字就由此产生了。最初乒乓球是一种宫廷游戏，欧洲贵族间的一种娱乐活动，后来逐渐流入民间。

二、世界乒乓球发展阶段

1. 第一阶段：欧洲乒乓球运动的鼎盛时期(1926 ~ 1951 年)

1926 ~ 1951 年共举行了 18 届世乒赛(1940 ~ 1946 年因第二次世界大战中断比赛)，每年举行一次。17 次在欧洲举办，1939 年第 13 届在埃及举行。参赛队主要来自欧洲，匈牙利队获得 57.5 项冠军，捷克斯洛伐克队获 25.5 项，英国获 10 项。除欧洲外，只有美国获得过 8 项冠军。这一阶段的前期，欧洲选手主要靠稳削下旋球取胜对方，力争自己不失误，致使比赛时间打得很长。第 11 届世界锦标赛后，国际乒联对规则做了重要修改。球由软球改为硬球，球网由 17 厘米改为 15.25 厘米，球台由 146.4 厘米放宽到 152.5 厘米，对比赛时间也做出了规定：一场比赛三局两胜的单打，不得超过 1 小时，五局三胜的比赛不得超过 1 小时 45 分钟，禁止发球抛球时用手旋转。规则的变化，开辟了新技术、新打法的发展道路，有力地促进了乒乓球运动的发展。

2. 第二阶段：日本乒乓球全盛时期(1952 ~ 1959 年)

1952 年第 19 届世界锦标赛中，日本队利用海绵拍，采用远台长抽打法和灵活的脚步移动，一举夺得 4 项冠军。一直到第 25 届世界锦标赛共计获得 24 项次世界冠军。这一时期日本选手利用革新的球拍，加快了进攻的节奏，打破了欧洲选手的统治地位，使乒乓球运动的优势从欧洲转到了亚洲。

3. 第三阶段：中国直拍近台快攻打法崛起(1959～1969 年)

这一时期，中国队以直拍近台快攻打法开始登上世界乒坛。逐步形成和创造了“快、准、狠、变”的技术风格。1959 年中国运动员容国团在第 25 届世界锦标赛男单比赛中，连续战胜了许多世界名将，为中国夺得了乒乓球历史上的第一个世界冠军。1961～1965 年中国又以此打法，夺得 11 项冠军，成为当时世界上最先进的打法，它代表了世界乒乓球技术的新潮流。其中在 1965 年的第 28 届世界锦标赛中，中国队获得 5 项冠军，4 项亚军，7 项第三名，在世界引起很大震动。中国选手过了欧洲削球关，又战胜了日本远台长抽和弧圈球打法，这标志着中国近台快攻打法把世界乒乓球技术大大地向前推进了一步。这段时期是中国乒乓球运动的全盛时期，无论直拍近台快攻，还是削球防守打法，都取得了较好的成绩。各种类型打法争芳斗艳，相互促进。

4. 第四阶段：欧洲复兴以及欧亚对抗(1971～1979 年)

20 世纪 50、60 年代，欧洲各国败于日本和中国后，经过反复摸索，吸取了日本的弧圈球技术和中国的近台快攻打法，创造了以弧圈球为主结合快攻，及以快攻为主结合弧圈球的打法。

70 年代的 5 届世界乒乓球锦标赛，在总共 35 项冠军中，中国队获得 16.5 项，匈牙利和日本队各获 4 项，瑞典队获得 3 项，朝鲜队获 2.5 项。欧洲具有悠久的乒乓球运动历史，在弧圈球技术、战术方面有了很大的提高，他们把旋转和速度紧密地结合起来，旋转较强，速度较快，能拉能打，把乒乓球技术提高到了一个新的水平。欧洲乒乓球的复兴，也促进了中国、日本、朝鲜以及世界各国乒乓球技术的发展。

5. 第五阶段：欧亚对抗激烈，中国抗衡世界(1980～1989 年)

这期间我国近台快攻打法有了进一步的发展，创新了高抛发球、加力推、减力挡、推挤弧圈球、快拉快带小弧圈球等技术，这些技术在世界乒乓球锦标赛中显示了威力。1981 年中国队在第 36 届世乒赛上囊括 7 项冠军和 5 个单项的亚军，创造了中国乒乓球历史上的一个奇迹。此后，在第 37 届、38 届、39 届世乒赛上，又连续 3 次获得 6 项世界冠军。中国队攀上世界高峰，结束了世界乒坛多国抗衡的格局，演变成“中国打世界”的局面。

1988 年乒乓球运动被列入奥运会正式比赛项目，推动了世界各国乒乓球运动的开展。世界各国重视和加强了乒乓球运动的训练，在 1989 年的第 40 届世乒赛上，中国男队痛失了团体、单打、双打冠军，中国男队从顶峰跌入低谷。欧洲人以中远台的相持能力和凶狠的弧圈球技术，冲破了亚洲人前三板的技术优势，世界乒乓球技术朝着积极主动、快速多变的方向发展。

6. 第六阶段：中国走出低谷再创辉煌(1991 年至今)

中国男队在第 40 届世界乒乓球锦标赛上失去冠军后，第 41、42 届接连两届又失男团冠军。乒乓球项目进入奥运会后，欧洲职业化迅速发展，各种比赛不断，欧洲选手以他们良好的体力，特别是快速、凶狠加弧圈技术，加之国内一些优秀运动员在国外形成的“海外兵团”，促进了欧洲乒乓球技术的发展，形成“世界打中国”的局面。在第 41 届世乒赛上，欧洲男队囊括了团体前 5 名，以瑞典为首的男队，已领先于中国和亚洲各队。

在 90 年代初中国男队走出低谷，在第 42 届世乒赛上，中国男双项目有所突破，获得了男双金、银、铜牌以及混双的金牌。

从第 43 届到第 53 届世乒赛上，中国队除了 44 届、45 届、47 届、52 届失掉 1 块男子团体、2 块男子单打金牌、1 块男子双打金牌和 1 块混双金牌外(53 届团体赛未进行)，共获得了

68.5 块金牌，重新登上了世界乒坛高峰。

在第 46 届、47 届世乒赛上，为使比赛回合更多，比赛更加精彩，国际乒联对规则进行了修改，乒乓球从 38 毫米改为 40 毫米，一局比赛 21 分改为 11 分，并且对发球进行了限制，采用无遮挡式发球，让发球更加透明。为了增加乒乓球比赛的激烈程度，2008 年北京奥运会乒乓球比赛将男、女双打项目改成男、女团体项目，设男子单打、女子单打、男子团体和女子团体 4 块金牌。从 2014 年 7 月 1 日开始，乒乓球项目启用全新塑料球，使用长达 120 年的赛璐珞球将彻底成为历史。

2011 年第 51 届世乒赛单项赛，中国获男女单打、男女双打和混双冠军；2013 年第 52 届世乒赛单项赛，中国获男女单打冠军和女子双打冠军，丢掉了男双和混双的金牌，中国队在男双决赛中失利，中国队的男双世锦赛 10 连冠被终结，这是中国队自从 1993 年以来首次丢掉男双冠军。2014 年第 52 届世乒赛团体赛，中国男女队夺得冠军，中国男乒创纪录地实现七连冠壮举，中国女乒是近 11 届以来第十次获得女团冠军。

自 1959 年容国团夺冠以来，到 2015 年 5 月，中国乒乓球队已经获得了 208 个世界冠军（1977 年世乒赛杨莹与北朝鲜朴英玉搭档获女双冠军，2015 年世乒赛许昕与韩国梁夏银搭档获得混双冠军），共有 100 多人次登上了世界乒坛最高领奖台。

综观世界乒乓球运动技术与战术发展趋势，它正朝着更加积极主动、快速多变、技术全面、特长突出、无明显漏洞的方向发展。世界强队的打法是在技术全面的基础上，把速度和旋转结合的更好，“世界打中国”的局面还在继续。

三、乒乓球运动的特点和锻炼价值

1. 乒乓球运动的特点

（1）乒乓球运动的特点是器材设备简单，室内室外都可以进行，运动量可大可小，不同年龄、性别和身体条件的人都可以参加，很容易被大众所接受。

（2）乒乓球速度快，变化多，要求练习者在短时间内对瞬息万变的击球有较强反应能力和应变能力。它能提高人体神经系统的灵敏性、协调性。

（3）乒乓球项目有单打、双打、团体项目。团体项目通过个体来实现，所以乒乓球项目可以培养独立思考、单独作战及集体主义的精神。

2. 乒乓球运动的锻炼价值

（1）可以有效地提高人的身体素质。长期参加乒乓球运动，随着水平的不断提高，活动范围的加大，运动量的增加，不仅相应地提高了速度素质、力量素质和身体的灵敏性、协调性，而且使肌肉发达、结实、健壮，关节更加灵活稳定。

（2）可以调节改善神经系统灵活性。增强中枢神经系统对其他系统与器官的调节能力，提高反应速度。打乒乓球时，球在空中飞行的速度是很快的，正手攻球只需 0.15 秒就可以到达对方台面，在这样短暂的时间内，要求运动员对高速运动的来球的方向、旋转、力量、落点等全面进行观察，迅速作出判断，并及时采取对策，迅速移动步法，调整击球的位置与拍面角度，进行合理的还击，而这一切活动都是在大脑指挥下进行的。经常从事乒乓球练习，可大大提高神经系统的反应速度。

（3）可以改善心血管系统和呼吸系统的功能。经常参加乒乓球运动，能使心血管系统的结构和机能得到改善，心肌变得发达有力，心容量加大，每搏输出量增多，一般健康成年男子安静时心率在 65～75 次/分，成年女子为 75～85 次/分，而受过乒乓球训练的运动员，安静时，男子心率为55～65次/分，女子为70次/分左右。心搏徐缓和血压降低，提高心脏的工作效率，有利于身体的新陈代谢，提高整个身体机能水平。

(4)可以提高心理素质。乒乓球是竞技运动，由于激烈的竞争，成功和失败的条件经常转换，参赛者情绪状态也非常复杂，参赛者经受这些变幻莫测、胜负难料的激烈竞争的锻炼，体验了种种情绪，同时，在比赛中要对对方战术意图进行揣摩，把握自己的战术应用，因此使练习者的心理素质得到了很好的锻炼。

(5)可以促进交流，增进友谊。通过参加乒乓球运动，可以相互交流经验，切磋球技，达到相互学习，共同提高，建立良好的人际关系的目的。

第二节 乒乓球基本技术

一、球拍的正确握法

乒乓球的握拍是初学者接触乒乓球运动的第一步，在众多握拍法中选择最为适合自己的一种是至关重要的。

(一)握拍的种类和方法

握拍的方法有直握法和横握法两大类。

1. 直握法

直握法正反手都用球拍的同一面击球(直板横打除外)。出手相对较快，由于手指、手腕的活动空间较大，在发球变化及处理台内小球相对有利，也是我国和亚洲传统的握拍法。这种握拍法要求拇指和食指在拍前构成钳形，钳住拍柄，其余三指自然弯曲贴在球拍背面。根据打法和个人习惯，拇指和食指间的距离分为大、中、小三种，即大钳式、中钳式和小钳式三种握法。

直握法根据不同打法又分为三种：

(1)快攻形直握拍法。拍柄贴在虎口上，食指自然弯曲，食指的第二指节和第一指节分别压住球拍的两肩，食指与拇指间的距离要适中。

(2)弧圈球型直握拍法。与快攻打法基本相同，只是在拉弧圈时，球拍背面的三指略微伸直。

(3)拇指向里握得深一点，食指移至球拍边缘处，球拍不能握得太紧，后面的其余三指略微伸开一些，这样有利于发力及控制拍形。

2. 横握法

横握法手指、手掌与球拍的接触面积较大，故握拍相对稳定，控球范围也较大，尤其反手位的进攻优势明显，照顾范围较大，是欧洲传统的握拍方法。

二、基本站位

站位是指练习者击球前根据自己打法的特点而站立的位置。正确的站位可以更好地发挥自己的技术特长，同时也是初学者学习基本技术的先决条件。

乒乓球运动员的站位通常分为近台、中近台、中远台和远台4种。近台指站位离球台端线30～50厘米以内的范围；中近台指站位离球台端线50～70厘米以内的范围；中远台指站位离球台端线70～100厘米以内的范围；远台指离球台端线1米以外的范围。

(一)站位的方法(接发球和回击一般球的站位方法)

直拍左推右攻打法的基本站位，应在近台中间稍偏左(以右手握拍者为例)离台约为40厘米左右；两面攻打法的基本站位在近台中间，离台约50厘米左右；以弧圈球为主打法的基本站位在中台或中近台偏左位置；横拍攻削结合打法的基本站位在中台附近。当然，根据练习者的身高，也要遵循矮者近，高者远的原则，合理选择。

(二)准备姿势

在学习正确的站位的同时，还要掌握正确的准备姿势。这样无论是在发球还是接发球时都会为后面的击球做好准备，同时保证身体重心的平衡。

动作要领(以右手握拍为例)：两脚开立比肩稍宽，左脚稍靠前，屈膝弯腰，前脚掌着地，重心位于两脚之间。上体略前倾，含胸收腹，持拍手自然弯曲，球拍置于腹部右前方，手腕自然放松。非持拍手臂自然弯曲于左腰间，两眼注视来球。整个动作要放松。

三、熟悉球性

在学习乒乓球基本技术之前，熟悉球性是必不可少的。由于乒乓球体积小，所以要学会利用球拍来练习手指、手腕的细微感觉，近而体会身体带动手臂的发力原则。在此，我们介绍几种熟悉球性的方法：①原地托球；②托球跑；③原地掂球；④对墙击球；⑤绕球台多人接力击球。

当然，我们还要多看比赛，仔细模仿，尽可能早地了解击球的力度、弧线、摩擦等概念。这些要在练习乒乓球当中努力揣摩、体会，不断提高认识和把握的能力。

四、发　　球

发球是练习者在规则允许的条件下，完全根据自己的意志不受对方制约地把球击到对方台面的技术。它是展现自我、发挥个人能力的一项技术。发球种类可划分为正手发球、反手发球、侧身位发球和下蹲式发球。发球的特点可分为以速度为主、以旋转为主和旋转速度相结合的球。

(一)平击发球

1. 正手发平击球

站位在球台中间或偏左(以右手持拍者为例)，身体偏右，近台站位。两脚开立比肩稍宽，左脚稍前，身体重心放在右脚上体略向右转。左手托球，置于身体右侧前方；右手持拍，置于身体右方。然后左手将球垂直向上抛起，同时右手持拍向右后方引拍，并使拍面前倾。当球下落至球网高度时，同时作两个动作，即：①右脚稍蹬地，将重心转至左脚。②右臂向左前方挥动，球拍击打球体中上部，将球击至本方球台的中部。

2. 反手发平击球

基本站位与正手发平击球相同，准备姿势却与正手发平击球相反。右脚稍前，身体重心置于左脚，上体略向左转，左手托球，置于身体左侧前方。当球下落至球网高度时，身体重心从左脚移至右脚，同时拍面前倾向右前方挥动球拍，击打球体中上部，使球的第一落点在本方球台的中部。

(二)发短球

在当今乒坛，发短球是高水平运动员经常采用的技术。

(1)把球发至对方距球网40厘米左右的台面区域的球，且第二落点不出台。具有动作小、出手快、落点短的特点。

(2)发球时击球瞬间主要以手腕发力为主。控制向前的力量，结合手腕回收制动并立即放松，球的第一落点应在本方球台靠近球网的中区附近。发短球一般采用摩擦球体的后下部或侧下部，用以控制球从本方球台跳起的速度与高度。

五、推挡球

推挡球是推球和挡球的总称，是乒乓球运动的主要单项技术之一。由于此项技术具有动作小、速度快，比较容易控制击球的速度和落点，因此，是初学者比较容易掌握的技术。

推挡球可分为平挡、快推、加力推、减力推、推下旋、推侧旋、推挤球等。

(一)平挡球

平挡球分为正手挡球和反手挡球两种，其特点是力量小、球速快、落点适中、不旋转或轻微旋转。

反手平挡球要领：近台站位，稍偏左，两脚开立比肩稍宽。球拍置于腹前，上臂带动前臂沿台面做平行摆动。击球时拍形成半横状，约与台面垂直，来球从台面弹起后前臂向前迎球，在来球的上升期击球的中部，主要借助来球的反弹力将球挡回。击球后，手臂顺势向前挥动，并迅速还原至击球前的准备姿势，动作过程中身体重心放在两脚的前脚掌。

(二)快　推

两腿自然开立，左脚稍前或两脚平行，近台站位，屈膝弯腰，持拍臂和肘关节内收，前臂略向外旋，来球时前臂和手腕向前稍向上挥拍迎击，同时食指压拍，手腕稍外旋，拍形前倾，在上升前期击球的中上部，击球后手臂顺势向前挥动，并迅速还原成准备姿势，动作过程中身体重心放在两脚前脚掌上。

快推动作特点：由于其动作小、球速快、变化多，所以可变化击球落点、控制和调动对方，起到助攻作用。

(三)加力推挡

(1)特点：根据来球性质，采用加大力量推击球，具有力量大、速度快、落点长的特点。

(2)动作要领：加力推挡的击球动作要领与快推球基本相同，不同点是击球时上臂后收，引拍位置稍高于推挡。触球瞬间拍形前倾，前臂用力向前推压于球的上升期或高点期，击球的中上部。这种技术多用于速度较慢或弧线较高的球，击出的球具有弧线平、力量大、速度快的特点。

六、步法的移动

(一)常用步法

(1)单步：当球离身体较近时，以一脚的前脚掌为轴，另一脚根据来球路线和落点向左前方或右前方移动一步。

(2)跨步：击球时，以一脚为轴，向前、向后、向右的不同的来球方向跨出一大步，身体重心随即移动到摆动腿上，另一脚迅速跟上，以保持身体的最佳距离。有选择地发力或借力击球。

(3)并步：当来球速度不算太快时，先以与来球异向的脚向另一脚并一步，与来球同向的脚再向来球的方向迈一步迎击来球。由于并步移动范围大，有利于保持重心稳定。

(4)跳步：当来球离身体较远时，来球异向的脚先蹬地，两脚几乎同时离地向左或向右移动，先离地的脚先落地，另一脚再跟着落地、跳步，若来球落点较远或较近，其移动方向可偏后或偏前。

(5)侧身步：当来球在反手位一侧或追身，决定用正手攻球技术回击时，需用侧身步。侧身步根据来球的位置和个人习惯的不同可分为单步侧身、跨步侧身以及跳步侧身。

①侧身步：右脚迅速向来球右后方移一步。

②单步侧身：侧身右腿向后方撤退一步。较为适用于移位速度快、幅度小，在来球落于身体中间偏右位置时使用。

③跨步侧身：当来球落于身体左侧时，左脚先向左前方跨一步，然后右脚向左后方移一步，重心落在右脚上，让出击球位置。较为适用于来球落于身体左侧时。

④跳步侧身：当运动员选择正手发力时，多采用跳步侧身。右脚蹬地，使身体重心迅速通过左脚，然后两脚几乎同时离地向左侧各跳一步，右脚先落地，身体重心落在右脚上，紧接着左脚着地。

(6)交叉步：当运动员侧身攻球后，球台的右大角是一个很大的空当，此时就要选择交叉步。击球时，以靠近来球方向的脚作为支撑脚，远离来球方向的脚迅速向来球方向，在体前跨出一大步。腰和髋关节随时将支撑脚带向来球方向，在支撑脚落地前的瞬间击球。

七、正手攻球技术

(一)近台正手攻球

(1)特点：击球时，在正手位利用正手迅速用力挥拍，积极进攻。它速度快、动作小。在比赛中可直接调动或攻击对方。是适于初学者学习的攻球技术。

(2)动作要领：站位在球台中间或偏左，近台站位，击球前引拍至身体右侧。大臂与身体夹角在30°左右，小臂与大臂的夹角在120°左右。左脚稍前，身体重心放在右脚上，屈膝弯腰，身体稍向右转，右肩稍低于左肩，击球时，向左上方蹬腿传腰收小臂至左眉。从右脚向左脚移动重心，在来球的上升期以前倾的拍形迎击球的中上部。击球后迅速还原成准备姿势。

(二)正手中远台攻球

(1)特点：击球方站位远台还击对方长球，它具有出球力量大、动作大、进攻性较强的特点。

(2)动作要领：站位离球台约1米，右脚往右后移动一步，引拍动作相对于近台攻球要大一些，上臂拉开和上体距离，前臂约与地面平行，手腕控制拍形使拍面稍向前倾。击球瞬间前臂向前上方快速挥动发力，在来球的下降期边打边用球拍摩擦球的中上部，同时蹬腿转腰。球击出后，迅速放松，立即还原。

(三)正手扣杀

(1)特点：回击高于球网2～3米来球时，采用正手扣杀动作，它具有站位较远、攻球力量大、命中率高的特点。

(2)动作要领：当对方出现弧线较高的回击球时，站立球台1米左右的距离，随着腰部右转向右后方引拍。击球时，手臂由后下方向前上方做弧线形挥摆，再由前上方向前下方用力，触球中上部将球击出。若在来球上升期击球，叫“快杀”；若在来球的下降期击球，叫“慢杀”。击球后，迅速调整身体重心，立即还原。

八、反手快拨

1. 特 点

这是横拍运动员(包括直拍横打)常用的技术动作之一，具有站位近、动作小、球速快、线路活、带上旋的特点，可以借助来球反弹力加快球速。不但具有直板快速推挡的控制能力，更具有进攻能力。

2. 动作要领

近台站位，稍偏左，左脚稍在前，重心在前脚掌，屈膝、弯腰、身体向前或稍向左转，手臂自然弯曲，引拍至腹前稍偏左，前臂外旋、拍面前倾，手腕稍回收。当球从台面弹起时，以前臂发力为主带动手腕力量，根据来球上旋强度的不同向右前上方挥拍迎球，在球上升前期，以前倾拍型击球中上部，使球带有上旋旋转。动作过程中，身体重心从左脚移至右脚前脚掌。

九、反手攻球技术

1. 特 点

速度快、力量大、路线活，是攻击对方的主要技术，使用前它可以减少侧身攻球，避免出现右方空当。增加了进攻的机会，尤其横握拍者利用反手进攻比较便捷。使用直板横打技术的运动员技术动作与横板运动员相似，也可达到同样的击球效果。

2. 动作要领

站位偏左，近台站位，右脚略前，屈膝弯腰，身体向前或稍向左转(直拍击球员右上臂靠近身体右侧；横拍击球员上臂不要紧靠身体)，手臂自然弯曲，引拍至腹前或偏左，前臂外旋，使拍面稍前倾。击球从台面弹起后，在来球的上升后期或高点期，击球的中上部，球拍击球瞬间，以前臂和手腕为主向右前方或右前上方发力击球，并使前臂外旋。击球后，身体重心顺势转移到右脚上，并迅速还原。

十、直拍横打技术

(1)特点：可以对反手位的来球直接用反面来进攻，能保护自己正手空当，往往给对方运动员出其不意的攻击，直拍横打中的反面拉球无论是在弧线高度和长短上均与横拍的反手拉球不同，对方运动员很难适应，是目前世界乒坛的新技术之一。

(2)动作要领：击球前身体离球台大约 50 厘米，两脚平行。引拍时拇指压拍，拍形保持前倾大约 40°，球拍背面正对来球。前臂向前迎球，当球从台面弹起时，左腿蹬地向前，推动手腕关节向前用力，前臂以肘为轴，向右前方快速击球。击球后，手腕继续向前方随姿势挥动，并迅速还原成击球前的准备姿势。在发力过程当中，以前臂为主，手腕配合固定拍形，中指、无名指和小手指辅助用力加强摩擦。

十一、如何打旋转球

旋转是乒乓球运动制胜因素中相当重要的一环。现代乒乓球运动的各项主要技术几乎都离不开旋转。在击球的过程中，由于不同的挥拍方向、拍形角度、作用点、力量、速度，以及不同性能的乒乓球器材等诸多因素，衍生出成千上万种不同的来球和许多种类的旋转球。

(一)旋转球在拍面的反弹特点

(1)上旋球在拍面的反弹特点：上旋球接触对方拍面的瞬间向上滚动，具有向上反弹的作用，使对方回球过高甚至出界，故以各种方法回击上旋球时，需要适当调整拍形，并增加向下所用的力量，以抵消上旋球向上反弹的力量。

(2)下旋球在拍面的反弹特点：下旋球接触对方拍面的瞬间向下滚动，具有下反弹的作用，使对方容易击球下网，故以各种方法回击下旋球时，需要适当调整拍面角度，并增加向上所用的力量，以抵消下旋球的下反弹的力量。

(3)侧旋球在拍面的反弹特点：侧旋球接触对方拍面时，向一侧滚动(左侧旋向右滚动，右侧旋向左滚动)并适当增加向侧旋球偏射的相反方向所用的力量(如回击左侧旋球，适当增加向对方右侧所用的力量)，以抵消它的偏射力。

(4)侧上旋、侧下旋球在拍面的反弹特点：同样道理，左侧上旋球在对方拍面具有向左侧上方偏射的能力，右侧下旋具有向右侧下方偏射的能力，其余类推。

(二)制造旋转球的因素

(1)击球时对球的作用力的大小和力臂的长短。

(2)球拍摩擦球的距离。

(3)延长球拍与球作用的时间。

(4)提高作用于球的速度。

(三)增强旋转的方法

(1)加大挥拍击球时，切、削、搓、拉的作用力是增强旋转的关键。击球时充分发挥前臂、上臂、手腕和腰腿的配合用力，作用在球的力量要集中。

(2)用球拍合适的部位击球，有利于增强球的旋转。挥拍击球时，球拍靠近拍柄部分的摆速小于球拍中部的速度，更小于球拍顶端的速度。因此，在打加旋转球时，用稍靠球拍顶端的适当部分击球，有利于增强球的旋转。

(四)应对旋转球的方法

首先要判断来球的旋转性质，通过对方挥拍方向、拍形角度、作用力大小、触球方式等因素来识别。

(1)用顺旋和逆旋的回击方法来应对旋转球。顺旋应对法就是顺着来球的旋转回接。例如，用拉球回接下旋来球。以削球对拉球，用顺着对方旋转球方向的方法回接为顺旋回接法。逆旋则相反，例如对搓球、对攻球和对拉球，为逆旋回接法。

(2)用调节拍形角度和拍面方向来应对旋转球。例如，用攻球对付上旋球时拍形要前倾，多向前发力。如对付下旋球时，拍形角度要大于前者。如果推挡回接对方回至反手位的左侧上旋时，拍形方向应偏左一些，拍形角度应前倾一些。

十二、搓球技术

搓球是近台和台内回击下旋球的一种比较稳健的过渡技术，各种类型打法都不可缺少它。搓球力量可大可小、速度可快可慢、旋转和落点变化多、线路短、球弹起后多在台内，缺乏前进力，对方不易发力进攻，故可作为过渡技术以等待、寻找或创造进攻机会。因其动作与削球相似，又比较容易学，故可作为削球的入门技术。搓球技术种类繁多，按击球位置的不同可划分为正手搓球和反手搓球，按球的旋转强度的不同可划分为搓转与不转，按旋转方向的不同可划分为搓下旋和搓侧旋，按回球长短可分为摆短和劈长等。

(一)反手搓球

1. 反手快搓

(1)特点：动作小、击球节奏和球速较快、弧线低、带下旋，能缩短对方击球的准备时间。

(2)动作要领：站位稍偏左，近台站位。右脚在前，屈膝弯腰，身体向前或略向左转。手臂自然弯曲，前臂略内旋，引拍至身体左前上方，使拍面稍后仰。来球从台面弹起后，前臂和手腕向右前下方挥拍迎球，在上升期击球的中下部。球拍击球瞬间，前臂和手腕适当用力，利用球的反弹力使球拍向右前下方摩擦球。击球后迅速还原。动作过程中，身体重心从左脚移到右脚上。

2. 反手慢搓

(1)特点：动作较大，击球节奏和球速较慢，带下旋，能很好地控制落点和旋转。对方不易发力进攻。

(2)动作要领：站位在球台中间或偏左，近台站位。右脚稍前，屈膝弯腰，身体略向左转。手臂自然弯曲，前臂略提起并内旋，引拍至身体左上方，拍面稍后仰。前臂和手腕向右前下方挥拍，在来球的最高点或下降期(一般在下降前期)击球的中下部。球拍击球瞬间，前臂和手腕用力使球拍向右前下方摩擦球。击球后，手和臂顺势向右前下方挥动，并迅速还原成准备姿势。动作过程中，身体重心从左脚移到右脚上。

慢搓技术与快搓和摆短相结合，能有效地变化击球节奏和落点，增加对方回击的难度，以争取主动。

(二)正手搓球

当运动员遇到不易正手进攻的下旋球时，多数会采用正手搓球技术。虽然没有什么进攻性，但从调节比赛节奏和回球成功率上讲，不失为一种稳健的技术动作。

1. 正手快搓

(1)特点：与反手快搓相同。

(2)动作要领：站位稍偏左，近台站位。左脚在前，屈膝弯腰，身体稍向右转。手臂自然弯曲，前臂略向外旋并向右上方提起，引拍至身体右前上方，拍面稍后仰。来球从台面弹起后，前臂和手腕向左前下方挥拍迎球，在来球的上升期击球的中下部，球拍击球瞬间，前臂和手腕适当用力，利用球的反弹力，使球拍向左前下方摩擦球，击球后迅速还原。动作过程中，身体重心从右脚移到左脚上。

2. 正手慢搓

(1)特点：与反手慢搓相同。

(2)动作要领：站位稍偏左，近台站位。左脚稍前，屈膝弯腰，身体略向右转。手臂自然弯曲，前臂略提起并外旋，引拍至身体右上方，拍面稍后仰。来球从台面弹起后，前臂和手腕向左前下方挥拍，在来球的下降期(一般在下降前期)击球的中下部。球拍击球瞬间，前臂和手腕用力使球拍向左前下方摩擦球。击球后迅速还原成准备姿势。动作过程中，身体重心从右脚移到左脚上。

十三、弧圈球技术

弧圈球是带有强烈旋转的进攻技术。虽然这项技术产生的历史不长，但发展却非常快，几乎为世界所有优秀运动员所采用。

弧圈球技术具有弧线曲度大、命中率高、落台后前冲力大、攻击力强的特点，弧圈球对应对低球和下旋球有独到之处，它比快攻的发力进攻机会多。尤其横握球拍者，掌握正、反手两面拉弧圈球的技术，为自己给对方以有力进攻创造了条件。弧圈球技术可分为：正手弧圈球技术和反手弧圈球技术。根据其旋转特征可分为加转弧圈球、前冲弧圈球和侧旋弧圈球。

(一)正手加转弧圈球

(1)特点：这项技术对于下旋球来说效率很高。球飞行的弧线较高，速度稍慢，弧线曲度大，带强烈上旋，第一弧线较高，第二弧线较低，落台后前冲并向下滑落。

(2)动作要领：中台站位。左脚稍前，身体重心置于右脚上，屈膝弯腰，身体稍向右转。右肩下沉，将拍引至右后下方，相对于正手攻球要低。球在下降前期时向左上方蹬腿传腰收前臂，并利用手腕的力量充分制造弧线向前迎球，摩擦球的中上部，使球产生强烈的上旋。击球后，手臂顺势向前上方挥动，并迅速还原成准备姿势。动作过程中，身体重心从左脚移动到右脚上。

(二)正手前冲弧圈球

(1)特点：球速快，弧线低而长，上旋强，弹起后前冲力大，并向下滑。前冲弧圈球技术应用十分广泛，只要条件允许，都可以使用。

(2)动作要领：站位根据来球位置而定，左脚稍前，身体重心放在右脚，屈膝弯腰、髋和上体稍向右转。大臂带动前臂向右后方引拍至身体右侧下方约与球台齐高，待来球弹起后，在蹬腿传腰的前提下大臂带动前臂向左前上方挥拍迎球，在来球的高点期或下降前期，以前倾拍形迎前摩擦球的中上部。击球后，手和臂顺势向前上方挥动，并迅速还原成准备姿势。动作过程中，身体重心从右脚移到左脚上。加转弧圈球和前冲弧圈球最本质的区别在于：加转弧圈球是以摩擦球为主，而前冲弧圈球却是击打与摩擦兼而有之。

(三)反手弧圈特点

(1)特点：与正手弧圈球技术特点相似，多为横握拍者使用，直握拍者在球拍反面贴反胶，运用直拍横拉技术。

(2)动作要领：站位在球台中间或偏左，中台站位，右脚稍前或平行站立，身体重心放在双脚上，两膝微屈，腰、髋及上体稍向左转。右臂自然弯曲，肩、肘、手自然下垂，将球拍引至身体左侧下方，同时前臂外旋，使拍面微前倾重心下沉，在来球的下降期，以微前倾拍形迎击球的中上部，以前臂为主向上并略向前发力摩擦击球，同时脚跟上提，使腰、髋向右上方发力，以使球强烈上旋。击球后，手臂顺势向前上方挥动，并迅速还原成准备姿势。

(四)反手前冲弧圈球

(1)特点：与正手前冲弧圈球相同。是直接进攻的一种方式。

(2)动作要领：站位根据来球位置而定。右脚稍前，身体重心放在左脚上，屈膝弯腰，腰、髋与上体稍向左转。右臂自然弯曲，肘部靠近身体，前臂向左后方移动，将拍引至身体左侧略偏下，同时前臂外旋，使拍面前倾。带来球弹起后，以前臂为主向前并略向上挥拍迎球，同时腰、髋带动上体向右转动，在来球的高点期或下降前期，以前倾拍形迎击球的中上部。球拍击球的瞬间，以前臂为主兼顾手腕的力量向前并略向上发力摩擦击球，使球产生强烈上旋。击球后，手和臂顺势向前上方挥动，并迅速还原成准备姿势。动作过程中，身体重心从左脚移到右脚上。

(五)反手拧拉

(1)特点：拧拉技术往往是在对方发球或回球未出台的情况下使用。此技术摩擦球更充分，更容易克服来球的旋转，自身能够制造上旋、侧旋甚至下旋，旋转强烈。掌握此项技术能够在实战中很快变被动为主动。

(2)动作要领：引拍时要确保来球与前臂保持一定的距离，收腹前倾、降低重心，保证手臂击球时的稳定性。引拍时小臂带动手腕，拍头指向腹部，拍面与台面保持水平。击球时选择球的上升期和最高点，确保有总够的高度制造弧线过网。击球点在胸口的正前方，偏左或偏右都会影响发力效果。挥拍过程中小臂要以肘关节为轴快速向前或前上方带动手腕发力，手腕打开的一瞬间要有力量，充分发挥鞭打效果。

十四、组合技术的运用

(一)左推右攻

(1)特点：它是推挡和攻球的组合技术，速度快，强调控制球的技术，建议用于便捷正确的处理球的方法。

(2)动作要领：当对方来球到反手位时用推挡，来球到正手位时用攻球。由反手推挡转正手攻球时，手臂在推挡动作结束并还原后迅速向右侧移动，做正手攻球动作结束并还原后手臂向左移动并外旋，将球拍引至身体左侧前方，其后完成推挡动作。练习这项技术时必须结合脚步的移动，根据两点间距的大小可以自由选择，一般多采用并步技术动作。重点在于从左向右移动时，身体与右脚要向右后方顺时针转15°左右，从而达到充分引拍和重心转换的目的，并最终合理有效的回球。

(3)练习方法：练习时可采用一边一下或一边两下的定点练习，待技术动作熟练后再采用不定点的练习方法。

(二)推挡变侧身攻

推挡变侧身攻的练习是推挡与攻球技术相结合的一种形式，主要是为了充分发挥正手攻击力的一种组合技术。

(1)动作要领：由反手推挡改为侧身攻的关键在步法的移动。用侧身步法或跳步移到合理的击球位置，将球攻过去后迅速还原成准备姿势，连接反手推挡。推挡动作结束后前臂在还原的同时迅速内旋，上臂随上体转动微向后伸，前臂随上臂略后摆。让出球拍的合理击球位置。拍形稍前倾，发力方式以前臂为主，手腕辅助前臂发力。

(2)练习方法：反手连续推挡斜线，伺机侧身攻球到对方的斜线后还原连续推挡。待此项内容熟练后再练习一推一攻，在反复练习的条件下掌握脚步移动、重心转换及动作的衔接。

(三)推挡侧身攻后扑正手

这项组合技术是由推挡、侧身攻球和扑攻远角度来球的三个单项技术组合而成的，是进攻打法比较常用的技术之一。

动作要领：完成推挡变侧身攻之后，对方把球回击到正手直线球，这时要扑攻离自己身体较远的球。从步法应用上要采用交叉步，练习者在侧身攻后重心移至右脚，左脚迅速向右方跨一大步，同时作引拍动作。待右脚落地时，身体重心落在左脚上，随即上体稍向左转挥拍攻球。攻球动作过程中，右脚随之向右移动一步，以保持身体重心的平稳。如果来球角度不大，交叉步可小一点，反之，交叉步也可大些。侧身攻后扑正手多半是在右脚单脚落地后即挥臂攻球，所以动作难度比一般正手攻球要大一些。在最后交叉步击球时，一定要控制好脚步的移动，保证正手攻球技术动作的准确性。

第三节　乒乓球基本战术

乒乓球比赛中战术的运用是决定运动员能否取得胜利的关键因素。

这要求运动员首先要根据自己的技术风格和打法特点制定总的战术思路，还要根据场上对手的特点制定相应的措施。

在比赛中制定战术要注意以下几个原则：

首先，要保证在比赛中发挥出自己的特点，利用自己的长处来攻击对手的短处，当然也要尽可能少地暴露出自己的弱点，从而达到“扬长避短，以强攻弱”的战术思想。

其次，比赛中绝对不能保守，一味地求稳。一定要寻找机会主动上手，给对方以强有力的攻击。

最后，比赛当中一定要灵活多变，学会控制比赛的节奏，自始至终按照自己的思路打球，沉着冷静，综观全局，机动灵活地运用自己的战术。

总之，合理有效地运用战术，一定要遵循以上几个原则，才可以在比赛中发挥出自己的实力，战胜对手。

在当今乒坛，运动员根据不同的握拍方式，以及不同海绵与胶皮的性能，已经衍生出许多技战术打法，在此我们重点介绍几种基本打法的战术特点。

一、左推右攻打法的主要战术

左推(或快拨，下同)右攻的打法特点是站位近台，以速度为主，快速多变。台内球控制较好，变化灵活，突击性强；常以反手快速推挡为侧身进攻制造机会。但因其反手推挡发力较为困难，需要侧身用正手加强进攻，容易暴露出正手位的空当。所以，从进攻角度上讲要稍弱一点。

(一)发球抢攻战术

(1)对方是直握球拍且站位靠中间并靠前时，可选择正反手发侧上、下旋急长球至对方反手位，配合正手位短球及奔球，利用正手抢攻。若对方站位较为偏左、偏远时，可选择正、反手发侧上、下旋短球至对手的台面中部，并配合正手位奔球，伺机抢攻。

(2)对方是横握球拍且站位靠中间并靠前时，可选择发侧上、下旋急长球和短球至对方中路偏正手的位置，伺机抢攻，若对方站位较为偏左、偏远时，也可发转与不转的短球至正手位并配合正手位奔球抢攻。

(二)推中变线战术

在相互推挡中以速度和角度压制对手，在相持中突然加大力度，变线至对方正手位，伺机抢攻，达到出其不意。当然，变化的线路也可自由所择，用加力推或推挤下旋主攻对方中路也是行之有效的。

(三)搓攻战术

这是一种对控制旋转与力度较高的技战术。

(1)接对方来球时，将球搓在台内的不同落点，加以转和不转的变化，控制对手，伺机抢攻。

(2)接对方来球时，将球在同一线路或不同线路上搓出长、短，并加以转和不转的变化，控制对方，并抢先进攻。

(3)接对方来球时，快慢搓结合，达到远离对方或追身的效果，伺机抢攻。

二、快攻结合弧圈球打法的主要战术

快攻结合弧圈打法的特点是以速度为主，辅之以弧圈球技术。攻、拉技术转换快速。常以弧圈球技术抢先上手后再以反手快速推挡(或快拨，下同)压制和调动对方，结合侧身或正手拉前冲弧圈得分。但是，由拉转攻的同时也是由中台向近台转变的过程。所以，这种打法的战术制定也是围绕着近台展开的。

(一)发球抢攻

(1)由于自身抢攻的能力较强，所以以近网短球为主，即发正手位的侧上、下旋及转与不转球，迫使对方搓球还击，然后抢拉弧圈球。

(2)发反手位的侧上、下旋球至对方近网，迫使对方以搓球还击，然后抢拉弧圈球。

(3)在以上两项的基础上，根据对方的站位，配合大角度的奔球和追身长球，伺机强攻。

(二)推中变线抢冲弧圈球

在推挡中控制对方的反手位，突然加力或推挤变线，抢冲弧圈球；当对方抢先变线时，可选择正手拉前冲弧圈球控制对方的反手再变线，甚至可以直接抢攻。

(三)拉加转弧圈和前冲弧圈或扣杀相结合

运用方法基本上同左推右攻打法的主要战术。不同的是拉球主要以拉加转弧圈球创造机会，然后用前冲弧圈球得分。

(四)搓中抢拉弧圈球

搓球用“摆短”控制台内落点或突然搓加转长球到对方大角度(左或右要看对方的站位来决定)，使对方难以回搓短球，然后抢拉弧圈球得分。

三、以弧圈球为主打法的主要战术

以弧圈球为主的打法特点是站位在中台，正、反手拉弧圈球，力量大且旋转变化多，在配合以侧拐弧圈球。常以快、慢的节奏和多变的落点控制和调动对方，从而创造进攻的机会。然而为了发力，动作幅度会加大，完成动作的时间长。因此，在正、反手结合及还原方面较差，对待追身球就比较困难。另外，由于弧圈球引拍动作较大，在处理台内短球时，介于台面的阻碍，无法发力。这也是弧圈球打法的一个缺陷。

(一)发球抢拉

(1)由于自身进攻能力较强，故可以选择正、反手发侧上、下旋球，迫使对方搓球还击，抢先上手，抢冲或抢拉弧圈球。

(2)可选择发正手位的转与不转相结合的短球，配合以正手位的奔球，伺机抢冲或抢拉弧圈球。

(3)可选择发侧上、下旋急球至对方反手位，或追身球，配合以正手位的短球，迫使对方站位不敢靠左、靠后去直接接发球抢攻，从而为自己进攻创造机会。

(二)推中变线，结合侧身前冲弧圈球

运用方法与左推右攻打法基本相同。横板或直板横打的运动员可以选择反手近台快带或快撕来压制对手，创造机会侧身抢冲弧圈球。

(三)拉加转与不转弧圈球，结合抢冲弧圈球

由于有转与不转的优势，所以在比赛当中恰当的运用，造成对方回球时弧线的不稳定，结合前冲弧圈球，达到抢攻的目的。

(四)搓中抢拉弧圈球

运用方法同快攻结合弧圈打法的主要战术相同。

(五)中远台相持战术

中远台相持战术是以弧圈球为主打法的运动员所特有的。运动员可以处在中台甚至远台连续的正、反手拉出转与不转、侧拐及前冲弧圈球，利用节奏、落点和力量的变化取胜对手。

另外，削球打法也是常见的一种技术，但由于采用这种打法的运动员常常配以具有特性的海绵和胶皮，这对于初学者来说是非常难以掌握的，因此，削球的技战术打法我们在此不作过多的解释和说明。

第四节　乒乓球竞赛规则简介

一、场地、器材、设备及比赛规则

本节选择了国际比赛的竞赛规则与裁判法中的基本内容作重点介绍，使学生们在乒乓球学习中有更深刻的了解。

1. 球　台

(1)球台的上层表面叫做比赛台面，应为与水平面平行的长方形，长 2.74 米，宽 1.525 米，离地面高 76 厘米。

(2)比赛台面不包括球台台面的侧面。

(3)比赛台面可用任何材料制成，应具有一致的弹性，即当标准球从离台面 30 厘米高出落至台面时，弹起的高度约为 23 厘米。

(4)比赛台面应呈均匀的暗色，无光泽。沿每隔 2.74 米的比赛台面边缘各有一条 2 厘米宽的白色端线。

(5)比赛台面有一个与端线平行的垂直的球网划分为两个相等的台区，各台区的整个面积应是一个整体。

(6)双打时，各台区应由一条 3 毫米宽的白色中线，划分为两相等的“半区”。中线与边线平行，并应视为右半区的一部分。

2. 球网装置

(1)球网装置包括球网、悬网绳、网柱及将它们固定在球台上的夹钳部分。

(2)球网应悬挂在一根绳子上，绳子两端系在高 15.25 厘米的直立网柱上，网柱外缘离开边线的距离为 15.25 厘米。

(3)整个球网的顶端距离比赛台面 15.25 厘米。

(4)整个球网的底边应尽量贴近比赛台面，其两端应尽量贴近网柱。

3. 球

(1)球应为圆球体，直径为 40 毫米。

(2)球重 2.7 克。

(3)球应用赛璐珞或类似的塑料制成(2014 年 7 月 1 日起启用全新塑料球)，呈白色、黄色或橙色，且无光泽。

4. 球 拍

(1)球拍的大小、形状和重量不限。但底板应平整、坚硬。

(2)底板厚度至少应有85%的天然木料。加强底板的黏合层可用诸如碳纤维、玻璃纤维或压缩纸等纤维材料，每层黏合层不超过底板总厚度的7.5%或0.35毫米。

(3)用来击球的拍面应用一层颗粒向外的普通颗粒胶覆盖，连同黏合剂，厚度不超过2毫米；或用颗粒向内或向外的海绵胶覆盖，连同黏合剂，厚度不超过4毫米。

①“普通颗粒胶”是一层无泡沫的天然橡胶或合成橡胶，其颗粒必须以每平方厘米不少于10颗，不多于50颗的平均密度分布整个表面。

②“海绵胶”即在一层泡沫橡胶上覆盖一层普通颗粒胶，普通颗粒胶的厚度不超过2毫米。

(4)覆盖物应覆盖整个拍面，但不得超过其边缘。靠近拍柄部分以及手指持握部分可不予以覆盖，也可用任何材料覆盖。

(5)底板、底板中的任何夹层、覆盖物以及黏合层均应为厚度均匀的一个整体。

(6)球拍两面不论是否有覆盖物，必须无光泽，且一面为鲜红色，另一面为黑色。拍身边缘上的包边应无光泽，不得呈白色。

(7)由于意外的损坏、磨损或褪色，造成拍面的整体性和颜色上的一致性出现轻微的差异，只要未明显改变拍面的性能，可以允许使用。

(8)比赛开始时及比赛过程中运动员需要更换球拍时，必须向对方和裁判员展示他将要使用的球拍，并允许他们检查。

5. 定 义

(1)“回合”：球处于比赛状态的一段时间。

(2)“球处比赛状态”：从发球时，球被有意向上抛起前，静止在不持拍手掌上的一瞬间，到该回合被判得分或重发球。

(3)“重发球”：不予判分的回合。

(4)“一分”：判分的回合。

(5)“击球”：用握在手中的球拍或执拍手手腕以下部分触球。

(6)“阻挡”：对方击球后，处于比赛状态的球尚未触及本方台区也未超过比赛台面或其端线，即触及本方运动员或其穿戴的任何物品。

(7)“发球员”：在一个回合中，首先击球的运动员。

(8)“接发球员”：在一个回合中，第二个击球的运动员。

(9)“裁判员”：被指定管理一场比赛的人。

(10)运动员“穿或带”的任何物品，包括他在一个回合开始时穿或带的任何物品。

(11)球从突出台外的球网装置之下或之外经过，或回击的球越过球网后又回弹过网，均应视作已“超过或绕过”球网装置。

(12)球台的“端线”包括端线两端的无限延长线。

6. 合法发球

(1)发球开始时，球自然地置于不持拍手的手掌上，手掌张开，保持静止。

(2)发球员需用手把球几乎垂直地向上抛起，不得使球旋转，并使球在离开不执拍手的手掌之后上升不少于16厘米。

(3)当球从抛起的最高点下降时，发球员方可击球，使球首先触及本方台区，然后越过或绕过球网装置，再触及接发球员的台区。在双打中，球应先触及发球员和接发球员的右半区。

(4)从发球开始，到球被击出，球要始终在比赛台面的水平面以上和发球员的端线以外；而且从接发球方看，球不能被发球员或其双打同伴的身体或他们所穿戴(带)的任何物品挡住。

(5)球一旦被抛起，发球员的不持拍手臂应立即从球和球网之间的空间移开。球和球网之间的空间由球和球网及其向上的延伸来界定。

(6)运动员发球时，应让裁判员或副裁判员看清他是否按照合法发球的规定发球。

①如果裁判员对运动员发球合法性有怀疑，在一场比赛中第一次出现时，判重发球，并警告发球方。

②此后，裁判员对该运动员或其双打同伴发球动作的合法性再次怀疑，将判接发球方得1分。

③无论是否第一次或任何时候，只要发球员明显没有按照合法发球的规定发球，无须警告，应判接发球方得1分。

(7)运动员因身体伤病而不能严格遵守合法发球的某些规定时，可由裁判员做出决定免于执行，但须在赛前向裁判员说明。

7. 合法还击

对方发球或还击后，本方运动员必须击球，使球直接越过或绕过球网装置，或触及球网装置后，再触及对方台区。

8. 比赛次序

(1)在单打中，首先由发球员合法发球，再由接发球员合法还击，然后两者交替合法还击。

(2)在双打中，首先由发球员合法发球，再由接发球员合法还击，然后由发球员的同伴合法还击，再由接发球员的同伴合法还击，此后，运动员按此次序轮流合法还击。

9. 重发球

(1)回合出现下列情况应判重发球：

①如果发球员发出的球，在越过或绕过球网装置时，触及球网装置，此后成为合法发球或被接发球员或其同伴阻挡。

②如果接发球员或同伴未准备好时，球已发出，而且接发球员或其同伴均没有企图击球。

③由于发生了运动员无法控制的干扰，而使运动员未能合法发球、合法还击或遵守规则。

④裁判员或副裁判员暂停比赛。

⑤在双打时，运动员错发，错接。

(2)可以在下列情况下暂停比赛：

①由于要纠正发球、接发球次序或方位错误。

②由于要实行轮换发球法。

③由于警告或处罚运动员。

④由于比赛环境受到干扰，以致该回合结果有可能受到影响。

10. 一分

除被判重发球的回合，下列情况运动员得一分：

①对方运动员未能合法发球。

②对方运动员未能合法接发球。

③运动员在发球或还击后，对方运动员在击球前，球触及了球网装置以外的任何东西。

④对方击球后，该球越过本方端线而没有触及本方台区。

⑤对方阻挡。

⑥对方连击。

⑦对方用不符合4(3)条款的拍面击球。

⑧对方运动员或他穿戴的任何东西使球台移动。

⑨对方运动员或他穿戴的任何东西触及球网装置。

⑩对方运动员不执拍手触及比赛台面。

⑪双打时，对方运动员击球次序错误。

⑫执行轮换发球法时，接发球运动员或其双打同伴，包括接发球一击，完成了13次合法还击。

11. 一局比赛

在一局比赛中，先得11分的一方为胜方。10平后，先夺得2分的一方为胜方。

12. 一场比赛

(1)一场比赛应采用五局三胜制或七局四胜制。

(2)一场比赛应连续进行。但在局与局之间，任何一名运动员都有权要求不超过两分钟的休息时间。

13. 发球、接发球和方位的选择

(1)选择发球、接发球和方位的权力应由抽签来决定。中签者可以选择先发球或先接发球，或选择先在某一方。

(2)当一方运动员选择了先发球或先接发球，或选择了先在某一方后，另一方运动员应有另一个选择的权力。

(3)在获得每两分之后，接发球方即成为发球方，依此类推，直至该局比赛结束，或者直至双方比分都达到10分或实行轮换发球法，这时，发球和接发球次序仍然不变，但每人只轮发一分球。

(4)在双打的第一局比赛中，先发球方确定第一发球员，再由先接发球方确定第一接发球员。在以后的各局比赛中，第一发球员确定后，第一接发球员应是前一局发球给他的运动员。

(5)在双打中，每次换发球时，前面的接发球员应成为发球员，前面的发球员的同伴应成为接发球员。

(6)一局中首先发球的一方，在该场下一局应首先接发球。在双打决胜局中，当一方先得2分时，接发球方应交换接发球次序。

(7)一局中，在某一方位比赛的一方，在该场下一局应换到另一方位。在决胜局中，一方先得2分时，双方应交换方位。

14. 发球、接发球次序和方位的错误

(1)裁判员一旦发现发球、接发球次序错误，应立即暂停比赛，并按该场比赛开始时确立的次序，按场上比分由应该发球或接发球的运动员发球或接发球；在双打中，则按发现错误时那一局中首先有发球权的一方所确立的次序进行纠正，继续比赛。

(2)裁判员一旦发现运动员应交换方位而未交换时，应立即暂停比赛，并按该场比赛开始时确立的次序按场上比分运动员应站的正确方位进行纠正，再继续比赛。

(3)在任何情况下，发现错误之前的所有得分均有效。

(4)当时限到时，球仍处于比赛状态，裁判员应立即暂停比赛。由被暂停回合的发球员发球，继续比赛。

(5)此后，每个运动员都轮发一分球，直到该局结束。如果接发球方进行了13次合法还击，则判发球方是一分。

(6)轮换发球法一经实行，该场比赛的剩余部分必须继续实行，直至该场比赛结束。

第十章

羽毛球

第一节 羽毛球运动概述

一、羽毛球运动简史

印度的普那是羽毛球的发源地。由统治印度的英国军人在1873年带回英国，在格拉斯哥郡鲍弗特公爵伯明顿定下规则，也就是今天的羽毛球运动的最初模式。最初比赛是在大房间或高大建筑物内，球是用香软木塞，插上羽毛做成的，比赛只限于贵族和上流社会的参加。后来，随着英国式的“通过运动培育绅士和淑女”这一思想，羽毛球运动才逐步得到普及发展，要求参加人必须尊敬对手，羽毛球运动可以说是：“人这种自然动物与羽毛、风、温度、湿度、光线等大自然的产物为对手之间的格斗，在对一个人来讲显得宽大，对两个人来讲又显得狭窄的场地内既能体会到丧失权利的痛苦又能感受到经过努力赢得权利的喜悦。”这就是羽毛球运动！

羽毛球作为一种娱乐活动，可以对场地器材要求略减，只需要一副球拍和一个球打来打去，达到娱乐健身的目的。参与者在球的对击过程中，通过不停的奔跑和身体的变化，努力地去把球击到对方的场地。每当击球者在击出一个好球或赢得一个球时都能使自己兴奋并达到一种成功的喜悦。同时球的飞翔又有快慢、轻重、高低、远近、狠巧、飘转等变化，使这种运动本身充满了丰富的乐趣。

由于羽毛球技术的千变万化，使羽毛球运动有很高的可观赏性。如猛虎下山的上网技术，蛟龙出水一样的跳起击球，身如满弓的扣杀，犀牛望月似的抢扑救球，进攻时似高屋建瓴、势如破竹，防守时如绵绵细雨、固若金汤。一切都在展示着羽毛球运动的力与美，使观赏者像吟读一首动人诗，如浏览一幅悦目的画，令人心旷神怡、流连忘返。

二、羽毛球运动的健身价值

羽毛球运动可以全面增强人的体质。前场、后场快速移动击球，中后场的大力扣杀球，被动时的扑救球，双打的换位击球等都需要练习者有较好的力量素质、速度素质、耐力素质、灵敏素质、柔韧素质以及快速的反应能力。扣杀需要力量；在双方对拉回合的过程中，为了取得主动需要有较快的速度、耐力；在扑救球时(多半是被动情况)，又需要有很好的灵敏和柔韧；双打中又需要极快的反应与判断能力。因此，经常从事该项体育活动可以发展人体的灵活性、协调性，可以提高人们上下肢及躯干的活动能力，改善呼吸系统和心血管系统的功能，提高有氧供能和无氧供能的能力，调节神经系统并提高其抗乳酸的能力，而且能起到增进健康、抗病防衰、调节精神的作用。

羽毛球运动因其竞争性、对抗性、大强度等诸多因素的要求，使意志品质在该项运动中占有非常重要的地位。羽毛球比赛经常遇到这类情况，即运动员出现了“极点”：喘不上气、身体无力、眼前发黑，感觉自己再也坚持不下去了。这种现象不是一方出现，在势均力敌的情况下往往是双方先后都会出现，甚至几乎是同时出现(如一个球打了很多回合)，这时就看谁能再坚持一下，胜利往往存在于再坚持一下之中。那么靠什么去坚持，就要靠顽强的意志品质和坚定的信念。即使不在比赛中，这项活动也需要较强的意志，否则你将不会很好地完成该项练习，使练习中应该产生的愉悦、趣味及锻炼价值荡然无存。

在心理方面，羽毛球活动包括对对方战术意图的揣摩，对各种战机的把握，对自己运用什么战术的选择等智力因素，因此经常从事该项运动可以使人思维敏捷。同时，由于比赛的紧张、竞争的激烈，使练习者的心理素质得到很好的锻炼，在竞争中，强化进取精神，使人的智、勇、技在竞争与对抗中得到升华。经此磨炼，能够做到临危不乱，泰然处之，既增长了智慧又陶冶了心理，不仅能在羽毛球活动中应付自如，而且能以良好的形态，正确的人生观去面对事业、家庭、荣辱等。

三、参加羽毛球运动的注意事项

随着全民健身体育热潮的普及以及场馆面向大众的开放，越来越多的人参与到了羽毛球运动中，因为它既可以使身体各部位都得到充分锻炼，而且还具有很高的趣味性和观赏性。但由于它的运动强度和动作幅度都很大，一时的疏忽大意可能引起很严重的损伤。因此，参加羽毛球运动应注意以下事项：

(1)做好准备活动。打球之前一定要充分的热身，特别是肩、肘、腕、腰、膝、踝。使关节的各角度都得到活动，并使关节周围的肌肉得到预热。

(2)注意训练的科学性。运动量的增加要遵守循序渐进的原则。打球间隙的休息也是很重要的，因为疲劳的肌肉更容易受伤。同样的一个跳起杀球动作，在腿及踝关节疲劳时，容易因为肌肉力量的不足落地不稳而造成踝关节扭伤。

(3)注意场地条件。场地不平，灯光、通风不好，都是可能引起损伤的潜在因素。打球的过程中也要时刻注意场地上有没有多余的羽毛球，运动过程中因踩到球而崴脚是这项运动最常见的损伤。

(4)运动过程中要适量补水。由于这一项目高强度的特点，体内水分以出汗的形式流失很快，因此在运动间歇一定要饮水，这样才能保证在整个运动过程中保持良好的身体状态。

四、羽毛球运动的场地、器材

图 10-1 所示为羽毛球运动的标准场地，以及单、双打的一些重要数据，以宽 4 厘米的线，划分出比赛场地(比如发球区)。边线上方的网高为 155 厘米，场地中间的网高不低于 152. 4 厘米，网宽 76 厘米。

羽毛球有人造和天然的两种，其质量在 4. 73 ~5. 50 克之间，天然羽毛球尾部由 16 根鸭或鹅毛组成，用皮制和塑料扎牢且固定在一个软球托上，塑料羽毛球由人造合成物制成。比赛用球一定要拥有一个软木制球托。

人们用三种色标来区别球：

红色 = 快球(重球——适合室外)

蓝色 = 中等球(中等重质——用于凉爽宽大的室内场地)

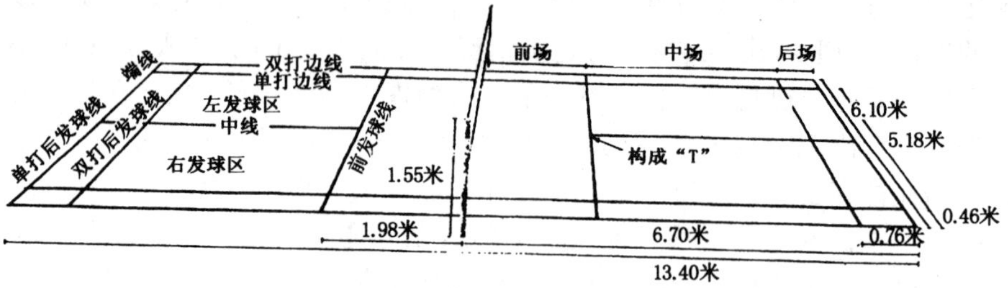

图 10-1

绿色 = 慢球（轻球——用于温暖较小的室内场地）

球拍总长不超过 68 厘米，宽为 23 毫米。一个好的球拍用于连接拍头和拍杆的 T—区（连接喉）并不明显。所谓连体的球拍就是拍头与球拍柄浑然一体，在高档的连体羽毛球球拍上的 T—区（连接喉）是包括在拍框中的。以此来支持剧烈的球拍旋转。制造球拍的重要材料是石墨、炭和其他合成材料以及铝和钢（在球拍前部）。

第二节 羽毛球基本技术

一、中心位置，基本站位，击球范围

1. 中心位置

中心位置如图 10-2，位于单打区域的中心，从该位置到达球场任何位置或边线都很容易。除了个别例外（如放网前球），在每次击球后都要尽快回到中心位置。

根据现场击球情况（如何回球，对方在哪回球，运用了何种技术），球员在中心位置区内的位置并不是固定的。

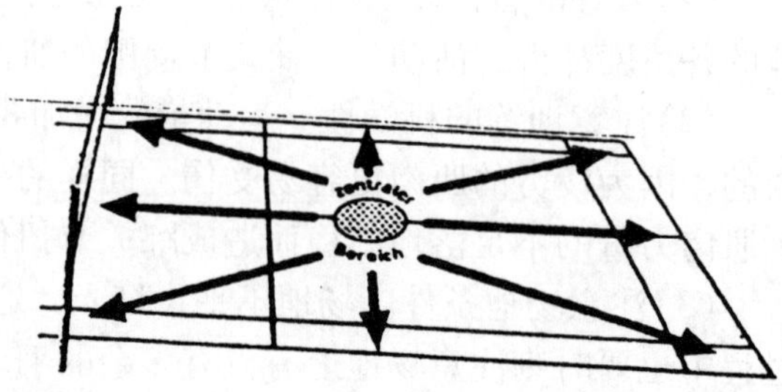

图 10-2

2. 击球范围

如图 10-3 所示在不同的位置，击球方式不同，首先是反手区（击球时永远是手背迎向来球）与正手区（永远是手心迎向来球）的区别。在上半区和身体右侧为大力正手击球，在高击球点处有低手、侧手、过手和头顶不同的区域分别。

图 10-3 很清晰的显示了不同的击球位置。图中运动员身体的左侧半部显示的为反手击球区，其中反手、过手，击球是最难的，它需要特殊的击球技法和跑动方法。右侧半部图为正手区。

3. 基本站位（待球站位）

—双脚开立与肩同宽。

—身体重心平均分于双脚之间。

—略提踵膝盖，髋关节微弯。

—拍头位于胸腹之间。

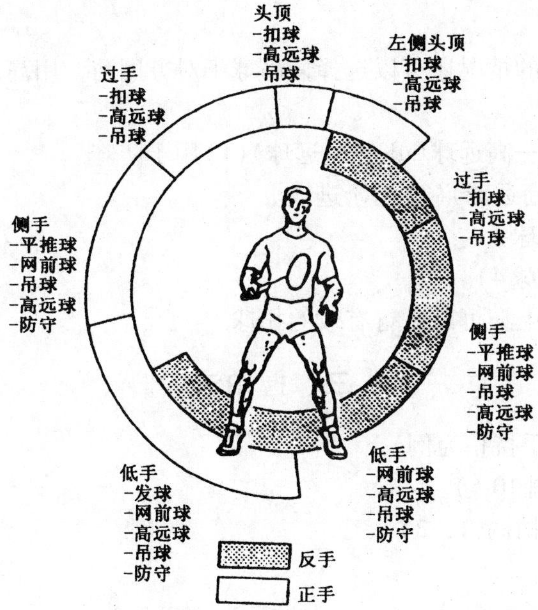

图 10-3

—击球手臂肘关节明显位于体前。

二、基本打法

羽毛球打到最好，就是在任何位置都可以将球击到对方场区的任何位置去。除此以外，球的力量大小，何时下落，都可以控制，不利于对方的防守，如图 10-4 所示为几种最重要的基本打法(包括前、中、中半、后场)。

备注：

这些基本打法可以在比赛中被分为以下几类：①正手或反手；②长线或对角线；③有或没有跳跃；④有或没有步伐配合；⑤在头顶或过手范围等。

当前这些分类不能包括全部的基本打法，图 10-4 为大家清晰地显示了各种打法。

(1)前场基本打法：

最重要的击球技术：

—低手—挑球(Uh—高远球)(1)。

—平推球(2)。

—放网前小球(3)作为网前球的特例(SpaN)。

—扑球(4)网前球的变异。

除此以外为发高远球(5)和发短球(6)。

(2)中场基本打法：

最重要的击球技术：快速头顶吊球(uK—吊球)(1)。

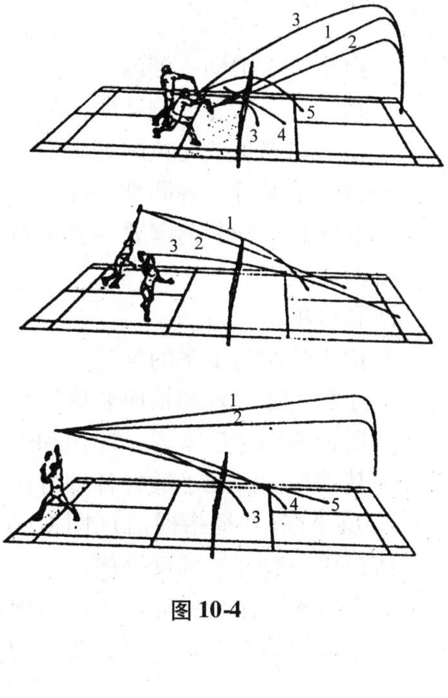

图 10-4

扣球(2)。

平抽球(3)。

当然在中场根据不同的情况还可以选择慢吊球于对方网前，用高远球打到对方底线。

(3)后场基本打法：

最重要的打法：头顶—高远球(uK—高远球)(1)用于防守。

头顶—高远球(uK—高远球)(2)用于进攻。

头顶慢吊球（uK—吊球3)。

头顶快吊球（uK—吊球4)。

好的运动员在该位置上还可以进行有效的扣球。

三、握拍法

1. 基础握拍法(以右手持拍为例)

拍头：手掌的延伸(图10-5)。

紧紧抓牢，指根轻贴拍柄(1，2)。

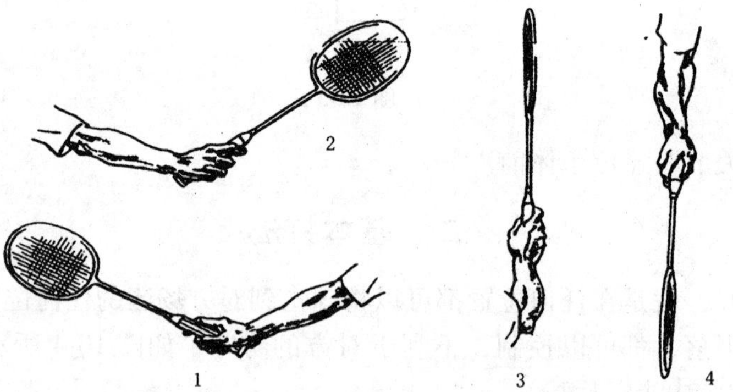

图10-5

—拇指位于拍柄一侧(1)。

—其他手指从另一侧环绕拍柄，中指指甲在拇指下，食指在拇指上面(1)。

—拍柄尾部正抵在鱼际处(1，2)。

—整个手保持一种同别人握手似的状况。

—要注意拍杆和前臂要一直保持130°～140°状态。

拍头垂直。

注意事项：

—拍头是作为手掌的延长。

—注意击球手臂和拍面要保持垂直(3，4)。

—用钟表作比喻来说，球拍和击球者是处于6点的位置(3，4)。

—基础握拍法几乎适合各种打法，尤其适合初学者使用。

2. 反手握拍(拇指握拍)(图10-6)

从正手一般握拍到反手握拍。

以一般握拍法轻握球拍，将胳膊翻转(6点位置)(1)。

手中球拍随手指尽量向右转直到大拇指转到拍柄另一侧为止(2，3)。

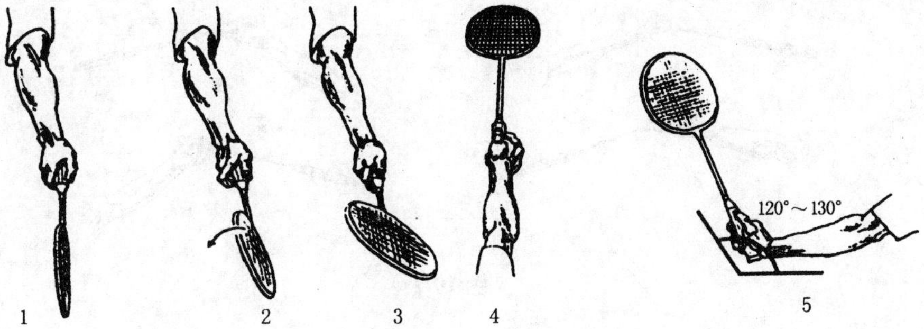

图 10-6

“握拍时钟”为 9 点 15 分。

(4)为反手握拍后，视图即击球的透视图。

在握拍时钟正好为 9 点 15 分。

(5)为右手握拍的侧视图。由此你可以清晰地看到大拇指所在位置和前臂外旋发力的情况。

角度为 120°～130°。

—前臂和拍杆此时应时刻保持 120°～130°的状况。

—最重要的是手腕要随手臂灵活转动。

—反手握拍或叫做拇指握，主要应用于反手扑球，反手防守和反手平推球。

3. 钳式握拍手法(图 10-7)

拍头平置：

—通过名字就可以看出握拍手法就像钳子一样。

反手：

—食指、中指、无名指和小拇指并拢在球拍柄上侧[图 10-7(1)]。

—击球者可以转动手腕，使拍头拍弦面处于水平状态(与地面持平)(1)。

—拍头略微下沉。

—大拇指处于拍柄下侧接触面[图 10-7(2)]。

—为了提高击球远度引拍线路长一些为好。

应用：

反手—反手放网—搓球。

短反手—发球(第一阶段)。

正手：

—这里同样，拇指不同于其他手指处于另一侧，无论怎样手指都紧密地排列于狭窄的拍柄上食指、中指主要用力[图 10-7(3)(4)]。

—拍头略微下沉。

应用：

正手—放网。

正手—搓球。

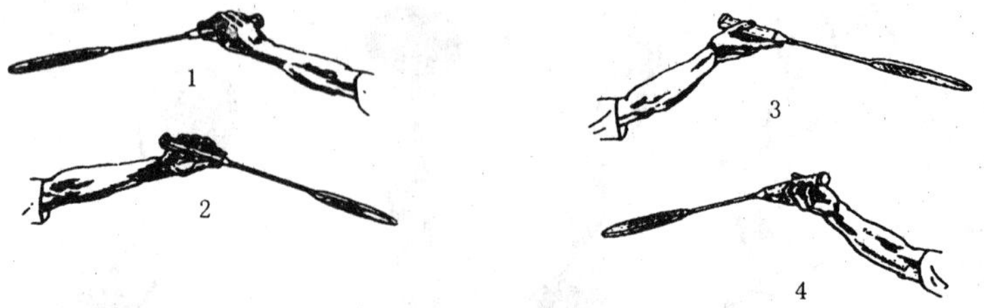

图 10-7

四、击球技术

1. 基本击球技术

(1)外旋击球(前臂外旋)用于反手击球(图 10-8)。

准备(内旋)。

用力(外旋)。

手腕随手臂弯曲。

—首先提高肘关节，直至最高，拍头指向地面。

—前臂首先内旋。

图 10-8

—不要停顿，肘部伸直，前臂反向外旋。

—在整个过程中(先内旋再外旋)手腕随手背弯曲。

—在击球和停止阶段肩井不转动。

备注：

在大力击球时手臂内外旋的交替使用是很重要的。在反手击球时外旋前先适度内旋，以预先准备肌肉，增大加速过程(图 10-9、图 10-10)。

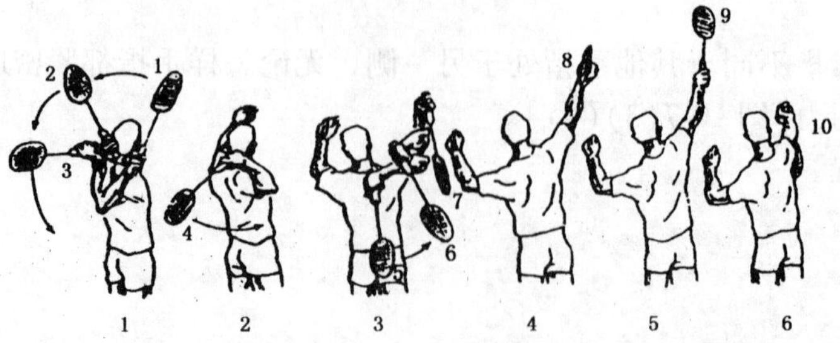

图 10-9

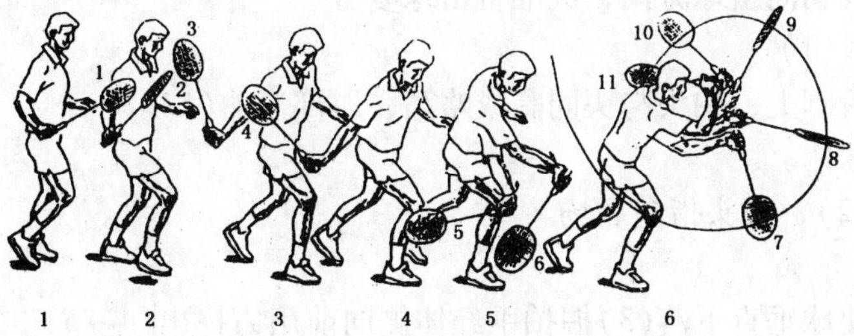

图 10-10

(2)摆臂挥拍(过顶/高手范围)。

在羽毛球运动中很少有例外，总是分三个阶段：

—运动过程中，站在最佳位置便于击球。

—击球阶段。

—返回到中心位置。

在击球过程的第一阶段，球拍挥向相反方向，向左侧肩部引拍位置返回向右肩，同侧髋部和肘部向前带动。肘部下际为击球方向，到位后不再有停顿，肘关节带动前臂快速且有力的内旋将球击出。击球后近乎伸直的肘关节继续带动前臂内旋拍子紧接着挥完放松于身体左侧。

备注：

挥拍在加快拍头击球速度方面很有效。加速过程尽量要长。此外还要预先准备肌肉。要多观察各种明显的强力击球动作。在软击球中(如正手—头顶—吊球)加速过程并不重要，而大力击球则需要加长引拍的线路。

(3)摆臂挥拍(在下手范围内)。

—击球者的原始位置从身体一侧向后引拍。

—同时前臂准备向外旋。

—前臂身体向前移动。

—前臂转动用力外旋，拍头向下。

—拍头在不作任何停顿情况下在前臂带动下内旋，加速去击球。

—击球后，转动前臂，拍头向身体左侧放松。

2. 正手发高远球(图 10-11)

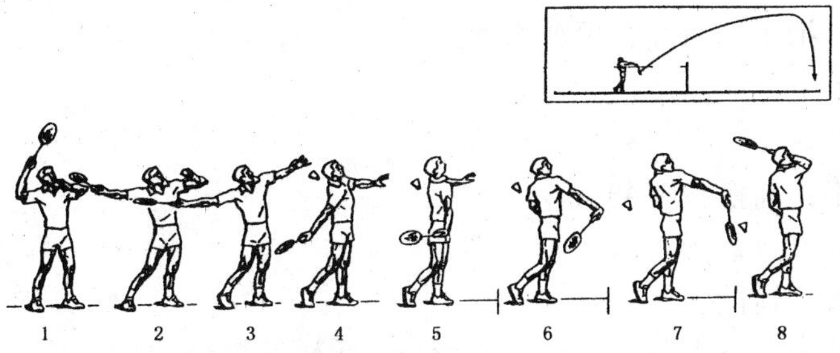

图 10-11

要领：开始位置！全神贯注！引拍，挥拍！转髋！外旋！握拍手向前！内旋！触球点：于身体右前！挥出，击球完成后向左。

—端肩，出前脚朝向击球方向，成准备击球姿势。

后脚向右侧边线(1)。

—身体重心在后脚上，拍头与头同高或略高，肘部弯曲(1)。

—持球手握住球体。

—拍头向后带(2)，拍头指向后场。

击球过程：

—持球手松开使球垂直下落(3)握拍手经体侧向前用力挥出(4～6)。

—同时手臂臂展开；向前转髋。重心移至前脚(4，5)，前臂稍外旋，手腕随手臂处于充分伸展位置(展腕)(5)。

—在击球前瞬间用力挥臂，手臂内旋，展腕(6，7)。

—右肩向左带(7)。

—在身体右侧与膝与髋之间击球，注意发球规则(7)。

—前臂继续转动，肘部弯曲。

—拍子仍向左肩方向挥(8)。

—双脚着地，注意发球规则！

—马上准备好接球。

3. 正手发短球(图 10-12)

出球集中精力！击球手臂慢慢向前，转髋！手松开，内旋手臂，挑球！击球点在身体右侧！拍子继续上举！

—做好准备端肩，出脚，后脚向右撇(1)。

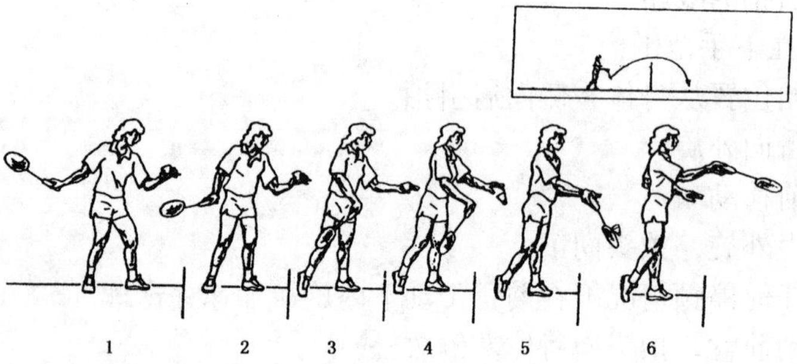

图 10-12

—重心在后脚，拍头与肩高，手臂弯曲。

—手握球体(1)。

击球过程：

—上臂靠近躯干，前摆(2～4)。

—前臂轻外旋。

—重心移到前脚，转髋。

—前臂内旋将球击出，击球点与髋关节持平。手臂略微弯曲(4，5)，将球上挑过网。

—注意发球规则。

—拍子继续上举，双足触地，注意规则(6)。

—做好接球准备。

4. 反手发短球(图 10-13)

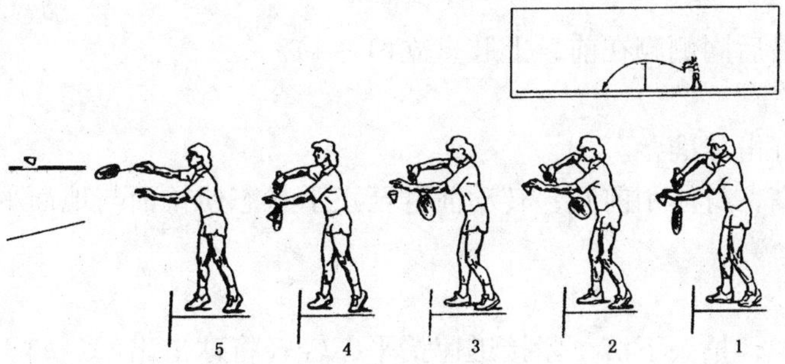

图 10-13

原始站位，反手握拍右体前，轻提球边缘，松手放球，挥拍有摆动性短打，触球点在体前，球拍上扬。

—球在体前触拍(4)。

—注意发球规则。

—球于略高过球网位置飞过(5)。

—拍子向球网方向扬起。

—迅速做好接回球准备(没有画出)。

击球阶段：

轻提球，体前挥拍(2)。

短的，具有摆动性质挥拍(3，4)。

球刚一下落迅速击出(3)。

—拇指，食指捏住球边萎部(1)。

—球在体前(1)。

—击球准备，右腿在前。

—身体重心在前脚上，拍子在体前略向后倾斜(1)。

—握拍手臂肘部举起。

—反手握拍(1)。

(上图是一个短的反手握拍手法)。

5. 正手放网前球(图 10-14)

预先准备！迈步，上肢直立！拍子平置！击球俯身！慢慢下降。伸长手臂，触球点尽量选

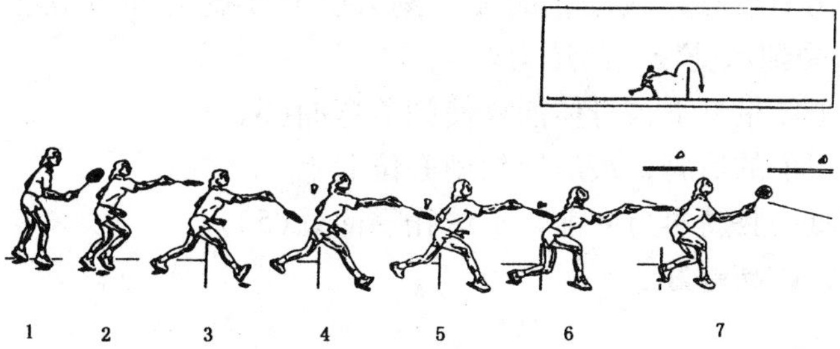

图 10-14

高一点。收腿。

—预先准备。

—凑近网前，最后同侧脚在前，上肢直立(1～4)。

—钳式握拍法。

—在跑动中做好击球准备。

—右臂逐渐抬高，身体稍前倾，转动前臂至正手状态使拍面与地面平行。掌心向上，拍头指球网(2)。

击球过程：

球在下降过程中，拍头下沉，紧接迅速抬平，轻轻将球击出(3，5)。

手腕要高于拍头。

击球瞬间：

稍微伸直的手臂，击球的右前方(5)。

击球时机要早，越高越好。

在上步带动下身体向前运动，带动前腿膝关节弯曲(6，7)。

身体重心投影于两脚之间。

备注：

弯曲膝关节，不要用力过猛。在停止的那一刻大腿和小腿之间所成角度最大值为90°～100°，此时弯曲的膝关节承受着较大的压力。

6. 反手放网前球(图10-15)

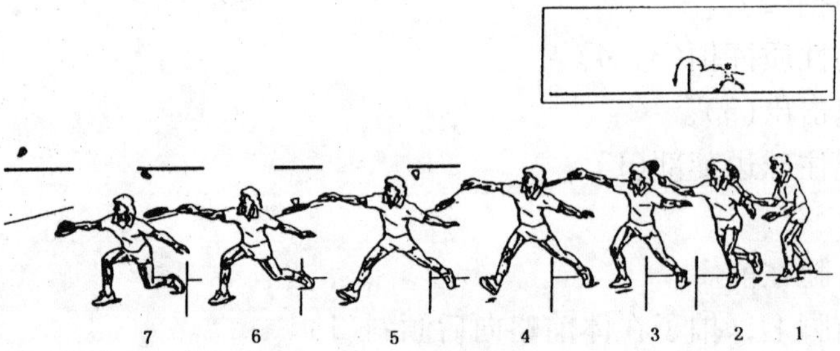

图10-15

预先准备，出脚上肢直立，拍头保持水平，拍子下降，慢慢举起，伸长手臂击球点尽量高，脚步跟上收腿。

注意：

弯曲膝盖，不要用力过猛，在停止的那一刻大腿和小腿之间所成的角度最大值为90°～100°，长此下去膝盖受到承受较大的压力。

—在跑动过程中上肢带动下，身体前移使膝盖弯曲(6，7)。

—右腿足迹以及跟上的后脚，最后回到中心位置上。

—击球瞬间：伸直的胳膊尽力向前，击球托靠前处(5)。

—击球时机要早，越高越好。

击球过程：

—钳式握拍法。

—凑近网前，最后右脚左前，上体直立(1～4)。

—预先准备。

—右臂逐渐抬高于肩，身体左倾至反手状态，使拍头与地面平行(2，3)掌心向下，拍头指球网。

—在跑动中做好击球准备。

—球的下降过程中，拍头下沉，紧接着迅速抬平，轻轻将球击出。手腕要高于球拍头。

7. 正手网前勾球(图 10-16)

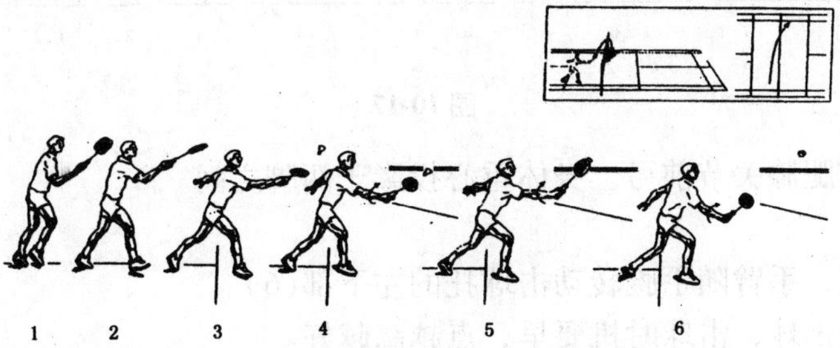

图 10-16

预先准备，出脚，上体直立，拍头保持水平、倾斜拍头，快速内旋肘关节向身体内侧带动，击球点尽量高！脚步，跟上收腿！

—预先准备！

—凑向网前，最后以右腿在前为结束保持上肢直立(1～3)。

—更换握拍方式：钳式握拍法。

—在移动过程中做好击球准备。

—右手自然抬起到球网水平位置。

—将拍子向右转至正手位置正至拍头至水平位置(与地面持平)(2)手心向上，拍头指向网边。

击球过程：

—在击球时拍头略有下沉(3)。

—小臂内旋肘关节回撤，将球横穿过网(4，5)。

击球瞬间：

—手臂尽力伸直，击球托的右侧下部。

—球拍头倾斜时击球，击球时机要早，点越高越好。

—运动过程中上体随膝关节前弓、身体重心投影于两脚之间。

备注：

转动拍头时机越晚，对对手的迷惑性越大。拍头保持水平状态可以是扑球，放网前球或网前勾球，并不确定。球手可以自行临时编排。

8. 反手网前勾球(图 10-17)

预先准备，出脚，上肢直立，拍头保持水平，倾斜拍头，短促外旋沉肘，击球尽量高，脚步跟上收腿。

备注：

转动拍头时机越晚，对对手的迷惑性越大，拍头保持状态可以是扑球，放网前球，网球勾球并不确定，球手可以自行临时编排。

图 10-17

—运动过程中前腿膝关节前弓。身体重心投影于两脚之间。

击球瞬间：

—手臂尽力伸直，手臂随手腕转动击球托的左下部(6)。

—球拍头倾斜时击球，击球时机要早，点越高越好。

击球过程：

击球时拍头略有下沉(4)。

紧接着短促外旋前臂肘关节回撤，将球横穿过网(5，6)。

—更换握拍方式：钳式握拍法。

—凑向网前最后以同侧脚在前为结束。保持上体直立(1 ~4)。

—预先准备。

—手背向上，拍头指向球网。

—将拍子向左转至反手位置，拍头至水平位置(与地面持平)(1 ~3)。

—右手举到与头持平位置。

—在移动过程中做好击球准备。

9. 正手—搓球(图 10-18)

预先准备，出脚，上体直立，击球早期准备，拍头下沉朝向球，切击球托，使球产生旋转，击球点尽量提高，脚步，跟上收腿。

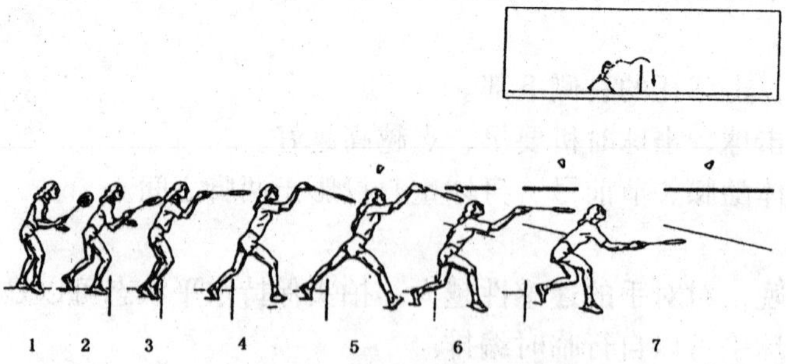

图 10-18

—预先准备。

—凑向网前，最后同侧脚在前，上体直立(1 ~5)。

—钳式握拍法。

—在运动过程中做好击球准备。

—弯曲的手臂，正手握拍，拍头保持水平(与地面持平)(2，3)手心向上，拍头指向球网。

击球过程：

在移动过程中提高手腕，拍头下沉(4，5)。

手腕高于拍头，度切击球托，使球产生旋转(搓球)(4，5)。

击球瞬间：手臂轻轻弯曲凑向右前。

跑动时上体随膝关节弯曲。身体重心投影于两脚之间。

备注：

击球的时机的选择十分重要。球旋转过网给对方回球造成困难。

10. 反手—搓球(图 10-19)

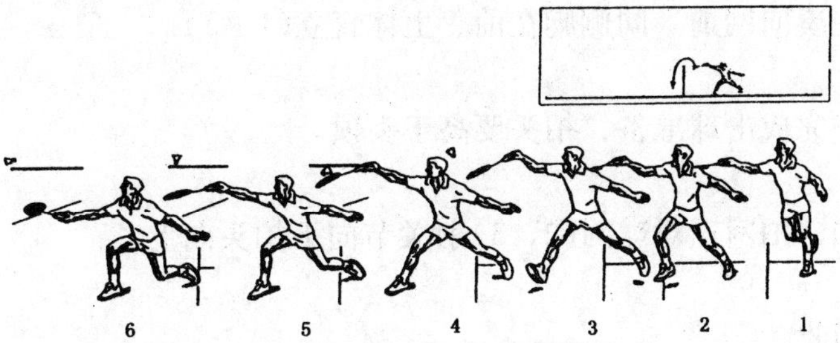

图 10-19

预先准备，出脚，上体直立，击球早期准备，拍头下沉，朝向球，向前刺去，切击球托，击球点尽量提高，脚步，跟上收腿。

备注：

击球的时机的选择十分重要，旋转过网给对方回球造成困难。

击球瞬间：

—手臂轻轻弯曲凑向左前。

—跑到时上肢随膝盖弯曲。

—身体重心投影于两脚之间。

—开始作切球动作，球从网边飞过(4)。

击球过程：

—钳式握拍法。

—凑向网前，最后同侧脚在前上体直立(1～3)。

—预先准备。

—手背向上，拍头指向球网。

—弯曲的右臂上举，球拍左转至反手位置，拍头保持水平(与地面持平)(1，2)。

—在运动过程中做好击球准备。

—紧接着右臂前伸向球(搓球)(2～4)。

—在移动中提高手腕，拍头轻微下沉，手腕高于拍头。

11. 正手—扑球(图 10-20)

爆发力十足地向前出脚，上体直立，击球前的准备，匆促握拍法，拍头收回，短促用力内旋，击球点在高于球网的体前，迅速停止，后脚跟步。

—预先准备。

图 10-20

—爆发力十足地凑向网前。同侧脚在前、上体直立(1 ~3)。

—匆促握拍法。

—在运动过程中完成击球准备，拍头要高于头顶。

—拍头回收。

—向右转动球拍，拍网正对球网(2，3)肘关节向下拍头向上。

击球过程：

—出脚时拍头回收。

—手腕用力使手背向下压(3，4)拍头正对击球者。

—不要停顿，立即伸展开肘部，迅速手臂内旋，屈腕发力将球向下扑去。

—击球瞬间：球过网后，高于网边时击球。

—动作要快，迅速完成(6)。

—收腿，重心投影于两脚之间。

备注：

此处运用到了匆促握拍法(略)，该方法有利转动使拍网正对球网。因为这种握拍方式和握着平底煎锅很像，所以又叫平底煎锅握法，该方法只能在此应用，不能用于他处。

12. 正手—挑球(图 10-21)

预先准备，出脚挥拍，手臂挥拍过程中先做外旋，快速有力内旋，击球点：右前，收拍，退回中心位置。

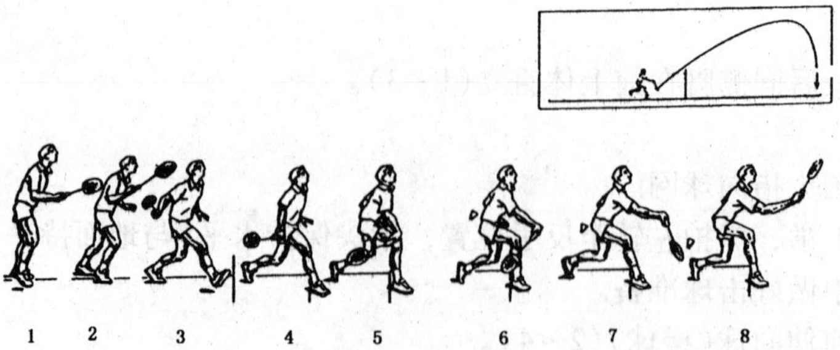

图 10-21

—预先准备，拍头朝向球网(1)。

—凑向网前，最后同侧脚在前。

—在跑动过程中轻轻将握拍手臂外旋，后向转动(开始挥拍)拍头指向边线(2，3)。

—上体直立(3~6)。

击球过程:

—当右脚着地后，向前挥拍。

—前臂继续外旋。手腕随手臂弯曲(3~5)。拍头挥向后场(5)。

—前臂快速有力内旋，手腕展开(7，8)。

—球过网后，在膝盖右前方击球(7)。

—继续旋转手臂(8)。

—球拍挥向身体左侧。

—收右脚，回到中心位置。

13. 反手—低手—挑球(图 10-22)

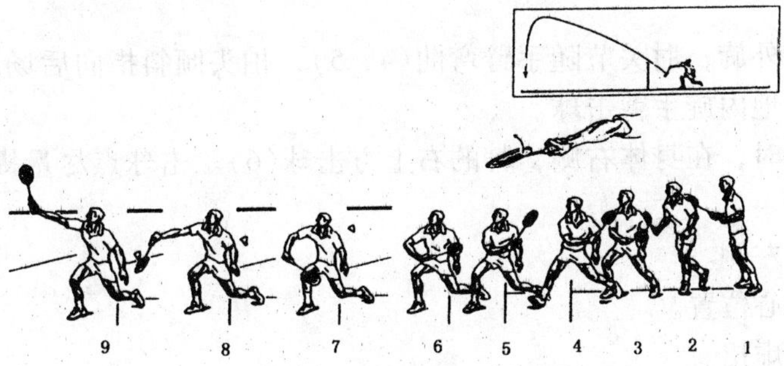

图 10-22

预先准备，拍头指向身体左侧，出脚，挥拍，内旋，展开肘关节，快速有力外旋，击球点：左前，收右脚回到中心位置。

—前臂转动(外旋)向上，此时上肢和肩卡住不动(9)上肢不转动，只是击球手臂在动。

—收脚回到中心位置。

—不做停顿，快速有力地开展前臂，外旋(7，8)。

—球低于手，在展开手臂左侧，右脚向前击球(8)。

击球过程:

—预先准备，拍头指向球网。

—凑向网前，以右脚在前为结束(1~5)。

—跑动过程中完成击球准备，做好反手握拍(2~5)。拍头指向身体左侧(5)。尽早做好准备，拍头向上，右肘弯曲。

—肘关节快速上举，前臂内旋。拍头向右髋下沉(挥去)(6，7)手臂冲脸，腕关节随手臂弯曲。

14. 正手—推球(图 10-23)

预先准备，出脚，拍子向前，预示要放网前球，迅速外旋，快速有力内旋，击球点较高，迅速停止挥拍，回到中心区域。

—预先准备，拍头指向球网(1)。

—凑向网前最后右脚在前(1~4)。

—在跑动过程中，拍子向前挥。

—前臂外旋，手掌向上。

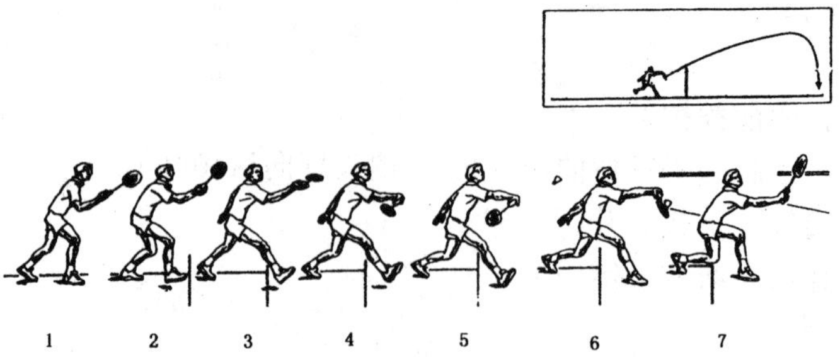

图 10-23

—似乎要做放网前球(2，3)。

击球过程：

击球前迅速前臂外旋，肘关节随手臂弯曲(4，5)，拍头倾斜指向后场。

—接着迅速有力地内旋手臂击球。

—球与胸部同高时，在身体右侧，脚的右上方击球(6)。击球点尽量提高。

—继续转动前臂。

—拍子挥向身体左侧。

—收脚，回到中心位置。

—击球技术属于虚招。

15. 反手—推球(图 10-24)

图 10-24

预先准备，出右脚，拍子向前预示要放网前球，反手握拍，手腕弯曲，内旋。击球点尽量提高，快速有力外旋击球，迅速停止挥拍，回到中心区域。

—预先准备，拍头指向球网(1)。

—凑向网前，右脚前为结束。

—作示放网前球的动作(3，4)。

—反手握拍，手背向上。

—拍头略微向后。

—在跑动过程中，拍子向前挥，同时前臂内旋(1 ~ 4)。

—前臂内旋，手腕由于拇指的用力而弯曲(轻打)(5，6)。

击球过程：

—手腕和肘部快速展开，前臂外旋(7，8)。

—在身体左侧与胸部持平的位置击球。击球点在右脚上方靠前的位置(7)，尽量把击球点选高一些。

—迅速在击球方向上停止挥拍(8)。

—出脚，回到中心位置。

—击球技术属于虚招。

16. 正手接杀球(图 10-25)

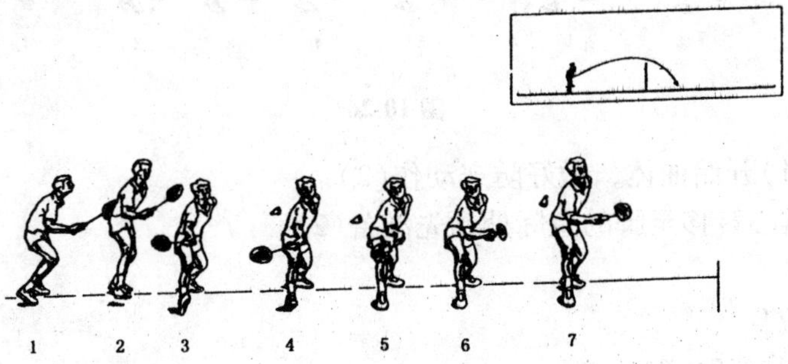

图 10-25

预先准备，肘关节在体前，一瞬间，拍子在正手位置，向下探身，重心转移，拍子沿着球的飞行轨迹。轻轻上举，直立起身体。

—做好基本的防守动作(1)。

—上肢移动，预先准备(1)。

—观察球路，一瞬间！

—转移身体重心至脚外侧。

—肘关节在体前。

—基础握拍法。

—左脚不动，右脚向边线方向伸出。

—同时拍子迎向来球的方向(3)。

—右脚脚跟支撑(身体下探)。

—同时前臂轻轻外旋(3，4)。

—重心移到右腿。

击球过程：

—前臂内旋，上体倾向一侧(4，5)，臂、手上抬，拍子轻轻触球。

—击球点在身体一侧(5)。

—继续向网边方向举拍(6，7)。

—直起右腿。

—回到中心位置，做好再次击球的准备工作。

备注：

是否向某一方迈步，取决于球的落点，是否发力，取决于击球者回球的落点(远、近)。

17. 反手接杀球(图 10-26)

预先准备，重心向前，“一瞬间”站好位，拍子在反手位置，下探，沿来球路线上举，拍头在球下，上挑。

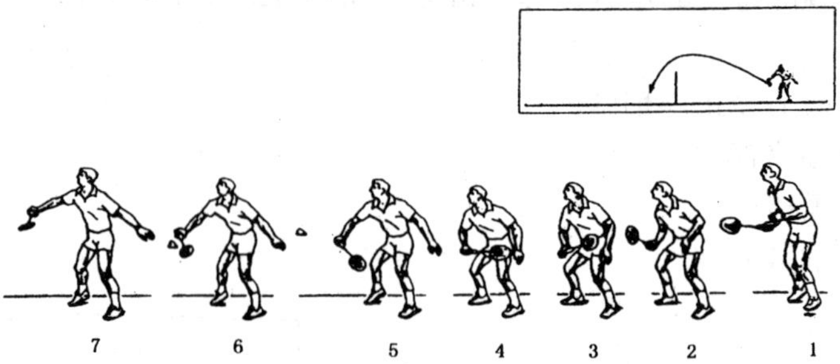

图 10-26

—从基本位置(1)开始曲体，做好防守动作(2)。
—上肢弯曲，重心转移至脚的鱼际处预先准备(2)。
—反手握拍法。
—“瞬间”站好位！
—分腿(右脚在前)(2～6)。
—拍子握在体前(身体不动)。
—观察球路(瞬间)(2)。
—手腕随手臂弯曲(3)。
—拍子回到反手方向(3)。
—肘关节向前，前臂先外旋后内旋(4)。
—膝弯曲(向下去)(4)。
击球过程：
—拍迎着来球上挥，肘关节上抬。到体前(5)。
—拍头略下沉，手臂抬高，挥拍击球。
—拍头快速，轻柔地到达球下面。
—在体前击球(6)。
—脚，膝盖，髋关节轻轻展开上挑(6，7)。
—做好再次击球准备。

18. 正手—平抽球(图 10-27)

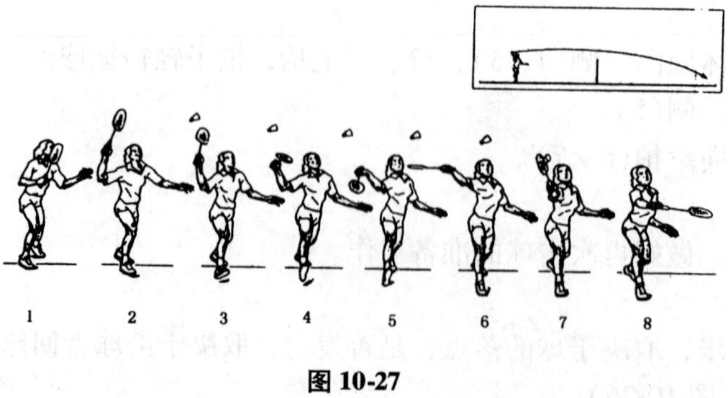

图 10-27

预先准备！出脚，做好击球准备，右肩在后！摆臂外旋！肘关节展开，内旋！击球点与肩平行！回到中心位置！

—预先准备，拍头向上。
—基本握拍法或力量型握拍法。
—向右侧出脚(1 ~4)，脚尖指向右边线。
—在出脚时做好击球准备，同时右肩向后击球手与头持平，在右侧(2)拍头向上肘向下。
击球过程：
—通过前臂外旋摆臂(3 ~5)。
—肘向前带手心向上，拍头指向手背之后(4，5)。
—马上内旋前臂，展开肘关节，抬到与肩平行位置击球(5 ~7)。
—击球瞬间：与肩平行在身体一侧或在体前一点，略微曲肘(7)。
—拍头向左挥与髋同高。
—收脚，回到中心位置。

19. 反手—平抽球(图 10-28)

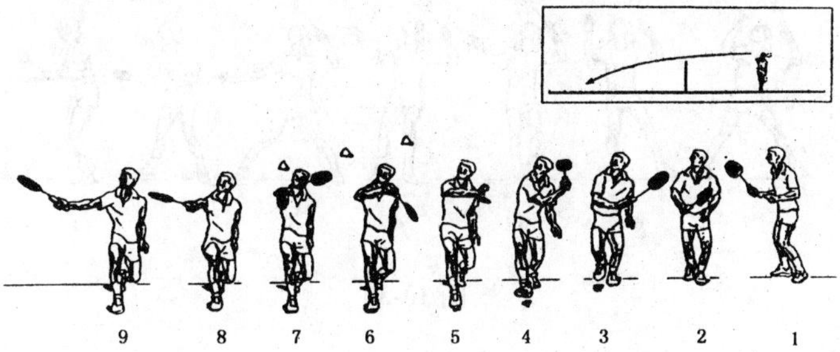

图 10-28

反身向左，预先准备，出脚，准备击球，反手握拍，摆动，内旋，展开肘关节，外旋，击球点与肩持平，位于体前，停止，迅速回到中心位置。

—预先准备。
—左脚向左伸出，身体随之转动(1，2)，左脚；脚尖指向边线。
—抬头指向身体左侧。
—反手握拍，手腕随手背弯曲(2 ~4)。肘关节向下，拍头向上。
—肘抬到与肩持平。拍头在身体左侧下沉(摆动)前臂内旋(5)。
—右脚随后马上随左脚向前迈(2 ~4)，右肩冲向球网。
击球过程：
—在肘与肩持平时展开，并且外旋手臂到反手位击球(5 ~7)。
—击球瞬间：与肩持平，肘略弯曲，在体前击球。
—拍子挥到身体右侧，与肩持平(8，9)上肢不要弯。拍头朝球网。
—收脚，迅速回到中心位置。

20. 正手—头顶—高远球(图 10-29、图 10-30)

看图！摆臂，转髋！
—左臂迎向来球，做瞄准状，右肩和髋部转动(1)。
—右脚回撤(急转)(1)。
—拍头与头持平(看图!)。
—肘向外转。

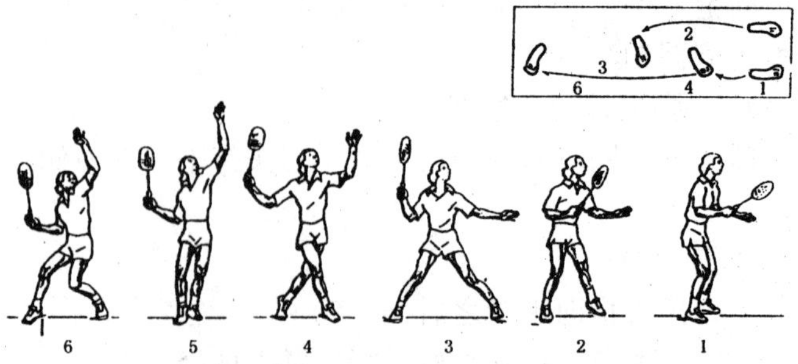

图 10-29

图 10-30

肘部展开，内旋。

击球过程：

—拍头在头后，向下沉同时肘关节在摆动时转动，拍头向下，肘关节在前。

—髋关节转动，重心在前脚。

伸开手臂，头顶击球。

—不作停顿，击球手臂展开；前臂有力地内旋(3，4)。

—在头顶处展开手臂击球尽力向上伸。

右肩向前，左臂回带。

—前臂继续转动(5，6)握拍手背朝脸。

—右肩高于左肩。

停止摆臂，回到中心位置。

—在身体左侧停止挥拍(7)。

—脚步向前挪(4 ~7)。

—马上回到中心位置。

21. 正手—头顶—高远球(图 10-31)

预先准备!

向右后退，上体转动，十字步!

急转。

摆臂，转髋!

内旋! 击球点高于头!

停止挥拍，回到中心位置!

图 10-31

22. 正手—头顶—吊球(图 10-32)

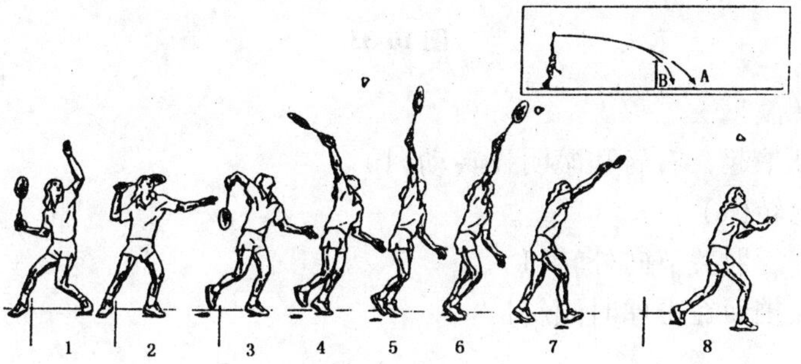

图 10-32

看图！摆臂，转髋。

—左臂在前，冲来球方向，右肩和髋向后转(1)。

—右脚急转(1)脚尖冲边线。

—拍与头持平，肘关节向外转动。

手臂轻轻内旋!

击球过程:

—拍头在头后，向下沉，同时肘关节向来球方向转动(2，3)。拍头向下，肘关节向前！就像要击高远球那样。

—髋关节向前，重心在前脚。

手臂向上伸，头顶，体前位置击球!

—击球手臂立刻展开，前臂内旋。

—击球前一瞬间，顿一下手臂与球拍成一线(4，5)。

—手臂伸直，内旋在头上击球(4，5)，手臂向上伸，球划出弧线。

—右肩轻微向前转。

右肩向前，球划出弧线!

—击球手臂随髋关节前移(6，7)。

—击球过程中脚逐步向前 (4 ~8)。

—马上回到中心位置。

停止挥拍，回到中心位置!

备注:

正手头顶吊球分为快、慢两种即(球路 A、B 如图 10-32 所示)，图 A 所示为快吊球。在慢吊球中，停顿明显一些。击球点高出手腕许多。

23. 正手—头顶—吊球(斜线)(图 10-33)

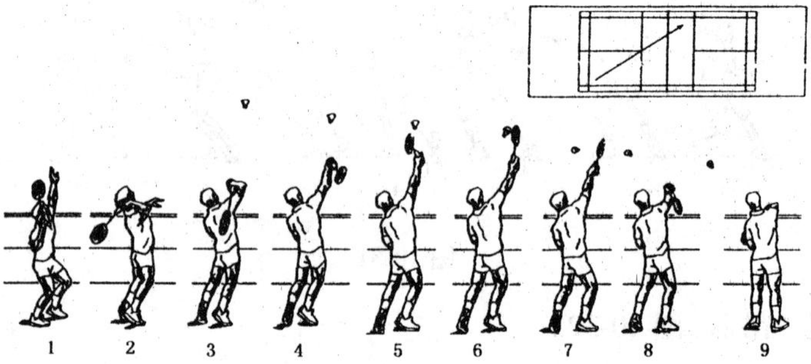

图 10-33

看图！摆臂，转髋！

—左臂对准来球抬起，右肩和髋明显转动(1)。

—右脚后撤，急转(1)。

—拍头与头持平，肘关节向外转(1)。

击球手臂展开，拍面在击球时倾斜！

击球过程：

—拍头在头后，向下沉，同时肘关节向击球方向转动(摆臂)(2，3)。拍头向下，肘关节向上。

—向前转动髋关节，重心移至前脚。

—击球手臂迅速有力地展开(4，5)。

—击球时，拍头(拍面)倾斜(5)。

不要内旋，球向对角线方向飞去！

—需内旋前臂，只要展开手臂，将拍面微侧在上手范围内击球倾斜角度越小，快速发动击球。

停止挥拍，回到中心位置！

—握拍胳膊与髋关节同高。

—慢慢停止挥拍。

—向前跟步。

—马上回到中心位置。

—该技术具有迷惑性。

24. 正手—头顶—扣球(图 10-34)

看图！摆臂，转动髋关节！

—右臂迎接上举，右肩和髋转动(1)。

—右脚后撤(急转)脚尖冲边线。

—拍头与头同高，肘关节向外转(1)。

内旋手臂！

—拍头在头后，向下沉，同时肘冲来球方向转(2，3)拍头向下，肘关节向上。

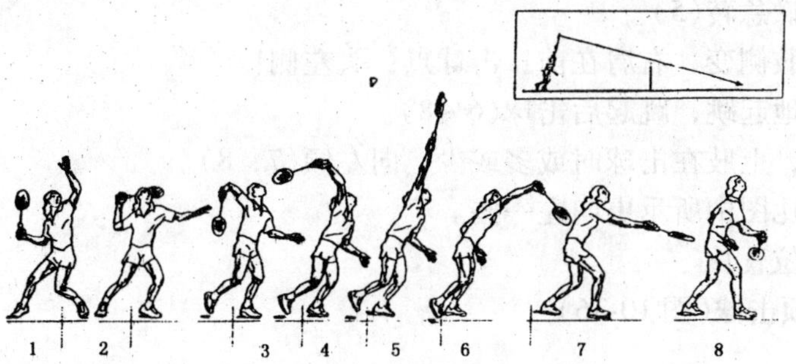

图 10-34

—同时髋关节向前转，重心移到前脚(3)和前移动。

击球时：手臂伸长，在头顶体前！

—持拍手臂迅速伸直，前臂内旋(3～5)。

—展开手臂在头顶靠体前击球，伸直手臂。

右肩向前，左臂收回！

—前臂继续旋转(6)手背冲脸。

—右肩在左肩前(5，6)。

停止挥拍，回到中心位置！

—结束旋转前臂，拍子向左侧挥去。

—这是一个逐步向前的跑动过程(3～7)。

—马上回到中心位置。

放松，握拍，准备击球。

25. 左侧—头顶—高远球(图 10-35)

图 10-35

预先准备，左脚后撤！

—左脚向斜后方撤(1，2)。

—上肢同时向左转(2)左脚脚尖冲左侧网柱。左肩冲后场反手拉角落。

跳跃式步伐：左、左、右(急转)！

—从左脚开始跳跃步，再次左脚后撤(3～5)向左跳跃。

—在跳起时左脚和上肢以 100°～120°向右侧转，左脚，冲向左侧网柱，右肩冲后发球线。

转向，向右，看图！

—右脚继续后撤急转(5)。

跳起击球，上肢侧变，右肩在前！击球点：头左侧！

—右侧有力掌地起跳，跳起后击球(6～8)。

—右肩向前转，上肢在击球时或多或少，向左倾(7，8)。

—击球点可以比图中所示更向左一些。

马上回到中心位置！

26. 左侧—头顶击球(图 10-36)

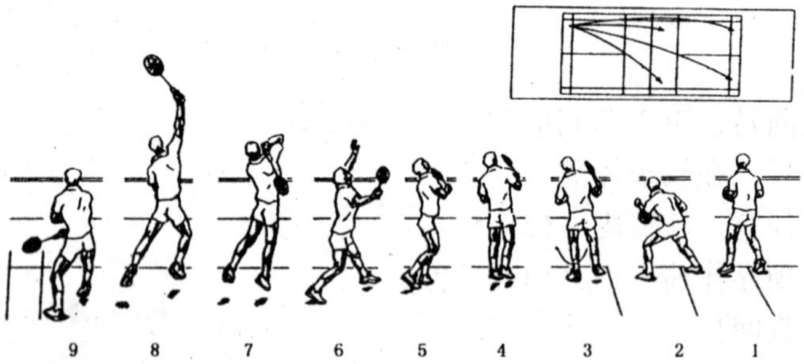

图 10-36

预先准备，左脚后撤。

跳跃式步伐：左、左、右(急转)。

转向，向右。

跳起击球，上肢侧弯，右肩在前。

击球点：头左侧。

回到中心位置。

五、基本步法

1. 起跳和出脚

为了做到有充足的时间回球，在羽毛球运动中从中心位置迅速起步有着丰富重要的意义。

为了快速起步有两种办法。图 10-37 所示那样预先准备后起跳为开始。又如图 10-37 所示，按照一定的基本步法出脚。

预先准备—起跳。

—集中精力，做好准备(1)轻轻提腿—起跳(2)。

—双脚着地前，做好起跑的准备(3)

在图 10-37 中所示为网前的正手位。因此右脚略微靠前，右脚向后。这种发力腿(左腿)在后的方式有利于调节身体重心(4)。

—双腿着地后，迅速收后腿，开始起跑(4，5)。

通过名字就已经一目了然：通过跳跃，使自己做好准备，肌肉得以调动这样便是一个好的开始。着地时的动作也十分关键，着地后迅速起跑。这意味着短暂的一顿调动起来肌肉的兴奋度。

快速出脚。

—集中精神，做好准备(1)随后一只脚快速向跑动方向出一小步。同时身体重心下降(2)

图 10-37

图 10-38

（在图 10-38 中所示为网前的正手位。因此其将左脚定位后脚）。

—紧接着马上收后脚，开始向前起跑(3，4)。

收脚动作要快，(做好准备)肌肉紧张起来，快速有力的冲出。

备注：

刚跑回中心位置，就面临再次击球时会经常使用预先准备起跳动作。此时跑动方向改变；回到中心位置一不做停顿预先准备起跳一跑向来球。当回到中心位置后，有一段停顿时间，稍做停顿后开始出脚去击球。

2. 后场交叉步移动(交叉步)(详见图 10-29)

急转！看图！

—整个步伐以一个急转结束。左臂继续上举(5，6)，如图 10-29 所示，左手迎向来球做瞄准状。

—重心在右脚上。

交叉步！

—左脚与处在后面的左脚快速做一交叉步，举起左臂(4，5)双脚脚尖都指向边线。握拍的肩冲底线！

向右后撤，上肢转动！

—右脚后撤，同上 3 肢右转。右脚尖指向右边线。

—球拍上举(2，3)。

预先准备，集中精神！

—做好预备，肌肉绷起。

—集中精神，拍头向上。

3. 后场并步移动(并步)(详见图 10-30)

急转！看图！

—以一个明显的向右急转结束跑动。左臂继续上举(6，7)，如图 10-30，左手迎着来球。

—重心在右脚上。

侧步！

—左脚垫步移动。左臂上举(4，5)两脚尖均冲边线。握拍手臂的臂冲底线。

向左后退，上肢转动！

—右脚后撤，同时上肢向右转。右脚尖指向右边线。

—拍子上举(2，3)。

预先准备，集中精力！

—预先准备。

—集中精力，抬头向上(1)。

六、基本战术

1. 单打—定位发球(图 10-39)

你发球应该能够做到定位，比如使对手到远离中心位置的地方回球，这样你将取得有利位置。

单打发球场地比较长。这对高发球很有意义。可以利用发球将对手引到远离中心位置处，这样不利于对手进攻，有利于你得到机会，给对手以重击。

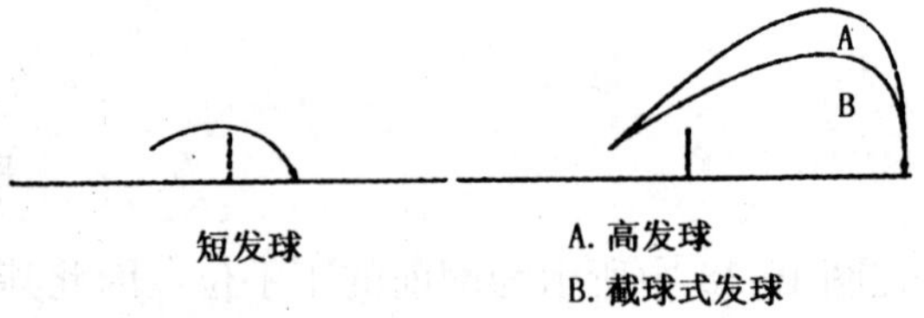

图 10-39

同时在单打中短发球可以被利用。这可以阴击对手从后场击球，使你对球场有一定的掌握。

图 10-40

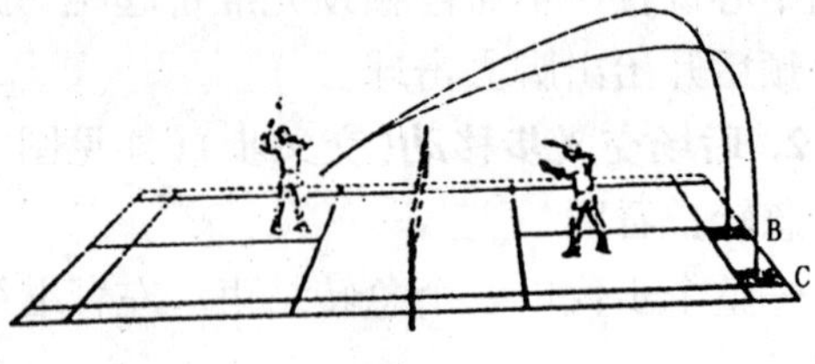

图 10-41

还要截球式发球。通过前臂小幅度转对，将球击至球后场，发球后要马上回到中心位置，准备回球。

在右侧发球区发球(图 10-40)。有两点非常有利：

—把球发到对手场地某个角落时，他不可能顾及全场，你这时可以击对角线球，使其措手不及。

—此外，击对角线，飞行时间相对长。这样你有时间准备下次进攻。

在左侧场地发球(图 10-41)。如 B、C 所示，将球发进左区也很有利于你。因为对 B，一般都习惯右侧场地。对于 C，要求对手在很高的反手位击球，给对手造成困难，造成接球不利，只要用正手，左侧头顶击球，但再跑回中心位置时间紧张。

不推荐的发球方式(图10-42)。在右发球区向D点发球是不行的。对手可轻易挡击回球，比如进攻型高远球，对比之下，发正手—手顶—高远球，球的飞行距离太短。此外，不一定能将球击到该位置，容易出界。回对手球时你必须利用反手—过顶击球或右侧头顶击球等长线飞行回球，使对手有时间组织下次进攻。因为再以正手—头顶—吊球回球太难了。

图10-42

2. 单打—接发球(图10-43)

在接发球中你一定要选择好站位，这要注意两点：

—你必须明白，对手发过来的球是短发球，高发球还是平高球式发球都有可能，出其不意。

—你要避免反手球，回球时尽力要狠，等待来球(发球)时要做好进攻的准备，要预先准备。你甚至可以与对手同时做好准备，在对手发球时不要露出窘态。

图10-43

等待发球：

—出脚，左脚在前。

—重心慢慢前移，全身预先准备起来。

—击球手臂上举。拍头向上冲着球网。

—集中精力注视对手，看一下球的位置(瞬间)。

在右半区接发球(图10-44)。

—如图10-44所示，你应站得位置。前脚距离前发球线一个拍子的长度(箭头1)，和中线相对近一些。

—在该位置你对短发球和高发球都能控制得很好。此外在该位置你还可以将反手位的头顶球和各类正手球回击。

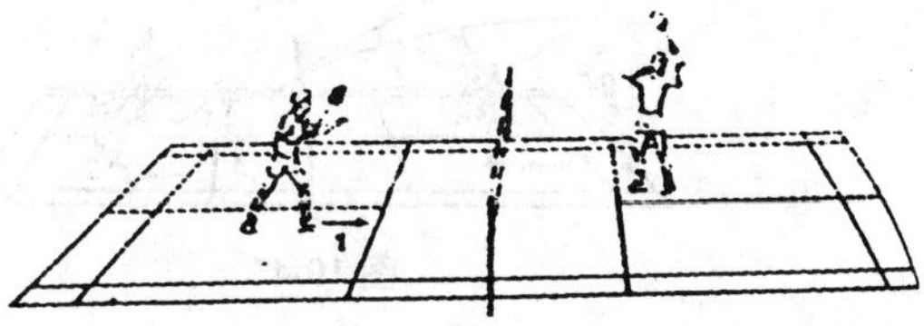

图10-44

在左侧场地接发球：

—站在与右侧站位相对的位置。站位基本靠近发球区的中心：距离前发球线一个羽毛球拍长(箭头1)，距离中线1~1.5米。

—在这个位置，可以接短发球或高发球，此外跑到反手位也很近。你可以自主选择以正手还是反手回球。

注意：不要离边线太近，对手以平高球发球时也不要显出窘态。

3. 单打—手法上的建议

在羽毛球比赛中，你始终要在规定范围内活动，回球，注意好站位。首先以下的问题很重要，你必须要找到答案：

—我已经掌握了哪些击球技法，哪项我掌握得好，哪项不好？

—我的对手已经掌握了哪些击球技法，哪是对手的强项，哪是对手的弱点。

—目前的处境如何？我应该在哪个位置回球，我的时间是否够用。我的对手将在何时回球。

以上问题的答案都属于手法上的问题。同时也决定了用什么方法击球(如选择击球手法)，如何到达最好的击球目的。

在下面列出了几点总体的建议。考虑一下：根本的目标就是在适合的状态下实施行动。

(1)每次击球后都回到中心位置，这个位置到达场地任何角都是基本等距离的，容易到达。

(2)当然也存在着一些特殊情况，这时不一定要击球后回来中心位置。比如在放网前球或截球后回到中心位置只需后撤一步，但对手又以放网前球回球。

(3)每次击球前都要积极做好准备。这样能有快速反应，一定要预先准备，同时所持球拍，拍头向上，此外要尽力并且充满自信。

(4)尽力将球打到对方场地的各个角落，调动你的对手跑动，这样给他造成一定的压力，并且对自己有利。

(5)对角线击球目标明显，非常行之有效。因为给对手一种出其不意的感觉。

(6)集中精力注意对手回球的位置。不要轻易地改变站位和姿势。

回到中心位置。

有特例存在，注意—预先准备—抬高球拍。向角落击球—长线击球—快速完成动作。

4. 双打—简化形式

双打比赛的规则理论，相对来说，比较难掌握。首先由简单的开始，即双打中的组合形式。在打球时，这种基本站保持不变。

并排站位(图 10-45、图 10-46)：

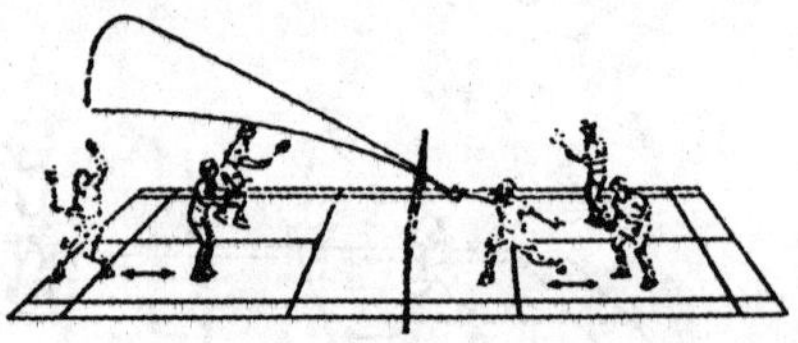

图 10-45

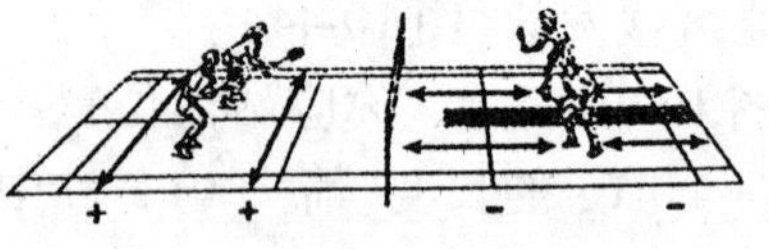

图 10-46

在击球时两人并排站于中场，每人控制自己所在的半场。介于两者之间的球，本着正手优于反手的原则进行击球。注意要在每次击球之后迅速回到中心位置去。

优点：

两位球员对于球场宽度有足够的控制能力，尤其对抽球有很好的防守，而且对任何方位的后场球都可以回击。

缺点：两位球员必须在整个半场前后奔波，而对于击至中线位置的球，容易造成误会而漏球。因而这样极易使对手抓到机会分散两人的注意力。

一前一后站位(图 10-47、图 10-48)：

两位球员一前一后站好，前面球员负责在“T”区能接到的球。后者站在距离前者 2 米的中

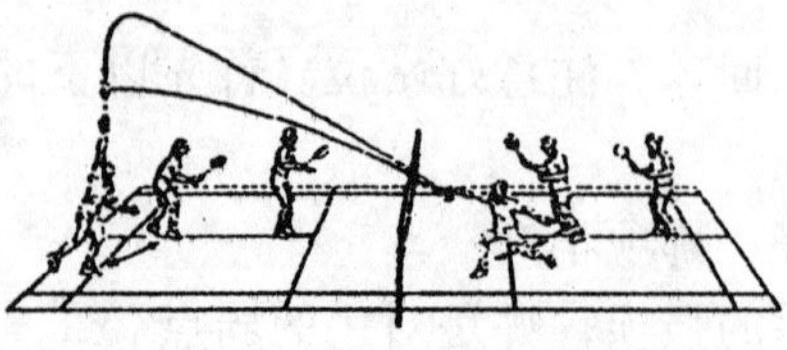

图 10-47

图 10-48

场内。

优点：对于对手的平球能很快的回击。而站位靠后的球员可以有充分的准备时间接到飞向后场的球。

缺点：球员必须在半场中左右奔波(不利于回击对手的抽球!)。当对手把球打到两人之间时，极易发生误会，漏球。从而造成许多差错。

5. 双打—发球位

在双打中，发球区比单打的短大约0.76米。因为双打中大多使用发短球。若为了将球击得远一些，你也可以选用截球式发球，给对手造成突袭，这样可以将球击至两边后半球的某一角落而不出界(图10-49)。

球员位置(图10-50)：

图 10-49

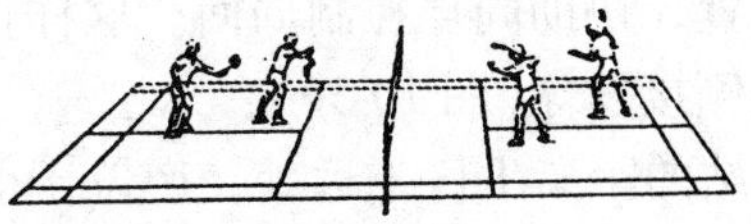

图 10-50

——一般站在右半区或右半区前发球线和中线附近，这样若对手回短球可以有足够控制宽度掌握。

—同伴的最好站位是紧挨发球者但略靠后一些的中线上(两腿分列于左、右半区)，这样有利于掌握两边任何半区，便于回球。

发短球位(图10-51)：首先将球发到"T"区附近，待再次回球时，尽力击出对角线球。这对于发球者和他的同伴来说便是一个好的开始。若将球发到自己对角位置是很不利的。因为对手可以很轻易地回一个很平的长线球到某一侧场地上。

截球式发球位(图10-52)：

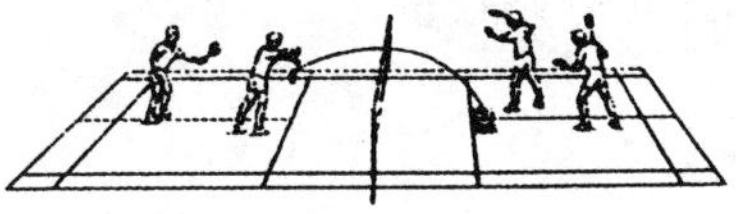

图 10-51

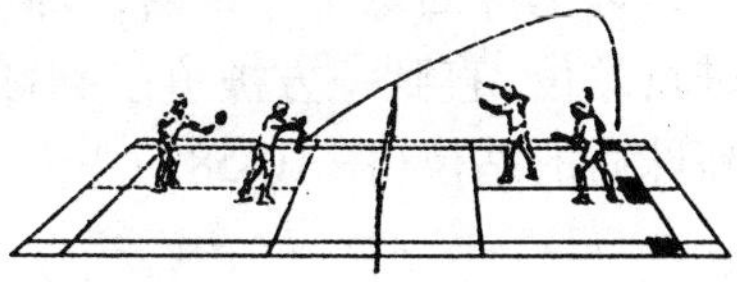

图 10-52

将球发到对手的后场某一个角落是很有成效的。当对手进攻并不强或者自己本身短发球并不太确定时，可以采用发高球。

短发球后的站位(图10-53)：

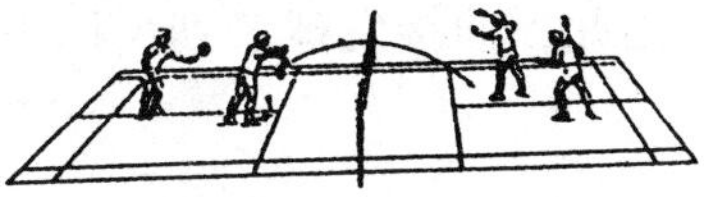

图 10-53

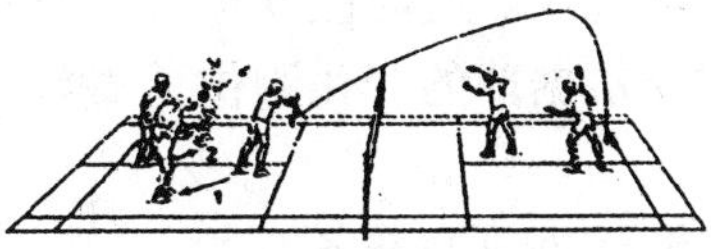

图 10-54

双打中，短发球中，发球方不要马上采用扣球或正手—头顶—吊球来进攻。发球方可采用的进攻站位如图(箭头1)所示(短发球后向前走)。

截球式发球或发高球后站位(图10-54)：

这种特殊发球方式带有进攻性质，在发球后，发球者和同伴站到防守位置去(如箭头1、2

所示)(截球式发球后回到防守区)。

例外：接发球者没有准备而遭突袭，没有以扣球回球，发球则向前进，埋伏等待回球。

6. 双打—接发球

接发球的目标就是要在压力下迅速回击发球，给对手造成不确定性。其中也可以暗含着“进攻”的意味，做好站位准备。接发球时要做到：快速回球，具有一定的掌握能力，强力而且自信，做出一幅“你们的发球对我们来说根本够不成问题”的样子。接发球者做出一幅进攻架势的站姿。

右侧接发球(图 10-55)：

接发球者 A 上举球拍，站于紧挨中线并靠近前发球线的位置。这样可以尽早在高点接到短发球。一般接发球者需要注意，对手是否采用截球式发球。其同伴 B 站在左发区，靠近中线的位置，协助同伴控制局面。这样他可以在回球后迅速选择进攻或防守的站位。

左侧接发球(图 10-56)：

A 站的距离 T 区不远处，产位于前发球线后。这样便于回 T 区附近的短发球，并且发放进攻。同时站在该位置对于截球式发球可以以低手球回击，从而避免反手击球、同伴 B 在右伴区，从中线附近。

图 10-55

图 10-56

回短球后的站位(图 10-57)：

接发球者在回较短或较平的球，甚至将球扣下后都不能给对手造成进攻的威胁。因此，要选择一个进攻站位(箭头 1)。

首先，以平球回球十分普遍，即平推球。若击球双方一直以长线平球且快速过网互击(选用弓身进攻站位)直到一方被迫以高球回击球时，则要选择防守站位。

回高球后的站位(图 10-58)：

图 10-57

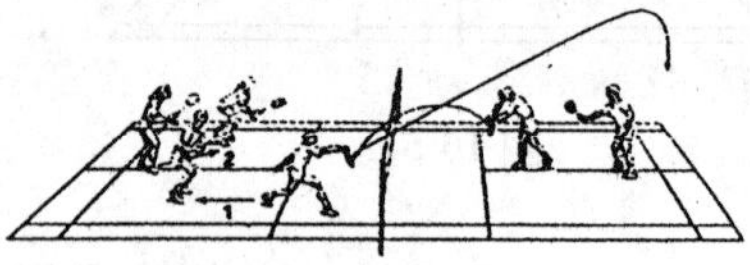

图 10-58

接发球者被迫以低手—高远球或正手—头顶—高远球回球，使对方两人可以采用扣球或正手—头顶—吊球进攻。此时接发球方要采用防守站位(箭头 1、2)。

接发球时要根据球的变化跑位，做好充分准备。因此，向接发球者列出以下几条建议以供采纳。

—回球前做好进攻的准备。

—接发球时要有攻击性，尽力于高点击球。

—回球同时努力做到落点准确。

—只有在迫不得已的情况下才回高远球。

状况 1(图 10-59)：

发短球不够平时，接发球可以紧擦网边。

—球紧失网边飞过。

—将球口向发球者(或其同伴)(1)或者到两人两边的自由区(2)!

扑球！以此使球过网即落地(3)!

状况 2(图 10-60):

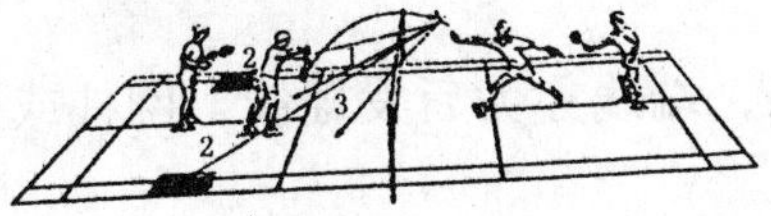

图 10-59

图 10-60

你回球时，高过球网飞过。

—放网前球于外线(球下压)，使对手回球时不得不上挑(1)。

—球的落点在中场中间的外线处(平推球)(2)。

—快击，平球至后场角落(3)。

状况 3(图 10-61):

发短球后，对于你扣球或回短球均不太可能。

将挑球尽力击得高，并至后场角落处。

状况 4(图 10-62):

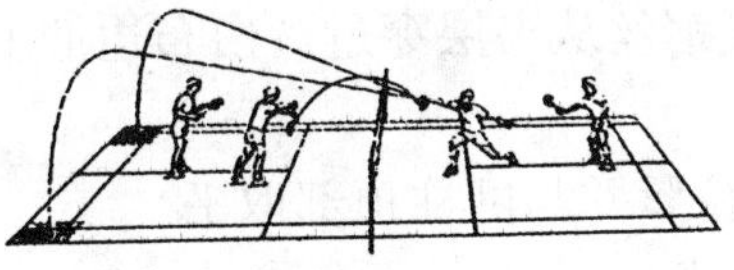

图 10-61

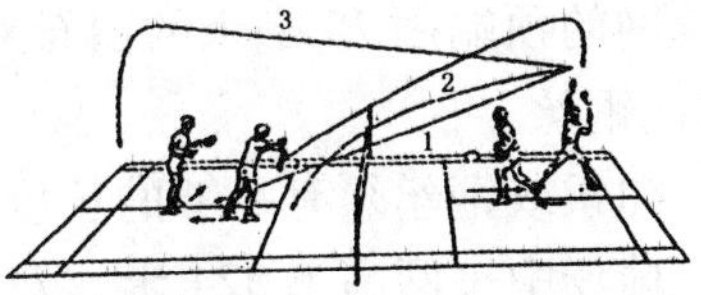

图 10-62

截球式发球，给你造成一个进攻的机会。

采用扣球(1)或快速吊球(2)至对手的中间或前面，还有一个特例是用进攻型高远球击后场的中间(3)。

状况 5(图 10-63):

被发球突袭(比如截球式)，不可能再发球进攻。

尽力将球回至底线，球要高。有充足时间为下一次击球做准备。

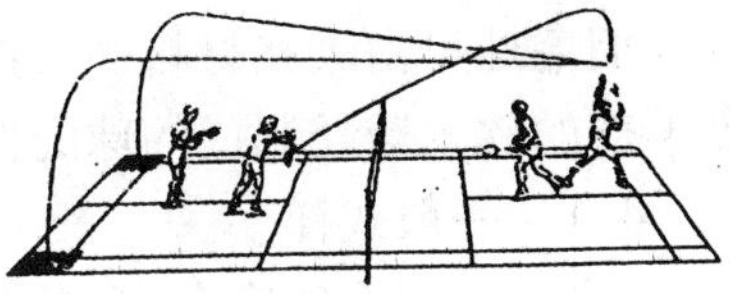

图 10-63

第三节　羽毛球竞赛基本规则

羽毛球比赛分男子单打、女子单打、男子双打、女子双打、混合双打、男子团体和女子团体七个项目。

国际羽联对 21 分制做了多次修订，最新规则 2012 年起正式实施。

羽毛球竞赛规则(2012 版)

1. 球场

1.1　球场应是一个长方形，根据所示尺寸，用宽 40 毫米的线画出。

1.2　场地线的颜色最好是白色、黄色或其他容易辨别的颜色。

1.3.1 测试正常球速区域的4个40毫米×40毫米的标记(规则4.4)，应画在单打发球区边线内沿，距端线530毫米和990毫米处。

1.3.2 这些标记的宽度均包括在所画的尺寸内，即距端线外沿530~570毫米和950~990毫米。

1.4 所有场地线都是它所确定区域的组成部分。

1.5 如果面积不够画出双打球场，可画一单打球场，端线亦为后发球线，网柱或代表网柱的条状物(规则2.2)应放置在边线上。

2. 网柱

2.1 从球场地面起，网柱高1.55米。网柱必须稳固地同地面垂直，并使球网保持紧拉状态，如规则3所述。网柱应放置在双打的边线上。

2.2 如不能设置网柱，必须采用其他办法标出边线通过网下的位置。例如，使用细柱或40毫米宽的条状物固定在边线上，垂直向上到网顶绳索处。

2.3 在双打球场上，不论进行的是双打还是单打比赛，网柱或代表网柱的条状物，均应置于双打边线上。

3. 球网

3.1 球网应是深色、优质的细绳织成。网孔方形，各边长均在15~20毫米之间。

3.2 网上下宽760毫米。

3.3 网的顶端用75毫米的白布对折而成，用绳索或钢丝从夹层穿过。白布边的上沿必须紧贴绳索或钢丝。

3.4 绳索或钢丝须有足够的长度和强度，能牢固地拉紧并与网柱顶部取平。

3.5 球场中央网高1.524米，双打边线处网高1.55米。

3.6 球网的两端必须与网柱系紧，它们之间不应有空隙。

4. 羽毛球

羽毛球可由天然材料、人造材料或用它们混合制成。只要球的飞翔性能与用天然羽毛和包裹羊皮的软木球托制成的球的性能相似即可。

4.1 一般式样

4.1.1 羽毛球应有16根羽毛固定在球托部。

4.1.2 羽毛长64~70毫米。但每一个球的羽毛从托面到羽毛尖的长度应一致。

4.1.3 羽毛顶端围成圆形，直径为58~68毫米。

4.1.4 羽毛应用线或其他适宜材料扎牢。

4.1.5 球托直径25~28毫米，底部为圆形。

4.2 羽毛球重4.74~5.50克。

4.3 非羽毛球制成的球

4.3.1 用合成材料制成裙状或羽毛。

4.3.2 球托如规则4.1.5所述。

4.3.3 尺寸和重量同4.1.2、4.1.3和4.2；但由于合成材料与天然羽毛在比重、性能上的差异，可允许不超过10%的误差。

4.4 球的检验

4.4.1 验球时，站在端线外，用低手向前上方全力击球，球的飞行方向须与边线平行。

4.4.2 一个具有正常速度的球，应落在离对方端线530~990毫米之间的区域内。

4.5　非标准球

只要球的一般式样、速度和飞翔性能不变，经有关国家组织批准，可以变通以上条款。

4.5.1　由于海拔或气候等条件不宜使用标准球时。

4.5.2　如情况特殊，必须更改才有利于开展比赛时。

5. 球拍

5.1　一把球拍的各部分如规则5.1.1至5.1.7所述。

5.1.1　球拍由拍柄、排弦面、拍头、拍杆、连接喉组成整个框架。

5.1.2　拍柄是击球者握住球拍的部分。

5.1.3　拍弦面是击球者用于击球的部分。

5.1.4　拍头界定了拍弦面的范围。

5.1.5　拍杆通过规则5.1.6所述的部件连接拍柄与拍头。

5.1.6　连接喉(如果是这样的结构)连接拍杆与拍头。

5.1.7　拍头、连接喉、拍杆和拍柄总称拍框。

5.2　拍框总长度不超过680毫米，宽不超过230毫米。

5.3　拍弦面应是平的，用拍弦串过拍头十字交叉或其他形式编织而成。变质的式样应保持一致，尤其是拍面中央的编织密度不得小于其他部分。

5.4　拍弦面长不超过280毫米，宽不超过220毫米。

5.5　不论拍弦用什么方式拉紧，规定拍弦伸进连接喉的区域不超过35毫米，连同这个区域在内的整个拍弦面长不超过330毫米。

5.6　球拍不允许有附加物和突出部，除非是为了防止磨损、断裂、振动，或调整重心的附加物，或预防球拍脱手而将拍柄系在手上的绳索；但尺寸和位置应合理。

5.7　不允许改变球拍的规定式样。

6. 设备的批准

有关球拍、球、设备以及试制品能否用于比赛的问题，由国际羽联作出裁决。这种裁决可由国际羽联主动作出，或根据对其有切身利益的个人、团体(包括运动员、设备厂商、国家组织及其成员)的请求作出。

7. 运动员

7.1　“运动员”系指所有参加比赛的人。

7.2　双打比赛以两名运动员为一方，单打比赛以一名运动员为一方。

7.3　有发球权的一方叫发球方，对方叫接发球方。

8. 掷挑边器

8.1　比赛前，双方应掷挑边器。赢的一方将在规则8.1.1或8.1.2中作出选择。

8.1.1　先发球或先接发球。

8.1.2　一个场区或另一个场区。

8.2　输方在余下的一项中作出选择。

9. 交换场区

9.1　以下情况运动员应交换场区：

9.1.1　第一局结束；

9.1.2　第三局开始前；

9.1.3　第三局中或只进行一局的比赛中，当领先的一方得分为10分一局的6分或15分一局的 8 分时。

9.2 运动员未按规则 9.1 的规定交换场区，一经发现立即交换，已得分数有效。

10. 发球

10.1 合法发球

10.1.1 发球时任何一方都不允许非法延误发球。

10.1.2 发球员和接发球员都必须站在斜对角发球区内发球和接发球，脚不能触及发球区的界线；两脚必须都有一部分与地面接触，不得移动，直至将球发出(规则 10.4)。

10.1.3 发球员的球拍必须先击中球，与此同时整个球要低于发球员的腰部。

10.1.4 击球瞬间，球拍杆应指向下方，从而使整个拍头明显低于发球员的整个握拍手部。

10.1.5 发球开始(规则 10.2)后，发球员的球拍必须连续向前挥动，直至将球发出。

10.1.6 发出的球必须向上飞行过网，如果不受拦截，应落入接发球员的发球区内。

10.2 一旦双方运动员站好位置，发球员的球拍头第一次向前挥动即为发球开始。

10.3 发球员须在接发球员准备好后才能发球，如果接发球员已试图接发球则被认为已做好准备。

10.4 一旦发球开始(规则 10.2)，球被发球员的球拍触及或落地即为发球结束。

10.5 双打比赛，发球员或接发球员的同伴站位不限，但不得阻挡对方发球员或接发球员的视线。

11. 单打

11.1 发球员的分数为 0 或双数时，双方运动员均应在各自的右发球区发球或接发球。

11.2 发球员的分数为单数时，双方运动员均应在各自的左发球区发球或接发球。

11.3 如“再赛”，发球员应以该局的总得分，按规则 11.1 和 11.2 的规定站位。

11.4 球发出后，由发球员和接发球员交替对击直至“违例”或“死球”。

11.5.1 接发球员违例或因球触及接发球员场区内的地面而成死球，发球员就得一分。随后，发球员再从另一发球区发球。

11.5.2 发球员违例或因球触及发球员场区内的地面而成死球，发球员即失去发球权。随后，接发球员成了发球员，双方均不得分。

12. 双打

12.1 一局比赛开始和每次获得发球权的一方，都应从右发球区发球。

12.2 只有接发球员才能接发球；如果他的同伴去接球或被球触及，发球方得一分。

12.3.1 自发球被回击后，由发球方的任何一人击球，然后由接发球方的任何一人击球，如此往返直至死球。

12.3.2 自发球被回击后，运动员可以从网的各自一方任何位置击球。

12.4.1 接发球方违例或因球触及接发球方场区内的地面而成死球，发球方得一分，原发球员继续发球。

12.4.2 发球方违例或应球触及发球方场区内的地面而成死球，原发球员即失去发球权，双方均不得分。

12.5.1 每局开始首先发球的运动员，在该局本方得分为 0 或双数时，都必须在右发球区发球或接发球；得分为单数时，则应在左发球区发球或接发球。

12.5.2 每局开始首先接发球的运动员，在该局本方得分为 0 或双数时，都必须在右发球区接发球或发球；得分为单数时，则应在左发球区接发球或发球。

12.5.3　上述两条相反形式的站位使用于他们的同伴。

12.5.4　如有再赛，则以该局本方总得分，按规则12.5.1至12.5.3的规定站位。

12.6　发球必须从两个发球区交替发出（规则14和16的规定除外）。

12.7　任何一局的首先发球员失去发球权后，由该局首先接发球员发球，然后由首先接发球员的同伴发球，接着由他们的对手之一发球，再由，另一对手发球，如此传递发球权。

12.8　运动员不得有发球顺序错误和接发球顺序错误，或在同一局比赛中连续二次接发球（规则14和16的规定除外）。

12.9　一局胜方中的任一运动员可在下一局先发球，负方中的任一运动员可先接发球。

13. 发球区错误

13.1　以下情况为发球错误：

13.1.1　发球顺序错误；

13.1.2　从错误的发球区发球；

13.1.3　在错误的发球区准备接发球，且球已发出。

13.2　发球区错误的处理。

13.3　如果因发球区错误而“重发球”，则该回合无效，纠正错误重发球。

13.4　如果发球区错误未被纠正，比赛也应继续进行，并且不改变运动员的新发球区和新发球顺序。

14. 重发球

有裁判员宣判“重发球”，用于中断比赛。

14.1　遇不能预见或意外的情况，应重发球。

14.2　除发球外，球过网后挂在网上或停在网顶，应重发球。

14.3　发球时，发球员和接发球员同时违例，应重发球。

14.4　发球员在接发球员未做好准备时发球，应重发球。

14.5　比赛进行中，球托与球的其他部分完全分离，应重发球。

14.6　司线员未看清，裁判员也不能作出决定时，应重发球。

14.7　“重发球”时，最后一次发球无效，原发球员重新发球（规则14的规定除外）。

15. 死球

下列情况为死球：

15.1　球撞网并挂在网上，或停在网顶；

15.2　球撞网或网柱后开始在击球者这一方落向地面；

15.3　球触及地面；

15.4　“违例”或“重发球”已被宣报。

16. 计分

16.1　除非另有商定，一场比赛以三局两胜定胜负。

16.2　只有发球方才能得分。

16.3　双打和男子单打（规则16.6的情况除外）先得15分的一方胜一局。

16.4　女子单打（规则16.6的情况除外）先得10分的一方胜一局。

16.5.1　13平或14平（女子单打16平或10平）时，先获得13分或14分（女子单打16分或10分）的一方，可以选择“再赛”或“不再赛”。

16.5.2 这一选择只能在规定分数第一次出现，下一次发球发出前作出。

16.5.3 13 平(女子单打 16 平)时不选择“再赛”，在 14 平(女子单打 10 平)时先获 14 分(女子单打 10 分)者仍可选择“再赛”。

16.6 选择“再赛”后从“0 比 0”开始报分，先获(规则 16.6.1 至 16.6.4)再赛分数的一方胜该局。

16.6.1 13 平再赛 5 分；

16.6.2 14 平再赛 3 分；

16.6.3 16 平再赛 3 分；

16.6.4 10 平再赛 2 分。

16.7 下一局开始时由上一局的胜方先发球。

17. 违例

17.1 发球不合法(规则 10.1)。

17.2 发球员发球时未击中球。

17.3 发球时，球过网后挂在网上或停在网顶。

17.4 比赛时：

17.4.1 球落在球场界线外；

17.4.2 球从网孔或网下穿过；

17.4.3 球不过网；

17.4.4 球碰屋顶、天花板或四周墙壁；

17.4.5 球触及运动员的身体或衣服；

17.4.6 球触及场外其他人或物体(由于建筑物的结构问题，必要时地方羽毛球组织可以指定羽毛球触及建筑物的临时规定，但其国家组织有否决权)。

17.5 比赛时，球拍与球的最初接触点不在击球者网的这一方(击球者击球后，球拍可以随球过网)。

17.6 比赛进行中：

17.6.1 运动员球拍、身体或衣服触及网或网的支撑物；

17.6.2 运动员的球拍或身体从网下侵入对方场区，妨碍对方或使对方分散注意力；

17.6.3 妨碍对方，如阻挡对方紧靠球网的合法击球。

17.7 比赛时，运动员故意分散对方注意力的任何举动，如喊叫、故作姿态等。

17.8 比赛时：

17.8.1 击球时，球夹在和停滞在拍上紧接着又被拖带；

17.8.2 同一运动员两次挥拍连续击中球两次；

17.8.3 同方两名运动员连续各击中球一次；

17.8.4 球触及运动员球拍后继续向其后场飞行。

17.9 运动员严重违反或一再违反规则 18 的规定。

18. 比赛连续性、行为不端及处罚

18.1 比赛从第一次发球起至比赛结束应是连续的(规则 18.2 和 18.3 规定除外)。

18.2 下列比赛中，每场比赛的第二局第三局之间应允许有不超过 5 分钟的间歇。

18.2.1 国际比赛项目；

18.2.2 国际羽联批准的比赛；

18.2.3　在所有其他的比赛中(除非该国家组织预先公布不允许这一间歇)。

18.3　遇有不是运动员所能控制的情况，裁判员可根据需要暂停比赛。如果比赛暂停，已得分数有效，续赛时由该分数算起。

18.4　不允许运动员为恢复体力或喘息，或接受场外指导而中断比赛。

18.5.1　比赛时不允许运动员接受指导(规则18.2和18.3的规定除外)。

18.5.2　在一场比赛中，运动员未经裁判员同意，不得离开场地(规则18.2所述除外)。

18.6　只有裁判员能暂停比赛。

18.7　运动员不得有下列行为:

18.7.1　故意引起比赛中断;

18.7.2　故意改变球的速度;

18.7.3　举止无礼;

18.7.4　规则未述的其他不端行为。

18.8　对违反规则18.4、18.5或18.7的运动员，裁判员应执行:

18.8.1　警告;

18.8.2　对已被警告过的一方判违例;

18.8.3　对严重违反或屡犯者判违例并立即向裁判长报告，裁判长有权取消其比赛资格。

18.9　未设裁判长时，竞赛负责人有权取消违反者的比赛资格。

19. 裁判职责和申述

19.1　裁判长对竞赛全面负责。

19.2　临场裁判员主持一场比赛并管理该场地及其周围。裁判员向裁判长负责；未设裁判长时，向竞赛负责人负责。

19.3　发球裁判员负责宣判发球违例(规则10)。

19.4　司线员负责宣判界内球或界外球。

19.5　裁判员应维护和执行《羽毛球比赛规则》，及时地宣判“违例”或“重发球”等。

19.6　裁判员对申述应在下一次发球前作出裁决。

19.7　裁判员应使运动员和观众能了解比赛的进程。

19.8　裁判员可与裁判长磋商、安排、撤换司线员或发球裁判员。

19.9　裁判员不能推翻司线员和发球裁判员对事实的裁决。

19.10.1　在缺少临场裁判人员时，裁判员应就无人执行的职责作出安排。

19.10.2　有临场裁判人员不能作出判断时，由裁判员执行他的职责或“重发球”。

19.10　裁判员有权暂停比赛。

19.12　裁判员应记录与18条有关的情况并向裁判长报告。

19.13　裁判员应将所有仅与规则问题有关的申述提交裁判长(这类申述，运动员必须在下一次发球击出前提出；如在一局结尾，则应在离开场地前提出)。

第十一章

艺术体操

艺术体操是一项徒手或手持轻器械在音乐伴奏下进行的以自然性和韵律性动作为基础的体育运动项目，也是一种艺术性较强的女子竞技性体操项目。

艺术体操的练习内容适合女子的生理和心理特点，它强调动作自然美，强调正确的身体姿态以及柔韧、协调、灵巧、力量等身体素质，培养节奏感、优美感、提高音乐素养和表现力，一般性艺术体操不受场地、器材及练习人数的限制，是女生锻炼身体极为适宜的运动项目，易于在大、中、小学中广泛开展。通过进行艺术体操的各类动作练习，可使身体得到全面锻炼，陶冶美的情操，也是进行美育教育的一种有效手段。

第一节　艺术体操的起源和发展

艺术体操是自然体操、韵律体操和现代舞蹈经过长期实践逐渐发展形成的。艺术体操的名称不十分统一，在西欧、北美和拉美诸国称它为韵律体操，在前苏联及东欧诸国，还有中国，称它为艺术体操，在日本，则叫它新体操。当今国际体操联合会将这个竞技运动项目定名为竞技韵律体操。

一、艺术体操的起源

艺术体操作为独立的一项女子运动项目时间不长，但作为女子体操的一个组成部分和体育教育的一种手段已有100多年的历史，研究一下它的起源和发展，对加深认识这个项目在体育教育中的地位是很有意义的。

早在18世纪，受法国著名的教育家让·雅克·卢梭(1712～1778)和瑞士教育家裴斯泰洛齐(1746～1827)等近代教育思想及关于儿童自然成长的理论影响，产生了自然体操。这种自然体操是由德国的巴泽多(1724～1790)最早正式实施的，他主张通过人体自然的活动来发展人的身心健康，在他所开办的“博爱学校”体育课中，实施了以自然的身体动作为基础的体操练习，对当时的教育制度起了很大的革新作用。

18世纪末19世纪初，被称为“体操运动之父”的古茨·穆茨(1759～1839)在《青少年体操》专著中强调指出：体操应使人感到愉快，体操练习应能使人得到全面发展。在这个理论影响下，德国体操家F. L. Jahn(1778～1835)创造了以体操作为培养意志训练的“杨氏体操”，其宗旨是活泼、自由、快乐、诚信，荣获了“德国体操之父”的光荣称号。瑞典体操学派的创始人P. H. Ling(1776～1839)创造了“林氏体操”，其宗旨是使身体按自己的意愿活动，并根据体操练习的功能，将其分为教育类、军事类、医疗类、美学类四类。杨氏体操逐渐发展为竞技体操并被传下来，瑞典的林氏体操发展为现在的徒手体操。

19世纪中叶，德国体操家阿·施皮斯(1810～1858)整理了杨氏体操并纳入学校体育。他认为，学校应关心儿童的全面生长发育，女孩和男孩均有各自相适应的体操课程，上体操课时配上音乐将有利于身体的自由活动和心情舒畅等。法国舞蹈家弗·德尔沙特(1811～1871)为了帮助演员改善表演姿势，创立了一套富有表现力的体操体系，这套适应新舞蹈的身体训练方法体系的特点是动作富有美感和表情，对欧美体育界有启示，很快借鉴了该体系的某些方法，但目的不在于表演，而在于通过富有自由想象的自然动作抒发内心的快感，最终达到健身键心的目的。

以上是艺术体操的起源和萌芽，在19世纪的中期，现代艺术体操的某些特点和因素已从不同的身体活动体系中体现出来，但在内容和形式方面还没有统一认识和被公认，而是处于相互影响和交融的过程中。

二、艺术体操的形成和发展

19世纪末、20世纪初，由于受当时的教育改革、青年和妇女体育运动的发展，以及普遍的文艺革新的影响，一些生理学家、体操家、音乐教育家、舞蹈家等都先后对当时的体操体系进行了不断探索与革新，创造了以科学为基础的、新形式的现代体操，为女子体操的发展指出了新的方向，为现代艺术体操的形成做出了贡献。

如法国著名的生理学家乔治·德迈尼主张，女子体操应该发展正确的身体姿态、柔软性、运动技巧和动作的艺术性，也就是应该柔和与优雅。德国舞蹈家拉班在强调动作的韵律性和自然性方面也创造了一些方法。瑞士的音乐家、教育家台尔克罗兹设计了一种身体练习与音乐节奏感情相结合的音乐体操，他的训练体系是把身体训练作为理解音乐的一种手段。后来，以德国的现代体操家博德为代表，着重在节奏和音乐的体操流派方面，创造了有价值的身体波浪动作以及其他有表现力的身体动作，他的“表现体操”与“韵律体操”为现代艺术体操的形成创造了条件。美国著名舞蹈家邓肯是现代舞的创始人，她抛弃了传统芭蕾舞的方法，开创了用来表现自由的、自然的新型现代舞动作，她认为动作应该自然，所有的体操动作都应从自然的跑、轻跳和跳跃等动作中派生出来，她的舞蹈在许多方面与现代艺术体操相类似。他们的共同观点都是反对僵硬、呆板的体操练习形式，主张与身体的自然动作为基础，使动作流畅并富于节奏感，尤其注意女子动作的优美性和艺术性的特征。这对于现代韵律体操体系的逐渐形成，在理论与实践方面都起到了重要作用。艺术体操就是在这些理论基础上经过长期实践逐渐形成的。

艺术体操起源于欧洲，40年代传入美洲，50年代又传入亚洲，逐渐流行于全世界。艺术体操真正成为体育教育的一种手段是在20世纪上半叶苏联十月革命后，尤其在第二次世界大战后。在前苏联和东欧之所以定其名为“艺术体操”，是因为它被看作是一种通过动作进行自我表现的艺术。这个表现优美和女子气质的新项目得到了广泛的开展。

从20年代至50年代初艺术体操已逐渐发展成为竞技性的。1928～1956年间的5届奥运会，以及1954年在罗马举行的世界体操锦标赛上规定，女子竞技体操比赛中，每队必须参加由6或8人组成的持轻器械的团体韵律体操比赛，可以说，这就是竞技艺术体操国际比赛的最初形式。由于体操技术的迅速发展与变化，国际体联于1956年决定在国际体操竞赛中取消团体韵律体操比赛，从此这两类体操比赛便分开了。

1962年6月，国际体联第41次代表会议正式承认艺术体操为女子独立的运动竞赛项目，并定于1963年在布达佩斯举行第一届世界艺术体操锦标赛，当时给这个新的国际运动项目命名为“现代体操”，并决定每两年举行一次世界锦标赛。1967年底国际体联增设了现代韵律体操委员会，1972年把现代体操改名为“现代韵律体操”，1975年又改名为“竞技韵律体操”，沿用至今。到1989年已举行了14届世界锦标赛。除世界锦标赛外，从1978年开始国际体联又组织了两个洲际比赛，即欧洲锦标赛和四大洲锦标赛，分别在世界锦标赛的间隔年份举行。所谓四大洲是指亚洲、大洋洲、北美洲和拉丁美洲。到1988年已举行了6届四大洲艺术体操锦标赛。自1984年第23届奥运会开始，艺术体操被列为奥运会正式竞赛项目。1981年11月在莫斯科国际艺术体操技术委员会代表大会上，又决定再增设一种世界杯比赛。这标志着艺术体操又进入一个新的发展阶段。当今的艺术体操越来越受到人们的欢迎，运动技术发展很快，随着高超新颖的难度技巧、独特巧妙的成套编排、独具风格的情感表现以及新异的音乐伴奏等不断地涌现，把艺术体操的运动水平迅速地推向了一个新的高峰。

三、我国艺术体操的发展

我国是个文明古国，有些古代舞蹈的形式和动作，与当今的艺术体操有着相似之处，可称为中国艺术体操的起源。

自古以来，中国在历史上就有这方面的艺术基础，但作为完整科学的一个竞技运动项目的艺术体操，毕竟还是从外国传入和引进的一个新兴运动项目。

19世纪中叶后，随着近代体育的传入，一些轻器械体操、韵律体操和现代舞蹈也逐步传入我国。我国于50年代初从苏联较系统地引进了艺术体操的基本技术与基础理论，并相继在几所体育学院开设这门课程。1953年苏联体操队应邀来中国访问表演，他们不仅带来了现代竞技体操的男子6个项目和女子4个项目，还带来了集体藤圈操、绳操和纱巾操等艺术体操的表演项目，给人们留下了深刻的印象。

根据当时国际规定，参加竞技体操比赛的各国必须参加轻器械团体操比赛，所以在1956、1957、1958年的全国体操比赛和全国体育学院体操比赛中，都设有轻器械团体操比赛。这可以说是我国艺术体操集体项目比赛的最初形式和启蒙阶段。但这项运动未能在我国广泛开展，在我国中断了近20年。1978年可以说是我国开展艺术体操的一个转折年。在这一年里，中国恢复了在国际体联的合法席位，从而沟通了国际信息，加强了与会员国之间的联系。同年还先后邀请了一些外国艺术体操队来华表演，并请外国专家、教练讲学，同时还逐年举行了全国艺术体操比赛等，使这项运动在国内日渐兴起和不断开展。

1981年10月，我国首次派队参加了在慕尼黑举行的第10届艺术体操世界锦标赛，集体项目获第16名，个人最好名次为24名。

1982年12月我国首次参加了四大洲锦标赛，获得集体项目的亚军，个人全能第6、7、9名。从1983年第5届全运会开始，艺术体操被列为全运会正式竞赛项目。从此以后，便逐年组织参加了各种国际性竞赛活动，使中国运动员走上了国际艺术体操舞台。由于国际交往和国内竞赛活动的加强，促进了先进技术的交流，使我国艺术体操的水平有了迅速提高。

在1984年洛杉矶奥运会和1988年汉城奥运会上，我国均有两名队员取得参赛资格。

在1985年第12届世界锦标赛上，我国的集体项目一跃进到了世界第4名，获得了参加世界杯比赛的资格，并取得了世界杯第6名。

1996年在特兰大奥运会上首次设集体项目我国就获得第五名的优异成绩，成为首届集体项目奥运比赛唯一的一支非欧队伍。周小菁在1998年曼谷亚运会上获得金牌。2004年在雅典奥运会集体项目比赛中，中国艺术体操队又获得集体全能第六名。参加个人项目比赛的钟玲获得第十七名。在2006年多哈亚运会上，中国艺术体操队夺得团体铜牌，肖一鸣也获得了个人全能铜牌。目前中国同西班牙、巴西、日本属于第三集团的国家。2008年在北京奥运会集体项目比赛中，中国艺术体操队获得银牌，取得了该项目的历史性突破。2009 年艺术体操世界杯匈牙利站比赛在布达佩斯落幕，中国队在团体项目中获得一块银牌。

2013 年在乌克兰举行的 2013 年世界艺术体操锦标赛中，广西姑娘邓森悦棒操决赛获得第五名，刷新了中国艺术体操世锦赛个人单项的最好成绩。

2014 年，艺术体操世界杯匈牙利站比赛在东部城市德布勒森结束，中国艺术体操队在团体单项决赛中夺得 1 枚金牌和 1 枚银牌。这也是中国艺术体操队在世界杯赛场上首次实现金牌梦想。

目前，我国许多省份成立了艺术体操代表队，并经常举办各种形式的竞赛和培训活动，使艺术体操运动员队伍日趋壮大，由于这项活动在群众中影响日渐扩大，愈来愈引起广大青少年的喜爱，因此很多大、中、小学都已将艺术体操列入体育教学大纲，作为体育课的教材。80 年代艺术体操传入北京林业大学，列入教学大纲中，作为体育课的教材之一。1992 年在北京大学成立了中国大学生健美操艺术体操协会，全国的大学生都参与到其中。2015 年北京林业大学组建成立艺术体操队，同年在首都高校比赛上取得不俗的成绩。总之，艺术体操已有了一定的群众基础，它将朝着赶超世界先进水平的目标不断向前发展，为祖国争取更大的荣誉。

第二节　艺术体操的特点、内容、种类及锻炼价值

一、艺术体操的特点

艺术体操是一项以优美性和艺术性为其特征的运动项目，以美妙动听的音乐和自然优美的身体动作相配合。身体练习经过艺术的加工，使动作的外形具有造型美，因此艺术体操是女子独有的运动项目。

艺术体操是以节奏为中心，以自然性动作为基础的有节奏运动。节奏就是“动力在时间、空间上得到合理的分配”，用最省的力量完成最大的动作，紧张与放松是节奏的根本原则。摆动、弹性和波浪动作是节奏运动的基本动作。艺术体操是以摆动性动作、波浪性动作和弹性动作为基本运动形式的，动作的动力性较大。在动作过程中，必须合理调节各肌群紧张与放松的关系，控制好在不同空间和时间上的肌肉用力程度，避免不必要的肌紧张，使其自然、流畅、富有韵味。完成动作时，无论是上肢、下肢和躯干的动作，都应根据人体运动的自然法则，要求从胸、腹的中线开始发力，传递到各部位来完成，每一个动作都有它的起点和终点，都要掌握其本来的节奏和用力的分配，波浪这一自然性动作就体现了艺术体操动作的典型特点。艺术体操的各种动作按照音乐的内容和节奏变化表现出力度、速度和幅度上的对比和变化，形成节奏的完美和一致，以致构成艺术体操是以节奏为中心，以自然性动作为基础的协调的节奏运动这一特点。

艺术体操必须有音乐伴奏。音乐可以说是艺术体操的灵魂，它不仅能激发练习者的情绪，提高练习者的兴趣，而且能发展练习者的想象力和表现力，培养动作的节奏感，促进身心全面发展。音乐可以使艺术体操的表演更富有感染力，给观众以更完美的艺术享受。音乐的节奏和情感必须与所做动作的节奏与情感相一致，动作应充分表达音乐的情感，只有这样，音乐才能起到灵魂作用。

艺术体操必须合理地运用轻器械。手持轻器械做动作是艺术体操的主要练习内容，合理地

运用轻器械是其特点之一。利用轻器械进行练习能发展动作的协调性和提高肌肉用力的敏感度，器械是身体的延长部分，可以加大动作的幅度，使动作更有节奏，达到完美的目的。使用器械时必须表现出各种器械的特性以及熟练运动。器械不应被当做一种装饰，在任何情况下，都要使器械动作与身体动作相结合，协调一致，融为一体。如果艺术体操离开了器械动作，而只有单纯的身体动作，就失去了艺术体操的特点，同时也就毫无难度价值了。

二、艺术体操的内容

艺术体操动作内容繁多，根据动作的性质和形式可分为徒手练习和持轻器械练习两大部分。

(一)徒手练习

徒手练习是艺术体操的基础，通过徒手练习可掌握各类身体动作技术，发展一般及专项身体素质，培养协调性和节奏感，只有在正确、熟练掌握各种徒手动作的基础上，才能使持器械练习完成得准确、优美、自如。所以，初学艺术体操者首先要学习徒手动作，徒手练习是艺术体操的基础。

徒手练习包括手臂和腿的基本练习、基本步法与舞步练习、摆动和绕环练习、躯干弯曲练习、波浪练习、平衡练习、转体练习、跳跃练习、弹性和松弛练习及近似技巧动作练习等。在进行艺术体操徒手基本练习时，常吸收芭蕾的基本训练内容，如芭蕾中的把杆练习、中间的控制练习和跳跃练习等，同时也吸收民族舞及现代舞中的一些有关动作和训练方法。在掌握了各类单个动作的基础上，可编排各种性质的组合或成套动作进行练习。

(二)各种轻器械练习

轻器械练习是在徒手练习的基础上进行的。艺术体操所使用的轻器械种类很多，一般性艺术体操可根据条件来选择器械，而竞技性艺术体操的器械按国际体联规定必须是绳、圈、球、棒、带五种。现将五种器械所包含的基本练习内容介绍如下：

(1)绳(图 11-1)：绳的练习有助于发展弹跳力、速度、灵巧、协调性和耐力。要使绳在空中保持绳形不变，图形好，必须掌握动作节奏和用力方法。

绳的基本练习包括：摆动、绕环、绕“8”字、跳绳、连续小跳和大跳过绳、抛接绳及缠解绳等。

(2)圈(图 11-2)：圈在艺术体操项目中属于幅度较大、变化较多的一种器械，它有助于培养灵巧、快速、协调和准确性及勇敢果断的意志品质。

圈的基本练习包括：摆动圈、旋转圈、转动圈、抛接圈、跳圈和滚圈等。

(3)球(图 11-3)：球的练习有助于发展灵活性、柔软性、协调性和准确性。

球的基本练习包括：转动球、摆动、“8”字绕球、拍球、滚动球和抛接球等。

图 11-1

图 11-2

图 11-3

图 11-4

(4)火棒(图 11-4)：火棒(也称棒)是唯一的持两个器械的项目。由于它要求两臂同时、依次或相反方向地去完成各种动作，对协调性和判断力要求特别高，所以通过棒的练习有助于发展灵敏性和协调性，以及培养勇敢顽强的意志品质。

棒的基本练习包括：摆动、绕环、抛接棒、敲击棒等。

(5)彩带(图 11-5)：彩带(也称带)的练习给人以十分流畅和优美的感觉，有助于培养力量、灵巧、协调和优美。

图 11-5

带的基本练习包括：摆动、绕环、蛇形、螺旋形和抛接等等。

在集体项目练习中，除掌握各种器械的基本练习外，还要学会同时使用两个器械和具有互相交换器械时，接好对方器械的能力。

三、艺术体操的种类

根据不同的目的任务及对动作内容、难度、强度等的不同要求，可把艺术体操分为一般性艺术体操和竞技性艺术体操两大类。

(一)一般性艺术体操

一般性艺术体操是以自然动作和协调动作为基础，在音乐伴奏下进行的个人或集体练习。

一般性艺术体操的主要任务是发展协调、柔韧、力量、耐力等身体素质，增进健康，培养良好的身体姿态和平衡能力。通过培养动作意识，使练习者更加生气勃勃，增添自然美和培养愉快、活泼的情感。通过手持轻器械的练习和集体练习中队列队形的变化，有助于提高动作的协调性和对空间、时间、同伴、器械等外界条件变化的适应能力，还可培养集体主义精神。

一般性艺术体操包括徒手和持轻器械练习。手持的轻器械多种多样，除绳、圈、球、棒、带外，还有纱巾、旗子、棍棒、铃鼓和扇子等等。大多是在音乐伴奏下集体练习的方式进行。

一般性艺术体操动作以自然和协调为基础，做动作时注重利用身体各部分的重力和惯性作用以及肌肉收缩与放松相互交替的节奏关系，以使动作完成得自然、舒展。

一般性艺术体操不受场地和器械设备的限制，对身体素质的要求也不太高，没有危险性，很受广大女青少年的喜爱。所以很适宜在大、中、小学广泛开展。

(二)竞技性艺术体操

竞技性艺术体操是在自然动作基础上，通过更精确的身体和器械动作及高难度的技术，在音乐伴奏下进行的个人和团体的一种竞技性练习。

竞技性艺术体操除具有一般性艺术体操所要完成的任务外，主要任务是提高技术水平和参加竞赛。

竞技性艺术体操有独自的规则和评分方法。在正式比赛中，一般不设徒手项目，国际体联正式规定，只有绳、圈、球、棒、带五种器械进行比赛。比赛包括个人项目和集体项目。比赛规则对场地、时间、人数、难度数量及各种错误，都有具体规定和扣分标准。但在大、中、小学或基层组织比赛时，可根据具体情况设徒手项目比赛。对竞赛要求和规则执行方面可灵活运用。

艺术体操运动员高超的难度动作技巧、新颖独特的成套编排、优美舒展的身体姿态、丰富动人的情感表现以及和谐一致的音乐配合等，均是在竞赛中获取优异成绩的重要因素。因此，竞技性艺术体操要求运动员必须具有良好的身体素质、全面扎实的运动技能、丰富的想象力与表现力以及一定的艺术修养，这些都需要通过较长时间的系统训练才能获得。

四、艺术体操的锻炼价值

艺术体操的特点、动作内容及练习形式，使它极适合在女青少年中广为开展。艺术体操对于促进青少年德、智、体、美的全面发展；对丰富学校体育教学内容；对促进运动技术水平的迅速提高都有极其重要的作用。

艺术体操是女子兴趣极浓，锻炼身体，提高健康水平较为适宜的运动项目，适合女子的生理、心理特点。通过经常性练习，可以增进健康，促进其骨骼、肌肉、内脏器官及神经系统等方面的正常发育和机能的发展。能发展动作的柔韧、协调、灵敏、力量等项身体素质。

从事艺术体操练习可以陶冶学生的情操，形成正确的审美观念，塑造健美的体态。通过练习可以培养和提高他们对身体美、运动美、神态美、音乐美等的感受力，有助于提高艺术修养。

高等学校的女生正处在发育成熟的最后阶段。她们的骨盆增宽，皮下脂肪增厚，心血管系统的机能水平往往跟不上形态发育的需要。随之而来的惰性加大，越来越不爱运动。在心理发展上，她们更注重美的追求。因此，她们更喜爱动作优美、柔和、韵律性强而又能够表达自己感情的活动。

第三节 艺术体操竞赛知识简介

一、艺术体操竞赛的意义

艺术体操在我国属较年轻的运动项目。通过竞赛活动，对促进该项运动的开展和迅速提高其运动技术水平有着十分重要的作用。

(1)通过艺术体操竞赛活动，不仅可给广大观众以美的感染，使其得到艺术享受，扩大该项运动的影响，而且可促使更多的女青少年参加艺术体操活动，有利于该项运动的开展与普及。

(2)竞赛活动是广大教练员、运动员之间相互观摩、学习、交流的好机会，可从中各自找到差距，相互取长补短，改进教学和训练工作，不断提高运动技术水平。

(3)通过竞赛活动可促使艺术体操难度动作及成套编排的不断创新；可促使更为熟练、完美、高质量地完成动作技术，对推动该项运动技术的发展有着重要作用。

(4)艺术体操竞赛活动，有利于优秀选手的早日发现和培养，有利于运动员队伍的不断扩大和质量的提高，为充实我国艺术体操运动员的选材基础并促进其早日达到世界先进水平，创造了有利的条件。

二、艺术体操竞赛方法简介

(一)竞赛内容

艺术体操正规竞赛只进行绳、圈、球、棒、带五种器械项目的自选成套动作的比赛，根据我国具体情况，有时增设徒手项目比赛。另外，我国艺术体操等级运动员大纲的各项成套规定动作，也常作为基层竞赛的内容。

(二)竞赛种类

艺术体操竞赛分个人比赛和集体比赛两类。

1. 个人比赛

个人比赛包括团体赛、全能赛及单项决赛三种。

(1)团体赛：各队所参赛运动员，均参加规程所规定的四种器械项目(或若干项)的成套动作比赛。每项满分为10分。然后将每队中各项得分总和最多的3名(或若干名)运动员的成绩相加(最高为120分)，即为团体赛成绩，根据成绩多少，确定团体赛名次。该种比赛也是第二种及第三种比赛的资格赛。

(2)个人全能赛：在团体赛中的前26名运动员(或按规程定)，有权参加该种比赛(每单位最多2名)。每人要再完成规程所定的四项器械(或若干项)的成套动作。各项得分的总和即为全能赛成绩，成绩优者全能名次列前。

(3)单项决赛：在团体赛中获得各单项前8名(每单位最多2名运动员)参加各单项的决赛。根据决赛时的成绩确定单项名次，成绩优者单项决赛名次列前。

依据具体情况，比赛中有时也可将团体赛及全能赛合并为一个赛次进行，分别录取团体和全能名次。

2. 集体比赛

规定由6名运动员集体完成动作，包括集体全能赛和单套决赛两种。规则规定集体项目要分别进行两套不同的自选动作比赛，一套使用一种器械，例如，六人球、六人棒、六人带等。另一套使用两种器械，如三圈三带、三绳三球等。集体赛每套每次都将分别得到编排与完成两个分数，满分各为10分，两个分数之和为集体赛成绩，每次最高分为20分。

(1)集体全能赛：所有报名的队均参加两套动作(依规程所定项目)的比赛，两套得分的总和(最高为40分)为全能赛成绩，成绩优者集体全能名次列前。

(2)单套决赛：全能赛各单套前8名(或若干名)的队，参加各单套决赛。以决赛时得分与全能赛时该套得分相加(最高为40分)，即为单套决赛总成绩，成绩优者单套决赛名次列前。

(三)竞赛的一般规定

(1)比赛的项目顺序：绳、圈、球、棒、带。

(2)场地范围：个人赛为12米×12米的见方场地。集体赛时场地四边可各向外扩展50厘米，即为13米×13米的见方场地。比赛时人或器械越出规定的场地范围，按规则扣分。

(3)成套动作时间：个人赛自选成套动作时间为1′～1′30″;集体赛每套动作时间为2′～2′30″,时间不足或超过，按规则扣分。集体赛入场时间不得超过10″。

(4)器械规格：比赛时运动员使用的各种器械，在其重量、直径、长度、颜色等方面均必须符合规则要求。使用不符合规格的器械，个人赛及集体赛分别按规则扣分。

(5)服装规定：运动员必须穿着符合规定的体操服。体操服要端正，不能透明。体操服前后领口的位置要适当，可以有也可没有袖子，但不允许穿窄肩带舞蹈服。腿部的开口处不得高于髋关节。除金色和银色外，其他任何颜色均可。体操服可以是单色的，也可以有图案。图案只能是条状的，几何图形或花的图案，但是像领带、背心、襟饰和动物图案等的体操服不许使用。体操服上不允许有任何装饰品。违反者按规则扣分。

(6)纪律规定：参加比赛的运动员或队只有在麦克风或裁判员呼唤后或绿灯亮后，才能进入比赛场地；运动员或队不得延误入场时间；运动员不得在比赛场上做准备活动；在比赛过程中，教练员不得以任何方式与运动员、队或音乐师联系；音乐师不得在绿灯亮前开始演奏或迟到上场等，违反者按规则扣分。

(7)音乐规定：个人赛和集体赛的成套动作均必须在音乐伴奏下完成。不允许采用伴唱方式等，违反以上规定按规则扣分。

(8)重做规定：除了与运动员无关并经仲裁委员会承认的特殊情况外，任何个人和集体都不得重做动作。

(9)难度动作：个人赛和集体赛的自选成套动作中必须达到规则所规定的高难度、中难度及左手难度的动作数量。集体赛还必须达到队形变化和器械交换的规定次数。凡不足者，均按规则进行扣分。

(10)个人赛和集体赛时不允许选用古典芭蕾舞、现代舞、爵士舞及哑剧动作；不允许做典型的技巧动作。例如：各种手倒立、软翻、手翻、空翻、屈伸起等。允许做无腾空的向前或向后滚翻动作。但成套中不得超过3次，否则均按规则进行扣分。

第四节　艺术体操的音乐伴奏

一、音乐在艺术体操中的作用

音乐是通过有组织的音(主要是乐音)来表达人们思想感情和反映社会现实生活的一种艺术。它不仅被人们喜爱和欣赏，随着科学的发展，已被广泛的运用于体育的教学和训练中，把音乐作为组织教学训练课的一种心理、生理手段。并经实验表明：通过与音乐的配合，可以提高神经系统的兴奋性、减缓疲劳，提高练习效果，同时还可以改变运动员的心境，减少训练的单调感和枯燥感，改善自我调节的能力，经济的完成各种动作，达到增力的效果。

音乐对人体(神经、肌肉)发生作用，主要是靠节奏，人的听觉系统对音乐、音响极为敏感，对节奏反映极强，其原因是人体和音乐存在着有规律、有节奏的变化、频率相近，因此音乐对人体运动产生良好的影响。

音乐与艺术体操的有机联系是该项目的主要特征。在艺术体操教学训练和比赛中，音乐贯穿始终，它是艺术体操不可分割的部分，是密切相关，紧密相融的。特别是在艺术体操竞赛中，规则条文规定，整套动作必须在音乐伴奏下完成，否则不予评分；要求乐曲和动作成为一个协调、和谐、完美的整体；对音乐伴奏出现的错误，分别进行扣分。由此可见，音乐在艺术体操比赛中的重要作用，只有运动员掌握一定的知识，理解音乐的语言，才能使整套动作与音乐配合默契、融为一体，在比赛中产生最佳效果。

音乐在艺术体操中的作用，由于教学和比赛训练任务的不同，其作用有所侧重。

艺术体操教学训练课中的音乐伴奏，是其有机的组成部分，自始至终是为艺术体操服务的，通过音乐伴奏，可以培养学生动作的韵律感、节奏感和美感；可以激发学生做动作时的内在情感和表现力多增加学习兴趣，加速教学进程，提高教学效果和音乐的鉴赏能力，都有良好的作用。

竞技性艺术体操的音乐，除其上述作用外由于它具有竞争性，以竞赛为目的，除了要求动作难度大、质量高、编排新、连接巧以外，音乐在整套动作中有着极其重要的作用，它既不同于舞蹈音乐，又不同于独立的音乐门类，而是将音乐艺术的“声”引入艺术体操的“形”中，调动音乐的各种艺术表现手段为竞技性艺术体操服务，从而使艺术体操更富有艺术的魅力。在竞技性艺术体操成套动作中，优美和谐的音乐，可以提高运动员大脑皮层的兴奋性，使运动员容易承受较大的体力和心理负担量，提高工作能力，轻松自如完成动作；通过音乐作品的艺术形象，可以丰富运动员对动作的想象力，塑造许多美的形象和动作，通过音乐伴奏可以激发情感，增强对动作的表现力，随着音乐的旋律进入美的意境，使之更充分地进行自我个性表演；

在音乐的伴奏下，可使整套操增加表演气氛和艺术的感染力，使运动员更好地发挥技术水平，在比赛中取得最佳成绩，给观众美的享受，给裁判留下深刻的印象。

二、艺术体操的音乐选择

艺术体操要求动作美，幅度大，快速连贯，变化迅速。整套操中对比性强，有高低对比，刚柔对比，大与小，收与放，急与缓要有机地结合起来，使动作起伏鲜明，生机勃勃。在音乐的选择上，可选用动力性强的旋律，对比鲜明、变化多端的乐曲；也可以选用抒情而节奏自由的乐曲。

(一)按动作的性质选择音乐

音乐的形式繁多，如宽广的、激昂的、抒情的、欢快的、富有节奏的，有古典、现代名曲和电影插曲等。不管是什么形式的音乐，都必须符合艺术体操动作的性质和要求。如弹簧步要选用刚健有力的音乐；波浪式动作要选用连绵不断寓有情意的音乐；小跳选用欢快而节奏感强的音乐；弓箭步选用宽广洪亮的音乐；柔软步选用轻捷柔和的音乐。

(二)按运动员的体态和个性特点选择音乐

运动员的身体条件、性格、表现力，以及音乐天赋各异，选择音乐要与之协调，并以充分发挥运动员特长为原则。例如，个性开朗、体态健美、动作富有表现力的运动员，一般可选择音乐宽广、节奏明快、富有感情的乐曲。这样有助于达到完美的艺术效果。

(三)按队形和动作的变化选择音乐

在选择集体动作的音乐时，必须依据动作的情景，队形的变化和全套动作的情节。例如，前苏联艺术体操队的团体项目中，动作一开始就用彩带将球缠住进行高抛。一瞬间空中出现球飘向高空的同时，空中出现一串优美的螺形，这种艺术效果使人出其不意，不落俗套，艺术造诣高上一格，令人赞叹！像这样的动作，在音乐效果上应有它特定的要求，而音乐的艺术性，仍然应是不落俗套，出其不意，扣人心弦，音乐的色彩和情调要鲜明，才能更加烘托出动作的艺术效果。

(四)按器械特点选择音乐

球呈圆形，动作要求圆滑、柔软、流畅。对音乐的选择，则要求流动性强、起伏大、节奏明快而多变。圈器械本身面积较大，用摆绕等将高抛动作连成一体。根据这个特点，对音乐的选择则要求奔放、宽广、欢快、活泼。带的技术较复杂且细腻，高抛动作应多变，动作应像流水般的流畅。因此，在音乐的选择上要求流畅、抒情、旋律线条要长，速度要快，变化要多，要急缓相容，以急为主，起伏鲜明，强弱分明。棒是一项比较难以掌握的项目。动作必须干净利落，协调性强。因此，要求音乐欢快而富有节奏。绳本身是一项柔和性强，伸缩性大的器械，动作灵活欢快。因此，在音乐的选择上要求轻捷、欢快、活泼，而富有节奏。总之，随着动作的演变，伴以起伏跳动的旋律，刚劲的力度，忽急忽缓的速度，一抑一扬，一起一伏，使操、乐融为一体，成为健与美的艺术。

此外，艺术体操的配乐方法还有：①先编好动作，后根据动作选、编音乐。②先选好音乐，后根据音乐编动作。③动作和音乐同时创编。可视具体情况和具体条件而定。

三、艺术体操的音乐教学

(一)艺术体操是一门综合艺术

如前所述，艺术体操综合了视觉与听觉两个方面的艺术，从而使艺术体操同音乐结下了亲密友谊。一个优秀的艺术体操运动员，不仅应有良好的艺术体操训练，而且应有丰富的综合艺术修养，特别是音乐修养。

1. 熟悉音乐语言的表现手段

各种艺术都有自己的不同原材料和表现手段，用以反映艺术家对事物的观察和认识。例如，绘画用颜料、画笔来绘出艺术家对事物的观察。诗人用带韵的、夸张的语言来抒发他们的感情。音乐家也有自己的原料及手段，那就是高音、节奏、和声、复调、织体、力度和音色变化。作为艺术体操运动员，为加强音乐的修养，就需要培养自己对上述7种元素的识别能力。

2. 了解音乐组织结构的基本规律

具体说就是学习音乐的“曲式”结构。音乐结构在艺术体操中可以起到组织的作用。音乐是一种时间的艺术，而艺术体操既是空间艺术又是时间艺术。体操的情节或情绪的发展，是在乐曲进行中展开的。因此，音乐的开展与发展直接影响着艺术体操。音乐为了给听众以深刻印象，往往用一种特定的主题加以重复、摹进、发展、变奏、再现等手段来推进乐曲的进行。如果我们不能很好地把握其变化规律进行编排、表演，往往就得不到良好的效果。进行曲式分析，更细致入微地体验音乐的发展变化、起伏跌宕。当艺术体操运动员熟悉了音乐结构上本质的东西时，便能够使音乐与艺术体操的手法、段落和运动员的呼吸更加融为一体。

3. 理解音乐的情感内涵

理解音乐的感情内涵，能够表现音乐内在的思想感情与意境。一个优秀的艺术体操运动员，不仅要细心研究和精心练习艺术体操动作，而且应研究有关乐曲的时代背景，作曲家所属的音乐流派，创作意图，甚至作品中所使用的各种音型、手段、旋律的特点，从而通过艺术体操的动作把特定的情绪意境体现出来。事实上，每个经得住时间考验的艺术体操，都是与乐曲完好结合的典范。要求艺术体操运动员除了学会掌握音乐语言的表现手段外，还要进而表现艺术体操的思想意境，从而也就要求艺术体操运动员领会乐曲的感情内涵。

(二)艺术体操的教学训练，必须在音乐伴奏下进行

艺术体操没有音乐教学，训练就无法进行。为了提高运动员的音乐修养、欣赏水平的审美观念，通过音乐伴奏培养和发展练习者的节奏感、韵律感与动作的协调性，调节肌肉的紧张用力与松弛，这是对学生进行美育教育和培养学生爱好音乐的一种良好的行之有效的手段。通过音乐伴奏还可以激发练习者的感情和对课程的兴趣，从而提高学生学习的积极性。

1. 掌握动作性质和音乐配合的练习

掌握动作性质和音乐配合的练习，一般常采用：①用走步来表达音乐的各种性质，如快乐的、健爽的、紧张的、庄严的。②在跑步进行时或跳跃时，表现出音乐的各种性质来。③用游戏方法来表达音乐的性质。④用舞蹈方式表达音乐的性质。⑤变换速度的练习。⑥节拍韵律和节奏的练习。⑦变换音量的练习。⑧改变音乐的速度和突然加强声音(重音)的练习。

2. 整套动作练习

一般情况下一组动作的节拍，如基本步伐组合、舞步组合、基本训练、徒手和器械组合等要保持动作的节拍与音乐节拍的一致性；必须使音乐的风格、特点与动作的风格相吻合；注意音乐的节奏与动作的节奏要基本相融，保证音乐与动作配合协调和统一。

在艺术体操的音乐教学中，除了在教学训练中进行动作与音乐的专门练习外，还可开设音乐的基本知识和音乐欣赏课程，讲授有关艺术体操的音乐问题专题，培养和提高练习者的音乐艺术修养。

第十二章 形体运动

第一节　形体运动概述

一、形体运动的内容

形体运动是以身体练习为基本手段，匀称和谐地发展人体，塑造良好的体型，以改善学生不良形体动作，培养正确优美的姿态和动作，提高形体表现力，发展学生的审美意识的体育锻炼形式。它不像健美运动那样强调发达的肌肉，而是在先天体型的基础上，通过形体基本素质练习，匀称、和谐地发展人体的各部分肌肉，塑造优美体型，使仪表姿态变得更加健美端庄。因此，这项运动特别适合女大学生的特点和需要。

形体运动以塑造形体健美为主。其内容广泛，它包括健康美、体型美、姿态美和动作美。

(一)健康是形体健美的基础

健康是形体健美的首要条件。主要是指人体有端正的五官、匀称的体型、发育良好的器官系统，以及有丰满的肌肉、光泽的肤色、正常的毛发和良好的心理状态等。只有在健康的基础上，采用有利于塑造形体的专门性和综合性的练习，才能使形体更加健美。健康美是体育在人类文化中有别于其他艺术门类的基本特征，是体育活动时进行审美判断和审美评价的基准。它不仅可以针对人的身体，还能衡量人的动作姿态，以及不同运动内容所产生的积极效果。

(二)良好的体型是形体健美的基本特征

体型是指人体的结构类型。体型的类型主要由人体的脂肪蓄积、肌肉发育程度、遗传的影响和环境因素等决定，具有性别差异，随年龄变化，可通过后天锻炼来纠正和完善。良好的先天体型为形体健美锻炼提供了有利条件，良好的后天体型可以通过健美锻炼得以不断完善，这也是形体健美的基本特征。

人体体型美的追求大致可分为：

(1)力量型和肌肉发达型：像进行健美表演和比赛所追求的那样，使身体各部分的肌肉得到协调、匀称的发展，通过和谐的动作和造型来展现人类充满活力的美。

(2)体能型：像田径、体操、游泳等项目的优秀运动员一样，把发展体能和发展身体，塑造体型结合起来。《掷铁饼者》则是这种体型的典型代表。

(3)适应型：锻炼者根据自身的身体条件，塑造自己理想的体型或姿态。

(4)姿态型：塑造体型和形成姿态美相结合。

(三)姿态美为形体健美增姿添色

健美的身材和体型美需要通过优美的姿态来表现。姿态美是人们在长期工作、学习、生活过程中形成的一种习惯的姿势定势。它主要受后天环境和个人知识水平、文化素养的影响。

我国古代对基本姿态美就有明确的标准，即行如风、站如松、坐如钟、卧如弓。优美的动作姿态，潇洒的风度，可为形体健美增姿添色。通过形体健美锻炼可以改善各种体姿，培养良好的体态。形成姿态美，脊柱是关键，它关系到人体姿态是否挺拔，无论是脊柱的侧弯或后突，可以总称为“姿势性变形”，其产生的原因除极个别为遗传和器质性疾病造成，通常与长期不正确的基本姿态有着极密切的关联，如坐不正、立不直。脊柱的这种变形不仅影响人的姿态美，还会导致人体的负重能力差，心肺功能等生理机能的下降，并且还隐伏着脊椎病的病根。因此培养姿态美，也是形体运动的主要内容。

正确基本姿态的标准：

(1)站立姿态：应该是头颈躯干和脚的纵轴在一条垂直线上，挺胸、收腹、梗颈，两臂自然下垂双腿要自然伸直，以两脚平衡支撑身体的重量，这样的腿姿既省力又娴雅。双脚不要平行摆放，左脚跟放在右脚跟后约五厘米的地方，形成小角度，右膝放松，身体的大部分重量都落在左腿上，右腿则起到平衡的作用。左右腿可根据情况调换受力和位置关系。形成一种优美挺拔的形态，这样人体固有脊柱形态的曲线也就表现出来了，在站立时不能保持人体固有的脊柱形态的曲线是影响站姿最主要的因素。

(2)行：除了保持站立时正确、优美的姿态外，要做到躯体移动正直、平稳，又不僵硬呆板，两臂自然下垂，摆动协调，双膝正对前方，脚尖略微外展，落地时脚跟着地过渡到脚掌，两脚后跟几乎在一条线上，两腿交替前移的弯曲程度不要太大，步伐稳健均匀。要注意避免内、外“八字脚”和上体左右拧转、摇晃、弓腰、腆肚等不良姿态。

(3)坐：优美的坐姿与站、行一样，仍要保持挺胸、收腹、四肢摆放也要规矩端正，不能摆得太开、太大，更不能翘起“二郎腿”，东靠西歪。培养良好的坐姿，对于青少年发展健美的体形和保持良好的视力均有益处，青年人多坐硬椅子，少坐沙发，对形成正确的坐姿有好处。

(4)卧：良好的卧姿对于心血管、呼吸系统在安静状态的工作起到保护作用，并要有助于消除肌肉疲劳，在实际睡眠中往往要翻来覆去变换卧姿，为避免心脏受压，一般朝右侧卧为好，为避免局部受压发麻甚至出现痉挛的现象，仰卧也是一种好姿势，但不要把手放在胸上，以免压迫心脏，使睡眠不宁或多梦。近年也有仰卧有利于面部美容的新观点。因为，美国科学家的实验资料表明：“仰卧使得面部血液流动通畅，有利于面部能量物质的供给和代谢产物的排除，从而推迟或减少面部皱纹的发生。”

(四)动作美是形体健美的一种表现形式

动作不仅从体育活动的各种动作中表现美，而且经常从人们日常生活的动作中体现美，这也往往是进行形体运动锻炼者所期望和追求的。优美动作主要体现在以下三个方面：

(1)同姿态美紧密相连的动作，如立、坐、走、跑、跳等，经过严格形体训练的人，对动作或姿态都有一定的要求，她们的形态与动作会给人以美感，如礼仪小姐。

(2)人们在日常的基本活动技能中所表现的动作美，一般都有一定的技术要求，即动作的合理性，表现出完成动作过程中的协调性和应变能力，以及显示出人体的力量和耐久力，这都会给人以美感。

(3)熟练掌握各种体育运动项目的技术动作，并在这些运动中灵活、准确地表现出动作美。姿态美和动作美的关系极为密切。姿态美有些是通过动作表现出来；而动作美在完成动作时应显示出姿态美。两者不能相互代替。姿态有动有静，而动作美是指完成各种动作省力、协调、实用，从而显示出动作美。

健康美、体型美、姿态美和动作美是相互联系、相互影响的。

二、形体健美的标准

(一)形体健美的基本标准

形体健美的标准在历史发展的不同时期和不同的国家、不同的民族、不同的阶层、不同的生活条件有不同的审美观点。因此，其审美的标准也不尽相同。如我国盛唐时期妇女以体胖为美，这与现代审美观迥然不同。我国的体育美学工作者在人体健美方面做了大量的研究工作，综合古今中外美学专家对人体健美的理解，结合我国民族体质现状归纳了以下十条基本标准：

(1)骨骼发育正常，关节灵活自然，不显得粗大凸起。

(2)肌肉发达和谐，皮下脂肪适当。

(3)五官端正，与头部配合协调。

(4)双肩对称，外展下沉，男宽女圆。

(5)脊柱正视垂直，曲度正常。

(6)胸廓隆起厚实，正面和背面看略成“V”型，展胸拔背，女子胸部丰满而不下垂，侧视有明显曲线。

(7)腰紧而结实，微成圆柱形，腹部扁平，男子有腹肌垒块隐现。

(8)臀部圆满适度，略上翅，有弹性。

(9)腿长、腿部线条柔和、小腿腓部稍突出。

(10)足弓较高。

(二)中国大学生形体现状

中国学生体质与健康研究组对全国29个省份50万人进行了体质状况调查，其中19～22岁大学生几项形态指标的现状(表12-1)。

表12-1　中国19～22岁大学生部分形态及派生指标

指　标	男 平均数	男 标准差	女 平均数	女 标准差
身高(厘米)	170.37	5.73	159.11	5.21
坐高(厘米)	92.20	2.90	85.53	2.69
体重(千克)	57.63	5.88	50.25	5.59
胸围(厘米)	86.10	4.02	78.95	4.34
肩宽(厘米)	38.48	1.68	34.84	1.17
骨盆宽(厘米)	24.17	1.43	27.09	1.45
坐高/身高×100	54.13	1.09	54.39	1.15

身高是反映人体纵向发育的指标，主要反映人体骨骼的发育状况，身高的发育水平，主要受遗传因素的影响，其次受地区、生活环境和营养状况的影响，并与种族有密切关系。据有关资料表明，我国大学生身高低于美国等发达国家。

坐高一般用以表示躯干的长短，主要受遗传和种族因素的影响。躯干的长短一般用坐高÷身高×100指数来表示。据国外文献报道，欧洲人将坐高指数值在52以下者视为长腿短躯型，54以上者视为短腿长躯型。从表12-1中可以看出，我国男、女大学生的平均值分别为54.13和54.39，均属短腿长躯型。

(三)中国大学生形体健美标准

根据全国体质调查公布的19～22岁大学生组的普通大学生进行抽样调查，初步提出了目前我国大学生健美体型的量化指标体系(表12-2)。

表12-2 中国大学生健美体型量化标准参数

性别/因素	第一因素	第二因素	第三因素	第四因素
男	身高(厘米) 170~182	体重(千克) 60~73	肩宽(厘米) 40~43	胸围(厘米) 89~96
女	身高(厘米) 160~172	骨盆宽(厘米) 26.7~27.5	体重(千克) 52~61	胸围(厘米) 80~88

虽然上述实验设计及标准只是初步尝试，但在目前尚无统一量化标准的情况下，可作为大学生健美体型评估的参数，健美远不止是对人体形态的量化评估，还应有心理、生理、生化等指标的量化标准。

三、形体健美的锻炼价值

女子形体健美课借鉴和综合了健美运动、体操和舞蹈等形体练习内容，而提出的一项具有较新内涵的体育锻炼形式。

(一)塑造健美的体型，培养正确的体态

影响体型的主要因素是骨骼、脂肪含量、肌肉和关节。大学阶段骨骼发育趋于完善，形体锻炼能使骨密质增厚、骨径变粗，骨周的血液循环得到改善，加强了骨的新陈代谢，但对体型的影响相对较小。形体健美锻炼可使关节周围的肌肉发达，力量增强，从而增强了关节的稳固性，同时由于形体健美锻炼有许多伸展性练习，它可使关节囊韧带和关节周围肌肉伸展性增大，因此可提高关节的灵活性。通过形体锻炼来改善肌肉的形态，提高肌肉工作的能力是完善体型的最主要因素。目前，减脂塑体是大家关注的热点。

(二)培养高雅的气质和风度

气质是人的个性特征之一，主要表现在情绪发生的快慢、强弱，表现的隐显以及动作的灵敏或迟钝方面。风度是指人的言谈、举止、态度的良好表现。不同的运动项目对于人的气质、风度的形成有不同的影响。女子形体运动能培养学生高雅的气质和风度，这是因为女子形体运动所采用的锻炼手段包含着人的精神、气质、风度。如形体锻炼中多采用基本体操、把杆、舞蹈和健美操等，在锻炼过程中把握住动作的精、气、神，并与音乐的完美融合就会形成一种高雅的气质和风度。

(三)提高身体素质

形体运动的锻炼形式是综合性的，它包括专门训练形体姿态的把杆练习；利用重物发展肌肉力量的练习；发展柔韧性和协调性的舞蹈练习和提高协调性增强心肺功能的有氧健美操练习等。这种多种形式的综合性锻炼对机体的影响是全面的，可达到全面提高身体素质的目的，并为形体健美打下良好的身体素质基础。

第二节 体重控制与减肥

随着生活水平的提高，人类体重的不断增长已成为人们所关注的社会问题。之所以越来越引起人们的重视是因为体重的增长是由于脂肪的增长所造成的。体重的这种增长不仅影响人的形体美，更重要的是影响人的身体健康。

一、体 重

（一）体重的构成

体重是由骨骼、肌肉和脂肪构成的。它们在体重中各自所占的比重是影响人形体美的关键。我们通常所说的过重是针对脂肪含量过高而言的。一般而言，人体体重成分比重见表12-3。

表12-3 人体体重成分比重

性 别	骨 骼	肌 肉	脂 肪
男	40%	42%	18%
女	36%	39%	25%

对于两个同等身高，虽然体重一致，但如果体重中的脂肪比重相差较远，体态差异就会较大。如：一对同等高度，看上去胖瘦一样的男女，男性的体重一般要重于女性。

（二）体重评定方法

那么每个人的体重到底保持在什么范围好呢？由于人们审美观念和人种的不同所以没有统一的标准。目前的评定方法较多，但各有千秋，运用最为普遍的是国际性组织推行的身体质量指数BMI(body mass index)体重÷身高的平方，指数小于18为过瘦，18～24为标准体重，大于24为偏重，大于26为过重，大于28为肥胖。另外，前苏联B·M·契尔诺鲁兹的《女子身高和体重的对应关系》(见表12-4)和日本女子的《理想体重》(见表12-5)也是大家比较认同的评定方法。

表12-4 女子身高和体重的对应关系

身高(厘米)	单薄型(千克)	标准型(千克)	超常型(千克)
155	50.35	54.2	58.1
156	50.7	54.6	58.5
157	51.0	54.9	58.5
158	51.3	55.3	59.2
159	51.6	55.6	59.6
160	52.0	56.0	60.0
161	52.3	56.3	60.3
162	52.6	56.7	60.7
163	52.9	57.0	61.1
164	53.3	57.4	61.5
165	53.6	57.7	61.8
166	53.9	58.1	62.2
167	54.2	58.4	62.6
168	54.6	58.8	63.0
169	54.9	59.1	63.3
170	55.2	59.5	63.7
171	55.5	59.8	64.1
172	55.9	60.2	64.5

表12-5 理想体重

身高(厘米)	正常体重(千克)	理想体重(千克)
155	52.6	47.3
156	53.2	47.8
157	53.7	48.3
158	54.3	48.8
159	54.8	49.3
160	55.3	49.7
161	56.0	50.4
162	56.8	51.1
163	57.5	51.7
164	58.2	52.3
165	58.9	53.0
166	59.9	53.9
167	60.7	54.6
168	61.5	55.3
169	62.2	55.9
170	62.9	56.9
171	63.6	57.2
172	64.3	57.8

表12-4充分考虑了基本体型对人体重的影响，而表12-5则与当今人们的审美意识更为接近。

二、脂肪含量过高的原因及对人的影响

身体内的脂肪储藏量取决于：储藏脂肪细胞的数量；每一个脂肪细胞的体积或容积。研究表明，当成人以后，运动或限制饮食都不能有效地减少脂肪细胞的数量，所以成人体脂肪的减轻只能是脂肪容积(体积)的减少，而不是脂肪细胞数量的减少。

（一）人体脂肪增长的生理特点

人体脂肪细胞增长的敏感期有三个：婴儿期、青春发育前期、青春发育后期。

人体脂肪增长不同的时期有其各自的生理特点：

(1)婴儿期：脂肪细胞增殖，脂肪细胞中脂肪含量一般。

(2)青春发育前期：脂肪细胞个数不变，但每个脂肪细胞中的脂肪含量增多。

(3)青春发育后期：脂肪细胞增多，其中的脂肪含量也多(即脂肪细胞先是增大，当增大到一定程度则脂肪细胞个数增多)。

通过不同时期人体脂肪增长的生理特点来看，A是最不易减的。目前儿童减肥方法的远期疗效都不太理想，预防工作就显得更为迫切和重要。在这一方面新加坡政府为我们提供了可借鉴的经验。前几年，新加坡为了减少中小学日益增多的肥胖学生，在全国推行"苗条与适中运动"，要求教师、家长敦促学生通过定期锻炼和节制饮食减肥。政府不仅下令在校园内禁止向学生出售含糖食品和饮料，而且对肥胖学生实行扣分处罚。从1992～1994年，经过2年的努力，在41 347名肥胖学生中，有4 044名学生的体重降到正常范围。1994年8月，新加坡又再次发出通告，对肥胖学生实行"降级"处分。政府职能部门制定如此严厉的惩罚措施无非是从国家和民族的长远利益出发，以尽最大努力在学生阶段，降低肥胖者的发生率，从而提高国民的整体健康水平。

（二）脂肪含量过高的原因

人们习惯于将脂肪含量过高的原因简单归纳为营养过剩，其实这是非常错误的概念。大量对肥胖儿童的研究证明不是营养过剩，而是能量物质摄入过剩，相反在营养方面，却存在某种程度的不良。因为人体必需的营养为：糖、脂肪、蛋白质、水、无机盐和维生素。

根据目前的研究表明造成人体内脂肪含量过高的原因是多方面的。世界公认95%以上的肥胖是不明原因的肥胖，以前的文献称之为单纯性肥胖，只有5%的肥胖是由于疾病造成的。丘脑下部对脂肪有调节作用，如果它受了损伤人体就有促使机体肥胖的可能；由于肾脏疾病内服激素造成的肥胖是最为常见的。所以人们将95%的不明原因的肥胖作为主要目标，从现有的研究成果来看肥胖与下面两个因素密切相关：

(1)遗传因素：是指遗传基因在起作用。肥胖的遗传度为40%～80%。

(2)环境因素：是指长期摄取食物的热量过高，大大超过了机体的需要，而使多余的热量转化为脂肪的形式储存在体内。即能量摄入过多，消耗少或营养失衡，人体内分泌紊乱脂肪代谢失调。

一个正常成年男子每人每天需要摄入能量为2 400千卡；成年女子为每人每天摄入能量为2 200～2 000千卡。当吃入的食物在体内燃烧大于2 400千卡时就会有导致肥胖的可能。

如果不考虑其他因素，单从理论上计算，一天多吃20克油就多摄入了200千卡的热量，一天无所谓，持续1个月其能量就可以转换为0.75千克的脂肪储存在体内，如果再少一些活动就可能长1千克脂肪。这样，脂肪就会不知不觉地在体内堆积起来。

1.5个马拉松消耗4 000千卡的能量相当1磅脂肪在体内燃烧的热量，而6个汉堡包的能量就能产生4 000千卡的热量，也就是说一天多吃6个汉堡包就具有可能长450克脂肪的能量。

（三）过度肥胖对人的危害

过度肥胖对人体的生理和心理两个方面都构成一定的危害：①影响正常的生理活动(行动不便)。②影响正常的心理活动(嘲笑的对象，肥胖少儿孤独症)。③与26种疾病有关。④15%～20%的死亡与肥胖有关，特别是内脏性肥胖(如脂肪肝、将军肚)。⑤与形象相关(直接影响就业、升学）。

三、减肥的手段

降低体重是指降低体重中的脂肪含量，而绝对不是骨骼和肌肉的重量，如果一个人要想降低脂肪在体内的含量，就要首先找出自己肥胖的原因，然后再有针对性地确定和实施减肥计划。

许多肥胖患者脂肪代谢失调，血糖升高，食欲特别好，让他们控制饮食是很困难的，当他们运动时，承受不了运动负荷对机体所产生的生理反应，脂肪又动员不出来。所以传统的减肥方法主要是通过服用药物加速机体代谢，消耗能量；使机体强行排水；使患者厌食。另外，还有通过手术来减少食物的摄入量和吸收，或采用手术直接去体脂减肥。这类减肥手段对人是有害的，如著名的歌手 Carpenter 就是死于药物厌食减肥。

目前人们所采用的减肥方法主要为：

（一）节食减肥

现在节食减肥是许多女青年喜欢采用的，也确实在一定程度上能降低体重。但是，这种方法缺乏科学依据，因为，它只看到了食物的供能特点，却忽视了有机体新陈代谢的规律，造成营养不良而损害身体健康。还会产生负面效应，如“厌食症”和“贪食症”，如美国姑娘波琳·西沃德，就因为过度节食、饿肚子而得了贪食症，短短的25岁就因摄入食物过多而送了命。原来波琳·西沃德小时候长得机灵、美丽，19岁身体发育变得丰满起来，这本是正常事，然而她采用节食法防止发胖，吃得很少，有时一天只喝一点咖啡，当饥饿难忍时又暴饮暴食，久而久之得了贪食症，体重反而长了1倍，有一天晚餐，她一下吃进了约10磅的食物，结果歪倒在床上，经医生诊断，是因为吃得过多而被撑死了。总之，单纯的节食是不可能获得好的、长远的减肥效果。

研究表明，人体正常的饮食量减少，体内的水分和蛋白质就会减少。随着水分的减少，作为能源的糖的消耗就增大，因为人体内每3～4磅水中约含1磅糖。结果人体减少的大部分是水。而蛋白质和糖的减少会导致疲劳，疲劳又会引起人体活动能力的下降。单是这一点我们不能称它的效果是好的。因为，我们减肥的目的是为了精力的更加充沛。

减少饮食几周后，人体才会有消耗脂肪的效果。由于每磅脂肪所含的能量比每磅蛋白质或糖所含的能量多一倍多，所以脂肪的消耗和减少是很缓慢的。在消耗的头一两周内，饮食量的减少会使体重减少大约5磅，以后每周至多减少1磅。因为，脂肪是体内含能量最多的物质，氧化1克脂肪所释放的热量为39.7千焦，约为氧化同量糖或蛋白质的两倍多。脂肪是疏水性的，储存时不伴有水，所以1克脂肪的储存仅占体积的1.2立方毫米，而储存1克糖原所占体积可达4.8立方毫米。因为糖原结合水多。

单纯的节食减肥体重容易反弹，人体有保护机制，人体所需的能量减得太多了，组织细胞就会储存能量来保护自己不受饥饿的侵袭。由于减少能量供应，人体基本的新陈代谢率可下降45%，能量减少越多，新陈代谢率下降得越多。所以，尽管以后的饮食量与减肥的头几周的饮食相同，但减肥速度却越来越慢，甚至完全停止。这时，如果恢复减肥前的饮食量，体重会增加得更快。

反复节食的失败会加重心理负担，导致缺乏自信，这种自信不足不仅仅体现在无法控制后续的减肥，往往还影响到工作和生活。

(二)运动与适当的节食减肥相结合

许多研究证实，亚极量的耐力性运动可导致脂代谢产生适应性变化，既可提高脂肪的供能能力，也有利于降低血脂，改变血脂组成和减少体脂。

(1)运动减肥的益处：

①对血脂的影响：可有效地降低血脂，加速胆固醇的清除与排泄，如能把体育锻炼与改进饮食相结合，则效果更为显著；对血脂组成的影响主要表现在降低低密度脂蛋白和增高高密度脂蛋白。而低密度脂蛋白的分子较大，易于在主动脉和冠状动脉管壁内沉积形成脂斑，且低密度脂蛋白对动脉管内膜有侵蚀作用。高密度脂蛋白与胆固醇接触时，在有关酶的催化作用下，可将胆固醇转化为胆固醇脂，并运至肝脏进行分解；高密度脂蛋白还能抑制细胞对低密度脂蛋白的摄取。所以具有防止动脉粥样硬化的功能，降低冠心病的发病率。

②对体脂的影响：运动能增加肌肉中的能量消耗，肾上腺素分泌增加，使脂肪分解为自由脂肪酸并进入血液，大量的自由脂肪酸被组织细胞摄取并氧化供能；运动还能抑制脂肪酸的合成，脂肪的合成也相应减少。所以，运动能使脂肪分解加强，合成代谢减弱，以达到体脂减少、控制肥胖的目的。

③运动对动用脂肪供能的影响：研究结果证明，定量负荷时，训练水平高的运动员与未经过训练者相比，由糖供能的比例减少10%左右，而更多的是摄取与利用血浆游离脂肪酸，从而节约糖的利用，延长运动的耐受时间。

(2)采用运动减肥应注意的问题：

①采用有氧训练：有氧训练指通过持续不断地训练，增加肌肉毛细血管中的血流量、血液中含氧量、提高肌肉中酶的活性。氧的供应是实现有氧氧化的先决条件，人体的吸氧能力越强大，有氧氧化水平就越高。有氧氧化是指糖、脂肪和蛋白质在氧的参与下分解为二氧化碳和水，同时释放大量能量，供二磷酸腺苷再合成为三磷酸腺苷(ATP)的过程，而三磷酸腺苷是人体的直接能源。

有氧训练持续30分钟左右使心输出量保持在最大范围内(心率在130～160次/分)，供给人体更充足的氧气，能更有利于“燃烧脂肪”达到消耗脂肪的目的。

②局部训练与全身练习相结合：进行局部的训练，可使该部位的新陈代谢合理，对全身的新陈代谢起到调整的作用。局部肌肉收缩的过程不仅可以减少肌纤维中的脂肪含量，还可以增加肌肉的生理机能。单一的局部练习是不能达到相应部位的减肥。

③加强柔韧性训练：经常进行拉伸的柔韧性训练，能使附着在骨骼上的肌肉、韧带等得到拉伸而变得纤长并富有弹性，增加肌肉和韧带的运动幅度和力度，能够减少和防止肌纤维中脂肪的堆积，也使肌肉线条更明晰。

④保证有足够的训练时间：研究表明，人体内储存的脂肪至少要在有氧运动1小时后才开始被肌肉用来作“燃料燃烧”，一旦人体进入这种状态，储存在身体各部位的脂肪多会被调动起来，通过血液输送到需要燃料来产生能量的肌肉中，这一“燃料燃烧”的过程需要一定的时间。所以，一般的减肥训练应在两小时左右为宜，每个动作的间隔时间不宜过长，一般不超过30秒，每套动作或每组动作之间可适当长些，最好不要超过3分钟，以保证脂肪的“燃烧”效果。

⑤适当控制饮食：单纯用节食方法减肥历来为生理学家所反对，因为减去的不单是体脂而且也减掉了体重。更多的研究证明，在体育锻炼的同时适当控制饮食是运动减肥之必需。只锻炼而不控制饮食也有不足之处。因此，在坚持锻炼的同时，应注意饮食的控制。

(3)运动减肥的体重变化特点：减肥锻炼后体重增减要看体内脂肪和非脂肪部分变化的最终结果。

为研究方便，我们将人体的成分分为：脂肪部分和非脂肪部分。一个人经过较长时间的体育锻炼后，这两部分都会发生变化。

一方面，锻炼使能量消耗增多，脂肪细胞的体积减小。另一方面，通过锻炼，体内非脂肪部分也发生变化，其中肌肉变化最大。肥胖者平时大都缺乏锻炼，肌肉内氧储量降低，处于萎缩状态，叫做“肌肉饥饿”。参加锻炼情况就不同了，肌肉活动促进了静脉血回流，加强了气体交换，心脏向肌肉输送更多饱含氧气和营养物质的血液，肌肉中肌动蛋白、肌凝蛋白的含量增加。于是，肌肉体积增大，重量增加，体重出现上升的趋势。

在某一时期内，如果脂肪减少的重量超过肌肉增加的重量，体重就下降；如果脂肪减少的重量等于或少于肌肉增加的重量，体重就不会有显著变化，甚至略有上升。人体的形态会有相应的变化。

检查减肥锻炼的效果主要看体内脂肪含量的变化。

减肥锻炼的目的在于减少身体的脂肪含量，即使体重变化不大，只要身体脂肪含量的百分比有所下降，就达到了减肥的效果。

第三节　塑造健美形体的基本手段

首先，脊柱是影响人体姿态的根本因素。正常的人体脊柱生理曲线应该是正视脊柱垂直。由侧面看，颈椎及腰椎略向前凸，胸椎向后凸，身体的重心线，由耳经肩、髋、膝及踝与地面垂直。处于此种姿势时，身体前后左右的拮抗肌处于最省力的平衡状态，也是最正确最省力的站立姿势。脊柱变形而使人驼背和左右不对称，不仅影响人的姿态美，还会导致人体负重能力差，心肺等生理机能下降，并且还隐伏着脊椎病的病根。其发生的原因除极个别为遗传和器质性疾病造成，需要在医生的指导下进行医疗康复，绝大多数则是姿势性的，因错误的习惯性动作或长时间处于被迫的姿势所引起。因此，首先要在思想上引起重视，注意正确基本姿态的保持。在纠正姿态时，我们可根据具体情况，充分利用肌肉关节通过锻炼可产生适应性变化的生理特点来做相应的纠正练习。

由于篇幅所限本节只将驼背、脊柱侧弯、臀部过于后翘和大腿内夹四种比较常见又严重影响人体基本姿态的纠正方法作为介绍内容。

一、驼　背

驼背的人一般都伴有不同程度的骨盆后倾和双肩内扣，中老年人还易出现腰椎前凸的驼背，所以不仅要加强背和肩部肌肉的力量和拉伸练习，还要加强腹部肌肉的力量练习。

(1)贴墙站立：在基本站姿的基础上强调收腹，立腰，展胸，两肩胛骨贴墙，头上顶。

(2)跪撑后摆腿(图 12-1)：身体跪撑在垫上，含胸低头，两腿并拢，双手扶垫。先右腿向后上方伸直摆动略停顿，同时抬头挺胸，还原后左腿再做同样动作。每组各腿练习 15 ~ 20 次，做3 ~ 5 组。

(3)俯卧上体起(图 12-2)：俯卧于垫上两手叠放在后腰上，下肢固定。然后挺胸抬头，尽量高抬上体，稍停后落下还原。此练习每组做 10 ~ 15 秒，做 3 组。

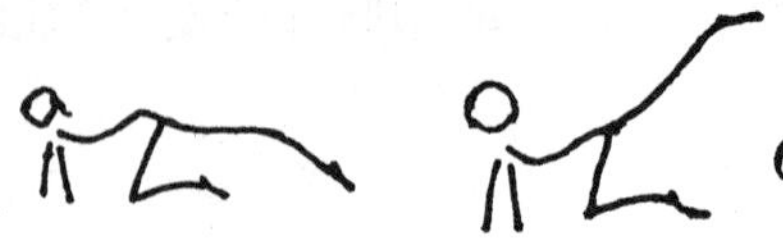

图 12-1 跪撑后摆腿

图 12-2 俯卧上体起

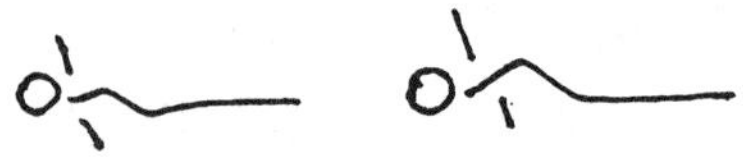

图 12-3 十字仰卧展胸

(4)十字仰卧展胸(图 12-3):两臂成一字直体仰卧,然后展胸成背弓稍停落下,每组做 10～15 秒,做 3 组。

二、脊柱侧弯

脊柱侧弯多为脊柱左、右侧肌肉力量不平衡所致,因此,以加强弱侧肌肉力量练习为主。

(1)侧卧肘撑侧踢腿(以脊柱右凸为例)(图 12-4):两腿并拢侧卧,上体微抬起,一手臂体侧屈臂肘撑,一手臂体前撑地。右腿侧直踢,一组做 15～20 次,共做 3 组。

(2)体侧屈(以脊柱左凸为例)(图 12-5):右侧在上侧卧,两腿伸直并拢,右侧手臂自然置于体侧左手臂上伸,固定踝部,侧抬上体,稍停后还原侧卧。每组做 10～15 秒,共做 3 组。

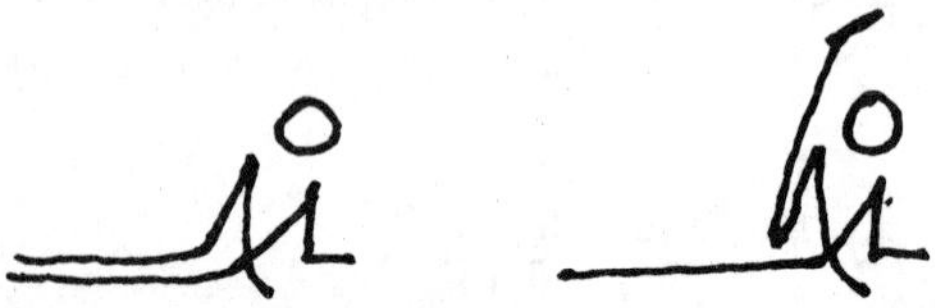

图 12-4 侧卧肘撑侧踢腿

图 12-5 体侧屈

三、臀部过于后翘

臀部过于后翘是脊柱非正常生理曲线的一种脊柱畸形形态。在人体处于直立位时骨盆的正常倾斜度应为 60°,小于 60°时臀部就会向后翘起(即俗称撅屁股)。可通过过度展髋动作来对骨盆部位的相关韧带和肌肉施加影响。

(1)跪立挺髋(图 12-6):跪立,双手后托臀部然后尽量前挺,稍停后放松还原,再反复练习。一组做 15～20 次,做4～5 组。此练习还可采用直立站位。

(2)俯卧立上体(图 12-7):面对肋木,两脚外展,两腿尽量外旋直立,手臂自然下垂握肋木,努力使骨盆后倾,使上体后屈,稍停后还原。每组做15～20 秒,做 4 组。另外,还可背对肋木练习。

图 12-6 跪立挺髋

图 12-7 俯卧立上体

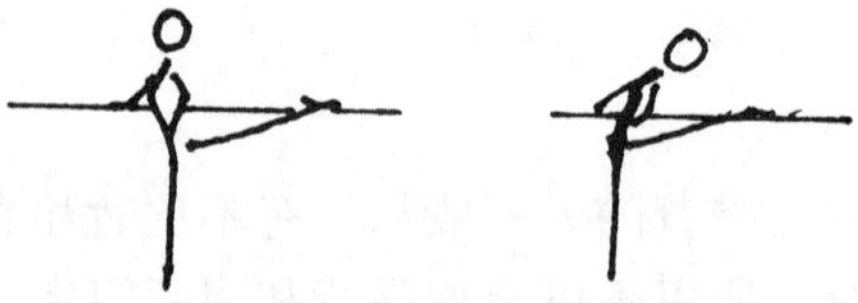

图 12-8 压后腿

(3)弓步压后腿:采用弓步,立髋后腿脚尖朝正前方。压后腿,注意,一定要将腿置于身体的正后方,上体立正不前倾,后压时努力使骨盆后倾,每一次下压稍停后放松还原,每组做 10～15 秒,共做 3 组,一侧做完一组后换另一条腿。

四、大腿内夹

髋部的解剖特点使得大腿内夹的人大多伴有不同程度的大腿内旋和骨盆前倾,因此,在进行纠正练习时，多采用拉伸控制大腿内收、内旋的相关肌肉，提高控制大腿外展与上旋肌肉的力量，增强大腿外展和外旋的能力。

(1)屈膝开胯练习(图 12-9)：脚心相对，侧屈膝、坐在地上，双手扶住踝关节尽力内收，上体保持挺胸立腰，体前屈下压稍停后放松还原。每一组下压 10 ~ 15 秒，共做 3 组。

(2)蛙式开胯练习(图 12-10)：屈膝跪撑后，尽可能左右分开，腹部找地，两大腿注意保持接近一字线，下压稍停后放松还原，每组压 10 ~ 15 秒，做 3 组。

图 12-9　屈膝开胯练习

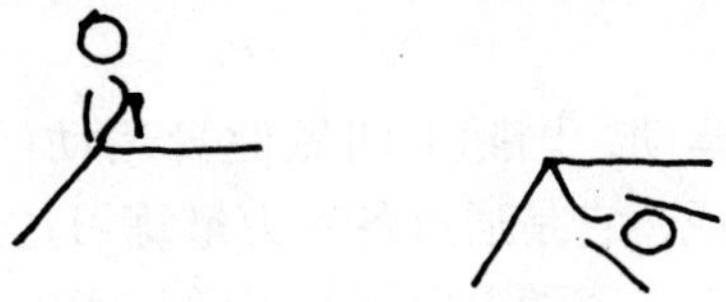

图 12-10　蛙式开胯练习

第十三章

健美运动

健美运动，国际上叫做健身运动(Bodybuilding)，在我国称之为练肌肉，或叫做练身体。确切一点说，它是通过各种力量练习达到发展肌肉的目的，使体型匀称发展的运动项目。

近些年来，随着经济和科学技术的飞速发展，物质文明的不断提高，人们越来越注意健康投资，注意美化自己的生活。正是由于这种观念上的变化，一个健美运动的热潮，不仅在我国而且在世界范围内迅速兴起。然而，不少人对什么是健美运动，它的作用和特点是什么，健美有什么标准等并不清楚，下面就这些问题作简要阐述。

第一节　健美运动概述

一、健美运动的概念

健美运动是一项通过徒手和各种器械，运用专门动作方式和方法进行锻炼，以发展肌肉，增强体力，改善形体和陶冶情操为目的的项目，它是举重运动的一个分支，也是独立的竞赛项目。

健美运动可以采用各种徒手练习，如各种徒手健美操、韵律操、形体操以及各种自抗力动作。也可采用各色各样轻重不同的运动器械进行练习，如杠铃、哑铃、壶铃等举重器械，单杠、双杠等体操器械，以及弹簧拉力器、滑轮拉力器、橡胶带和各种特制的综合力量练习器。

健美运动的动作方式也是多种多样的，既有成套的各种徒手健美体操，也有球、棒等轻器械体操，这些主要用于女子健美训练，借以减肥和改善体形体态，提高韵律感。更有许多能发展身体各部位肌肉举重练习动作和其他动作，这些动作主要用于男女竞技健美训练。

为了达到健美的目的，需要有专门的训练方法。例如，采用举重器械做各种动作时，在器械的轻重、动作的方式、做法、次数、组数、速度等方面，都有特殊的要求和安排。

健美运动作为一个项目，除了具有一般体育运动所共有的锻炼身体，增进健康，增强体质的作用外，还特别能发展全身各部位的肌肉，增强体力，改善体形体态，以及陶冶美好情操。它不仅强调“健”，而且强调“美”，把体育与美育融为一体。

健美运动是举重运动的一个分支。在长期的发展过程中，广义的举重运动已一分为三，发展成为三个独立的运动项目，即：①竞技举重。又称奥林匹克举重，通称举重。②健美运动，也称健身运动。③力量举重。其中健美运动是一个独立的竞赛项目，它有自己的竞赛动作和世界锦标赛，以及国际组织。

健美运动不仅包括以比赛为目的的竞技健美，也包括以减肥或改善体形体态为目的的群众性健美活动。

二、健美运动的特点

健美运动是一项有着自己特点的体育活动，这些特点概括为以下四点：

（一）健美运动是“健”与“美”相结合的产物

健美运动将美育与体育融为一体，既可锻炼身体，增进健康，又可陶冶情操，美化身心。一般的体育活动是增进健康，增强体质，而健美运动则不完全相同，其名称本身就规定了它既要求“健”，又要求“美”。它的练习动作和手段，教学训练的内容和方法，甚至比赛的内容和评分标准等，都体现了这一点。所以，在练习中不仅要把某些局部肌肉练得大一些，而且也要注意改善自己的体形体态，使其匀称、协调、优美。不仅要求体形体态的仪表美，而且要自觉地陶冶自己的美好情操，加强思想修养和艺术修养，注意语言美、心灵美。真正把体育与美育，外在美与内在美很好地融为一体。

（二）能最有效地发展肌肉

健美训练的主要目的之一是发展身体各部位的肌肉，健美比赛也是以全身肌肉发达程度为主要条件之一进行评分的。为此，健美训练中应经常采用各种各样的运动方式，进行反复多次的负重练习，每次练习的次数都要接近或达到极限，给肌肉以强烈的刺激，从而促进新陈代谢，加强超量恢复的过程，使全身各部位的肌肉得到最大程度的发展。

（三）设备简单，易于发展

健美运动可以徒手或依靠自抗力进行练习，也可利用各种简单的轻重器械进行练习，还可以采用一些自制的土器械乃至简单的家具进行锻炼。总的来说，器材设备比较简单，对场地的要求则更低，因而比较易于发展。

（四）练习方法灵活、机动、多种，男女老少皆宜

健美练习的动作多种多样，有徒手反抗力动作，有利用轻重器械做各种动作，即使是重器械也可以根据需要自由调节重量、次数、组数，自由调节运动量。所以它能够充分满足男女老少以及不同健康状况的人的不同需要，从而受到广大群众的喜爱。

三、健美运动的健身作用

（一）发达肌肉

肌肉在人体内分布很广，并与骨骼、关节和韧带共同组成了人体的运动器官，使人体进行各种各样的复杂运动。人体的各器官系统也是按照生物界的“用进废退”的自然规律变化的。健美运动中的许多动作，特别是那些用哑铃、杠铃等举重器械进行练习的动作，都是直接对肌肉进行锻炼的方法。人们通过长期的和系统的科学锻炼，就能使运动器官，特别是肌肉，产生适应性增进，使肌肉明显的发达，显著增大。锻炼后肌肉变粗(有人认为是由于肌肉的纤维变粗；也有人认为是肌纤维不仅变粗，而是产生分裂，即纵裂)。同时，肌肉中毛细血管网增多，也加大了肌肉的横断面积使肌肉变得丰满而发达。

健美运动不仅使肌肉发达，还可以促进骨骼的新陈代谢，提高骨骼的抗拉、抗压、抗扭等机械力的性能，促进骨骼的生长发育。同时对关节韧带也起良好作用。

（二）改善和提高内脏器官的机能水平

血液循环系统的心脏和血管，其血管又分动脉和静脉，动脉和静脉又与毛细血管相连。形成一个管道系统，血液在其中不停地流动，动脉血把氧气、营养物质输送到身体各部，为细胞组织活动提供能量。同时也把细胞组织在活动时产生的代谢产物和二氧化碳运送到肺、肾、皮肤，排出体外。

健美运动可增大心脏的容积、增强血管的弹性、增强心脏的收缩力和血管的舒张能力。使心脏的每搏血输出量增加，在安静时心脏跳动次数减少。

健美锻炼还能使血液中的红血球、白血球、血红蛋白的数量增加，提高身体的营养水平、代谢能力和对疾病的抵抗能力。

健美锻炼还能提高呼吸系统的机能。呼吸系统由肺和呼吸道组成，呼吸道包括鼻、咽、喉、气管、支气管。人们呼吸次数，平均为每分钟 12 ~ 18 次。吸进去的气约为 0.25 ~ 0.3 升。这样的工作量只需要大约 1/20 的肺胸张开即可胜任。在进行健美锻炼时，要促进人体新陈代谢，要求供给更多的氧，排出更多的二氧化碳，要求呼吸肌更强有力地收缩，以便使更多的肺胸张开，扩大与血液的接触面。在运动员激烈运动时，会加快呼吸频率，经常进行健美运动，可以提高呼吸系统的机能水平。

健美运动对提高消化系统的机能也有良好的作用。由于肌肉活动时要消耗大量的营养物质（尤其是能量物质），需要及时补充，同时肌肉的活动可使胃的蠕动增加，消化液分泌增多，使消化和呼吸能力得到提高。

（三）提高中枢神经系统的机能

中枢神经系统有脑和脊髓。其中大脑皮层是中枢神经系统的最高指挥机关，它一方面管理和调节人体内部各器官系统的活动，保持人体内部环境的平衡，另一方面则维持人体内部与外部环境的平衡。

健美运动和其他一切活动一样，都是在中枢神经系统的支配调节下进行的，这必然会锻炼和提高神经系统的功能，提高神经反应过程的强度、均衡性和灵活性，以及身体对内外环境的适应能力。

（四）调节心理活动和陶冶美的情操

人的心理活动本质即是大脑对外界客观事物的反映。在紧张的体力劳动和脑力劳动后有机体会产生疲劳，由于紧张的节奏也会产生压抑感及其他不良情绪。经常进行健美锻炼，可以起到调节心理活动的作用。优美轻快而有节奏的音乐和协调有力的健身操（主要指女子）及各种效果明显的肌肉活动，都可以起到调节身心的作用，产生积极的心理影响，陶冶人们的情操，使人们产生蓬勃向上、追求美好未来的健康情绪。

（五）改善体型体态

体型主要指全身各部位，从头到脚，左右两侧是否匀称、协调、平衡、和谐，以及身体及主要肌肉群具有一定的曲线。健美运动的各个动作，都能对身体某些相应部位的生长发育产生影响，进行科学的健美锻炼，就是要有目的地改善体型、体态不够健美的现状。我国男女体型、体态应是什么样子呢？一般来说男子应为体格魁梧、肌肉发达、英姿勃勃、风度翩翩；女子应为体态丰满、线条优美、婆娑多姿、楚楚动人。

实践证明，健美运动的许多动作能给身体某些部位以巨大的影响。如北京某大学 88 班学生共 30 人，参加健美课前大部分是弱小体型，还有一位是畸形的体型（即拱背），经过一年的健美锻炼，取得了可喜的成绩，全班平均臂紧张围增长 2.9 厘米，胸围平均增长 6.8 厘米。那位畸形体型的学生采取了针对性的具体方法，选择了各种背肌和胸肌的练习、给予矫正，使他的臂紧张围增长 3.2 厘米，胸围增长 7.1 厘米，可以说完全变成另一个人，不但不拱背了，而且又健美，由畸形体型变成了健美体型。所以，进行健美运动不但可以改善体型和体态，而且还可能矫正畸形。但必须有目的地选择动作，采用科学的锻炼方法。

第二节 肌肉的位置和功能

人体共约有206块骨，人的骨骼肌借助于肌腱，跨过各关节，附着在骨骼的两端，肌肉在收缩时产生力量，使肌体完成各种动作。了解肌肉群的位置与功能，就可以做到正确地完成各种动作，促进各部位肌肉发达的目的。肌肉在人的身体中分布很广泛，全身肌肉重量达40%，可见人体肌肉是身体的主体，且又是各不相同的，各有各自的名称。一般来说都是按肌肉的形状、部位、功能等分类起名。按肌肉的位置分有胸肌、腹肌、腰肌等；按功能分有屈肌、伸肌等；按形状分有长肌、短肌、阔肌等；按肌头数分有二头肌、三头肌和四头肌；按纤维排列方向分有羽状肌。羽状肌又分为羽状肌和半羽状肌以及多羽状肌。半羽状肌肌纤维排列在腱的一侧，如排长肌。羽状肌排在腱的两侧，如肱肌。多羽肌是结构复杂的羽状肌，好像许多羽状肌集合而成，如三角肌、肩胛下肌等。

一、上肢肌肉

（一）斜方肌

位于颈部和背部的皮下，一侧成三角形，左右两侧相合构成斜方形，称为方肌。近固定时，上部下行纤维收缩，使肩胛骨上提、上回旋、后缩；中部横纤维收缩，使肩胛骨后缩（靠近脊柱）；下部上行纤维收缩，使肩胛下降和上回旋；上下两部纤维同时收缩，则使肩胛骨向上移动，如臂上举动作。远固定时，一侧收缩，使头向同侧屈；两侧斜方肌收缩使头和脊柱伸直。在少年儿童时期发展该肌，可预防和矫正驼背。采用提拉杠铃耸肩、负重直臂侧上举、负重扩胸等练习，可发展该肌的力量。

（二）背阔肌

位于腰背部和胸部后下外侧的皮下，是全身最大的阔肌，上部被斜方肌覆盖。近固定时，使上臂伸，如向后摆臂动作，还能使上臂内收和旋内，远固定时，可拉引躯干向上臂靠拢，如单杠引体向上等动作；由于背阔肌部分纤维起于肋骨，在远固定时，可提起肋骨，故也称吸气辅助肌。采用单杠引体向上、向后拉力器等练习，可发展该肌的力量。

（三）胸大肌

位于胸前皮下，为扇形扁肌，其范围大，分为锁骨、胸肋和腹三部。近固定时，可屈上臂，还可使上臂内收和旋内远固定时，拉引躯干向上臂靠拢，如跳绳和爬杆等动作；在体操十字支撑动作中，胸大肌、背阔肌起很大的作用。此外，该肌还能提肋，是吸气辅助肌。采用双杠支撑摆动、臂屈伸、卧推和引体向上等练习可发展该肌力量。

（四）三角肌

位于肩部皮下，它是一个呈三角形的肌肉，肩部的膨隆外形即由该肌形成。两侧肌肉纤维呈梭形，中部肌纤维呈多羽状，这种结构肌肉体积小而具有较大的力量。近固定时，前面肌纤维收缩，使上臂屈和旋内；中部收缩，使上臂外展；后面收缩，上臂伸。外旋，前、中、后三部分同时收缩，使上臂外展，如臂侧举动作。采用负重直臂侧举等练习，可发展该肌力量。

（五）肱二头肌

位于上臂前面。近固定时，使上臂在肩关节处屈，前臂在肘关节处屈和旋在屈肘时，前臂先旋外再屈，才能发挥最大的力量。远固定时，使上臂向前臂靠拢，如单杠引体向上动作。采用负重弯举、引体向上等练习，可发展该肌力量。

(六)肱三头肌

位于上臂后面皮下。近固定时，使前臂在肘关节处伸。采用倒位臂屈伸、负重臂屈伸练习，可发展该肌肉力量。

二、下肢肌肉

(一)腰 肌

位于脊柱腰部两侧和骨盆内。是一块强有力的肌肉。由腰大肌和髂肌两部分组成。近固定时，使大腿屈(如跑时的前摆动作)和旋处。远固定时，两侧肌肉同时收缩，能使躯干前屈和骨盆前倾，如仰卧起坐动作。

(二)臀大肌

位于骨盆后外侧面，维持人体直立姿势。故该肌很发达。近固定时，使大后伸和旋外，如后摆腿和后踢腿动作。该肌上半部使大腿外展，下半部使大腿内收。远固定时，一侧收，使骨盆向对侧转动，如转体动作；两侧收缩使骨盆后倾，维持人体直立姿势。采用俯卧“背腿”和负重腿屈伸练习，可发展该肌力量。

(三)股四头肌

股四头肌是人体最有力的肌肉之一，位于大腿前外侧，有四个头，即股直肌、股中肌、股外肌、股内肌组成。近固定时，使小腿伸、大腿屈(在髋关节处)。远固定时，使大腿在膝关节处伸即牵拉股骨向前(如由下蹲到站立的动作)；保持股骨垂直，维持人体直立姿势。采用负重深蹲和负重伸小腿等练习，可发展该肌的力量。

(四)股二头肌

位于大腿后面外侧，有长短二头，近固定时，使小腿屈和旋外；小腿伸直可使大腿伸，如后踢腿跑和后蹬跑动作。远固定时，使骨盆后倾。做深蹲起和后蹬跑可发展该肌的力量。

(五)半腱肌和半膜肌

位于大腿后面内侧，半膜肌在半腱肌深处层。近固定时，除使小腿旋内外，和股二头肌相同。远固定时的机能与股二头肌一样。采用俯卧“背腿”和负重体屈伸等练习，可以发展后群肌肉的力量。

(六)骨前肌胫

位于胫骨的外侧，近固定时，使足伸(背屈)、内收和外展，如勾脚动作近固定时，拉小腿向前，以维持足弓。小腿二头肌位于小腿后面浅层，由腓肠肌和比目鱼肌组成，比目鱼肌位于腓肠肌的深层。近固定时，能使小腿和足屈。远固定时，使股骨远侧端和小腿骨拉向后方，使膝关节伸直，从中维持人体的直立。

三、躯干肌

(一)颈阔肌

位于颈部前面皮下最浅层，收缩时拉口角向下，并拉紧颈部皮肤。

(二)胸锁乳突肌

胸锁乳突肌是颈部浅层最显著的肌肉。下固定时，一侧作用可使头转向对侧，并向侧倾斜；当头部处于正常姿势时，肌肉合力通过寰枕关节横轴的后面而使头前屈。上固定时，上提胸廓帮助吸气。

(三)背长肌

背长肌包括有夹肌、棘肌、横突棘肌。夹肌，有头夹肌和颈夹肌，位于斜方肌菱形肌及上后锯肌的深层。一侧收缩时，使头颈向侧侧屈和回旋；两侧收缩时，使头颈伸直。

(四)竖脊肌

位于躯干背脊柱两侧，从骶骨到枕骨，是一块强大的脊柱伸肌。下方固定时，两侧同时收缩，使头及脊柱伸，如抬头、挺胸、塌腰动作；一侧收缩时使躯干向同侧屈，如体侧屈运动。

(五)横突棘肌

位于骶棘肌的深层、骶骨至枕骨的全长。由于横突斜向内上到棘突，此分三层，即：半棘肌、多裂肌及回旋肌。两侧收缩时脊柱伸；一侧收缩时，脊柱向同侧屈及对侧回旋。

(六)背短肌

背短肌是连接各椎骨相邻突起的许多短小肌肉，其主要机能为伸展脊柱。

(七)腹直肌

位于腹前壁正中线的两侧。上固定时两侧收缩，可使骨盆后倾或保持较水平位置，即收腹。下固定时使脊柱前屈。采用仰卧起坐、仰卧举腿、仰卧直角等动作可发展该肌的力量。

(八)腹外斜肌

位于腹前外侧浅层，为扁阔肌。下固定时，两侧同时收缩使脊柱前屈；侧收缩可使脊柱向同侧屈和向对侧回旋。如侧向推铅球和鞍马剪交动作。上固定时，两侧同时收缩使骨盆后倾。

(九)腹内斜肌

位于腹外斜肌深面，与腹外斜肌形状相同，走向相反。下固定时，两侧收缩与腹外斜肌相同；一侧收缩时除使脊柱向同侧屈外，还使背柱向同侧转动，此作用与腹外肌相反。所以，体侧转的运动实际是同侧腹内斜肌与对侧腹外斜肌协同作用的结果，如投铁饼和掷标枪的转体动作。发展腹外斜肌和腹内斜肌力量的方法有负重体侧屈及负重转体等动作。

第三节　健美竞赛的主要内容

竞技健美是一项充分展示人体体格肌肉发达完美程度的运动项目。检验肌肉发达的程度需要有一套科学的方法，其中健美竞赛的内容，是人们观赏健美竞赛的最主要的部分。健美竞赛的主要内容有：男子单人规定动作(前展双肱二头肌、前展双背阔肌、侧展胸部、后展双肱二头肌、后展双背阔肌、侧展肱三头肌、前展腹部和腿部)，女子单人规定动作(前展双肱二头肌、侧展胸部、后展双肱二头肌、侧展肱三头肌、前展腹部和腿部)，男女混合双人规定动作(前展双肱二头肌、侧展胸部、后展双肱二头肌、侧展肱三头肌、前展腹部和腿部)，男子自选动作，女子自选动作，男女混合双人自选动作等。

第四节　核心力量训练

一、人体核心的概念

人体核心通常指躯干，包括脊柱和骨盆及其周围的肌群。核心肌群由腹直肌、腹横肌和竖脊肌等组成，并且髋关节周围的肌肉——臀肌、股后肌群也属于人体核心肌群。

从解剖学角度来看核心肌群的位置，包括深层的小肌肉群和浅层的大肌肉群。深层的小肌肉群包括腹横肌、多裂肌和部分的腹内斜肌、腰方肌等，这是维持脊椎稳定的最重要的核心肌群，其主要功能在于保持各脊椎椎体间的稳定能力，并可以使脊椎维持在正中区域的范围内。浅层的大肌肉群包括腹直肌、腹外斜肌、大部分的腹内斜肌、腰方肌、竖脊肌及臀部肌群等。

二、核心力量的概念

核心力量是以稳定人体核心部位(即肩关节至膝关节之间的部位)、控制身体重心、传递上下肢力量为主要目的的力量能力。

三、核心力量训练的作用

核心力量训练的主要作用在于稳定运动员的脊柱、骨盆，保持正确的身体姿势，稳定重心，提高身体的控制力和平衡能力，提高运动时由核心肌群向四肢及其他肌群的能量输出，预防动作中的损伤，从而有助于运动成绩的提高。

四、核心力量训练的原则

核心力量训练就是要努力使整个机体协调起来，确保运动员在做动作时让核心区域肌群起到稳定躯体、传输能量的作用。

五、核心力量训练方法

(一)徒手核心力量训练方法

1. 站立提膝(图 13-1)

相关：平衡能力以及腿部力量。

站立，双手平举，与肩同宽，尽可能地提高左膝，在最高点保持约 3 秒钟，然后缓慢放下，换右腿动作相同，提起时呼气，落下吸气。

图 13-1

图 13-2

2. 侧卧剪刀腿(图 13-2)

相关：臀部肌肉，腹斜肌。

左侧卧，左手支头，右手支撑，尽可能高的抬右腿，身体保持在一个立面上，最高点保持 3 秒，回落，做到力竭然后换右侧，动作相同。

3. 俄罗斯回转(图 13-3)

相关：腹横肌，肋间肌，腹斜肌。

坐姿，手交叉，提膝，脚离地，空中回转，左肘部接触右膝，右肘部接触左膝，做到力竭，注意过程中一直保持脚面离地。

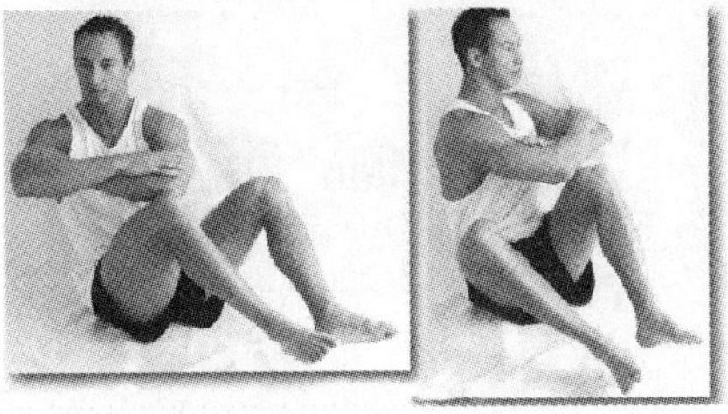

图 13-3

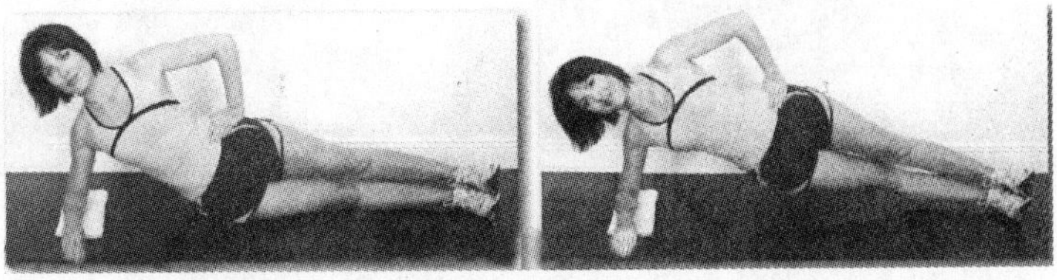

图 13-4

4. 侧卧提臀(图 13-4)

相关：腹斜肌，肋间肌。

右侧卧，右肘支地，左手叉腰，躯干与腿在一个平面，左腿叠加在右腿上，提高髋部，保持身体平直，然后缓慢落下，单侧做十次，然后换另外一侧。

5. 卷腹(图 13-5)

相关：腹肌，尤其是上腹肌。

屈膝，手交叉在胸前，卷腹，让肘部靠近大腿。

图 13-5

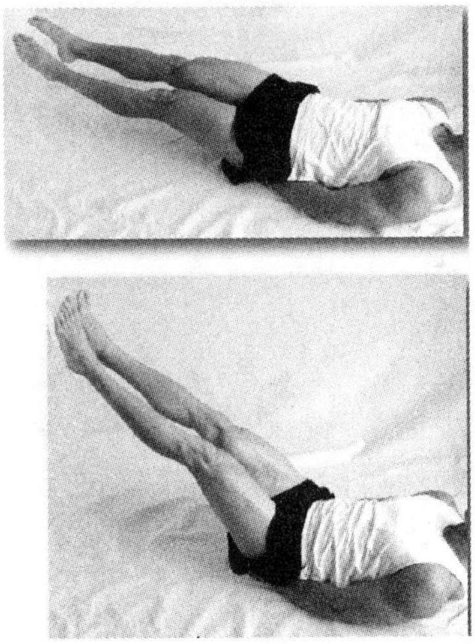

图 13-6

6. 仰卧提腿(图 13-6)

相关：臀部肌群，下腹肌。

仰卧，手放到臀部下方，头稍微离地(这样可以锻炼颈部肌肉)，腿笔直，脚踝伸直，脚跟离地约 15cm，膝盖不要弯曲，缓慢将腿提高，与地面约 45°，保持 3 秒后将腿放下。

7. 仰卧摆动提腿(图 13-7)

相关：下腹肌，臀部肌群。

仰卧起始姿势与图 13-6 相同，不同之处在于分开提腿的同时，保持另一只腿在起始位置。

8. 仰卧分腿(图 13-8)

相关：下腹肌，臀部肌群。

仰卧起始姿势与图 13-7 相同，不同之处在于，上面的是提腿，此方法是尽可能地分腿，

图 13-7

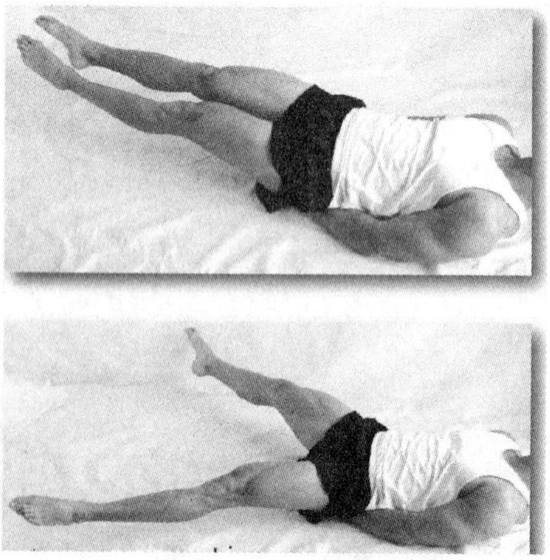

图 13-8

图 13-9

然后闭合。

9. 仰卧单车（图 13-9）

相关：全身。

仰卧，双手抱头，一腿完全屈伸，离地面约 10～15cm，另一腿膝盖屈伸至胸前，尝试去够异侧的肘部，然后，开始仰卧单车的动作，收腿，伸直另一腿，去够异侧的肘部。注意要确保伸展腿在完整伸直后再回收，确保动作缓慢，以达到最大的锻炼效果。此锻炼方法难度较大。

10. 十字交叉（图 13-10）

相关：腹肌，肋间肌。

仰卧，双手打开，掌心向下，双腿伸直朝天，与身体成 90°，头稍微离开地面，然后把腿往右侧地面放，与身体成 L 形，但是在腿触到地面前抬起，回到起始位置，然后向另一侧做相同动作。如果觉得难度太大，可以屈膝完成相同动作。

11. 陆地游泳（图 13-11）

相关：大腿肌群，下背部。

俯卧，双手朝前自然平伸，尽可能的抬高右腿和左臂，顶点处保持 3 秒，缓慢放下，然后相同姿势，抬左腿和右臂。要点：整个过程中保持躯干贴着地面，头微微抬起，平衡整个身体。

12. 超人起飞—类似中国的小燕飞（图 13-12）

相关：大腿肌群，下背部。

俯卧，双手朝前自然平伸，同时向上抬起双臂和双腿，只留躯干和髋关节还贴着地面。在顶点处停留 3 秒，感受下背部的肌肉收缩，然后缓慢放下。还可以在起始位置把双手张开，与身体成 90°，可以同时锻炼上背部，但难度加大。

图 13-10

图 13-11

图 13-12

13. 仰卧颈部活动(图 13-13)

相关：颈部肌肉群。

仰卧在平板上，将头伸出，上下活动，就像是在点头；将头往两侧的肩膀靠，在中间处稍作停留；将头转向两侧看，在中间处稍作停留。最后为了锻炼颈部的后部肌肉，俯卧在平板上，头部伸出，将手交叉放到脑后，做点头的动作。

(二)平衡垫(健身球)核心力量训练方法

1. 平衡垫站立(图 13-14)

平衡垫为塑胶充气垫，由于里面有空气，所以如果没有收紧核心部位的肌肉，将很难保持稳定的站在上面。经过一段时间的练习，如果已经可以较为稳定的站立，则可以将眼睛闭上，这样对于本体感受神经的刺激会更为强烈，会给核心稳定带来更多的挑战。

2. 单腿蹲(图 13-15)

单腿站立，屈髋向下蹲，膝盖不要超过脚尖。保证落地脚全脚掌自始至终不要离开地面。如想再增加难度，可以站在弯曲不稳定的表面上。

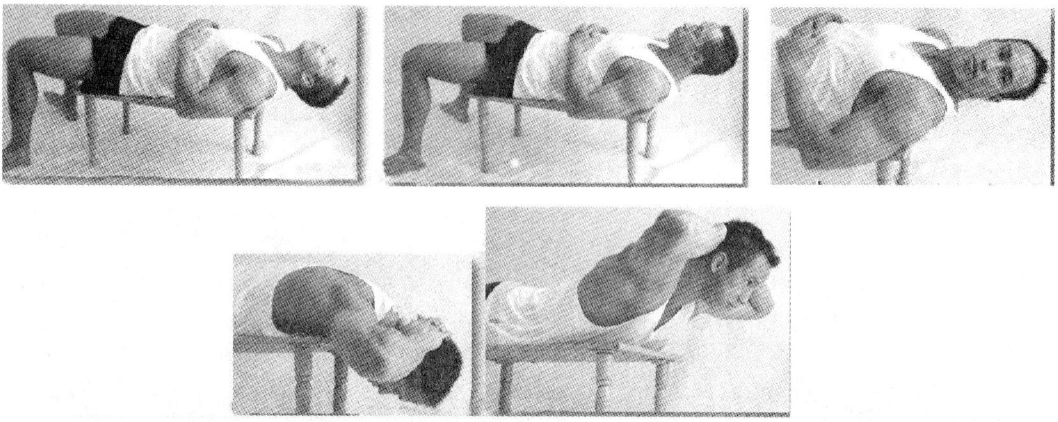

图 13-13

图 13-14

图 13-15

3. 球撑箭步蹲(图 13-16)

将一条腿放在球上，小腿与地面平行，另外一条腿向前迈出。然后腹部收紧，做箭步蹲的动作，注意膝关节不要超过脚尖。后面的腿要放松并且膝关节屈曲。这个动作也可以将腿放在平板上，然后前面的腿站在平衡垫上做箭步蹲的动作。

图 13-16

图 13-17

4. 平衡垫蹲举(图 13-17)

将两个平衡垫放在与髋同宽的位置。将脚踩在平衡盘中间的位置。进行蹲举的动作，膝盖朝向脚尖的位置蹲下去，不要内扣或外翻，膝关节不要超过脚尖，大腿与地面平行或略高于平行的位置。腰背伸直，核心肌肉收紧。

5. 跪姿控制平衡（图 13-18）

跪在垫上，其中一个膝关节跪在平衡垫上，收紧核心肌肉。抬起另外一条腿和对侧的手臂，保持骨盆中立，不要倾斜。控制身体的平衡，保持一段时间，换另外一边。

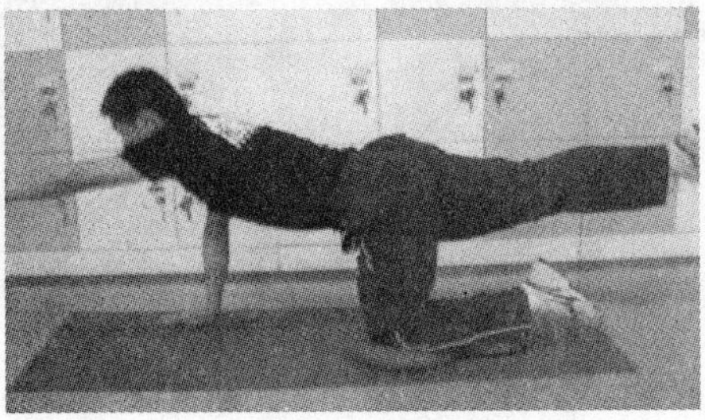

图 13-18

图 13-19

6. 平衡垫俯卧撑（图 13-19）

将平衡垫放在地上与肩同宽的位置，两手放在平衡垫中心，进行俯卧撑的动作。身体从头到脚保持一条直线，下落到肘关节 90°。起来时注意肘关节不要超伸。

7. 健身球俯卧撑（图 13-20）

两手打开放在健身球上，手在肩的下方。注意让球上的横纹与手的方向相反，这样可以增大摩擦力。减少手滑脱的危险。对于初学者可以采用手肘放在球上的方式降低难度，或者可以两脚分开宽一些。向下落的时候，不要让胸部碰到球。起来的时候，肘关节不要超伸，保持身体从头到脚是一条直线。腹部收紧，不要塌腰。

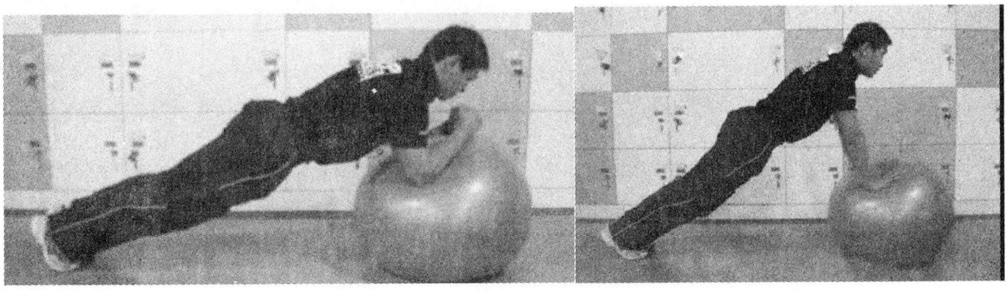

图 13-20

8. 跪球平衡（图 13-21）

腹部收紧，用手扶好球，控制身体稳定，跪上球，同时夹紧大腿，两手交叉放于胸前，保持平衡。

9. 健身球反向划船（图 13-22）

双脚放在健身球上，两腿分开与髋同宽。仰卧躺在杠铃杆下方，握住杠铃略宽于肩。腹部收紧，拉动身体向上直到肘关节成 90°，整个身体始终保持一条直线，肩带下压缩回，向上时胸部不要碰到杠铃杆。身体有控制的下落还原。

10. 平衡垫平衡式（图 13-23）

坐在平衡垫上，以尾骨支撑保持平衡。双手撑在身体后侧，核心肌肉收紧，慢慢抬起一条腿，再抬起另外一条腿，两手离开地面。腰背要伸直。保持平衡。

图 13-21

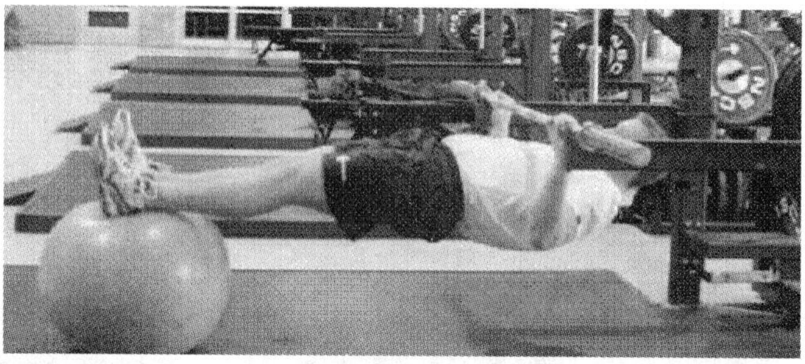

图 13-22

图 13-23

第十四章

武　术

第一节　武术运动概述

武术作为中国民族文化的一部分，是历代人民不断提炼、创造和发展起来的。它的发展变化受到不同历史时期政治、经济、军事的影响和制约，同时也受到哲学、宗教、民族精神、民族风俗、伦理道德等的渗透与影响。所以，武术不同于一般的传统体育项目，它是一个多成分、多形态的复杂的文化现象。

武术在中国已流传数千年，至今它已成为世界人民喜爱的一项体育运动，并于1990年正式成立了国际武术联合会。人们从习武中不仅增强了体质，得到美的享受，同时也得到了中国文化的熏陶。随着武术的发展，武术从国内走向世界，从邀请赛走向洲际和世界锦标赛，人们期待着系统、全面地认识武术。本章将对武术的有关知识进行简要介绍。

一、武术的产生与发展

中国武术的源头，可以追溯到我国远古祖先的生产活动中去。当时生产资料贫乏，人们为了生存，学会了使用木棒、石头击打野兽的方法进行狩猎等的生产活动。这些击打方法虽是本能的随意性动作，还不是专门的搏杀技能，但却是武术的源头之一。

到了旧石器时代晚期和新石器时代，由于生产工具的改进，石器和弓箭的出现，原始战争的产生，人类有意识、有目的地掌握了一些劈刺格斗技术，生产技能随之转变为军事战斗技能，成为独立的技术领域，这就是武术格斗的源泉。

中国武术的发端，与原始宗教、教育、娱乐等有紧密的联系，原始宗教的主要形式——巫术与图腾崇拜常凭借原始武舞来体现。图腾武舞是原始部落祭祀活动的主要内容，同时兼有教育和娱乐的作用。它是一种融知识、技能、身体训练和习惯的培养等为一体的多功能活动。

在夏商周时期，武艺与生产劳动分野，进一步与军事、教育、礼仪等社会活动结合在一起，并向多样化方向发展。武艺的内容主要由远兵和长兵技术构成，并包括“空手以搏”的搏斗技能。与此同时，我国古代武术已脱离武术的原始属性，而以一种相对独立的社会现象出现，这便是古代武术的雏形。

在春秋战国这个急剧变化的时代，武术发生了很大变化，古代武术也初步兴盛起来。随着兵器进一步发展和重视士卒身体训练、击刺格斗的技术训练，武术逐渐在民间兴盛发展起来，从而使武术从较为质朴单纯的军事武艺变成色彩绚丽、丰富多彩的武术文化。

从公元前221年至公元960年，中国历史上经历了秦、汉、三国、两晋南北朝、隋、唐、五代等朝代。在这个漫长的历史进程中，古代武术得到了进一步完善和发展，出现了套路形式的“剑舞”“刀舞”“双戟舞”等。对抗性的手搏、角力也有了进一步发展，徒手和器械项目内容进一步丰富。

宋、元时代古代武术初步形成体系，主要表现在拳械技艺进一步丰富，套路武艺有了发展，有了单练和对练等，同时也出现了打擂比武的“露台争交”，武术形式出现了多样化的特点。武术初步形成体系后，就从军事中相对独立出来，沿着自身的规律不断向前发展。

明清是中国封建社会的后期，社会阶级矛盾尖锐，明末农民的大起义以及清代民间秘密宗教的兴起，对武术的发展产生了一定的影响。这一时期，古代武术得到很大发展，流派林立，呈现出蓬勃发展的繁荣局面。而且随着商业的发展，出现了一些以武术为职业的保镖、镖师等，民间武术表演更为时兴。

鸦片战争以后，随着冷兵器的消亡，近代中国武术基本上从军事中脱离出来，逐步成为中国近代体育的有机组成部分。19 世纪 60 年代开始，在近代西方体育传播的冲击下，我国武术也发生了某些变化，武术曾一度以中国式体操的形式出现。20 世纪 20 ~ 30 年代，人们对武术的研究更加深入，武术论著日益增多，且武术与气功等结合更为密切。近代随着各项运动的开展，中国人也开始组织自己的武术团体。如 1910 年在上海成立了“精武体育会”，该会以传习推广武术为主要内容；1912 年在北京成立了“体育研究社”；1918 年在上海成立了“中华武士会”；1927 年 6 月，国民党政府在南京成立了中央国术馆等。它们对武术的传播和发展起到了积极的作用。

自中华人民共和国成立后，现代中国武术已成为社会主义文化和人民体育事业的重要组成部分。随着我国经济的发展，武术正逐步走向世界，中国武术的国际交往日益频繁。武术越来越广泛地受到世界各国和各地区人民的重视和欢迎。国际武术联合会的国际会员协会与日俱增，目前已达 77 个。武术已被世界共享，成为人类的共同文化之一。1999 年，在第 109 次国际奥委会大会上，国际奥委会正式接纳了国际武术联合会，从而为武术全面和进一步加入世界体坛和奥运会奠定了一个全新的基础。抓住这一机遇，全面推进武术进一步走向世界，是我们今后要尽心竭力去完成的工作。

二、武术的概念

概念是反映事物本质属性的思维形式。武术的概念是反映武术本质属性的思维形式。概念有两个重要的方面，即概念的内涵和外延。要准确表达武术的概念，就要讨论武术概念的内涵和外延。

(一) 武术概念的内涵

任何事物的概念都不是固定不变的。我们今天所表述的武术概念和历史上武术概念已大不相同，今后武术的概念还将进一步发展。各个历史时期，人们对武术概念的表述只能是那个历史时期的产物。

1932 年的《国民体育实施方案》中对武术概念的论述：“国术（武术）原我国民族固有之身体活动方法，一方面可以供给自卫技能，一方面可作锻炼体格之工具。”

1961 年的《武术》对武术概念的表述是：“武术是以拳术、器械套路和有关的锻炼方法所组成的民族形式体育。它具有强身壮骨、增进健康、锻炼意志等作用，也是我国具有悠久历史的一项民族文化遗产。”

1978 年的《武术》对武术概念的表述是：“武术是以踢、打、摔、拿、击、刺等攻防格斗动作为素材，按照攻守进退、动静疾徐、刚柔虚实等矛盾相互变化的规律编成徒手和器械的各种套路。它是一种增强体质、培养意志、训练格斗技能的民族形式的体育运动。”

1983 年的《武术》中说："武术，是以踢、打、摔、拿、击、刺等技击动作为素材，遵照攻守进退、动静疾徐、刚柔虚实等规律组成套路，或在一定条件下遵照一定的规则，两人斗智较力，形成搏斗，以此来增强体质、培养意志、训练格斗技能的体育运动。"

1988 年版《武术》的武术概念为："武术是以技击为内容，通过套路、搏斗等运动形式来增强体质、培养意志的民族体育。"

从以上一些有关武术概念的论述中，都有"自卫技能"、"技击"、"以踢、打、摔、拿、击、刺等格斗动作为素材"等提法，表述了武术的攻防击刺的特点。在武术的发展变化过程中，始终是围绕技击技术这一基本特点而发展变化的。因此，攻防技击价值是武术的本质属性，即武术概念的内涵。

(二)武术概念的外延

武术的内容和形式很多，如拳术套路、器械套路、对练套路和集体演练套路等，另外还有对抗性的格斗。前者的特点是将一些武术动作按照一定的顺序编排进行演练。而后者是练习者遵照一定的规则，自由地运用某些攻防技击方法来进行身体对抗，动作没有固定顺序。从运动形式上讲，我们把武术的外延划分为套路练习和格斗的对抗性练习两部分。

(三)武术的概念

通过以上分析，在明确了武术的内涵和外延的基础上，结合中国武术独特的内外兼修的传统文化特征，我们将武术概念表述为："武术是以技击动作为主要内容，以套路和格斗为运动形式，注重内外兼修的中国传统体育项目。"

三、武术的内容与分类

武术按其运动形式可分为套路运动和格斗运动两大类。

(一)套路运动

套路运动是以踢、打、摔、拿等攻防动作，遵照攻守进退、动静疾徐、刚柔虚实等格斗规律组成的整套练习形式。套路有拳术套路、器械套路、对练套路和集体表演套路等。

(1)拳术套路：主要有长拳、太极拳、南拳、形意拳、八卦掌、少林拳等。

(2)器械套路：分长器械、短器械、双器械、软器械等四类。

(3)对练套路：一般分为徒手对练、器械对练、徒手与器械对练三种。

(4)集体表演套路：是六人以上的徒手或器械的集体演练，可编排成图案和音乐伴奏，要求队形整齐，动作协调一致。它一般分为徒手集体表演套路、器械集体表演套路、徒手和器械集体表演套路三种。

(二)格斗运动

格斗运动是遵照一定的规则，两人进行斗智较技的对抗练习形式。目前开展的有散打、太极推手、短兵等。

四、武术的特点

武术在长期的历史演变中，逐渐形成了自己的运动规律，它以独特的技术风格享誉于世。

(一)寓技击于体育之中

武术是由中国古代以技击技术为主要内容所形成的技术体系发展而成的民族体育运动项目。

在格斗运动中集中体现了武术攻防技击特点，在技术上与实用技击基本上是一致的，但从体育观念出发，他受到竞赛规则的制约，如散手中严格规定了击打部位和保护护具；短兵中使用的器具也作了相应变化；推手则是在特殊的技术规定下进行竞技对抗。因此，可以说武术的格斗运动具有很强的攻防技击性，但又与实用技击有区别。

套路运动是武术的一个特有的表现形式，很多动作与技击的原型动作有变化，但动作方法仍保留了技击的特性。就整套技术而言，主要动作仍是以踢、打、摔、拿诸法为主，它的攻防技击特性是通过一招一式来表现的。

所以说，武术作为体育运动，技术上仍不失攻防技击的特性，而是将技击寓于格斗运动与套路运动之中。

(二)内外合一，形神兼备的民族风格

所谓“内”，指的是心、身、意等心志活动和气息的运行；“外”，指的是手、眼、身、步等外在形体活动。中国武术的一大特点是既究形体规范，又求精神传意、内外合一的整体观。内与外、形与意是相互联系统一的整体。“内练精气神，外练筋骨皮”是各家各派练功的准则。如太极拳主张“以心行气、以气运身”，形意拳讲究“内三合，外三合”。此外，武术套路在技术上要求把内在精气神与外部形体活动紧密相合，做到“心动形随”，“形断意连”，“势断气连”，以“手眼身法步，精神气力功”八法的变化来锻炼心身。

(三)广泛的适应性

武术的练习形式、内容丰富多样，适应不同年龄、性别、体质的人的需求，人们可根据自己的条件和兴趣爱好进行选择练习。同时它对场地、器材的要求较低。一般来说，受时间、季节限制也小。因此具有广泛的适应性。武术可以利用这一特点为现代群众性体育活动提供方便，使武术进一步社会化。

第二节　武术基本功

一、基本技术

(一)手　型

(1)拳：五指卷紧，拳面要平，拇指压于食指、中指第二指节上。

(2)掌：拇指外展或屈曲，其余四指伸直并拢向后伸张。

(3)勾：屈腕，五指撮拢，或拇指与食指、中指撮拢成刁勾。

(二)手　法

(1)冲拳：拳从腰间旋臂向前快速击出，力达拳面。

(2)劈拳：拳自上向下快速劈击，臂伸直，力达拳轮；抡臂时臂要抡成立圆劈击。

(3)撩拳：拳自下向前上方弧形直臂撩击，力达拳眼或拳心；反撩力达拳轮或拳背、拳心。

(4)贯拳：拳从侧下方向斜上方弧形横击，臂微屈，拳眼斜向下，力达拳面。

(5)推掌：掌由腰间旋臂向前立掌推击，速度要快，臂要直，力达掌外沿。

(6)穿掌：手心向下，臂由屈到伸，沿身体某一部位穿出，力达指尖。

(7)亮掌：臂微屈，抖腕翻掌，举于体侧或头上。

(8)挑掌：臂由下向上翘腕立掌上挑，力达四指。

(9)顶肘：屈肘握拳，拳心向下，肘尖前顶或侧顶，力达肘尖。

(10)格肘：前臂上屈，手心向里，力在前臂，向内横拨为里格；向外横拨为外格。

(三) 步 型

(1)弓步：前脚微内扣，全脚着地，屈膝半蹲，大腿成水平，膝部或脚尖垂直，另一腿挺膝伸直，脚尖里扣，斜向前方，全脚着地。

(2)马步：两脚左右开立约为脚长的3倍，脚尖正对前方，屈膝半蹲，大腿成水平。

(3)虚步：后脚尖斜向前，屈膝半蹲，大腿接近水平，全脚着地；前腿微屈，脚面绷紧，脚尖虚点地面。

(4)仆步：一腿全蹲，大腿和小腿靠紧，全脚着地，膝与脚尖稍外展，另一腿平铺接近地面，全脚着地，脚尖内扣。

(5)歇步：两腿交叉屈膝全蹲，前脚全脚着地，脚尖外展，后脚脚跟离地，臀部外侧紧贴小腿。

(四) 步 法

(1)盖步：一脚经另一脚前横迈一步，两腿交叉。

(2)插步：一脚经另一脚后横迈一步，两腿交叉。

(3)纵步：一脚提起，另一脚蹬地前跳落地。

(4)击步：后脚击碰前脚腾空落地。

(5)弧形步：两脚迅速连续向侧前方沿弧形行走，每步大小略比肩宽。

(五) 腿 法

(1)正踢腿：支撑腿伸直，全脚着地，另一腿膝部挺直脚尖勾起前踢，接近前额，动作要轻快有力，上体保持正值。

(2)侧踢腿：脚尖勾起，经体侧踢向脑后。其他同正踢腿。

(3)里合腿：支撑腿自然伸直，全脚着地，另一腿从体侧踢起经面前向里做扇面摆动落下。其他同正踢腿。

(4)外摆腿：同里合腿，唯摆动方向相反 。

(5)单拍脚：支撑腿伸直，另一腿脚面绷平向上踢摆；同侧手在前额迎拍脚面，击拍要准确响亮。

(6)弹腿：支撑腿直立或微屈，另一腿由屈到伸向前弹出，高不过腰，膝部挺直，脚面绷平。小腿弹出轻快有力，力达脚尖。

(7)蹬腿：支撑腿直立或稍屈，另一腿由屈到伸，脚尖勾起，用脚跟猛力蹬出，高不过胸，低不过腰。

(8)踹腿：支撑腿直立或稍屈，另一腿由屈到伸，脚尖勾起内扣或外摆用脚底猛力踹出，高踹与腰平；低踹与膝平；侧踹时上身倾斜，脚高过腰部。

(9)伏地后扫：上身前伏，两手扶地。支撑腿全蹲做轴，扫转腿伸直，脚尖内扣，脚掌擦地，迅速后扫一周。

(六) 平 衡

(1)提膝平衡：支撑腿直立站稳，上体正直；另一腿在体前屈膝高提近胸，小腿斜垂里扣，脚面绷平内收。

(2)扣腿平衡：支撑腿屈膝半蹲；另一腿屈膝，脚尖勾起并紧扣于支撑腿的膝后。

(3)燕式平衡：支撑腿直立站稳。上体前俯略高于水平，挺胸展腹。后举腿伸直，高于水平，脚面紧绷。

（4）望月平衡：支撑腿伸直或稍屈站立。上体侧倾拧腰向支撑腿同侧方上翻，挺胸塌腰。另一腿在身后向支撑腿的同侧方上举，小腿屈收，脚面绷平。

（七）跳跃翻腾

（1）腾空飞脚：摆动腿提高，起跳腿上摆伸直，脚面绷平，腿高过肩，击手和拍脚连续快速，准确响亮。

（2）旋风脚：摆动腿直摆或屈膝，起跳腿伸直，向内腾空转体270°，异侧手击拍脚掌，腿高过肩，击拍响亮，转体360°落地。

（3）腾空摆莲：摆动腿要高，起跳腿伸直，向外腾空转体180°，脚面绷平，腿高过肩；两手依次击拍脚面，不能一手拍空。

（4）侧空翻：一脚蹬地，另一腿向上摆起，体前屈，在空中做侧翻动作。腾空要高，转体要快，两腿要直。

（5）旋子：一腿摆起，另一腿起跳腾空；两腿伸直后上举在空中平旋，脚面绷平，挺胸、塌腰、抬头、旋转一周后落地。

二、基本技法

（1）手要快捷：长拳的手法不仅在出拳、挥臂时要迅速、敏捷、有力，而且在掌、腕的细致动作里也如此。

（2）眼要明锐：长拳中的眼法要明快、锐利。“眼随手动”，“目随势注”。

（3）身要灵活：身法需“腰如蛇形”，要柔韧、灵活、自如。这是因为身法的变化多主宰于腰。

（4）步要稳固：步法在长拳中起着重要的作用。各种步法在运动时要轻快，站立时要稳固，给上肢、躯干的活动提供稳固条件。

（5）精要充沛：长拳的精神要充沛、饱满。精神饱满、气宇轩昂，拳势才能雄健威武。

（6）气要下沉：长拳的呼吸要“气沉丹田”“以气催力”，要善于“蓄气”，这样才能使运动持久，并保持运动的平衡。

（7）力要顺达：如发力不顺，动作就会僵硬死板。

（8）功要纯青：功力要达到炉火纯青的地步，就必须在技术规范化的前提下反复练习。

（9）四击合法：长拳运动对踢、打、摔、拿四种技击法则的具体内容的运动方法要求非常严格，如不遵守这些运动方法的规定，就失去了长拳技击动作的意义。

（10）以形喻势：长拳在运动时有十二种动静之势，他们可以用自然界事物中的十二种形象来比喻：动如涛、静如岳、起如猿、落如鹊、站如松、转如轮、折如弓、轻如叶、缓如鹰、快如风。

三、组合练习——五步拳

预备势：

身体直立，两脚并拢，两臂自然下垂，眼向前平视。

（1）并步抱拳：两掌变拳屈肘收抱于腰间，拳心向上；目视前方。

（2）弓步冲拳：左脚向左迈步，同时左手收回腰间抱拳；右拳向前直冲，左弓步冲拳。

（3）弹腿冲拳：右腿向前弹出，左拳由腰间向前直冲成平拳，右拳收于腰间。

（4）马步架打：右脚落地，随即身体左转90°，两腿屈蹲成马步。同时左拳变掌，屈臂上架；右拳由腰间向右直冲成平拳。

(5)歇步盖打：左脚向右脚后插步。右拳变掌经头向下盖落，掌外沿向前，身体左转90°，左掌收回腰间抱拳；两腿屈膝下蹲成歇步，同时左拳向前冲出，右拳变掌收回腰间；目视左拳。

(6)仆步穿掌：两腿起立，身体左转，左拳变掌，手心向下；右拳变掌，手心向上，由左手背上穿出。同时左腿屈膝提起，左手顺势收至右腋下。然后左脚落地成仆步，左手掌指朝前沿左腿内侧穿至左脚面；目视左掌。

(7)虚步挑掌：左腿屈膝前弓，右脚蹬地向前上步，成右虚步。同时左手向上，向后划弧成正臂勾手，勾尖略高于肩；右手由后向下、向前顺右腿外侧上挑掌，掌指向上，高于鼻平；目视前方。

(8)并步抱拳：重心前移，身体左转90°。左脚向右脚靠拢，成并步站立。同时左勾手和右掌变拳，回收抱于腰间；目视前方。

第三节　长　　拳

一、长拳简介

长拳是中国武术主要拳种之一。“长拳”一词最早记载于明朝戚继光《纪效新书拳经提要》中的：“古今拳家，宋太祖有三十二势长拳。”明代程宗猷所著《耕于剩枝·回答篇》中载：“……长拳有太宗温家长拳之类，短打则有绵张任家之类。”由此可见，明代当有长拳称谓及太祖长拳和温家长拳等类别。所谓长是相对短而言，长拳则是相对短打而立名，这正如明代唐顺之《武编》所言：“逼近用短打，若远开则用长拳。”

现代武术运动中的长拳是沿用了明代长拳的称谓。它是在汲取了查拳、华拳、花拳、炮拳、洪拳、少林拳诸拳种之长的基础上形成的。长拳是中华人民共和国成立后武术教学训练与竞赛的主要内容之一。

长拳的内容包括基本功和基本动作、单练套路、对练套路。单练套路又分为规定套路和自选套路。

长拳的技法极为丰富，对手型、手法、身型、身法、步型、步法、腿法、跳跃、平衡等动作都有严格的规范要求。手法主要有冲、劈、崩、贯、砸等拳法，推、挑、撩、劈、砍等掌法，以及顶、盘、格等肘法，腿法主要有弹、蹬、踹、点、铲、里合、外摆、拍、扫等，还有各种摔法、拿法、跳跃、平衡等。长拳的运动特点表现为撑拔舒展、势正招圆、快速有力、灵活多变、蹿蹦跳跃、闪展腾挪、起伏转折、腿法较多、节奏鲜明、气势磅礴。

长拳在技术上有以下要求。①姿势：头正，颈直，沉肩，挺胸，直腰，敛臀，上肢舒展，挺拔，下肢稳定，匀称。②动作：在做踢、打、摔、拿等技击动作时，起止点、路线、力点都要清晰，把套路中的攻防特点体现出来。③身法：要把躯干活动和吞、吐、闪、展、冲、撞、挤、靠等攻防变化紧密结合起来，内外协调，得心应手，形成一个整体。④眼法：要做到“手眼相随”，“手到眼到”，通过眼神把一招一式的内在意识充分表达出来。⑤精神：要全神贯注，表现出勇敢、机敏、无所畏惧的气概。⑥劲力：要有刚有柔，发劲时要求有爆发力，要刚而不僵，柔而不松，刚柔相济，还要以意识支配动作发力，以气息配合发力，做到内外合一。⑦呼吸：讲究“提”、“托”、“聚”、“沉”四法。跳跃时用“提法”，静止性动作用“托法”，刚劲性动作用“聚法”，由高到低的动作用“沉”法。⑧节奏性：在演练中，快与慢、动与静、刚与柔、起与伏等多种矛盾的对比越鲜明，越突出，节奏性就越强。

长拳动作舒展，关节活动范围较大，对肌肉和韧带的柔韧性、弹性都有较高要求。同时，由于长拳动作大多是用大肌肉群来进行活动的，要求肌肉活动量大而且迅速，需氧量较大，因此对提高心肺功能也有良好作用。

二、长拳自选套路的动作名称提示

男生长拳

1. 起势(抱拳)	2. 高虚步亮掌	3. 马步搁挡＋弓步冲拳
4. 弹腿冲拳	5. 马步盘肘	6. 弓步双推掌
7. 后扫腿	8. 仆步穿掌	9. 腾空飞脚
10. 歇步下冲拳	11. 马步推掌	12. 虚步勾手
13. 提膝亮掌	14. 腾空跃步	15. 弓步冲拳
16. 叉步鞭拳	17. 里合击响	18. 转身震脚
19. 马步冲拳	20. 收势(抱拳礼)	

女生长拳

1. 起势(抱拳)	2. 高虚步亮掌	3. 马步搁挡
4. 弓步冲拳	5. 弹腿冲拳	6. 马步盘肘
7. 弓步双推掌	8. 仆步穿掌	9. 上步拍脚
10. 歇步下冲拳	11. 马步推掌	12. 虚步勾手
13. 提膝亮掌	14. 腾空跃步	15. 弓步冲拳
16. 叉步鞭拳	17. 里合击响	18. 转身震脚
19. 马步冲拳	20. 收势(抱拳礼)	

第四节 器 械

一、刀 术

(一)刀术简介

刀术在这里主要指的是单手使用为主的单刀刀术。武术的各种拳种和流派一般都有各自的刀术，风格和特点也都随着拳种、流派的不同而各异，但一般的基本技法比较一致。

原始社会的石刀、骨刀等，作为生产工具，具有割、削、刮等功能。“操刀必割”(《贾子新书》)就是黄帝时期的记载。后来“造立兵仗、刀、戟”(《龙鱼河图》)，刀器被运用于战争，对推动刀术的发展起了不小的作用。历史上，刀术不仅有技击方面的记载，还有饮酒舞刀，以为娱乐。

刀术中主要方法有劈、扎、斩、撩、缠头、裹脑，还有云、砍、崩、挑、点、抹等刀法，其运动特点是勇猛快速，激烈奔腾，紧密缠身，雄健剽悍。

(二)刀 法

(1)缠头刀：刀尖下垂，刀背沿左肩贴背绕过肩、头，头部正直。

(2)裹脑刀：刀尖下垂，刀背沿右肩贴背绕过左肩，头部正直。

(3)扎刀：刀刃朝下、朝上或朝左，刀尖向前直刺为扎，力达刀尖，臂与刀成一直线。平扎刀刀尖高于肩平，上扎刀刀尖高于头平；下扎刀刀尖高于膝平。

(4)撩刀：刀刃由下向前上为撩，力达刀刃前部。正撩前臂外旋，手心朝上，刀沿身体右侧贴身弧形撩出；反撩前臂内旋，刀沿身体左侧撩出，余同正撩。

(5)劈刀：刀由上向下为劈，力达刀刃，臂与刀成一线。抡劈刀沿身体右侧或左侧抡一立圆；后抡劈要求与转体协调一致。

(6)斩刀：刀刃朝左(右)，向左(右)横砍，高度在头与肩之间，力达刀刃，臂伸直。

(7)带刀：刀尖朝前，刀刃朝左(右)，由前向侧后抽回为带刀。

(8)推刀：刀尖朝下，刀刃朝前，左手附于刀背前部向前推出为立推刀；刀尖朝左为平推刀。

(9)扫刀：刀刃朝左(右)，向左(右)横砍，与踝关节同高为扫，力达刀刃。旋转扫刀要求旋转一周或一周以上。

(10)截刀：刀刃斜向上或向下为截，力达刀刃前部。上截刀刃斜向上；下截刀刃斜向下。

(11)砍刀：刀向右下方或左下方斜劈为砍。

(12)挂刀：刀尖由前向上、向后或向下、向右为挂，力达刀背部。上挂向上、向后贴身挂出；下挂向下、向后贴身挂出；轮挂贴身立圆挂一周。

(三)刀术自选套路动作名称提示

1. 起式 虚步亮刀	2. 弓步扫刀	3. 缠头裹脑
4. 虚步推掌	5. 弓步刺刀	6. 缠头弓步劈刀
7. 弓步撩刀	8. 反缠头弓步推掌	9. 缠头提膝架掌
10. 弓步平砍刀	11. 弓步架刀	12. 歇步抹刀
13. 左右劈刀	14. 歇步立刀	15. 马步劈刀
16. 反身弓步撩刀	17. 插步翻腰	18. 提膝劈刀
19. 弓步抱刀	20. 收式 立正抱刀	

二、棍　　术

(一)棍术简介

棍，是最早的兵器之一。历史上曾经有"十三棍僧救唐王"的故事，说明民间的棍术也已在寺庙中传习。棍术，是武术中最常见的一种长器械，也是目前国内外武术比赛的主要项目之一。到了明代，拳家林立，棍术发展到一个很高的水平，有许多不同的棍术流派，并有了棍术图谱记载和论著，著名的少林棍、清田棍等流传至今。

进入现代，无数作为体育运动项目之一，在继承传统的基础上汇总统一了棍术内容和技术规范，编制了比赛的棍术套路，或按照规则将棍法变成自选套路。此外，又有一些传统的棍术仍在民间传播。

棍，有大棍、齐眉棍、三节棍、梢子棍等。棍形不同，但离不开劈、崩、缠、点、拨、拦、封、撩、扫等法。练棍要手臂圆熟，身棍合一，力透棍尖；舞棍要勇猛快速，开合旋转自如。手、眼、身、法、步协调合一充满阳刚之气。

(二)棍　法

(1)立举棍：将棍举于体前或体测，棍身竖直。

(2)背后背棍：一手握棍，将棍至于背后，棍身紧贴背部，不得摇摆。

(3)云棍：棍在头前上方或上方向左(右)平圆绕环一周，快速有力，力达棍前端。
(4)架棍：棍身横平或倾斜由下向头上举起。
(5)挑棍：两手握棍，棍的一端由下向上方挑起。动作要快，力达上挑的一端。
(6)挂棍：用棍梢或棍把由前向后侧右上方或后下方拨摆，棍要贴近身体，快速有力。
(7)点棍：棍梢向下短促有力，力达棍梢。
(8)崩棍：棍梢向上或向左右短促有力，力达棍梢。
(9)撩棍：棍沿身体左侧或右侧划立圆向前或向后撩出，速度要快，力达棍前端。
(10)绞棍：棍梢或棍把向内或向外绕立圆，动作快速柔和，力达梢把或把端，立圆不要太大。
(11)戳棍：棍梢或棍把直线向前、向侧或向右戳击，力达棍前端。
(12)劈棍：棍由上向下劈出，迅猛有力，力达棍前端。
(13)立舞花棍：棍要贴近身体，动作要快，动作要连续。

(三)棍术自选套路动作名称提示

1. 起式 立抱棍	2. 马步架棍	3. 弓步劈棍
4. 提膝立棍	5. 弓步撩棍	6. 虚步左右平点棍
7. 舞花棍	8. 反舞花棍	9. 马步劈棍
10. 平扫棍	11. 跳翻身马步劈棍	12. 虚步立棍
13. 提膝点棍	14. 弓步点棍	15. 马步挑棍
16. 提撩舞花棍	17. 扑步摔棍	18. 弓步崩棍
19. 马步挑棍	20. 收式 立棍推掌	

第五节 自卫防身术

一、自卫防身术简介

自卫防身术是武术技击的重要组成部分，是由踢、打、摔、拿结合进、退、闪、躲等身法，攻防结合的一门综合性实用技术，它是以徒手格斗为练习内容，以双方对抗为练习形式的民族传统技击项目。徒手控制技术从广义上讲，是在抵御敌人的争斗中，根据人体结构，依照反关节原理，对人体的局部关节进行控制，达到制一点而牵制全身效果的一种技法。主要运用锁、扣、刁、拿、扳、点、缠、切、拧、挫、旋、卷、封、闭等手法进行防控。通过自卫防身术的练习，使学生学习在腕部、头部、胸部、肩部被抓握以及身体前后被抱、喉部前后被卡等情况下进行解脱、擒拿、反击(腿击、肘击、膝击)的制敌方法。

二、自卫防身术的特点

自卫防身术动作简练，朴实无华；攻防兼备，巧于变化；防身自卫，一招制胜；反拿关节，易于擒获等，具备较为理想的实用性。

(一)实用性

自卫防身术每一招每一式都有其特定的目的和用途，在防卫中有效使用控制技术，防卫与控制相互结合，每一个完整的技术动作从开始到结束都是连贯有序环环相扣的，一旦开始发起攻击就能立刻制敌，动作要领“快、准、狠”，力争一招见效，技术运用要干脆、利落、力求圆满快速，体现“一招制敌”。

（二）简捷性

自卫防身术具备易学、速成的特征。徒手控制技术是运用反关节、摔拿等技法牵制对方，使其失去抵抗能力。它的最大特点是利用反拿关节技术，只要控制对方部位的某一点，便可使对方不能动弹。技术动作简练，朴实无华；因此，能使练习者在较短的时间内掌握简单实用的格斗技能，并在实战中能良好的运用，这就要求技术动作精炼实效、简单易学，这是徒手控制技术的又一重要特征。

（三）针对性

徒手控制技术是制敌者的强制手段之一，在处置暴力事件过程中需根据对方的暴力程度，选择适度的防卫手段，不能逾越法律赋予的权利，这就是与普通公民相同的自卫权、紧急避险权和扭送权。自卫防身术是遵循法律法规制定的以被动防卫为主、主动突袭为辅的技术方法。

（四）创新性

自卫防身术辩证地将散打、擒拿、格雷西柔术、咏春技术，以及世界各国军警的优秀格斗技能有机地融合在一起加以研究和整理形成动作精炼、招式多变、攻防兼备、先发致人，后发先至，以打、拿、控、带为一体新型的格斗防卫技能。

三、自卫防身术方法

自卫防身术方法分为擒拿法和解脱法两部分。

（一）擒拿法

1. 由前主动擒拿

（1）携臂：正面接近对方，左脚上步接近对方的同时，左手迅速抓住对方右手腕部，右手臂用力挎挑对方右臂肘窝关节，身体向右转，左手推拿，右手顺势按压对方右臂部猛里下压，将对方擒住。

（2）撕翅：正面接近对方，右手从对方侧面反手抓住其右手小拇指和无名指，同时上步迅速抓住其食指和中指撕翅拆腕，将对方擒住。

（3）拧腕别摔：正面接近对方，用左手从侧面反手抓其手掌，右手迅速配合抓住手掌，两手大拇指按住手背拆腕，同时上右脚进行别摔，将对方擒住。

2. 由后主动擒拿

（1）踹膝锁喉：由后接近对方，迅速用右手臂由对方颈部右侧前插，屈臂扼住其喉部猛力向后拉，左手抓住对方左手腕用力向后拉，别住肘关节，迅速用后脚踏踹对方右膝窝处，将其擒住。

（2）抱顶压伏：由后接近对方，迅速用两手抱住对方膝关节用力后拉上提，同时以肩用力前顶对方臂部，将其摔倒，迅速上步骑压对方腰部，右手从对方领下前穿，屈臂锁住对方喉部，左手抓住对方左手后拉，置于我大腿根部，收回左脚靠近对方左臂外侧，换手锁喉，以同样的方式控制其右臂，将其擒住。

（3）携手折腕：由后接近对方，用右手迅速携住对方左手腕根部抬致胸平，以胸顶住肘部，同时左手掌封住其手臂拆腕，使其剧痛，失去反抗能力，将其擒住。

(二)解脱法

1. 手腕被抓解脱擒拿

(1)缠腕压肘：当对方正手抓我右手腕时，我迅速以左手封住对方手背，以四指紧紧抠住对方左手不能回抽逃脱或改变位置，然后向后转身，上左步，左肘上提再往下用力下压对方的左臂，使其腕部疼痛难忍暂时失去抵抗能力将其擒住。

(2)缠腕：当对方用正手抓法抓住我右手腕时，我迅速以左手扣封住对方右手臂，使其不能回抽。在右小臂回拉，身体稍向右转的同时，边缠边切振压对方手腕关节，将其擒住。

(3)抓腕掩肘：当对方用反手抓住我右手腕时，我迅速将右臂向里抬至肩高，左手抓住对方左手腕，右手从对方虎口解脱，利用右手上掩其肘关节，左右手用力上下相反，使其产生剧痛无法反抗，将其擒住。

(4)抱肘靠臂顶膝：当对方用右手抓住我左手腕时，我迅速将左臂向里抬至肩高，右手抱住对方肘部，使其肘关节向下弯曲，左手从对方虎口解脱迅速靠臂，左膝顶其裆部。

2. 衣领被解脱擒拿

(1)封腕托肘过肩摔：当对方用右手抓我衣领而反手(手心朝上)时，我右侧身同时用左手向里掩对方肘部，将其解脱，同时背步右脚利用过肩摔将对方摔倒并擒住。

(2)封腕别臂：当对方用左手抓住我衣领(手心朝下)时，我左侧身同时用右手托其肘关节别臂，将其擒住。

3. 咽喉被锁解脱擒拿

(1)扒臂插腿别摔：当对方用左臂从后方把我咽喉锁住时，我迅速用右手抓住对方左手腕往开扒，同时往后侧左腿别住对方右腿，用左手插住对方左腿内后侧，扣住膝窝处，以肩、头部往后顶，将对方摔倒。

(2)抱臂捻身别摔：当对方用右臂从后方把我咽喉锁住时，我迅速用两手抱臂往外扒，快速拧身，以对方肩关节为杠杆，利用别摔动作将其摔到。

4. 后腰被抱解脱擒拿

(1)抱腰：当对方从后方抱腰时，我要利用声东击西之计来迷惑对方，用左肘向后虚击对方头部，迅速拧身用右臂夹颈过腰摔，将对方摔倒。

(2)腰臂被抱：当对方从后方抱腰及两手臂时，我迅速屈膝下蹲，上身前俯，双手下伸抓握对方前小腿，用力上搬，同时臂部用力下坐，将对方摔倒。

5. 头发被抓解脱

(1)前发被抓解脱：当对方用手抓住前发时，我用右手封住对方手腕，左手封住肘窝折臂，头前顶别臂，迫使对方脱手。

(2)后发被抓解脱：当对方用左手抓住后发时，我用右手封住对方手腕，转身用左手抱住对方肘关节下压，头前顶别臂，将对方摔到。

四、自卫防身术练习过程中人体关节与要害部位的解剖学原理

(一)指关节

指关节是由指深层肌腱、指浅层肌腱、指关节侧副韧带和指纤维鞘将各掌骨和指骨连接起来的，各指的运动角度因不同个体而略有差异。

一般来讲拇指的开合度约为50°~60°左右，其余四指之间的开合度一般不大于35°。四指向手背上翘，一般在10°~30°之间，屈握成拳则可达到80°~90°。在控制技术运用中，我们

利用指关节在超越最大生理活动幅度会产生剧痛的原理，抓住敌人的手指，使其指关节强行超过正常的动作范围，使敌人产生剧痛，以达到将其控制的目的(图 14-1、图 14-2)。

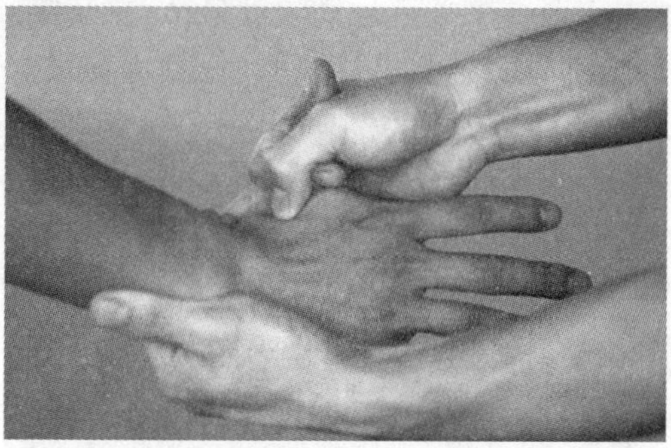

图 14-1

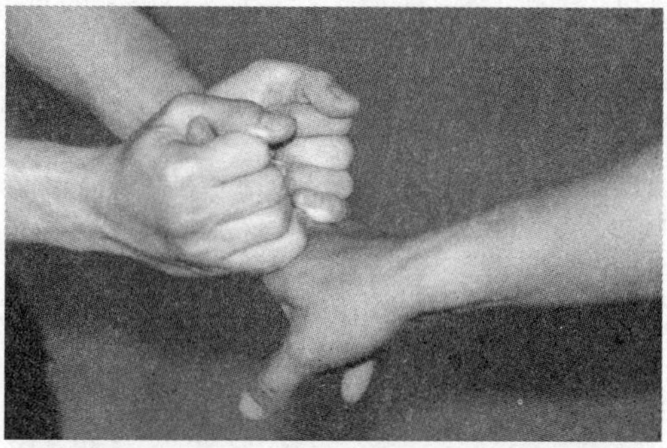

图 14-2

(1)由于手指的动作角度主要以屈为主，背伸和侧屈范围都很小，故对于指关节的控制主要应迫使对方指关节背伸、侧屈。

(2)由于指关节小巧且灵活，在实战中不易掌握，故准确的抓握手指十分紧要。

(3)注意利用杠杆原理。我们知道杠杆原理包括力点、支点和阻力点三大要素。支点尽可能靠近神经最敏感、结构最薄弱的痛点。这个痛点实质上就是阻力点(如掌指关节)。而力点则最好离支点稍远一些(如指关节的末端)。力点和支点的反向作用，就可重创对方痛点。

(4)注意要遵循好施展技法、好用劲的原则，尽可能向对方不好逃脱、运动不便的方向用力(图 14-3、图 14-4)。

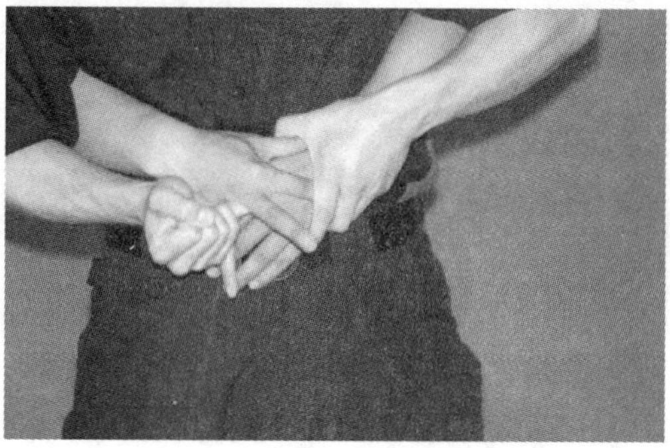

图 14-3

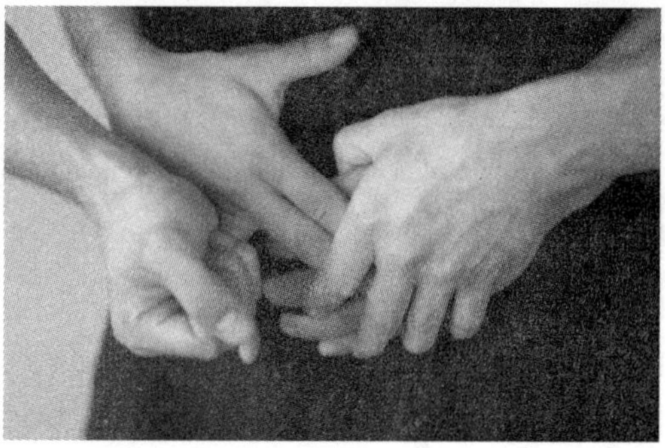

图 14-4

(二)腕关节

腕部主要由桡尺远侧关节、桡腕关节和腕掌关节所组成。腕骨由 8 块小骨构成，骨与骨之间都是依靠韧带来连接的。腕关节的活动范围很大，能作前屈、背伸、内收、外展和旋转等运动。但由于骨与骨之间完全靠韧带连接(此处肌肉很薄弱)，故在外力压迫和打击下，极易超出其正常的生理活动范围，造成韧带撕裂、脱臼，甚至骨折。腕关节主要运动轴的活动范围为：前屈、背伸、旋内和旋外。

前屈：一般可达 70°～80°左右，是腕关节活动度最大的一个面。在控制腕关节时，通常以其手腕关节为支点，按压对方手背掌指关节，使其腕关节的活动幅度超越 70°～80°的临界点，使其手腕产生剧痛。一般对类似的手腕控制都需要将其肘关节固定住(图 14-5)。

背伸：一般可达 55°～75°左右，也属腕关节活动度较大的一个面。在对手腕的控制技术中，背伸的作用效果没有前屈明显。但如果运用得当，也会产生惊人的效果。背伸常见的方法是利用敌人在抓拿或拉扯身体某部位时所产生的作用力，将他的抓拿点作为支点，再运用自己手或身体某部位作为力点，运用最适宜的方法，施力于对方腕关节运动幅度最小、神经最敏感的阻力点后并牵带或逼压，一定要保证迫使关节已超出其生理运动极限后，迫使对方完全丧失回旋的余地（图 14-6）。

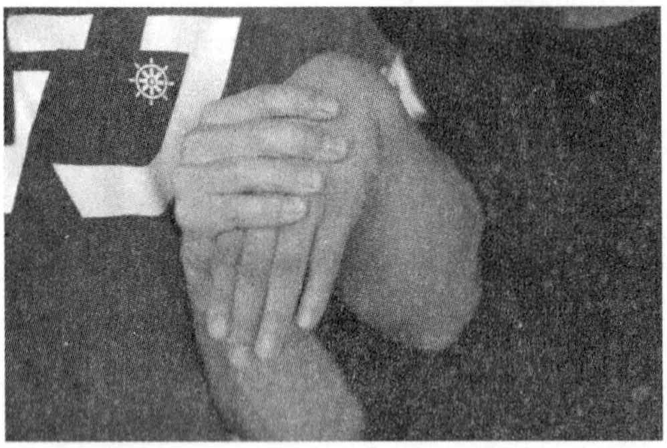

图 14-5

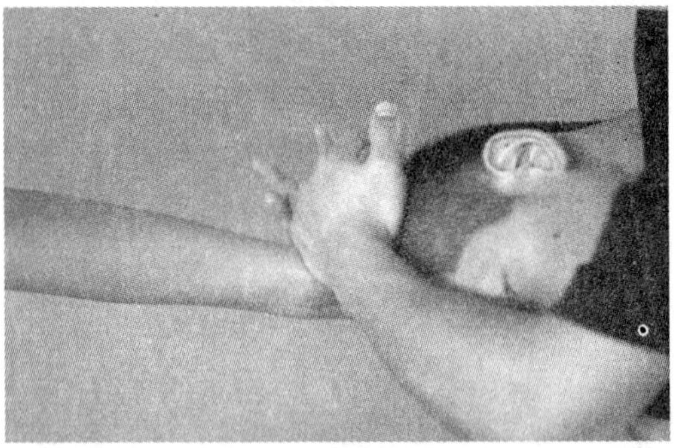

图 14-6

腕关节侧屈一般只有 15°左右，手腕旋外及旋内时（即左右旋转）则会引起尺、桡骨互相拧绞，会使上肢运动受到相互牵制。所以，侧屈、旋外和旋内的运动度都较小，容易接近死点，且神经敏感，痛觉神经丰富，特别是旋内和旋外时，在外力的作用下，被牵扯的肌腱数量越多，疼痛感就越强，在控制技术运用中经常采用双手抓腕快速外旋，使犯罪嫌疑人倒地（图 14-7、图 14-8）。

图 14-7

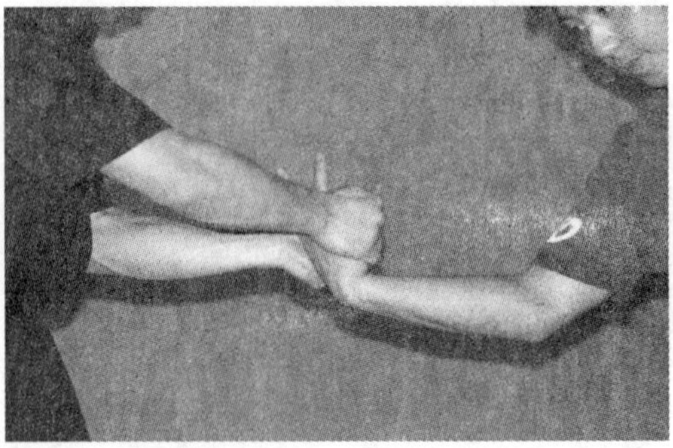

图 14-8

（三）肘关节

肘关节是比较薄弱的关节。关节囊内由肱骨、桡骨、尺骨共同构成的，可分为肱尺部，肱桡部和桡尺部三个部分。肘关节向体内侧屈，可以达到 160°～170°，是活动幅度最大的一个方向，在控制技术中，一般不会向这个方向施力。而肘关节的外伸角度却极小，实战中，经常会因外力的撞力（固定腕部，对肘尖加压或撞打），使肘关节脱臼或韧带拉伤、鹰嘴骨折等。因此，对肘关节这个位置的施力控制是安保徒手控制技术的重点。这种方法的控制一般都以对方的肘部为支点，以手腕为力点，使其肘关节接近死点，产生剧烈疼痛。需要注意的是，抓握对方手腕的位置必须在其肘窝同一个平面，如果抓握位置不正确、不及时或稍过点，都会导致最佳力点的错过而使效果大大减弱。还有一种方法是力点直接作用于阻力点（肘关节），使其手腕固定于自己的肩膀上，迫使对方肩肘关节接近死点，产生剧痛而不能反抗，我们称之为反

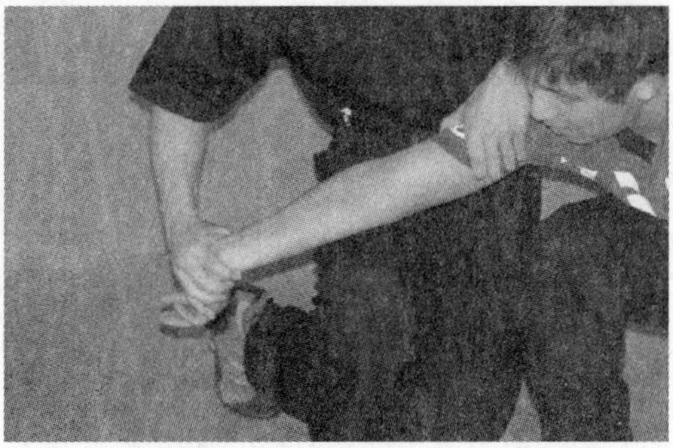

图 14-9

图 14-10

关节控制(图 14-9、图 14-10)。

肘关节上屈的活动度一般为 100°~120°，在实战中，也很少直接用上屈来控制对方。但是，上屈时较易控制肘关节，所以，经常采用先让对方上屈，再向外翻的方式，使其立肘时后倒。此时，肘关节的活动幅度仅有 10°~15°左右，屈肘别臂时的肘关节上扳的活动幅度也只有 15°~20°。在控制肘关节时，从对方外拐上挺、立肘外翻、屈肘别臂上扳这几个方面发起进攻，控制才显得有效(图 14-11、图 14-12)。

图 14-11

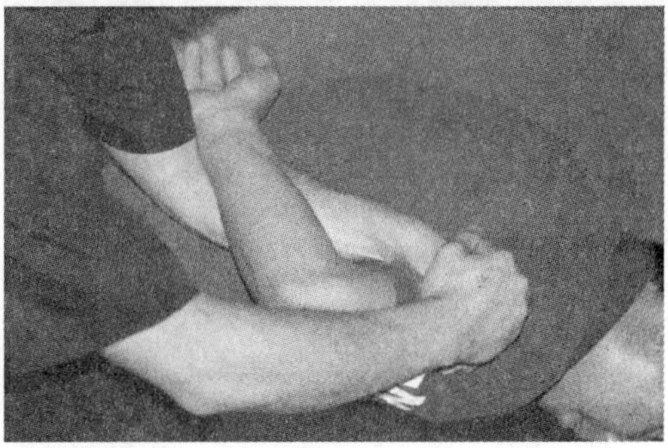

图 14-12

(四)肩关节

肩关节是人体活动范围最大的关节，能做到内收、外展、前屈、后伸及旋转等运动。正因为它活动范围较大，又属典型的球窝关节，所以，也最容易受伤，如用较大力量左右拧转或向后扳动超过正常生理极限，就会造成脱臼或韧带撕裂。肩关节控制的重点在于倒地时的控制，一般来说，肩关节前屈的幅度为 160°，水平屈为 135°，背伸为 50°，外展为 170°，内收为 50°，外展时的内旋幅度为 70°，外旋幅度为 90°，倒地后的控制主要是后伸的临界点的推按控制和外展临界点的推按控制。后伸的幅度为 53°左右，如果欲将对方控制，必须将其手臂向其背伸方向推按，使其肩关节的背伸幅度超越其临界点，从而产生剧痛(图 14-13 至图 14-16)。

肩关节外展的活动幅度为 170°(倒地后是 80°)，如欲将对方控制不仅需要将其右手向其身体左侧推按，使其外展活动幅度超越 170°而产生剧痛，并且抓握手腕位置一定要正确，必须使肘关节成反关节控制，才能达到控制的效果。

直臂按压手腕并外旋(此时其肩关节外展时外旋的活动幅度为 90°)使上肢运动受到相互制约，手臂应有的能力及其他方面的抵抗能力必定丧失。

图 14-13

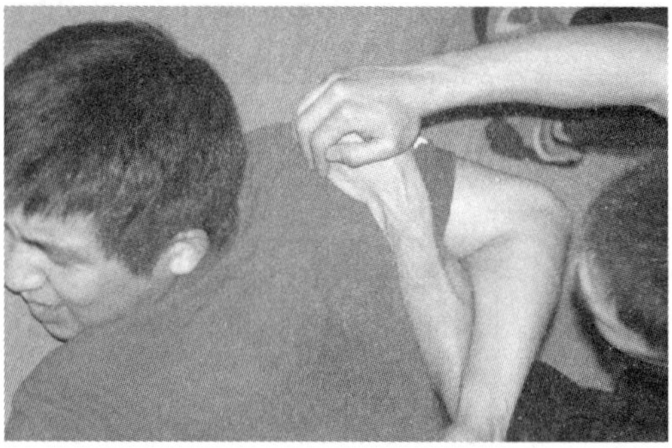

图 14-14

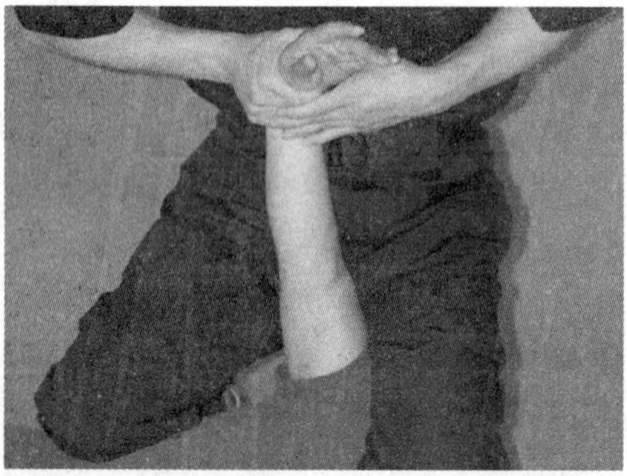

图 14-15

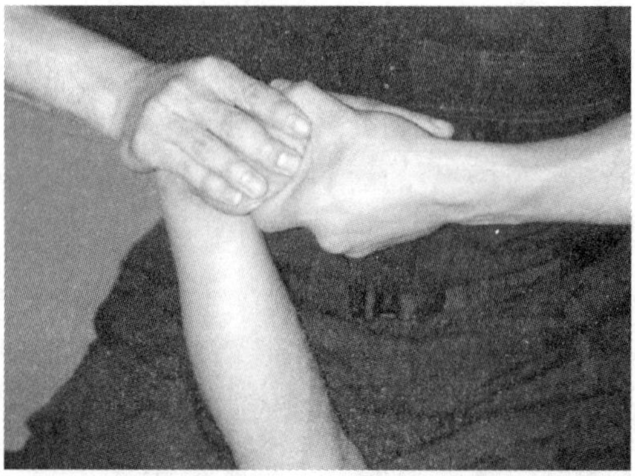

图 14-16

第六节 如何欣赏武术比赛

一、武术比赛的分类和比赛项目

武术比赛按照竞赛类型分为：个人赛、团体赛。武术竞赛项目包括：长拳、太极拳、南拳、剑术、刀术、枪术、棍术、太极剑、南刀、南棍、传统拳术(除规则规定的自选拳术内容以外的拳术)，其中第一类：形意、八卦、八极；第二类：通臂、劈挂、翻子；第三类：地躺、象形等；第四类：查、花、炮、红、华拳、少林拳等)、传统器械(除规则规定的自选器械内容以外的器械项目)，其中第一类：单器械；第二类：双器械；第三类：软器械、对练项目：徒手对练、器械对练、徒手与器械对练、集体项目。

二、武术比赛场地

——个人项目的场地为长 14 米，宽 8 米。

——集体项目的场地为长 16 米，宽 14 米。

三、武术比赛的时间要求

比赛中运动员必须在规定的时间内完成套路。套路完成时间：长拳、南拳、刀术、剑术、棍术、枪术、南刀、南棍套路：成年不少于 1 分 20 秒；青少年(含儿童)不得少于 1 分 10 秒。

太极拳、太极剑自选套路为3～4分钟；太极拳规定套路为5～6分钟。对练不得少于50秒。集体项目为3～4分钟。传统项目，单练不得少于1分钟。

四、武术比赛的服装和音乐

运动员应穿武术比赛服装成绩比赛。规程规定的配乐项目必须在音乐（不带歌词）伴奏下进行，音乐可以根据套路的编排自行选择。

五、武术比赛结果的判定

（一）武术比赛的结果

运动员的比赛结果由裁判员公开示分。个人单项（含对练）名次按比赛的成绩高低排列名次。得分最高者为该单项的第一名，次高者为第二名，依次类推。个人全能名次：按各单项得分总和的多少进行评定，得分最多者为全能第一名，次多者为第二名，依次类推。集体项目名次：得分最多者为该项的第一名，次多者为第二名，依次类推。

得分相等的处理：

个人项目（含对练）得分相等的处理：①以难度分高者列前。②以完成高等级难度数量多者列前。③如仍相等，以演练水平分高者列前。④如仍相等，以演练水平扣分少者列前。⑤如仍相等，以动作质量扣分少者列前。⑥如仍相等，名次并列。⑦如有预赛、决赛成绩相等时，以预赛成绩高者列前。若再相等，则以决赛成绩按上述几条区分名次。

个人全能得分相等时，以比赛中获单项第一名多者列前；如仍相等，则以获得第二名多者列前；如获得所有名次均相等，则并列。

集体项目得分相等时，按个人项目第3、4、5、6条办法确定名次。

团体总分相等时，以全队获得单项第一名多者列前；如仍相等，则以获得第二名多者列前，依次类推；如获得单项名次均相等，则并列。

（二）武术比赛评分方法与标准

武术比赛中自选项目的裁判员由评判动作质量的裁判（A组）3～4名、评判演练水平的裁判（B组）4名、评判难度的裁判（C组）3～4名组成。

评分方法：各项比赛的满分为10分。其中动作质量的分值为5分；演练水平的分值为3分，难度的分值为2分。A组裁判员根据运动员现场完成动作的质量，用动作质量的分值减去各种动作规格错误和其他错误的扣分，即为运动员的动作质量。B组中由2名裁判按照套路动作劲力、节奏及音乐的要求整体评判后确定的等级平均分数减去另外2名裁判员对套路编排错误的扣分，即为运动员的演练水平分。C组裁判员根据运动员现场整套难度完成的情况，按照各项目动作难度和连接难度的加分标准，确定运动员现场完成动作难度、连接难度的累计分，即为运动员的难度分。

对运动员演练水平的评分的着眼点是：完成套路的劲力、节奏、音乐。凡劲力充足，用力顺达，力点准确，节奏分明，动作与音乐和谐一致者为“很好”。凡劲力较充足，用力较顺达，为“一般”。凡劲力不充足，用力不顺达，为“较差”。运动员现场完成套路时，缺少规程规定的必选动作，套路的结构、布局与要求不符，都将被扣除一定分数。运动员完成动作的难度、动作连接的难度可能获得难度加分。难度越大，加分越多。运动员成功完成被确认的创新难度将获得创新难度加分。

对练、传统拳术、传统器械、集体项目无难度组别要求的竞赛项目则由裁判员根据运动员现场完成动作的质量，整套的现场演练的劲力、节奏、编排以及音乐，整体评判后确定示出的分数，即为运动员的演练水平分。

自选项目比赛中运动员的动作质量得分、演练水平得分和难度得分之和即为运动员的应得分数。

第十五章 太极拳运动

第一节　太极拳运动的起源与发展

太极拳是中华武术中最具哲理及文化内涵的优秀拳种。“太极”的含义博大精深，其运动中处处渗透和体现着中华民族传统的哲学思想，几千年来，这些思想深刻地影响着中华民族的思维方式和行为方式，学习太极拳成为认识和了解中华民族的极好途径。此外太极拳还具有独特的健身功能和显著的健身效果。在我国大多数高等学校，太极拳均被列为体育课的主要内容。在全民健身的高潮中，太极拳成为最受欢迎的项目。习练太极拳的人已经遍及全世界150多个国家和地区。太极拳运动是中华民族的瑰宝，将在新的历史时期为人类奉献出更多的康乐与祥和。

太极拳运动的起源与发展分为五个时期，即无形、成形、成熟、繁衍、从规范化向多样化发展的时期。

一、太极拳运动发展的无形时期

太极拳运动以形体动作表达、阐述、弘扬了中国人对生命、对自然、对平衡发展的理解。在其脱胎成型之际，受中国传统文化、民族习俗和宗法思想的影响，在民族文化总体氛围中孕育、产生、发展。自然地融汇了易学、哲学、中医学、伦理学、军事学、养生学等多种文化思想和文化观念，文化内涵丰富。太极拳运动的文化内涵主要由武技、哲理和养生构成，这些文化基因是形成太极拳运动的基础。

1. 太极拳运动的武技基因

主要指太极拳运动的攻守动作，这早于两千多年前的先秦时期已成体系。

太极拳运动的本质属性是技击性，其动作符合攻防规律，具有攻防含义。武术的技击性源于原始社会的狩猎技术，并在古代军事斗争中得到迅速发展。因此，太极拳在创编过程中广泛吸收了多种武术拳种动作，其中，最为突出的是明朝戚继光的拳法。

2. 太极拳运动的哲理基因

太极拳运动深受传统哲学影响，被誉为“哲拳”。此外还受其他多种文化思想、文化观念的影响，其中主要是老子学说。

图 15-1　太极图

(1)太极理论或称中国古典阴阳哲理。其源自先秦。“太极”一词最早出现于《周易》，其中写到：“易有太极，是生两仪，两仪生四象，四象生八卦，八卦定吉凶，吉凶生大业。”这里“太极”是指变化的源头，派生万物的原体，最高的存在范畴。后经宋代哲学家周敦颐的《太极图说》和道家的《太极图说》发展起来。太极理论认为：“太极分阴阳两仪，动静虚实。”即阴阳对立统一规律。如图15-1太极图所示，黑为阴，白为阳，黑白环依，相抱不离。白鱼黑眼谓之“阳中有阴，刚中寓柔”；黑鱼白眼谓之“阴中有阳，柔中寓刚”。刚柔相济，阴阳互补，平衡内敛，即中华儒家文化的核心——“中庸之道”。太极理论在发扬和传播中国传统哲学思想方面起着重要作用。它概括了世间万物一分为二，正反对比，明暗对照，相互依存，相互包容，相互蕴含，万事万物密切联系。扬弃其中的唯心主义糟粕之后，其辩证法的内核仍在我们的生活和工作中随处可见，成为维系中华民族的精神纽带。

太极拳的产生、称谓、拳理、运动特点、技术要求和攻防原则等无不包含阴阳哲理。

阴：	吸	蓄	屈	退	落	收	化	柔	静	虚	合等
	|	|	|	|	|	|	|	|	|	|	|
阳：	呼	发	伸	进	起	放	打	刚	动	实	开等

太极拳运动就是一对一对矛盾之间互根、互换、互用、互利的运动，所以说太极拳是由阴阳两大范畴构成的运动。习练太极拳，就是处处以协调阴阳为标准。

（2）老子学说对太极拳运动的影响。太极拳运动深受老子的“天下莫柔弱于水和气，而攻坚疆者莫之能胜”的思想的影响，意思是看上去柔弱的水能冲决一切坚强障碍，形成“贵柔”，“反者道之动，弱者道之用”。在太极拳中形成“以小胜大，以弱胜强，以柔克刚”的“反者”的技击思想，这是太极拳运动的一个重要特征。老子的“道法自然，无为而无不为”促成了太极拳松静自然，舍己从人的技击要求。老子的“致虚极，守静笃”追求虚静的修身思想影响了太极拳“心静，神敛”要求的形成。老子“道”的“周行不殆”的循环思想形成了太极拳“圆”的运动特点。老子的“虚其心，实其腹”的修身状态直接影响了太极拳“含胸拔背，气沉丹田”技术要求的形成等。

3. 太极拳运动的养生基因

主要指导引、吐纳之法和中医理论的经络学说。其源自先秦文献中记载的养气、养形术，经医学家的“五禽戏”、道家的“性命双修”、儒家的“天人合一”以及宋代的“八段锦”、明代的“易筋经”等养生强生法发展起来的导引吐纳方法，注重意念引导，气息吐纳。引导、吐纳之法就是呼吸配合动作，活动全身，疏通经络的健身运动。太极拳正是吸收了这一特点，要求呼吸与动作配合所谓“拳式呼吸”。中医认为：经络是布满人体的气血通道，发源于脏腑，布流于四肢百骸。脏腑经络气血和则健身益寿，失和则疾病生。太极拳与之结合要求“以气运身，气遍身躯”，通过意想劲力传替，循经而动，促进气血运行，起到健身作用。随着太极拳理论的不断完善，我们已经把过去的习练太极拳提升到修炼太极拳。即修品德、修涵养；内练精气神、外练筋骨皮，以达到“天人合一、内外合一、神形合一”的理想境界。“天行健，君子以自强不息，地势坤，君子以厚德载物”。修中华民族之精神，练中华民族之体魄，太极拳运动正为人类的身心健康做出巨大的贡献。

二、太极拳运动发展的成形时期

据史学家考证，明末清初是太极拳运动发展的成形时期，迄今已近400年。其中，河南温县陈家沟陈王廷在总结民间和军队流行的拳法的基础上，综合吸收了明代各家拳法之长，尤其是戚继光的三十二式长拳，取众家之长编创出太极拳早期的拳架。陈王廷留有拳论《拳经总歌》奠定了后世各家太极拳技法发展的基础。

三、太极拳发展的成熟时期

清朝中叶，太极拳进入了成熟期，主要表现为：其一出现了太极拳经典文论，如王宗岳编定的《太极拳谱》，为太极拳经典理论中评价最高的论著，奠定了太极拳的发展基础。其二出现了健身功能的拳架。

四、太极拳运动发展的繁衍时期

进入20世纪上半叶，太极拳发展日益兴盛，出现分支迅速、流派繁衍的繁荣景象。陈、杨、吴、武、孙等流派自成体系，推动了太极拳运动的发展。

五、太极拳运动从规范化向多样化发展的时期

20世纪下半叶后，太极拳从规范化向多样化发展，迎来了社会化和国际化发展的大好局面。

(1)太极拳的规范化发展促进了太极拳运动的普及。1956年国家体委组织创编《二十四式简化太极拳》《三十二式太极剑》等太极拳套路，并以杨式太极拳的技术标准为主制订了太极拳比赛评分标准，这些举措有力地推动了太极拳运动的群众普及性，促进了太极拳运动的社会化发展。

(2)太极拳的多样化发展促进了百花齐放的局面。在原有五大流派的基础上发掘出李式、和式、赵堡式等民间流传的太极拳拳架，并创编出陈式、杨式、吴式、武式、孙式太极拳竞赛套路和《四十二式太极拳》《四十二式太极剑》竞赛套路。

(3)太极拳走向世界，迎来国际化的新阶段。随着我国改革开放的不断深入，太极拳迅速走向世界进入国际体坛，据统计太极拳已传播到150多个国家和地区。

第二节 太极拳的特点及技术要领

一、太极拳的特点

尽管太极拳存在各种流派，在力度、速度以及表现的含蓄程度上各有差异，但在基本特点上各式太极拳是一致的。太极拳的共同运动特点是：

(1)心静意导，呼吸自然。要求思想专一，心理安静，意念引导动作。太极拳的用意指的是练拳的意识、想法，是大脑皮层产生的一种心理定向活动，符合生理学诱导规律。呼吸要求自然平稳，并与动作配合。

(2)中正安舒，松柔连贯。要求立身中正，架势平稳舒展。动作松展柔和，不僵不拘。速度均匀，动作连贯，如行云流水，连绵不断。

(3)圆活自然，周身协调。要求动作多走弧形或螺旋形，转折圆润和顺，衔接自然。头、眼、手、脚、躯干相互配合，内(指的是意念、呼吸、劲力)外(指的是躯干、四肢)一体，以腰为轴，上下相随，完整一气。

(4)轻灵沉着，刚柔相济。指的是劲力特点，“劲”就是运动中肌肉力量灵活多变的运用。用“劲”应该如抽丝般柔而不软，刚而不硬，富有韧性和弹性。太极拳古典拳论说“刚柔相济，方为懂劲”。“懂劲”就是指用劲和换劲的方法，如定势阶段，劲力要沉着，动作转变阶段劲力

要轻灵、柔和。

二、太极拳的技术要领

(1)头部:“悬顶正容”避免颈部肌肉僵硬,保持顶平颈直。面部要自然,放松,下颌微向里收,舌轻轻舔住上颚。强调“虚领顶劲”,也就是提起全部精神。眼神要随身体的转动注视前手、上手(个别时候看后手)或平视,不可杂视、斜视或呆视,力求神态自然。

(2)躯干:练习太极拳时要求含胸拔背,避免挺胸或过分内含,保持胸部肌肉自然松弛,这样有利于呼吸的自然。练拳时要保持腰脊的中正安舒,不偏不倚。以腰为轴,身体运转灵活,周身完整一气。腰部向下松垂,可增强腿部力量,使下盘得以稳固。练太极拳时要求垂臀、正脊以维持躯干的正直。

(3)下肢:腿部活动时,首先要求胯膝放松便于进退灵活、点起点落、轻起轻落、过渡自然、虚实分明。注意展踝扣膝,十趾抓地,膝盖不过脚尖。

(4)上肢:练拳时注意肩、肘放松。即“沉肩垂肘”。掌指自然舒展,手法的屈伸转换,力求轻松灵活。出掌要自然,握拳要松活。臂部始终保持一定弧度,动作不要突然断劲,做到轻而不浮,沉而不僵。

第三节 太极拳运动的健身机理

“详推用意终何在?益寿延年不老春。”实践证明,太极拳是一项对身体十分有益的体育活动。以下将按照人体各主要系统和身体各主要部位分别说明太极拳的健身机理。

一、太极拳运动对人体各主要系统的影响

1. 太极拳运动对神经系统的影响

根据近年来生理学的发展,使我们更进一步地认识了中枢神经系统对人体的重要作用。神经系统是调节与支配所有系统与器官活动的枢纽。太极拳运动能增强中枢神经系统的机能。

练习太极拳,要求“心静”,注意力集中,使大脑皮层进入保护性抑制状态,对处于高度紧张的脑力劳动的人们是一种积极的休息。

练习太极拳,动作需要“完整一气”,由眼神到上肢、躯干、下肢,上下照顾毫不散乱,前后连贯,绵绵不断,还需要有良好的支配和平衡能力,对中枢神经系统起着训练的作用,从而提高了中枢神经系统的工作能力,活跃了其他系统与器官的机能,加强了大脑的调节作用。

习练太极拳时周身感觉舒适,精神焕发,“情绪”提高。情绪提高可以使各项生理机制活跃起来。试验证明,做一种运动时,在用体力之前,仅仅是精神的影响就可以使生理生化指标、气体代谢等发生良好改变。

练习太极拳要求“用意”,大脑不断发出良性信号,会使人体气血及能量会聚于意守部位,试验证明,此时意识部位血流量增加30%左右,可以促进人体新陈代谢,所以称之为“精神反馈”作用。

2. 太极拳运动对心血管系统的影响

练习太极拳能保持肺组织的弹性和胸廓的活动度,增强肺的通气功能和氧与二氧化碳的代谢功能,增进肺泡的换气功能。太极拳动作柔和舒展,使血管壁弹性增强,舒张压下降。因此可以预防心脏的各种疾病及动脉硬化、高血压等。

北京运动医学研究所的调查证实：两组老人进行一分钟台阶试验，结果证明：心电图异常的，太极拳组占28.2%，对照组占43.3%；血压太极拳组平均为134.1/80.8毫米汞柱，对照组则为154.5/82.7毫米汞柱；动脉硬化率太极拳组是39.5%，对照组是46.4%。

3. 太极拳运动对呼吸系统的影响

练习太极拳要求呼吸与动作适当配合，以加速静脉的回流。例如：吸气时胸廓的容积增大，内部的负压增高，上下腔静脉的压力减低，静脉回流加速。这一点在练习太极拳的过程中表现得非常明显。

太极拳的动作舒展，胸部不能紧张，这样就可以使呼吸自然，呼吸的效果就会增加，更好地加速了血液与淋巴的循环。

太极拳姿势要求气向下沉，即所谓“气沉丹田”，这是一种横膈式呼吸，它在医疗与保健上都有作用。膈肌每下降1厘米，胸腔内可增加气量300毫升。膈肌与腹肌的收缩与舒张，使腹压不断改变。腹压增高时，腹腔的静脉受到压力的作用。把血液输入右心房，相反当腹压减低时，血液则向腹腔输入，以改善血液循环的状况，加强心肌的营养。横膈的运动又可以对肝脏进行有规律性的按摩，是消除肝脏淤血、改善肝脏功能的良好方法。

4. 太极拳运动对心理健康的积极意义

太极拳运动十分重要的锻炼价值在于“修性”。中国传统的养生学十分重视性命双修。“修命”指的是生理状态的修炼。“修性”指的是心理状态的修炼。太极拳运动就是通过性命双修来达到生理、心理上的平衡。掌握太极拳运动的开合、刚柔、轻沉、动静等诸多技术原理，就能帮助人辩证地看待和处理问题。从轻松柔和的运动中悟出一些做人的道理，使之达到“天人合一、内外合一”的较高境界。所以说太极拳是一种修养，长期修炼就可以达到调心、静神、畅情、养形、怡性、乐群的最佳作用。

二、太极拳运动对身体各主要部位的影响

太极拳的健生性理根于传统医学，又符合现代科学，可以说身体各部位只要按照太极拳技术要求做动作，都有其特殊的健身功能。

（1）头部：技术要求为头顶虚领，颈部竖直。中医经络学认为头为百脉之宗，经络汇合于头，颈部竖直利于气血循环。

生理解剖学认为头为人体“司令部”，头顶虚领，相应肌肉轻微收缩，可以减轻头颅对颈椎的重压，对颈椎长期处于弯曲状态的伏案工作者来说，无疑是有益的。

（2）上肢：技术要求为松肩垂肘，坐腕撑掌。中医经络学认为肩部有多条经络穿过，松肩垂肘利于上肢经络畅通，滋润上肢末梢组织。腕部一段桡动脉管，称作“气口”是百脉汇聚之处，中医在此切脉能反映心、肺、肝、肾等脏器功能。坐腕和旋腕对“气口”及内脏器官功能的加强是有好处的。

生理解剖学认为肩关节活动范围大，并连接胸和背部，松肩垂肘能带动胸和背部等处放松，利于调节呼吸及气血流通。

（3）躯干：技术要求为含胸拔背，松腰敛臀。中医经络学认为胸、腹部内藏主要脏器，任脉和督脉由此通过，含胸拔背可以起到调和气血的作用。

生理解剖学认为含胸拔背，松腰敛臀可以使膈肌下降，胸腔容积增大，吸氧量增大，促进新陈代谢；对腹腔内消化器官起到一种柔和节律性的按摩作用；促进外围静脉血回流下腔静脉，利于心脏血液循环。

(4)下肢：技术要求为圆裆开胯，膝屈足抓。中医经络学认为胯裆处有多条经络穿过。裆部的“会阴穴”是任督二脉交汇处，圆裆开胯是自然接通任督二脉的锻炼方法，利于气血下引，滋润下肢末梢组织。

生理解剖学认为圆裆开胯可以加大髋关节和膝关节活动度及灵活性，足底抓地，刺激足底反射区相应反射活动，调节对应脏器机能，延缓衰老。

第四节 太极拳流派

太极拳在它的流传过程中，形成了不同风格和特点的各种流派，其中最著名的有五派：

(1)陈式太极拳：为清初陈王廷所创。经五代至陈长兴创编新架，新架扬弃了老架的一些高难动作。其动作特点：缠丝劲明显、刚柔相济、快慢相间。呼吸讲究“丹田内转”。并有刚烈发力和跳跃、震脚等动作。架式宽、大、低。

(2)杨式太极拳：为杨露禅(杨师从陈长兴学拳)所创。它是在学习和继承陈式太极拳的基础上创编的。杨露禅(1799～1872年)到北京传拳，为了适应大众健身的需要，开始改编拳套，经三代至杨澄甫(1883～1936年)定型为大架子。特点是中正舒展、均匀柔和、架势幅度大，无跳跃发力。目前流传最为普遍。

(3)吴式太极拳：1837～1892年得传于杨露禅及其次子班候小架子的满族人全佑，经其子吴鉴泉(1870～1942年)进一步修润定型。所以说吴式太极拳是在杨式太极拳的基础上演化而成的。特点是拳架小巧紧凑，身法斜中寓正，均匀柔和，无跳跃发力，风格与杨式同一趋向。

(4)武式太极拳：为武禹襄(武禹襄1812～1880年师从杨露禅学拳)所创。拳套编排结构类似杨式和陈式。特点是：身法严谨(胸腹部在进退旋转中始终保持中正)，姿势紧凑(左右手各管半边身体不相逾越，出手不过足尖，犹如干枝老梅)，强调开合虚实。

(5)孙式太极拳：创始人孙禄堂(1861～1892年)擅长形意拳和八卦拳，又学习武式太极拳，参合三派之长所创。其特点是：架高步活、转换灵活、进退相随(逢进必跟、逢退必撤)、开合相接(转变方向时多以开合连接)，故又称“活步太极拳”。

以上五种流派风格各异，但拳理归一。各流派除拳架套路外还有太极剑、太极刀以及太极推手等。

第五节 剑术和太极剑概述

一、剑 术

(一)剑 器

剑是我国很古老的一种兵器，被誉为“百兵之君”。剑的历史久远，我国出土的青铜剑是商代短剑，可见金属剑在我国至少已有三千年的历史。

(二)剑术的风格

剑的技术由其形制决定，因剑身修长，重量较轻，故剑术动作轻盈洒脱，气势流畅，灵活多变，刚柔相兼，富有韵律。

(三)剑术的发展

(1)春秋战国时期。佩剑、击剑之风盛行，当时的剑术主要以格斗形式出现。《庄子·论剑》记载："昔赵文王喜剑，剑士夹门而客三千余人，日夜相击与前，死伤者，岁百余人，好之不厌。"又据《汉书》、《管子》记载：吴王好剑客，百姓多剑瘢。可见当时的击剑近于实战。《吴越春秋》描述了越女练剑时闪展翻腾，上下飞舞，剑似流星，人如奔兔的剑术，反映了当时剑术发展水平。

(2)秦汉时期。剑成为了统治者的权贵象征并向舞练娱乐演变。随着社会的进步，刀、枪、弓、箭等兵器在战争中取代了剑，开始成为统治者的权贵象征，剑术也由征杀格斗向舞练娱乐演变。《隋书·礼仪志》记载：汉时自天子至百官，无不佩剑，并形成了一套严格的佩剑制度。"鸿门宴"上项庄"请与舞剑"演出了一场图谋暗杀的惊险场面。西汉后期盛行的"百戏"中还出现了剑术与舞蹈相结合的表演形式。

(3)唐宋时期。更趋向娱乐性，健身性，艺术性。朝野上下，文武将相，儒道戏杂，莫不以习武学剑为能事。诗人李白自称"十五好剑术，三十成文章"。王维自称"读书复骑射，带剑游淮阴"。杜甫描绘公孙大娘的剑舞："昔有佳人公孙氏，一舞剑器动四方。观者如山色沮丧，天地为之久低昂。耀如羿射九日落，罢如江海凝清光。"

(4)明清时期。出现了多种武术流派。这个时期武术有了进一步的发展，出现了多种武术流派。但剑术多附属各拳种中，作为各门派器械出现。如太极剑是属于太极拳门派中的剑术。

(5)新中国成立后，武术作为民族体育项目，在挖掘、整理、继承的基础上，得到了空前的发展。剑术作为主要武术项目，更是备受人们喜爱，其内容不断丰富发展。现代剑术有：太极剑、武当剑、形意剑、八卦剑、昆仑剑、通臂剑、青萍剑、醉剑等几十种。这些剑术风格各异，是我国宝贵的文化财富。

二、太极剑

(一)太极剑简史

太极剑是属于太极拳门派中的剑术。因此兼有太极拳和剑术二者的风格特点。其历史较太极拳拳术和推手运动为晚，是近百年太极拳形成流派后，在古代剑术的基础上改造而成的。太极剑以它特有的魅力，深受大众的喜爱，其开展程度远比太极刀、枪、棍等器械广泛，并被列为全国武术比赛的正式竞赛项目。

十八式太极剑取材于杨式太极剑，此套路的创编可以使初学者尽快掌握基本剑法要领。

三十二式太极剑取材于杨式太极剑，此套路的创编极大地推动了太极剑的普及。

1992年创编的《四十二式太极剑》竞赛套路，进一步促进了太极剑的发展。

(二)太极剑风格特点

虽然各式太极剑内容、风格不同，但却具有以下共同特点：

(1)意领剑行，剑身合一。是首要特点。太极剑用意的对象主要集中在剑体上，剑随意动，通过意的引导，力的调整，把法的变化，剑恰似手臂的延长。做到身与剑合，剑与神合。

(2)圈化圈发，避实击虚。是技击特点。其剑法多表现为剑圈，如下半圈黏化对手，上半圈化而发之。避实击虚，符合太极拳引进落空即出的拳理。

(3)以腰带剑，劲透剑身。是劲力特点。腰是全身的枢纽，劲力应发于腰，用腰带剑运行，透过臂腕，达于剑尖。也叫"透三关"，即指腰、臂、剑一贯。

(4)手空剑活，剑法清晰。是把法特点。"手心空，使剑活"，千变万化的剑法都要通过手的灵活运用体现。剑法要求力点准确，动作规范，清晰准确地表现出各种剑法的攻防含义。

(5)此外，太极剑还具备太极拳的运动特点。即：呼吸自然，中正安舒，松柔连贯，周身协调，轻灵沉着，刚柔相济。

第六节 学练太极拳运动的步骤以及注意事项

《太极拳论》提到学练太极拳应“由着熟而渐悟懂劲，由懂劲而阶及神明”。概括为：“着熟”“懂劲”“神明”三个步骤。

1. 外型求正

指以追求动作外型规格正确为主的阶段。传统太极拳称之为“着熟”。

此阶段应在姿势，动作上打好基础，正确掌握步型、步法、腿法、身法、手型、手法、眼法等基本技术，练习时应注意以下几点：

(1)端正：上肢自然正直，肩胯放松，不可俯仰歪斜，耸肩、扭胯。

(2)缓慢：动作缓慢不仅是太极拳动作本身的要求，更是为了正确掌握动作要求及感知动作的时空感。

(3)轻匀：动作用力要轻、要匀，不要用拙力，不能忽快忽慢。

(4)圆活：指动作的造型及运动轨迹。太极拳动作“非圆即弧”，动作转换自然不停滞。

(5)舒展：姿势和动作饱满，就好像一个充满气的气球，柔和饱满，具有向外膨胀，支撑八面的张力，这种张力称之为“掤劲”。

2. 内意求劲

指在外型正确的基础上，追求内意、劲力的变化，掌握用力特点。传统太极拳称之为“懂劲”。

这个阶段重点通过连贯的动作节奏、松柔的动作用力等，在内意引导下，练就内劲。这个时期要注意：

(1)连贯：单个动作要节节贯穿，一气呵成。具体到每一个动作在完成过程中也要连贯一气。

(2)协调：指全身各关节的配合关系。做到手眼身法步协调一致，全身“一动无不动”，上下相随。

(3)松柔：指动作力量。这个时期已发展为松柔，通过全身各个主要关节放松，减少主动肌与被动肌的抗阻，练就刚柔相济的内劲。

3. 内外求和

指意、气、劲、形、神高度统一，即意念、呼吸与动作协调配合。传统太极拳称之为“神明”。

这个阶段重点通过在动作力量上精细地分虚实，调整呼吸，强调用意，实现内外的高度统一。这个时期要注意：

(1)意识：是统领太极拳运动的总纲。第一阶段的用意是注重记忆动作，第二阶段的用意是注重动作要领规格。这个阶段用意则注重技击，劲力的运用方法的想象，以及极为精细的虚实动静的体会。

(2)呼吸：初学者只要求自然呼吸。这个阶段的呼吸应适应劲力与动作要求，这种呼吸称“拳式呼吸”。如动作转换时劲力轻灵，应吸气，动作定势时劲力沉着，应呼气。

(3)虚实：是太极拳的主要特点。从整体动作看，动作定势为“实”，动作转换过程为“虚”。

从动作局部来分，主要支撑体重的腿为“实”，辅助支撑或移动换步的腿为“虚”。体现动作主要内容的手臂为“实”，配合的手臂为“虚”。当然，虚实不能绝对化，虚中有实，实中存虚运转才能自如。

(4)劲力：指运动中力量的运用。这一阶段着重练习劲力的转换和劲力的完整。

劲力的转换必须极精细的虚实辨别来完成。一般说，每个动作都有“起”“转”“蓄”“发”阶段，其中“起”“转”是虚，劲力轻柔；“蓄”为虚转实阶段，劲力轻灵收缩；“发”(定势)的阶段为实，劲力沉稳充实。

劲力的完整要求“起根在脚，发于腿，主宰于腰，形于手指”，强调腰腿发力、用力完整。

第七节　太极拳运动技击特点及部分动作攻防含义

一、太极拳运动的技击特点

太极拳与武术的关系。太极拳是武术项目之一。武术是我国宝贵的民族文化遗产，是以攻防技法为主要内容，以套路演练、格斗竞技和功法训练为运动形式，以健身、修身、防身为目的，形神兼备，内外兼修的民族传统体育运动。武术源远流长，内容丰富，现有源流明晰，理法系统的拳种近130种，太极拳是其中主要拳种之一。

不少人迷惑不解，难于把太极拳与勇猛顽强的武术搏斗相联系。太极拳技击特点为：

(1)以柔克刚：就是以力弱胜力强的技法。即对方以刚劲攻来时，则用柔劲化解。

(2)以圆化直：“以柔克刚”是指劲力的运用方法，“以圆化直”是指运动的路线。假如对用直线力攻来，则将它用圆弧化开，从而使对方用不上力。

(3)以小制大：以小力胜大力，即“四两拨千斤”，这是太极拳的绝妙之处。

(4)以静制动：即敌不动我不动，敌若动我则动，后发先至，克敌制胜。

(5)以退为进：着重讲“走”和“粘”。走是柔化对方刚劲，粘是乘敌破绽而贴进，以制敌之技法。

要体现太极拳的技击特点，要求以下四步功夫：

听：以静待动，后发制人。

化：不以硬力相抗，运用灵活的运动，诱敌落空。

拿：避实就虚，取得主动，造成我顺敌背的态势。

发：乘虚而发，借力使力，全力出击取得最好效果。

二、太极拳部分动作攻防含义

(1)野马分鬃：例如，对方右手打来，即用右手向下采住对方右手腕，同时左脚上步插入对方身后，左前臂随之插入对方右腋下，用转腰分靠之力使对方仰倒。

(2)白鹤亮翅：攻防含义有二。一是对方两掌攻来，急用两手上下分开对方两掌，瓦解其攻势。二是对方右手攻来，用左手采住其右腕，右臂插入对方右腋下，用转腰横例之力使其前扑。

(3)搂膝拗步：一手搂开对方攻来的手脚，另一手前推反击。

(4)手挥琵琶：挒手法是合手撅臂。当对方右手打来，用右手握其腕部，向后牵引；同时左手贴于对方肘关节处，然后两手用力内合采用反关节擒拿方法，使对方右臂折伤。

(5)揽雀尾：包括了太极拳中最基本的四种攻防手法。太极拳的基本手法有八种，它们为“掤”“捋”“挤”“按”“采”“挒”“肘”“靠”。揽雀尾占据前四种。“掤”的含义是伸臂架接住对方来手，以观其变。术语称为“听劲”。“捋”的含义是当对方攻来，我一手附其手腕，另一手附于肘关节，顺势向后牵引。同时转腰侧领，使其扑空。它与强拉不同之处长在于借力巧取对方。“挤”的用法是当对方感到落空，急欲抽身后退之际，用前臂贴紧对方，用快速挤压之力战胜对手。“按”的原意是向下用力。但在太极拳中经常在向前用力之前，先向下牵引对方，使其向上反抗，重心升高，立足不稳，再快速发力前推，取得更大效果。

(6)高探马：当对方右拳或右掌击来，用左前臂外旋压住其腕或前臂，并顺势向下引带，右手乘势直击其面，又称迎面掌。

(7)左右蹬脚：用手分拨开对方的进攻，随即用脚蹬踹对方。

(8)左右下势独立：下势(仆步穿掌)：对方左手打来，用右手刁住其腕，随之蹲身下势，左腿，左掌插入对方裆下将对手掀起。独立挑掌：对方左手击来，用右掌向上挑开对方随即右腿屈提，用膝关节撞对方。

(9)左右穿梭：对方右手打来，伸右手向上挑架，同时用左手前推出击。左穿梭用意相同。

(10)闪通臂：用右手捋其右腕后带左手推击对方肋部。两手同时推掌，快速突然，腰、腿臂同时发力。“闪”形容快速如闪电。“通臂”或“通背”是指劲力达两臂或背部。

(11)转身搬拦捶：对方左手打来，用右搬拳格挡阻截，并旋臂右带；对方右手打来，即以左拦掌拦阻，以左手向右推开对方手臂，截断对方攻势；再用右拳直击对方。

(12)如封似闭：对方双手攻来，两手交叉插人两臂之间，顺势向后接引旋臂分手化开对方攻势，做到引进对方使其落空，再双手前按反击对方。

以上是太极拳部分动作的攻防含义，了解它对正确掌握动作姿势，深刻理解技术本质，体现太极拳刚柔相济的运动特点，将起到积极的作用。

第八节　传统太极拳经典拳论

《太极拳谱》，作者王宗岳，此文集为太极拳经典理论中评价最高的论著，对近百年来太极拳的理论和实践发展有着深刻的影响。其内容包括《太极拳论》《太极拳译名》两篇文章和《十三势歌》《打手歌》两篇古代民歌体歌诀。现把其中两篇介绍如下，以帮助同学们加深对太极拳的认识和理解。

太极拳论(原文)

太极者，无极而生，阴阳之母也。动之则分，静之则合。无过不及，随屈就伸。人刚我柔谓之走，我顺人背谓之黏。动急则急应，动缓则缓随。虽变化万端，而理为一贯。由着熟而渐悟懂劲，由懂劲而阶及神明。然非用力之久，不能豁然贯通焉。

虚领顶劲，气沉丹田。不偏不倚，忽隐忽现。左重则左虚，右重则右杳。仰之则弥高，俯之则弥深。进组织则愈长，退之则愈促。一羽不能加，蝇虫不能落。人不知我，我独知人。英雄所向无敌，盖皆由此而及也。斯技旁门甚多，虽势有区别，概不外乎壮欺弱，慢让快耳。有力打无力，手慢让手快，是皆先天自然之能，非关学力而有为也。察四两拨千斤之句，显非力胜，观耄耋能御众之形，快何能为？

立如平准，活似车轮。偏沉则随，双重则滞。每见数年纯功不能运化者，率皆自我人制，双重之病未悟耳。欲避之病，须知阴阳。黏即是走，走即是黏。阴不离阳，阳不离阴，阴阳相济，方为懂劲。懂劲后愈练愈精，默识揣摩，渐至从心所欲。

本是舍己从人，多识舍近求远。所谓差之毫厘，谬之千里，学者不可不详辨焉。是为论。

文章分析：

(1)太极拳的名称来自古代太极阴阳学说，反映了朴素的辨证思想。

(2)太极拳属于武术，其拳理表现了技击攻防规律。

(3)提出太极拳的运动特点。

注释：

(1)阴阳之母——指太极是产生阴阳的母体。

(2)无过不及——不要过分和不足。

(3)我顺人背——“顺”指主动状态，“背”指被动、受牵制状态。

(4)着熟——技法熟练。

(5)懂劲——明白理解了劲力变化的技巧规律和力学原理。

(6)虚领——“领”指头颈，“虚”指轻微、自然状态。

(7)丹田——人体脐下小腹部。

(8)杳——见不到踪影。

(9)弥——更加。

(10)盖——追根推源。

(11)耄耋——古书中指80~90岁的老人。

十三势歌(原文)

十三总势莫轻视，命意源头在腰隙。
变换虚实须留意，气遍身躯不少滞。
静中触动动犹静，因敌变化示神奇。
势势存心揆用意，得来不觉费工夫。
刻刻留意在腰间，腹内松净气腾然。
尾闾中正神贯顶，满身轻利顶头悬。
仔细留心向推求，屈伸开合听自由。
入门引路须口授，功夫无息法自修。
若言体用何为准？意气君来骨肉臣。
详推用意终何在？益寿延年不老春。
歌兮歌兮百四十，字字真切意无遗。
若不向此推求去，枉费工夫贻叹息。

歌诀分析：

(1)指明了太极拳意、气内导与肢体外动的主从关系，引导人们认识太极拳是内外兼修，以内为主的内功拳，绝不能停留在只重形体锻炼上面。

(2)提到太极拳套路和攻防两方面的特点。

(3)指出太极拳的目的是为了促进人们健康长寿。

注释：

(1)十三总式——指太极拳的八种基本手法和五种基本步法。即挪、捋、挤、按、采、挒、肘、靠和进步、退步、左顾、右盼、中定，又称八法五步。这也是太极拳的别名“十三势歌”即“太极拳歌”。

(2)命意——指人的精神和肉体。腰隙——指“命门穴”，中医认为“命门为元气之根”。

(3)揆——度量、揣度。

(4)尾闾——又称尾骶，包括骶椎和尾椎。

(5)体用——指事物的本体及运用。

(6)贻叹息——遗憾、惋惜。

第九节 太极拳、太极剑、太极扇套路的动作名称及提示

一、陈氏太极拳

(一)陈氏太极拳简介

陈式太极拳是一种起源于明末的汉族拳术。陈氏始祖陈卜全家定居清风岭上的常阳村后，勤劳耕作，兴家立业，为了保卫桑梓不受地方匪盗危害，精通拳械的陈卜在村中设立武学社，传授子孙习拳练武。属于汉族传统武术百花园中的一朵奇葩。

(二)陈氏太极拳风格特点

陈王廷(1600～1680年)又名陈奏庭，系明末武庠生、清初文痒生，文武双全，曾只身闯玉带山，劲阻登封武举李际遇叛乱，为清廷在山东平定盗匪立过战功，虽在河南、山东负有盛名却不被清廷重用。陈王廷报国无门，收心隐退，在耕作之余，依据自己祖传之一百单八式长拳，博采众家精华，结合易学上有关的阴阳五行之理，并参考传统中医学中有关经络学说及导引、吐纳之术，发明创造出了一套具有阴阳相合、刚柔相济的新型拳术，包括太极拳五路、炮捶一路、双人推手及刀、枪、棍、剑、锏、双人粘枪等器械套路。

陈王廷老年能够造拳，还与一个叫蒋发的武林高手是分不开的。王廷公早年闯玉带山李际遇山寨时，曾结识李际遇部下一名战将蒋发，此人武艺也相当精湛，传说脚快如飞，可百步追兔。李际遇被清政府镇压后，蒋发落难投奔了陈王廷，以陈王廷为友为师，自己甘愿为仆为徒，关系甚密，使陈王廷造拳有了切磋的对手，所造太极拳可以在实践中得以检验，不断修正。

陈家沟拳械套路有：老架一、二路(炮捶)；新架一、二路(炮捶)；小架一、二路以及五种推手法、太极单刀、双刀、单剑、双剑、双锏、梨花枪、白猿棍、春秋大刀、四杆、八杆、十三杆等。

陈氏太极拳经过近百年的发展演变，派生了杨、吴、武、孙四大流派。

(三)陈式三十六式太极拳

陈式太极拳是明末清初，河南温县陈家沟陈氏第九代陈王廷所创，陈式太极拳将阴阳、动静、正反、有无、形神等对立统一的哲理和宗教、哲学、伦理、医学、武学、艺术等精神资源融人武术之中，集技击、强体、健身、益智和修性为一体，是符合人体运动规律的优秀拳种，属于国家级非物质文化遗产。

《陈式太极拳三十六式》套路，是在陈发科先生传授的陈式太极拳第一路基础上简化而成

的。共分为四段，是传统套路的1/3～1/4，其动作简单易行，注重运用人体运动规律，符合人体生理特点，动作规律除了由易到难外，运动量也是由小到大，再逐渐趋于平缓，为广大爱好陈式太极拳的人们提供了更好的学习教材。

(四)陈式太极拳三十六式动作名称及分解提示

预备式

第一段：1. 起势：(1)左脚开立；(2)双手左前棚；(3)双手右后捋；(4)双手左上棚；(5)转身右捋。2. 金刚倒碓：(1)擦步推掌；(2)躬腿前棚；(3)虚步撩掌；(4)提膝握拳；(5)震脚砸拳。3. 揽扎衣：(1)转腰托拳；(2)转腰分掌；(3)提脚擦步合臂；(4)马步横掌。4. 白鹤亮翅 ：(1)扣脚下捋；(2)摆脚右捋；(3)丁步合臂；(4)虚步分掌。5. 斜行拗步：(1)转腰下捋；(2)擦步捌掌；(3)弓步击掌；(4)弓步横掌。6. 提收：(1)扣脚合手；(2)收脚收手；(3)提膝推按。7. 前蹚：(1)落脚擦步下捋；(2)弓步前挤；(3)上步十字手；(5)马步分掌。8. 掩手肱捶：(1)震脚擦步；(2)马步分手；(3)合臂裹拳；(4)弓步冲拳。9. 双推手：(1)转腰下捋；(2)转身棚臂；(3)上步托掌；(4)虚步双推掌。10. 肘底捶：(1)转腰错掌；(2)转腰磨掌；(3)划弧分掌；(4)立掌握拳；(5)右云开步；(6)左云并步。

第二段：11. 倒卷肱：(1)提步穿掌；(2)马步分掌；(3)退步卷肱；(4)马步分掌；(5)退步卷肱；(6)马步分掌。12. 退步压肘：(1)转腰合臂；(2)退步按掌。13. 左右野马分鬃：(1)扣脚下捋；(2)转身绕臂；(3)提膝托掌；(4)马步穿掌；(5)摆脚翻掌；(6)重心前移；(7)提膝托掌；(8)马步穿掌。14. 左右金鸡独立：(1)弓步踏掌；(2)转身右捋；(3)转身左捋；(4)丁步收掌；(5)提膝上穿掌；(6)震脚按掌；(7)擦脚左推；(8)丁步收掌；(9)提膝上穿掌。15. 右六封四闭：(1)撤步穿掌；(2)扣脚托掌；(3)马步分掌；(4)虚步按掌。16. 左单鞭：(1)转腰错掌；(2)转腰出勾；(3)擦步扣脚；(4)马步横掌。

第三段：17. 云手：(1)收脚摆掌；(2)开步右云手；(3)叉步左云手；(4)开步右云手。18. 高探马：(1)马步分掌；(2)虚步推掌。19. 右左擦脚：(1)转腰下捋；(2)转腰棚臂；(3)弓步合臂；(4)屈肘右擦脚；(5)弓步合臂；(6)摆脚屈肘；(7)分手左擦脚。20. 蹬一根：(1)扣脚落地；(2)收脚握拳；(3)侧踹弹拳；(4)弓步撩拳。21. 披身捶：(1)马步左披捶；(2)马步右披捶。22. 背折靠：(1)转腰折腕；(2)拧腰折靠。23. 青龙出水：(1)转腰左掩肘；(2)转腰右掩肘；(3)弓步撩手；(4)马步右弹拳。24. 白猿献果：(1)转腰下捋；(2)转腰棚臂；(3)转腰收拳；(4)提膝上出拳。25. 左六封四闭：(1)落脚穿掌；(2)上步托掌；(3)马步分掌；(4)虚步双按掌。26. 右单鞭：(1)转腰错掌；(2)转腰出勾；(3)擦步扣脚；(4)马步横掌。

第四段：27. 双震脚：(1)分掌后跳；(2)虚步按掌；(3)双震脚按掌。28. 玉女穿梭：(1)落脚穿掌；(2)跳擦步架推。29. 兽头势：(1)转腰塞拳；(2)跳转龙摆；(3)马步棚打。30. 雀地龙：(1)转腰合臂；(2)仆步穿掌。31. 上步七星：(1)弓腿举拳；(2)虚步架拳；(3)翻腕撑掌；(4)翻腕架拳。32. 退步跨虎：(1)退步转身分掌；(2)丁步合掌。33. 双摆连：(1)转身旋掌；(2)提膝分手；(3)落脚摆掌；(4)摆莲拍脚。34. 当头炮：(1)落脚后推掌；(2)坐腿收拳；(3)马步棚打。35. 金刚倒碓：(1)旋掌左捋；(2)弓步前棚 ；(3)虚步撩掌；(4)震脚砸拳。36. 收势：(1)抱拳翻掌；(2)落掌垂臂；(3)并步还原。

二、十六式太极拳

十六式太极拳是中国武术段位制初段技术规定教程的二段太极拳，共有16个规定动作。

它是在八式太极拳的基础上，结合了步伐的动作，突出对进、退、侧进等基本步伐和基本手法的练习。本套路虽难度不大，却包含了太极拳的主要动作，简练易学，具有良好的养身、健身功效，是帮助全民更好参与太极拳动作的精编套路！

十六式太极拳动作分解口令表：

1. 起势：(1)两脚开立；(2)两臂前举；(3)屈膝按掌。

2. 左右野马分鬃：

左野马分鬃：(1)抱球收脚；(2)转体迈步；(3)弓步分手。

右野马分鬃：(1)重心后移；(2)抱球跟脚；(3)转体迈步；(4)弓步分手。

3. 白鹤亮翅：(1)转体抱球；(2)跟步后坐；(3)虚步分手。

4. 左右搂膝拗步：

左搂膝拗步：(1)转体落手；(2)转体收脚；(3)迈步屈肘；(4)弓步搂推。

右搂膝拗步：(1)重心后移；(2)转身跟脚；(3)迈步屈肘；(4)搂膝拗步。

5. 搬拦锤：(1)重心后移；(2)转身分手；(3)收脚掩手；(4)撇脚搬锤；(5)转体旋臂；(6)进步拦掌；(7)进步打拳(锤)。

6. 如封似闭：(1)穿掌交叉；(2)后坐收掌；(3)弓步推掌。

7. 单鞭：(1)转体扣脚；(2)钩手收脚；(3)转体迈步；(4)弓步推掌。

8. 手挥琵琶：(1)跟步摆掌；(2)后坐挑掌；(3)虚步合壁。

9. 左右倒卷肱：

左倒卷肱：(1)转体撤手；(2)提膝屈肘；(3)退步推掌。

右倒卷肱：(1)转体撤手；(2)提膝屈肘；(3)退步推掌。

10. 左右穿梭：

左穿梭：(1)转体扣脚；(2)转身撇脚；(3)收脚抱球；(4)迈步分手；(5)弓步推掌。

右穿梭：(1)重心后移；(2)抱球跟脚；(3)迈步分手；(4)弓步推掌。

11. 海底针：(1)跟步提手；(2)虚步插掌。

12. 闪通臂：(1)提手收脚；(2)迈步分手；(3)弓步推掌。

13. 云手：(1)转体云手；(2)云手收步；(3)云手出步；(4)云手收步。

14. 左右揽雀尾：

右揽雀尾：(1)转体抱球；(2)迈步分手；(3)弓步棚臂；(4)转体伸臂；(5)转体后捋；(6)转体搭手；(7)弓腿前挤；(8)后坐收手(到腰)；(9)弓步按掌。

左揽雀尾：(1)转体扣脚；(2)收脚抱球；(3)迈步分手；(4)弓步棚臂；(5)转体伸臂；(6)转体后捋；(7)转体搭手；(8)弓腿前挤；(9)后坐收手(到腰)；(10)弓步按掌。

15. 十字手：(1)转体扣脚；(2)撇脚分手；(3)左腿扣脚；(4)收脚合抱。

16. 收势：(1)分手前撑；(2)两臂下落；(3)收脚还原。

三、十八式太极剑

十八式太极剑是中国武术段位制，太极拳三段位必修的课程。它的动作特点和风格保持了浓郁的杨式太极剑的韵味，剑法清晰，舒展大方，套路结构简洁，易学、易练、易记，符合当今的生活节奏。

动作名称和分解动作提示：

预备式：(1)左手持剑身体直立；(2)左脚开立。

1. 起势：(1)两臂前举；(2)转体摆臂；(3)弓步前指；(4)坐盘展臂；(5)弓步接剑。
2. 并步点剑。
3. 撤步反击：(1)撤步合剑；(2)弓步反击。
4. 进步平刺：(1)提脚横剑；(2)上步收剑；(3)弓步平刺。
5. 向右平带：弓步右带。
6. 向左平带：(1)收脚收剑；(2)上步送剑；(3)弓步左带。
7. 独立上刺：(1)转体垫步；(2)提膝上刺。
8. 转身弓步劈剑：(1)撤步转体收剑；(2)弓步劈剑。
9. 虚步回抽：(1)转体回抽；(2)虚步前指。
10. 并步平刺：(1)垫步转体；(2)并步平刺。
11. 右弓步拦剑：(1)转体绕剑；(2)上步绕剑；(3)弓步拦剑。
12. 左弓步拦剑：(1)撇脚绕剑；(2)收脚绕剑；(3)弓步绕剑。
13. 进步反刺：(1)上步收脚；(2)转体后刺；(3)弓步反刺。
14. 上步挂劈：(1)转体挂剑；(2)弓步劈剑。
15. 丁步回抽。
16. 旋转平抹：(1)摆步横剑；(2)扣步抹剑；(3)虚步分剑。
17. 弓步直刺。
18. 收势：(1)后坐接剑；(2)上步收剑；(3)并步还原。

四、太极功夫扇

《太极功夫扇》是为积极支持北京市申办2008年奥运会，组织创编的太极拳新套路。这套太极扇的“新”主要表现在扇法与太极拳、太极剑、长拳、京剧、舞蹈的技法、风格以及现代歌曲相结合，令人耳目一新。

动作名称及提示：

预备式

第一段：1. 起势(开步抱扇)。2. 斜飞势(侧弓步举扇)：(1)收脚抱手；(2)开步插手；(3)侧弓步举扇。3. 白鹤亮翅(虚步亮扇)：(1)转腰摆扇；(2)转腰分掌；(3)虚步开扇。4. 黄蜂入洞(进步刺扇)：(1)收脚合扇；(2)转身上步；(3)弓步平刺。5. 哪吒探海(弓步下刺)：(1)后坐收扇；(2)扣脚转体；(3)弓步下刺。6. 金鸡独立(独立撩扇)：(1)收脚绕扇；(2)上步绕扇；(3)独立撩扇。7. 力劈华山(转身劈扇)：(1)落脚合扇；(2)盖步按扇；(3)翻身绕扇；(4)弓步劈扇。8. 灵猫扑蝶(翻身抡压)：(1)转体摆掌；(2)上步抡扇；(3)弓步压扇。9. 坐马观花(马步亮扇)：(1)虚步合扇；(2)退步穿扇；(3)马步展扇。

第二段：10. 野马分鬃(弓步削扇)：(1)转腰合扇；(2)弓步削扇。11. 雏燕凌空(并步亮扇)：(1)转腰穿扇；(2)并步亮扇。12. 黄蜂入洞(进步刺扇)：(1)摆掌上步；(2)弓步直刺。13. 猛虎捕食(震脚推扇)：(1)震脚收扇；(2)弓步推扇。14. 螳螂捕蝉(戳脚撩扇)：(1)转腰绕扇；(2)分手绕扇；(3)戳脚撩扇。15. 勒马回头(盖步按掌)：(1)转身合扇；(2)盖步按掌。16. 鹞子翻身(弓步藏扇)：(1)翻身绕扇；(2)撤步藏扇。17. 坐马观花(马步亮扇)：(1)返身穿扇；(2)马步展扇。

第三段：18. 举鼎推山(马步推扇)：(1)转体收扇；(2)马步推扇。19. 神龙回首(转身刺扇)：(1)转体收扇；(2)弓步平刺。20. 挥鞭策马(叉步反撩)：(1)撇脚绕扇；(2)上步绕扇；

(3)叉步反撩。21. 立马扬鞭(点步挑扇)：(1)转身挑扇；(2)点步推掌。22. 怀中抱月(歇步抱扇)。23. 迎风撩衣(并步贯扇)：(1)上步合扇；(2)并步贯打。24. 翻花舞袖(云手劈扇)：(1)云扇摆掌；(2)弓步劈扇。25. 霸王扬旗(歇步亮扇)：(1)转腰摆扇；(2)歇步亮扇。26. 抱扇过门(开步抱扇)：(1)开扇托抱；(2)合扇举抱。

第四段：同第二段。

第五段：35. 顺鸾肘(马步顶肘)：(1)马步合扇；(2)马步顶肘。36. 裹鞭炮(马步翻砸)：(1)转腰合臂；(2)抡臂叠拳；(3)马步翻抖。37. 前招势(虚步拨扇)：(1)转体摆掌；(2)虚步拨扇。38. 双震脚(震脚拍扇)：(1)屈蹲分扇；(2)蹬跳托扇；(3)震脚拍扇。39. 龙虎相交(蹬脚推扇)：(1)提膝收扇；(2)蹬脚推扇。40. 玉女穿梭(望月亮扇)：(1)落脚合臂；(2)插步展臂；(3)后举腿亮扇。41. 天女散花(云扇合抱)：(1)开步抱扇；(2)开步云扇；(3)插步抱扇。42. 霸王扬旗(歇步亮扇)：(1)开步展臂；(2)歇步亮扇。43. 行步过门(托扇行步)：(1)转身穿扇；(2)叉步抱扇；(3)抱扇行五步；(4)转身合掌；(5)开步合扇。

第六段：44. 七星手(虚步扇)：(1)两臂前举；(2)屈膝按掌；(3)虚步扇。45. 揽扎衣(弓步扇)：(1)收脚抱扇；(2)弓步扇。46. 捋挤势(后捋前挤)：(1)合手翻扇；(2)坐腿后捋；(3)转身搭手；(4)弓步前挤。47. 苏秦背剑(并步背扇)：(1)后坐平云；(2)转腰推扇；(3)并步背扇。48. 搂膝拗步(弓步戳扇)：(1)摆掌合扇；(2)转身上步；(3)弓步戳扇。49. 单鞭下势(仆步穿扇)：(1)转身勾手；(2)仆步穿扇。50. 挽弓射虎(弓步架扇)：(1)弓腿起身；(2)转腰摆臂；(3)弓步架扇。51. 白鹤亮翅(虚步亮扇)：(1)转腰合扇；(2)转腰分掌；(3)虚步开扇。52. 收势(抱扇还原)：(1)开步平举；(2)并步抱扇；(3)垂臂还原。

第十六章 散手

第一节 散手概述

武术，是以技击为主要内容的民族传统体育项目。散手是它的重要组成部分，散手是指运动员双方按照一定的竞赛规则，使用踢、打、摔、拿等技击动作，按得分多少来制胜对方的一项斗智斗勇较技的对抗性较强的一项中国传统体育运动项目。散手，俗称散打，古称相搏、手搏、卞、弁、白打、拍张、手战、抱手、相散手等。由于徒手相搏相角的运动形式在台子上进行，又称"打擂台"。

(一)散手简史

原始社会时期，人们为了获取生活资料，逐渐学会了使用拳打、脚踢、拌摔等动作"手格猛兽"。尤其是私有制萌发后，部落间的战争使人与人的技术不断发展，从奴隶社会到西汉时期的储具圆雕《格斗》上看，就生动地展现了徒手相搏的场景。春秋战国，"相搏"已较普遍。秦汉时叫手搏，比赛已较正规。隋、唐、五代时，手搏、角抵备受重视，比赛几乎形成制度。从隋、唐、五代时的手搏、角抵比赛中可看出大体规则情况：①不按体重分级；②主要用踢、打、摔的技法；③活动场地多在方形的台子上进行；④没有护具，比赛时多赤身穿短裤；⑤犯规处罚不明显；⑥获胜者给予重奖。宋代，手搏作为强身活动手足的重要手段。

散手的健身性和娱乐性的功能，从宋到明的著作中都有所反映。宋人调露子认为："上古之人淳素，以食饱饮足，或以前肱为格击，手赤未(来)取胜负。"由于手搏比赛时紧张、激烈，观者甚众。元、明、清时徒手较量的技艺仍在发展。各馆兄弟"操练武艺"，由于不同拳术风格各异，打法不一，因而经常通过比武较量发展技艺。"打擂"在民间也广为流传，诸如过春节，或其他节日集会，擂主在公开场合搭上擂台，迎战所有的人。这种比赛不用事先报名，来自各地的拳师只要地方同意就可以上台比试。

民国初期，习武开禁，拳技之风蓬勃一时。1909 年美国人奥皮音自称"世界无敌第一大力士"，在上海扬言要与中国人比武，河北省静海县武术大师霍元甲同其徒弟刘振声应邀赶赴上海，约定设擂台与其比武，奥皮音望风而逃。以后霍元甲留居上海，创办了"精武体操学校"，1910 年 3 月改为"精武体育会"。

1933 年，在南京举办的"全国运动大会"，仍设有散手项目。比赛以性别分组，按体重分级，并带有护具；规定裆部是禁区，击中者算作犯规；将对方击倒胜一局，三局两胜，没有时间限制，近似摔跤，一对选手比赛有的竟长达 1 小时以上，当时报纸又评论说"国术场成了斗牛场"。

新中国成立后，武术被当作优秀的民族文化遗产加以继承和发展。1952 年，武术正式被列为推广项目；随后在研究发展的重点上，先将武术运动形式作为推广、表演和竞技的重点。

但散手在民间仍有流传。至此，武术散手本着“积极、稳妥”的精神，每年都举行一次全国性的武术对抗性项目(散手)表演赛。在实践的基础上不断进行新的探索，总结充实并完善规则，终于在1987年全国武术对抗项目表演赛中，设台比武，全面确定了以擂台为民族特色的武术对抗项目竞赛形式。在由中国武术研究院、中国武术协会主办的1988年国际武术节上，首次举办了全国武术散手擂台赛，来自15个国家和地区的近60名运动员，为期3天的激烈角逐，中国队获得了7个级别中5个级别的冠军。这一竞赛形式和办法很快被参加比赛的国外朋友所接受，反映说“中国散手安全、有特色”。1989年，散手被批准列为体育正式竞赛项目。这是散手发展史上一个新的阶段。它的发展将进一步促进和推动散手的广泛开展，提高运动技术水平，使武术散手早日推向世界。

(二)散手的特点

散手既有别于其他体育项目，也有别于世界各国的技击术。散手运动经过历年的总结、改进和发展，已成为现代体育竞赛项目。它本着“更快、更高、更强”的奥林匹克精神，已逐步与国际体育接轨。目前，散手运动不仅在国内，而且在世界五大洲的70多个国家和地区开展和普及。散手之所以具有很强的感染力和生命力，是由它本身的特点和作用决定的。它的特点是：

(1)体育性：寓技击于体育之中是散手的第一特点。散手属于体育范畴，与各运动项目相同，这是共性。但它突出地反映了武术的本质——技击性，然而它又明显区别于使人致伤致残的技击术内容，即所谓致人于死地的绝招妙技，散手竞赛规则严格规定了后脑、颈部、裆部等为禁击部位。另外，从技法上，不管用哪种技术流派的击打方法均不允许使用反关节的擒拿动作，以及用肘、膝等技法进攻动作的使用方法。由于决策正确、方法得当，散手运动才得以顺利地开展和推广。

(2)对抗性：对抗性的技击，内容是武术散手基本特征。比赛双方没有固定的动作顺序，而是互以对方技击动作随机转移，互相指向对方的弱点斗智、较技。它不仅要求运动员熟练地掌握散手技术，还要有敏捷的应变能力。从而明显区别于武术套路运动形式。

(3)民族性：武术散手是中华民族优秀的文化遗产，是在中国特定的社会历史条件下逐渐演变发展形成的。因而，它具有一定的民族特色，中国散手不同于拳击，也不同于跆拳道，更不同于用头顶、肘撞、膝击的泰拳和不能用脚，只能用摔、拌、擒方法的柔道等对抗项目。日本空手道虽能手脚并有，但没有武术散手的快摔技术，法国的踢腿术也是以脚为主。诸如印度尼西亚的本扎，日本的相扑、踢拳道、体道、格斗术，以及法国的忍拳等都与武术散手的“远踢、近打、贴身摔”的技法不同，比赛形式和方法也不同。

尽管武术散手与世界各国技击术在技法上有某些共同特征，但却有着各自发展模式。中国武术散手是在继承武术传统的基础上逐步发展而来的体育竞赛项目。民族形式不是凝固的，也不能理解为只是“过去形式、历史形式、传统形式”，民族形式具有时代性，因此形式不是单一的，而是多变的，发展的。

散手运动发展过程中既要反对民族虚无主义，也要反对民族自大主义，要善于不断从世界各国的技术项目中取他人之长为我所用。使武术不断得以提高和发展，为人类健康做出贡献。

(三)散手的作用

(1)提高素质、健体防身。散手较力、较技、斗智、斗勇，对抗性强，对提高人体的速度、力量、灵巧、耐力等素质，提高内脏器官的机能，特别是对提高神经系统的灵活性，有较大的帮助和明显的作用。

通过实用性的攻防技术的练习，并在交手比试中不断体验战术的运用，提高应变能力。同时，经过艰苦的功法练习，增强了功力，易能发挥攻防技术的实效性。无疑这对提高人们克敌制胜和防身自卫的能力是行之有效的。尤其对公安武警和边防指战员更有特殊意义和作用。

(2)锻炼意志、培养品德。散手的练习对意志品质考验是多方面的，如功力练习克服疼痛难忍关，从不适应到适应。交手时首先要克服胆怯怕打关，逐步增加胆量。比武中遇到强手时要克服消极逃脱关，敢于拼搏，提高以弱胜强的智慧。耐力或比赛到最后一局时，要以顽强的毅力坚持到底，以及在比赛中正确对待胜负的心理锻炼等。经过这些锻炼可以培养人的顽强、果断、坚毅的精神，锻炼人摒弃软弱、怯懦而敢于进取、积极向上的品质。

贯彻于散手教学全过程的武德教育尊师爱友、讲礼仪。教师在“喂手”“递招”中传艺爱徒的师表作用。学员在操手比试中提倡互相学习，切磋技艺，培养胜不骄败不馁的谦逊品德。针对练习中难免因失误磕碰的现象，提倡互相爱护，团结友爱的精神，切忌报复。无疑对培养练习者的优良品德具有积极的作用。从而形成成熟、稳健、积极向上的优秀品质。

(3)竞技观赏、丰富生活。武术的对抗形式比试，历来为人们所喜闻乐见。许多古籍史料和文学名著中多有关于打擂台的描写，围观者都是“人山人海，群情沸腾”。自1979年我国开展散手以来，全国性和各地举办的散手表演、擂台赛深受群众欢迎。散手不仅是较力斗勇，更讲究较技斗智，所以每当赛场上出现奇招妙技时，观众都报以热烈的掌声。这说明散手具有很高的观赏价值。而且，练习者也深感其奥妙、精深，给人以启迪和乐趣。

(4)交流技艺、增进友谊。继承和发展散手运动，提高攻防技能，不仅对武术套路技术的提高，更加突出武术的攻防特点有促进作用，同时，可以促进与国外武术爱好者交流，增进友谊。其他国家的武术爱好者不仅喜爱套路运动，更有试图通过习练中国武术既增强自己的健康水平，又提高防身自卫的能力。

第二节 散手基本技术

一、手型、步型与步法

1. 手 型

拳：五指内屈握紧，拇指第一指骨压在食指和中指的第二指骨上，拳心朝下为平拳；拳顶朝上为立拳。

要点：拳心握实，拳面要平，手腕要直。

2. 步 型

(1)开立步：两脚前后开立，略比肩宽，两脚尖内扣，两膝微屈，重心在两腿之间。

要点：站立时两脚拇趾用力踩地，两脚跟微微离地。

(2)弓步：两脚前后开立约三脚步半长，前腿屈膝半蹲，后腿伸直，脚跟随微离地，脚尖内扣，重心在两腿之间。

要点：前后脚要分别向前下方和后下方用力蹊地，步宽因人而异，但不可太宽，而使移动不灵活。

(3)高虚步：两脚前后站立，两膝微屈，前脚脚尖虚点地面，重心落于后腿。

要点：前虚后实，两膝不可弯曲过大。

3. 实战姿势（预备势）

两脚按开立步站立（正架为左脚在前，反架为右脚在前，可根据个人习惯选择，一般是右拳力大，右脚在后），两手握拳，左前右后，拳顶朝上，右手臂弯屈，肘关节夹角在90°～110°之间，左拳与鼻同高；右手臂弯曲，肘关节夹小于90°，大小臂紧贴右侧肋部，身体侧立，下额微收，闭嘴合齿，面部和左肩、右拳正对对手（图16-1、图16-2）。

要点：实战姿势是实战时的预备姿势，因此，要求进攻灵活，防守严密，移动方便。姿势不可太低，重心控制在两脚之间；两手紧护躯体，暴露给对手打击的有效部位较缩小，在练习过程中应该强调呼吸自然。

4. 步 法

(1) 进步：前脚（左腿）先向前进半步，后脚再跟随进半步。

要点：进步步幅不宜过大，后脚跟进后的身体姿势不变，衔接进步与跟随步时越快越好。

(2)退步：后脚（右脚）先后退半步，前脚再退回半步。要点参考"进步"。

(3)前疾步：快速、连续地做进步。要点：掌握速度、重心和呼吸自然，上肢不变。

(4)后疾步：快速、连续地做退步，同前疾步相反。要点：注意重心平衡，上肢不变（图16-3、图16-4）。

图 16-1

图 16-2

图 16-3

图 16-4

(5)上步：后脚向前上一步，同时左、右拳前后交换成反架姿势。

要点：上步时身体不能前后摆动，上步与两手要同时交换。

(6)撤步：前脚向后撤一步，成右前左后，左脚跟离地，右脚尖外展，重心偏于右脚。（图16-5、图16-6）。

要点：撤步不宜过大，重心移动不要明显，同上步相反。

(7)垫步：后脚跟向前脚内侧并拢；同时前屈膝提起（图16-7、图16-8）。

要点：后脚向前脚并拢要疾速，垫步与提膝不能脱节、停顿；身体向前移动，勿向上腾空。

(8)跃步：右脚地后向前跨跃一步，左脚继而再向前上一步。

要点：两脚动作要连贯、迅速，上体不要前后晃动，腾空勿高。

图 16-5

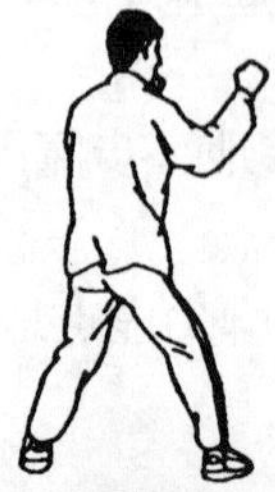
图 16-6

图 16-7

图 16-8

(9)滑步：前腿左屈膝抬腿，同时右脚跟内扣脚掌向前擦地滑动(图16-9、图16-10)。

要点：提膝变速，重心平稳，拳防守到位。

(10)跳换步：左右脚同时离地并向右转体，落地后成反架。

要点：注意速度，重心交换平稳，调整呼吸和上肢的防护。

(11)环绕步：

左环绕步：右脚蹬地，左脚先向前上步，以此连续环绕滑动。

要点：假设前方是对手，以此为目标连续环绕滑动步法，注意攻防意识。

右环绕步：右脚上步，左脚跟进，以此连续环绕滑动。

要点：动作连贯，突出攻防意识，步法灵活。

图16-9　　图16-10

5. 步法的训练

步法是散手技术中的重要内容。实战时，双方都保持着一定的距离，通过步法的移动能抢占有利的位置，发动进攻或转换防守，距离不合适，有效的进攻和防守就是一句空话。武术谚语说："步慢则拳(脚)慢，手到步到方之为妙。"又说："练拳容易走步难。"说明了步法在散手训练中的作用。步法总体要求是"疾、准、活"。"疾"是指步法要迅速；"准"是指移动的步幅要准确；"活"是指法移动要灵活多变，不僵不滞，富有弹性。步法训练的方法很多，主要有：

(1)单兵练习：每学完一种步法以后，个人必须通过自己的反复练习反复揣摩，体会要领，巩固技术。开始可专门练习一种，待技术熟练以后，可把几种步法组合练习，如进步和退步，垫步接跳步，跳闪步中突进转突退或突退转突进等，在适应实战中的各种变化。

(2)结合信号练习：教师或同伴可以运用掌心、掌背的朝向手指的数量，或规定的某一个动作等为信号，要求练习者根据信号做出相应的步法，巩固了步法，又提高了反应能力。

(3)两人配合练习：两人一组，面对面保持一定的距离，分主动与被动进行练习，主动一方随意做各种步法；被动一方要根据对方的变化而变化，如一方进步，另一方则退步；一方左闪；另一方也左闪；一方垫步，另一方则收步等；双方的距离应尽量保持不变。

二、拳法技术

1. 冲　拳

(1)左冲拳：预备势为正势，即左脚、左手在前(以下均同)，右脚微蹬地面，重心微向前脚移动；同时左拳直线向前左臂由曲到伸内旋90°冲出，力达拳面(图16-11～图16-13)。

图16-11　　图16-12　　图16-13

要点：①冲拳时，上体不可前倾，腰略向右转。②拳面领先，大臂催前臂，臂微内旋，肘微屈，出拳出气。③快出快收，切勿停顿，迅速还原成原位预备势。

用法：左冲拳是一种直线进攻型动作，特点是易发动，预兆小，灵活性强，但相对地力度较小。可以结合身体高、低姿势或左、右闪躲击打对方腰部以上任何部位。既可主动进攻，又能防守反击，而更多是以假乱真，虚招引诱对手，为接用其他方法“探路”，是进攻技术中最常见而最主要的动作之一。

(2)右冲拳：预备势开始，右脚微蹬地并向内扣转，转腰送肩的同时，右拳直线向前右臂由屈到伸内旋90°冲出，力达拳面；左拳回收至右肩内侧。

要点：①右冲拳的发力顺序是起于右脚，传送到腰、肩、肘，最后达于拳面。②上体向左转动(头不转)，以加大冲拳力量。③还原时以腰带肘，再外旋90°，主动回收原位。

用法：右冲拳是主要的进攻和防守反击动作之一。它的特点是攻击距离长，能充分利用蹬腿转腰的力量加大冲拳的力度。运用得好具有较强的威胁力。

2. 掼　拳

(1)左掼拳：上体微向右转，同时左拳向外(约45°)、向前、向里横掼，臂微屈，拳心朝下，力达拳或偏于拳眼侧；右拳护于右腮(图16-14～图16-16)。

图16-14

图16-15

图16-16

要点：①力从腰发，腰绕纵轴向右转动。②掼拳发力时，臂微屈，肘尖抬至与肩平。击打目标后，左拳收回原位。

用法：左掼拳是一种横向型进攻动作，可以结合身体姿势的高、低变化击打对方的侧面。上盘可击打头和太阳穴；中盘可击腰肋部位。

(2)右掼拳：预备势开始，右脚微蹬地并向内扣转，合转并向左转腰，同时右拳向外(约45°)、向前、向里横掼，力达拳面或偏于拳眼侧；左拳变掌屈臂回收至左腮前。

要点：①右脚内扣，合胯转腰与掼拳发力要协调一致。②掼拳发力时，肘尖微抬，使肩、肘、腕基本成水平。击打目标后，右拳收回原位。

用法：右掼拳也是一种横线型进攻动作。它的特点是能充分借助右脚蹬地转腰的力量，力度较大。但因其进攻路线长，动作幅度宜小不易大。此拳法多用于连击或防守后反击。

3. 抄　拳

(1)左平抄拳：由预备姿势开始，上体微左转，左拳向外，向前向内成手面弧形勾击，发力于腰；同时左肘抬起与肩同高，肘关节的角度为90°；击打目标后，左拳收回原位。

(2)右平抄拳：由实践姿势开始，右拳向外、向前、向内成手面弧形勾击，发力于腰；同时右肘抬起与肩同高，肘关节的角度为90°；击打目标后，右拳收回原位。

(3)左上抄拳：预备势开始，重心略下沉，左拳由下向前上方勾起，大小臂夹角在90°～110°之间，拳心朝里，力达拳面。

要点：①重心略下沉，是为了更好地利用前脚蹬地拧转的反作用力，加大勾拳力量。动作要连贯、顺达，用力要由下至上。②抄拳时，臂应先微内旋再外旋，拳呈螺旋形运行。③抄拳发力时，腰向右侧转动，发力短促。击打目标后，左拳收回原位。

用法：抄拳属上下进攻型动作，由于击打距离短，适用于近距离实战，双方接触时，正面攻击对手的胸、腹或下额。

(4)右上抄拳：右脚蹬地，扣膝合胯，微向左转腰的同时，右拳由下向前、向上抄起大小臂夹角在90°~110°之间，拳心朝里，力达拳面；左拳回收至右肩内侧。

要点：①右抄拳要借助右脚蹬地、扣膝、合胯、向左转腰的力量，发力由下至上，协调顺达。②抄拳时，右臂先微内旋再外旋，螺旋形运行。③抄拳发力时，力达拳顶勾击，发力短促。击打目标后，右拳收回原位。

用法：同左抄拳。

4. 弹　拳

左拳以伸肘弹腕的力量反臂向前弹击，力达拳背。右手弹拳转腰顺肩。

要点：①弹拳前左臂尽量放松，以气催力。②弹拳发力是含胸拔背，顺肩，送肘，甩手腕，放长击远。弹拳后回收要快。

用法：弹拳的特点是冷、脆、快、远。在对方冷不防地时候，以干脆、快速的弹拳击打对方的面部，扰乱对方的视线，为接其他进攻动作起先导作用。

5. 鞭　拳

(1)以左鞭拳为例：预备姿势开始，身体向右转180°，右脚经左脚前上步；然后向外、向前横向鞭打，发力于腰，力达拳轮；拳眼朝上，击打目标后，左拳收回原位(图16-17~图16-19)。

图16-17　　图16-18　　图16-19

要点：①转体要快，以头领先，不能停顿，支撑要稳。②鞭拳时，以腰带臂，前臂鞭打甩拳。

用法：鞭拳是横向型进攻动作之一，并能借助于转体的惯性，动作幅度大，运动路线长，力度较大。用于退守反击时，动作隐蔽、突然。

(2)右鞭拳；由实战姿势开始，右脚经左脚后插步，身体向右后转180°；同时右臂由屈到伸，向外、向前横向鞭打，发力于腰，力达拳轮，拳眼朝上，击打目标后，右拳收回原位。

要点：同左边拳一致。

6. 拳法组合

(1)组合的要求：上下组合、左右组合、横直组合、真假组合、运动连贯、迅速，动作隐蔽、多变，突出“快、准、狠”的特点。

例如：左右冲拳、左右掼拳、左右抄拳、左右鞭拳等可以变为三拳一组。左冲拳→右掼拳→左抄拳→左右冲拳→左右抄拳。

三、腿法技术

1. 蹬 腿

(1)左蹬腿：实战姿势站立(以下均同)，右脚直立或稍屈，左脚提膝抬起，勾脚，以脚跟领先向前蹬出，力达脚跟；亦可送髋，下压，力达脚前掌。

(2)右蹬腿：身体重心前移。左腿直立或稍屈，身体稍左转，右腿屈膝前抬，勾脚，以脚跟领先向前蹬出，力达脚跟；亦可送髋，脚掌下压，力达脚前掌。

要点：屈膝高抬，爆发用力，快速连贯。

用法：散手中的蹬腿，除与套路中的要求相同外，还吸取了其他腿法的优点，力达脚跟，击中对方时，脚踝发力，前脚掌下压，这样，击打后容易将对方蹬开或使其倒地。

易犯的错误及纠正的方法：提膝不过腰，髋、踝关节放松，力不顺达。上体直立，多做提膝靠胸练习和左右转换的蹬腿。注意，挺髋并稍前送；亦可多做蹬墙壁、树干、沙包等练习，体会发力和着力点(图 16-20 ~ 图 16-22)。

图 16-20

图 16-21

图 16-22

2. 踹 腿

(1)左踹腿：右腿直立或稍屈支撑；左腿屈膝抬起，小腿外摆，脚尖勾起，脚掌正面攻击目标，展髋，挺膝向前踹出，力达脚掌，上体可侧倾。击打目标后，左脚收回原位。

(2)右踹腿：左腿直立或稍屈支撑，身体向左转 180°，同时右腿屈膝前抬，小腿外摆，脚尖勾起，脚掌正对攻击目标，用力向前踹出，力达脚掌，上体可侧倾。击打目标后，右脚收回原位。

要点：上体、大腿、小腿、脚掌成一条直线，踹出时一定要以大腿推动小腿直线向前发力。易犯错误：收腹、屈髋、撅臀，上体与腿不能成一条直线，打击距离短、飞速度慢、力量小。纠正方法：手扶肋木或其他支撑物，一腿抬起，脚不落地，严格按动作要求，由慢到快反复练习踹腿，改正动作。

用法：踹腿，是比赛中使用率较高的腿法之一。容易调整步法，因此，踹腿的使用变化较多，它直线运动，“速度快、力量大”，不易防守，而且配合步法运用，变化多，易于在不同距离上使用。

(3) 例 1：低踹腿：击对方下肢(图 16-23)。

例 2：中踹腿：击对方躯干(图 16-24)。

例 3：高踹腿：击对方头部(图 16-25)。

例 4：插步踹腿：击对方面部。

图 16-23

图 16-24

图 16-25

例 5：垫步踹腿：击对方躯干。

例 6：跟步踹腿：击对方躯干。

例 7：退步踹腿：当对方向前进步时，退步左踹腿反击对方下肢。

例 8：闪身踹腿：当对方用拳或腿法进攻时，向侧前方上步，闪身躲过对方的进攻，随后用踹腿击对方躯干(图 16-26、图 16-27)。

例 9：封堵踹腿：当对方抬腿进攻时，抢先以踹腿堵击对方(图 16-28)。

图 16-26

图 16-27

图 16-28

例 10：格挡踹腿：对方用拳法进攻，先以格挡防守，随之用同侧腿踹击对方胸部。

例 11：转换踹腿：先用前腿踹击对方，对方后撤闪躲，前脚落地，即以后腿踹击对方头部。

例 12：连续踹腿：当对方进步时用踹腿击其下肢，若对方提膝躲闪，可当其提膝腿落地时，二次踹腿，击其胸部。

例 13：出拳踹腿：先以左中拳击对方头部或虚晃，随之以右腿跟步左踹腿攻击胸部。

例 14：避腿踹腿：对方以踹腿进攻时，稍撤身避其来腿，并趁其回收腿时，垫步左踹腿击其头部。

3. 横踢腿

(1)左横踢腿：上体稍右转并侧倾，同时带动左腿收髋、扣膝，直腿向右上方横撵打腿，踝关节屈紧，力达脚背至小腿下端。

(2)右横踢腿：左膝外展，上体右转，收腹，带动右腿收髋、扣膝，直腿向左上方横踢打腿，踝关节屈紧，力达脚背至小腿下端(图 16-29～图 16-31)。

图 16-29

图 16-30

图 16-31

要点：以转体带动摆腿，动作连贯、快速。

用法：横踢腿，在实战中使用较多的一种腿法。它以身带腿，速度快，力量大，运用得好能起到重创对手的作用。但因其弧形横摆，路线长，幅度大，较易被对手察觉和防守，实战中应注意动作快速，不带预兆。

四、跌　　法

跌法是练习散手摔法前必须学习的主要内容之一，只有把跌法掌握和练习熟练之后，方能在学习摔法的过程中对自身保护才有正确的方法，从而避免身体受到伤害，它主要包括以下内容：①前滚翻；②后滚翻；③鱼跃前滚翻；④鱼跃右滚翻；⑤鱼跃左滚翻；⑥前倒；⑦前扑；⑧后倒（图 16-32、图 16-33）；⑨右后倒(图 16-34、图 16-35)；⑩左后倒。

图 16-32

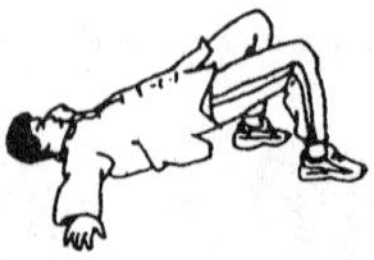
图 16-33

图 16-34

图 16-35

以上练习动作应有有效的防卫措施。例如在铺有 20 厘米厚度的垫子上练习；这样对初学者有一定的保护作用，避免意外伤害。

五、散手的进攻技术和练习

1. 进攻动作

进攻是因势因时使用技法打击对方的手段。主要包括以下几个方面：

(1)左冲拳—左踹腿：双方由实战姿势开始，一方疾步以左冲拳击打对方面部，随即以左踹腿踢击对方腹部(图 16-36 ~ 图 16-38)。

要求：出拳要快，拳腿衔接要协调，拳打是虚，脚踹是实。

(2)左冲拳—右踹腿：双方由实战姿势开始，一方疾步以左冲拳击打对方面部，随即直接右踹腿踢击对方腹部(图 16-39 ~ 图 16-41)。

要求：出拳要快，右踹腿可以向前也可以向体右侧踹击，以防对方后退改变线路。

(3)左冲拳—右横踢：双方由实战姿势开始，一方疾步以左冲拳击打对方面部，随即以右横踢踢击对方腹部(图 16-42 ~ 图 16-44)。

图 16-36

图 16-37

图 16-38

图 16-39

图 16-40

图 16-41

图 16-42

图 16-43

图 16-44

要求：出拳之前，先用步法逼迫对方向右退步，然后用冲拳和横踢腿进攻。

(4)左踹腿—左右冲拳：双方由实战姿势开始，一方垫步以左踹腿踢击对方腹部，随后直接用作右冲拳连击对方面部(图 16-45 ~ 图 16-47)。

图 16-45

图 16-46

图 16-47

要求：出腿快，预兆小，在左腿落地同时出拳，动作连贯。

另外，还有左踹腿—左右冲拳—右横踢腿、左右冲拳—左右横踢腿、左右正蹬腿—左右冲拳—左右横踢腿接摔法等。

2. 练习方法

(1)喂引练习：在一定的技术范围内，由易到难，练习时重点掌握进攻的距离、时机和角度的准确性。

(2)条件实战：配对双方根据教练员指定的进攻动作或随意的进攻动作，定时进行练习，要求进攻的动作由简到难，力量要由轻到重。根据时间差和距离感进行对抗。

六、散手的基本摔法和练习

(1)抱腿过胸摔：双方由实战姿势开始；一方右脚蹬地，身体下潜上左步，两手抱对方的双腿膝窝，右脚跟进并步；然后双腿蹬伸，上体后倾向左后转身，随后弓腰，仰头，将对方摔倒；完成动作后回原位(图 16-48 ~ 图 16-50)。

图 16-48

图 16-49

图 16-50

(2)夹颈过背摔：双方由实战姿势开始；一方上左步，同时左臂夹对方颈部，右手抓住对方左前臂；然后身体右转，右腿跟进半步，臂抵在对方小腹前；继而两腿伸蹬、弓腰、头右转，将对方摔倒；完成动作后回原位(图 16-51 ~ 图 16-53)。

图 16-51

图 16-52

图 16-53

(3)插肩过背摔：双方由实战姿势开始，一方上左步，同时左手插入对方后臂的腋下，右手抓住对方左前臂；然后身体右转，左腿跟进半步，臂抵在对方小腹前；继而两腿伸蹬、弓腰、头右转，将对方摔倒；完成动作后回原位(图 16-54、图 16-55)。

图 16-54

图 16-55

(4)抱腰过背摔：双方由实战姿势开始；一方上左步，同时左手搂抱对方后腰，右手抓住对方左前臂；然后身体右转，右脚跟进并步，臂抵在对方小腹前；继而两腿蹬伸，弓腰、头右转，将对方摔倒；完成动作后回原位(图 16-56 ~ 图 16-58)。

图 16-56

图 16-57

图 16-58

(5)抱腿涮：双方由实战姿势开始；当对方以前踹或前蹬进攻时，用前臂抄其脚背；然后退步回拉，继而跨左步，上右步，双手由内左上方划弧，将对方摔倒(图 16-59 ~ 图 16-61)。

图 16-59

图 16-60

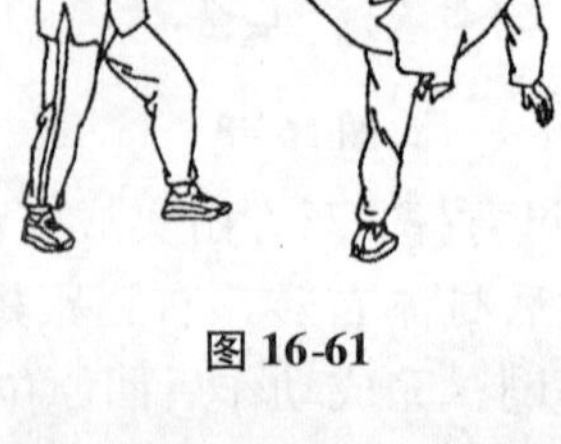

图 16-61

(6)抱腿上托摔：双方由实战姿势开始；当对方以前踹或前蹬进攻时，用前手抓其脚踝，同时后手抓其脚背；然后双手向前上方推送，将对方摔倒(图 16-62 ~ 图 16-64)。

图 16-62

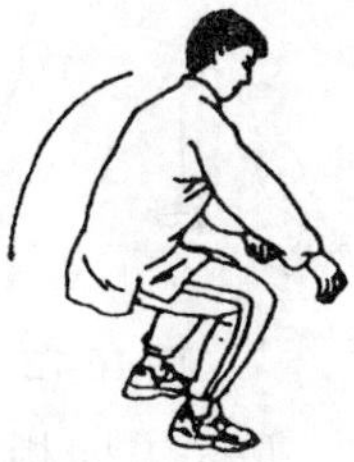

图 16-63

图 16-64

(7)抱腿摔：双方由实战姿势开始；当对方以前踹或前蹬进攻时，用前臂抄其小腿抓脚踝，右手抓其脚背；然后退步下拉、弓腰、压膝，将对方摔倒(图 16-65 ~ 图 16-67)。

图 16-65

图 16-66

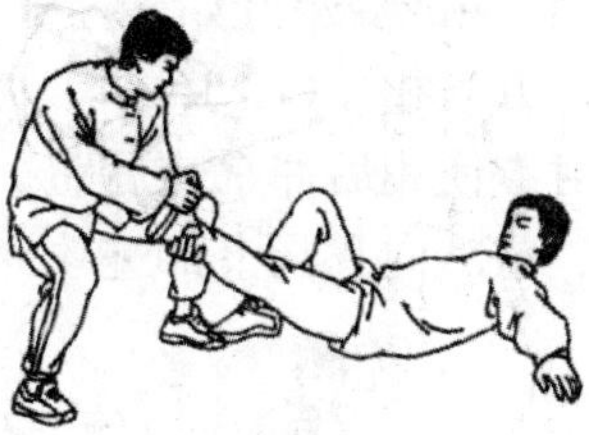

图 16-67

当对方使用后踹或后蹬进攻时，同样可以使用以上 3 种方法，只是抱腿用力的方向相反。

(8)抱腿勾踢摔：双方由实战姿势开始；当对方以前踹或前蹬进攻时，用前臂抄其小腿抓脚踝，同时后手抓其脚背；然后双手回拉，上体含胸左转；同时右手松开抄对方前腿膝窝，随后右脚勾踢对方支撑腿脚跟，上体右转，将对方摔倒(图 16-68 ~ 图 16-70)。

图 16-68

图 16-69

图 16-70

当对方用后蹬或后踹进攻时，方法一样，只是方向相反。

(9)抄腿勾踢摔：双方由实战姿势开始；当对方用后里合腿进攻时，抢先进步用右手臂抄其膝窝，左手搂抱对方小腿；随后用右手压对方颈部，右脚勾踢对方支撑腿脚踝，然后上体右转，右手回拉，将对方摔倒(图 16-71 ~ 图 16-73)。

图 16-71　　图 16-72　　图 16-73

当对方用前里合腿进攻时，方法一样，只是方向相反。

七、散手的防守技术和练习

(一)防守动作

防守是因势因时使用动作，破坏对方进攻的手段。主要包括以下几个方面：

(1)排挡：由实战姿势开始，左手由外向内横击，同时上体微右转，完成动作后回原位。右手方法一样，方向相反(图 16-74、图 16-75)。

用法：当对方使用后冲拳或后蹬、后踹向我胸上部进攻时，则用左拍挡防守；当对方使用前冲拳或前蹬、前踹向我胸上部进攻时，则用右排挡防守。

图 16-74　　图 16-75　　图 16-76　　图 16-77

(2)挂挡：由实战姿势开始，右手上提护于右耳廓，肘尖向前，同时上体微右转；完成动作后回原位。左手方法一样，方向相反(图 16-76、图 16-77)。

用法：当对方使用掼拳或后里合腿进攻我头部左侧时，则用左挂挡防守。

(3)拍压：由实战姿势开始，左手由上向下在腹前拍击，同时上体微右转；完成动作后回原位。右手方法一样，方向相反(图 16-78、图 16-79)。

用法：当对方使用后冲拳或后蹬、后踹进攻我腹部时，则用左拍压防守；当对方使用前冲拳或前蹬、前踹进攻我腹部时，则用右拍压防守。

(4)掩肘：由实战姿势开始，左臂回收并外旋，上臂贴近左肋，同时上体微右转；完成动作后回原位。右手的方法一样，方向相反。

用法：当对方使用后抄拳或后里合腿进攻我腹部时，则用左掩肘防守；当对方使用前抄拳或前里合腿进攻我腹部时，则用右掩肘防守。

图 16-78　图 16-79

(5)外抄：由实战姿势开始，左手由上向下、向外划弧，同时上体微左转；完成动作后回原位。右手的方法一样，方向相反(图 16-80、图 16-81)。

用法：当对方使用后里合腿或转身前外摆腿进攻我胸上部时，则用左外抄防守；当对方使用前里合腿或转身后外摆腿进攻我胸上部时，则用右外抄防守。

(6)由实战姿势开始，左手由上向外、向内划弧，同时上体微右转；完成动作后回原位。右手的方法一样，方向相反(图 16-82、图 16-83)。

图 16-80

图 16-81

图 16-82

图 16-83

用法：当对方使用前里合腿进攻我腹部时，则用左内抄防守；当对方使用后里合腿进攻我腹部时，则用右内抄防守。

(7)外挂：由实战姿势开始，左手由上向下、向外格击，同时上体微右转；完成动作后回原位。右手的方法一样，方向相反(图 16-84、图 16-85)。

用法：当对方使用后蹬、后踹或后里合腿进攻我腹部时，则用左外挂防守；当对方使用前蹬、前踹或前里合腿进攻我腹部时，则用右外挂防守。

图 16-84

图 16-85

图 16-86

图 16-87

(8)内挂：由实战姿势开始，左手由上向下、向外格击，同时上体微右转，完成动作后回原位。右手的方法一样，方向相反(图 16-86、图 16-87)。

用法：当对方使用后蹬或后踹进攻我腹部时，用左内挂防守；当对方使用前蹬或前踹进攻我腹部时，则用右内挂防守。

(9)撤步：由实战姿势开始，左脚由前向后退一大步，同时身体左转 180°；完成动作后回原位(图 16-88、图 16-89)。

用法：当对方使用任何拳法、腿法进攻我任何部位时，都可以用撤步进行防守。

(10)下潜摇身：由实战姿势开始，两腿屈膝，沉跨；同时上体由上向内、向下、向外摇身；完成动作后回原位。向右下潜摇身，方法一样，方向相反(图 16-90、图 16-91)。

图 16-88

图 16-89

图 16-90

图 16-91

用法：当对方使用后摆拳进攻我头部时，则用左下潜摇身防守；当对方使用前摆拳进攻我头部时，则用右下潜摇身防守。

(11)提膝：由实战姿势开始，重心移至右腿，同时左腿屈膝提起(图16-92、图16-93)。

用法：当对方使用前、后里合腿或侧弹腿进攻我下盘时，可用提膝防守。

图 16-92

图 16-93

(二)防守练习

(1)信号练习：学生按照教练员指定的防守动作听口令进行练习，从中体会动作的要领，掌握动作的方法。在此基础上，学生根据教练员发出的术语或手势做相应的方式动作，达到快速反应、正确掌握动作的目的。

(2)喂引练习：学生首先根据教练员发出的单一的拳、腿进攻动作，做非接触性的防守动作练习，达到有攻有防的练习目的。然后教练员将体重相近的学生配对，让一方按指定动作进攻，另一方练习接触性防守动作，由简到繁，使学生在条件实战中，掌握动作的方法，达到防守准确、运用自如的目的。

(3)三靠臂练习：对练双方相对约一步距离，开步站立，两手握拳；第一靠：双方同时左转体，右臂向前摆，相磕于腹前；第二靠：双方同时屈右臂外旋，由下向上，相磕于腹前；第三靠：双方同时伸右臂内旋，由上而下，相磕于腹前。然后换左臂依次练习。此练习用于增强小臂的格挡和抗击打能力(图16-94～图16-97)。

图 16-94

图 16-95

图 16-96

图 16-97

八、散手的进攻技术和练习

(一)进攻动作

进攻是因势因时使用技法打击对方的手段。主要包括以下几个方面：

(1)左冲拳—左踹腿：双方由实战姿势开始；一方疾步以左冲拳击打对方面部；随后垫步以左腿踢击对方腹部(图16-98～图16-100)。

图 16-98

图 16-99

图 16-100

要求：出拳要快，拳、腿衔接要协调。拳打是虚，脚踹是实。

(2)左冲拳—右踹腿：双方由实战姿势开始；一方疾步以左冲拳击打对方面部；随后直接以右踹腿击对方腹部(图 16-101)。

要求：出拳要快，右踹腿可以向前也可以向体右侧踹击，以防止对方后退改变路线。

(3)左冲拳—右里合腿：双方由实战开始；一方疾步以左冲拳击打对方面部；随后直接以右里合腿踢击对方胸部(图 16-102 ~ 图 16-104)。

图 16-101

图 16-102

图 16-103

图 16-104

要求：出拳之前，先用步法逼迫对方向右侧退步，然后用冲拳和里合腿进攻。

(4)左踹腿—左右冲拳：双方由实战姿势开始；一方垫步以左踹腿踢击对方腹部；随后直接以左右冲拳连击对方面部(图 16-105 ~ 图 16-107)。

图 16-105

图 16-106

图 16-107

要求：出腿要快，在左脚落地的同时出拳。

(5)左踹腿—右踹腿：双方由实战姿势开始；一方滑步以左踹腿踢击对方腹部；随后左脚落地，直接以右踹腿踢击对方的胸、头部(图 16-108 ~ 图 16-110)。

图 16-108

图 16-109

图 16-110

要求：第一腿踢完后，身体重心快速向左转移，以便启动右踹腿。

(6)左踹腿—左冲拳—右里合腿：双方由实战姿势开始；一方垫步以左踹腿踢击对方腹部；随后直接以左冲拳击打对方面部；然后以右里合腿踢击对方腹部(图 16-111 ~ 图 16-114)。

图 16-111

图 16-112

图 16-113

图 16-114

要求：出腿要快，落脚和冲拳要同时。左冲拳主要为启动右里合腿作掩护。

(7)左踹腿—左右冲拳—右正蹬：双方由实战姿势开始；一方垫步以左踹腿踢击对方腹部；随后直接以左右冲拳击打对方面部；然后以右正蹬腿踢击对方胸头部(图 16-115 ~ 图 16-118)。

图 16-115

图 16-116

图 16-117

图 16-118

要求：出腿要快，左右冲拳无论是否击中目标，主要起到逼压的作用，以便启动右正蹬腿。

(8)左踹腿—右冲拳—左踹腿：双方由实战姿势开始；一方滑步以左踹腿踢击对方腹部；随后以右冲拳击打对方面部；然后再以左踹腿踢击对方胸头部(图 16-119 ~ 图 16-122)。

图 16-119

图 16-120

图 16-121

图 16-122

要求：出腿要快，要狠。出拳后重心向右转移要快，以便启动左踹腿。

(9)左侧弹腿—左右冲拳—左踹腿：双方由实战姿势开始；一方垫步以左侧弹腿踢击对方腿部；随后直接以左右冲拳连击对方面部；然后垫步以左踹踢击对方胸头部(图 16-123 ~ 图 16-126)。

图 16-123

图 16-124

图 16-125

图 16-126

要求：前 3 个动作动作主要是打点，不一定力度很大，主要攻击是以左蹬腿打击对方。

(10)左侧弹腿—左冲拳—右里合腿：双方由实战姿势开始；一方垫步以左侧弹腿踢击对方腿部；随后直接以左冲拳击打对方面部；随即以右里合腿踢击对方腹部(图 16-127 ~ 图 16-130)。

图 16-127

图 16-128

图 16-129

图 16-130

要求：冲拳时重心要转移到左腿，以便启动右里合腿。

(11)左侧弹腿—右掼拳—右蹬腿：双方由实战姿势开始；一方滑步—左侧弹腿踢击对方腿部；随后直接以右掼拳击打对方头部；随即以后蹬腿踢击对方胸头部(图 16-131 ~ 图 16-134)。

图 16-131

图 16-132

图 16-133

图 16-134

要求：出右掼拳时重心要落在左腿上；右蹬腿可以向前或向体右侧进攻。

(12)左侧弹腿—右冲拳—左蹬腿：双方由实战姿势开始；一方滑步以左侧弹腿踢击对方腿部；随后直接以右冲拳击打对方面部；随即以左蹬腿踢击对方胸头部(图 16-135 ~ 图 16-138)。

图 16-135

图 16-136

图 16-137

图 16-138

要求：出右冲拳重心转移到左腿和出左蹬腿重心转移到右腿的衔接要求。

(13)左冲拳—抱腿前顶摔：双方由实战姿势开始；一方疾步以左冲拳击打对方面部；随后进步抱住对方双腿，以抱腿前顶摔法将对方摔倒(图 16-139 ~ 图 16-141)。

图 16-139

图 16-140

图 16-141

要求：出拳要快；进步抱腿时，身体下潜要快。

(14)左冲拳—抱腰过背摔：双方由实战姿势开始；一方疾步以左冲拳击打对方面部；随后上右步抡左臂抱对方腰部，以抱腰过背摔将对方摔倒(图 16-142～图 16-144)。

图 16-142

图 16-143

图 16-144

要求：疾步要快，步伐要大，上右步与抡臂要同时。

以上进攻的动作主要用于强攻或抢攻的战术，要出其不意，攻其不备，直取空当，在精神气质和动作气势上压倒对方。

(15)左晃—右冲拳：双方由实战姿势开始；一方进步以左冲拳虚晃击打对方面部；随后疾步以右冲拳击打对方腹部(图 16-145～图 16-147)。

图 16-145

图 16-146

图 16-147

要求：虚晃击打动作逼真轻快，疾步要快，步伐要大。

(16)左晃—左蹬腿：双方由实战姿势开始；一方进步以左冲拳虚晃击打对方面部；随后滑步以左蹬腿击打对方腹部(图 16-148～图 16-150)。

图 16-148

图 16-149

图 16-150

要求：虚晃要逼真，蹬腿要迅速有力。

(17)左晃—右鞭拳：双方由实战姿势开始；一方进步以左冲拳虚晃击打对方面部；随后插步转身以右鞭拳击打对方头、面部(图 16-151 ~ 图 16-153)。

图 16-151

图 16-152

图 16-153

要求：应调整角度逼迫对方向体左侧移动，这样在左晃完成后，便于以右鞭拳进攻。

(18)左晃—左踹腿：双方由实战姿势开始；一方滑步以左侧弹腿晃击对方腿部；随后垫步以左踹腿踢击对方胸头部(图 16-154 ~ 图 16-156)。

图 16-154

图 16-155

图 16-156

要求：左晃与踹腿动作要连贯协调，击打有力。

(19)左晃—右勾踢：双方由实战姿势开始；一方进步以左冲拳晃击对方面部；随后向左进步，右腿勾击对方前小腿(图 16-157 ~ 图 16-159)。

图 16-157

图 16-158

图 16-159

要求：向左进步要迅速，右腿勾击要有力。

(20)右晃—右转身外摆腿：双方由实战姿势开始；一方进步，右腿提膝欲用里合腿攻击；随后右转身以外摆腿攻击对方(图 16-160 ~ 图 16-162)。

图 16-160

图 16-161

图 16-162

要求：右腿晃动要逼真，晃动时重心落在前腿上，以便启动右转身外摆腿动作。

以上进攻动作主要是对防守紧密、沉着应战、反应较快的对手采用的战术打法，要做到指上打下、声东击西、以假护真，达到转移进攻的目的。但无论是强攻、抢攻，还是巧攻，都是进攻技术中既有区别又有统一的整体，所以在实战中只有做到"虚实相生"，才能随机应付复杂多变的战事，从而取得胜利。当然，进攻打法不能局限于以上介绍的这些进攻动作，也可根据自己的身体特点和习惯来组编自己的进攻动作，这样既有利于全面、系统地运用技术，也有利于形成自己独特的打法，以便掌握比赛的主动权。

第三节 散手的竞赛规则及裁判法

武术散手竞赛，是为了广泛交流技术，提高运动水平，从而改进教学与训练工作，推动散手运动向系统化、科学化方向发展。

散手运动自 1979 年开展以来，有了较大的发展，尤其在 1988 年国际武术节期间举行的国际武术散手擂台邀请赛，是我国举办的第一次国际间的交流活动，我国选手取得了优异成绩，同时又展示了中国武术散手的风格，为将来能够把武术散手推向奥运会奠定了基础。1989 年，武术散手被列为国家正式竞赛项目，为武术散手竞赛制度的不断完善和运动技术水平的进一步提高提供了先决条件。

(一)散手竞赛的体重分级

(1)体重分级：①52 公斤级(52 公斤和 52 公斤以下)；②56 公斤级(52 公斤以上和 56 公斤)；③60 公斤级(56 公斤以上和60 公斤)；④65 公斤级(60 公斤以上和65 公斤)；⑤70 公斤级(65 公斤以上和 70 公斤)；⑥75 公斤级(70 公斤以上和 75 公斤)；⑦80 公斤级(75 公斤以上和 80 公斤)；⑧85 公斤级(80 公斤以上和 85 公斤)；⑨85 公斤级(80 公斤以上和 85 公斤)；⑩90 公斤级(85 公斤以上和 90 公斤)；⑪90 公斤级以上。

按运动员体重分为从 48 公斤级(<48 公斤)到 90 公斤以上级(>90 公斤)共 11 个级别。

(2)运动员只能参加自己体重的所属级别的竞赛。

(3)竞赛级别的设置、参加比赛的单位、人数，由竞赛规程规定。

(4)参加竞赛运动员应遵守的资格审查：①运动员必须携带《运动员注册证》《运动员手册》及本人 15 天以内县级以上医院出具的包括脑电图、心电图、血压、脉搏等指标在内的体格检查证明。②运动员的年龄限在 18 ~35 周岁。③运动员必须有参加比赛的人身保险证明。

(5)运动员在竞赛中应遵守的礼节：①运动员互相携手进场。②介绍运动员时，运动员向观众行抱拳礼。③每场比赛开始前，运动员相互行抱拳礼。④宣布结果时，运动员交换站位。宣布结果后，运动员先相互行抱拳礼；再同时向台上裁判员行抱拳礼，裁判员回礼；然后向对方教练行抱拳礼，教练员回礼。

(6)称量体重：①体重称量组由检录组组成负责执行。②运动员应在该场比赛前两小时到指定地点称量体重(称量时只穿短裤)。并在一小时内称完，过时作该场弃权论。③称量体重先由体重级别轻的开始。如体重低于原报级别时，仍可在原级别进行比赛；如体重超过原报级别时，并在规定的称量时间内，降低不到原报级别时，作该场弃权论。④经过健康检查和称量体重后，遇有特殊情况，如本级别只有1人，需升级参加比赛的运动员，须经大会批准。

(二)服装护具

(1)运动员必须穿戴大会指定的拳套、护头、护齿、护胸、护裆、护腿、赤脚穿护脚背。穿与比赛护具颜色相同的背心和短裤，护裆必须穿在短裤内(1998年新规则规定护具可以只戴手套和护齿)。

(2)比赛的护具分红、黑两种。

(3)拳套的重量：65公斤级以下级别的拳套重量为230克(女子和青少年运动员均使用该重量的拳套)；70公斤级以上的级别的拳套重量为280克。

(三)竞赛中的礼节

(1)介绍运动员时，运动员向观众行抱拳礼。

(2)每场比赛开始前，运动员相互行抱拳礼。

(3)宣布结果时，运动员交换站位，宣布结果后，运动员先相互行抱拳礼，再同时向台上裁判员行抱拳礼，裁判员回礼，然后向对方教练员行抱拳礼，教练员回礼。

(4)边裁判员换人时，互相行抱拳礼。

(四)竞赛中的有关规定

(1)运动队必须遵守规则，尊重和服从裁判。在场上不准有吵闹、谩骂、甩护具等任何表示不满的行为。

(2)教练员和本队医生坐在指定位置，但不得在场下呼喊和暗示。局间休息时，允许给运动员按摩和指导。

(3)运动员严禁使用兴奋剂，局间休息时不能输氧。

(4)临场执行裁判人员应集中精力，不得与其他人员交谈，未经裁判长许可不得离开席位。

(五)弃　权

(1)比赛期间，运动员因伤病或体重超出不能参加比赛者，作弃权论，不再参加以后的比赛，但已进入名次的成绩有效。

(2)比赛进行时，运动员实力悬殊，为保护本方运动员的安全，教练员可举弃权牌表示弃权，运动员也可举手要求弃权。

(3)不能按时称量体重，赛前3次点名未到，或点名后擅自离开，不能按时上场者，作无故弃权论。

(4)比赛期间，运动员无故弃权，取消本人全部成绩。

(六)使用方法、得分、标准与判罚

1. 禁击部位

后脑、颈部、裆部。

2. 得分部位

头部、躯干、大腿。

3. 禁用方法

(1)用头、肘、膝和反关节的动作进攻对方。

(2)用迫使对方头部先着地的摔法或有意砸压对方。

(3)攻击主动倒地的运动员头部和运动员倒地后身体的任何部位均不允许受到攻击。

4. 可用方法

除禁用方法外的武术各流派的攻防招法。

5. 得分标准

(1)得2分:①一方下台,另一方得2分。②一方倒地,站立者得2分。③用腿法击中对方头部、躯干得2分。④用主动倒地的动作致使对方倒地,而自己顺势站立者,得2分。⑤被强制读秒一次,对方得2分。⑥受警告一次,对方得2分。

(2)得1分:①用手法击中对方头部、躯干部位得1分。②用腿法击中对方大腿得1分。③先后倒地,后倒地者得1分。④用主动倒地的动作致使对方倒地,而自己不能顺势站立者,得1分。⑤运动员被指定进攻8秒钟后仍不进攻,对方得1分。⑥主动倒地3秒钟不起立,对方得1分。⑦受劝告一次,对方得1分。

(3)不得分:①方法不清楚,效果不明显,不得分。②双方下台或同时倒地,不得分。③用方法主动倒地,对方不得分。④抱缠时击中双方,不得分。

6. 犯 规

(1)技术犯规:①消极搂抱对方。②处于不利状况时举手要求暂停。③比赛中对裁判员有不礼貌的行为或不服从裁判。④比赛中场外进行指导。⑤比赛中大声叫喊。⑥有意拖延比赛时间。⑦上场不戴或吐落护齿,有意松脱护具。⑧运动员不遵守礼节。

(2)侵人犯规:①在口令“开始”前或喊“停”后进攻对方。②击中对方禁击部位。③用不允许的方法击中对方。

7. 罚 则

包括:①每出现一次技术犯规,劝告一次。②每出现一次侵人犯规,警告一次。③受罚失分达6分者判对方为胜方。④运动员故意伤人,取消比赛资格,判对方为胜方。⑤运动员使用违禁药物,局间休息时输氧,取消比赛资格。

8. 暂停比赛

包括:①运动员倒地(主动倒地除外)或下台时。②运动员犯规受罚时。③运动员受伤时。④运动员相互抱缠没有进攻动作或无效进攻超过2秒时。⑤运动员主动倒地超过3秒时。⑥运动员举手要求暂停时。⑦裁判长纠正错误、漏判时。⑧处理场上问题或发现险情时。⑨因灯光或场地等客观原因影响比赛时。⑩被指定进攻一方达8秒仍无进攻时。

9. 胜负评定

(1)优势胜利:①在比赛中,双方实力悬殊,台上裁判征得裁判长的同意,判技术强者为该场胜方。②被重击(侵人犯规除外)倒地不起达10秒,或虽能站立但知觉失常,判对方为该场胜方。③一场比赛中,被重击强制读秒(侵人犯规除外)达3次,判对方为该场胜方。④比赛中,运动员出现伤病,经医生诊断不能继续比赛者,判对方为该场胜方。

(2)在每局比赛结束时,依据边裁判员的评判结果,判定每局胜负。

(3)一局比赛中,一方受重击被强制读秒(侵人犯规除外)2次,另一方为该局胜方。

(4)一局比赛中,一方2次下台,另一方为该局胜方。

(5)一局比赛中,双方出现平局,按下列顺序判定胜负:①本局受警告少者为胜方。②本局受劝告少者为胜方。③体重轻者为胜方(以当天体重为准)。上述三种仍相同，则为平局。

(6)一场比赛，先胜两局者为该场胜方。

(7)比赛中因一方犯规，另一方诈伤，经医务监督确诊后，判犯规一方为该场胜方。

(8)因对方犯规而受伤，通过医务监督检查确认再比赛者，为该场胜方。但不能参加以后的比赛。

(9)淘汰赛时，一场比赛中，如获胜局数相同，按下列顺序决定胜负：①受警告少者为胜方。②受劝告少者为胜方。③体重轻者为胜方。上述三种情况仍相同，则加赛一局，依次类推。

(10)循环赛时，一场比赛中，如获胜局数相同时，则为平局。

10. 个人名次评定

(1)淘汰赛时，直接产生名次。

(2)循环赛时，积分多者名次列前，若两人或两人以上积分相同时，按下列顺序排列名次：①负局数少者列前；②受警告少者列前；③受劝告少者列前；④体重轻者列前(以抽签体重为准)。上述四种情况仍相同时，名次并列。

11. 团体名次评定

(1)名次分各级别录取前八名，分别按9、7、6、5、4、3、2、1的得分计算。

(2)各级别采取前六名时分别按7、5、4、3、2、1的得分计算。

(3)积分相等时的处理办法：两个或两个以上的团体分数相等时，按下列顺序排列名次：①按个人获第一名多的队名次列前；如再相等时，按个人获第1名多的队名次列前，依次类推。②受警告少的队名次列前。③受劝告少的队名次列前。如以上几种情况仍相等时，名次并列。

(七)场地和裁判器材

1. 场 地

比赛场地为台高80厘米、长800厘米、宽800厘米的擂台。台面上铺有软垫，软垫上有盖单。台中心画有直径120厘米的中国武术协会的会徽，台面边缘有5厘米宽的红色边线，台面四边向内延伸90厘米处画有10厘米宽的黄色警戒线。台下四周铺有高30厘米、宽200厘米的保护软垫。

2. 器 材

①胜负标志。

色别牌：直径为20厘米的圆牌，木手长20厘米，共计1.8块。其中红色、黑色、红黑各半的各6块。

②犯规标志。

劝告牌：长15厘米、宽5厘米的黄色板12块，板上写有“劝告”字样。

警告牌：长15厘米、宽5厘米的红色板6块，板上写有“警告”字样。

第十七章

健美操运动

第一节　健美操运动概述

一、健美操运动的概念

健美操是在音乐伴奏下，以身体练习为基本手段、以有氧运动为基础、达到增进健康、塑造形体和娱乐目的的一项运动。

健美操通常采用徒手或轻器械进行练习，是有氧运动的一种。它起源于传统的有氧健身运动，是在氧供应充足的情况下，以人体有氧系统提供能量的一种运动形式，其运动特征是持续一定时间的、中低强度的全身性运动，主要锻炼练习者的心肺功能，是有氧耐力素质的基础。

健美操运动对于提高人体健康水平有着积极作用，尤其对控制体重、减肥和改善体型体态，提高协调性和韵律感具有良好的效果。因此，虽然健美操运动发展历史不长，但已深受广大群众的喜爱。

在长期的实践过程中，健美操已从一项单纯的健身运动逐步发展成为一项独立的体育竞赛项目，在运动形式、动作技术特征以及竞赛组织方法等方面有其自身特点。健美操不仅突出动作“健”和“力”的特点，而且更强调“美”。将人体语言艺术和体育美学融为一体，使健美操成为一种极具观赏性的体育运动项目。

二、健美操运动的分类

按照目的任务和国外的惯例，健美操运动分为健身性健美操和竞技性健美操两大类。

(一)健身性健美操

健身性健美操练习的主要目的是“锻炼身体，保持健康”。健身性健美操的动作简单，实用性强，音乐速度较慢，且为了保证一定的运动负荷和锻炼的全面性，动作多有重复，并均以对称的形式出现。针对不同个体在进行健身性健美操练习时应有不同要求。本着“安全，健康”的原则，在防止运动损伤、保证安全的基础上，达到锻炼身体的目的。

健身性健美操按练习形式可分为徒手健美操、轻器械健美操和特殊场地健美操三大类。

徒手健美操包括传统意义上的一般健美操和为满足不同人群兴趣和需求的各种不同风格的健美操。传统健美操练习主要以提高心肺功能和人体的有氧代谢能力为目的，目前它仍然是各健身俱乐部不可或缺的基础课程。但随着社会的发展和生活水平的提高，人们健身的需求越来越多样化，许多新的徒手练习形式应运而生，如以增强肌肉力量、弹性与身体的柔韧性为主要目的，尤其对腰腹有特殊锻炼效果的搏击操和拳击健美操；以提升身体协调能力、对不同风格音乐的感知力和表现力以及调节心理状态为目的的拉丁健美操和街舞等。另外作为近年来全球最流行的健身方式，瑜伽健身术和皮拉提(普拉提)也成为健身俱乐部最受欢迎的课程，瑜伽健身术有着独特的塑身理论，讲究自然、平衡与协调；皮拉提从外科手术后的运动康复手段发展而来，对纠正不良体态和改善人体核心部位(腰腹部)机能有良好效果。

器械健美操是借助于轻器械，通过健美操形式的练习达到健身的目的。器械健美操利用固定或移动的轻器械进行练习，既增强健身效果又丰富了健美操的练习形式 。目前利用轻器械的集体力量练习是世界范围内最受欢迎和发展最快的健身项目，力量练习的主要目的是使练习者保持肌肉外形、增强肌肉力量和防止肌肉退化，从而延缓衰老，使人更强健。如踏板健美操加大了腿部的运动负荷，增加了运动量，但减轻了对下肢关节的冲击力，同时也使动作更加多样化；而哑铃操、橡皮筋操、健身球操等可锻炼到全身的每一肌肉群，有效地提高肌肉力量，尤其是上肢力量，弥补了徒手健美操的不足。

特殊场地健美操以其特殊的功效目前在国内外发展很快，如水中健美操、Spining 课程等。水中健美操可以减轻运动中地面对膝踝关节的冲击力，有效减少关节的负荷，并利用水的阻力提高练习效果，以及水传导热能快的原理，达到锻炼身体和减肥的目的，因此深受中老年人、康复病人和需减肥者的喜爱。Spining 课程借助可调节阻力的功率自行车进行有氧的锻炼，能适应不同人群的锻炼需要。

(二)竞技性健美操

竞技性健美操是健身性健美操的基础上发展而产生的。目前世界上较为公认的竞技性健美操的定义是："竞技健美操是在音乐伴奏下，完成连续复杂的和高强度动作的能力，该项目起源于传统的有氧健身舞。"竞技性健美操以成套动作为表现形式，在成套动作中必须展示连续的动作组合、柔韧性、力量与七种基本步伐的综合使用并结合难度动作的完美完成。竞技健美操的比赛项目有男单、女单、混双、三人和六人。竞技健美操在参赛人数、比赛场地和成套动作的时间等方面都必须严格按照规则进行。规则对成套的编排、动作的完成、难度动作的数量等都有严格的规定。

竞技性健美操的主要目的是"竞赛"，而运动员参与竞赛的最直接的动力和目的是取胜。因此从发展趋势来看竞技健美操提倡新颖独创的编排，要求动作设计更加多样复杂同时还要高质量地完成大量难度动作。这些都对运动员的体能、技术水平和艺术表现力提出了更高要求。

另外在我国健美操发展历史中出现了一种特殊形式的表演性健美操，它在国外是没有的。表演性健美操的主要练习目的是"表演"，它是事先编排好的、专为表演而设计的成套健美操，时间一般为 2～5 分钟，它的动作较健身性健美操动作复杂，音乐可快可慢，同时为突出表演效果，动作较少重复和对称。可以单人或多人参加，并可在成套中加入对形变化和集体的配合动作。表演者可以利用轻器械，如花环、旗子等，还可采用一些风格化的舞蹈动作，如爵士舞等，以达到烘托气氛，感染观众，增加表演效果的目的。

三、健美操运动的特点及功能

(一)健美操运动的特点

1．高度的艺术性

健美操是融体操、舞蹈、音乐于一体的追求人体健与美的运动项目。因此，健美操属健美体育的范畴，具有高度的艺术性。

健美操的艺术性主要体现在其"健、力、美"的项目特征上。"健康、力量、美丽"是人类有史以来所追求的身体状态的最高境界，而无论是健身性健美操还是竞技性健美操都处处表现出“健、力、美”的特征，包含着高度的艺术性因素，使健美操不同于其他运动项目，这也正是人们热爱健美操运动的原因之一。

健美操动作协调、流畅、有弹性，使练习者不仅锻炼了身体、增强了体质，而且从中得到了“美”的享受，提高了审美意识和艺术修养。而健美操运动员在比赛中所表现出的健美的体魄、高超的技术、流畅的编排和充沛的体力等，也无不给观众留下深刻的印象，并充分体现出健美操运动的“健、力、美”特征和高度的艺术性。

2. 强烈的节奏性

健美操运动具有强烈的节奏性特点，并通过音乐充分地表现出来，因此音乐是健美操不可缺少的组成部分。健美操音乐的特点是节奏强劲有力、旋律优美，具有烘托气氛、激发人们热情的效应。

健美操运动之所以深受喜爱，除练习本身的功效性、动作的时代感外，很重要的因素之一是现代音乐给健美操带来了活力。健美操动作与音乐的强烈的节奏性使健美操练习更具感染力，使健美操比赛和表演更具有观赏性。

3. 广泛的适应性

健美操练习形式多样，运动量可大可小、容易控制，对场地器材的要求也不高，因此对各年龄层、不同性别、不同身体素质、不同技术水平的人都适宜，各种人群都能从健美操练习中找到适合自己的方式，都能从中得到乐趣。

4. 健身的安全性

健美操所设计的运动负荷及运动节奏，都充分考虑了运动而产生一系列刺激结果的可行性，使之适合一般人的体质，甚至弱体质的人都能承受的有氧范围。人们在平坦的地面上，在欢快的音乐声中，跟随快慢有序的节奏进行运动，既安全又有效。

(二)健美操运动的功能

1. 增进健康美的功能

“健康美”是一种积极的健康观念和现代意识，已有研究表明，“健康美”是机体最有效发挥其机能的状态。一个具有“健康美”的人除了自我感觉良好、可轻松应付日常工作与生活外，还有充沛的精力参加各种社交、娱乐及闲暇活动，亦能自发地处理突发的应激状态。

一个具有“健康美”的人应该具备的身体素质是良好的心肺耐力、肌肉力量、平衡性、灵敏性和柔韧性。而健美操作为一项有氧运动，其健身功效已达成共识。研究证实，经常参加健美操锻炼的人，心脏总体积指数显著大于没有参加锻炼者，且吸氧量明显增加。有氧运动最能发展人体的心肺功能，且兼备发展身体柔韧性和灵敏性的作用。因此，专家认为健美操是目前发展身体全面素质的较为理想的运动。

2. 塑造形体美功能

“形体”分为姿态和体型。姿态是从我们平时的一举一动表现出来的行为习惯，受后天因素的影响较大。而体型则是我们身体的外形，虽然体育锻炼可适当改善体型外貌，但相对来说遗传因素起着决定性的作用。

良好的身体姿态是形成一个人气质风度的重要因素。健美操练习的身体姿态要求与我们日常生活中良好姿态的要求基本一致，因此，通过长期的健美操练习有益于肌肉、骨骼、关节的匀称与和谐发展，有利于改善不良的身体姿态，形成优美的体姿，从而在日常生活中表现出一种良好的气质与修养，给人以朝气蓬勃、健康向上的感觉。

健美操运动还可塑造健美的体型。通过健美操练习尤其是力量练习，可使骨骼粗壮、肌肉围度增大，从而弥补先天的体型缺陷，使人变得匀称健美。其次，健美操练习还可消除体内和体表多余的脂肪。人体内脂肪的消耗是由很多因素造成的，最重要的一点就是新陈代谢的快慢，而有氧操的强度不大，并可持续较长时间，能消耗体内多余的脂肪，维持人体吸收与消耗的平衡，降低体重，保持健美体型。

3. 缓解精神压力，娱乐身心功能

随着时代的发展和社会的进步，人们在享受科学技术带来的舒适生活和各种便利的同时，受到了来自方方面面的精神压力。研究证明，长期的精神压力不仅会引起各种心理疾患，而且许多躯体疾病也与精神压力有关，如高血压、心脏病、癌症等。科学研究表明：体育运动可缓解精神压力，预防各种疾病的产生。而健美操作为一项体育运动，以其动作优美、协调、全面锻炼身体，同时有节奏强烈的音乐伴奏而著称，是缓解精神压力的一剂良方。在轻松优美的健美操锻炼中，练习者的注意力从烦恼的事情上移开，忘掉失意与压抑，尽情享受健美操运动所带来的快乐，得到内心的安宁，从而缓解精神压力，使人具有更强的活力和最佳的心态。

另外，健美操锻炼也增强了人们的社会交往。目前人们参加健美操锻炼的主要方式是去健身房，在健美操指导员的带领下集体练习，而参与健美操锻炼的人来自社会的各阶层。因此，这种形式扩大了人们的社会交往面，把人们从工作和家庭的单一环境中解脱出来，可接触和认识更多的人，眼界也更开阔，从而为生活开辟了另一个天地，大家一起跳、一起锻炼、共同欢乐、互相鼓励。使人在锻炼中得到一种精神享受，满足人们的心理需要。

4. 医疗保健功能

健美操作为一项有氧运动，其特点是强度低、密度大，运动量可大可小，容易控制，因此除对健康的人具有良好的健身效果外，对一些病人、残疾人和老年人也是一种医疗保健的理想手段。如对下肢瘫痪的病人来说，可做地上健美操和水中健美操，以保持上体并促进下肢功能的恢复。只要控制好运动范围和运动量，健美操练习就能在预防损伤的基础上，达到医疗保健的目的。

四、健美操运动的起源及发展

(一)健美操运动的起源

健美操是一项新兴的体育运动项目，最早是美国太空总署为太空人所设计的体能训练内容。医学博士库伯尔(Coper)设计了一些动作并逐步加入音乐伴奏和特别的服装，形成了具有独特体系的运动，并很快风靡全球。当时涌现出一批健美操的代表人物。如杰希·索仑森(Jesy Sorense)和著名的好莱坞影星简·方达(Jane Fanda)等。

健美操作为一项独立的体育运动项目兴起的时间是70年代末，其显著标志就是“简·方达健美操”的出现。作为现代健美操运动的发起人之一，简·方达根据自己的体会和实践编写了“简·方达健美操”一书及录像带，自1981年首次在美国出版以来，一直畅销不衰，并被译成20多种文字，在世界30多个国家出售，对健美操运动在世界范围内的流行与发展起了巨大的推动作用，也使简·方达成为80年代风靡世界的健美操杰出代表。

健美操运动短短时间就以它强大的生命力迅速在全世界流行起来。到目前为止，健美操不仅在欧美等发达国家蓬勃发展，而且在一些发展中国家和地区也得到不同程度的开展，各种健美操俱乐部、健美操中心和健美操培训班如雨后春笋般到处涌现，许许多多的人选择健美操作为自己主要的健身方式，形成了世界范围的“健美操热”。

(二)健美操运动的发展

1. 国外健美操运动的发展

首先，健美操在全世界范围的普及和发展离不开一些健美操的国际组织的大力推广。这其中包括了国际健身协会和竞技性健美操的国际组织。下面将介绍其中较为权威和代表性的一些。

(1)国际健身协会介绍。

国际健身协会(IDEA)：成立于1982年，总部设在美国，是世界上最大的国际性健身组织，目前有来自80多个国家的23000多名会员。IDEA致力于为全世界的健身专家提供最新健身信息和继续教育的机会。它们每年都举办综合性的“IDEA健身大会”。

亚洲健身协会(Asiafit)：成立于1991年，总部设在香港，是亚洲最有影响力的健身性国际组织。

国际健美操和健身联合会(FISAF)：成立于20世纪80年代中期，总部设在澳大利亚，有会员国40多个。

世界上还有许多健身性的国际组织，以上只是较有影响和与我国关系密切的几个。这些组织涉及的面较广，包括所有与健身和健康相关的内容，健美操只是其中一部分。

(2)竞技性健美操国际组织介绍。

国际体操联合会健美操委员会(FIG)：国际体操联合会成立于1881年，原有体操和艺术体操等项目。1994年接受健美操为正式比赛项目，从1995年开始每年举办FIG健美操世界锦标赛。从2000年起，每逢双数年举办一次世界锦标赛。我国是其会员。

国际健美操冠军联合会(ANAC)：成立于1990年，总部设在美国，每年举办ANAC世界健美操冠军赛。

国际健美操联合会(IAF)：成立于1983年，总部设在日本，目前有会员近30个。每年举办健美操世界杯赛。

上述组织为扩大健美操在世界范围的影响，提高运动技术水平做出了重要贡献。尤其是FIG，作为国际奥委会正式承认的正规国际体育组织，FIG具有悠久的历史和把握项目发展方向的能力，它正积极推进健美操进入奥运会，从而也得到世界各国健美操组织的热情支持与信任。

(3)竞技健美操的产生与发展。健美操作为一项群众性体育活动，只有“比赛”才能使其成为一个真正的体育运动项目。健美操的首次国际比赛是由IAF在1983年举办的第一届国际健美操比赛。另外比较著名的比赛还有由ANAC举办的世界健美操冠军赛和少儿健美操比赛。FIG从1995年开始每年举办FIG健美操世界锦标赛，到目前已举办过8届，每届均有40多个国家、百名以上选手参赛。除此以外，各个健美操国际组织还单独或合作举办各种世界健美操巡回赛及大奖赛。

从竞技健美操的产生发展至今，各种国际比赛不断发展变化，技术水平也不断提高。由于所使用的竞赛规则不同，因此各个比赛的场地与时间也不同；而比赛项目则较统一，均为男单、女单、混双和三人，FIG比赛在2001年已增加了六人比赛项目。每年各种国际比赛的参赛人数呈逐年增多的趋势，说明竞技健美操是发展很快且很有生命力的竞技体育项目。

2. 我国健美操运动的发展

(1) 健美操首先在高校得到普及。20世纪80年代初，世界性的健美操热传入我国，此时也正值我国教育改革不断深入，“美育”教育逐渐在学校教育中占有一席之地。健美操正好成为我国美育教育的一个重要手段。

从1981～1983年，不少高校教师陆续在报纸杂志上刊登一些介绍健美操和探讨美育教育的文章，并编排了一些健美操成套动作，如“女青年健美操”“哑铃健美操”“形体健美操”等。从此“健美操”一词迅速被广大体育工作者所采用。

1984年，北京体育学院成立了健美操教研组，由其编排并推出的“青年韵律操”迅速传遍全国个大专院校，无数青年学生投入到学习“青年韵律操”的热潮中。虽然在今天看来，“青年韵律操”动作简单，但在当时却使许多人第一次认识了健美操，对健美操在我国的普及和发展起到了非常重要的推动作用。此后不久，许多高校将健美操列入教学大纲，为健美操的普及打下了良好的基础。另外，每年许多高校还组队参加各种形式的全国健美操比赛，使高校成为我国竞技健美操发展的基地和不可或缺的重要组成部分。

(2)社会健美操热的形成与普及。我国社会健美操在发展过程中形成了不同特色和不同流派的健美操，但在近十年的时间里还是和国际健美操的发展有一定的距离，如在练习内容上普遍存在着重视操化练习，轻视力量练习；认识上也有不遵循有氧运动的基础理论来发展，以增加跳跃动作来提高运动负荷就是其中很大的误区。但近年来随着国际交流的加强和各种宣传与培训，人们对健美操的认识不断深入，逐渐接受了国际上的新观念。今后健身健美操练习方法和市场管理也必将向着国际化、科学化、规范化的方向发展。

(3)我国健美操管理体系的建立。1992年经民政部注册中国健美操协会正式成立，同时也成为中华全国体育总会的团体会员，全国各行业系统也先后成立相关组织并举办健美操的各种活动。1997年 家体育总局颁布了《健美操活动管理办法》，使我国健美操项目的管理更加规范化。另外，1995年推出的健美操运动员等级制度、1998年推出《健美操指导员专业技术等级制度》和《全国健美操大众锻炼标准(试行)办法》，以及2000年推出的会员制度都将有力地推动我国健美操运动的快速发展。

(4)我国健美操比赛的规范化和多样化。1987年首次举办了全国首届“长城杯”健美操邀请赛，随后还分别举办了儿童、青年、中老年健美操比赛。起初几年该项赛事每年举行一届。从1992年改为全国健美操锦标赛，同年还举办首届“全国健美操冠军赛”。近年来又增加了全国性的健身健美操比赛。

(5)国际交流逐渐增多。1987年，北京体育学院健美操队就访问了日本，这是我国健美操运动首次走出国门。1988年。我国举办的首届“长城杯”健美操友好邀请赛就有来自日本等地的选手参加。1995年，我国首次派队参加了由FIG在法国举行的第一届世界锦标赛。从1997年至今，我国先后派多人参加FIG的国际裁判员和国际教练员培训班，还多次邀请外国专家来我国讲学。另外，一些国内的健身俱乐部还购买了健身项目的专利，一些国外的健身组织在我国建立了分支俱乐部。我国的部分健身人士也参加了IDEA健身大会和Asiafit健身大会。这些交流活动加速了我国健美操运动科学化的进程，加深了我们对健美操运动的理解，相信随着这种交流的频繁，我国的健美操运动必将走到国际健美操运动的前列。

第二节　健美操基本动作和基本技术

健美操包括健身性健美操(有氧健美操)和竞技性健美操。竞技性健美操是从有氧健美操发展而来的，两者除去难度动作外，基本动作和基本技术是一致的。另外根据普通高校学生的素质水平和综合能力，选择有氧健美操进行教学比较适合。因此，本节主要介绍有氧健美操的基本动作和基本技术。

一、健美操的基本动作

健美操的基本动作包括基本步伐和上肢动作两部分组成，其中基本步伐是组成动作组合的最小单位。

(一) 健美操的基本步伐

健美操的基本步伐可按冲击力分为三种：无冲击力动作、低冲击力动作和高冲击力动作，它们之间可以看做同一动作的不同变化形式。另外，根据动作完成形式的不同，可以将基本步伐分为五类：交替类、迈步类、点地类、抬腿类和双腿类。

1. 交替类

两腿始终做依次交替落地的动作。包括踏步、走步、一字步、V 字步、漫步、跑步等。

(1) 踏步——一般描述：两腿原地依次抬起，依次落地。

技术要点：在下落时，踝、膝、髋关节依次有弹性地缓冲。

(2) 走步——一般描述：迈步向前走四步或后退四步，然后反之。向前走时，脚跟先落地，过渡到全脚掌。向后走时相反。

技术要点：在落地时，膝、踝关节有弹性地缓冲。

(3) 一字步——一般描述：一脚向前一步，另一脚并于前脚，然后再依次还原。

技术要点：向前迈步时，先脚跟着地，过渡到全脚掌；前后均要有并腿过程，每一拍动作膝关节始终有弹性地缓冲。

(4) V 字步——一般描述：一脚向前侧方迈一步，另一脚随之向另一方迈一步，成两脚开立，屈膝，然后再依次退回原位。

技术要点：两腿膝、踝关节始终保持弹动状态，分开后成分腿半蹲，重心在两腿之间。

(5) 漫步——一般描述：一脚向前迈出，屈膝，重心随之前移，另一脚稍抬起，然后原地落下；或者向后撤一步，重心后移，另一脚稍抬起，然后原地落下。

技术要点：两脚始终保持交替落地，身体重心随动作前后移动，但始终在两脚之间。

(6) 跑步——一般描述：两脚经过腾空，依次落地缓冲，两臂屈肘摆臂。

技术要点：落地屈膝缓冲，脚跟尽量落地。

2. 迈步类

一条腿先迈出一步，重心移到这条腿上，另一腿用脚跟、脚尖点地或吸腿、屈腿、踢腿等，然后向另一个方向迈步的动作。包括并步、迈步点地、迈步吸腿、迈步后屈腿、侧交叉步等。

(1) 并步——一般描述：一脚迈出，另一脚随之并拢屈膝点地；再向反方向迈步。

技术要点：两膝始终保持弹动，动作幅度和力度可随风格而定。

(2) 迈步点地——一般描述：一脚向侧迈一步，两腿经屈膝移重心，另一腿再向前、侧或后用脚尖或脚跟点地。

技术要点：两膝同时有弹性地屈伸，重心移动轨迹呈弧形；上体不要扭转。

(3) 迈步吸腿——一般描述：一脚迈出一步，另一腿屈膝抬起，然后向反方向迈步。

技术要点：经过屈膝半蹲，抬膝时支撑腿稍屈膝。

(4) 迈步后屈腿——一般描述：一脚迈出一步，另一腿后屈，然后向反方向迈步。

技术要点：经过屈膝半蹲，支撑腿稍屈膝，后屈腿的脚跟靠近臀部。

(5)侧交叉步——一般描述：一脚向侧一步，另一脚在其后交叉，随之再向侧迈一步，另一脚并拢，屈膝点地。

技术要点：第一步脚跟先落地，身体重心快速随着脚步而移动，保持膝、踝关节的弹动。

3. 点地类

一腿屈膝站立，另一腿伸出，用脚尖或脚跟点地后还原到并腿位置的动作。包括脚尖点地、脚跟点地等。

(1)脚尖点地——一般描述：一腿稍屈膝站立，另一腿伸出，脚尖点地，然后还原到并腿姿势。

技术要点：支撑腿始终保持屈膝站立，并且随动作有弹性的屈伸。

(2)脚跟点地——一般描述：一腿稍屈膝站立，另一腿伸出，脚跟点地，然后还原到并腿姿势。只可做向前和向侧的脚跟点地。

技术要点：支撑腿始终保持屈膝站立，并且随动作有弹性的屈伸。

4. 抬腿类

一腿站立，另一腿抬起的动作。包括吸腿、摆腿、踢腿、弹踢腿(跳)、后屈腿(跳)等。

(1)吸腿——一般描述：一腿屈膝抬起，落地还原。

技术要点：支撑腿保持屈膝弹动，大腿上抬超过水平；上体保持正直。

(2)摆腿——一般描述：一腿支撑站立，另一腿直腿摆动内收和外展。

技术要点：注意躯干的位置随腿的摆动改变，以保持身体平衡。

(3)踢腿——一般描述：一腿稍屈膝站立，另一腿抬起，然后还原。

技术要点：抬起腿不需很高，但要有控制；保持上体正直。

(4)弹踢腿(跳)——一般描述：一腿站立(跳起)，另一腿先向后屈，然后向前下方弹踢，还原。通常以高冲击的形式出现。

技术要点：腿弹出时要有控制，保持上体正直。

(5)后屈腿(跳)——一般描述：一腿站立(跳起)，另一腿向后屈膝，放下腿还原。通常以高冲击的形式出现。

技术要点：支撑腿保持弹性，两腿并拢，脚跟靠近臀部。

5. 双腿类

双腿站立，身体重心在两腿之间的动作。包括并腿跳、分腿跳、开合跳、半蹲、弓步、提踵等。

(1)并腿跳——一般描述：两腿并拢跳起。

技术要点：落地缓冲有控制。

(2)分腿跳——一般描述：分腿站立屈膝半蹲，向上跳起，分腿落地屈膝缓冲。

技术要点：屈膝半蹲时，大、小腿夹角不要小于90°，空中注意身体的控制。

(3)开合跳——一般描述：由并腿跳起，分腿落地；然后，再由分腿跳起，并腿落地。

技术要点：分腿屈膝蹲时，两脚自然外开，膝关节沿脚尖方向屈，膝关节夹角不小于90°，脚跟落地。

(4)半蹲——一般描述：两腿有控制的屈和伸。可分为并腿半蹲和分腿半蹲。

技术要点：分腿半蹲时，两腿左右分开稍大于肩(或与肩同宽)，脚尖稍外开，屈膝时关节角度不得小于90°，膝关节对准脚尖方向，臀部向后45°方向下蹲，上体保持直立。

(5)弓步——一般描述：两腿前后分开，两脚平行站立；下蹲、起来。

技术要点：半蹲时后腿膝关节向下，大腿垂直于地面；重心始终在两脚之间。

(6)提踵——一般描述：两腿脚跟抬起，落下脚跟稍屈膝。

技术要点：两脚夹紧，重心上提时，收紧腹部；落下时屈膝缓冲。

健美操的基本步伐是形成组合动作的基础。无论多么复杂的健美操动作组合都是由一个个基本动作或者基本动作的变形动作经过合理的编排而形成的。基本动作可以通过改变方向、节奏、重复次数、动作幅度等方式变成新的动作。理论上说，这种变化是无穷的。这也是吸引人们参与健美操练习的重要因素。另外，我们可以了解一下竞技健美操的操化部分的内容源自七个基本步伐，分别是吸腿跳、踢腿跳、开合跳、弓步跳、踏步、跑步、弹踢腿跳。当前的竞技健美操动作已经不只是这几种动作的简单组合，为了使动作吸引人经常会加入各种舞蹈的元素。当然为了保持健美操的特点，这些内容所占比重很小，但它往往能成为全套动作的亮点。

(二)健美操的上肢动作

健美操是全身性的练习，它特别强调全身各部位的均衡、协调发展。因此，上肢动作也是健美操非常重要的组成部分。加入上肢动作可以使整体动作变得丰富多彩，同时还能改变运动强度和难度。下面将介绍几种常用的手型和上肢动作。

1. 常用手型

(1)掌型——动作描述：五指伸直并拢。

(2)拳型——动作描述：握拳，拇指在外。

(3)五指张开型——动作描述：五指用力伸直张开；或无名指、小拇指内收形成西班牙舞手型。

2. 上肢动作

(1)举——一般描述：臂伸直向某方向抬起。常见动作：前平举、斜上举、斜下举、侧平举、侧上举、侧下举、上举等。

(2)臂屈伸——一般描述：前臂与上臂角度减小或增大。动作随上臂位置改变而变化。

(3)上提——一般描述：直臂或屈臂由下至上提抬起。常见动作：屈臂前提。

(4)下拉——一般描述：臂由上举或侧上举拉至身体两侧。

(5)胸前推——一般描述：立掌，臂由肩部向前推。

(6)冲拳——一般描述：屈臂握拳，腰部发力带动肩、上肢的运动。

(7)肩上推——一般描述：不同手型，屈臂由肩部向上推。

(8)摆动——一般描述：以肩关节为轴，手臂在180°以内的运动。可前摆、后摆、侧摆。

(9)绕和绕环——一般描述：以肩关节为轴，手臂在180°～360°之间的运动为绕；大于360°以上的圆周运动为绕环。

(10)交叉——一般描述：两臂重叠成X形。

上肢动作的变化和步伐一样是无止境的。可以通过改变手型、幅度、位置、运动轨迹以及让两侧肢体完成不同动作等形式来变换动作。

二、有氧健美操的基本技术

有氧健美操的基本技术主要有落地技术、弹动技术、半蹲技术和身体控制技术。掌握并合理的运用技术能够保证练习者的安全，同时也能够反映健美操作为独立运动项目的特点。这其中落地技术、弹动技术和半蹲技术是紧密联系在一起的。

（一）落地技术

落地缓冲的主要目的是使身体尽可能的保持稳定，同时减少地面对关节、肌肉的冲击力，以避免造成运动损伤。

正确的落地技术是：落地过程中，由脚跟或前脚掌过渡到全脚掌，然后迅速屈髋、屈膝缓冲。注意，所有动作应在瞬间一次完成，用以分解地面对人体的冲击力。同时躯干与上肢保持良好的姿态，以保证整体的稳定与美感。

（二）弹动技术

弹动技术是健美操最重要的基本技术，是体现健美操的最基本特征，用以区别其他运动项目的重要因素之一。

健美操的弹动主要依靠踝关节、膝关节、髋关节的屈伸缓冲而产生，缓冲效果的好坏取决于屈伸过程中，腿部的肌肉是否能够协调用力；而这也决定了是否能够产生流畅的弹动动作。

练习弹动动作可以从练习踝关节的屈伸动作开始。练习方法：双腿并拢伸直，身体正直，立踵、落踵。

掌握好后再过渡到膝和髋关节的屈伸练习，练习方法：双腿原地并拢伸直，身体正直，屈膝半蹲，膝关节不要超过脚尖的位置，同时髋关节微屈。当两部分练习已熟悉后将它们连起来形成完整的弹动动作。注意：参与各关节弹动动作的肌肉是不同的。踝关节的弹动主要靠小腿后部肌群；膝、髋关节的弹动主要靠大腿肌群、臀部肌群、腹部肌群和腰部肌群。

（三）半蹲技术

健美操的操化练习中每一个动作都会有半蹲的出现。因为无论是落地缓冲技术、还是弹动的技术体现在动作上都与半蹲有关。正确的半蹲技术：半蹲时，身体重心下降，臀部向后下45°方向用力，膝关节不应超过脚尖，腰腹、臀部和大腿肌肉收缩，上体保持正直，重心在两腿之间，起落要有控制。分腿半蹲时，脚尖自然外开，应特别注意膝关节弯曲的方向要与脚尖的方向一致，保持自然关节的正确位置。

（四）身体控制技术

1．身体姿态的控制

健美操的身体姿态是根据练习的安全性和现代人体与美的标准而建立的。通常情况下的运动过程中，身体应保持自然挺拔，头部稍稍昂起的姿态，颈椎、胸椎、腰椎处于正常生理曲线位置，并始终保持腰腹和背部肌肉收缩，避免因腰腹部的摆动和无控制影响整体动作效果和防止身体损伤。

2．四肢的控制

健美操的四肢的动作是靠相关肌肉的收缩放松交替实现的。一般都要经过原动肌发力收缩—瞬间肌肉放松—对抗肌控制收缩三个过程。总之，动作效果的好坏取决于肌肉用力的感觉和程度，总的动作感觉是有控制但不僵硬、松弛但不松懈。

第三节　怎样才能跳好健美操

健美操是为数不多的几项体育与艺术交叉的运动项目之一。因此，从事这项运动不仅需要具备一定的身体素质，还要对各类艺术形式（如音乐、舞蹈、服饰等）有一定了解。可以说要真正跳好健美操应具备较高的综合素质。如果你是健美操的爱好者，我们不妨从以下几个方面入手。

一、经常聆听音乐

音乐是舞蹈的灵魂，也是健美操的灵魂。没有音乐，单纯的肢体动作就失去了意义，也就不能称其为健美操。健美操需要在强劲，快速的音乐（通常是迪斯科）节奏下完成由健美操基本动作编排而成的组合或完整套路。因此，熟悉音乐节奏是跳好健美操的第一步。健美操音乐特点是重拍明显、节奏均匀，速度通常在每分钟 144～162 拍之间。我们聆听音乐首先应找到重拍，因为通常在重拍完成动作；接着找到重拍之间的时间间隔，实际上就是节奏感，这样我们才知道什么时候、用什么速度来做动作。另外，我们还应该多听一些复杂节奏的音乐，比如拉丁音乐、HIP－HOP、RAP 等带有切分节奏的音乐，这样才能逐步提高对不同节奏的适应能力。从而，为进一步的达到肢体动作与音乐节奏的统一做好准备。

二、全面提高身体素质

无论是健身性的有氧健美操还是竞技健美操，都要求我们全身参与运动，并且这种运动是有一定强度的，而且强度还会随着对动作要求的提高而提高。

健美操是以有氧运动为基础的，因此，提高基础有氧耐力是长时间高质量完成健美操动作的保证。我们可以通过中等强度的匀速跑、跳绳、骑自行车、游泳等练习来提高有氧耐力。注意：应该采用 60%～80% 的强度，且每次持续不间断练习 20～60 分钟才能获得良好的锻炼效果。

健美操动作要求舒展、大方。舒展的动作要求身体各关节和韧带具有良好的柔韧性。柔韧性的提高需要一个较长的时间，不是一蹴而就的。另外要掌握正确的方法才能在保障身体不受损伤的情况下相对快速的提高柔韧性。正确的方法是：先进行 5～10 分钟的热身练习；再做身体各部位的静态伸拉练习，每组静态伸拉练习需保持 30 秒以上才有效果；然后再进行强度较大的动态伸展练习（如前、侧高踢腿，摆腿，跳踢腿等），因为在快速摆动过程中肢体的惯性加强了摆动效果，其运动幅度将超过静态伸拉，这样也增强了相关肌肉和韧带的弹性。但是也正因为如此，动态伸拉应该在充分的静态伸拉之后进行，同时局部动态伸拉的次数和时间不宜过长（除运动员外，一般不超过 15 次），用力不宜过猛，以免拉伤肌肉或造成其他损伤。

健美操动作还要求有力度。动作力度是靠肢体快速移动和准确到位的制动来体现的。人体任何动作的产生，都是多块肌肉协同用力的结果，一部分肌肉收缩变短；一部分肌肉对抗拉伸变长；还有肌肉收缩但长度不变起稳定的作用。因此，肢体的快速移动，不仅要原动肌收缩有力，还需要对抗肌尽量放松不阻碍运动，而良好的制动效果要靠固定肌、协同肌的控制性做功来体现。因此，要做好健美操，不加强各部位力量是不行的。目前，动态或静态的抗阻肌肉练习是快速、有效的发展力量的方法（在健美运动中将详细介绍），它是通过肌肉对外力（杠铃、哑铃、组合器械、阻尼皮筋等）或自身体重的对抗后的不适应而产生的超量恢复，达到增长力量的效果。我们在健美操专项课上，针对女学生的力量弱却又不喜欢练力量的情况，采用不同体位的自我对抗练习、集体配合力量练习和循环练习等方式，使她们在可以承受且能控制的状态下进行力量练习。对于普通女生，只要能坚持练习，力量素质提高是最立竿见影的。

健美操动作要求在同一节拍下完成多关节的复合动作；不仅如此，经常还会有空间和方向的变化。这都需要我们具有很好的协调能力。协调能力是神经系统支配运动器官（主要是肌肉）的能力。它们之间的神经联系要靠大量的模仿和有针对性的练习来建立。除了做各种不同节奏、不同风格的动作练习外，我们还用要求上下肢配合的跳绳来练习协调性。

良好的身体姿态是产生优美肢体动作的前提。健美操的身体姿态包括静态姿态和动态姿态。静态姿态是在静止情况下身体控制的状况，可以通过有意识、专门的站姿练习来改善。动态姿态是在移动过程或空中没有支撑情况下的身体控制状况。我们可以通过基本的芭蕾形体练习和有针对性的加强身体重要部位(腰腹部)的力量来实现。我们的专项课考核就有无支撑的屈体两头起和直体两头起，练习时还常采用静力的脚高位支撑练习，目的是让身体习惯在没有依托的情况下利用自身的肌肉来控制稳定。

三、要努力塑造健美的体型

身体的健美是健美操的重要组成部分，也是健美操的功能和目的之一。因此，要使健美操动作看起来美，缺少载体——健美的体型是不行的。

有位大艺术家说过"美是一种完美的比例关系"，我们把它引到解释健美的体型就是指人身体各部位间完美的比例关系，包括骨骼与骨骼的比例、骨骼与肌肉的比例、身体各部位的比例以及不同身体成分的比例等。这应该给我们大多数人指明了获得健美体型的有效途径，就是改变不好的比例关系。比如，身体瘦弱就可通过发达全身肌肉变的丰满、身体肥胖就重点减脂使身体轻盈、腰粗可以把肩部三角肌练发达来反衬腰细等。需要注意的是我们要正确的认识自己的身体，然后有针对性的、科学的来塑造它。但无论何时美都应该是建立在健康的基础上的。

四、要不断提高自身艺术修养

前面提到健美操是体育与艺术交叉的运动项目。体育挑战生理极限；而艺术追求完美和标新立异。对音乐、舞蹈、摄影、绘画、服装、装饰等各类艺术的观察和学习，不仅能提升自身气质，还有助于形成自己独特的风格。动作容易模仿，而风格却很难形成。可以说，只有有了自己的风格才能算真正跳好了健美操。

五、请投入你的热情

健美操给人的第一印象就是热情、充满活力，这种情绪可以感染每一位观众。这是大家喜欢它的重要原因。这种热情应该是发自内心的，它既体现出对健美操本身的喜爱；也更深层次地反映出对生活对身边事物的热情。因此，健美操的热情并不只是笑，它应是内在情绪和外在动作的综合反映。

第四节　怎样欣赏竞技健美操

根据《项群训练理论》对竞技体育的分类，竞技健美操属于"技能类表现难美项群"。它和同群的竞技项目(例如：竞技体操、艺术体操、花样滑冰、花样游泳、跳水等)一样，竞赛中以运动员所完成动作的难度、新颖、稳定、优美等因素判定其技能水平的高低。难、新、美正是竞技健美操的技术发展方向。

最近的国际体联规定的竞技健美操比赛项目有男子单人、女子单人、混合双人、三人和六人。各项比赛套路的规定时间都是1分45秒左右。如此短的时间里运动员将完成几百个不同类型的动作，这不仅对运动员、裁判员是挑战，对普通观众也是考验，因为许多观众不知道从什么角度去欣赏，也不知道动作的好坏和水平的差距在什么地方。也许有人说外行看看热闹就行了，但如果能看出门道岂不更有乐趣！

目前正式的国际、国内竞技健美操比赛都有三个裁判组，分别从动作难度、动作完成和艺术表现力三个方面来评判。分别给出难度分、完成分和艺术表现分。其中难度分为加分完成分和艺术表现分为减分，分别从10分开始扣除。最后，三个分相加为最后得分。

一、看难度动作

首先从难度动作说起。2001～2008年《国际竞赛规则》把难度动作分为四大类十个组别，难度动作根据组别不同分别有0.1～1.0的加分。难度表中的动作有已经出现的也有预期的难度动作。理论上来看完成难度动作越多加分越多。但实际情况并非如此，首先难度动作只是健美操套路的一部分内容，有一定的比重；另外，完成难度动作对体能要求很高，难度动作越多失误的几率也越大。规则规定运动员在选择难度动作时，不得出现缺类和动作重复。否则将扣分。其主要目的是使动作选择向更加多样化的方向发展。同时也能够体现体育比赛的公平性，使真正具有全面、超凡能力的运动员取得胜利。所以我们在欣赏比赛时，不要被运动员的一两个高难动作所迷惑，还要看所有难度动作的选择和完成情况。因为，有的运动员力量好柔韧较差，他就会多选择高组别的地面支撑、大跳接落地俯撑等动作，而在体现柔韧性时选择低组别的动作。而真正的高水平运动员应该是各项能力均衡且能完成一两个超难动作的。另外，集体项目中，队中任何一名队员的失败都算该动作未完成。而集体配合的难度动作只算一类动作，不算难度加分。

笼统的来判断动作难度大小的方法是：

支撑类难度——与地面接触面积越小越难；移动幅度越大越难。

柔韧类难度——关节活动幅度越大越难，控腿比手扳腿难。

跳跃类难度——空中姿态变化越多越难。

另外，复合性难度动作比单一类难度动作难度大。

二、看动作完成

国际体联的新规则对成套动作的技术完成质量提出了更高要求，同时大大加重了动作完成质量的扣分。因此，动作的完美完成将是运动员的技术和竞技水平的具体体现，是取得优异成绩的根本。

动作完成的扣分因素很多，大到整个动作的失败，小到一个没绷脚尖、伸膝盖、踢腿腰微屈甚至到细微的动作偏差都可能成为苛刻的完成裁判的扣分点。要想少扣分，就要求运动员在练习时不能满足于能做而要尽量要求完美。所以经常发现有的运动员（队）动作难度很大也都完成了，但总得分却不高，这往往因为有的难度动作完成后的难度加分还抵不上该动作因完成不够完美而在完成分里的减分。

另外在集体项目中，任何一名运动员的失误都会被算作全队的失误而被扣分。

三、看艺术表现

竞技健美操是一项艺术性极高并要求不断创新的运动项目。它的艺术性主要表现在动作的编排以及音乐的风格、动作和运动员的表现的完美结合两方面。

独特的动作编排能给观众留下深刻的印象，同时也能赢得裁判的心。动作编排艺术性主要体现在动作之间过渡连接是否自然或出其不意；空间的利用是否充分、合理；不同类型动作的转换是否流畅；集体项目还包括对型变换是否多样，配合是否新颖等。

音乐、动作、运动员的情绪三者完美的重叠和融合才是艺术性的真正体现，其中任何一个元素的剥离和细微偏差都会使艺术性大打折扣。所以不符合音乐风格的过分夸张的动作和表情都将影响艺术性而被扣分。

第十八章

网　球

第一节　网球运动概述

一、网球运动的起源与发展

网球运动起源于法国。14 世纪时，法国宫廷中开展起一种叫“掌球戏”的游戏，两人中间隔一条绳子，双方用手将球打来打去。球用布裹头发制成。以埃及坦尼斯镇所产的布最为著名，英文网球 Tennis 大概即由此而得名。16 世纪时，出现用羊皮纸，17 世纪这种游戏传入英国后，绳改变为网，球拍不再是平面的羊皮纸，而是穿上了有弹性的弦线，场地也比较正规了。18 世纪资本主义兴起后，网球运动冲出宫廷，逐步在资产阶级和市民阶层中开展起来。到 19 世纪，网球运动在欧美盛行起来。19 世纪 70 年代，现代草地网球正式出现。目前，网球运动水平较高的国家有美国、澳大利亚、法国、意大利、阿根廷、罗马尼亚、南非等，其中美国最强，尤其是女子网球。世界最高水平的网球比赛每年有四次，即：英国温布尔顿国际草地网球锦标赛、美国网球公开赛、法国网球公开赛、澳大利亚草地网球公开赛。这四大比赛是得到国际网球联合会承认的以个人名义参加的单项比赛，且都设有高额奖金。其他洲际或地区性的国际比赛，需要国际网联批准，方可成为正式锦标赛。国际网联承认的正式团体比赛有：戴维斯杯赛，即国际网球锦标赛，始于 1900 年，每年举行一次；联合会杯赛，即女子国际团体赛，每年举行一次，始于 1963 年。团体赛不设奖金，以国家为单位参加。1968 年，国际网联正式允许职业运动员参加其管辖的比赛。1970 年，由一些大企业资助，设立了大奖赛。大奖赛由一系列国际比赛组成，根据运动员在各场比赛得分多少排列名次，并授予相应的奖金。国际网球联合会于 1912 年成立于法国巴黎，现已有正式会员国 69 个，会友 32 个。网球运动各种打法和流派经过多年的演变，攻守技术已发展到很高的水平。现在，各种打法的发展趋势是力求技术全面，特长突出。发球讲究力量大、速度快、落点准确、旋转多变。正反拍技术的发展日趋平衡，加力上旋抽击的打法被广泛使用；网前进攻技术和底线破网技术难度大，质量高等。

二、国际网球组织机构

1. 国际网球联合会(ITF)

国际网球联合 ITF(International Tennis Federation)筹建于 1911 年，国际网联总部设在伦敦。国际网联的主要职责是负责有关网球比赛的一切事务；制订与修改网球规则；为发展中国家的网球教练开设培训班；协调世界青年、成年和老年网球比赛。国际网联负责组织世界上的两大团体赛，即戴维斯杯赛(男子)和联合会杯赛(女子)；负责指导四大公开赛，即温布尔登、法国、美国和澳大利亚的网球公开赛；负责奥林匹克网球比赛最后阶段的比赛等等。

2. 世界男子职业网球协会(ATP)

ATP(Association Tennis Professionals)，也称职业网球球员协会。国际职业网联是世界男子职业网球选手的“自治”组织机构。1972年成立于美国公开赛之时，其主要任务是协调职业运动员和赛事之间的伙伴关系，并负责组织和管理职业选手的积分、排名、奖金分配，以及制定比赛规则和给予或取消选手的参赛资格等工作。职业网联负责人马克·迈尔斯为了提高赛事的水准，他首先改革沿用多年的平均体系排名法。其主要弊端是使一些优秀网球选手每年参赛的次数急剧下降。基于这几点，职业网联决定采用“最佳14场赛事计分体系”，以取代平均体系排名法，这就是我们现在所见到的ATP排名，它达到了促使球员多参赛的目的。ATP每年所主办的主要大赛有：四大公开赛、挑战赛等80个左右的赛事，分别在六大洲34个国家举行。

3. 职业女子网球协会(WTA)

职业女子网球协会WTA(Women's Tennis Association)成立于1973年，它是世界女子职业网球选手的“自治”组织，其主要任务是组织职业选手的各种比赛，管理职业选手的积分、排名、奖金分配等。WTA的工作都是代表职业球员的利益，保证世界上几百位职业球员都有机会参加比赛，并在比赛中打出水平；协助与赞助商，赛事主办者之间的关系，推进网球运动的发展，WTA负责比赛有：WTA年终总决赛、四大公开赛、巡回赛等60个左右的赛事。WTA的年终排名，由在美国举行的WTA世界锦标赛最终确定，世界上只有16位选手有资格参加。

三、国际重大网球赛事

(一)四大网球公开赛

澳大利亚网球公开赛(Australia Open)，法国网球公开赛(Roland Garros Open)，温布尔登网球锦标赛(Wimbledon Open)，美国网球公开赛(U. S. Open)，被称为世界四大网球公开赛，它是每年一届的最为重要的世界性网球单项比赛。世界各地选手均把获得四大公开赛的桂冠视为最高荣誉。网球运动员在一年中，能同时获得四大公开赛冠军者，称为“大满贯”获得者，若获得四大公开赛其中之一冠军者，称“大满贯赛冠军”。

1. 澳大利亚网球公开赛(场地类型：硬地，开始年份：1905年，举行地点：墨尔本)

澳大利亚网球公开赛始创于1905年，是四大公开赛中最迟创建的赛事，但是每年却最早开赛，于1月底至2月初在墨尔本举行。男子始于1905年，女子始于1922年，刚开始是使用草地网球场，到1988年才改为硬地网球场，1968年，国际网球职业化后它被列为四大公开赛之一。打法全面的选手在硬地上比赛最占优势。但是墨尔本酷热气候使球员体力消耗大，发挥不稳定，影响比赛的圆满结束。

2. 法国网球公开赛(场地类型：红土，开始年份：1891年，举行地点：巴黎)

法国网球公开赛始创于1891年，比温布尔登网球锦标赛晚14年，通常在每年的5月至6月举行。法国网球公开赛开始只限于本国人参加，1925年以后对外开放，成为公开赛。法国网球公开赛的场地设在巴黎西部的罗兰卡罗斯的大型体育场内，同时也是法国网球黄金时期的象征。因为它是直接为庆祝被称为“四骑士”的四名法国人首次捧回戴维斯杯，准备翌年的卫冕战而特意修建的。它的建筑古典优雅，别具一格，在一丛丛栗树枝叶掩映下，令人心旷神怡，获得这个公开赛桂冠的选手也与温布尔登赛冠军一样名震世界。罗兰·卡罗斯球场属慢速红土球场，每场比赛采用5盘3胜淘汰制，所以一场比赛打上4个小时是习以为常的。因此在这样的球场要获取优胜是不易的，球员要有超人的技术和惊人的毅力。

3. 温布尔登网球锦标赛(场地类型：草地，开始年份：1877 年，举行地点：伦敦)

温布尔登网球锦标赛也称“全英男子单打锦标赛”，创办于 1877 年 7 月，是现代网球史上最早举办的比赛。每年 6 月底至 7 月初举行比赛。这项网球赛初创时只有男子单打一个项目，1879 年增设男子双打，1884 年始有女子单打，以后又增加了女子双打，到 1913 年又最后增设了男女混合双打。温布尔登网球锦标赛初始只限英国人参加，1901 年起允许英联邦各国派代表参加比赛，从 1905 年开始扩大为国际性的球赛。温布尔登拥有 18 个草地、9 个硬地和 2 个室内网球场，其中最大的中央球场可容纳 15 000 名观众，每年有 300 多名选手角逐 5 个项目的冠军。随着商业化进程，温布尔登网球赛所设的奖金也在逐年增高。

4. 美国网球公开赛(场地类型：硬地，开始年份：1881 年，举行地点：纽约)

美国网球公开赛，其历史仅次于温布尔登网球锦标赛，它始创于 1881 年，美国公开赛的首届比赛，是于 1881 年在罗得岛新港举行，当时只是国内赛事，而且只有男子单打。以后每年一届。女子比赛始于 1887 年。每年的 8 月底至 9 月初，在美国纽约举行比赛。1968 年被列为四大公开赛之一，· 设有 5 个单项的比赛，是每年四大公开赛中最后举行的大赛。美国网球公开赛在“四大网球赛”中，以奖金最多而闻名，奖金总额高达 600 多万美元。由于美国网球赛的地位和高额奖金，以及中速硬地场地，吸引众多好手参加。美国公开赛的影响虽比不上温布尔登，却高于澳大利亚甚至法国公开赛。

(二)戴维斯杯网球赛(Davis Cup)

戴维斯杯网球赛是每年一度的世界男子网球团体赛，也是世界网坛层次最高，影响最大的国际性团体赛，由国际网球联合会主办，是除奥林匹克网球比赛外历史最长的网球比赛。因系美国人戴维斯倡议举办，并捐赠银质奖杯授予冠军队，故名“戴维斯杯网球锦标赛”。第 1 届于 1900 年在美国波士顿举办，仅美国和英国参加。由于参加国家的增多，1923 年起分为美洲区和欧洲区，1952 年又增加了一个东方区，1966 年欧洲参赛队剧增，又从 3 个区分成 4 个区，即美洲区，东方区，欧洲 A 区，欧洲 B 区(非洲国家参加欧洲 B 区)。1970 年成立了一个委员会研究讨论竞赛规则的改革，较多国家认为卫冕国家以逸待劳，迎战疲惫不堪的挑战队，未免太有失公允，所以自 1971 年通过了一项决议取消了“挑战赛”制度，从 1972 年起冠军队也毫无例外地必须从第一轮开始比赛，至于决赛地点的选择，由抽签决定。1981 年开始采取分为两级的升降级比赛的办法。

1980 年 7 月和 1988 年两次对规则做了比较大的修改，把原来的东方区改为亚太区，又分为亚太 1 组和亚太 2 组，水平高的在 1 组。把原欧洲 A 区，欧洲 B 区，改为欧非区 1 组，其中仍分为 A 区和 B 区，每区的前两名出线参加世界组的资格赛。又增设了非洲区 2 组和欧洲区 2 组。所有区的 2 组水平都是该区较低的。这样，亚太区 1 组，美洲区 1 组和欧非区 1 组的 A 区和 B 区，各出线的 2 个队，共 8 个队，进入世界组的预选赛，同当年世界组 16 个队中第一轮被淘汰的 8 个队抽签对阵，捉对厮杀，胜者升到第二年世界组，成为 16 强争夺戴维斯杯，负者回到各区的 1 组，第 2 年再战。

戴维斯杯比赛采用 4 单 1 双，5 场 3 胜制。无论哪一级的团体赛，比赛时间都是三天。第一天两场单打，第二天一场双打，第三天又是两场单打。第一和第二天为 5 盘 3 胜制，第三天为 3 盘 2 胜制。获得戴维斯杯次数最多的国家有美国、澳大利亚、英国和法国等。

(三)联合会杯网球赛(Federation Cup)

联合会杯网球赛是每年一度的世界女子网球团体赛，它是 1963 年为庆祝国际网联成立 50 周年创办的。联合会杯网球赛是和戴维斯杯赛齐名的团体赛事，是各国网球整体实力的大检阅。第一届联合会杯比赛是在伦敦的女子俱乐部进行的，共有16支代表队参加。联合会杯赛每年进行一次，至2000年已进行了38届。

联合会杯网球赛仿效戴维斯杯赛的比赛办法，实行"联合会杯新赛制"，由上年联合会杯赛四分之一决赛的8个队组成世界组，其余8个队成为A组。这两组的比赛采用一次主场和一次客场的比赛方法。在世界组中，第一轮获胜的4个队进行半决赛，第一轮失败的4个队与A组中获胜的4个队进行比赛，比赛中获胜的队进入下年底世界组。A组中第一轮失败的队同各区中获胜的队进行比赛，然后由4支获胜的队进入下年度A组比赛。4支失败的队则参加下年度的区级比赛。

世界组和A组的比赛采用5场3胜制，第一天进行两场单打，第二天进行两场单打和一场双打。其双打放在最后进行。

(四)大师杯系列赛(Tennis Masters Series)

职业网联根据新的排名法和调整后的比赛日程暴露出的实际情况，对比赛进行了改革，他们将原有的11起最高水平的赛事减为9起，以其为基础组织超级巡回赛。即以减少赛事来提高比赛的质量，在选择赛事时，职业网联充分考虑了场地和资金、观众等因素，使9起赛事能充分展示男子职业网球的各种不同风格。根据场地的不同类型划分，它们是：塑胶场地——利普顿大师赛，印第安纳大师赛；红泥土地——蒙特拉罗大师赛，汉堡大师赛，罗马大师赛；硬地——多伦多大师赛，辛辛那提大师赛；室内地毯场地——斯德哥尔摩大师赛，巴黎大师赛，这就是超级9项赛。为了保证赛事质量，职业网联与排名前十名的选手签订了合同，合同规定这些球员必须准时出席以上赛事，不能在同一时间参加低级别的比赛。每年11月15日在德国法兰克福有8名世界顶尖选手参加的ATP年终总决赛(又称世界锦标赛)。

但是，在新世纪伊始，男子职业网球赛与以往有所不同，它将以往的超级9项赛和ATP世界年终总决赛改了名，超级9项赛现在名叫大师系列赛，年终总决赛也改了名为大师杯赛，同样分九个地方举行，而大师杯亦如往年一样，有全年成绩最好的8位选手参加。2002年及2005年大师杯赛在中国的上海举行。

四、中国网球运动简况

1885年前后，网球运动传入中国。先是上海、广州等大城市的外国传教士和商人之间出现网球活动，后一些教会学校也开展起这项运动，1898年，上海圣约翰书院举行斯坦豪斯杯赛，这是中国网球史上最早的校内比赛。1906年，北京汇文学校、协和书院、清华学校之间，上海圣约翰大学、南洋公学、沪江大学，以及南京、广州、香港的一些学校开始举行校际网球赛，促进了网球运动在中国的传播。在二三十年代那时的网球运动只有少数人中间流行。从1924～1946年虽6次派对参加戴维斯杯比赛，多是在第一、二轮被淘汰，技术、战术水平较低。

新中国成立后，网球运动在起点低、基础差、交往少的情况下逐渐发展，1953年在天津首次举办了包括网球在内的四项球类运动会(篮、排、网、羽)，1956年举办全国网球锦标赛，后来全国网球等级联赛定期举行，并实行升降级制度，还定期举办全国网球单项比赛、全国硬地网球冠军赛、全国青少年网球比赛，近年来又搞起了巡回赛，另外，老年网球赛、高校网球赛、少年网球赛。这些竞赛对促进网球技术水平的提高起到了积极的推动作用。

2004年雅典奥运会，中国选手李婷/孙甜甜夺得女子双打冠军。

2006年澳大利亚网球公开赛上，中国选手郑洁/晏紫夺得女子双打冠军。

2008 年北京奥运会，中国选手李娜夺得女子单打第四名。

五、世界网球运动的特点

自 19 世纪末温布尔登网球锦标赛拉开现代网球运动的帷幕，网球运动一直以它特有的魅力吸引着越来越多的参加者。尽管这项运动的场地器材条件要求高，但迄今网球已经成为一项世界性的热门运动。在世界体坛所有项目的比赛中，网球比赛最为活跃。目前，世界上每年举行的国际网球赛，男子达 100 多次，女子亦近百次。网球之所以成为当今世界的热门项目，除了网球运动本身特有的魅力之外，另一个重要因素是，国际网球比赛大都设有高额奖金。这种数额惊人的奖金和球星们的庞大收入，自然会吸引更多的关注，这项运动也必然在世界产生巨大影响。比赛频繁，奖金惊人的世界网球运动，主要是由国际网球联合会来组织安排，它成立于 1912 年 3 月 1 日，总部设在巴黎。现代网球在 100 多年的发展进程中，曾涌现了许多杰出的选手，他们都以自己的天才，勤奋及创造精神，为网球技战术的进步与发展，做出了卓越的贡献。团体比赛中美国的霸主局面被打破，他们面临的挑战越来越严峻。

六、现代网球运动发展趋势

比赛的商业化、职业化刺激网球运动高速发展；运动员的竞技能力全面而同步发展；运动员的技术更加全面、精细；各项攻防技，战术不断创新和发展；更多的青少年选手跨入了世界水平行列、运动员有早期成熟的趋势；女子动作男性化。

七、网球运动的特点和锻炼价值

(1)网球是一项逐渐兴起的健身运动。它是世界上最流行的运动项目之一。网球一向被扣以“贵族运动”“高雅运动”以及文明运动的美誉。观看重要的国际网球比赛，是许多人休闲、度假的主要内容。独特的网球文化使得网球运动成为现代社会中人的崇尚的生活方式之一。

(2)网球文化具有终身受益的作用。网球运动能在 3 ~ 90 岁男女之间进行的活动，不受年龄和性别的影响。年轻人可以显示他们优良的身体素质、强劲的力量和快速的奔跑；少年儿童在愉悦中打网球；中年人及古稀老人，可以根据自身的身体、心理、生理条件，进行适宜的运动强度。由于网球运动的运动量和运动强度可调控性和趣味性，可快可慢、可张可弛，使得参与者以饱满的热情和适合自己的强度在不知不觉中运动完相当于跑完几里路程的运动时间，达到了增进健康、增进体质、强壮身心的目的。网球运动隔网对垒，不属于肢体碰撞运动，能减少不必要的伤害。所以网球也是所有体育运动项目中运动寿命最长的项目之一。

(3)网球文化能培养人的诚实守信的优秀品质。业余活动中的网球比赛大多是无裁判下的信任制比赛，运动员一定要做到诚实，把好球说成出界或把出界说成好球都是不诚实的表现。诚信品质的体现贯穿在整个网球活动的全过程，而网球活动也是最能体现一个人诚信品质的体育活动之一。

(4)网球能培养团结协作的精神。网球比赛是非常讲究团结协作精神的运动项目。教练与球员之间，团体赛队友与队友之间，双打搭档之间都要有默契的配合。而这种默契就来自每个球员所具有的团队协作精神。这种协作精神将大大加强集体的凝聚力和战斗力，它的功效在学生进入社会后自然会淋漓尽致地体现出来。如郑洁和晏紫获得澳网女双冠军，除了技战术好外，与她们相处 16 年的团结和睦、配合默契是分不开的。

(5)网球能培养更加自信的心理状态。自信和自负是两种完全不同的概念。自负是一种不切实际的想法，而自信则是建立在认真学习、谦虚谨慎、不怕困难的基础上奋发向上。心理状态在网球比赛中具有重要的因素，在技术相近的选手之间比赛，心态更显重要。网球能训练一个人的心理，锻炼出不因自己或对手及其他原因而影响心理状态的正常发挥。

(6)网球运动是一种文明、礼貌、高雅的网球文化礼仪。这种文化来源于100多年来传统的习俗、管理者的管理和网球人群的意愿。网球礼仪就更显重要。球员与球员、教练、观众之间始终以礼相待；观众观赏网球比赛中途不能走动和发出声音；现代网球文化既保留了这种古代网球的文化、礼貌和高雅性，又增强了现代网球运动文化的大众性。网球运动中，一个举止文明有礼节有涵养的运动员不管在任何地方都是受到大家的欢迎。

八、网球场地与器材

1. 单双打场地

(1)单打球场是一个长方形场地，长23.77米，宽8.23米。用球网从中间隔开，球网悬挂在直径不超过0.8厘米的绳或钢丝上，球网两端悬挂在直径不超过15厘米的网柱上。网柱中心距边线外沿0.914米。网柱高度应使网绳或钢丝绳的顶部距地面1.07米(图18-1)。

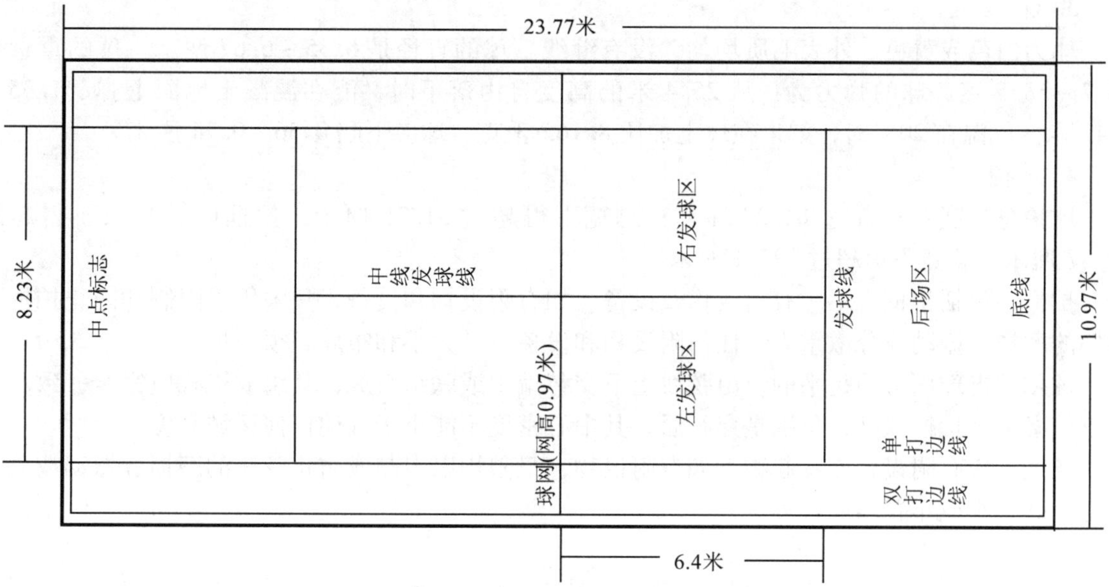

图 18-1

当兼有双打和单打的球场挂着双打球网用于单打时，球网必须用高度为1.07米的两根单打支柱支撑，单打支柱的直径或边长不得超过7.5厘米，单打支柱中心距单打场地外沿0.914米。

球网应充分展开，完全填满两柱间空隙，网孔大小以不让球穿过为准。球网中央高0.914米，并用不超过5厘米的白色中心带束于地面。网顶的绳或钢丝绳要用白色网边布包缝，每边宽不得少于厘米，也不得多于6.3厘米。

在球网、中心带、网边白布上或单打支柱上均不得有广告。

球场两端的界线叫端线，球场两边的界线叫边线。在球网两侧6.40米处的场内各画一条与球网平行的横线叫发球线。在连接两发球线的中点画一条与边线平行的线，线宽5厘米，叫中线。中线与球网成“十”字型，将发球线与边线之间的地面分成四个相等的区叫发球区。在端线的中心，向场内画一条10厘米长，5厘米宽的垂直于端线的短线叫中点。全场除端线可宽至10厘米外，其他各线的宽度均不得超过5厘米，也不得少于2.5厘米。全场各区的丈量，除中线外，都从各线的外沿计算。

在球场后面放置广告和其他物品时，不得使用白色、黄色或其他浅颜色。

如广告放置在位于球场后面的司线员的坐椅上，这些广告不得使用白色或黄色。

国际网球锦标赛或国际网联主办的其他正式锦标赛规定：端线以外至少要有6.40米的空地，边线以外至少要有3.66米的空地。

(2)双打球场宽为10.97米，比单打球场每边多1.37米。两发球线间的单打球场边线为发球区的边线。其余各项与单打球场规则相同。双打球网长12.80米，双打网柱的中心距、双打边线的外沿为0.914米。

2. 球场固定物

球场固定物包括球网、网柱、单打支柱、绳或钢丝绳、中心带、网边白布，还包括球场四周的挡网、看台，固定的或可移动的坐椅及其占有人；安置在场地周围上空的设备，以及在各自位置上的裁判员、辅助裁判员、脚误裁判员、司线员、捡球员等。

3. 球

球为白色或黄色，外表毛质均匀，没有缝线。球的直径是6.35～6.67厘米。球的重量是56.7～58.5克。球的弹力为：从25.4米的高度自由落下时，能在混凝土地面上弹起1.35～1.47米。气温在20℃时，如果在球上加压8.165千克，球应下陷0.56～0.74厘米。

4. 球拍

球拍总长度不得超过81.28厘米；总宽不得超过31.75厘米；拍框内沿总长不得超过39.37厘米，总宽不提超过29.21厘米。

拍框，包括拍柄，不应有附设物及设备。如有附设物和设备，只限用以限制和防止拍框和拍柄的磨损、振动或分散重力。任何附设物和设备，其大小和布局必须合理。

球拍的击球面必须是平的，由弦线上下交替编织或联结组成，其组成格式应完全一致。每条弦线必须与拍框联结，特别是穿弦后，其中心密度不能小于其他任何区域密度。

弦线不应有附设物或突起物。如有附设物，只限用以限制或防止弦线的磨损、振动或分散重力，其大小或布置均应合理。

第二节 网球基本技术

一、现代网球技术分析

(一) 基本握拍方法

1. 东方式握拍法(the eastern grip)

东方式握拍法最先在美国东海岸一带流行，因而取名为东方式。它开始是在沙土球场上使用，后来在各种不同类型的网球场上使用，取得了较好的击球效果，因而被广泛采用。东方式握拍法分为正手与反手击球握拍两种。

东方式正手握拍法最形象的表达是“握手”，它与握手的姿势十分相似。先将球拍柄水平放置，拍面与地面垂直，拍柄朝向自己，然后以手握手状握住拍柄。

初学者可以采用自然的办法握拍，即先把手掌平贴在拍面上，保持手掌与拍面平行，手顺着拍柄划到拍柄位置，手指弯曲握紧拍柄。

图 18-2 东方式正手握拍

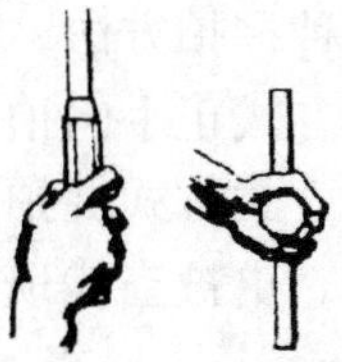

图 18-3 东方式反手握拍

图 18-4 大陆式握拍法

图 18-2 是东方式正手握拍法的姿势。其握拍法的要点是：食指下关节压在右垂直面上，食指与其余三个手指稍分开，拇指自然弯曲，从拍下平面绕过来。击球时右手掌根与食指下关节控制球拍。

东方式反手握拍法是在正手握拍法的基础上，手沿逆时针方向旋转一个平面(图 18-3)。

其要点是：食指下关节压在右上斜面上，手掌根部贴住拍的左上斜面，与拍底平面对齐，食指与其余三个手指稍分开，拇指稍弯曲贴在左下斜面。

2. 大陆式握拍法(the continental grip)

大陆式握拍法过去在欧洲大陆，特别是法国的草地网球赛中流行。现在多用上网截击和发球。介于东方式握拍法的正手握拍与反手握拍之间，它的特征最形象的表述是“手握铁锤柄”，它与使用铁锤的握法相似。正、反手击球采用同样的握法(图 18-4)。

大陆式握拍法的要点：食指下关节紧贴在右上斜面上，手指根部贴住上平面，与拍底平面对齐，其余三个手指稍分开。由于大陆式握拍法在正、反手击球时球拍不用转动，因而在上网截击或在来不及判断该用正手或反手击球时使用较方便。实际上，世界上许多习惯用东方式握拍法击球的优秀选手，在比赛中都经常自觉或不自觉地使用了大陆式握拍法。

3. 西方式握拍法(the western grip)

西方式握拍法过去曾在美国西部海岸加利福尼亚州一带流行，因而取名西方式。由于掌握它难度较大，故只有被一些职业运动员所采用。现在，世界一流的网球运动员大多采用西方式或半西方式握拍法。它的特点是击出的正手球旋转强，用于“破网”威力较大。

西方式握拍法最显著的特征是正、反手击球使用了同一个拍面。正手击球与反手击球握拍法相比较，拍子逆时针转动了 180°，而手腕仅顺时针转动了 90°(图 18-5)。

图 18-5 西方式握拍法

图 18-6 半西方式握拍法

西方式正手握拍法最形象的表述是“一把抓”。它是把拍平放在地面上，再用手抓起来。其要点是：拇指与食指几乎成直角，拇指直伸压住拍上平面，食指下关节握住右上斜面，手指根部贴住右下斜面，与拍底平面对齐。

西方式反手握拍法是在正手握拍法的基础上，手腕按顺时针方向专动，拇指直伸紧压拍子右垂直面，食指下关节压住上平面，手掌根贴住左上斜面，与拍底平面对齐。简单地说，就是球拍柄上下平面颠倒过来，正、反手用同一拍面击球。

4. 半西方式握拍法(the semi-western grip)

它是介于西方式和东方式之间的一种握拍方法，其握拍点是将食指底部关节按在第3面和第4面之间，然后握住球拍，手掌比东方式正手向拍柄后移动得多(图18-6)。用此种握拍法，易于击打腰部以上高度的球，它具备西方式方式握拍的旋转和东方式握拍的力量，倾向于正手主动进攻。这种握拍法不仅适合初学者，更被当代顶尖的网球选手使用。

5. 双手握拍法(the two-handed grip)

它又分为两种：一种是右手用大陆式握拍法，左手用东方式正手握拍法；另一种是双手都用东方式握拍法(图18-7)。

图 18-7

(二)步　法

在各种网球击球中，脚步移动是非常重要的一个环节。要打好网球，必须要解决的是人与球之间的距离。对于不同落点，不同高度的球都有一个相应的理想的站位，这是打好球的前提(分为开放式和关闭式)。

(1)正拍击球原地步法。以右手握拍为例，右脚向右转90°，同时转体，左脚向右前方跨出，与端线约成对45°，使左肩对网击球。在脚步练习时结合徒手挥拍动作，反复练习(图18-8)。

(2)反拍击球原地步法。左脚向左转90°，同时转体，右脚向左前方跨出使右肩或右背对网，结合徒手挥拍，反复练习(图18-9)。

(3)移动1~2米正拍击球的步法。右脚向右侧跨出半步，同时右脚向右转，左脚则与打球方向成直角跨出去(图18-10)。

(4)滑步步法。向右移动时，先开右脚，再根左脚，向左移动时，方法同向右移动，方向相反(图18-11)。

图 18-8

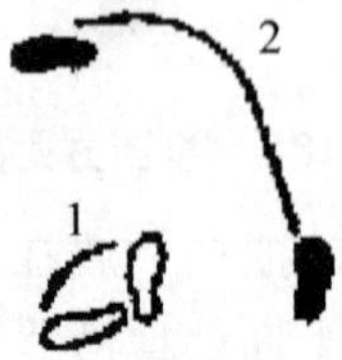

图 18-9

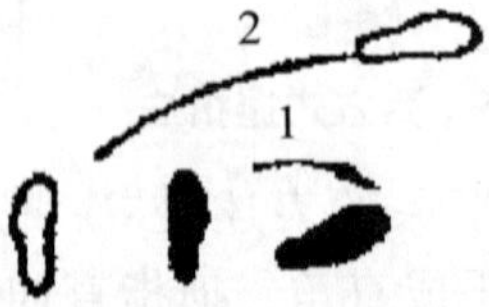

图 18-10

图 18-11

(5)左右交叉步。左脚跨出一步向右侧移动，交叉于右腿前，同时向右转体，进右脚，再进左脚，且以左—右—左—右的交叉步向右移动。向左移动时方法同向右移动，方向相反(图18-12)。

(6)向左后或向右后移动步法。向右后移动时，先向右后方移动右脚，同时向右后转体，

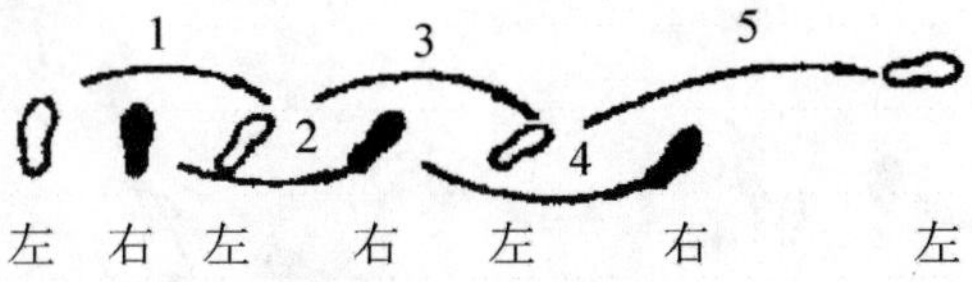

图 18-12

左脚向右后跨步，接着用交叉步向右后跑动。向左后移动，方向相反，方法一样。

二、发　球

在现代网球技术中，发球是最重要的技术之一。它是网球技术中唯一不受对方制约和限制的技术。好的发球，不仅可以直接得分，而且还在较大的程度上能够发挥出个人的特点，用以控制对方，最大限度地施展自己的战术意图。

当今球员发球常用的握拍法是大陆式握拍。

1. 下手发球(图 18-13)

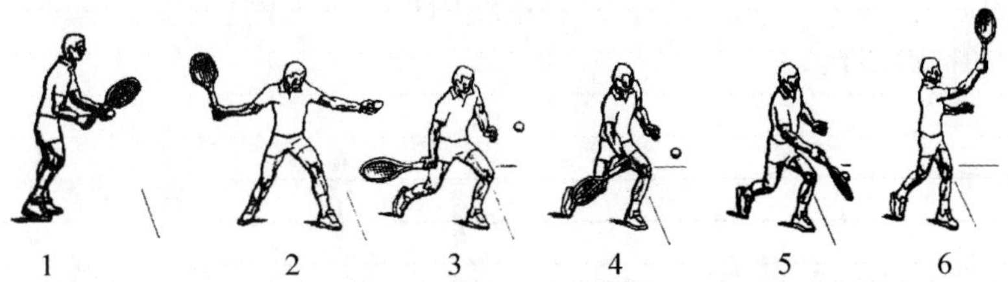

图 18-13

准备姿势：上身面对球网站立(1)。膝关节稍微弯曲，身体的重心落在前脚掌(1)。左手持球(1)。右手放松(1)。

引拍阶段：上身向右后方扭转(2)。球拍后摆，左脚向前上步(2)。左手将球稍向上抛(2)。眼睛盯住球(2～5)。

击球阶段：球拍稍微降低、下垂(3，4)。手腕关节微打开(3，4)。肩膀向前扭转(2～5)。在球落地前，在身体一侧的前面击球(5)。

随挥阶段：击球手臂和球拍顶端应尽可能长地向前上方随挥(6)。球拍放低并且做好回球的准备。

2. 平击发球(图 18-14)

平击发球(the flat serve)在所有发球类型中是球速最快的发球法，也称为炮弹式发球，常被世界顶尖级选手在一发中所采用。该发球法不但球速快，而且反弹低。这种发球虽然力量大，球速快、威胁大，但准确率较其他发球法较低。

准备姿势：站立在端线外中心标志右侧大约一步的位置(1)侧身站立，左脚脚尖指向右侧网柱(1)。右脚在左脚后面(1)。身体重心落在左脚上(支撑脚)(1)。左手托住球拍的拍颈(减少右手的负荷)(1)。手臂放松，稍微弯曲并且保持在胸部的高度 (1)。

引拍阶段：双臂同时稍向下放，在其最低点抛球手臂和击球手臂同时分开，但以不同的速度向上摆动(2)在眼睛的高度将球抛出，击球臂向后、向下、向上引拍(3，4)。在手臂向后向下引拍时，将身体重心移到右腿上(2，3)。在手臂伸展到最高点时，身体重心又移到左腿上，

图 18-14

同时，通过髋关节前移，降低身体重心(3，4)。左腿支撑身体向前、向上运动(3，4)。

击球阶段：击球的肩膀转向前面(4～6)。在弧线折返点，手腕关节打开(在速度最快时)(5)。前臂旋内，充分向前、向上伸展击球手臂，在最高点击球(5，6)。击球瞬间，拍面几乎垂直于地面，右侧角度对准击球方向(6)。

随挥阶段：击球后，右前臂继续向外转动(7，8)。球拍随挥至身体的左侧(8)。左臂在体前的位置做相反的运动(6，7)。击球后，站在端线附近或者上网！

3. 切削发球(图 18-15)

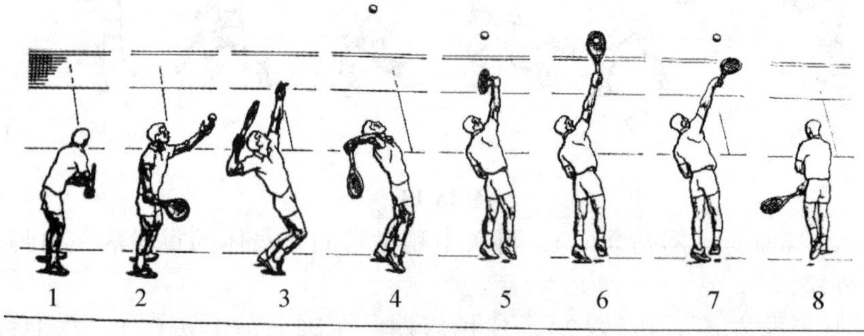

图 18-15

准备姿势：站立在端线外中心标志右侧大约一步的位置。(1)侧身站立，左脚脚尖指向右侧网柱(1)。右脚在左脚后面(1)。身体重心落在左脚上(支撑脚)(1)。左手托住球拍的拍颈(减少右手的负荷)(1)。手臂放松，稍微弯曲并且保持在胸部的高度(1)。

引拍阶段：双臂同时稍向下放。在其最低点抛球手臂和击球手臂同时分开并且向上(但以不同的速度)摆动(2)。在眼睛的高度将球抛出(只使用大拇指、食指和中指进行抛球)。击球臂向后、向下向上引拍(2，3)。上身向后扭转(3，4)。在手臂伸展到最高点时，身体重心右移到左腿上(2，3)。

击球阶段：球拍从头的后面以平的弧线挥出，从左后下方向右前上方加速击球(4～6)。很少的支撑腿参与(4～6)。充分转体(4～6)。很少的旋内(4～6)。击球瞬间，拍面几乎垂直于地面，右侧角度对准击球方向(6)。通过充分转体，右脚向前迈出到左脚前面(4～7)。

随挥阶段：上身和球拍沿着击球方向随挥(6～8)。左臂在胃的位置做相反的运动(6～7)。球拍随挥至身体左侧，右脚跨入场地(8)。

4. 上旋发球(高弹和旋转发球)(图 18-16)

图 18-16

准备姿势：站立在端线外中心标志右侧大约一步的位置(1)。侧身站立，左脚脚尖指向右侧网柱(1)。右脚在左脚后面(1)。身体重心落在左脚上(支撑脚)(1)。左手拖住球拍的拍颈(减少右手的负荷)(1)。手臂放松，稍微弯曲并且保持在胸部的高度(1)。

引拍阶段：双臂同时稍向下放，在其最低点抛球手臂和击球手臂同时分开，但以不同的速度向上摆动(2)。在眼睛的高度将球抛出(2)。在手臂向后向下引拍时，将身体重量移到右腿上(2)。在手臂伸展到最高点时，身体的重量又移到左腿上(2，3)(支撑腿)。右肩充分向后转肩，形成明显的背曲(3)。

击球阶段：球拍从头后最低点以弧线向上挥拍至击球点(4)。上身几乎不向前移动。手腕关节向上伸展(没有旋内)，在最高点击球。击球瞬间，拍面垂直于地面，右侧角度对准击球方向。右脚内侧后方移动(4)。

随挥阶段：击球后，继续向右侧随挥(5，6)。随后身体稍向左侧倾斜并且转向击球方向(5，6)。左臂在胃的位置做相反的运动(6，7)。球拍随挥至身体左侧(7)。

5. 三种发球法击球点及空中运行弧线的比较

平击发球、上旋发球、切削发球击球点及在空中运行的弧线如图 18-17 所示。

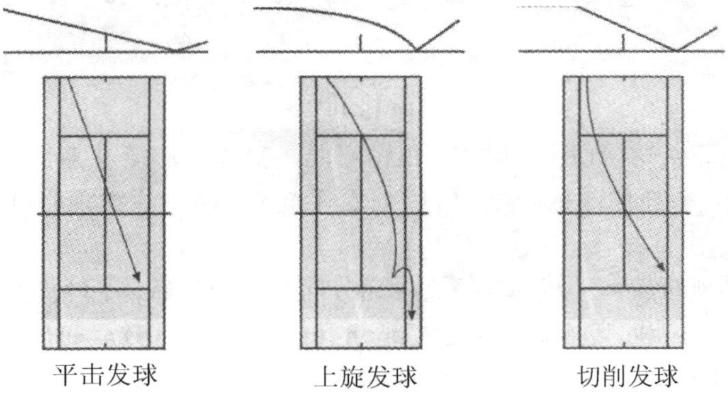

图 18-17

三、接发球

球员应使用合适的正反手握拍法(即半西方式或东方式握拍法)。

1. 正手基本击球(图 18-18)

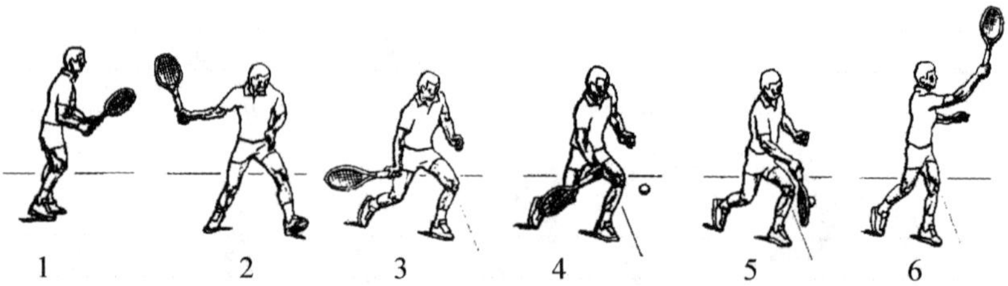

图 18-18

准备姿势：上身正对球网(1)。膝关节稍稍弯曲，身体重心落在双脚前脚掌上(1)。球拍顶端对准球网(1)。左手托住球拍的拍颈(1)。右手放松(1)。注意观察并且预先判断对方来球(1)。

引拍阶段：上身充分向右后方转体(2)。右脚侧跨，身体重心下降(2，3)。向后引拍，前臂放松(2)。左手离开球拍并且保持在身体前面(2)。使用正手握拍法(2~4)。左脚向击球方向大步迈出，身体重心转移(2，3)。眼睛盯住来球(2~5)。

击球阶段：球拍向下降低(3，4)。膝关节伸展，身体重心移至左腿上(3~5)。手腕关节稍稍打开(3，4)。向前转肩(2~5)。球拍从后下方向前上方挥拍(3.5)。拍头以相应的击球速度加速挥出(3~5)。击球点在右侧体前，拍面垂直(5)。

随挥阶段：击球手臂和球拍顶端应尽可能长地向前、向上随挥(6)。前臂向前、向上挥(6)。大腿继续伸展(6)。球拍放低，重新做好击球的准备(1)。

2. 正手上旋击球(图 18-19)

图 18-19

准备姿势：上身正对球网(1)。膝关节稍稍弯曲。身体重心落在双脚前脚掌上(1)。球拍顶端对准球网(1)。左手托住球拍的拍颈(1)。右手放松(1)。注意观察并且预先判断对方来球(1)。

引拍阶段：右腿侧跨较大一步(2)。上身充分向右、向后转体(2)。左手离开球拍，并且保持在身体前面(2)。右腿(支撑腿)承受大部分身体重量(2，3)。向后引拍，右臂放松(2，3)。眼睛盯住来球(2~5)。

击球阶段：拍头大幅度降低，大大低于击球点的高度(4)。开放式击球姿势(2~5)。双腿用力蹬地(3~5)。上身向前转体(4~6)。从后下方向前上方急速向击球点挥拍(4，5)。击球点在身体右侧的前面(5)。拍面垂直，并且以切线的形式击球(5)。

随挥阶段：前臂旋转至体侧(旋内)(6)继续急速向上挥拍(6，7)。球拍随挥至身体左侧(6~8)。重新做好击球的准备(1)。

3. 正手超身上旋击球(图 18-20)

1 2 3 4 5 6 7 8

图 18-20

准备姿势：上身正对球网(1)。膝关节稍稍弯曲，身体重心落在双脚前脚掌上(1)。球拍顶端对准球网(1)。左手托住球拍的拍颈(1)。右手放松(1)。注意观察并且预先判断对方来球(1)。

引拍阶段：上身充分向右、向后转体(2)。右腿侧跨较大一步(2)。左肩胛骨对准球网(2)。右腿承受大部分身体重量(2)。左手离开球拍，并且大约与端线平行伸展(2)。球拍闭合向高处引拍(2)。

击球阶段：直接过渡到击球阶段(3)。拍头稍低于击球点的高度(4)。肩关节和髋关节由下至上向前伸展(2～4)。髋关节动作比击球动作大约早0.20～0.25秒(3，4)。在加速挥拍过程中，手腕关节本能地打开较多(3，4)。击球点在身体侧面、身体重心前面、肩关节的高度(肘关节形成角度)(5)。

随挥阶段：上身继续向击球方向转体(6～8)。在击球结束时，肩关节对准球网(在旋转更强时，肩胛骨对准球网)(8)。在起跳时，是由右脚和右侧髋关节用力产生旋转(提示!)。球拍尽可能长地向击球方向，最后随挥至身体左侧。

4. 正手削球(图 18-21)

采用大陆式或东方式正手握拍法。

1 2 3 4 5 6 7

图 18-21

准备姿势：上身正对球网(1)。膝关节稍稍弯曲，身体重心落在双脚前脚掌上(1)。球拍顶端对准球网(1)。左手托住球拍的拍颈(1)。右手放松(1)。注意观察并且预先判断对方来球(1)。

引拍阶段：右腿侧跨一步(2)。上身向右、向后转体(2)。向后、向上引拍(2，3)。击球手臂弯曲(2～4)。拍面打开较多(2～4)。左腿向前跨步，至少与髋关节同宽(3，4)。眼睛盯住来球(2～5)。

击球阶段：拍头大幅度降低，大大低于击球点的高度(4)。开放式击球姿势(2～5)。双腿用力蹬地(3～5)。上身向前转体(4～6)。从后下方向前上方急速向击球点挥拍(4，5)。击球点在身体一侧的前面(5)。拍面垂直，并且以切线的形式击球(5)。

随挥阶段：前臂旋转至身体一侧(旋内)(6，7)。继续急速向上挥拍(6，7)。球拍随挥至身体左侧(6～8)。重新做好击球的准备(1)。

5. 单手握拍反手削球(图 18-22)

采用东方式反手握拍法或大陆式握拍法。

图 18-22

准备姿势：上身正对球网(1)。膝关节稍稍弯曲，身体重心落在双脚前脚掌上(1)。球拍顶端对准球网(1)。左手托住球拍的拍颈(1)。右手放松(1)。注意观察并且预先判断对方来球(1)。

引拍阶段：左腿侧跨一步(2)。上身向左、向后转体(2)。向后、向上引拍(2，3)。左手托住球拍的拍颈(2～4)。击球手臂弯曲(2～4)。拍面打开较多(2～4)。右腿向前跨步，至少与髋关节同宽(3，4)。眼睛盯住来球(2～5)。

击球阶段：身体重心向前、向下移至前面的腿上(3，4)。手臂从后上方向前、向下朝击球点伸展，此时前臂旋转(旋内!)(4，5)。击球点在身体左侧的前面，拍面垂直(5)。在到达击球点之前，身体保持侧身姿势(3～6)。在快到击球点时，左手向后运动(5，6)。

随挥阶段：继续向前、向下随挥(6)。向前、向上随挥渐渐结束，拍面再次打开(7)。在随挥动作结束时，击球手掌大约与肩关节同高(7)。重新做好击球的准备(1)。

6. 双手握拍反手击球(图 18-23)

右手东方式反手握拍法(或大陆式握拍法)，而左手东方式正手拍握法。

图 18-23

准备姿势：上身正对球网(1)。膝关节稍稍弯曲，身体重心落在双脚前脚掌上(1)。球拍顶端对准球网(1)。左手托住球拍的拍颈(1)。右手放松(1)。注意观察并且预先判断对方来球(1)。

引拍阶段：右手使用中间式握拍法，左手使用正手握拍法(2)。上身充分向后转体(2，3)。球拍以平坦的弧线向后引拍(2，3)。通过膝关节弯曲，身体重心降低(3)。右腿向前斜跨一步(3)。眼睛盯住来球(2~5)。

击球阶段：身体重心移至前面的腿上(4，5)。上身向前转体，朝向击球方向(4，5)。拍头低于预期的击球点高度，然后向前并且稍稍向上向击球点加速挥拍(4，5)。击球点在右侧髋关节前面，拍面垂直(5)。

随挥阶段：朝击球方向尽可能长地继续随挥(6)。双腿继续伸展(6)。球拍放低，重新做好击球的准备(1)。

四、截击球

在球还没落地并在空中飞行时(除高压球外)，被凌空打掉，称为截击，亦称拦网。截击在现代网球比赛中，是一项重要的得分手段。

高水平的球员通常使用大陆式握拍法正反手截击。然而也有一些球员使用东方式握拍法正反手截击。

1. 正手截击球(图 18-24)

1 2 3 4 5 6

图 18-24

准备姿势：双腿明显弯曲(1)。拍头较高，上身前倾(1)。双肘关节移至体前(1)。身体重心落在双脚前脚掌上(1)。注意观察并且预先判断对方来球(1)。

引拍阶段：便于能够较好地用力和更早地击球，选择正手握拍法(2)。上身向右侧转体，同时右脚转向右侧(2)。拍头高于预期的击球点(3)。左手离开球拍(保持身体的平衡)(3)。抬起左脚(3)。拍面打开(3)。眼睛盯住来球(2~5)。

击球阶段：前臂向来球伸展(4，5)。击球动作从后上方向前下方运动(4，5)。左手保持在身体前面(以减少身体的转动)(4~6)。在手臂快要伸展前击球，击球点在身体一侧的前面(5)。手腕关节通过手指弯曲肌肉固定(5)。击球后，左脚迈向击球方向(6)。

随挥阶段：击球结束时，拍面指向击球方向(6)。

2. 反手截击球(图 18-25)

1 2 3 4 5 6

图 18-25

准备姿势：双腿明显弯曲(1)。拍头较高，上身前倾(1)。双肘关节移至体前(1)。身体重心落在双脚前脚掌上(1)。注意观察并且预先判断对方来球(1)。

引拍阶段：便于能够较好地用力和更早地击球，建议使用反手握拍法(2)。上身向左侧转体，同时左脚转向左侧(2)。左手向后上方引拍，至击球点的上面(3)。左腿是支撑腿；它应弯曲并且向前伸展(3)。眼睛盯住来球(2～5)。

击球阶段：在前臂向前下方伸展的同时，左手向后上方运动(保持平衡)(4，5)。在离加速挥拍点前很近处，上臂延长线(隔着肘关节关节头)指向目标的方向(4)。击球点在身体一侧前面，并且由于击球时肩膀的姿势，反手截击球的击球点比正手截击球的击球点更靠前(5)。击球后，右脚迈向击球方向(5，6)。

随挥阶段：击球结束时，拍面指向击球方向(6)。

五、高压球

所谓高压球，是指在头上用扣压的动作完成的一种击球方法。常使用大陆式或东方式正手握拍法打高压球。

正手高压击球(站立)(图18-26)

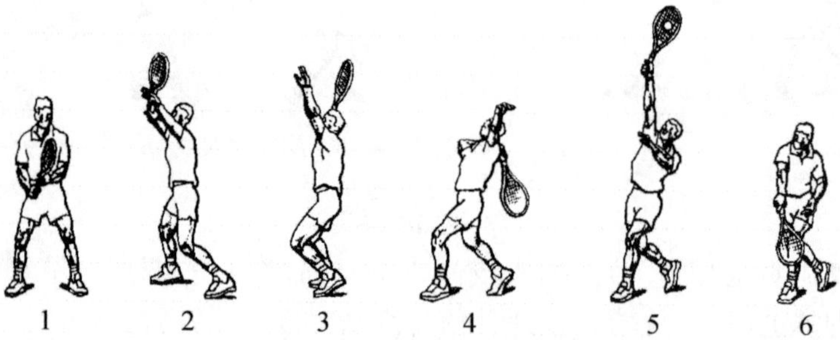

图18-26

准备姿势：准备姿势是截击球准备击球姿势(1)。双腿比在端线接球时更加弯曲(1)。拍头更高，上身更前倾(1)。双肘关节更加远离身体(1)。身体重心落在双脚前脚掌上(1)。注意观察并且预先判断对方来球(1)。

引拍阶段：使用发球握拍法(2)。开始动作较短，球拍直接从身体前面向后、向上引拍至加速点(2，3)。左手向上指，以产生向前张力并且更加协调地瞄准球(眼睛盯住来球)(2，3)。上身向右、向后转体(2)。右腿步伐向后转向，身体重心也随之向下移至右腿上(支撑腿)(2，3)。

击球阶段：身体重心向前移至左脚(4，5)。球拍急速加速向击球点挥拍(4，5)。击球时，前臂旋转(旋内)，击球手臂向上伸展(4，5)。左手的方向指向胃的位置(5)。在击球点，拍面从垂直方向变为对准击球方向(5)。击球点在球网后、身体前的头上方剩余的空间(5)。

随挥阶段：随挥动作很短，大约在左侧髋关节前结束(6)。做好截击球准备击球姿势。

六、挑高球

挑高球在网球基本技术中占有重要的位置。随着网球进攻型战术的发展，面对双打比赛中双上网发球强攻战术的发展广泛采用，面对在快速场地上单打比赛网前战术比例的增加，作为对付网前进攻的重要武器之一的挑高球技术就更显得重要。它已由过去单纯防守性的挑高球，发展成为进攻性的挑高球技术，不仅可以变被动为主动，而且可以直接得分。因为绝大部分挑高球都是在底线附近使用的，也属于落地球的一种打法，所以它的握拍法与底线正反拍抽击球一样，即正拍挑高球可使用正拍握拍法，反拍挑高球可使用反拍握拍法，不用变换。

1. 正手下旋挑高球(图 18-27)

图 18-27

准备姿势：上身正对球网(1)。膝关节稍稍弯曲，身体重心落在双脚前脚掌上(1)。球拍顶端对准球网(1)。左手托住球拍的拍颈(1)。右手放松(1)。注意观察并且预先判断对方来球(1)。

引拍阶段：使用正手握拍法(2)。上身稍稍向右转体(2)。平坦地向后引拍(2，3)。拍面打开(3，4)。支撑腿(左腿)向前跨出(3)右侧手臂弯曲(3)。眼睛盯住来球(2 ~6)。

击球阶段：身体重心下移(4 ~6)。膝关节弯曲(4 ~6)。同时球拍向下挥拍(4，5)。膝关节伸展(6 ~8)。向前、向下的加速度比较小(3 ~6)。击球点在身体前面(6)。拍面打开(6)。在击球前，右手伸展(6)。

随挥阶段：向前上方充分随挥(8)。左腿继续伸展(8)。重新做好击球的准备(1)。

2. 反手下旋挑高球(图 18-28)

图 18-28

准备姿势：上身正对球网(1)。膝关节稍稍弯曲，身体重心落在双脚前脚掌上(1)。球拍顶端对准球网(1)。左手托住球拍的拍颈(1)。右手放松(1)。注意观察并且预先判断对方来球(1)。

引拍阶段：使用反手握拍法(2)。上身稍稍向左、向后转体(2)。平坦地向后引拍(2，3)。拍面打开(3，4)。支撑腿(右腿)向前跨出(3，4)。右肩胛骨对准球网(3，4)。右侧手臂弯曲，左手离开球拍(3)。眼睛盯住来球(2 ~6)。

击球阶段：身体重心下移(4，5)膝关节弯曲(4 ~5)。同时球拍向下挥拍(3 ~5)。向前、向下的加速度比较小(3 ~6)。击球点明显在身体前面(5)。左手臂向后做较短的反向动作(5 ~7)。

随挥阶段：向前上方充分随挥(8)。右腿继续伸展(8)。重新做好击球的准备(1)。

3. 正手上旋挑高球(图 18-29)

图 18-29

准备姿势：上身正对球网(1)。膝关节稍稍弯曲，身体重心落在双脚前脚掌上(1)。球拍顶端对准球网(1)。左手托住球拍的拍颈(1)。右手放松(1)。注意观察并且预先判断对方来球(1)。

引拍阶段：右腿侧跨较大一步(2)。上身充分向右、向后转体(2)。左手离开球拍，并且保持在身体前面(2)。右腿(支撑腿)承受大部分身体重量(2，3)。向后引拍，右臂放松(2)。眼睛盯住来球(2～5)。

击球阶段：拍头大幅度降低，大大低于预期的击球点的高度(3)。腿部用力蹬地伸展(3)。上身向前转体(4)。上身稍稍后仰(4)。从后下方向前上方急速向击球点挥拍(3～5)。较快的加速度(3，4)。击球点在身体右侧的前面(5)。在拍面打开之前，拍面垂直(5)。击球过程较短(5)。

随挥阶段：向前、向上急速随挥(5～6)。随挥动作在左肩上面结束(7)。重新做好击球的准备(1)。

七、放小球

放小球也叫放轻球、放短球，是把球打到对方场区靠近网的位置，用以调动对方，争取主动。随着网球技术的发展，要求技术全面的程度越高，放小球作为网球一项不可缺少的技术，只能越来越精湛。虽然放小球不像发球和高压球得分那样壮观。但巧妙的放小球，以智取胜，同样可以达到调动对手争取主动得分的目的。正手和反手短吊的握拍相同，使击球具有隐蔽性，因此可使用东方式或大陆式握拍法。

1. 正手放轻球(图 18-30)

图 18-30

准备姿势：上身正对球网(1)。膝关节稍稍弯曲，身体重心落在双脚前脚掌上(1)。球拍顶端对准球网(1)。左手托住球拍的拍颈(1)。右手放松(1)。注意观察并且预先判断对方来球，运动员跑动，主动迎球(1，2)。

引拍阶段：使用正手握拍法(2 ~7)。上身向右、向后转体(2，3)。在向后、向上做较短的引拍动作时，拍面垂直向上，并且拍面稍稍闭合(2)。拍头高度高于预期的击球点高度(2，3)。左腿(支撑腿)向前跨出，主动迎球(3)。身体和腿部用力很少(2 ~6)。眼睛盯住来球(2 ~5)。

击球阶段：支撑腿弯曲，上身向击球方向转体(4，5)。球拍以较慢的速度从后上方向前、向下挥拍(4 ~5)。在击球点时，拍面稍稍打开(5)。击球点在身体右侧的前面(5)。

随挥阶段：随击球动作结束，直接向前上方做较短的随挥(6，7)。前臂旋转。拍面平行于地面(6)。前面的腿(左腿)伸展(7)。重新做好击球的准备(1)。

2. 反手放轻球(图 18-31)

图 18-31

准备姿势：上身正对球网(1)。膝关节稍稍弯曲，身体重心落在双脚前脚掌上(1)。球拍顶端对准球网(1)。左手托住球拍的拍颈(1)。右手放松(1)。注意观察并且预先判断对方来球，运动员跑动，主动迎球(1，2)。

引拍阶段：使用反手握拍法(2 ~7)。上身向左、向后转体，左手托住球拍的拍颈(2，3)。在向后、向上做较短的引拍动作时，拍面垂直向上(稍稍闭合)(2，3)。拍头高度高于预期的击球点高度(3)。右腿(支撑腿)向前跨出，主动迎球，身体和腿部用力很少(3)。眼睛盯住来球(2 ~5)。

击球阶段：支撑腿弯曲(4)。保持侧身站位(4，5)。球拍以较慢的速度从后上方向前、向下挥拍(3 ~5)。快要击球时，左手离开球拍，并且做反向运动(4)。在击球点时，拍面稍稍打开(5)。击球点在右侧髋关节的前面(5)。

随挥阶段：随击球动作结束，直接向前上方做较短的随挥(6，7)。前臂旋转，拍面平行于地面(6)。右腿伸展(7)。重新做好击球的准备(1)。

第三节 网球基本战术

网球比赛，尤其是单打比赛，对运动员体力和精神的要求很高。要在比赛中取胜，运动员必须具备各种击球基本技术，良好的身体素质和心理素质，以及适应长时间紧张比赛的耐久力，这样才能在比赛中获胜。

一、网球的三种打法类型

(一)底线型

运动员基本上保持在底线抽球，较少上网，主要依靠球的落点、速度和旋转变化控制对手，出现机会时偶尔上网。这种打法原来偏重防守，比较被动。近年来，优秀底线型运动员一般都能掌握扎实的正、反手抽球，并具有相当强的攻击能力，利用快速有力的抽球打出落点深而角度刁的球，能够一拍接一拍地使用大角度的猛抽，并使球带有较强的上旋，迫使对手处于被动局面。当出现中场浅球时，以快速迎前的动作进行致命的一击，这种类型虽在比赛中很少上网，但遇到少量的上网，也能抓住时机进行网前攻击。另外在接发球和破网技术方面，能顶住对手强有力的发球，既会用隐蔽动作完成破网技术，又会抽挑结合，使对手网前难以发挥威力。

(二)上网型

运动员积极创造一切机会和条件上网，到网前攻击。如发球或抽击球后积极争取上网，并在空中截击来球，使对手措手不及。这种打法积极主动、富有攻击性，上网后利用速度和角度造成对手还击困难，但也有一定冒险性。优秀上网型运动员一般都能掌握发球上网和抽球上网的战术，发球技术凶狠、力量大、有威胁性，同时，截击球和高压球的攻击力也很强。

(三)综合型

它是底线和上网两种打法综合使用，运动员结合对手情况采用不同打法，随机应变。优秀综合型运动员一般都能掌握全面技术，无论是发球、接发球，还是截击和高压球，都具有很高水平。综合型技术选手，能够根据不同的对手、不同的比分、不同的临场情况采用相应战术。有时底线对抽，有时伺机上网截击，时而发力猛抽，时而稳抽稳拉。有时削放轻球，有时挑出上旋高球，充分发挥多样化技术，并结合敏捷步法，机智灵活地争取主动。

二、网球单打战术介绍

网球单打时，会出现以下几种情况，即一方发球时、接发球时，双方都在底线时、自己上网时和对方上网时等情况，对于出现的每一种情况，都有一系列的战术可供选择和采用，这对赢得1分、1局，甚至整场比赛至关重要。以下技术能否自如和合理运用，必须以一定的技术能力为基础。

(一)发球

一般情况：对自己的发球具有信心，利用发球从一开始就控制局势，变换发球位置和目标，使对方捉摸不定。

一发：

(1)通常将球发向对手弱的一侧，不要忘记发追身球。

(2)不要用力过大，通常用70%～80%的力量即可。如是大力发球，可考虑上网截击。如用中等力量发球，要有角度，球路明确，随即掌握场上主动。

(3)发球要稳，力求达到70%的成功率。

(4)如一发很弱，留在后场，等候对手回球，估计会击向你最弱的一侧。

二发：

(1)要稳，二发要有100%的成功率。

(2)变换旋转和速度，用你的二发进行攻击，不要忘记发追身球。

(3)尽量发深球，不要发近网球。

(4)如发球好，向前移动或上网截击；如二发很弱，留在后场，等待对手回球，回球可能击向你最弱的一侧。

球路、旋转等：

(1)根据场地类型采用旋转发球，并变换发球落点，使对手捉摸不定。

(2)发左区时，发外角侧旋球；发右区时，发中路侧旋球。

(3)发平击球时，发左右区的内角；发上旋球时，发左区的内角，发右区的外角。

发球上网截击：

(1)多数情况下，利用良好的一发上网截击得分。

(2)沿可能的回球线路移动上网截击。

(3)关键分时，又是二发，发球上网截击不失为出奇制胜的一招。

发球后击落地球：

发球后移至左侧和中央位置(右手握拍型选手)，用正手进攻。

(二)接发球

一般情况：

(1)力求将球击入场地一个特定位置(如对手的弱点)。

(2)变换接发球方式，可随时改变接发球的速度和旋转。

(3)力求判断和“看穿”发球方的意图(注意抛球动作)，并根据发球方的站位变换你接发球的位置。

(4)对付大力发球时，采用挡球式接发球。用一个正确的转髋和转肩动作向后引拍，动作要小；接力量小的发球时要提前准备，朝球的方向斜线移动，迎上去挥拍击球。接弹跳高的发球时，提前移动做好准备，侧身正手击球。用削球接发球可能是一种备用武器。

一发：

(1)接一发时要稳，力求不让对方一发“轻易”得分。

(2)如对手留在后场，接发球时用挡击打一个深的直线球，或有角度的球，或用上旋高球送至对方反手。根据接发球的类型，上网截击或留在后场。

二发：

(1)每当出现机会时，应有攻击二发的意识。攻击二发时，当球上升至肩高时击球，以保持场上的主动。

(2)用正手侧身攻或跑动中正手打直线球，偶尔打一个轻吊球。

(3)对手二发时，向前移动或向反手一侧移动侧身正手进攻。

(4)如对手上网，用一个近网上旋斜线球或深的直线球攻击回球。根据接发球的类型，上网截击或留在后场；如对手留在后场，接发球时用一个深的直线球或小斜线球攻击。

(三)双方都在底线

一般情况：

(1)通过连续地施压迫使对手出现失误；击球位置靠近底线；要利用整个场地。

(2)坚持打深，使用斜线对拉战术以争取时间和控制。采用组合击球战术(如打深的直线球后接打对角斜线球)。

(3)用平击球和上旋球进攻，对攻时要变换节奏，可以快慢结合，长短结合，各种旋转球的结合。

(4)处于被动时，多打控制球，少发力。用高而深的慢速球变换速度，接打角度刁或速度快的来球。

击落地球：

(1)正手：在3/4的场地内用正手进攻和回击所有可能的回球。

(2)反手：打斜线是为了从底线对攻，打直线是为了随球上网抢分。

(3)感到紧张时，勿放小球。

处于进攻：

(1)力求调动对方。

(2)使用轻吊球，令对手措手不及。

相持：

(1)要打高而深的球和斜线球，调动对方。

(2)如对方主动打你的反手，争取朝反手方向移动，用正手攻击。

处于防守：

(1)打调整球瓦解对手的优势。

(2)打高球、深球、角度刁的球。

(3)跑动救任何可能救起的球。

对手移动差：

(1)力求用组合击球、低球、挑高球等打乱对手的步法。

(2)当对手在跑动中或从远离的位置击出直线球时，可打一小斜线。

对手是一个好的底线型选手：

(1)使用发球上网截击战术。

(2)要有耐心。

(3)用角度刁的近网削球将对手吸引到网前。

对手是技术全面型对手：

(1)击落地球时要稳。

(2)不要出现自杀性失误。

对手是上网型选手：

(1)打深球和角度大的球。

(2)将对手压在后场。

(四)随球上网或是在网前

一般情况：

(1)从中场使用大力的准确击球或球在上升时击球，控制局面，威胁对方。

(2)上网，令对手措施不及。

(3)随球上网，把球击向对手弱的一侧。

(4)截击前先跨步。

(5)不要过多地使用轻吊或空中短击，使用它们是为了将对手调至网前或作为一种出其不意的战术。

(6)中场截击球要深而低，网前区截击球应有角度、短而有力。

(7)随时防备对手挑高球。

中场打法：

(1)截击空位得分。

(2)始终将球击向对手弱的一侧。

(3)随球上网，朝空位截击。

(4)如果你打出深而高的球，等候对手的反应，对手回球时，上去封住穿越球。

(5)如果你挑一高球，对手不用高球扣杀，此时你应上网，但当心对手挑高球。

(6)如果你击出一轻吊球，对手上来救球，你应上网封死角度。

(7)如果来球是一个没有威力的中场高球，用空中截击、空中扣杀或空中抽杀攻击对手。

(8)如果来球是一个齐腰高的中场球，打深的截击球，移动至网前。

(9)如果是一个打在你脚下的低的中场球，击深的反弹球，或击直线低截击，或让球弹起后击落地球。

网前打法：

(1)如果是一个齐腰高的球，用你的最佳截击打空当。

(2)如果是一个近网低球，用低截击球打空当或打追身球，也可打角度刁的轻吊截击球。

(3)防备对手的穿越球或挑高球。

(4)如果是一个很高的慢速球，用空中截击或高压击向空当。

(5)如果是一个很高的中场球，用空中高压打空当。

(6)你被迫打反弹球时，要在你的身前击球。

(7)不必过早防备挑高球，观察对手击球时的拍面。

(五)穿越球

(1)所有的穿越球应是低球。

(2)避免不必要的冒险。让对手在别扭的情况下(如打中路低球)截击，然后再打穿越球(二次穿越球战术)。

(3)斜线穿越球应是角度刁的击球；打直线穿越球时应发力，打深。

三、网球双打战术

网球双打比赛和单打比赛一样，具有悠久的历史，深受业余网球爱好者的喜爱。双打比赛是在发挥个人单打比赛技术基础上，互相配合进行的活动。网球双打与单打战术特点截然不同，双打的显著特定是网前的激烈争夺，一般来说，谁控制了网前谁就有更多的进攻得分机会。由于更多地参与到网前进攻，双打对技战术的各方面要求也更高，例如发球、接发球的水平；场上的反应判断能力；网前处理球的冷静；进攻及防守反击的能力(图 18-32)。

图 18-32

(一)网球双打的站位与战术

1. 发球局的站位

发球局站位应贯彻“以我为主、以攻为主”的指导思想，从有利于发球局的战术意图出发来决定两人的位置，通过比赛观察对方技战术情况再做调整。

(1)常规站位：

右区发球的站位：发球员 A 应站在底线中点与双打边线的中间或略偏右 20～30 厘米的位置上，如图 18-33 所示，同伴 B 站在左侧网前距网 2～3 米、距左侧双打边线和发球区中线之间的位置上，B 的站位以保护边区为主兼顾中路的原则(因为如果边区空当过大被接发球员 C 以直线穿越则无法补救，而中路来球可与发球员 A 在网前拦截)。这样的发球局阵势给对方 C 的感觉是：网前 B 已摆好抢网进攻的架势，不但要接好球，还要尽量避开 B 的抢攻。

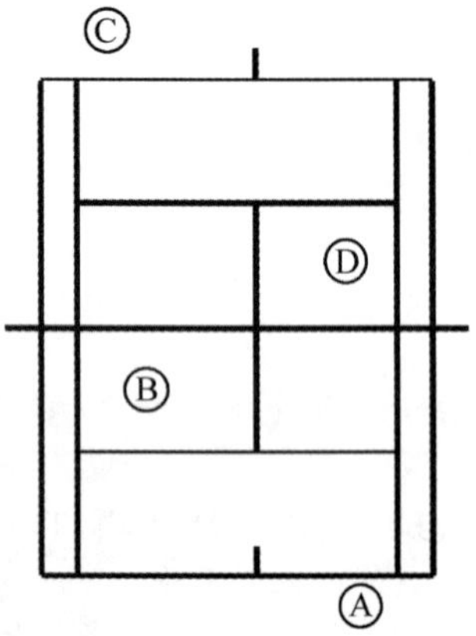

图 18-33

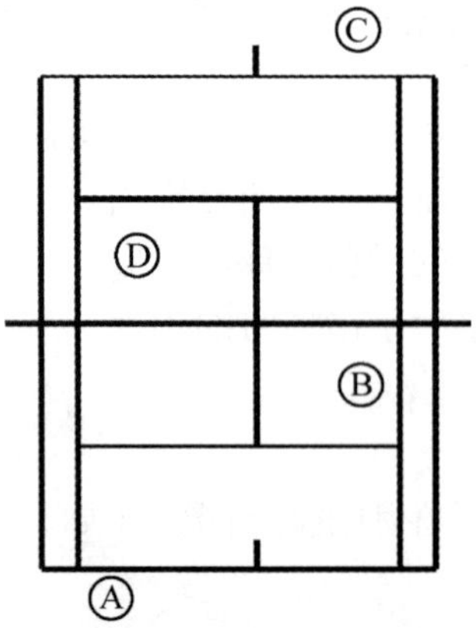

图 18-34

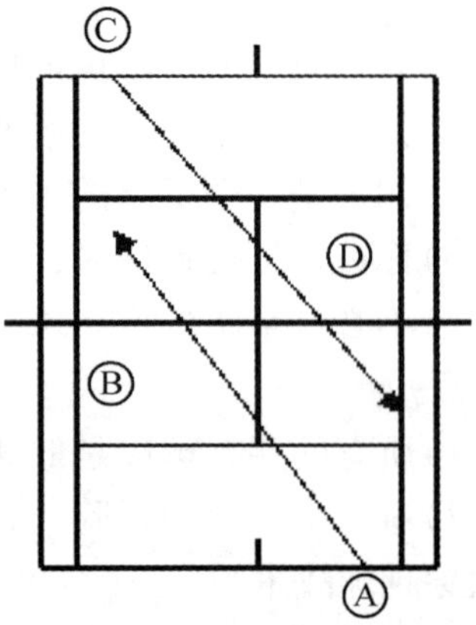

图 18-35

发球员 A 的站位要考虑以下几点：

①发球后上网占据右区半场进攻有利位置，A 可与同伴 B 在网前封住接发球的角度，在网前进攻。

②发球员 A 的站位应使发球落点有更灵活的选择余地，既可以用大力侧上旋发球将球发至边区外角拉开对方，也可以变化落点攻击对方中路内角(大多数右手持拍者的反拍)，因为发球的落点变幻莫测对双打战术非常重要。

③发球员 A 与网前同伴 B 保持合理的距离，即使战术变化需要抢网交叉换位，A 向左前跑动距离也比较适中。

左区发球站位：发球员 A 在左区双打边线与中点之间略偏左的位置，如图 18-34，这样的站位可以更有利发出拉开对方的外角球。即使在站位上向左多调整一些也不会影响发向对方中区内角的球。像右区发球站位一样，同伴 B 在网前右区，站在距网 2～3 米、距中线与右侧双打边线之间，以确保右侧不被直线穿越为主兼顾中路并与发球员 A 在网前默契配合占据优势。

(2)非常规站位：

右区发球站位：在右区发球时发现接球员 C 擅长回击小斜线球，如图 18-35 所示，因为接回的球特别斜，不但网前同伴 B 无法抢截，发球员 A 冲上网后也很难处理，造成网前的被动，一旦出现此种情况可以调整为如图 18-36 所示的同侧站位的方法。

这种站位，给对方一个信号，“斜线球接发球行不通，请回直线球”，发球员 A 为便于上网封住左半区，应站在接近中点的右侧底线后(像单打右区发球站位)，发球后冲至 A’处，与网前同伴 B 共同组织网前的进攻。B 在网前的站位以封住回击的斜线为主，并适当向中区调整与发球后上网的 A 在网前截击对方的来球。这种同侧站位首先在擅长双打的澳大利亚使用，所以又叫澳式双打站位。

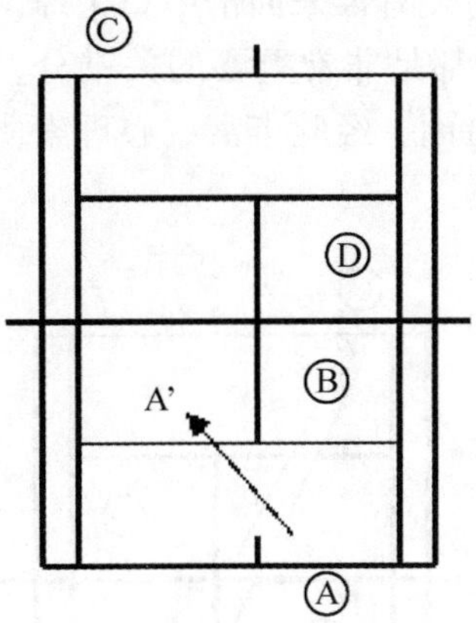

图 18-36

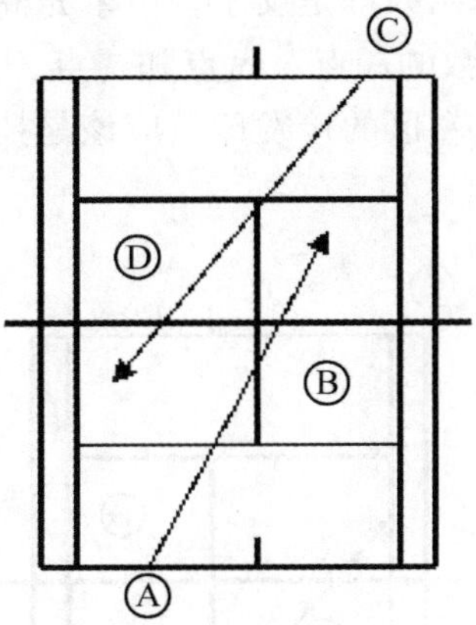

图 18-37

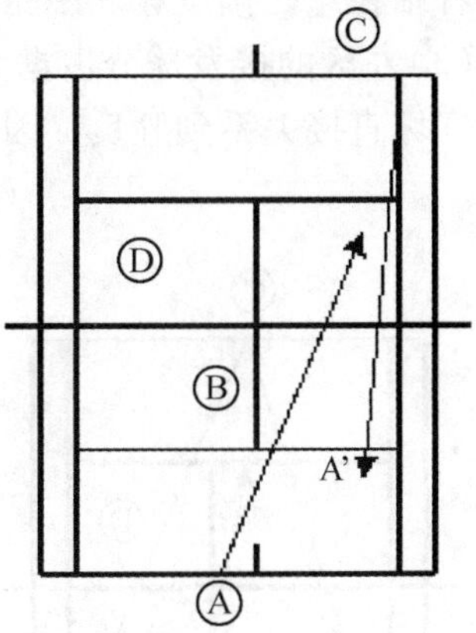

图 18-38

左区发球的站位：与右区相似，如果发现对方 C 在左区接发球擅长打破网小斜线，如图 18-37 所示，使我方上网进攻受阻，网前同伴 B 很难抢到，而且 A 上网后也很难处理前场的低斜球，则只好改变为左区的同侧站位以封堵小斜线的接发球，如图 18-38 所示，B 换网前站位于左侧与 A 同在左场区，发球员 A 在底线后向右移至中点附近，以利于发球后上网封住对方的接发球。这样的站位迫使 C 打出直线为主的回击。

2. 发球局的战术

(1)发球站位与发球落点的关系：双打比赛中发球的攻击力不仅表现在力量和速度上，准确、多变的落点再配合同伴在网前的抢攻会给本方带来极大的进攻优势。不管右区或左区站位，靠近底线中点发向发球区内角的球，使对方接发球打不出角度，如图 18-39 所示，给网前同伴的抢网创造条件。与此发球站位相反，越靠近底线两侧站，甚至靠近单打边线，能将球发向外角。如果再加上些侧外旋，落点可以更斜，把对方拉出场外回击，使中间出现空当(图 18-40)。

(2)发球局的战术：

①发球局前后站位的战术：即发球员的同伴在网前，发球员发球后不上网，如图 18-41 所示，形成一前一后的站位。

②一般抢网：此种抢网是在判断来球的方向后，抢到球网中央的吊带附近，抢打后仍回原来站位准备，抢打的球一般击向两人的中间或接发球员同伴的脚下(图 18-42)。

③全换位抢网：即网前队员抢网后与发球员交叉换位，原先左区的队员换至右区，右区的队员到左区，如图 18-43 所示。此种抢网需要坚决果断、默契合作，网前的队员多在背后给发球的同伴做手势(暗号)，提示下面将采用换位抢网战术。

3. 接发球局的站位

双打比赛规则规定：接发球员的站位在该盘中不得更换，因此双打比赛中接发球首先遇到的配合问题是谁站在右区接单数分的发球，谁站在左区接双数分的发球，怎样站位更有利己方，一般应考虑以下几个方面：

(1)接发球方正手强者多站在右区接发球，反手强者则站在左区接发球，这样的站位更有利于大角度两侧来球的防范，而当中路来球时，一般以左侧站位的队员回击更有利，因为他是用正手击球。

(2)如果双打搭档正好是右手与左手握拍的配合，则可以考虑右手握拍者站在右区，左手握拍者站在左区接发球。中路来球两人都是反手，可事先商定主要有谁来回击中路来球。

(3)左区的接发球分占据大多数的局点、盘点和赛点，这些都是非常重要的关键分，接发球的好坏直接关系到胜负，因此，左区的接发球员应该是技术全面、经验丰富、心理素质好的队员。

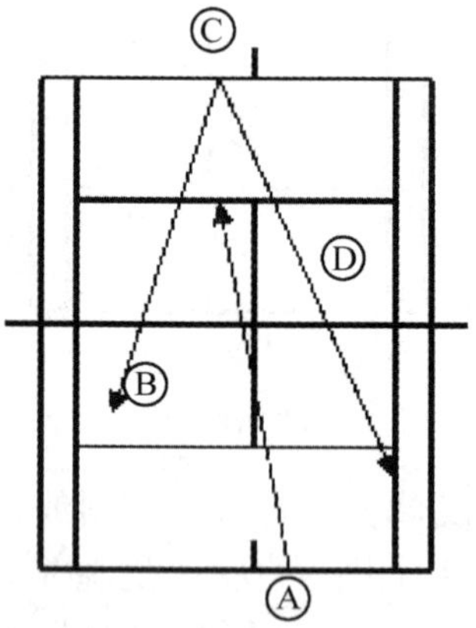

图 18-39

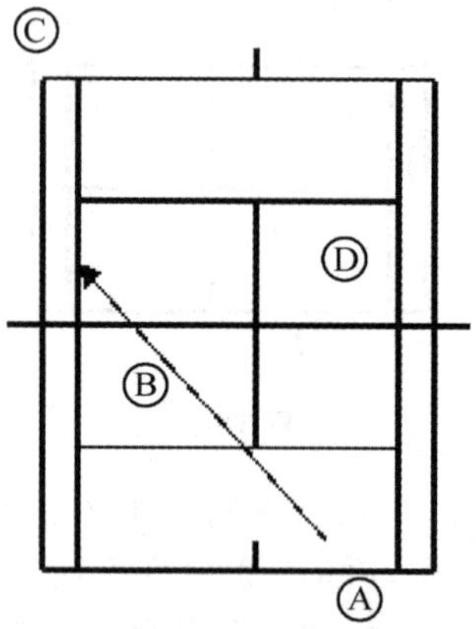

图 18-40

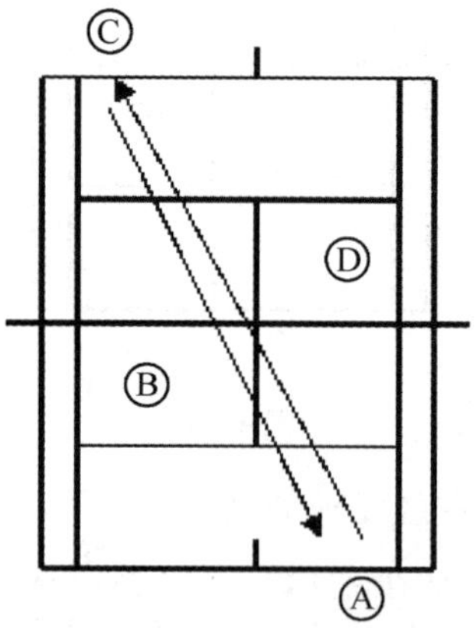

图 18-41

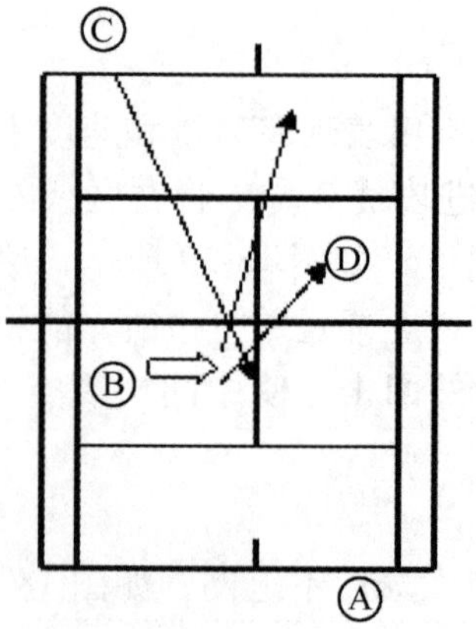

图 18-42

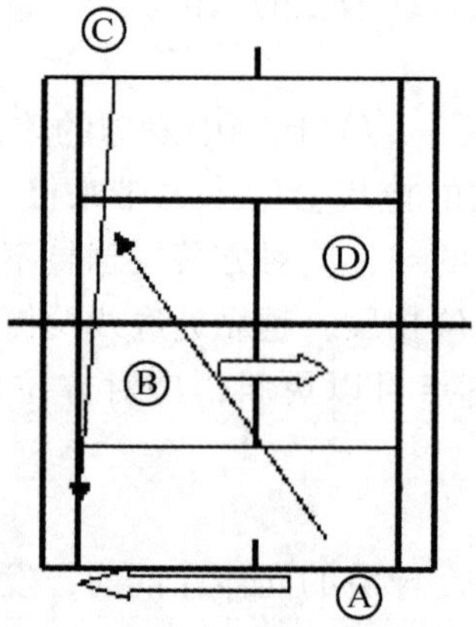

图 18-43

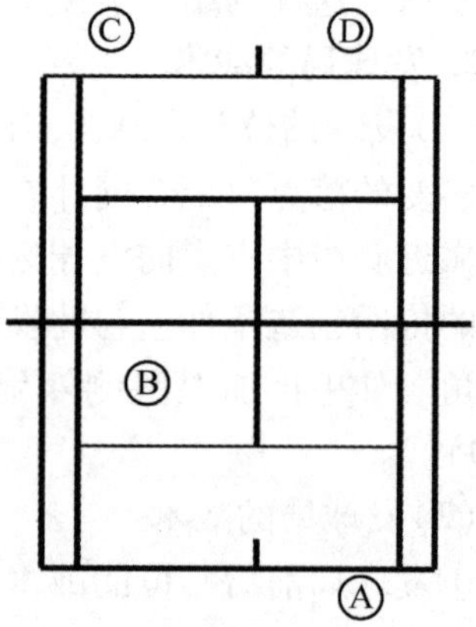

图 18-44

4. 接发球局的站位配合

(1)双底线站位：接发球员 C 接发球时同伴 D 站在另一侧底线，如图 18-44 所示。双底线战术一般在如下情况使用：

①对方的第一发球攻击力很强，接发球员接球被动时，同伴退下来配合比较有利。

②发球方的发球与抢网配合默契，屡屡得手时，同伴退下来共同防守。

③对方采用同侧站位或特殊站位，接发球员很不适应时，同伴退下来也是一个较好的选择。

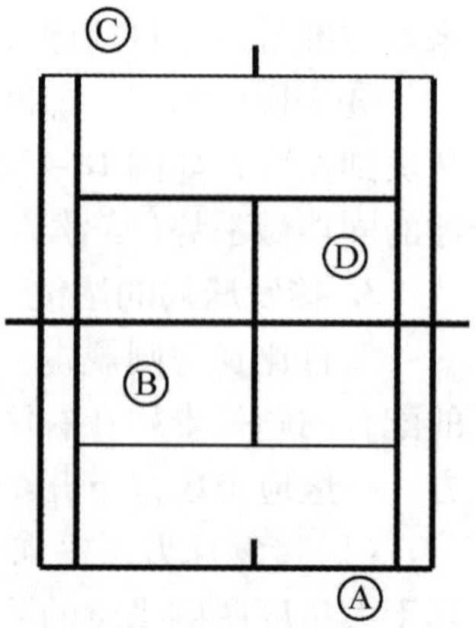

图 18-45

(2)一前一后站位：接发球员在底线附近接球，同伴站在另一侧发球线附近准备，如图 18-45 所示，这是较为常见的接发球站位方法。这种站位方法一般用于如下情况：

①接对方较弱的发球(多是第二发球)。

②准备抢攻(包括接发球配合抢网进攻)。

第四节 网球竞赛规则

一、单打规则

比赛开始前，双方用掷钱币或旋转球拍的方法进行挑边或者挑发球权，得胜者有选择发球权或有权选择场地；选择发球或接发球者，应让对方选择场区；选择场地者，应让对方选择发球或接发球。

1. 发球动作

发球员在发球前，应先站在底线后中点和边线的假定延长线之间的区域里，然后用手将球向空中任何方向抛起，在球接触地面以前用球拍击球。只要球拍与球接触，就算完成了球的发送。

发球时，发球员不得向上抛起两个或两个以上的球，否则判重发。如果是故意的，应判失分。

2. 发球时间

发球员须待接球员准备好后，才能发球(接球员做还击姿势就算已做好准备)，如接球员在发球员做出击球动作后又表示尚未准备好，这时即使发球员所发的球没有落到发球区内，也不判发球失误。

3. 发球位置

每局比赛开始发球时，发球员应先从右区端线后发球。得或失一分后，应换到左区发球。如果发球位置出现错误而未被察觉，比分仍然有效。一旦察觉，应立即纠正。

4. 发球次序

第一局比赛终了，接球员成为发球员，发球员成为接球员。以后每局终了，均依次互相交换直到比赛结束。

如发球顺序发生错误时，发觉后应立即纠正，由此轮发球的球员发球，发觉错误前双方所得的分数都有效。如果发觉前已有一次发球失误，则不予计算。如一局终了才发觉次序错误，则以后的发球顺序就以该局为始，按规定轮换。

5. 交换场地

双方应在每盘的第一、三、五等单数局结束后，以及每盘结束双方局数之和为单数时，交换场地(如果一盘结束时，双方局数之和为双数则不交换场地，须等下一盘第一局结束后再进行交换)。如果发生未按正常顺序交换场地的错误，一经发现应立即纠正，按原来顺序进行比赛。

6. 发球失误

发球时如果出现发球脚误、未击中球、发出的球在落地前触及固定物等现象时，均判失误。

(1)脚误。发球员在发球动作中，两脚只准站在端线后中点和边线的假定延长线之间，不能触及其他区域，不得通过行走或跑动改变原站的位置(发球员发球时如两脚轻微移动而未变更原位，不算行走或跑动)。否则，就会被判为脚误。

(2)击球未中。发球员在发球时由于用力过猛、动作不协调等原因而未击中抛出的球成为击球未中。如果发球员在向上抛球准备发球时，又决定不击球而将球接住，这不算失误，判重发。

(3)固定物。单打比赛在双打场地上进行时，使用了单打支柱。发出的球如果触及单打支柱后落入了规定的发球区内，应判失误，因为单打支柱、双打支柱以及其间的球网、网边白布均系固定物。

7. 发球无效

当合法的发球触及球网、中心带、网边白布后，仍落到对方发球区内时；当合法的发球触及球网、中心带、网边白布后，在落地前又触及接球员的身体或其正在作准备时，无论发出的球成功还是失败，均判发球无效。重发球时，前次发球不予计算，但原先的第一次发球失误不予取消。

8. 失 分

在网球规则中，如果出现以下情况均判失分：

(1)在球第二次着地前未能还击过网。

(2)还击的球触及对方场区界线以外的地面、固定物或其他物件。

(3)还击空中球失败。

(4)在比赛进行中，运动员故意用球拍拖带或接住球，或故意用球拍触球超过一次。

(5)“活球”期：运动员的身体、球拍(不论是否握在手中)或穿戴的其他物件触及球网、网柱、单打支柱、绳或银丝绳、中心带、网边白布或对方场区以内的地面。

(6)来球尚未过网即在空中还击，算过网击球。

(7)除握在手中的球拍外，运动员的身体或穿戴的物件触球。

(8)抛出手中的球拍击球。

(9)比赛进行中，运动员故意改变其球拍形状。

注：(1)“活球”期：自球发出时起(除失误或重发外)，至该分胜负判定时止，为“活球”期。

(2)触网：在双打比赛中甲乙一队、丙丁一队，甲发球给丁，丙在球着地前触网，而后球落在发球区外。这时应判丙与丁失分，因为球落在发球区外之前丙先触网了。

在比赛中造成失分的情况还很多：发球时，球拍从发球员手中飞出，在球触地前触网，应判发球员失分(因为在“活球”期间球拍触网)；发球时，球拍从发球员手中飞出，在球接触发球区以外地面后触网，应判发球失误(因为当球拍触网时，已成“死球”)；运动员在“活球”期间跳过球网到对方场地，应判该运动员失分；站在发球区外的运动员，在对方发来的球落地前被击中，应判他失分；运动员站在场区外还击界外的空中球或用手接住球(除非他还击空中球为有效还击，比赛继续进行)判他失分。

9. 第二发球

网球比赛规则规定，发球员有两次发球权。第一次发球失误后，应在原发球位置进行第二次发球。如第一次发球失误后，发觉发球位置错误，则应按规定改在另区发球，但只能再发一次球。

10. 压线球

压线球是指落在比赛线上的球，算界内球。

二、双打规则

单打规则均适用于双打，但双打规则也有自己的特殊的规定。

1. 发球次序

应在每盘开始之前决定发球次序，即每盘第一局开始时，由发球方决定由何人首先发球，对方则同样地在第二局开始时决定由何人首先发球，第三局时由第一局未发球方的球员发球，第四局由第二局未发球的球员发球。以下各局均按此次序轮换发球。

2. 接球次序

与发球次序一样在每盘开始之前要决定接球次序，即先接球的一方应在第一局开始时，决定何人先接发球，并在这盘单数局继续先接发球。对方同样应在第二局开始时决定何人先接发球，并在这盘双数局继续先接发球。他们的同伴应在每局中轮流接发球。

3. 发球次序错误与接球次序错误

发球次序错误应在发觉时立即纠正，但已得的分数或已成的失误都有效。如发觉时全局已经终了，此后发球次序就以该局为准轮流发球。

接球次序错误发觉后仍按已错误的次序进行，等到下一接球局再行纠正。

三、网球比赛计分方法

1. 盘 数

正式比赛时，男子单打和男子双打采取五盘三胜制。女子单打、女子双打和混合双打采取三盘两胜制。

2. 局与盘

(1)局。运动员每胜一球得一分，先得四分者胜一局。但遇双方各得三分时，则为“平分”。“平分”后，一方先得一分时，为“接球占先”或“发球占先”。“占先”后再得一分，才算胜一局；如一方“占先”后，对方又得一分，则仍为“平分”。依此类推，直到一方在“平分”后净胜两分才能结束该局。

(2)盘。一方先胜六局为胜一盘。但遇双方各得五局时，一方必须净胜两局才算胜一盘。

3. 决胜局计分制

决胜局计分制用于每盘的双方局数为六平时(但三盘两胜制的第三盘和五盘三胜制的第五盘不得使用此制度，应使用上述局的长盘制)。

(1)单打的决胜局计分制。先得七分者为胜该局及该盘。若分数成六平时，比赛须到某方净胜两分时止。决胜局应全部采用数字计分。

发球员在右区发第一分球后，即改由对方依次在左区和右区发第二、三分球。此后双方轮流交替发球，每人连发两分球，其中第一分球均应在左区发球。如果出现从错误的场区发球，发觉后应立即纠正错误的站位，但发觉前已得的分数仍有效。此后，双方轮流交替发球，直到决出该局与该盘的胜负为止。运动员应在每六分及决胜局结束时交换场地。

(2)双打的决胜局计分制。双打决胜局规则与单打决胜局规则基本相同，只是在发球时双方要轮换发球。另外，对待几种特殊情况要特殊处理：

①在比赛前已决定并宣布采用长盘制而不采用决胜局计分制，但在局数战成六平时却忘了比赛前的决定，而仍采用决胜局计分制。

如果第二分球尚未开始比赛前发现此错误，则第一分有效，但应立即纠正错误；如果在第二分已开始比赛后才发现此错误，则继续按决胜局计分制比赛。

②在比赛前已决定并宣布采用决胜局计分制，但是在局数战成六平时忘了赛前的决定，而采用长盘制比赛。

如果在第二分球尚未开始比赛前发现此错误，则第一分有效，但应立即纠正错误；如果在第二分球已开始比赛后才发现此错误，则继续按长盘制比赛。

③双打比赛在决胜局时，某方运动员接球次序错误。

如果刚赛完一分球，则应立即纠正接球次序，已得的一分有效；如果在第二分球已开始比赛后才发现此错误，则仍按错误的接球次序轮流交替进行。

④在单打或双打比赛决胜局，某方运动员的发球次序错误。

如果刚赛完一分球，则应立即纠正发球次序，已得的一分有效；如果在第二分球已开始比赛后才发现错误，则仍按错误的发球次序轮流交替进行。

锦标赛的委员会应给运动员做准备活动的时间，但不可超过 5 分钟，并且必须在比赛开始前宣布。

第十九章 跆拳道

第一节 跆拳道运动概述

跆拳道运动是一项起源于朝鲜半岛的古老而又新颖的竞技体育运动，是朝鲜民族在生产和生活基础上发展起来的一项运用手、脚技术和身体能力进行自身修炼和搏击格斗的传统体育项目。跆拳道的内容十分丰富，主要包括品势修炼、搏击格斗和功力检验三大部分。

按字面解释，跆，就是脚蹬踢、跳跃、踢击等。拳，就是拳掌的打击、攻击和防御。而道则是一种方法、一种途径、一种技艺、一种精神，更表现于一种道理、道德、道义和礼仪。简而言之，跆拳道就是一项以手脚并用的技击格斗方法进行徒手搏击从而达到肉体与精神完美结合的运动。

跆拳道练习者身穿专用的白色跆拳道道服，腰系代表不同段位的腰带进行训练和比赛。跆拳道的水平高低是由练习者的级别和段位体现的，水平越高，其段位也就越高。跆拳道的段位分为初级的十级至一级和高级的一段至九段。跆拳道的比赛是分男女两个组别按体重分级进行的。由于跆拳道运动是以腿法为主要进攻手段，因而比赛时气氛紧张激烈，双方斗智斗勇，拳来腿往，高难动作精彩纷呈，充分展示了人的斗志，鼓舞人奋发向上的精神，陶冶人的道德情操，同时可以使人享受到击打艺术的美妙感觉。

一、跆拳道历史

跆拳道古称跆跟、花郎道，是起源于古代朝鲜的民间武艺。早在公元688年，新罗王国统一了朝鲜，经济繁荣，百业兴旺，建立了一种“花郎制度”。到真兴王时，便创立了“花郎道”。花郎道是花郎制度的组织形式，即将年轻人组织到一起进行武艺锻炼。其宗旨是“事君以忠，事亲以孝，事友以信，临阵无退，杀身有择”。以此磨炼人的意志、锻炼人的体魄，培养造就了一批又一批忠君事孝、英勇顽强、无所畏惧的战士。在描写新罗风俗习惯的《帝王韵记》一书中，记载着跆拳道活动。公元935年，勇敢善战的高句丽军队推翻了新罗王朝，建立了高句丽王朝。士兵们的战斗力来自平日的训练和对跆拳道的喜爱。他们平时常常用拳掌击打墙壁或木块，以磨炼手部的攻击能力。十分喜爱徒手搏斗的忠惠王曾专门邀请臂力过人、武功超众的士兵金振都(亦有称金扼郁的)到宫廷表演手搏技艺，使跆拳道声望大震，并日渐被广大民众所接受。1392年，高丽王朝被李朝取代，武功及跆拳道没有得到足够的重视，但在民间，这一活动却始终没有停止。1790年汇编成书的《武艺图谱通志》中收录了“手搏”“跆跟”等武艺的技术与方法，以及动作图解和一些器械的使用方法，并将很多技击性很强的武术技艺融汇到跆拳道的技法之中。1910年日本侵占朝鲜后，建立起殖民政府，一度下令禁止所有的文化活动，跆拳道自然在劫难逃，在朝鲜境内销声匿迹。一些不甘寂寞或被生活逼迫的人远离国土，到中国或日本谋生，同时把跆拳道延续下来。更为重要的是将其与中国武术和日本武道交融与结合，孕育了新的技术体系。第二次世界大战后，自卫术再度兴起，从异国他乡回归故土的朝鲜人也将各国的武道技艺带回本国，逐渐与跆拳道融为一体，形成了现在的跆拳道体系。

二、跆拳道的特点

1. 以腿为主，以手为辅

跆拳道技术方法中占主导地位的是腿法，腿法技术在整体运用中约占3/4，因为腿的长度和力量是人体中最长最大的，其次才是手。腿的技法有很多种形式，可高可低、可近可远、可左可右、可直可曲、可转可旋，威力极大，是比赛时得分和实用制敌的有效方法。其次是手法，手臂的灵活性很好，可以自如地控制完成防守和进攻动作，同时也可以变化为拳、掌、肘、肩的多种用法，进行实战。在竞赛规则之外的跆拳道实战中，人体的一些主要关节部位亦可以用作进攻的武器，或防守的盾牌，这是跆拳道技术的本质，如手、肘、膝、脚等关节部位，是跆拳道实战中最常用、最有效的打击武器。

2. 方法简捷，刚直相向

不论是在比赛时还是在实战中，跆拳道的进攻方法都是十分简捷而实效的。对抗时双方都是直接接触，以刚制刚，用简练硬朗的方法直接击打对方，或拳或腿，速度快，变化多；防守的动作也是以直接的格挡为主，随即是连续的反击动作。防守时很少使用躲闪防守法，追求刚来刚往，硬拼硬打，尽可能保持或缩短双方间的距离，以增加击打的有效性，在近距离拼斗中争取比赛或实战的胜利。

3. 内外兼修，方法独特

跆拳道项目理论认为，人们经过专门训练，人的关节部位能产生不可思议的威力，特别是拳、肘、膝和脚四个部位，尤以脚和手为甚。长期专门练习跆拳道，可以使人达到内外合一的程度，即内功和外力达到统一的巅峰。由于无法确定人体关节部位武器化的威力和潜力到底有多大，只有通过对木板、砖瓦等物体的击打来测量验定练习者的功力水平。功力测验是跆拳道训练水平、晋级考试、表演和比赛的一个重要内容，以此显示出跆拳道独特的功法和特点。

4. 强调武德，尊师重道

由于跆拳道具有惊人的破坏力和可怕的杀伤力，故跆拳道也十分强调武德，首先要有热爱祖国、热爱民族、尊重前辈、恪守信义的思想，要注重内心训练和精神修养，要养成礼貌待人、忍耐克己、谦虚宽容的高尚道德品质。

三、跆拳道的作用

1. 修身养性，培养人优秀的意志品质

跆拳道练习推崇“以礼始，以礼终”的尚武精神，练习中要以“礼义廉耻、忍耐克己、百折不屈”为宗旨，因此，可以培养人顽强果断、吃苦耐劳的精神，磨炼人坚韧不拔、积极向上的品质，养成礼让谦逊、宽厚待人的美德，造就热爱祖国、勇于献身的思想，为社会和国家练就具有优秀品质的建设者。

2. 强体防身，练就人健全的体魄

跆拳道运动紧张激烈，对抗性强，可使人强壮筋骨，提高各关节的灵活性及肌肉的伸展性和收缩能力，提高人的速度、反应、灵敏、力量和耐力素质，提高人内脏器官的机能和人体神经系统的灵活性，增加人体的击打和抗击打能力。通过功防练习，可以学习掌握实用技术和防身自卫的能力，为保护自身安全和维护社会正义学习真正本领。

3. 观赏竞技，享受击打艺术的美德

跆拳道比赛或实战时，双方队员不仅要斗智斗勇，而且还要通过高超的技艺展示跆拳道技术动作的优势。尤其是跆拳道变化多端、尽现人体机能特点的腿法技术，在对抗中高来低往，表现得淋漓尽致，不仅给人以美的享受，还能激发人的斗志，鼓舞人奋发向上的精神，陶冶人的道德情操，使人欣赏跆拳道竞技比赛的同时，潜移默化地受到了良好的意志品质教育。

第二节　跆拳道基本技术

一、感悟跆拳道的品势

跆拳道的品势是跆拳道爱好者学习跆拳道基本攻防前应该掌握的基础性套路，也是跆拳道爱好者晋级升段考评时必须考试的内容之一。所以，每一名跆拳道爱好者必须学好、练好品势套路。跆拳道的基本品势有八套，即太极八章，入段以后还有学习其他的品势套路。根据教学需要，我们现在只介绍太极一章至太极三章共三套品势动作。

(一)太极一章

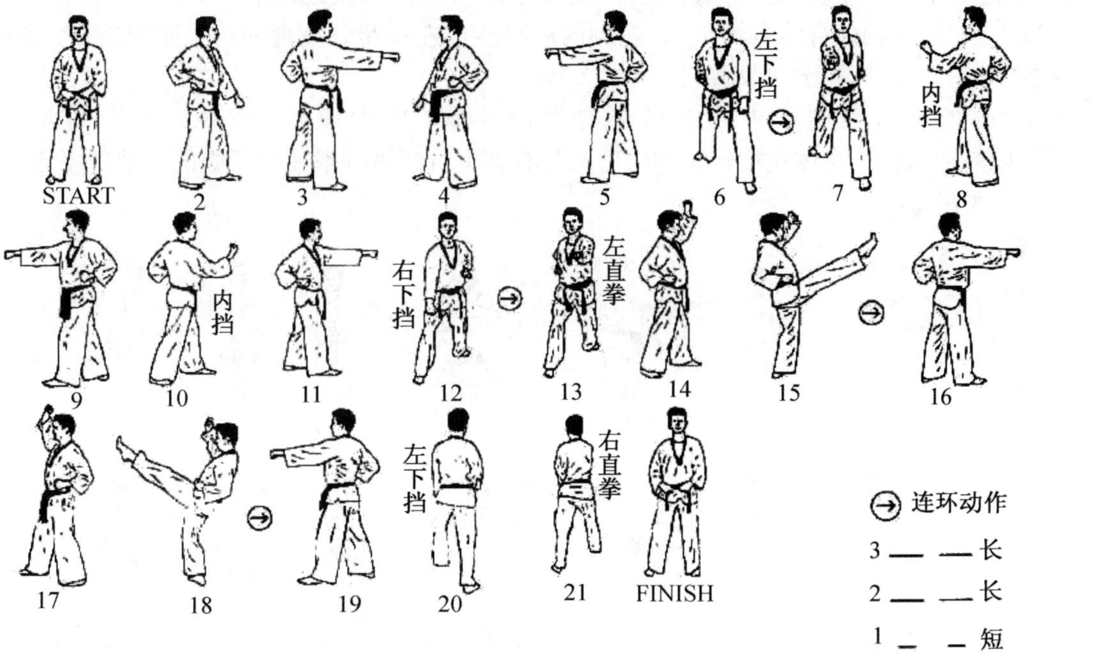

1. {准备姿势} 两脚与肩同宽，自然站立，两手握拳屈臂于腹前，拳心向内，眼睛平视前方。

2. 左转身体，左脚同时左转，成左前探步，左臂下截(防左下段)，右拳回收腰侧。

3. 右脚向迈进一步成右前探步，右拳前冲拳(攻中段)左拳回收腰侧。

4. 身体右转 180°，右脚向右侧迈进一步成右前探步，右臂下截(防右下段)。

5. 左脚向前迈进一步成左前探步，左拳前冲拳(攻中段)，右拳回收腰侧。

6. 身体左转 90°，左脚向前迈进成左弓步，左拳曲肘下截，右拳回收腰侧。

7. 两脚不动，右拳前冲拳(攻中段)，左拳回收腰侧。

8. 左脚不动右脚向右移步成右前探步，身体右转，左臂外格（防左中段），拳心向上右拳回收腰侧。

9. 左脚向前迈进一步成左前探步，右拳前冲拳(攻中段)，左拳回收腰侧。

10. 身体向后转180°，左脚向前迈进一步成左前探步，右臂屈肘里格挡左拳前冲拳。

11. 右脚向前迈进成左弓步作拳前冲拳(攻中段)，右拳回收腰侧。

12. 以左脚为轴，身体右转90°，左脚向前移步成右弓步，右臂屈肘上抬至左肩，然后向下截拳(防右下段)，左拳回收腰侧。

13. 两脚不动，做拳前冲拳(攻中段)，右拳回收腰侧。

14. 身体左转，左脚向前移步成左前探步，左臂屈肘上架（防左上段)，置于额前拳心朝外。

15. 上提重心，左脚跟稍提，右脚前踢，两臂下截，置于体侧。

16. 右脚下落成右前探步，有拳前冲拳(攻中段)，左拳回收腰侧。

17. 以左脚为轴，身体右后转180°，右脚向前移步成右前探步，右臂屈肘上架防右上段)，置于额外，拳心朝外。

18. 上提重心，右脚跟稍提，左脚前踢，两臂下截，置于体侧。

19. 左脚下落成左前探步，做拳前冲拳(攻中段)，右拳回收腰侧。

20. 以右脚为轴，身体右转90°，左脚向后移步成左弓步，左臂屈肘上抬至右肩，然后向下截拳(防左下段)，右拳回收腰侧。

21. 右脚向前迈进一步成右弓步有拳前冲拳（攻中段)并发声，左拳回收腰侧。{收势}以右脚为轴，身体左后转左脚向后撤与右脚平行两手握拳屈臂于腹前称准备姿势。

(二)太极二章

1. {准备姿势}同太极一章。

2. 左转身体 90°，向前成左前探步，左臂下截（防左下段），右拳回收腰侧。

3. 右脚向前迈进成右弓步，有拳前冲拳（攻中段），左拳回收腰侧。

4. 以左脚为轴，身体右后转 180°，同时右脚向前移步成右前探步，右臂屈肘上抬至左肩，然后向下截拳（防右下段），左拳回收腰侧。

5. 左脚向前迈进成右弓步，同时做拳前冲拳（攻中段），右拳回收腰侧。

6. 以右脚为轴身体左转 90°，同时左脚向前移步成左前探步，右臂屈肘向里格挡（防中段），左拳回收腰侧。

7. 右脚向前迈进一步成右前探步，同时左臂屈肘向里格挡（防中段），右拳回收腰侧。

8. 身体左转 90°，左脚向前移步成左前探步，左脚向下截拳。

9. 上提重心，左脚跟稍提右脚前踢，两臂下截，置于体侧。

10. 右脚下落成右弓步，同时右拳前冲拳（攻上段），左拳回收腰侧。

11. 以左脚为轴，身体右后转 180°，右脚向前移步成右前探步，右臂下截拳（防右下段）左拳回收腰侧。

12. 左脚前踢，两臂下截，置于体侧。

13. 左脚下落成左弓步，做拳前冲拳（攻上段），右拳回收腰侧。

14. 以右脚为轴身体左转 90°左脚向前，移步成左前探步，左臂屈肘上架（防左上段），左拳置于额前，拳心朝外，右拳回收腰侧。

15. 右脚向前迈进一步成右前探步，同时右臂屈肘上架（防左上段），右拳置于额前，拳心朝外，左拳回收腰侧。

16. 以右脚为轴，身体左后转 270°，左脚向前移步成左前探步，右臂屈肘向里格挡。

17. 以左脚为轴，身体右后转 180°，右脚向前移步成右前探步，右臂屈肘向里格挡。

18. 身体左转 90°，左脚向前移步成左前探步，左臂向下截拳。

19. 右肩前踢，两臂下截，置于体侧。

20. 右脚下落成右前探步，又拳前冲拳（攻中段）左拳回收腰侧。

21. 左脚前踢，两臂下截，置于体侧。

22. 左腿下落成左前探步，做拳前冲拳（攻中段）右拳回收腰侧。

23. 右脚前踢，两臂下截，置于体侧。

24. 右腿下落成右前探步，又拳前冲拳（攻中段）并发声左拳回收腰侧。

{收势}同太极一章。

（三）太极三章

1. {准备姿势}两脚与肩同宽，自然站立，两手握拳屈臂于腹前，拳心向内，眼睛平视前方。

2. 左转身体 90°，向前成左前探步，左臂下截（防左下段），右拳置于腰侧。

3. 上提重心，左脚跟稍提，右脚前踢，两臂下截，置于体侧。

4. 右腿下落成右弓步，同时右拳前冲拳（攻中段），左拳回收腰侧。

5. 紧接着左拳前冲拳（攻中段）形成连续攻击，右拳回收腰侧。

6. 以左脚为轴，两臂下截，置于体侧，身体右后转 180°，同时右脚向前移步成右前探步，右臂向下截拳（防右下段），左拳回收腰侧。

7. 左脚前踢，两臂下截，置于体侧。

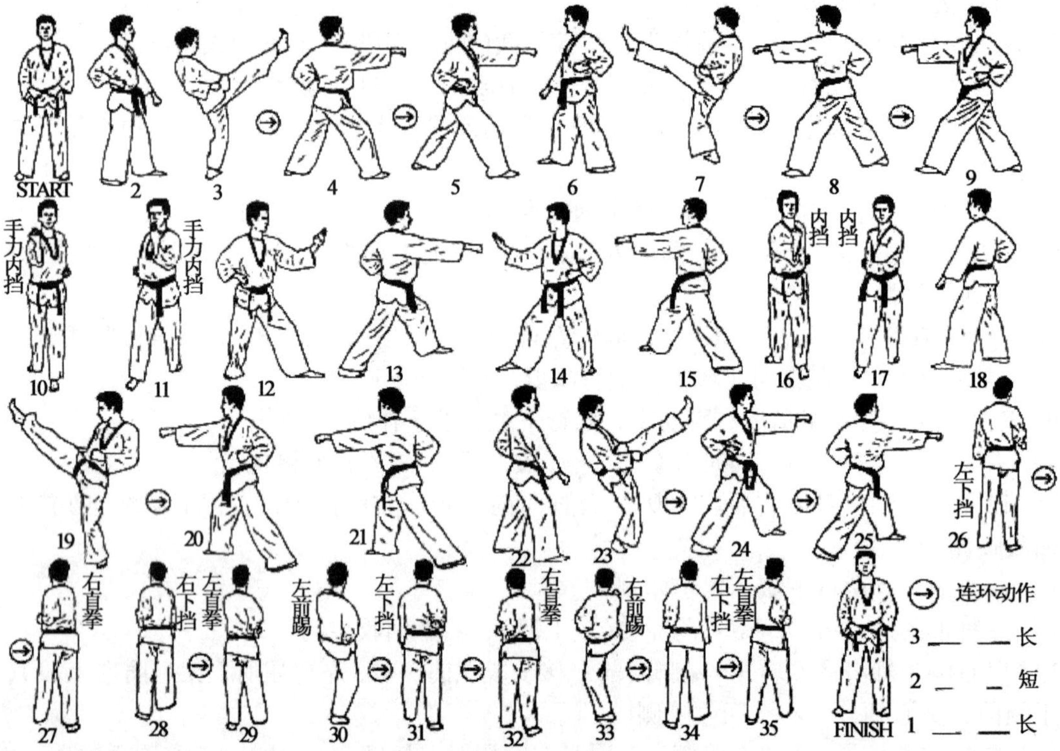

8. 左腿下落成左弓步，同时左拳前冲拳(攻中段)。

9. 然后由拳前冲拳(攻中段)，形成连续攻击。

10. 以右脚为轴，身体左转 90°，同时左脚向前移步成左前探步，右拳变手刀，由外向里横砍，攻击对方颈部，左拳回收腰侧。

11. 右脚向前迈进一步成右前探步，左拳变手刀，由外向里横砍，攻击对方颈部，右拳回收腰侧。

12. 身体左转 90°，左脚向前移步成左后弓步，左手刀向外横截右拳回收腰侧。

13. 左脚向前迈进成左弓步，有拳前冲(攻中段)，左手刀变拳回收腰侧。

14. 以左脚为轴，身体右后转 180°，成右后弓步，同时右脚稍后撤，右拳变手刀向外横截。

15. 右脚向前迈进半步成右弓步，左脚向前移步成左前探步，右臂屈肘向内横格(防中段)，左拳回收腰侧。

16. 以右脚为轴，身体左转 90°，左脚向前移步成左前探步，右臂屈肘向内横格(防中段)，右拳回收腰侧。

17. 右脚向前迈进一步成右前探步，左臂屈肘向内横格(防中段)，右拳回收腰侧。

18. 以右脚为轴，左脚向右转 180°，移步成左前探步，左拳截向左下方(防左下段)，拳面朝下，右拳回收腰侧。

19. 右脚前踢，两臂下截，置于体侧。

20. 右腿下落成右弓步，有拳前冲拳(攻中段)，左拳回收腰侧。

21. 然后左拳前冲拳(攻中段)，形成连续攻击。

22. 以左脚为轴，身体右转 180°，成右前探步，右拳下截(防右下段)，左拳回收腰侧。

23. 左脚前踢，两臂下截，置于体侧。
24. 左腿下落成左弓步，左拳前冲拳(攻中段)，右拳回收腰侧。
25. 再出右拳前冲拳(攻中段)，左拳回收腰侧。
26. 以右脚为轴，身体左后转90°，左脚向前移步成左前探步，左拳下截(防左下段)，右拳回收腰侧。
27. 两脚不动，右拳前冲拳(攻中段)，左拳回收腰侧。
28. 右脚向前迈进一步成右前探步，右拳下截(防右下段)，左拳回收腰侧。
29. 再出左拳前冲拳(攻中段)，右拳回收腰侧。
30. 左脚前踢，两臂下截，置于体侧。
31. 左脚下落成左前探步，左拳下截(防左下段)，右拳回收腰侧。
32. 再出右拳前冲拳(攻中段)，左拳回收腰侧。
33. 右脚前踢，两臂下截，置于体侧。
34. 右腿下落成右前探步，右拳下截(防右下段)，左拳回收腰侧。
35. 再出左拳前冲拳(攻中段)，右拳回收腰侧。
{收势}同太极一章。

二、跆拳道实战的基本技术

(一)准备姿势

准备姿势：也称实战姿势和预备姿势，是竞赛跆拳道比赛中双方开始时的基本站立姿势。准备姿势应便于进攻和防守反击以及步法移动。

1. 动作过程

(1)双脚开立与肩同宽，两臂垂于体侧。

(2)左脚或右脚向另一个脚的方向撤一步，两脚相距一步的距离前后站立，使身体侧对对方，同时双手半握拳，沉肩、二臂屈肘自然垂放(左脚在后是左架准备姿势，右脚在后是右架准备姿势)。

(3)重心在两腿之间，膝部略弯曲，眼睛平视对方面部，下颚微收(图19-1)。

图 19-1

2. 要领

(1)两臂所放的位置不是固定的，也可以一臂垂下或者都垂下。

(2)两脚之间距离和重心高低可以根据具体情况进行调整，原则上是在移动时最快调整好身体重心。

(二)基本步法

1. 前进步(图 19-2)

动作规格：保持基本姿势，右脚向左脚内侧滑步 20～40cm，在未承受体重时左脚迅速前滑相同的距离。

动作要领：①先动右脚，再动左脚。②滑进时身体略有腾空感。③动作敏捷，富有弹性。

2. 后退步(图 19-3)

动作规格：保持基本姿势，左脚掌向右脚掌内侧后滑 20～40cm，右脚掌后滑同等距离，两脚之间的距离与肩同宽。

动作要领：①先动左脚，后动右脚。②重心保持在水平线上平衡地后移。③动作充满弹性，轻快敏捷。

图 19-2

图 19-3

3. 前滑步(图 19-4)

动作规格：保持基本姿势，左脚掌蹬地，右脚掌向前滑动 10～20cm，左脚掌向前滑动同等的距离。

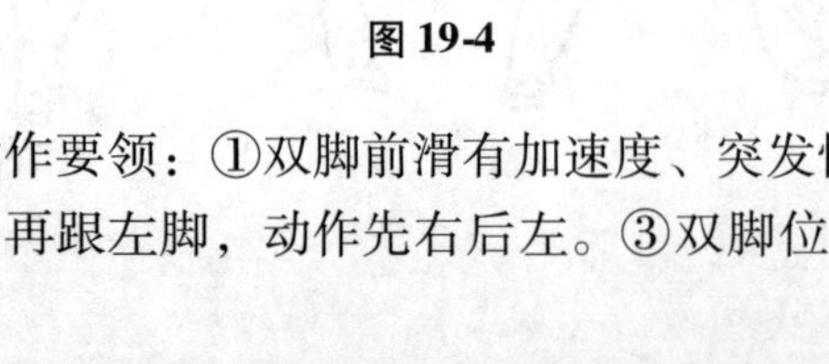

图 19-4

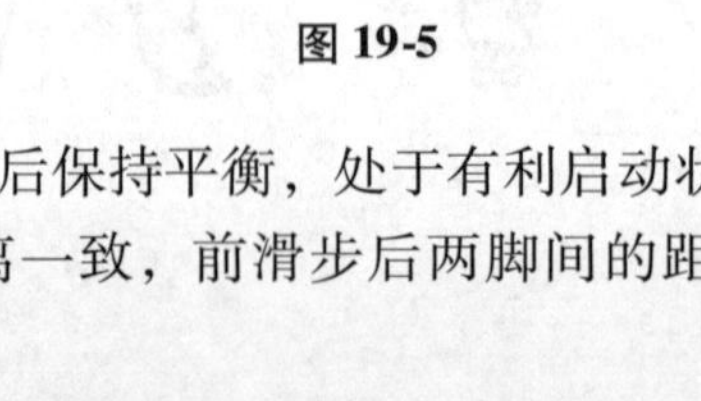

图 19-5

动作要领：①双脚前滑有加速度、突发性，滑步后保持平衡，处于有利启动状态。②先动右脚，再跟左脚，动作先右后左。③双脚位移的距离一致，前滑步后两脚间的距离仍然与肩同宽。

4. 后滑步(图 19-5)

动作规格：保持基本姿势，左脚掌用力蹬地，右脚掌向后滑动 10～20cm，左脚掌向后同等的距离。

动作要领：①双脚后滑有加速度、突发性，滑步后保持平衡，处于有利启动状态。②先动右脚，再跟左脚，动作先右后左。③双脚位移的距离一致，后滑步后两脚间的距离仍然与肩同宽。

5. 换跳步(图 19-6)

动作规格：保持基本姿势，双脚同时轻轻蹬地，身体有轻微腾空感，双脚沿直线前后交换，落地成右脚在前，左脚在后的姿势。

图 19-6

图 19-7

动作要领：①换脚动作迅速，重心起伏不可过大。②沿直线交换左右脚。

6. 垫步(图 19-7)

动作规格：右架站立，右脚向左脚内侧上步，同时左脚迅速抬起，以便于进攻或防守。

动作要领：①右脚垫步时，左脚应该迅速提起。②重心落在右腿上，右膝微屈。

7. 侧移步(图 19-8)

图 19-8

动作规格：

第一种步法是以前脚为轴，后脚向左(右)侧方向移动，用以改变与对手的站立方向；第二种步法时右架站立，右脚先向右(或向左)侧移一步，随之左脚也迅速向右(或向左)侧移一步。

动作要领：①换脚动作迅速，重心放在前面利于进攻。②移动时候，脚掌蹬地，速度要快。

8. 组合步

组合步是指各种步法之间的不同组合。实际上在跆拳道技术在实战中的运用，步法具有极其重要的作用，是一切跆拳道动作的先导。实战中进攻与反击几乎都是在快速的移动中进行的，使自己处于有利的位置。步法是进攻、防守、反击进攻的有机连接技术，也是实战中维护身体动态平衡的必需，跆拳道高手之所以能在比赛中展现出高超的击打艺术，因为他能以迅雷不及掩耳之势突然接近，在对手来不及反应的情况下已经得分，其移动像流水一般流畅，像扑跳的猫一样敏捷、轻灵，对手凶狠的反击，巧妙地、精确地运用步法配合踢法反击。

（三）基本腿法

1. 前踢（图 19-9）

动作规格：以左势实战姿势开始，右脚向后蹬地，身体重心前移至左脚；右脚蹬地顺势屈膝提起，左脚以前脚掌为轴外旋约 90°，同时，右腿迅速以膝关节为轴伸膝、送髋、顶髋，把小腿快速向前踢出，力达脚尖或前脚掌。踢击目标后右腿迅速放松弹回，落回原地仍成左势实战姿势。

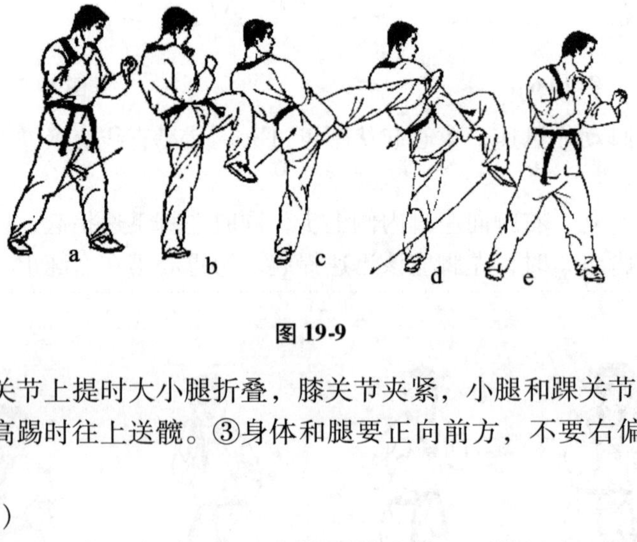

图 19-9

动作要领：①膝关节上提时大小腿折叠，膝关节夹紧，小腿和踝关节放松，有弹性。②踢击时顺势往前送髋；高踢时往上送髋。③身体和腿要正向前方，不要右偏斜。④用脚面击打，不是脚指头。

2. 横踢（图 19-10）

动作规格：右脚蹬地，重心移到左脚，右脚屈膝上提，两拳置之于胸前；左脚前脚掌辗地内旋，髋关节左转，左膝内扣；随即左脚掌继续内旋转 180°，右脚膝关节向前抬至水平状态；小腿快速向左前横踢出；击打目标后迅速放松收回小腿。右脚落回成实战姿势。

图 19-10

动作要领：①膝关节夹紧，向前提膝，尽量走直线；支撑脚外旋 180°。②髋关节往前顺，身体与大小腿成直线，严格注意击打的力点正脚背。③踝关节放松，击打的感觉是“面团”“鞭梢”。

3. 后踢（图 19-11）

动作规格：左脚掌为轴内旋约 90°，上身旋转重心移到右脚，屈膝收腿直线提出，重心前移落下。

图 19-11

动作要领：①起腿后上身与小腿折叠成一团。②动作延伸，用力延伸。③转身，踢膝，出腿一次性完成，不能停顿。④击打目标在正前方稍偏右。

4. 下劈（图 19-12）

动作规格：实战姿势开始。右脚蹬地，重心前移至左脚。同时，右腿以髋关节为轴屈膝上提，两手握拳置于胸前；随即送髋，上提膝关节至胸部，右小腿以膝关节为轴向上伸直，将右腿直举于体前，右脚过头。然后放松向下以右脚后跟（或脚掌）为力点劈击，击打完成后，右脚自然落下，成实战姿势。

动作要领：①腿尽量往高、往头后举，要向上送髋，重心往高起。②脚放松往前落，落地要有控制。③起腿要快速、果断。④踝关节要放松。

图 19-12

5. 侧踢（图 19-13）

动作规格：实战姿势开始。将重心移至左腿，同时以左脚前脚掌为轴脚跟内旋。直线提起右大腿，弯曲小腿同时向左转髋，身体左侧侧向对方。膝盖方向朝内，勾脚面，展髋，走直线平蹬出右腿，用脚掌外侧攻击对方。右腿自然下落，并撤回原位。

动作要领：①提膝后尽量收紧膝关节。②重心往前移，利用身体的重量为力量。③踹的时候腿往前伸展、送髋。④踢的路线水平往前。

图 19-13

图 19-14

6. 勾踢(图 19-14)

动作规格：从左势实战姿势开始，右脚向后蹬地，身体重心前移至左脚，左脚支撑，右腿屈膝提起；左脚以前脚掌为轴，脚跟向内旋转约 180°，右腿膝关节内扣，右腿向左前方伸出，伸直后用脚掌向右侧用力屈膝鞭打，然后右腿顺势放松屈膝回收，落回原地成实战姿势。

动作要领：①起腿后右腿屈膝抬过水平，然后内扣。②右脚要随转体尽量向左前伸展。③右脚掌向右鞭打时要屈膝扣小腿。④鞭打后顺势放松。

7. 双飞(图 19-15)

动作规格：两人从闭势实战姿势开始，攻方先用右横踢攻击对方左肋部，同时，左脚蹬地起跳，身体腾空右转，腾空高度在膝关节以上，但不宜过高；左脚起跳后在空中用左横踢迅速踢击对方胸部或腹部；左右脚交换，右脚落地支撑，左脚横踢目标后迅速前落，成左势实战姿势。

动作要领：①右腿横踢目标的同时，左脚蹬地跳。②左脚起跳后迅速随身体右转横踢目标。③两腿在空中交换，右脚先落地。

图 19-15

8. 后旋踢(图 19-16)

动作规格：实战姿势开始。两脚以两脚掌为轴均内旋约 180°，身体右转约 90°，两拳置于胸前。上体右转，与双腿拧成一定角度。右脚蹬地将蹬地的力量与上体拧转的力量合在一起，将右腿向后上以髋关节为轴直腿摆起，右腿继续向右后旋摆鞭打，同时上体向右转，带动右腿弧形摆至身体右侧，右腿屈膝回收；右脚落至右后成实战姿势。

动作要领：①转身、旋转、踢腿连贯进行，一气呵成，中间没有停顿。②击打点应在正前方，呈水平弧线。③屈膝起退的旋转速度要快；重心在原地旋转 360°。

图 19-16

9. 旋风踢(图 19-17)

动作规格：两人从闭势实战姿势开始，功方左脚向右脚右侧前方跨一步，左脚内扣落地，身体向右旋转 180°；左脚落地的同时右腿随身体继续右转向右后摆起，此时身体以转动 360°，左脚蹬地起跳，顺势在空中用左脚横踢击打对方腹部后头部，右脚落地支撑。

动作要领：①攻方上步转体动作要迅速果断，左脚内扣落地时脚跟对敌。②右脚随身体右转向后右侧摆起时不要太高，以能带动身体旋转起跳为宜。③右脚蹬地起跳，身体腾空，但不过膝，目的是快速旋转出腿。

图 19-17

(四)跆拳道简单腿法组合

1. 右横踢 + 左后踢组合(图 19-18)

图 19-18

2. 右下劈 + 左后旋组合(图 19-19)

图 19-19

3. 右下劈＋左后踢组合(图 19-20)

图 19-20

4. 右横踢＋左下劈组合(图 19-21)

图 19-21

(五)跆拳道战术种类

运动员在临场复杂多变的比赛中，根据比赛的规律和各方面的情况随机应变，有判断、有目的、有预见性，决定自己对付对手的策略思维活动。符合自己特点的战术容易掌握和运用，并可以达到有效使用的目的，而且要切实提高战术的质量。战术要先进，充分了解战术本身的优点和缺点和对方的适应情况，挖掘发展潜力大的战术来不断地创新战术。

(1)利用假动作或假象战术。用逼真的假动作或假象欺骗对手，引其上当，分散其注意力，使其露出破绽，利用这个机会猛烈攻击而得分。

(2)心理战术。比赛开始前，利用情绪、动作和表情等威慑对手，比赛中用气势压倒地手，或利用规则允许和基本允许的各种手段，干扰对方情绪，给对方造成心理负担，使对手技能战术发挥失常，挫伤对方的锐气，发挥自己的优势，在气势上战胜对方。

(3)先得分战术。比赛时利用对方立足未稳或未适应比赛的机会，主动先得分，然后，立刻转入防守，以静制动，利用防守反击战术与对方对抗，既节省体力，更保住得分。

(4)防守反击战术。即利用防守好的特点，在防守的基础上利用反击技术打击对方。

(5)抢分战术。比赛中得分落后的情况下，利用各种手段有效地组织进攻力争得分。这种情况下，要主动出击，不能与对方静耗或纠缠，要打破以方的保分意图，以动制静。

(6)消耗战术。对于耐力好的运动员来说，要充分发挥体力比对方要好的优势，让对方和自己一直处于运动之中，与对方比拼体力，耗掉对方的体力而战胜对手。

(7)规则战术。在竞赛中，有对攻击部位和攻击方法的限制，但也有规则限制模糊的地方，可以利用规则允许或基本允许使用的各种的制胜办法攻击对手，最终取得比赛的胜利。

(8)击倒战术。利用自己的得意技术或对方失误的机会，重击对手头部，使对方被击倒不能继续比赛，自己获得比赛的胜利。

(9)步法战术。比赛中利用自己步法灵活和动作敏捷的优势，围绕对手游斗，引对手上当或扰乱其情绪；待对方反击时又迅速撤退或靠近对手，扰乱对手的情绪和攻防意图，破坏对手进攻而战胜他。

(10)优势战术。在比赛平分的情况下，利用规则上允许的技术，主动进攻次数或使用高难技术而取胜。规则中规定，在比赛平分的情况下，由裁判员根据双方主动进攻的次数和使用高难技术的多少判定，进攻次数或使用高难技术多的一方为胜方。

(11)空间战术。充分利用赛场的空间，攻击对手不同的得分部位或同一部位，或故意露出某一部位引诱对手进攻，实行反击。

(12)迫使对方失分战术。比赛时规则限制，给对方制造陷阱，迫使对方犯规而失分。比如引诱对方到场地边缘(警戒线或限制线)，然后利用猛攻迫使其出界，使对方被警告被扣分。

第三节 跆拳道竞赛规则

第一条 目的

本规则为中国跆拳道协会(以下简称中国跆协)及其所属团体会员主办或组织跆拳道竞赛使用的统一规则，目的是保证竞赛公平顺利地进行。

第二条 比赛场地

在8米×8米的正方形指定道垫上把四个角等分切割成4.3米的边线，未切割边的边长为4米，以形成八边形、水平、无障碍物的竞赛场地。

第三条 体重级别

1. 比赛分为个人赛和团体赛

2. 个人赛体重分为男、女级别体重分级

(1)成年跆拳道锦标赛、冠军赛：

男子	女子
54公斤以下	46公斤以下
54公斤~58公斤	46公斤~49公斤
58公斤~63公斤	49公斤~53公斤
63公斤~68公斤	53公斤~57公斤
68公斤~74公斤	57公斤~62公斤
74公斤~80公斤	62公斤~67公斤
80公斤~87公斤	67公斤~73公斤
87公斤以上	73公斤以上

(2)奥运会、全运会：

男 子	女 子
58 公斤以下	49 公斤以下
58 公斤~68 公斤	49 公斤~57 公斤
68 公斤~80 公斤	57 公斤~67 公斤
80 公斤以上	67 公斤以上

(3)青年奥运会：

男 子	女 子
48 公斤以下	44 公斤以下
48 公斤~55 公斤	44 公斤~49 公斤
55 公斤~63 公斤	49 公斤~55 公斤
63 公斤~73 公斤	55 公斤~63 公斤
73 公斤以上	63 公斤以上

(4)世界青年锦标赛、全国青年锦标赛：

男 子	女 子
45 公斤以下	42 公斤以下
45 公斤~48 公斤	42 公斤~44 公斤
48 公斤~51 公斤	44 公斤~46 公斤
51 公斤~55 公斤	46 公斤~49 公斤
55 公斤~59 公斤	49 公斤~52 公斤
59 公斤~63 公斤	52 公斤~55 公斤
63 公斤~68 公斤	55 公斤~59 公斤
68 公斤~73 公斤	59 公斤~63 公斤
73 公斤~78 公斤	63 公斤~68 公斤
78 公斤以上	68 公斤以上

(5)团体赛：

①按体重级别进行 5 人制团体赛，级别如下：

男 子	女 子
54 公斤以下	47 公斤以下
54 公斤~63 公斤	47 公斤~54 公斤
63 公斤~72 公斤	54 公斤~61 公斤
72 公斤~82 公斤	61 公斤~68 公斤
82 公斤以上	68 公斤以上

②按体重级别进行 8 人制团体赛；

③按体重级别进行 4 人制团体赛(将 8 个体重级别中相邻 2 个级别合并成为 4 个级别)。

第四条 比赛时间

每场比赛为 3 局，每局比赛 2 分钟，局间休息 1 分钟。

第五条 比赛方式

1. 单败淘汰赛
2. 复活赛
3. 循环赛或其他赛制

第六条 允许的技术和允许攻击的部位

1. 允许的技术

(1)拳的技术：紧握拳并使用正拳进行正面攻击的技术。

(2)脚的技术：使用踝关节以下脚的部位进行攻击的技术。

2. 允许被攻击的部位(图 19-22)

(1)躯干：允许使用拳和脚的技术攻击躯干被护具包裹的部分，但禁止攻击后背脊柱。

(2)头部：允许使用脚的技术击打锁骨以上的部位。

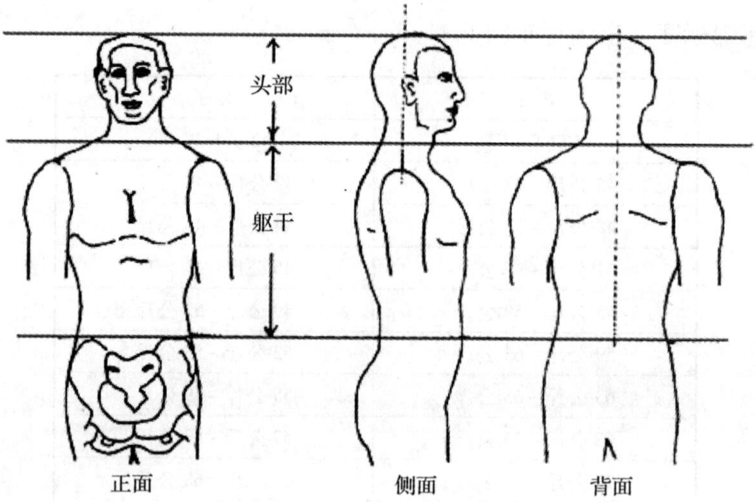

图 19-22 得分部位：头部和躯干

第七条 有效得分

1. 使用允许的技术

准确、有力地击中得分部位时得分。

2. 有效得分部位

(1)躯干：护具上蓝色或红色部分覆盖的躯干部位。

(2)头部：锁骨以上的头颈部位(包括颈部、双耳和后脑在内的整个头部)。

3. 得分

得分是指使用允许的技术，准确、有力地击中有效得分部位。

4. 有效得分分值

(1)击中躯干计 1 分。

(2)旋转踢技术击中躯干计 2 分。

(3)击中头部计 3 分(主裁判员读秒不追加分)。

(4)旋转踢技术击中头部计 4 分。

(5)一方运动员每被判 2 次“警告”或 1 次“扣分”，另一方运动员得 1 分。

5. 比分为三局比赛得分总和。

6. 得分无效：运动员因使用犯规行为得分时，所得分数视为无效。

第八条　犯规行为

1. 任何犯规行为将由主裁判员判罚。

2. 处罚分为“警告”(Lyong-go)和“扣分”(Gam-jeom)。

3. 两次警告扣 1 分(－1)，警告次数为奇数时，最后一次不计。

4. 一次“扣分”扣 1 分(－1)。

5. 犯规行为：

(1)判罚警告的犯规行为：

①双脚越出边界线；

②回避或拖延比赛；

③倒地；

④抓、搂抱或推对方运动员；

⑤故意攻击对方运动员腰以下部位；

⑥用膝部顶撞或攻击对方运动员；

⑦用手攻击对方运动员头部；

⑧教练员或运动员有任何不良言行；

⑨提膝阻碍对方运动员的攻击；

⑩运动员提示本方教练员申请录像审议。

(2)判罚扣分的犯规行为：

①主裁判员发出“分开”(Kal-yeo)口令后攻击对方运动员；

②攻击已倒地的对方运动员；

③抓住对方运动员进攻的脚将其摔倒，或用手推倒对方运动员；

④故意用手攻击对方运动员头部；

⑤恶意攻击对方运动员腰以下部位；

⑥教练员或运动员打断比赛进程；

⑦教练员或运动员使用过激言语、出现严重违反体育道德的行为；

⑧故意回避比赛；

⑨若比赛使用电子护具，每局比赛开始前，主裁判员应该检查双方运动员的电子护具和感应脚套，观察运动员是否有任何操纵电子计分系统，增加感应脚套敏感性或者其他违规方式的企图。如发现故意违规操纵的行为，主裁判员保留给予该名违规运动员“扣分”判罚的权利，同时，根据运动员违规的严重程度，主裁判员也保留判罚该名违规运动员犯规败的权利。

第九条　获胜方式

主裁判员依据本规则对比赛胜负进行宣判。获胜方式包括以下 10 种：

①击倒胜；

②主裁判员终止比赛胜；

③比分胜；

④分差优势胜；

⑤加时赛先得分胜；

⑥优势判定胜；

⑦弃权胜；

⑧对方失去资格获胜；

⑨主裁判员判罚犯规胜；

⑩特定比赛中，按照称重记录，体重轻者获胜。

第十条 即时录像审议

1. 目的

即时录像审议（以下简称录像审议）的目的是以录像画面为依据，以规则条款为准绳，对临场重大错误进行及时修正，原则上尊重场上裁判员的临场决定。

2. 录像审议委员（以下简称审议委员）

每场比赛设审议委员 2 名，共同对比赛画面提出意见，如意见不一致，则由技术代表最终认定。

3. 审议程序

（1）比赛中教练员对裁判员的判罚或记分有异议，可向主裁判员申请进行“录像审议”。

（2）当教练员提出申请时，主裁判员应询问其申请理由。可以申请“录像审议”的理由仅限于事实判断错误，比如击打力度，动作、行为的严重程度，故意与否，动作时效的判断错误等；使用电子护具的比赛中，由电子护具感应器识别的得分不在审议范围内；教练员应在一次交手动作发生后 5 秒钟内对该次动作提出审议申请。

（3）主裁判员应要求审议委员对申请内容进行“录像审议”，审议须遵循回避原则。

（4）审议委员应在接受审议后 1 分钟内，通过录像审议做出判决，告知主裁判员判决结果。

4. 审议配额

（1）每 1 场比赛中，教练员可以提出 1 次“录像审议”申请。如果该次申请成功且相关判罚或记分被更正，可继续提出申请；预赛 2 张审议牌，决赛每场 2 张，奖牌争夺战追加 1 张。

（2）在 1 次赛事中，教练员为运动员提出“录像审议”申请的总次数不受限制。但是，如果为 1 名运动员申请“录像审议”失败的次数超出审议配额，则不得再提出申请；根据赛事规模，技术代表可决定比赛“录像审议”的配额。

5. 审议裁决

（1）审议委员的裁决是最终裁决，在比赛中和比赛后不接受更进一步的申诉。

（2）如果出现比赛结果判定错误、比分计算错误或者运动员身份识别错误等严重错误的情况，场上任何一名裁判员可以暂停比赛，通过裁判员合议更正错误。

（3）如果相关判罚或记分被更正，竞赛监督与仲裁机构应在当天比赛结束后，对该场比赛进行调查。如有必要，对相关裁判员进行处罚。

第二十章

空手道

第一节　空手道运动概述

空手道运动是一项起源于中国南派武术，流传入日本冲绳岛，发展流行于世界的一项体育运动。空手道运动在世界范围内普及范围广，共有180余个会员国进行空手道练习，属世界最大的武艺组织。空手道借用拳、腿、摔三种技法展现运动技能，以“寸止”为练习及修行的理念，探索人格上的完美、真诚、勤奋、谦虚和自我控制。

我国自2007年引入空手道项目，以组手为主的空手道国际比赛竞技水平高。2011年广州亚运会即夺取女子项目两枚金牌，四年内在亚太运动会、亚锦赛和世界单项赛事中摘金夺银，我国空手道组手竞技水平在亚洲范围内已不容小视。

一、空手道的四大流派

松涛馆流：创始人为船越义珍(1870～1957年)。系空手道中的所谓“南舟北马”中的北派功夫。松涛馆流空手道共有26个规定型(套路)。其技术特征为大开大阖，动作走直线，多用弓步大马，注重腿法运用，是刚猛型空手道的典范。类似中国武术中的北派少林拳。因为其动作幅度大且简洁，深受欧美空手道爱好者的喜爱，在世界空手道强国法国、德国、英国、美国等空手道的市场占有率达到80%以上。

糸东流：创始人为摩文仁贤和。糸东流空手道一共有47个规定型，是四大流派中规定型最多的。糸东流的型也是其流派的一大特色。

糸东流不但融会贯通“首裏手”和“那霸手”之武术，还加上了日本古代的擒拿术，传统的居合剑术和多田派的釵术、棒术及双节棍术。时至今日，糸东流不但已成为世界四大流派之一，而且还作为目前把空手道保存得最完整、最完善的空手道武术流传予后世。

糸东流的特点可用“守、破、离”三字来总结，即对型的忠实遵守，而后应用，最后独立，以此独特的方法来修行空手道。而且糸东流空手道极其重视空手道精神的修养，开祖摩文仁贤和极强调糸东流空手道为“君子之拳”，是为修行圆满的人格和崇高的人生目的而进行的空手道修行。

刚柔流：创始人是宫城长顺。该流系“南舟北马”中的南派功夫，其系统来自南少林拳白鹤门。其流派的名称就来自白鹤门流传秘书《武备志》中的一句“法刚柔吞吐，身随时应变”，因此得名刚柔流。该流派空手道有明显的南拳特色，以小架三战步、猫足立为主，讲究刚中带柔，柔中带劲，相辅相成，刚柔并济。在修行时注重“气”“息”“体”的锻炼。刚柔流共有13个规定型。

和道流：创始人为大塚博纪。大塚博纪在昭和八年5月创设“和道流”，即将空手道与日本柔术合而为一的意思。该流派受到“神道扬心流”柔术的影响颇深，其中“别”“流”“押”“引”“入身”“转身”等更是柔术的技法特征。和道流最具特色的是格斗技术，是极少数在格斗中能体现流派特征的空手道。

二、空手道的三大体系

“传统空手道”：敬畏空手道“一击必杀”的威力，在保持传统对抗竞赛模式(“一本胜”赛制)和减少损失空手道特有技术的特点下，采用“寸止规则”来最大化地保证竞赛者的安全性。其代表性组织为 JKA、SJKA 等传统空手道团体。

“体育空手道”：则是在现代社会和平发展中经过不断改革和创新，而建立起来的一项体育运动，它要求所有空手道技术的发挥必须是建立在“可控制”的基础之上，在全面地发展选手的运动能力的同时，使运动项目更具备了“安全性、观赏性和科学化”等体育运动项目的特点。在赛制上采用“8 分优势胜”方法，其代表性组织为 WKF、AKF 等体育空手道组织。

“硬式空手道”：也称“全接触式空手道”，提倡最大化地发挥空手道特有的“一击必杀”威力，在培养人们“不畏艰辛、敢于拼搏、不惧强大、增强自信”的武道精神的同时，使我们的身躯成为抗敌的真正“武器”。在赛制上采用“KO 制”方法，其代表性组织为极真会。

三、二种见解

在体育空手道组手项目中，对技战术的思考与运用，现阶段明显存在着两种不同的运作模式，即：

传统技法：以日本选手为代表，多为直线攻防技术，基本技术功底扎实，注重传统意义上的攻防效果，使用手技远多于足技，讲究距离与时机的创造，擅长连攻、近战术。

竞技技能：以欧美选手为代表，擅长使用曲线攻防技术，更多地使用手足并用技术，善于在动态空间中捕获得分机会，注重最大化地挖掘身体潜能，发挥自身技能，惯用中长距离进攻。

四、一个标准

WKF 规则是进行“体育空手道”竞赛、训练，及其普及工作的唯一技术标准规则。

第二节 空手道的技术

本节内容以空手道组手技术介绍为主。

一、手 技

指运用手指、手掌、拳头与肘部等手臂上所有可用的部分进行格斗攻击的技术总称。

(一)拳的握法

除拇指外其余四指自然弯曲，拇指压在食指和中指第二关节处，五指握紧之后手腕不可弯曲，与握好的拳背水平。

(二)拳的种类

空手道包括了背手拳、上段前手直拳、上段后手直拳，中段后手直拳。

(三)腿法种类

腿法包含了前蹴踢、横踢、勾踢、后踢。

(四)摔法种类

支点在腰部以下且单手抓握辅助完成的摔法，如接腿摔、拌摔等摔法。

(五)关于技术对抗中对“寸止”的规定与理解

“寸止”，顾名思义就是距离一寸之处停止下来(WKF 规则规定：拳至对方脸部 5 厘米到轻触皮肤距离即为得分的正确击打距离)。

尽管这一规定使空手道项目在传统武道意义上来说，似乎有些“儿戏”了，但我们试想一下，如果我们的空手道学生或我们的儿女，每天都在“一击必杀”的练习中，被折磨的遍体鳞伤，面目全非，那么，这项运动又会有多少人愿意去参加并坚持下去。因此，尽管从此规则出台开始到今天，都有许多的空手道家们在批判着它，但不能否认经过几十年的不断完善和改变，“寸止”规则已成为体育空手道得以在世界的各个层面进行大面积推广与普及的发展核心和技术支柱。

第三节　空手道竞技裁判法

一、组手比赛的场地

比赛场地是边长为 8 米 ×8 米(由场地外缘量起)的正方形场地，加上四周各一米的安全区，场地上应铺有经 WKF 认可的垫子。铺上垫子的场地四周还应有两米净空的区域作为安全区。比赛场地必须是平坦且无危险的。将距离比赛场地中心点 1 米处的两块垫子反转，以红色一面向上，作为两位选手位置的标识。主裁应面向两位选手，站在距离安全区 1 米的两块垫子中间。组手竞赛场地大小如图 20-1 所示。边裁应分坐在场地四个角落的安全区内，主裁可以在整个场地内移动，包括边裁所在的安全区部分。每位边裁都将手执红、蓝旗各一只。赛事监督应坐在主裁左后方或右后方的安全区外，并配备有红色旗子或信号标志与哨子。记分监察员应坐在官方记分台后，在计分员与计时员之间。教练员应坐在各自选手方面对官方计分台一边的安全区外。当比赛在台式场地上进行时，教练员应坐在台外(下)。1 米的边界区应与场地其他铺垫区颜色不同。空手道组手竞赛队员及裁判站位如图 20-2 所示。

二、组手比赛的着装要求

选手须穿着纯白无条纹、无滚边和个人刺绣(绣的名字)的空手道道服。国家标志或该国国旗标志应佩戴在道服左胸，其大小不得超过 12 厘米 ×8 厘米，只有道服制造厂商可以将其商标置于空手道道服上。此外，由赛事组委会所提供的身份识别标识应佩带于背部。选手必须一方系红色腰带，另一方系蓝色腰带。腰带宽度必须在 5 厘米左右，且在打结后腰带两端应留有不少于 15 厘米的长度。腰带必须是素色的红色和蓝色，上面除制造厂商的商标外，不允许有任何个人刺绣(绣的名字和国家、团体名)、广告或记号。道服在系紧腰带后，其下摆长度至少须遮盖臀部，但不得长过大腿的四分之三。女性选手可以在道服里穿纯白色的 T 恤。道服上的系带必须系紧，不允许穿着没有系带的道服。道服的袖长不得长过手腕，且不可以短于小臂的一半。袖子不得卷起。道裤至少须覆盖小腿三分之二且长度不得超过踝骨关节，裤腿不得卷起。选手头发须保持干净且其长度不至于妨碍比赛顺利进行。禁止系头带。假如主裁认为

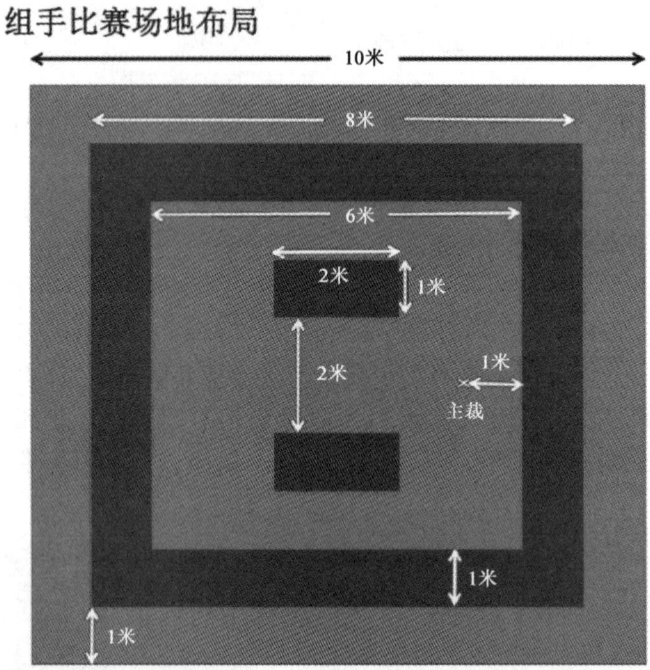

图 20-1

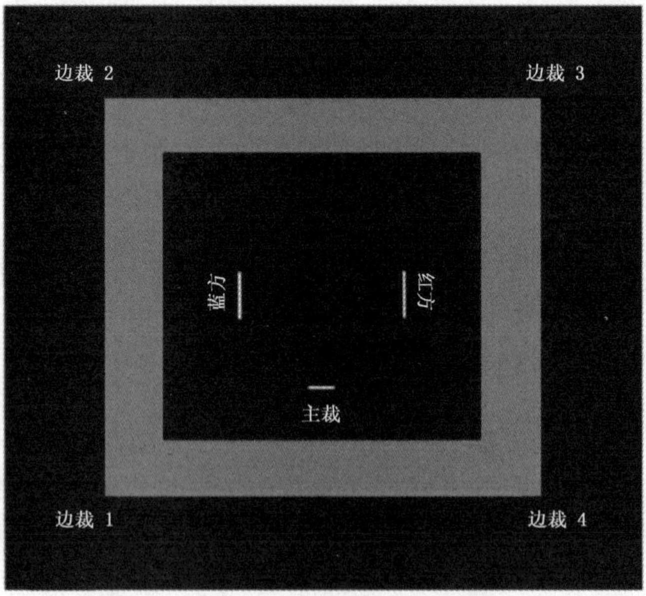

图 20-2

选手的头发太长或不干净，则可取消该选手出赛的资格。禁止使用压发，金属发夹。运动员头发上不允许扎彩色丝带、珠串或其他装饰物，但是简单的橡皮筋或小型的发箍是允许的。女子选手可以佩戴宗教规定所需佩戴的头饰(套)，但必须是受 WKF 认证的款式。女子选手可以用一条 WKF 认证的纯黑色布制头巾来包住头发，但不允许遮挡住喉部。选手的指甲必须修短而且不得佩带任何金属饰品或可能伤害对手的物品。只有在主裁及大会医生的允许之下，才可使用金属齿列矫正器，但选手必须自己承担因此而产生的任何伤害。

三、组手比赛的护具

组手比赛要求下列护具是必备的：经 WKF 认可的拳套，一方戴红色，一方戴蓝色。牙套（护齿）。WKF 认可的躯干护具（所有选手），女性还必需佩戴护胸。经 WKF 认可的护胫，一方戴红色，一方戴蓝色。经 WKF 认可的护足，一方戴红色，一方戴蓝色。在少年比赛中，选手除需佩戴以上所要求的护具外，还需佩戴 WKF 认可的面具。不要求强制佩戴护裆，但如果佩戴必须是由 WKF 认证的款式。禁止戴眼镜，可戴软性隐形眼镜，但选手必须自行负责。禁止穿戴未经认可的服装或护具。所有的护具都必须经过 WKF 认证。

四、组手比赛的级别

<table>
<tr><td colspan="4">世界少年、青年和21岁以下锦标赛</td><td colspan="2">世界成年锦标赛</td></tr>
<tr><td>总则</td><td colspan="3">级别</td><td>总则</td><td>级别</td></tr>
<tr><td rowspan="11">❖锦标赛将持续四天。
❖每个国家协会在每一级别可以注册一（1）位选手。
❖在抽签时，应尽量将上一届进入四强的选手/队伍分散开（个人赛中指选手，团体赛中指国家协会）。
❖锦标赛将根据体育馆的情况设置五个（5）或六个（6）比赛场地。
❖组手比赛的时间：青、少年和21岁以下的女子比赛为每局2分钟，21岁以下的男子比赛为每局3分钟。
❖在团体型（男子和女子）的决赛和奖牌赛时，需进行型的分散（BUNKAI）演练。</td><td>21岁以下</td><td>少年</td><td>青年</td><td rowspan="11">❖锦标赛将持续五天。
❖团体赛的淘汰赛将在个人赛的淘汰赛之后进行。
❖每个国家协会在每一级别可以注册一（1）位选手。
❖在抽签时，应尽量将上一届进入四强的选手/队伍分散开（个人赛中指选手，团体指国家协会）。
❖锦标赛将设置四个（4）一字排开的比赛场地（3天），和一个用于奖牌赛和决赛的台式比赛场地（2天）。
❖必须提供专用的区域和详细的时间表以供裁判员和竞赛官员就餐。
❖组手比赛的时间为男子每局3分钟，女子每局2分钟。
❖在团体型（男子和女子）的决赛和奖牌赛时，需进行型的分散（BUNKAI）演练。
❖注意：年龄级别的区分是根据选手参加赛事第一天的比赛时的年龄决定的。（即：该级别比赛的第一天）</td><td></td></tr>
<tr><td>个人型
（18、19、20岁）</td><td>个人型
（14～15岁）</td><td>个人型
（16～17岁）</td><td>个人型
（16岁以上）</td></tr>
<tr><td>男子
女子</td><td>男子
女子</td><td>男子
女子</td><td>男子
女子</td></tr>
<tr><td>男子个人千克组手
（18、19、20岁）</td><td>男子个人组手
（14～15岁）</td><td>男子个人组手
（16～17岁）</td><td>男子个人组手
（18岁以上）</td></tr>
<tr><td>-60千克
-67千克
-75千克
-84千克
+84千克</td><td>-52千克
-57千克
-63千克
-70千克
+70千克</td><td>-55千克
-61千克
-68千克
-76千克
+76千克</td><td>-60千克
-67千克
-75千克
-84千克
+84千克</td></tr>
<tr><td>女子个人组手
（18、19、20岁）</td><td>女子个人组手
（14～15岁）</td><td>女子个人组手
（16～17岁）</td><td>女子个人组手
（18岁以上）</td></tr>
<tr><td>-50千克
-55千克
-61千克
-68千克
+68千克</td><td>-47千克
-54千克
+54千克</td><td>-48千克
-53千克
-59千克
+59千克</td><td>-50千克
-55千克
-61千克
-68千克
+68千克</td></tr>
<tr><td></td><td></td><td>团体型
（14～17岁）</td><td>团体型
（16岁以上）</td></tr>
<tr><td rowspan="3"></td><td rowspan="3"></td><td rowspan="3">男子
女子</td><td>男子
女子</td></tr>
<tr><td>团体组手
（18岁以上）</td></tr>
<tr><td>男子
女子</td></tr>
<tr><td>总计</td><td>12</td><td>10</td><td>13</td><td></td><td>16</td></tr>
</table>

五、组手比赛的时间

成年男子组手比赛每回合的时间为3分钟(团体赛和个人赛相同);成年女子组手比赛每回合的时间为2分钟;21岁以下级的男子比赛为每回合3分钟,女子比赛为每回合2分钟;青年和少年组手比赛每回合的时间为2分钟。每回合比赛的计时从主裁给出“开始”的信号开始,每次主裁喊“停止”时,应停止计时。计时员应以清晰可辨的锣声或铃声为信号表示“还有10秒”和“时间到”。“时间到”的信号标志着该回合比赛结束。选手在两场连续的比赛之间,将被给予与常规比赛时间长短相同的一段时间用于休息和更换护具。唯一的例外是在复活赛中,如果选手需要更换不同颜色的护具,这段时间将会被延长至5分钟。

六、组手七个得分部位

头部;面部;颈部;胸部;腹部;背部;胸腹侧面。

七、组手技术分值

得分可分为三种:IPPON一本(3分)、WAZA-ARI有技(2分)、YUKO有效(1分)。

(1)可以判定为一本(3分)的技术:上段踢技;施展在被摔倒或已倒地的对手身上的任何有效的技术动作。

(2)可以判定为有技(2分)的技术:中段踢技。

(3)可以判定为有效(1分)的技术:中段或上段的冲拳(Tsuki);上段或中段的击打技(Uchi)。

八、组手评分标准

当一个技术动作作用于有效的得分部位且满足以下技术标准,就会被判定为得分,空手道组手的训练应紧密围绕下列得分标准进行练习,得分六要素即:

①良好的姿势;②竞技的态度;③刚劲有力的技术应用;④警戒的状态(残心);⑤好的时机把握;⑥正确的距离。

九、两种处罚标准

一类犯规(造成结果):过度接触、攻击禁止部位、开掌技术、危险动作(触及或受伤)。

二类犯规(不当技术或行为):诈伤或夸大伤情、场外、无防备、消极逃避、无效抓推扭抱、危险动作(无实际结果)、头膝肘攻击、不礼貌行为。

十、五种处罚手段

A按严重程度分为:一类犯规(有伤害结果);二类犯规(有意图而未造成伤害结果或使用不当技术动作和不礼貌行为等)。

B按判罚轻重分为:忠告、警告(对方得一分)、犯规注意(对方得二分)、犯规(出局,对方胜出)、失格(选手失去比赛资格)。

十一、判定胜负的标准

(1)领先取得8分的差距。

(2)时间到，获高分者胜出。

(3)因“判定”而获胜。

(4)因对方“犯规”“失格”“弃权”而获胜。

十二、使用录像回放的特殊规定

在 WKF 的世界锦标赛中，必须采用录像回放系统。在其他赛事中，如果条件允许的话也建议尽量采用录像回放系统。使用录像回放系统时，双方教练将会分别得到一张红色卡片或一张蓝色卡片。当教练认为场上裁判错过了对己方选手得分技术的判罚时，可以凭此卡片进行申诉。一个由场地经理(场控长)指派的两人小组将会对录像进行回放审议，如果两人意见一致的话，可以对场上裁判小组的判罚进行更改。如果在进行录像回放后，裁判小组确认申述成功并判分，教练将可以继续持有申述卡，主裁会宣布更改后的判决。如果申述被驳回，申述卡将会被没收，教练将会失去为该选手在该回合比赛和该赛区剩余比赛场次中进行得分申述的机会。但在比赛进入奖牌赛的情况下，双方教练都将会得到申述卡，允许他们有机会进行得分申述。

第二十一章

拓展训练

第一节　拓展训练概述

一、拓展训练的起源以及在中国的发展

拓展训练，英文为 Outward Bound，又称外展训练，意思是一艘小船离开安全的港湾，驶向勇敢的探险旅程，去接受一个个挑战，战胜一个个困难。

该项目起源于第二次世界大战期间的英国。当时盟军大西洋商务船队遭到德国纳粹潜艇的袭击，大部分水手在运输船被击沉后葬身鱼腹，只有极少数人得以生还。但人们却发现每一次灾难劫后都会有一小部分人能够活下来。一些心理学家和军事专家对此进行研究发现：当劫难来临时候，决定是否生存最关键的因素不仅是体能，更是心理素质。那些少数幸存者有着丰富的经历和阅历，在灾难来临时他们沉着冷静，怀着必生的坚定信念，团结一致，互相依赖，最终摆脱了葬身海底的命运。而大部分的人被灾难的恐惧和精神的沮丧击溃了心理的防线，体力急剧下降，陷落无望；在无序和混乱中挣扎，最终导致了死亡。在某些关键时刻，决定命运的不是体能强弱，而是心理和思维。大多数生存下来的人都是求生意志最顽强、心理素质极强，能在恶劣的环境下求得生存。

于是英国的科翰等人 20 世纪 40 年代创办了“阿伯德威海上学校”，训练年轻海员在海上的生存能力和船触礁后的生存技巧。通过强化的富有刺激性和冒险精神的专门训练，锻炼年轻海员坚强的意志和健康的体魄，并将他们源源不断地补充到大西洋海战中去。他们成为了反法西斯战场上的精英，对二战的胜利起到非常积极和关键的作用。二战结束后，组织行为学和教育专家从这所学校实施的培训模式里得到了很大的启发。拓展训练的独特创意和训练方式逐渐被推广开来，训练对象由海员扩大到军人、学生、工商业人员等群体。训练目标也由单纯体能、生存训练扩展到心理训练、人格训练、管理训练等。拓展训练曾被形容为“第三力量”，在很多项目中它可以增加人的自信，提高自身的心理素质。人们形象地解释说：“人们通常拥有知识和技能这两种力量，但拓展训练可以激发人的第三种力量——就是驾驭知识和技能的能力，或者说潜力。”由于这种非常新颖的培训形式和良好的培训效果，很快就风靡了整个欧洲的教育培训领域，并在其后的半个世纪中发展到全世界。

科翰个人档案：科翰，教育界的传奇

这是在 20 世纪初的德国，在已经没有多少人怀疑捧读教科书和课堂授课的教学模式时，曾在牛津受教的教师科翰(Kurt Hahn)忽然向自己发问：有没有更好的方式，让教育更丰富？

科翰想到，18 世纪大学教育刚开始时是没有教科书的，学生学医从解剖开始，学农从种植开始，学哲学从辩论开始，一切知识都源于实践。科翰觉得，这如同学游泳、学脚踏车，因

为经验来自亲身体验，就会深刻得终身不忘。他希望建立一所学校，以“做中学”的方式来实践他的教育思想。

1920 年，科翰在德国成立了 Salem 学校。然而，因为教育思想和纳粹主义相冲突，犹太裔出身的科翰不得不放弃刚刚开始的事业，流亡到英国苏格兰。

第二次世界大战期间的英国战火飘摇。大西洋商务船队屡遭德国人袭击，许多英方年轻海员因为缺乏临战经验葬身海底，而逃生回来的不一定是身强力壮的，但都是意志力特别坚强、求生欲望特别强的人，这些人有丰富的生存经验，有很多不一样的品质，包括团队的协调和配合。科翰在这里找到了用武之地。1934 年，科翰和其他人创办了 Gordonstoun School，训练年轻海员在海上的生存能力和船触礁后的生存技巧，明显提高了海员的生存率。

1941 年，科翰在威尔士建立 Outward Bound 户外学校。目前，Outward Bound 已成为世界最知名的体验培训机构。

拓展界的名言：“There is more in you than you think”，这是第二次世界大战前比利时一所教堂墙上的铭刻，翻译成中文就是“你的拥有超过你意识到的”。后来成为科翰所建 Gordonstoun School 的信条，也是他教育哲学的主旨。他相信我们每个人都有更多的勇气、力量和善良心，远多于我们意识到所拥有的。他希望创造一种环境，让人们不必通过真实的艰险、自我怀疑、厌倦、受嘲笑经历，就能领悟和发现真理，认识自己，了解别人。一系列挑战性的户外活动就此扮演了“课程”的角色。

1974 年，科翰逝世。《伦敦时报》撰文说：“我们这个时代已经没有人能像他那样，提出如此有创意的教育理念并具备把它付诸实施的天分。”

目前，拓展训练已遍及欧、美、亚、非、澳五大洲的许多国家和地区，总部设在英国的户外训练学校 Outbound School 已在全球五大洲设立了四十多所分校，受训人员包括学生、家长、教师、企业员工和各级管理人员，是世界各地拓展训练活动的中心。由于这项运动具有良好的效果，其训练对象由第二次世界大战期间的海员扩大到军人、工商业人员等群体。

1960 年，美国引进 Outbound school，通过使学生在高山大海的户外实践，影响其生活与学习态度的改变，这对嬉皮士盛行期的美国教育打了强心针，也使越战后人们的消极心理得到修复。美国教育界因此青睐体验学习的方式。哈佛大学教授 David Kolb 就体验学习从哲学、心理学、生理学角度做了很多研究和阐述，发表了丰富的论著。体验学习的理论得到空前的丰富。

考虑到户外活动中许多因素难以掌握，风险太高，美国的一些体验式培训机构从把高险体验带入设计好的游戏中，在安全可控条件下给人同样的启迪。在亚洲地区，新加坡最早建立 Outbound School，此后香港、新加坡、日本先后引进了体验式培训方式。在香港企业界有一条不成文的规矩：部门经理以上的管理人员若要被提拔，必须要接受拓展训练。

1995 年拓展训练走进中国。由于培训理念和方式独特，受到格外的关注：全国开设了拓展培训机构有近百家；除了 IBM、摩托罗拉等知名跨国公司每年员工参加训练外，拓展训练也开始向国家机关、国企渗透，甚至开始被复旦大学等知名高校引入 MBA 教学。经过十多年的发展，现已初具规模。

由于体验式训练适应了时代完善人格、提高素质和回归自然的需要，因此使成千上万的人趋之若鹜，成为素质教育的新时尚。拓展训练在中国的迅速发展，像其他任何事物的生存和发展一样，必须遵循自身的规律和当地的生存环境。中国人在创办的第一所自己的拓展训练学校中，在借鉴吸收发达国家先进经验的同时，在设计课程时，注意适应中国人的心理特征与接受风格，继承中国文化的优良传统，推出了创意独特，具有可操作性的培训项目。

二、拓展训练意义与理论基础

拓展训练并非体育加娱乐，而是对正统教育的一次全面提炼和综合补充。知识和技能是有形的资本，而意志和精神则是无形的力量。拓展训练通过精心设计的体验式活动，使学生提高自身的心理素质，增强社会适应能力，领悟做人的道理，培养自己的集体主义责任感。拓展训练主要依托高空、水面、丛林、草地、山川等自然地形，利用专业训练器械，通过各种精心设计的活动场景，使学生充分体验所经历的各种情绪，尤其是负面情绪，从而深入了解自身(或团队)面临某一外界的刺激时的心理反应与后果，进而学会控制，实现超越，达到“磨炼意志、陶冶情操、完善人格、熔炼团队”的培训目的。拓展训练是一种突破传统培训思维和模式的全新培训方式。其活动独具创意，融思想性、教育性、挑战性、实用性和趣味性于一体。“阅读的资讯，我们能学习到百分之十；听到的资讯，我们能学到百分之十五；但所经历过的事，我们却能学习到百分之八十。”当全球企业界的教育培训机构力图寻找一种效果持久的培训方式时，拓展训练以其寓教于乐和效果持久的优势照亮了渴求者的眼睛，被称作“成人演绎的寓言”。

(一)拓展训练的意义

由于社会分工越来越细，每个人的力量是有限的，因此每个人要依靠团队获得成功。如何实现团队的整体优势和优势互补是社会发展的要求，企业、组织和个人的发展与价值实现都需要团队，离不开团队。

拓展训练使学生在个人和团队的层面，透过危机感、领导、沟通、面对逆境的培训而得到心理能力提升。拓展训练强调学生去感受学习，研究资料表明，传统课堂式学习的吸收程度大约为25%，而要求学生参与实际操作的体验式学习吸收程度高达75%，能更加有效地将信息传授给学生。拓展训练正是一种典型的户外体验式培训。拓展训练是体验式的学习过程，但并非体育加娱乐，它是对正统教育的一次全面提炼和综合补充。

通过拓展训练，整合团队，发掘每个人的最大潜力，这就是拓展训练的真正意义！

拓展训练对团队个人的意义：①完善人格，培养勇气、毅力、责任心、荣誉感以及积极的价值观；②提高自我控制能力，从容应对压力与挑战；③认识自身潜能，增强自信心；④强化探索精神与创新意识，培养进取心；⑤学会更好地与他人进行沟通与协调，优化人际环境。

拓展训练对团队集体的意义：

(1)增强凝聚力：促进团队内部沟通，形成融洽的团队关系；配合集体理念教育与目标教育，形成共同意志；实现对学生精神激励。

(2)增强竞争力：树立团队内部成员之间相互配合、相互支持的团队意识；激发成员的创新精神；促进团队在超越障碍、危机处理、应对客观环境条件变革等方面能力的提升。

(3)变革与学习：在变革中使团队中的每一个成员都认识到“只有变是唯一的不变”，达成“创新是最好的生存发展之道”的共识，并建立共同目标。同时，通过让成员深入体验学习与知识创新过程，从而有效地帮助团体实现建立学习型组织的目标。

(二)拓展训练的理论基础

拓展训练注重使学生在体验中进行学习，因此它源于实践。下面从哲学、心理学和教育学、行为学和社会学角度探讨拓展训练开展的理论基础。

1. 哲学基础

马克思主义哲学有三个重要组成部分：实践论、认识论、价值论。从实践论来看，户外拓展强调的是"经历""体验"，从"经历""体验"中获取对现实生活有效的经验。这正符合了"人的认识过程是经过实践、认识的反复而得到的结果"的马克思主义认识论。

从认识论来说，实践引发了新旧认识的交替，并使原有的正确认识进一步深入发展，在不断的实践过程中，心灵得到震撼。思想得到冲击，让学习者在探索中一步步地成长，认识在实践中一步步地完善。

从价值观来说，行为与认识的改变或完善，是促使价值观念改变的最根本因素。由于学生在实践的过程中，获得积极的体验，形成了进一步的认识，从而最终形成了积极的价值观。

因此拓展训练以实践论为基础，在认识论方面获取重大的收获，从而改变了学习者的价值观。

2. 心理学基础

从心理学角度来讲，人具有多方面的个性，如行为表现、认知模式、习惯性行为、心理需求等。在项目中学习者能够积极主动地去探索，发现问题，解决问题，增强社会适应能力，提高和挖掘心理潜力。因此拓展训练可以使学习者居于主体地位。学习的内在动机是很重要的，人的思想决定意识，意识决定行为，而行为决定习惯。通过激励手段可以促使学习者更加努力地学习，同时，团队的荣誉感也可以促使学习者合作学习。他们具有主动学习的特性，这种特性可以使他们吸收更多知识和技能，有效地调动学习者的积极性。拓展训练的心理依据主要是："努力/放弃"（积极/消极）的心理力学模型以及"体验、了解、控制、超越"的心理适应规律。

3. 教育学基础

拓展训练的起源是一种教育方式，这就从本质决定了拓展训练具有教育学基础。首先拓展训练利用新颖、刺激的活动激起了学习者的学习兴趣，学习者在做项目的过程中充分发挥了积极性，项目讨论与分享进一步影响学习者的深层次学习，学习过程中成功的反馈又使学习过程做到教学相长。

4. 行为学基础

行为学关注的是人类行为的改变，而户外拓展训练强调"经历""体验"，认为经历带来的体验可以转变人的行为模式，这正符合了行为主义的基本思想。

5. 社会学基础

社会学理论包括社会相互依赖理论、群体动力学和符号互动理论，其实三种理论的共同点在于：小组是一个具有群体动力的整体。在这个整体中，所有的成员相互依赖、相互依存、相互影响、相互交往。这里的交往不仅仅指团队中人与人的交往，还包括每个人自己的内心交往和自己的内心互动。这一点与拓展训练对团队精神的培养是完全一致的，拓展训练倡导小组合作学习，注重小组成员的沟通与交流，促进个人与团队的共同成长。

第二节 拓展训练的内容、组织与实施

拓展训练的课程主要由水上、野外和场地三类课程组成。水上课程包括：游泳、跳水、扎筏、划艇等；野外课程包括：远足露营、登山攀岩、野外定向、伞翼滑翔、户外生存技能等；拓展场地课程是在专门的训练场地上，利用各种训练设施，如高架绳网等，开展各种团队组合课程及攀岩、跳越等心理训练活动。不同类型的群体可以采用适合自己的课程内容，如学校大多采用场地课程。

（一）不同种类的拓展训练项目

第一种是场地拓展，指需要利用人工设施（固定基地）的训练活动，包括信任背摔、高空单杠、高空漫步、高空速降、天梯、断桥、沼泽、绳网以及各种个人和团体组合项目等。利用有限的空间，挑战人的心理极限，发展团队精神。

场地拓展具有简便和容易实施的特点。有形的游戏，锻炼的是头脑中开阔的思维，个人的一举一动，无不体现着团队的力量。几根绳索，却是能否生存的关键；几块木板，成了架设通往成功的桥梁……利用简单的设施，整个团队进入模拟真实的训练状态，每个人都在扮演着自己的角色。通过设置和日常环境中不同的困难，迫使团队以新的思维解决问题，建立新的学习和决策模式。通过设置沟通障碍，建立团队新的沟通渠道，培养团队默契感。变换环境，调整团队状态，通过新的因素的刺激提升团队士气。检验和明晰团队的努力方向，从而在大环境中把握正确的方向。短短的培训中，团队和个人的优点得以凸显，问题也不同程度的暴露出来，在交流回顾中，也许找到了某些想要的答案，也许为今后问题的解决提供了思路。

第二种是水上拓展训练，指为了使人们走出日常生活，在大自然中体会和享受挑战和冒险而设计的。水上项目包括游泳、潜水、跳水、扎筏、划艇、龙舟等。水上训练把急流中进行的木筏比赛的原理运用到企业培训，利用各种水上工具进行训练，从而使每个成员体会团体意识。水上拓展培训最大的特征是利用各种工具在水上进行训练，使全体成员和工具成为一体，在此过程中，会出现很多矛盾和困难，但又为了克服这些矛盾和困难，学生互相之间给予鼓励，最终自然而然地形成组织力量和团队协作，可以得到各种培训的效果，让学生体会团队的力量大于个人的力量，体会团队的合力。其培养目标是通过水上活动激发学生的责任感、自信心、独立能力，领导才能、团队合作精神以及面对困难和挑战时的应变能力。

木筏是在河水等流动的水上进行，学生即使坐在木筏上不动，木筏也可以随波而流，因此，在前进过程中没有困难，只是尝试挑战和冒险感觉。但是水上训练是在静静的水面上（如水库或湖）进行，因此，为了使自己的橡皮艇前进，学生要努力划桨。在此过程中，会出现很多矛盾和困难，但又为了克服这些矛盾和困难，学生互相之间给予鼓励，最终自然而然地形成组织力量和团队协作，可以得到各种培训的效果。

第三种是野外拓展训练，指在山川湖海等自然地域、通过模拟探险活动进行的情景体验式心理训练。野外拓展充分利用外界奇特的地理与气候环境，从情感上、体能上、智慧和社交上对学生提出挑战，在学生解决问题和应对挑战的活动过程中，培养学生的观察与动手能力，使其提高了适应自然的能力，并且磨炼了意志、陶冶了情操、完善了自我、融炼了团队。野外项目包括远足露营、登山攀岩、长途跋涉、野外定向、伞翼滑翔、野外生存等。

其基本原理为：通过野外探险活动中的情景设置，使学生体验所经历的各种情感，从而了解自身（或团队）面临某一外界刺激时的心理反应与后果，以实现学生能力上的提升。它提供了一个野外的"隔离的环境"，在这里学生无论是身体的还是心理上的常规支持体系都不存在。每项方案都包含一些探险活动，比如远足、登山、攀岩、漂流。这些活动是学生的一种媒介，使他们可以了解自身与同伴的力量、局限和潜力。

总的来讲，拓展训练具有的显著特点是：

（1）综合活动性。在学校进行的拓展训练项目包涵学生发展体能的所有内容。在体能活动中引发出学生的认知活动、情感活动、意志活动和交往活动，有明确的操作过程，要求学生全身心地投入。

（2）挑战极限。拓展训练的项目都具有一定的难度，表现在心理考验上，需要学生向自己的能力极限挑战，跨越“极限”。

(3)集体中的个性。拓展训练实行分组活动，强调的是团队合作精神。拓展训练以其特有的情节、内容、规则、方法来规范学生，学生为了完成任务，必须勇敢顽强、机智果断、遵守规则、团结友爱、相互合作。在合作的过程中，又强调要发挥个人主观能动性，并要处理好人际关系，学会控制自己的行为，为实现更好的团队计划发挥作用。

(4)发展学生的智力与非智力因素，培养学生的创新能力。拓展项目可以发展学生的感知力、注意力、想象力、操作能力和分析判断的思维能力等智力构成要素，而且还培养学生坚强的意志品质、广泛的兴趣、开朗的性格等非智力因素。学生通过目前所处的境况，利用手头现有的条件，从而规划行动的方案与步骤，培养了学生的创造能力。

(5)高峰体验。拓展训练也是磨炼个人意志品质的教育方式。在训练中每个人都会不断面对挫折，面对失败，但是在同伴和老师的鼓励下仍然会站起来，以更坚强的意志和更坚定的信念去参与挑战。在克服困难，顺利完成课程要求以后，能够体会到发自内心的胜利感和自豪感，获得人生难得的高峰体验。

(6)自我教育。教师一般只是在课前把课程的内容、目的、要求以及必要的安全注意事项向学生讲清楚，活动中一般不进行讲述，也不参与讨论，充分尊重学生的主体地位和主观能动性。即使在课后的总结中，教师也只是点到为止，主要让学生自己来讲，达到了自我教育的目的。

(7)课程新颖。拓展训练教授的知识是课本外的知识，因此对于始终埋头于课本、缺乏实践经验的学生来说，这种训练无疑是一种陌生、新奇而又刺激的事物。在训练中，每个人都在接触新事物，学习新事物，了解新事物，掌握新事物，运用新事物。这种训练培养了学生的观察能力和动手能力，更增加了学生的学习兴趣，能使学生感到切切实实学到了一些能运用于生活中的知识，体会到学习的快乐。

(二)实施拓展训练的环节

在实施拓展训练时，对每个项目，教师都要认真讲解项目注意事项和项目要领，项目结束时通过引发大家的讨论，更深地引导学生思索生活和人生。培训结束时，学生和教师一起对全部项目实施情况及小组和个人的表现进行回顾和总结，以促进拓展培训“计划—实施—反思—应用”自我完善意识的形成。

在整个课程期间，教师都会引导和鼓励学生在小组讨论时发现自己优、缺点，清楚地了解自己在小组中的作用，怎样才能对同伴产生积极影响，避免消极影响。课程结束时，每个学生对自己都有一个正确的认识，并在团结协作、乐于助人、积极参与、尊重别人、尽职尽责、充满自信和想方设法解决难题等方面有显著进步。教师对学生的社会责任意识以及尝试新方法处理问题的态度等方面做出恰当的评估。

拓展训练是由既独立又密切关联的四个环节组成，分别是：学习体验—分享交流—提炼整合—实际应用(循环往复)。

(1)学习体验：是指学生参加拓展训练，在项目过程中，通过观察、表达和行动的形式进行学习体验。这种初始的体验是整个过程的基础。

(2)分享交流：有了一定的学习体验后，学生要与其他同伴分享交流他们的感受或观察结果。

(3)提炼整合：从经历中总结出原则或归纳提取出精华，并用某种方式去整合，以帮助学生进一步定义和认清体验中得出的成果，提炼、折射自己的心理能量。

(4)实际应用：根据整合结果，计划如何将这些体验应用在实际工作及生活中。而应用本身也成为一种体验，有了新的体验，循环又开始了，因此学生可以不断进步。

(三)拓展训练的组织方法

由于拓展训练项目的特点，拓展训练课的组织是一项比较复杂和细致的工作。拓展训练组织是指根据拓展项目特点，对学生以及场地器材进行合理安排所采取的措施。

在拓展训练课上，学生进行项目训练时有两种分队方法：

一种是固定分队，在每学期开始前根据学生的意愿全班学生自行组合成人数均等的两支队伍，以一个教学班30人为例，每队学生人数15人，男女生合班的班级要注意男女比例协调，这样便于开展项目竞赛。固定分队方法要求队伍人员固定，但是团队领导者采用每节课毛遂自荐的方式轮换，当场诞生每节课队长，目的是使全体学生都能够提高组织、协调、交流、合作与领导等能力。这一分队方法的优点是团队固定，有利于形成凝聚力，还可以使全体学生均能够提高心理能力。这种分队方法适合于第一学期参加拓展训练课的学生，实践证明这种方法对于刚刚参加拓展训练的学生有很好的团队效果。

一种是随机分队，即每节课都临时组队，包括临时诞生每节课队长。这种分队方法要求学生具有较好的团队精神，能够为了团队目标而奋斗。它的缺点是不能够很好地调动团队成员之间的默契程度，对于一些心理条件差的学生，可能在做项目的过程中会存在积极性受压抑、自信心受打击的情况。因此这种分队方式一般用在已经有一定拓展训练基础的高年级学生教学中。它的优点是对于学生来讲，这种分队方法更富有挑战性，更能锻炼学生的组织与领导能力。

(四)拓展训练课程的评价方法问题

拓展训练课程的目标包括体能，也包括心理因素。体能活动主要对学生生存能力的考核，有一个明确的评分标准。心理因素没有具体的评价，一般采用组内学生互评和自评相结合的方法，强调学生通过训练发生的心理变化，而不是通过具体的成绩衡定优劣。

第三节 经典拓展项目示例

【项目一】团队建设

项目类型：破冰项目

项目目标：发展体能；促进学生相互了解，使团队快速“融冰”，形成热烈的团队氛围。

场地器材：在操场内找一空闲的场地。

人员要求：全班学生

项目布置：把学生分成12～15人一组，每组学生进行自我介绍，完成队长任命，起队名，设计队训、队歌与队徽。完成后各组进行展示。

注意事项：①要求每组学生在一定的时间内完成各项任务。②教师对学生相互之间的了解程度进行检查。

引导讨论：①你认为你组展示出自己的精神风貌没有？②在你了解本组同伴时，你都记住了哪些人？他们的什么特点使你对他(她)印象深刻？③你在介绍自己时有没有突出重点？听听别人对你的印象。如何引起别人对你的注意？

项目分享：①针对不同的谈话对象，谈话的侧重点不同。②表达时一定要注视对方的眼睛。③要让别人把话讲出来。

【项目二】狭路相逢

项目类型：团队合作项目

项目目标：发展体能；让学生理解竞争与合作的关系。

场地器材：操场内一块平整的场地，30 厘米宽、1 米长的木板 1 块。

人员要求：全班学生

项目布置：首先教师向学生进行情景动员，在市场竞争下，为了生存，同一个产品的两家企业既要同其他生产同类产品的企业竞争，他们需要合作；同时他们又存在内部竞争。在这种背景下，企业需要进行变革。把全班学生分成两组，人数大致相等，成横队面对面站立，相距 5 米，每人脚下用胶带标出 30 厘米 ×30 厘米的立足区域，学生只能在立足区域里移动位置，不得碰触区域外的地面。两组学生借助 1 米长的木板分别从各自所处的位置完成位置对换。

注意事项：①在项目进行中要遵守项目规则，脚不能接触立足区域以外的地面。②如果有学生在木板上行走时接触地面，应回到原位置重新进行。

引导讨论：①方案是如何形成的？两组学生应该保持一种什么样的关系？方案是怎么制定的？为什么？②你发表你的想法没有？你的想法得到大家的认可吗？

项目分享：①成功者找方法，失败者找借口。②团队之间不只有竞争，也有合作。认清形势做到纵观全局，决策发展大计。竞争并不排斥合作，相反，只有全面地合作才能集思广益，百花齐放，使个体资源的配置优化，使集体焕发出无穷的智慧和力量，从而推动整体在快速高效、顺畅的道路上前进。③有时必要的后退是为了更好地前进。

【项目三】盲人方阵

项目类型：团队合作项目

项目目标：发展体能；培养学生在非常状态下的沟通和决策能力。

场地器材：操场内一块平整且四周没有障碍危险的场地；1 条长 30 米的绳子、若干眼罩。

人员要求：全班学生

项目布置：全班学生排列整齐都戴好眼罩，原地转几圈。教师把他们分别安排在场地内不同的位置，然后把绳子放在场地的一个位置，让学生开始寻找绳子，在找到绳子后以尽可能快的速度把绳子摆放成一个正方形，同时所有学生均匀地站在正方形的四周。

注意事项：①教师要随时观察学生的行动，出现危险时及时进行保护。②绳子不能太细，也不能太硬，要有利于进行形状固定。③提醒学生注意完成项目的时间。

引导讨论：①当项目开始时，讨论会有各种各样的意见，决策是怎样形成的？②你参与决策没有？你有什么样的心理活动？如果你是一个沉默的听众，你谈谈你当时的心理。③决策形成后，大家的职责是什么？有没有再出现不同的意见？当遇到处理不了的问题时，你们的对策是什么？

项目分享：①领导在实现团队目标中具有重要地位。整合集体意见是进行决策的唯一途径。②沉默具有不同作用。倾听是重要性，有助于理解领导意图。想要服从必须先理解领导的意图，只有掌握倾听的关键点(有心去听、理解了听)，才可能高效地完成任务。优秀人才与平庸人的区别就在于是否具备灵活的理解、应对能力。即在接到任务时，是否能够深入理解工作内容及领导的指示，是否具有举一反三的能力。③避免在工作中闲谈。不要做与工作无关的事情，因为不是所有人都了解你的效率与能力，别人会产生你工作懒散消极的印象，同时会影响到团队整体的工作氛围。不注意细节会影响别人，导致严重后果。④主动提出部门或公司管理方面的建议。在适当的时候、用适当的方式向领导提出合理化建议会得到意想不到的效果。自己的好想法要有技巧地提出才会得到好的效果。⑤服从是行动的第一步，只有每一名学生严格遵守集体制度，并服从集体的安排，才可能最大化的发挥自己在团队中的作用。必须暂时放弃个人的独立主义。全心全意地遵守所在集体的价值观念。只有服从，才会了解集体价值观念与运作方式。⑥从基层做起，从零开始。如果努力谨慎地把每一件简单的事情做好，别人对你的评价就会越来越高，就会放心地交给你重要的事情。差异会在1、2年后体现出来。不必计较职务的高低，有工作就尝试，也许最不起眼的工作将来就是你成功创业的基石。⑦尽职尽责完成工作的人是称职的，但是在多加一点点的努力你就可能成为优秀的人才。但是我们很多人欠缺的就是多一点点的责任、决心、敬业、自发、自主。所有人的成功不是一蹴而就的，而是在平时的工作中一点点积累起来的。

【项目四】孤岛求生

项目类型：沟通项目

项目目标：发展体能；培养学生主动沟通、信息共享的能力；培养学生认识个人成功与集体成功的相互依存关系。

场地器材：操场内一块平整的场地；挡板若干、2 块木板、1 只空的水桶、15 只网球、跳绳若干、眼罩若干。

人员要求：全班学生

项目布置：用挡板围成四个岛屿，分别为幸福岛、盲人岛、哑人岛、健全人岛。把全班学生分成三组，一组是盲人(戴眼罩)，居住在盲人岛，岛上有 15 只网球，离岛附近两米处有一只空水桶，要求盲人在最短的时间内把 5 个球投到桶里面去，才能移动到幸福岛；一组是哑人(永远不能讲话)，居住在哑人岛，哑人岛上有 2 块木板，只有移动木板才可以到达幸福岛，但只要有落水者即被冲到盲人岛；一组是健全人(既能讲话又看得见)，居住在健全人岛，没有任何器材，要求他们要连续完成 500 次跳绳，然后才能移动到幸福岛上，落水者即被冲到盲人岛，健全人可以指挥哑人和盲人。

注意事项：①项目进行时要严格按照规则进行。只有完成了自己的任务后才能离开自己的岛屿去幸福岛，并且只能借助木板才能移动。②提醒学生注意完成项目的时间。

引导讨论：①面对着复杂的情境与琐碎的事务，决策层怎么样完成自己的决策的？②哑人和盲人是如何贯彻决策的？他们是如何与决策层进行协调的？

项目分享：①盲人岛、哑人岛、健全人岛分别相当于一个团队的基层、中层和决策层，决策层常常会被琐碎的事务所烦扰，不能科学决策。②主动双向沟通，中层对自己解决不了的问题应及时向决策层汇报。③基层要发挥能动性，与决策层共同参与项目进程。④分清主要目标与次要目标。⑤确立整体观念，打破不同集团利益的壁垒。⑥突破思维定势，充分利用规则。

【项目五】面对面介绍

项目类型：团队破冰项目

项目目标：发展体能；使学生快速融入团队并相互熟悉和了解。

场地器材：操场内一块平整的场地。

人员要求：全班学生

项目布置：把全班学生分成两组，两组学生手拉手形成两个同心圆，边做各种练习边向相反的方向转动。教师喊停时，面对面的两人要相互自我介绍。

注意事项：①两个同心圆动作和方向是相反的。②指导学生在自我介绍时注意语言的逻辑性，并且要根据不同的倾听对象介绍内容有所侧重。

引导讨论：①今天你认识了几个同学？给你印象最深的同学是谁？为什么？②如何使别人更快地了解自己？你的自我介绍中重点是什么？为什么这样安排？

项目分享：①对不同的对象进行自我介绍时侧重点是不一样的。②让别人了解自己是进一步实现自己的首要条件。

【项目六】雨

项目类型：团队破冰项目

项目目标：发展体能；使学生快速融入团队，营造团队和谐气氛。

场地器材：操场内一块平整的场地。

人员要求：全班学生

项目布置：以教师为中心，学生围成两个同心圆，并面对教师。教师进行情景展示，天阴沉沉的，马上要下雨了，风刮起来了（手掌相互摩擦），开始有雨滴（手指交互拍打），雨密起来了（多个手指一起拍打），下大雨了（拍打大腿），风越刮越猛，下暴雨了（拍打胸口）。学生练习一次，然后学生闭上眼睛，再练习一次。

注意事项：无

引导讨论：你是如何协调自己的声音与团队保持一致的？你是否感觉到有什么不和谐的地方？

项目分享：长时间的协同工作就会形成默契。

【项目七】传送带

项目类型：团队破冰项目

项目目标：发展体能；增强团队凝聚力，增进学生之间的相互理解与信任。通过身体的接触来实现情感的沟通。

场地器材：操场内一块平整的场地，若干块大海绵垫。

人员要求：全班学生

项目布置：把全班学生分成两排，背对背站好，然后平躺在垫子上，双手向上举起，两手之间有一定距离，所有学生要肩挨肩，并且肩膀要在一条直线上。在全班学生中找出一人，身体绷直，由教师保护，平躺在其他同学的手上，躺在垫子上的学生要用自己的双手把上面的学生从队伍的一侧传递至另一侧放下。依次类推，直到所有的学生都被托举一遍为止。

注意事项：①项目开始时要注意选择一个体重稍轻的学生进行托举。②被传递的人到队伍末端时一定要有人接应。③传递过程中要有两人跟随保护。

引导讨论：①当刚开始了解这个项目时，你有什么感觉？②当被传递的人到了你的手上时，你有没有信心使他能够顺利通过？谈谈传递与被传递的不同感觉。③你认为项目成功的关键因素是什么？④当你躺在同学们手上时，你有什么想法？

项目分享：①自己在帮助别人时有可能也正需要别人帮助。②社会分工越来越细，每个人只是社会中的一个小分子，理解自我实现与集体实现的一致性。③诚心待人是事业成功的基础。

【项目八】大树与松鼠

项目类型：团队破冰项目

项目目标：发展体能；活跃团队气氛，提高学生的心理承受能力。

场地器材：操场内一块平整的场地。

人员要求：全班学生

项目布置：3 个学生为一组，其中 2 人扮“大树”，手拉手搭成一个圆圈形成“树洞”。1 人扮“松鼠”，站在“树洞”中间，没有形成组的学生担任自由角色。当教师喊“松鼠”时，扮演松鼠的人就必须离开原来的树洞，重新寻找新的树洞，担任自由角色的人也伺机寻找树洞，最后没有树洞的学生做惩罚性体操。当教师喊“大树”时，“松鼠”不动，扮演大树的两个学生必须离开原来的同伴重新组合成一对大树，并圈住某个“松鼠”，担任自由角色的人也伺机组合成一对大树，最后没有形成大树的学生做惩罚性体操。当教师喊“地震”时，扮演“大树”和“松鼠”的学生全部打散并重新组合，扮演“大树”的人可以扮演“松鼠”，扮演“松鼠”的人可以扮演“大树”，自由角色的学生也加入项目中，最后落单的学生做惩罚性体操。

注意事项：①提醒学生在跑动过程中注意安全，防止碰撞受伤。②落单的学生必须完成惩罚性体操。③教师必须规定惩罚性体操的内容、数量以及动作完成的质量。

引导讨论：①做项目时你是否感觉很紧张？你害怕老师喊口令吗？②做惩罚性体操，你感觉心理不舒服吗？你如何看待失败？下次你如何去做？

项目分享：①竞争是经常的，要随时做好准备。②正确对待失败，没有永远的失败。

【项目九】人椅

项目类型：团队合作项目

项目目标：发展体能；体会团队合作的重要性。

场地器材：操场内一块平整的场地。

人员要求：全班学生

项目布置：全班学生在起点线后站成一路纵队，每位学生将双手放在前面一位学生的双肩上，最前面的学生喊出“开始”口令时，从前往后学生依次缓缓地坐在身后学生的大腿上。坐下后，学生可以喊出相应的口号，例如：“齐心协力”“勇往直前”“1－2－3－4”等；最好以小组竞赛的形式进行，看哪个小组先到达终点线。

注意事项：①教师要注意监督学生，如有断开的现象，一般应遵循在哪里断开就在哪里接上的原则。②教师要规定比赛的距离，一般以 20～40 米为宜。

引导讨论：①在游戏过程中，自己的精神状态是否发生了什么变化？身体和声音是否出现了什么变化？在发现自己出现以上变化时，是否及时地进行了调整？②自己是否有依赖思想，是否认为自己的松懈对团队影响不大？有这种想法时出现了什么情况？

项目分享：①做任何事情，要有与困难做斗争的准备。②男女生要突破心理防线，相互之间积极配合。③要提出自己的设想，并努力说服别人去接受。④要认真思考不同甚至完全相反的意见，学会与不喜欢的人相处。

【项目十】高空取物

项目类型：团队合作项目

项目目标：发展体能；学习团队问题分析与解决的技巧。

场地器材：一头埋入地面的长 3 米的木或铁质柱子若干根，轮胎若干。

人员要求：全班学生

项目布置：把全班学生分成不超过 10 人的小组，在人和轮胎均不能碰柱子的情况下，把轮胎从柱子上取下，违反者须重新回到开始状态进行。在练习几次后，各小组进行计时比赛，以时间短者为胜。

注意事项：①要严格按照规则进行练习与比赛，即人和轮胎均不能碰柱子，违反者须重新进行。②项目进行中要注意安全。

引导讨论：①如果本组学生在项目进行中触及柱子，有没有自觉地进行改正？②联系现实情境，如果在无人监督的情况下，你能否自觉地去遵守规章制度？

项目分享：①通过大家的合作完成一件看似不可能的事情，体会那种兴奋的心情。②充分利用本组学生的优势是完成任务的关键因素。

【项目十一】十人十一足

项目类型：团队合作项目

项目目标：发展体能；培养动作协调、敏捷和相互合作的能力。

场地器材：操场内一块平整场地、布带子若干条、小旗 2 面。

人员要求：全班学生

项目布置：在场地上划出一条起跑线，在距起跑线 20 米处并排插两面小旗。以 10 人为一组，各组成一列横队站在起跑线后，用布带子把两人内侧脚踝关节处绑在一起，两臂互相搭肩，准备起跑。项目开始，教师发令后，每组立即向前跑进，绕过小旗跑回到起跑线，把布带子解开交给第二组。依次进行，每组轮流跑一次，最后以时间少的队为胜。

注意事项：①项目进行中强调集体行动的重要性，防止受伤。②项目进行过程中如有带子断开，必须在原地绑好后再前进。③在终点处设置海绵墙，防止学生撞线受伤。

引导讨论：①你在项目的过程中，感受到了什么？②你认为你的小组在行动上存在什么问题？应如何改进？

项目分享：①不能忽视细节的作用，小细节可以导致失败。②团结一致才能争取更大的胜利。

【项目十二】呼啦圈游戏

项目类型：团队的创造力及合作项目

项目目标：发展体能；明晰改革与变革是促进组织绩效突进的唯一方法。

场地器材：操场内一块平整的场地。

人员要求：全班学生

项目布置：全班学生手拉手围成一个圆圈，其中两人握住呼啦圈。要求大家不松手，全体人员都要钻过一遍呼啦圈，不允许身体任何部分接触呼啦圈，否则重新开始。时间越快越好。

注意事项：随时提醒学生注意安全。

引导讨论：①接到任务时你是否愿意配合？②是否能够真实判断任务的轻重和具体实施的

步骤？③当你花费很多精力改善效果却不显著时，是否该换个角度考虑问题？

项目分享：经验积累是提高效率的一个重要途径。

【项目十三】支援前线

项目类型：团队合作项目

项目目标：发展体能；培养学生的团队主体意识。

场地器材：操场内一块平整的场地。

人员要求：全班学生

项目布置：教师进行情景动员，在一次行军途中，本队的一名战士在原始丛林里掉了队，他艰难地行走着，试图找到走出原始丛林的路，他遇到了一系列困难，他急迫地需要各种物质的支援……在全班学生分成两组，在每组学生中找出1人来做掉队者，教师陆续喊出“深颜色的衣服”“鞋子”“袜子”“带子”“头发”等，该组的其他学生以最快的速度在本组学生里找到这些物品送给掉队者，哪组先送到进行积分，以积分多的队为胜。

注意事项：随时提醒学生注意安全。

引导讨论：①当你听到教师喊出的物品名称时，你是如何行动的？②当你把物品成功地送到掉队者手中时，你感受如何？③通过该项目，你认为最大的收益是什么？

项目分享：①在集体中，每个人的力量都是不可或缺的。②在现实社会中，社会分工越来越细，体会集体成功与个人成功的关系。

【项目十四】蜘蛛网

项目类型：团队合作项目

项目目标：发展体能；增强相互合作的团队精神；体会计划和精心操作的重要性；认识每个人在团队中的角色及其作用。

场地器材：操场内一块平整的场地，1张长4米、高1.6米的绳网（15～20个高低、大小、形状各不相同的“洞”），最小的洞可勉强通过比较瘦小的学生。

人员要求：全班学生

项目布置：将蜘蛛网挂上，把学生集中一侧进行讲解项目要求，穿越必须在规定时间内完成，一人通过后，该网不能再有人通过。触网后必须返回，另择其他的网通过，该网也作废。用随身携带的小夹子来区别用过与未用过的网。

注意事项：需要将学生托起通过时，应注意保护学生。

引导讨论：①如何确立领导者？如何确立方案、明确分工、注意安全保障的？②如何利用有限资源的？队伍中有不同意见，怎么办？

项目分享：①团队在集体完成任务时，确立决策人是迈向成功的第一步。确立方案、明确分工、有效地组织协调等是团队成功的关键。②确立有效的团队纪律，激发情绪是团队成功的关键。③有效利用资源是团队成功的思路。相互协调和精心操作才能使计划得以顺利实施。④摆正个人在团队中的位置，是团队成功的基础。⑤正确对待不同意见和挫折，增强团队的内聚力。⑥工作中无小事。所有的成功者做着与我们同样的小事。唯一的区别是从来不认为他们做的是小事。⑦成功不是偶然的。我们必须具备一种锲而不舍的精神、坚持到底的信念、脚踏实地的态度。小事如此，大事亦然。⑧执行不找任何借口。工作是让你去完成而不是找借口推卸责任。不要让借口成为习惯，一旦养成这种习惯，工作就会拖沓。⑨自愿承担艰巨的任务。在工作的过程中总会出现紧急重要的任务而又没有明确的分工来解决。主动承担艰巨的任务，锻炼自己能力。长此以往，你的能力与经验会迅速的提升。完成任务的过程中你会感到痛苦，但却会让你变得更加成熟。

【项目十五】连环手

项目类型：团队合作项目

项目目标：发展体能；让学生体会在解决团队问题方面的步骤，聆听在沟通中的重要性，以及团队合作、永不放弃的精神。

场地器材：操场内一块平整的场地。

人员要求：10 人一组。

项目布置：将全班学生分成 10 人一组。教师让每组学生站成一个面向圆心的圆圈。教师说：先举起你的右手，握住对面那个人的手；再举起你的左手，握住另外一个人的手；现在你们面对一个错综复杂的问题：在不松开手的情况下，想办法把这张乱网解开，最后形成一个大家手拉手围成的一个大圆圈。教师告诉大家：乱网一定可以解开，但答案会有两种，一种是一个大圈，另外一种是两个套着的环。如果在尝试过程中实在解不开，教师可允许学生决定相邻两只手断开一次，但再次进行时必须马上封闭。

注意事项：①不能抓自己身边学生的手，自己的两只手不能同时抓住另外一个人的两只手。②没有教师的批准，任何情况下，学生的手都不能松开。③教师要多鼓励学生坚持到底，尽量不松手。④项目设计可以蒙上所有学生或一半学生的眼睛。

引导讨论：①开始时的感觉怎么样？是否思路混乱？②当解开了一点以后，你的想法是否发生了变化？③在这个过程中，你是否体会到“胜利往往就是再坚持一下”？

项目分享：①如果在做任何事情的时候，没有绝对的把握，那么就边做边调整。②发挥集体的智慧是战胜困难的唯一途径。

【项目十六】软网攀登

项目类型：个人挑战项目

项目目的：发展体能，挑战个人心理极限。

场地器材：4 米高的软网 1 架、保护绳 2 ~ 3 根、大海绵垫子 2 块。

人员要求：全班学生

项目布置：把两块大海绵垫子放在软网下面，由教师讲解保护绳的使用方法，并指导学生在网上利用攀爬技术进行翻越。

注意事项：做好安全保卫工作，在网下放置两块大海绵垫子，全班学生在网下保护和鼓励翻越软网的同学。

引导讨论：①当你还没有翻越软网时，你是如何看待其他学生翻越软网时的表现？②你在翻越软网的一瞬间有没有恐惧感？你是如何克服的？③当你从软网上下来后，你如何又看待同伴在网上的表现？

项目分享：①体会换位思考。②思考如何战胜自己的心理怯弱，提高自己的心理极限。

【项目十七】泰坦尼克号

项目类型：团队合作项目

项目目的：发展体能；让学生体验在紧急情况下，应如何计划行动，如何与人合作以及如何有效地利用有限的资源。

场地器材：操场内一块平整的场地、录音机或其他音响设备1台、木砖24块(每组6块)，4条长凳子，2条长25米的长绳。

人员要求：全班学生

项目布置：设定“泰坦尼克号”的场景：“泰坦尼克号”即将沉没，船上的乘客(学生)，须在“泰坦尼克号”的主题曲的音乐结束之前利用仅有的求生工具——六块浮板(木砖)，逃离到一个小岛上。布置游戏场景：将25米的长绳在空地上摆成一个岛屿形状，在另一边，摆4个长凳，用另一根绳子作为起点。学生进行10分钟的讨论和试验。出发时，每一个人必须从长凳的背上跨过(就如同从船上的船舷栏杆上跨过一样)，踏上浮砖。在逃离过程中，学生身体的任何部分都不能与“海面”(地面)接触。自离开“泰坦尼克号”后的整个逃离过程中，每块浮砖都要被踩住，否则大海(教师)就会将此“浮板”“冲走”(踢掉木砖)。全部人员达到小岛之后，并且所有木砖将被拿到“小岛”上，活动才算完成。

注意事项：提醒学生在跨越长凳时要注意安全。

引导讨论：①小组是否确定出了领导者？是根据什么来确定的？②撤离方案的形成是领导决定的，还是小组讨论的结果？③你们的方案是否得到了很好地贯彻了？中间发生了什么问题？为什么？④事后回顾起来，当初的方案是否很可行？还有更好的方案吗？如果还有更好的方案，为什么当时没有想到或没有提出来？⑤你们小组是如何决定组员撤离的先后次序的？你们都考虑到了什么因素？

项目分享：①重视项目进行中的小细节，细节决定成败。②体会换位思考。③对于新生事物敢于迈出尝试的第一步，多渠道多角度考虑问题，突破思维的定势，打破思维的雷区，瞬间的灵感可能产生改写历史的震撼效果。

【项目十八】信任背摔

项目类型：团队合作项目

项目目的：发展体能；让学生体验在紧急情况下，应如何计划行动，如何与人合作以及如何有效地利用有限的资源。

场地器材：操场内一块平整的地面，背摔台1~2个。

人员要求：全班学生

项目布置：教师带领学生站在背摔台旁边，面向自己形成半圆，请学生将身上的钥匙、手表、眼镜等硬物拿出来，放在一边。教师检查一次，并讲解安全要领。

保护学生的动作：每身体条件相近的 2 人一组，对面站立，伸出双手，手心向上，十指并拢双手稍稍搭在对面学生的右侧肩膀上面，右腿膝盖微微弯曲，内侧靠紧对面学生的膝盖内侧。左腿蹬直成弓箭步，腰挺直，头稍稍后仰。

眼睛注视背摔学生的后背。最少 5 组学生紧密靠紧，形成保护网，手臂要平，关节一定向上。肩膀靠紧，膝盖靠近，腰及左腿登直。要求一名学生在队伍的另外一头推住学生的肩膀，并协助教师辨别方向。只有他说对直了后才可以开始。

保护学生口令：准备好了(4 个字)，提醒学生，只有在自己真正准备好的情况下才可以回答。接住学生后不要高兴鼓掌。要先放腿确定站稳后才可以鼓掌。如感觉累了，可以相互调换位置。有较多学生的时候，要求在保护学生的后面推住肩膀。

背摔学生注意事项：双手伸平，手背相对，双手交叉，十指相握，双手内翻，双肘加紧两肋，头低下双手顶住下巴，双脚并拢，身体站直。学生上来后，要求做以上动作。把双手捆好后，站在 1.5 米高的台子边沿，脚出台子大约 5 厘米。背摔学生在准备好了后大声问：准备好了吗？在听到保护学生回答后大声喊：1、2、3 后身体挺直向后倒。

注意事项：①特别强调项目非常危险，必须严格按照项目流程执行。不得减少环节。②一定先熟练掌握后才可以单独操作。

引导讨论：①作为保护学生，你有没有信心接住台上的同伴？你做了多大努力？②作为背摔学生，在做项目前和做项目后，你的感觉如何？③为什么有些人没有按教师的要求去做？④你做完第一遍后，你愿意去做第二遍吗？

项目分享：①工作就意味着责任，既然选择了这个职业与岗位，就要接受他的全部，并非仅享受它的快乐与幸福。勇于承担责任，巨大的挑战正是锻炼自己成长的机会。对团队负责，对他人负责就是对自己负责。只要你接受的这项任务就表示你应该为任务的结果负责了。心中存着结果与我无关的想法是无法干好工作的，会产生一系列的不良反应。最愚蠢的行为就是推卸责任，推卸掉的是自己对生活积极的态度，别人对你的信任，以及自己的发展道路。②纪律：敬业的基础。好团队必定是纪律的团队。有纪律的时候就不再需要层层管辖。③责任必须限定在承担者能力范围之内才合乎情理，而且必须与这种能力的有效运用程度相关。只有反复的练习达到一定的能力范围，你才有承担责任的能力。领导才可委以重任。理解规范自我行为同社会、集体利益的关系。④努力去适应社会。先从做一名好下属开始，思考如何才能适应社会需求。理解三种状态的转变：从学校人到社会人的转变、从知识人到能力人的转变、从自然人到企业人的转变。⑤人们一般不以项背示人，是因为这时候最缺乏自我保护，也最容易受伤害。而一个人能够放心地以脊背为着陆点向后倒下，除非他能确信自己处于安全防护中，对别人要有着坚强的托付和绝对的信任；把自己全部的体重交付给对方，这中间不能有任何的自私自顾，甚至不能有思想上的瞬间偏差，相携着才能走完这段惊心动魄的历程。豁然开朗重见光明时，我们才真正懂得什么叫相信别人就是相信自己。

【项目十九】勇攀高峰

项目类型：个人挑战项目

项目目标：发展体能；让学生体会克服困难、勇攀高峰的精神。

场地器材：勇攀高峰练习器材(外面是一个铁架，轮胎在铁架上用铁索支撑，轮胎的设计为从低到高，逐级而上。最下面的轮胎边缘下方是一块晃动的浮桥)，大海绵垫子1块。

人员要求：全班学生。

项目布置：把大海绵垫子放在架子下面进行保护，学生先在一块浮桥上走到高峰器材架前，然后向上攀登逐级升高的轮胎，在最高点两手做双杠支撑，在上面沿浮梯或滑竿下来。

注意事项：①项目进行中，一定要注意学生的安全，可以在高峰器材架下安排一些个头比较高的学生进行保护；架子下面放大海绵垫子进行保护。②对一些体力比较差的女生，可以采取固定轮胎或移动轮胎的办法降低难度。③教师要鼓励学生坚持到底，手握紧铁索。

引导讨论：①开始体力好时感觉怎么样？②当自己到了高处时，并且体力消耗较大时，你有什么感觉？③项目结束后，你的感觉如何？

项目分享：①体会换位思考。②马克思说，人应该在实践中证明自己思维的现实性和力量。成功往往就是再坚持一下。③学会调整思维，克服不良情绪。

【项目二十】相依为命

项目类型：两人合作项目

项目目标：发展体能；让学生体会困难面前相互依存的精神。

场地器材：操场内一块平整的场地、2副相依为命练习器材(离地面1或1.5米处，由两根钢丝绳并排构成了一头窄一头宽的“通道”)。

人员要求：全班学生。

项目布置：将全班学生分成2人1组，沿着相依为命练习器材，2人面对面手握着手相互支撑，从较窄的一端走向较宽的一端。全班学生可分组进行比赛。

注意事项：①项目进行中，一定要注意学生的安全，如果相依为命练习器材离地面较高，必须安排不做项目的学生进行保护。②教师要鼓励学生坚持到底。

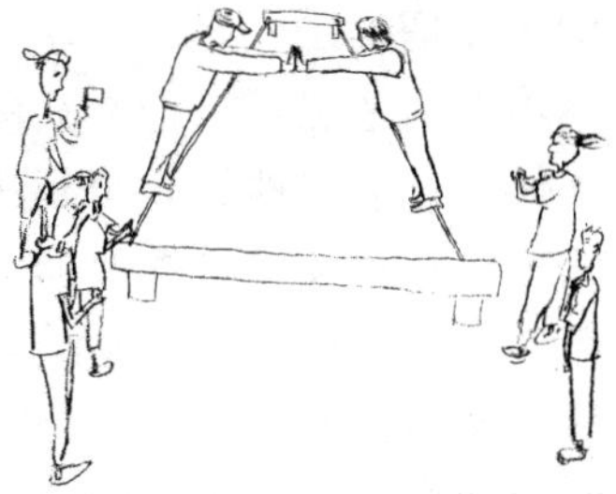

引导讨论：做该项目时你感觉如何？如何才能获得成功？

项目分享：①体会相互合作的重要性。②世界是一个相互依存的世界，我们要学会善待他人，与人和谐共处。③体会换位思考。

【项目二十一】有轨电车

项目类型：团队合作项目

项目目标：发展体能；活跃集体的气氛，增强团队的凝聚力；增强大家相互信任、理解和相互合作的团队精神。

场地器材：操场内一块平整的场地、2副有轨电车(长3.6米，宽0.15米的两块木板或铁板，板上在相同的间距处安装12条1.5米长的绳索)、眼罩若干。

人员要求：10~12人一组

项目布置：把全班学生分成人数为10~12人的小组，站在有轨电车上，行走20米。要求在有轨电车的学生脚不能着地。行走可以有三种方式：一是所有人向一个方向，到转折点拐弯回头，看哪组先回到终点；二是一人正向，一人背向，看哪组先回到终点；三是所有人带上眼罩，看哪组先回到终点。

注意事项：①项目进行中，一定要求学生遵守项目规则，即脚不能着地。②比赛时教师要规定各组有轨电车的后沿要超过终点为胜。③注意木头压脚。④注意防止学生向正前方摔倒，在一旁的学生在队伍的侧前方保护。

引导讨论：①在行进过程中如何协调大家的行动？②最困难的地方在哪里？

项目分享：①工作是需要我们用生命来完成的事情。工作不是为了谋生而是创造璀璨生活的必要过程。没有卑微的工作只有卑微的工作态度。而积极的工作态度完全取决于我们自己，生命、工作因你的积极态度而丰富多彩、充满活力。②团队的成功是依靠每一个人的努力，团队成功了自己才可能成功。③只有我们忠诚于企业、老板，努力工作，不找任何借口，必然会获得意想不到的成功。我们应积极培养自己的上进心，以适应激烈的职业生活。④正确对待成功与失败。⑤反复演练与提高，达到默契的程度，享受工作中带来的乐趣。⑥个人在组织中起积极作用时也许不明显，但一旦起破坏作用，对集体的危害就非常大了。

【项目二十二】罐头鞋

项目类型：团队合作项目

项目目标：发展体能；团结一致，密切合作，克服困难的团队精神；培养周密计划，组织协调和学生之间良好沟通的能力。

场地器材：操场内一块平整的场地，1.2 米高大汽油桶 8 只，10 米黄花松木板 4 块，手套若干副。

人员要求：10～14 人

项目布置：把全班学生分成不多于 14 人的两组。每组把两块板平放在 4 个桶上，板头分别压在桶的二分之一处。每组学生站到放在铁桶上的木板上，要求在 40 分钟的时间里，在人不落地的情况下，把 4 只桶和 2 块板向其延长线的方向移动 20 米的距离。教师宣布从现在起任何人不能下地，直至到达终点。要求人不许下地，板不许落地，桶不许倒地。

注意事项：①摆放器材时，木板头压在铁桶一半位置。②一只桶上禁止平放两块板。③教师要随时保护木板上学生的安全(特别是学生换位的时候)，可以安排一些学生分散在每组周围。④学生搬木板的时候可戴手套，提醒他们防止木板压手。⑤教师要随时观察每组学生的方案，发现危险及时制止。⑥设置项目时可减少桶的个数，如 3 个、2 个。

引导讨论：①行动方案是如何产生的？②谁是领导者？其领导地位是怎么形成的？③人员分工如何？

项目分享：①要完成如此困难的任务，每组都应该有一个从策划到决策的过程，这个策划——决策的过程，就是集体学习的过程，执行过程中要根据实际操作情况随时调整方案。②分工明确，发挥每个人的长处，并听取每个人的意见。③意见分歧时要注意解决方式和遇到挫折时的态度。④注意完美、时间、效果和安全四者之间的结合。⑤倾听在沟通中具有重要作用。⑥总结提高集体决策的质量。每个人明确自己在团队中的定位及责任目标，培养自己的前瞻意识和科学预见性，通过民主集中的方式汇总意见、提炼方案是快速高效的途径；集体与个体相互依存，相辅相成，集体目标的实现需要个体充分发挥作用，个体将自身价值与集体调整一致后，集体目标的实现即为个人目标的实现。⑦体会创造性和前瞻性思维的绩效。⑧理解“一个声音，一个团队”的内涵。

【项目二十三】保护地球资源

项目类型：团队项目

项目目标：发展体能；让学生体会合作的重要性，体会个人在团队中履行职责的重要性。

场地器材：操场内一块平整的场地、数张泡沫拼图

人员要求：全班学生

项目布置：教师进行情景展示，现在我们50亿人口拥有一个地球，地球的资源是有限的，50亿人口每天都在消耗资源，我们保护地球资源已经到了刻不容缓的地步。先将全班学生分成10人1组。每组铺一块一平方米的泡沫拼图，请各组学生站到泡沫拼图上，无论以什么方式站立都可以，但任何人的脚不可以踏在泡沫拼图之外。各组完成后，不同组别的学生进行剪子、包袱、锤划拳。失败组拿掉一块泡沫拼图。若有学生被挤出拼图外，则该组被淘汰，不再参加下一回合比赛。如此逐步减少泡沫拼图后，淘汰到最后一组时结束。最后一组为胜利者。

注意事项：教师要随时保护学生的安全。

引导讨论：①有没有更好的方式来获得胜利呢？②在项目之前，你们做过计划吗？

项目分享：①要取得团体或班级的成功或胜利，唯有透过合作才能众志成城。②每个人在团体中都有一定的重要性，只有在团体贡献一己之力，并取长补短，同心协力共同创造团体成功之机会。③一件看似简单的事情，如果不做计划的话，也可能会导致失败。

【项目二十四】求生墙

项目类型：团队合作项目

项目目标：发展体能；培养团结一致，密切合作，克服困难的团队精神。培养计划，组织，协调能力。

场地器材：1面高3.8米的求生墙、大海绵垫1块、10米长的粗绳1根。

人员要求：10人以上。

项目布置：教师进行情景动员，我们这个团队所在的船只半夜失火，再有10分钟大火就要烧到船舱，船长要带领我们在40分钟的时间里翻过面前的障碍到甲板上去逃生。过程中我们不许脱下衣服和腰带使用，只能将海绵垫铺在求生墙下进行保护，不许将海绵垫立起或叠起，已上墙的人不许再回到下面帮忙。

注意事项：①海绵垫要靠墙，两块之间不要留空隙。②如男女合班上课，每组男生和女生的比例为6:4，注意安排学生保护。女生不能倒挂。③注意阻止危险动作。④可适当提醒学生改变方式。⑤近视眼达500度以上禁止倒挂。

引导讨论：①在开始做之前是否做了计划？刚开始操作时感觉很容易，但到最后一个时才感觉很困难。②你们花了多长时间去考虑细节？当做完该项目时，你感觉有哪些地方没有事先考虑清楚？③如果我们一个人面对这面3.8米高的墙会怎样？④面对不可克服的困难，我们应该具备什么品质？

项目分享：①发挥集体智慧去设想方案以及具有应变精神对于事业成功都是很重要的。②

在合理分配资源的前提下，团结合作、相互鼓励、坚持到底的团队精神很关键。③现代社会分工越来越细，每个人只是社会中的一个小分子。一个人的力量是有限的。个人的成功只有在集体成功时才能实现。④我们要认同集体中不同人能力的差异，他们各具特点，我们应主动发现其优点，利用其优点，来达到共同实现的目的。不能对与自己工作方式、性格特点不同的人抱有成见。⑤在发现困难的时候，不能紧张或冲动，而是要冷静下来，尽快地分析现场情况，集中信息，做出决策。在项目进行的过程中要根据现实情况进行调整。⑥创造性的思维、激进的想法不一定是坏想法，要勇于去尝试。

【项目二十五】空中断桥

项目类型：个人高空挑战项目

项目目标：发展体能；提高学生心理承受能力。

场地器材：高9米的空中断桥器材1套、保护装备2套。

人员要求：全班学生

项目布置：教师首先教会学生正确使用保护装备，并检查使用情况。教师先爬上高9米的台子，站在断桥旁进行保护。要求学生在同伴的帮助下穿上保护装置，爬上高台，来到两块宽30厘米、相距1.2米的木板断桥旁，从一块木板的一端走到另一端，跨过断桥，跳到另一块木板上。这时教师把断桥调整到相距1.8米，要求学生越过。必要时教师可以伸手保护一下。另一名学生在同伴的帮助下穿上保护装备进行准备。

注意事项：①一定要确保项目安全，仔细检查学生保护装置。②提醒学生注意踩稳后再前进。

引导讨论：①不是不能做，而是不敢做。如果这个项目离地面1米，你敢跨过去吗？②人有时最难战胜的就是自己。你感受到如何突破自己的心理极限了吗？在现实生活中碰到类似的事情，你有勇气迈出去吗？现在的你如何看待昨天和同学发生的小误会？

项目分享：①现在的社会机会太多了，提供了很多选择的余地，总是这山望着那山高。每当遇到困难总是想到我还有后路，可以换一条走。这种逃避困难的习惯，结合不想跳的想法展开。②积极主动的品质不仅仅是做人的态度更是做事的方法。只要具备了这种品质，你就会正确地认识自我，积极对待客观环境，对未来的人生道路充满信心与希望。③机会靠自己创造。很多人相信机会，认为幸福与成功都是机遇造成的。但是最终表明机会是自己创造的，只有你抓住了才是机会。只有自己可以拯救自己。结合架子的晃动展开。即使事业上取得成功的人士，在工作中也会有一定程度的勉强。

第二十二章

体育舞蹈

第一节 体育舞蹈概述

一、体育舞蹈发展概况

舞蹈产生于人类的生活、劳动和情感，是一种人体文化。舞蹈艺术居艺术之首，它随着人类的社会演变和文化进程而发展。研究表明，各种舞蹈都起源于原始舞蹈，体育舞蹈也不例外。体育舞蹈的发展过程经历了原始舞蹈—公众舞—民间舞—宫廷舞—社交舞—新旧国际标准交际舞等发展阶段。体育舞蹈的前身就近来说是社交舞，也称交际舞、交谊舞。

社交舞(Social Dancing)亦名舞厅舞(Ballroom Dancing)、舞会舞(Party Dancing)，起源于西方。经过不断地加工，吸取各类舞蹈的精华，逐渐形成了当今的各种流派。社交舞早在14～15世纪已在意大利出现，16世纪末传入法国。1768年巴黎开办了第一家交际舞厅，由此社交舞开始流行于欧美各国，成为一种普遍的社交方式。

1924年，英国皇家舞蹈教师协会对当时社交舞的一部分进行整理，将7种舞步和跳法加以系统化、规范化，从此人们将规范化的华尔兹、探戈、维也纳华尔兹、狐步、快步舞和伦巴、布鲁斯称为“国际标准舞”。第二次世界大战后，英国皇家舞蹈教师协会又整理了拉丁舞蹈，并将它纳入国标舞范畴，列入正式比赛项目。至此，国际标准舞成为包括10个舞种的现代舞系列和拉丁舞系列两大类。

国标舞的诞生，改变了社交舞的自娱性质，引起了社会各阶层的极大兴趣，它的典雅风格和优美舞姿征服了世界舞坛，掀起了半个多世纪的世界国标舞热潮。国标舞比赛起始于英国，1929年成立的“舞会舞蹈委员会”制定了比赛规则，每年举行全英锦标赛和国际锦标赛等比赛。当时的世界比赛大多是私人组织的，参加的国家很少，优秀选手不一定都能参加，因而“世界冠军”并不能代表真正的世界水平。1947年在柏林举行了首届世界交际舞锦标赛。

国标舞的普及推动了竞赛的开展。1950年“国际交际舞理事会”(也称“国际交际舞协会”)成立。1959年，完全按国际委员会制定的规则，举行了第一届业余和职业舞蹈世界锦标赛，此后每年举行一次。1960年，拉丁舞正式列入世界锦标赛比赛项目。1964年，国标舞又增加新的表演和比赛项目——团体舞。使国标舞10个舞种的风格特点得到更为鲜明的体现。以上3种崭新的交际舞——现代舞、拉丁舞、团体舞，被称为“现代国际标准舞”，每年在国际上都有不同地区、各种级别、不同规模的多种比赛。国标舞已成为人们建立友谊、陶冶情操、锻炼身体的极好形式。同时，由于它兼有文化娱乐的内涵和体育竞技的双重特点，以及很强的表演观赏性和技艺性，因此西方舞蹈界称它为“体育舞蹈”，很多国家将它纳入体育的竞技范畴，继而成立了各种体育舞蹈组织，并一致努力于促进体育舞蹈事业的发展。

国际标准舞的发展，促进了国际舞蹈组织的发展。职业舞协“世界国际标准舞竞技总会”(ICBD)已发展了36个会员国，总部设在英国；业余舞协“世界国际业余舞蹈总会”，(ICAD)总部设在德国，已有27个会员国。近年来，随着体育舞蹈意识日益深入人心。上述两组织相继改名。“ICBD”改名为“WDDSC”，称为“世界舞蹈和体育舞蹈总会”“ICAD”改名为“ICSF”，称为“国际体育舞蹈联和会”。两组织联合起来，为争取体育舞蹈进入奥运会而共同努力。国标舞和体育舞蹈的发展历史表明，国标舞产生于20世纪20年代初，成形于60年代初，发展普及于70年代以后。第二次世界大战后的50~60年代，风靡一时的“新潮舞”摇滚(Rock and Roll)和迪斯科(Disco)，其影响曾波及国标舞的发展。70年代起，世界思潮回转趋向稳定和平衡，反映在艺术上又开始崇尚高雅文明和经典艺术。在这样的环境中，文明典雅和严格规范的国标舞和体育舞蹈获得了广泛的发展。久负体育舞蹈盛名的英国、丹麦、挪威、德国和澳大利亚的选手近10年来在国际大赛中连连中冠，同时亚洲范围内的一些国家和地区，如：日本，新加坡，中国台湾、香港，随着70年代经济的崛起，国标舞也获得了迅速的发展，在1985~1986年的国际比赛中，日本选手进入了世界前6名。近年来，独联体和东欧的一些国家急起直追，积极开展体育舞蹈，并取得了良好的成绩。

我国自20世纪80年代开展这项体育运动，并迅速得到普及。体育舞蹈在中国发展不过十几年，80年代，只有少数的广州和上海人会跳体育舞蹈，但大多还是在跳三四十年代的交际舞，和现在真正的体育舞蹈有很大差距。直到1986年11月，日本业余舞蹈竞技协会会长山口繁雄先生与中国对外友协联系，举办中日国际标准舞友好赛事，当时中国对真正的体育舞蹈没有接触过，随即中国对外友协与中国舞蹈家协会联系，想借此次机会促成中日文化交流。中国舞协组联部积极落实舞蹈交流工作，从1986年11月至1987年3月，重点培训一批体育舞蹈人才。

为使中国体育舞蹈尽快发展，山口繁雄先生和小林弥寿枝女士亲自来北京授课，培养24对舞者，其中摩登舞12对，拉丁舞12对。这些舞者都具有一定的舞蹈基础，大部分来自北京专业舞蹈院团和舞蹈学院。

期间日本著名的国标舞教师成濑时博先生专程来北京，在二七剧场为舞者上大课，舞者进步非常快，为中日友好赛做好了参赛的准备，也为国际标准舞在中国发展奠定了基础。

为了这一事业在中国的推广与发展，促成中日“友好杯”比赛，山口繁雄先生做了大量的工作，特别是在经济上给予中方很大支持，如邀请成濑时博先生来华讲学，其往返旅费、食宿费、讲课费以及中国舞者参赛时所穿的服装、中国舞者学习和比赛期间的餐费等等，都是山口繁雄先生资助的。

民山口繁雄先生和成濑时博先生来京讲课后，中国舞协联部决定迅速推广体育舞蹈，由杨大林同志担任体育舞蹈推广工作，他先后在北京交谊舞学校、西城区文化馆，并应山东省舞协浙江省舞协的邀请对体育舞蹈进行推广。

原定1987年3月举办的首次中日国标舞友好赛，由于日本舞者的组织工作没有完全落实，故改期举行。此时有舞者建议先在中国自行比赛，中国舞协获中宣部批准，1987年5月首届“中国杯”国际标准舞比赛拉开帷幕，比赛地点在北京交谊舞学校，参赛舞者约200对，主要来自北京和广州，评审员是中国舞协和在京的舞蹈界专家。

1988年4月，中国舞协群众舞蹈研究会在北京主办了“牡丹音响杯”全国第二届国际标准舞大赛。比赛地点在北京体育馆，分别来自全国20个省份。赛后由中国对外友协主办，中国舞协群众舞蹈研究会承办，举行了首届“牡丹音响杯”中日友好赛。

80 年代末，根据当时社会的需要，曾担当一、二届全国国标舞大赛评审的王镇同志建议，成立中国舞蹈家协会国际标准舞总会，并请贾作光同志任会长。该提议很快得到当时的中国舞协书记处的大力支持。中国舞蹈家协会国际标准舞总会于 1989 年初正式成立。会长是贾作光，执行副会长是王镇，副会长史大里、曹仲，秘书长傅中枢，副秘书长沈敏华。

中国国际标准舞的发展以及走入世界，必须有专业舞蹈界的投入，我国专业舞蹈院校必需建立国标舞专业，贾作光会长几次提到在北京舞蹈学院设立国标舞专业。1990 年，王镇同志正式向北京舞蹈学院院长提出北京舞蹈学院建立国标舞专业的事。经过文化部有关部门的批准，北京舞蹈学院国标舞专业隶属社教系下正式建立并向全国招生。

1990 年 5 月，由中国舞协国际标准舞总会在南京市体育馆，举办了第四届“亚力龙虎杯”国际标准舞全国锦标赛。参赛舞者近 400 对。

1998 年，在高占祥同志的有力支持下，经中国文联批准，将国际标准舞纳入“荷花奖”评奖项目，强调了国际标准舞的艺术属性。从此，国际标准舞正式纳入专业舞蹈评奖行列。

二、体育舞蹈的价值

1. 健身价值

体育舞蹈运动是一项新兴的体育项目，是体育与舞蹈的结合，具有运动与艺术的双重性。体育舞蹈极富时代气息和体育竞技性质，被列为奥运会表演项目，并于 2000 年第五届中国体育科学大会将其列为比赛项目。我国古代乐舞的创立也是为改变“民气郁于而滞着，筋骨瑟缩不达”的状况。美国体育家古里克曾说：“跳舞能消除过剩的脂肪，代之以健壮的肌肉组织，使软化，迟钝和缺乏活力的肌肉重新变的充满活力和具有弹性。”在德国，有人对业余体育舞蹈运动员和 800 米跑运动员做过比较，发现体育舞蹈运动员在跳过一个 15 分钟的快步舞后，心率与 800 米跑的运动员并无区别。

2. 健心价值

积极参加体育运动，不仅能强健身体，同时还可以调节和促进心理健康的观念已成为现代体育观的标志。体育活动的这种双重功效，也正在被越来越多的现代体育科学研究所证实。有人证实积极参加体育舞蹈活动者的心理健康水平显著地高于普通常人的水平，说明体育舞蹈对心理健康的促进作用是十分明显的。近年来，有关有氧运动的健心效应已被愈来愈多的科学研究证实。如皮特鲁茨罗（Petruzzllo，1991），拉方丹（Lafontaine，1992）等人的研究表明，有氧练习既可以降低焦虑，也可以降低抑郁。有氧练习对长期性的轻微到中度的焦虑症和抑郁症等都有治疗的作用；无氧练习只对抑郁有调节和治疗作用，但不能有效地降低焦虑。因此如果希望改善整体的情绪状况，最好采用有氧练习，有氧练习的健心效应应更加显著。从有关体育舞蹈的生理、生化等方面的研究结果可知，体育舞蹈是一项中等运动强度的有氧运动。根据拉方丹等人的研究，这类有氧运动对焦虑、抑郁等情绪障碍有显著的调节作用。

从体育的社会价值看，体育舞蹈是人们交流思想，抒发情感，消除隔阂，相互沟通的最好形式之一。在优美的舞姿和轻快的乐曲相伴下，人们的自我封闭意识在这里会得到彻底的解脱，舞场中的融洽、和谐、高雅的气氛亦能增强人们的沟通和交往的意识。可见，体育舞蹈活动既增进了舞伴、舞友之间的友谊，又丰富了社会生活，提高了参加者的人际交往能力。根据司徒炳坤等人研究的结果——体育舞蹈活动对“人际关系”和“敌对” 两项因子的得分显著低于全国常模的水平，说明体育舞蹈运动对这两项心理健康因子的积极促进作用显著。可以认为，体育舞蹈是一项非常有益于身心健康，特别是心理健康的体育运动。

3. 观赏价值

体育舞蹈不仅成为人们建立友谊、陶冶情操、锻炼身体、提高技艺的良好形式，而且具有独特的艺术表演价值，给舞蹈者与观赏者以美的享受，令人身心欢跃，进而提高人们的艺术修养和审美情趣。

现代舞的前身是欧洲的社交舞，渊源于法国路易王朝宫廷舞，社交舞在欧洲是一种必要的修养，也是老少皆益的健康娱乐。在宫廷舞演变为社交舞的初期，男士有一套邀请女士的礼节动作，女士也有一套接受礼节的动作，这种礼节是当时上流社会交往中邀请舞伴时必须具备的，随着时代的发展与进步，男女相互尊重，尤其对女士的尊重已成为现代社会文明时期的基本要求。在现代舞中的礼仪性审美倾向依然保留男士的衣着庄重，体态端庄挺拔，即使在轻快跳跃性舞步的变化中，也不失高雅风采。由于礼仪性审美取向决定了风度的重要性，所以，对舞者的外观形象，风度气质都有较高的要求。形成高雅风度的首要条件则是体态的挺拔感，挺拔的体态标志着健康、教养、礼貌、自尊，给人以愉快、振奋、富有青春活力的感觉，这些不仅是舞蹈风格的要求，也是对观众的尊重。如男士都是手挽女士进场，引导舞伴做急速旋转后向观众致意，女士则是向四周观众行古典的屈膝大礼；舞蹈结束后，男女舞伴不仅向观众行礼，男士还手指女士，面带微笑，气度不凡的行为举止，都给人以美的享受与回味。英国著名哲学家西期·培根说："秀雅风度的动作的美才是美的精华。"在表演或比赛场上选手们不论是动作还是神态，都要符合高雅和谐这一宗旨。

体育舞蹈比赛对选手服饰的规定性强化了它的观赏性。体育舞蹈的现代舞与拉丁舞各有其专用服装，由于舞蹈风格的不同，需要用不同款式的服装来衬托。如现代舞主要体现欧洲风情，男士着装保持着正规礼仪性活动的要求身着深沉高雅的燕尾服，颈系白领结，脚穿轮底缚带皮鞋，发型整齐，时时处处保持着绅士风度，显示庄重高贵的气度，以及身体线条的优美；女士们则穿漏背式晚礼长裙，具体式样、色彩等也随时代的潮流而有所变化，如在 90 年代以前的女裙，多用绸料诌边长裙，90 年代后多用纱、绸料加上鸵鸟羽毛的边饰，使裙子更加轻盈飘逸，色彩也趋于多样化；2000 年在英国黑池的比赛中，又出现丝纱面料，除去鸵鸟毛的多层过膝短裙，舞起来就像风在云中的感觉，且做工精细、价值不菲，穿上这样的礼裙，女士们立刻显得光彩夺目，衬托出她们的身材是那样的优雅、迷人，旋转起来像朵盛开的莲花，更能给人以立体多彩的形象感，它将服饰之美推到了最高境界。因此，在展现现代舞的舞蹈美的过程中，服饰的衬托与美化作用极为重要。而拉丁舞服饰倾向于展现生动活泼、自由奔放的拉美情调与生活气息。舞蹈通过灵活的腰髋动作，刻意追求人体运动的曲线美，表现女士们婀娜多姿与柔媚灵巧，在拉丁舞的服饰中，男士身着紧身衣裤，女士则能充分展示身体凹凸有致的曲线，露背露腿的草裙式短裙，以便展露背、腰、臀、胯腿部动作的优美线条，增强了舞蹈的风格。近年来，拉丁舞服装也吸取另外一些时装样式，并加以改变以适于跳舞，色彩搭配也五彩缤纷。体育舞蹈中的服饰的鲜明民族风格又使男女选手风采倍加。服饰作为文化的一种表现形式，从某种程度上反映着该民族的文化风貌。

4. 社会价值

体育舞蹈是一种国际流行的社交舞，它是沟通不同国家、不同民族情感的一种世界"形体语言"，也是任何语言无法代替的艺术，它具有广泛的社交性。体育舞蹈大体上可分为自娱、表演、竞技 3 个层次，自娱性的体育舞蹈具有极其广泛的群众基础，它不分东南西北，也不分男女老幼，在跳舞中相互交往，交流感情。

三、体育舞蹈的分类

体育舞蹈是以男女为伴的一种步行式双人舞的竞赛项目。分两个项群，十个舞种。其中摩登舞项群含有华尔兹、维也纳华尔兹、探戈、狐步和快步舞，拉丁舞项群包括伦巴、恰恰、桑巴、牛仔和斗牛舞。每个舞种均有各自舞曲、舞步及风格。根据各舞种的乐曲和动作要求，组编成各自的成套动作。

标准交谊舞起源于古代土风舞，经历对舞、圈舞、行列舞、集体舞等演变过程，成为流传广泛的社交舞蹈。19 世纪 20 年代后，英国皇家舞蹈教师协会对原“舞种”“舞步”“舞姿”等进行规范整理，制定比赛方法，始形成国际标准交谊舞，并于 1947 年在德国柏林举行第一届世界标准交谊舞锦标赛。现已发展成艺术性高、技巧性强的竞技性项目。

比赛分团体赛和个人赛两种，按预赛(淘汰赛)、复赛(选拔赛)、半决赛(资格赛)、决赛(名次赛)的程序进行。团体赛由每个参赛单位的 8 对男女运动员组成，按顺序进行比赛。个人赛分职业组和业余组，分别进行不同要求的比赛。对比赛舞种也有不同规定。比赛场地长 23 米，宽 15 米。

比赛按音乐节奏配合、身体基本姿势、舞蹈动作、旋律的掌握以及对音乐的理解、舞步等方面评定运动员的成绩。体育舞蹈的音乐不超过 4 分 30 秒。视比赛规模设 5 ~ 9 名裁判员，按国际评判标准规定的基本技术、音乐表现力、舞蹈风格、舞蹈编排、临场表现、赛场效果等六个方面进行评分。1992 年，国际标准交谊舞曾被列为奥运会表演项目。

体育舞蹈按舞蹈的风格和技术结构，分为摩登舞和拉丁舞两大类。按竞赛项目可分成三类：摩登舞、拉丁舞和团体舞(队型舞）。

(一)摩登舞

摩登舞又译“现代舞”，是体育舞蹈项群之一。内容包括华尔兹、维也纳华尔兹、探戈、狐步和快步舞。特点是由贴身握抱的姿势开始，沿着舞程线逆时针方向绕场行进。步法规范严谨，上体和胯部保持相对稳定挺拔，完成各种前进、后退、横向、旋转、造型等舞步动作。具有端庄典雅的绅士风度。曲调大多抒情优美，旋律感强。服饰雍容华贵，一般男着燕尾服，女着过膝蓬松长裙。

1. 华尔兹舞(waltz)

用 W 表示。也称“慢三步”。摩登舞项目之一。舞曲旋律优美抒情，节奏为 3/4 的中慢板，每分钟 28 ~ 30 小节。每小节三拍为一组舞步，每拍一步，第一拍为重拍，三步一起伏循环。通过膝、踝、足底、跟掌趾的动作，结合身体的升降、倾斜、摆荡，带动舞步移动，使舞步起伏连绵，舞姿华丽典雅。是维也纳华尔兹(快三步)的变化舞种。19 世纪中叶，维也纳华尔兹传到美国，当时美国崇尚舒缓、优美的舞蹈和音乐，于是将快节奏的维也纳华尔兹逐渐改变成悠扬而缓慢、有抒发性旋律的慢华尔兹舞曲，舞蹈也改变成连贯滑动的慢速步型，即今之华尔兹舞。

2. 维也纳华尔兹(viennese waltz)

用 V 表示。也称“快三步”。摩登舞项目之一。舞曲旋律流畅华丽，节奏轻松明快，为 3/4 拍节奏，每分钟 56 ~ 60 小节，每小节为三拍，第一拍为重拍，第四拍为次重拍。基本步伐是六拍走六步，二小节为一循环，第一小节为一次起伏。基本动作是左右快速旋转步，完成反身、倾斜、摆荡、升降等技巧。舞步平稳轻快，翩跹回旋，热烈奔放。舞姿高雅庄重。源于奥地利的一种农民舞蹈，由男女成对扶腰搭肩共同围成一个圆圈而舞，故被称为“圆舞”。著名的约翰·施特劳斯为华尔兹谱写了许多著名的圆舞曲。

3. 探戈舞(tango)

用T表示。摩登舞项目之一。2/4拍节奏，每分钟30～34小节。每小节二拍，第一拍为重拍。舞步有快步和慢步，快步(quick)占半拍，用Q表示；慢步(slow)占一拍，用S表示。基本节奏是慢、慢、快、快、慢(S、S、Q、Q、S)。舞曲节奏带有停顿并强调切分音；舞步顿挫有力，潇洒豪放；身体无起伏、无升降、无旋转；表情严肃，有左顾右盼的头部闪动动作。源于阿根廷民间，20世纪传入欧洲上层社会，后流行于世界各国。

4. 狐步舞(foxtrot)

也称"福克斯"。用F表示。摩登舞项目之一。舞曲抒情流畅，节奏为4/4拍，每分钟28～30小节，每小节为四拍，第一拍为重拍，第三拍为次重拍。基本步伐是四拍走三步，每四拍为一循环。分快、慢步，第一步为慢步(S)，占二拍；第二、三步为快步(Q)，各占一拍。基本节奏为慢、快、快(S、Q、Q)。以足踝、足底、掌趾的动作，完成升降起伏，注重反身、肩引导和倾斜技术。舞步流畅平滑，步幅宽大，舞态优雅从容飘逸，似行云流水。20世纪起源于欧美，后流行于全球。据传系模仿狐狸走路的习性创作而成。

5. 快步舞(quick step)

用Q表示。摩登舞项目之一。舞曲明亮欢快，舞步轻快灵活，跳跃感强，是体育舞蹈中一种轻快欢乐的舞蹈。节奏为4/4拍，每分钟50～52小节。每小节四拍，第一拍为重拍，第三拍为次重拍。舞步分快步和慢步。快步用Q表示，时值为一拍；慢步用S表示，时值为二拍。基本节奏是慢、慢。快、快、慢。舞步组合有跳步、荡腿、滑步等动作。起源于美国，20世纪流行于欧美和全球。

(二)拉丁舞

体育舞蹈项群之一。内容包括伦巴、恰恰、桑巴、牛仔和斗牛舞。特点是舞伴之间可贴身，可分离。各自在固定范围内辐射式地变换方向角度，展现舞姿。步法灵活多变，各舞种通过对胯部及身体摆动不同的技术要求，完成各种舞步，表现各种风格。舞姿妩媚潇洒，婀娜多姿。风格生动活泼，热情奔放。曲调缠绵浪漫，活泼热烈，节奏感强。着装浪漫洒脱，男着上短下长的紧身或宽松装，女着紧身短裙，显露女性曲线的美。

1. 伦巴舞(rumba)

用R表示。拉丁舞项目之一。节奏为4/4拍，每分钟27～29小节。每小节四拍。乐曲旋律的特点是强拍落在每小节的第四拍。舞步从第4拍起跳，由一个慢步和两个快步组成。四拍走三步，慢步占二拍(第4拍和下一小节的第一拍)，快步各占一拍(第二拍和第三拍)。胯部摆动三次。胯部动作是由控制重心的一脚向另一脚移动而形成向两侧作"∞"型摆动。具有舒展优美，婀娜多姿，柔媚抒情的风格。其产生与西班牙和非洲的舞蹈有密切关系，后在古巴得到发展。

2. 恰恰舞(cha-cha-cha)

用C表示。拉丁舞项目之一。节奏为4/4拍，每分钟30～32小节。每小节四拍，强拍落在第一拍。四拍走五步，包括两个慢步和三个快步。第一步踏在第二拍，时间值占一拍；第二步占一拍：第三、四两步各占半拍；第五步占一拍，踏在舞曲的第一拍上。胯部每小节向两侧摆动六次。舞曲热情奔放，舞步花哨利落步频较快，诙谐风趣。源于非洲，后传入拉丁美洲，在古巴得到发展。

3. 桑巴舞(samba)

用S表示。拉丁舞项目之一。舞曲欢快热烈，节奏为2/4拍或4/4拍，每分钟52～54小节。强拍落在每小节的第二拍或第四拍。每小节完成一个基本舞步。舞步在全脚掌踏地和半脚掌垫步之间交替完成，通过膝盖上下屈伸弹动，使全身前后摇摆，并沿着舞程线绕场行进，属“游走型”舞蹈。特点是流动性大，动律感强，步法摇曳紧凑，风格热烈奔放。源于巴西，是巴西一年一度狂欢节的舞蹈。

4. 斗牛舞(paisobopli)

用P表示。拉丁舞项目之一。音乐为旋律高昂雄壮、鲜明有力的西班牙进行曲。节奏为2/4拍，每分钟60～62小节。一拍一步，八拍一循环，特点是舞步流动大，沿着舞程线绕场行进，游走型舞蹈。舞姿挺拔，无胯部动作及过分膝盖屈伸。用踝关节和脚掌平踏地面完成舞步。动静鲜明，力度感强，发力迅速，收步敏捷顿挫，源于法国，盛行于西班牙，系据西班牙斗牛场面创作而成。男为斗牛士，气宇轩昂，刚劲威猛，女为红色斗篷，英姿飒爽，柔美多变。

5. 牛仔舞(jive)

用J表示。拉丁舞项目之一。旋律欢快，强烈跳跃，节奏为4/4拍，每分钟42～44小节、六拍跳八步。由基本舞步踏步、并合步，结合跳跃、旋转等动作组合而成。要求脚掌踏地，腰和胯部作钟摆式摆动。特点是舞步敏捷、跳跃，舞姿轻松、热情、欢快。源于美国，原是美国西部牛仔跳的踢踏舞，50年代爵士乐的流行，加速和完善了这种舞蹈，但风格上还保持美国西部牛仔刚健、浪漫、豪爽的气派。

第二节　体育舞蹈基本知识

一、体育舞蹈舞姿

(一)摩登舞持握姿势

男伴双脚并拢，全足着地，双膝放松，要感觉自己很高，尽量把身体拉高到极限，还要感觉自己身体很宽，双臂平抬，双手肘尖与心窝成为一条直线，左小臂向斜前上方上举与左上臂成略大于90°，右小臂向斜前下方平伸。

女伴同样要把身体拉高，双手肘尖成为一条直线，轻轻搭在男伴的手臂上，女伴要感觉到身体成二条弧线，一条是由胸腰到头部向后仰的弧线，另一条是由胸腰到头部向左倾的弧线。

摩登舞舞姿四个接触点：

(1)男伴左手轻握女伴的右手，男伴的左手拇指与中指稍用力，女伴用中指稍用力。

(2)男女双方身体的垂直中心线与身体右边线之间的垂直中间线的腰部部分相重叠接触。

(3)男伴右手掌轻托女伴的左肩胛骨下，手掌平伸。

(4)女伴左手虎口张开，放在男伴右上臂三角肌下部，拇指在内侧，其他四指在外侧，腕部和小臂放平，不得突起。

(二)拉丁舞基本站立姿态

双脚并立，身体尽量伸直，使头、肩、胯三点成一线，两眼平视，脖子拉直，下颚稍微内收，使人可以从后看到后颈较直。挺胸使两肩胛骨向后向内关闭，两肩下沉同时将身体的中段(胸腰部分)向上拔起，使身体的中段和两肩有个互相顶压的力。臀部稍向内收，小腹向上拉，但不可过分使身体变形，感觉上身躯干是直的。两条大腿要稍内收，双膝要绷直，不可弯曲，大腿和小腿的肌肉要收紧，感觉是向反方向拉紧。

预备步站立姿态：左脚在前，脚尖向前方，身体重心在左脚，身体尽量伸直，使头、肩、胯三点成一线。右脚在后打开，膝盖绷直，大拇指内侧点地，脚跟向内侧下压，不要翘起来，脚面绷直。右胯向后斜45°打开，使身体从上身到右脚尖形成一条很长的直线，可以在舞蹈中表现出很漂亮的形态和体型。

(三)闭式与开式舞姿

1. 闭式舞姿

男女舞伴的身体相互错开三分之一，在腹部横膈膜处，微微相贴。女伴上身打开，侧面看成V字型。双方的头均向左偏，透过双方的肩部，形成一个"瞭望台"。男伴右大臂平伸，右小臂下斜，右手掌轻轻托住女伴后背的左肩胛骨下方，不超过中线处。女伴左臂平抬，肘部自然向里弯曲，左手虎口张开，轻放在男伴右大臂三头肌处，大拇指放在男伴上臂内侧，其他4指均放在上臂外侧，腕部不可突起，同时，右臂的肘部适当弯曲，右小臂向上抬起，右手大拇指握于男伴左手大拇指外缘，其余4指并拢弯曲轻置于男伴左手大拇指与食指间的"虎口"处。

2. 开式舞姿

在闭式舞姿的基础上，男伴上身左按(45°)，带动女伴腰胯右拧(45°)形成二人上身向外打开得稍多一些的姿态。男伴左脚和女伴右脚分别在各自身旁屈膝，并用拇趾外缘着地，而两人膝盖内合，男伴左膝内侧轻压女伴右膝外侧。

二、体育舞蹈舞场基本知识

(一)舞程向

在一个舞池中，为避免互相碰撞而严格规定舞者必须按逆时针方向行进，这个行进方向叫舞程向。

(二)舞程线

跳舞者必须按逆时针方向前进，这个行进线路就叫舞程线(图22-1)。舞程线中，长的两条为A线，短的两条为B线。国标舞以男伴面对舞程线方向为基准，对舞步的行进方向规定了八条线。只要舞者沿着舞程线行进，无论到哪个点上，都可以按八条线来区分方位和角度。

八条线：①男伴面向的是舞程线；②男伴背向的是逆舞程线；③男伴右肩所向即右转90°所向为四壁称为壁线；④男伴左肩所向即左转90°所向为舞池中央称为中央线；⑤男伴右前方即右转45°后的方向朝壁线倾斜称为壁斜线；⑥男伴左前方即左转45°后的方向朝中央线倾斜称为中央斜线；⑦男伴右后方即右转135°后的方向朝壁线逆向倾斜称为逆壁斜线；⑧男伴左后方即左转135°后的方向朝中央逆向倾斜称为逆中央斜线。

(三)动作术语解释

(1)闭式位舞姿：指男女面对面双手扶握的身体位置。

(2)侧行位舞姿：指男士的右侧与女士的左侧身体紧密贴靠，身体的另一侧略向外展开成"V"形的站立或行进的身体位置。

(3)外侧位舞姿：指在摩登舞中，男女舞伴的一方向另一方的右外侧或左外侧前进所形成的身体位置。

(4)影子位舞姿：男女舞伴面向同一方向重叠而立，形影相随的身体位置。

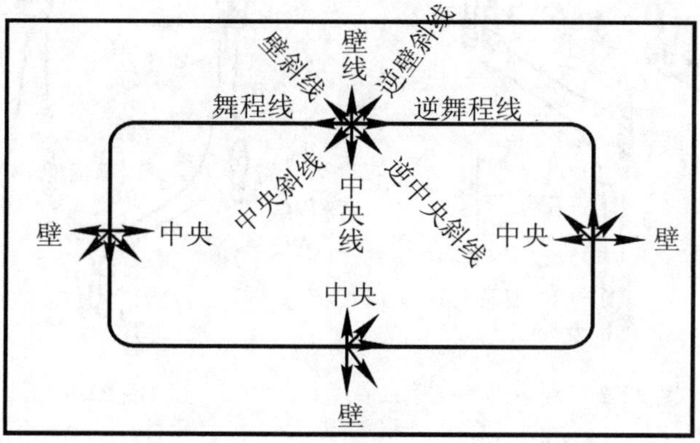

图 22-1

(5)反身动作：一侧脚前进或后退时、异侧肩和胯后让或前送、使身体与舞步形成反向配合的身体动作。

(6)摆荡动作：是指舞者在身体上升做斜向或横向移动时，像钟摆似地把身体摆动起来。

(7)节奏：指以一定规律反复出现，赋予音乐以性格的具有特色的节拍。

(8)组合：两个或两个以上的舞步型的结合。

(9)准线：指的是双脚的位置或双脚方向与房间的关系。

(10)擦步：当动力脚从一个开位向另一个开位移动时，必须先与主力脚靠拢，而重心不变的舞步。

(11)滑步：指在第二步双脚并拢的三步组成的舞步。

(12)踌躇步：前进暂时受阻的舞步型或舞步型部分，重心停留于一脚超过一拍。

(13)逗留步：身体运动或旋转受阻时的部分舞步型，双脚几乎静止不动。

(14)锁步：两脚前后交叉的舞步。

(15)平衡：舞蹈中身体重心的准确分配。

(16)脚跟转：向后迈出的脚的脚跟转。在动作过程中并上的脚必须与主力脚平行，旋转结束时身体重心移动至并上的那只脚。

(17)脚跟轴转：不变重心的单一脚跟旋转。

三、摩登舞基本舞种与技术介绍

(一)华尔兹

1. 华尔兹的基本动作

(1)并脚方步：

◇前进后退左方步(图 22-2)

准备姿势：闭式舞姿。

①男：左脚前进。女：右脚后退。

②男：右脚向侧并稍向前。女：左脚向侧并稍后退。

③男：左脚并右脚。女：右脚并左脚。

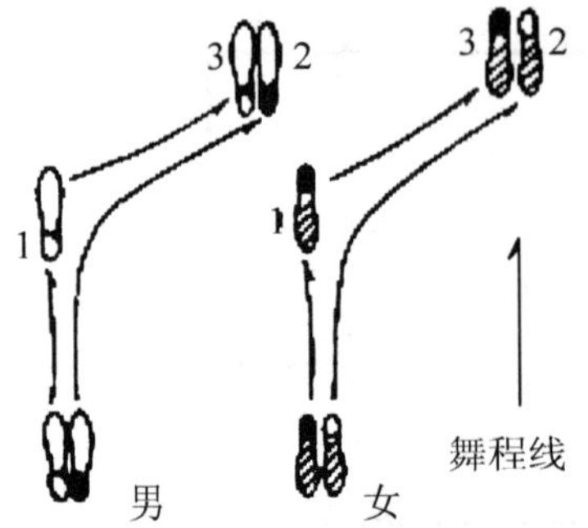

图 22-2

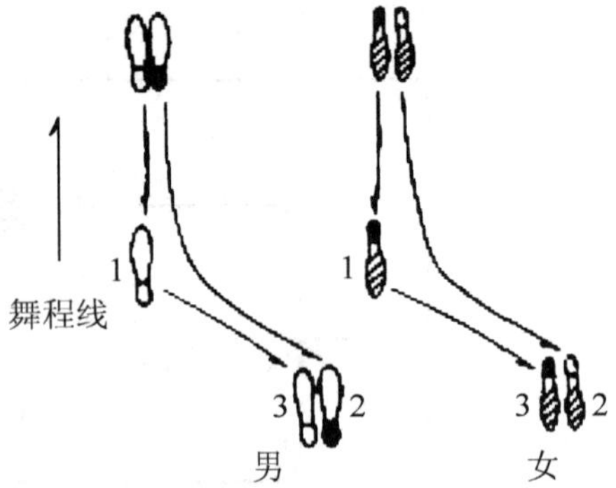

图 22-3

◇前进后退右方步（图 22-3）

准备姿势：闭式舞姿。

①男：右脚前进。女：左脚后退。

②男：左脚向侧并稍向前。女：右脚向侧并稍向后。

③男：右脚并左脚。女：左脚并右脚。

(2) 右转步（图 22-4）：

准备姿势：合位。

①男：右足前进，开始向右转。女：左足后退，开始向右转。

②男：左足旁步，向右转 1/4。女：右足旁步，向右转过 3/8。

③男：右足向左足并步，继续右转 1/8。女：左足向右足并步。

④男：左足后退，开始向右转。女：右足前进，开始向右转。

⑤男：右足旁步，向右转过 3/8，身体转动稍滞后。女：左足旁步，向右转过 1/4。

⑥男：左足向右足并步，身体完成转动。女：右足向左足并步，继续转过 1/8。

(3) 左转步（图 22-5）：

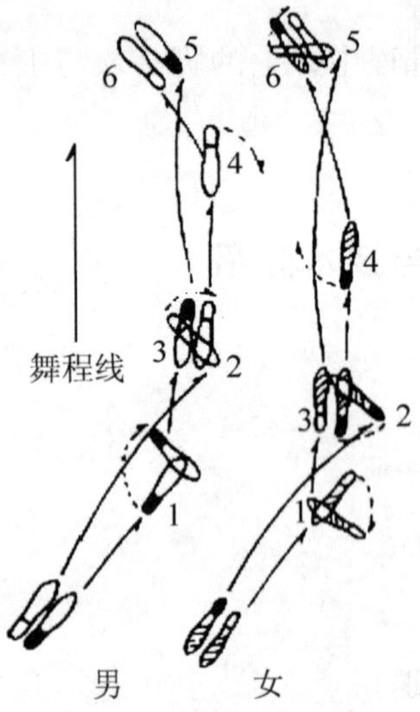

图 22-4

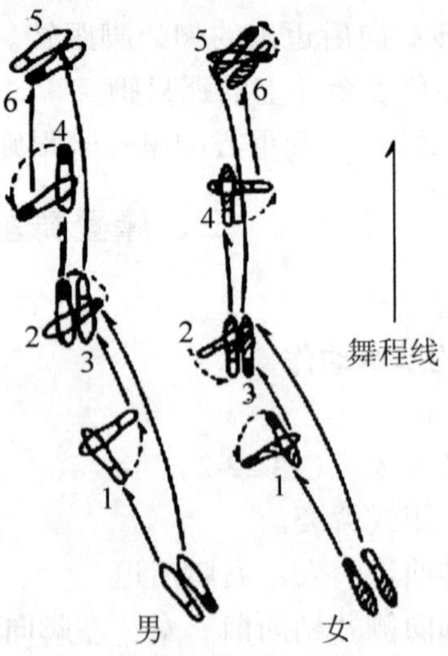

图 22-5

准备姿势：合位。

①男：左足前进开始左转。女：右足后退开始左转 1/4。

②男：右足旁步向左转过 1/4。女：左足旁步向左转过 1/4。

③男：左足向右足并步，再转过 1/8。女：右足向左足并步，身体完成转动。

④男：右足后退，开始左转。女：左足前进，开始左转。

⑤男：左足旁步转 3/8，身体转动滞后。女：右足旁步，转 1/4。

⑥男：右足向左足并步，身体完成转动。女：左足向右足并步，转过 1/8。

(4)外侧换步（图 22-6）：

准备姿势：合位。

①男：左足后退。女：右足前进。

②男：右足后退，开始左转。女：左足前进，开始左转。

③男：左足旁步，稍靠前，转过 1/4，身体转动滞后。女：右足旁步，稍靠后，转过1/4，身体转动滞后。

④男：右足右外侧前进。

(5)犹豫步（图 22-7）：

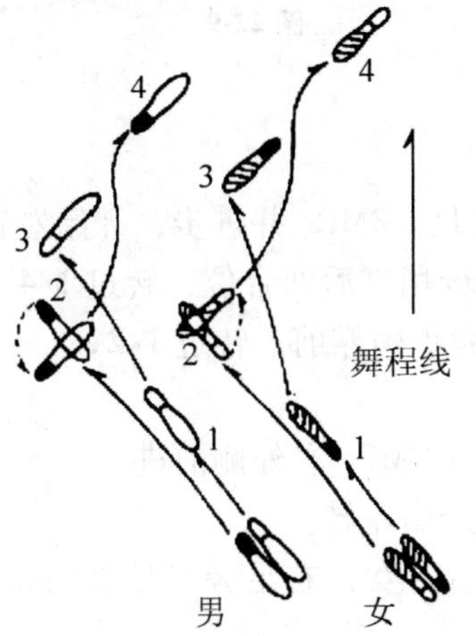

图 22-6

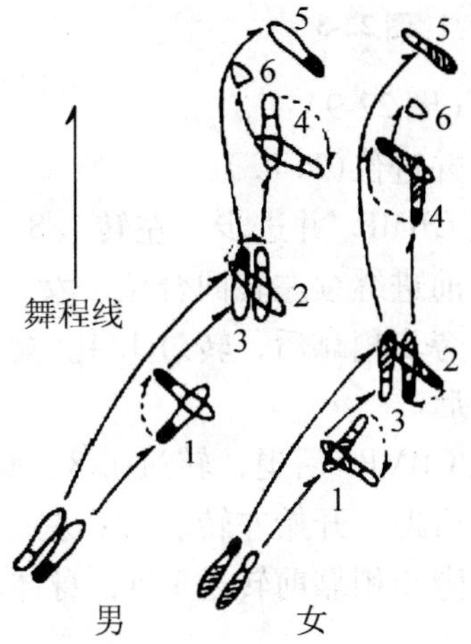

图 22-7

犹豫步的第一、二、三步与右转步第一、二、三步相同，第四、五、六步如下：

准备姿势：合位。

④男：左足后退，开始右转。女：右足前进，开始右转。

⑤男：右足旁跨一小步(足跟拖动，由足跟→足内缘→全足)，转过 3/8。女：左足旁步，转过 3/8。

⑥男：左足用足尖内缘刷向右足，虚步。女：右足用足尖内缘刷向左足，虚步。

女：左足 CBMP. 后退。

(6)前进并合步（图 22-8）：

准备姿势：并进位。

①男：右足 CBMP. 并进步。女：左足 CBMP. 并进步开始向左转。

②男：左足旁步稍靠前。女：右足旁步转过 1/8。

③男：右足向左足并步。女：左足向右足并步转过 1/8，身体转动滞后。

④男：左足旁步稍靠前。女：右足旁步稍靠后。

⑤男：右足 CBMP. 右外侧前进。女：左足 CBMP. 后退。

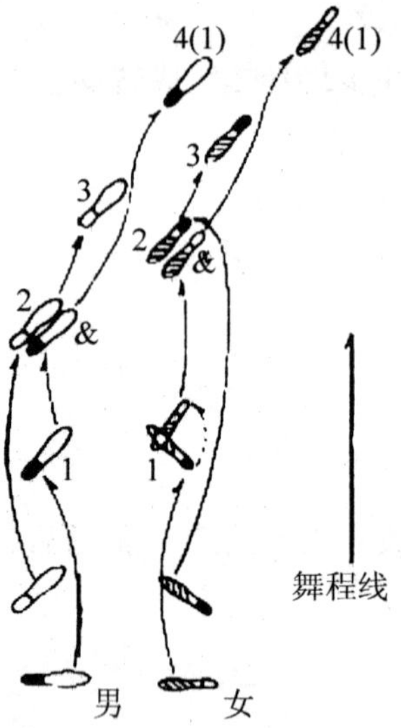

图 22-8

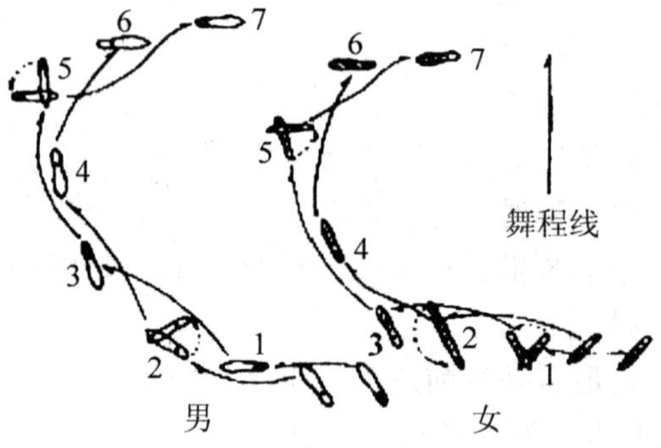

图 22-9

(7)纺织步(图 22-9)：

准备姿势：并进位(P. P.)

①男：右足 CBMP. 并进步，左转 1/8。女：左足 CBMP. 并进步，开始左转。

②男：左足前进继续左转回合位。女：右足旁步稍靠后回合位，转过 1/4。

③男：右足旁步稍靠后，转过 1/4。女：左足旁步稍靠前，转过 1/2，身体转动滞后。

④男：左足 CBMP. 后退，转过 1/8。女：右足 CBMP. 右外侧前进。

⑤男：右足后退，开始左转。女：左足前进，开始左转。

⑥男：左足旁步稍靠前转过 1/4，身体转动滞后。女：右足旁步稍靠后转过 1/4，身体转动滞后。

⑦男：右足 CBMP. 右外侧前进。女：左足 CBMP. 后退。

2. 华尔兹铜牌动作套路

A：(1) 左足并换步　123　　(2)右转步　123　123

　(3) 右足并换步　123　　(4)左转步　123　123

B：(5)叉形步　123　　(6)追步自侧行位　123

　(7)右旋转步　123　123　　(8)左转后三步　123

(二)探　戈

1. 探戈舞基本步

(1)常步(图 22-10)：

节奏：SS

①男舞伴左足前进，女舞伴右足后退，男舞伴左足提起出步，左足落下以足跟先着地，紧接着左足全足着地。女舞伴右足提起退步，然后右足按 CBMP. 向左足后方退步，右足落下时，足掌先着地，紧接着右足全足着地，常步第一步完成。

②男舞伴右足前进，女舞伴左足后退，男舞伴右足提起准备出步，然后右足迈步，右足尖稍向左偏以使舞者沿曲线向左行进。右足迈步时同时肩引导，即右肩向前，与右足运动方向相

同。右足落下时足跟先落地，紧接着全足落地。女舞伴左足提起准备退步，肩引导，即左肩向后。然后左足向后退步，左足落下，以左足掌先着地，紧接着左足全足着地，完成第二步。

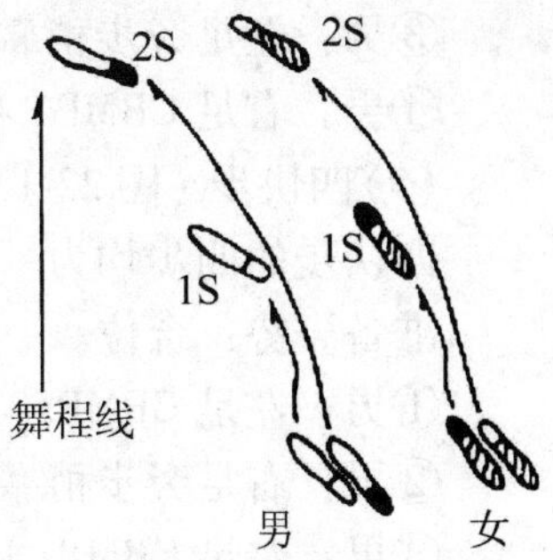

图 22-10

(2)行进连接步：

该舞步共有两步。节奏：QQ

准备姿势：合位或走步第二步。

①男：左足 CBMP. 前进。女：右足 CBMP. 后退。

②男：右足旁步稍靠后(全足内缘)，左足虚步(掌内缘)，内并进位，左膝弯曲内收，身体向右转正，迅速摆头面向中央线。女：左足虚步，右足虚步，成并进位，右膝弯曲内收，身体正对男伴，迅速摆头面向中央线。

(3)并进并合步（图 22-11）

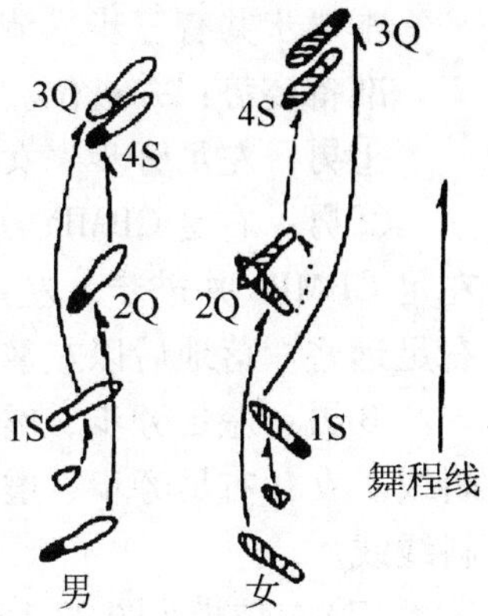

图 22-11

该舞步共分四步。节奏：SQQS

准备姿势：并进位

①男：左足旁步。女：右足旁步。

②男：右足 CBMP. 并进步。女：左足 CBMP. 并进步，左转 1/4 至合位。

③男：左足旁步稍靠前(足内缘)。女：右足旁步稍靠后(掌内缘)，头摆回面对壁斜线。

④男：右足向左足并步(全足)头摆回面对壁斜线。女：左足向右足并步(全足)。

(4)并进外侧步（图 22-12）：

该舞步共分为四步。节奏：SQQS

①男：左足旁步。女：右足旁步。

②男：右足 CBMP. 并进步。女：左足 CBMP. 并进步。

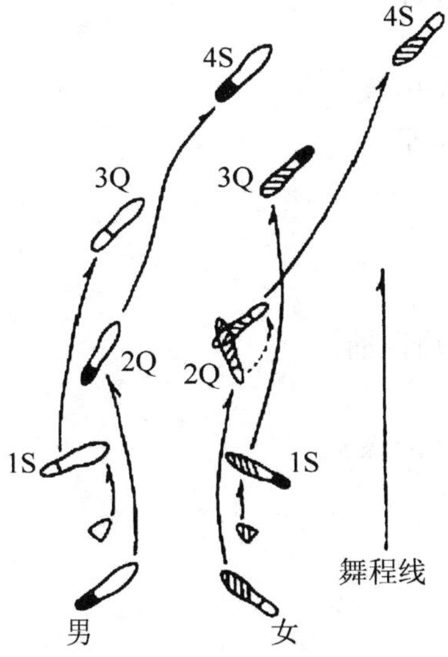

图 22-12

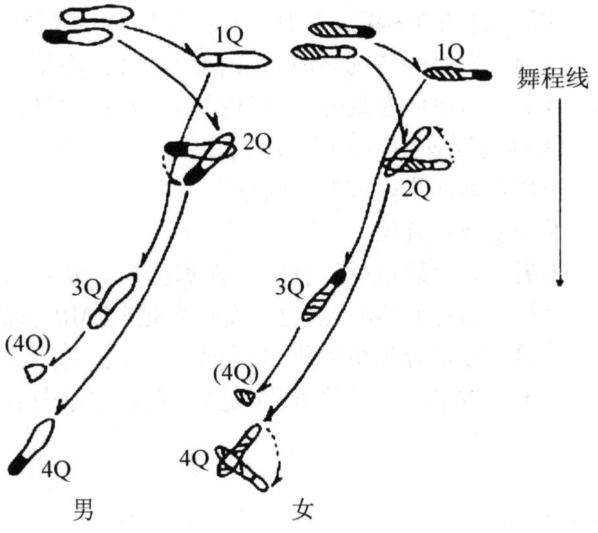

图 22-13

③男：左足旁步稍靠前(足内缘)。女：右足旁步稍靠后(掌内缘)。头摆回面对壁斜线。

④男：右足 CBMP. 右外侧前进头摆回面对壁斜线。女：左足 CBMP. 后退。

(5)四快步（图 22-13）：

四快步的四步均为一拍一步。节奏：QQQQ

准备姿势：合位。

①男：左足 CBMP. 前进。女：右足 CBMP. 后退。

②男：右足旁步稍靠后。女：左足旁步稍靠前(全足)。

③男：左足 CBMP. 后退。女：右足 CBMP. 右外侧前进。

④男：右足后退，左足虚步(掌内缘)成并进位，左膝弯曲内收，摆头面对中央线。女：左足前进，右足虚步(掌内缘)成并进位，右膝弯曲内收，摆头面对中央线。

(6)并进连接步(图 22-14)：

本舞步共有三步。节奏：SQQ

准备姿势：并进位。

①男：左足旁步。女：右足旁步。

②男：右足 CBMP. 并进步，右足落地后身体开始左转。女：左足 CBMP. 并进步，左足滞后于男伴右足，落地位置应较男伴右足远些。落地后以左掌为轴迅速左转。

③男：左足旁步、虚步(掌内缘)，左膝内收，摆头面对中央斜线。女：右足旁步、虚步(掌内缘)，右膝内收，摆头面对中央斜线线。

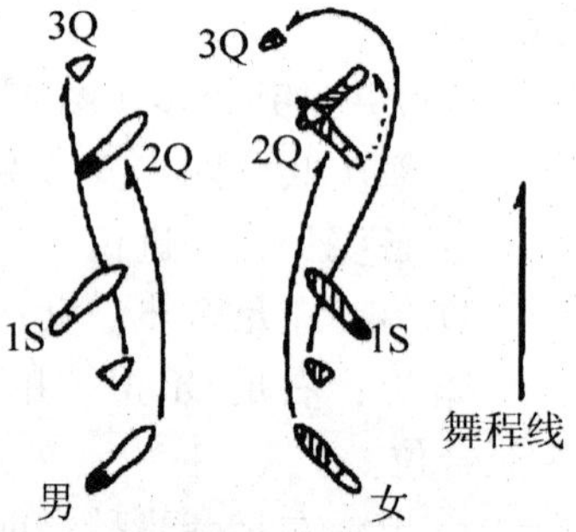

图 22-14

(7)左转步（图 22-15）：

左转步 A 共有六步。节奏：QQSQQS

准备姿势：合位。

①男：左足 CBMP. 前进。女：右足 CBMP. 后退。

②男：右足旁步稍靠后。女：左足旁步稍靠前(全足)。

③男：左足后退(掌内缘)左肩向后。女：右足前进，右肩向前。

④男：右足 CBMP. 后退。女：左足 CBMP. 前进。

⑤男：左足旁步稍靠前(足内缘)。女：右足旁步稍靠后(掌内缘)。

⑥男：右足向左足并步(足内缘)。女：左足向右足并步(全足)。

(8)后退左转步（图 22-16）：

该舞步共四步。节奏：SQQS

准备姿势：合位。

①男：左足后退(掌内缘)，左肩向后。女：右足前进，右肩向前。

②男：右足 CBMP. 后退。女：左足 CBMP. 前进。

③男：左足旁步稍靠前(足内缘)。女：右足旁步稍靠后(掌内缘)。

④男：右足向左足并步(全足)。女：左足向右足并步(全足)。

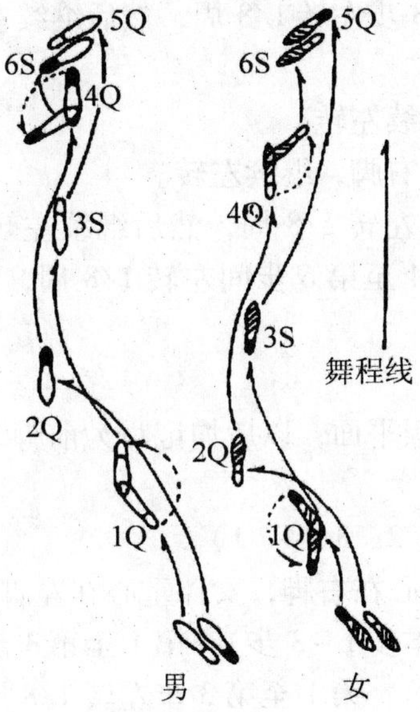

图 22-15

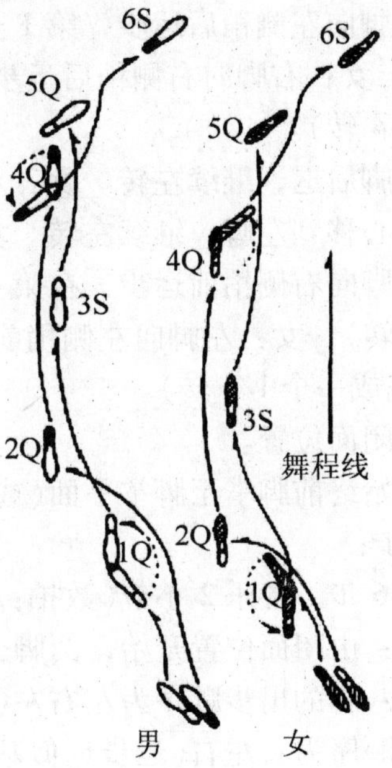

图 22-16

2. 探戈铜牌套路动作

(1) Two Walks	2 常步，SS
(2) Progressive Side Step	直行侧步，QQS
(3) TwoWalk	2 常步，SS
(4) Open Reverse Turn L/O	分式左转步(女士外侧)，QQS
(5) Closed Finish	并步结束，QQS
(6) Two Walks	2 常步，SS
(7) Natural Rock Turn	右摇转步，QQS
(8) Closed Finish	并步结束，QQS
(9) Back Corteto P. P.	后退截步至侧行位置，SQQS，&S
(10) Closed Promenade	并式侧行步，SQQS
(11) Two Walks	2 常步，SS
(12) Rockon L. F.	左足摇步，QQS
(13) Closed Finish to P. P.	并步结束至侧行位置，QQS，&S
(14) Promenade Link	侧行连步，SQQ

四、拉丁舞基本舞种与技术介绍

(一)伦　巴

1. 伦巴舞的基本动作

(1)基本步：

该舞步共 6 步，音乐 2 小节(数拍：2、3、4、1，2、3、4、1)。

准备姿势：由闭面位置开始，两脚分开，男伴重心在右脚，女伴重心在左脚。

①男：左脚向前，开始左转。女：右脚后退，开始左转。

②男：重心移至右脚，继续左转。女：重心移至左脚，继续左转。

③男：左脚向左侧稍后运步，第 1 至第 3 步左转 1/8 周，然后继续左转 1/8 周(直到完成一个 1/4 转)。女：右脚向右侧稍后运步，第 1 至第 3 步左转 1/8 周，然后继续左转 1/8 周(直到完成一个 1/4 转)。

④男：右脚后退，继续左转。女：左脚前进，继续左转。

⑤男：重心移到左脚，继续左转。女：重心移到右脚，继续左转。

⑥男：右脚向右侧稍前运步，在第 4 至第 6 步间左转 1/8 周，然后继续左转 1/8 周(直到完成一个 1/4 转)。女：左脚向左侧稍前运步，在第 4 至第 6 步间左转 1/8 周，然后继续左转 1/8 周(直到完成一个 1/4 转)。

△结束在闭面位置。

△脚法：始终前脚掌至脚掌平面(或脚趾球至脚板平面，以后均记写为前脚掌、平面)。

(2)扇形步：

该舞步共 6 步，音乐 2 小节(数拍：2、3、4、1，2、3、4、1)。

准备姿势：由闭面位置开始，两脚分开，男伴重心在右脚，女伴重心在左脚。

①~③男：脚的出步顺序为左右左(运步近似基本步 1~3 步)，第 1 至第 3 步左转 1/8 周。女：脚的出步顺序为右左右(运步近似基本步 1~3 步)，第 1 至第 3 步左转 1/8 周。

④男：右脚后退，不转动。女：左脚前进，开始左转。

⑤男：重心移向左脚，不转动。女：右脚后退，稍向右外侧，继续左转。

⑥男：右脚侧旁出步，不转动。女：左脚后退，继续左转，在第 4~6 步间完成 1/4 转。

△结束在扇形(或开面)位置。

△脚法：始终前脚掌至脚板平面。

△引导：在第 4 步上用右手轻按一下女伴以引导其向前，在第 5、6 步用放松右手和轻轻按压左手以示意女伴向后运动。

(3)阿列曼娜步：

该舞步共 6 步，音乐 2 小节(数拍：2、3、4、1，2、3、4、1)。

准备姿势：由扇形(或开面)位置开始，两脚分开，男伴重心在右脚，女伴左脚在后，为重心脚。

①男：左脚前进，不转动。女：右脚靠到左脚，不转动。

②男：重心移到右脚，不转动。女：左脚前进，不转动。

③男：左脚靠向右脚，不转。女：右脚前进，开始右转。

④男：右脚后退，不转。女：右脚前进，继续右转。

⑤男：重心移向左脚，不转。女：右脚前进，继续右转。

⑥男：右脚靠向左脚，不转。女：左脚前进，继续右转，在 3~6 步间完成向右 1/4 转。

△结束：有三种不同位置：

①闭位结束。②女伴在男伴的右侧互成直角，常规握持姿态。③女伴在男伴右侧，以右并肩位置结束。

△脚法：始终为前脚掌、平面。

(4)曲棍步：

该舞步共 6 步，音乐 2 小节(数拍：2、3、4、1，2、3、4、1)。

准备姿势：由扇形位置开始，男伴两脚分开，重心在右脚，女伴左脚在后，是重心脚。

①男：左脚前进，无转动。女：右脚靠近左脚，无转动。

②男：重心移到右脚，无转动。女：左脚前进，无转动。

③男：左脚靠近右脚，无转动。女：右脚前进，无转动。

④男：右脚后退，开始右转。女：左脚前进，开始左转。

⑤男：重心移向左脚，继续右转。女：右脚后退，继续左转。

⑥男：右脚前进，继续右转，在第4～6步间完成向右1/8转。女：左脚后退，继续左转，在第4～6步间完成向左5/8转。

△结束在开面位置。

△脚法：始终为前脚掌、平面。

(5)渐进步和渐退步：

渐进步和渐退步通常是用臀部动作来跳的，并以3步或6步为一组，渐进步由左脚起步，渐退步则先退右脚，在闭面或开面位置上跳时仍以2、3、4、1的顺序数拍。渐进步或渐退步可以直线运动或稍微向左或右弯曲来跳，脚部动作动态始终为球面，当跳后退步时，前脚尖必须与地板接触。

(6)右陀螺转步：

该舞步共9步，音乐3小节(数拍：2、3、4、1，2、3、4、1，2、3、4、1)。

准备姿势：由闭面位置开始，男伴两脚分开，重心在左脚，女伴右脚在前，为重心脚。

①男：右脚移至左脚后面，脚尖靠近左脚跟，并向外偏转，开始右转。女：左脚到侧旁，开始右转。

②男：左脚到侧旁，继续右转。女：右脚在左脚前面，脚尖偏转向外，继续右转。

③～⑧男：(数拍：2、3、4、1，2、3、4、1，2、3、4、1)，重复第1、2步动作，继续右转，第①～⑧步过程中完成向右旋转两圈。

⑨男：右脚靠近左脚。女：左脚到侧旁(出旁步)。

△结束于闭面位置。

△脚法：始终为前脚掌、平面。

2. 伦巴舞铜牌动作套路

(二)恰恰恰

1. 恰恰舞的基本动作(表22-1)

(1)基本步：

该舞步共10步，音乐2小节(数拍：2、3、4加1，2、3、4加1)。

准备姿势：由闭面位置开始，男伴脚分开，重心在右脚；女伴脚分开，重心在左脚。

①男：左脚前进，开始左转。女：右脚后退，开始左转。

②男：重心移回右脚，继续左转。女：重心移回左脚，继续左转。

③～⑤男：左脚到侧旁并稍向后，跳快滑步左右左，继续转动，在第1～5步上完成向左1/8转（可以做到1/4转）。女：右脚到侧旁，跳快滑步右左右，继续转，在第1～5步上完成向左1/8转(可以做到1/4转)。

⑥男：右脚后退，继续左转。女：左脚前进，继续左转。

表22-1

舞步	小节
基本动作	4
纽约步	3
臂下右转	1
手对手	3
原地左转	1
基本动作1～3步	1
6步后退常步	2
基本动作4～6步	1

⑦男：重心移回左脚，继续左转。女：重心移回右脚，继续左转。

⑧～⑩男：右脚到侧旁，跳快滑步右左右，继续转，在第6～10步上完成向左1/8转(可以做到1/4转)。女：左脚到侧旁并稍向后，跳快滑步左右左，继续转动，在第6～10步上向左1/8转(可以做到1/4转)。

△结束于闭面位置。

△脚法：始终前脚掌、平面。

(2)扇形步：

该舞步共10步，音乐2小节(数拍：2、3、4加1，2、3、4加1)。

准备姿势：由闭面位置开始，脚分开。男伴重心在右脚，女伴重心在左脚。第1～5步(数拍：2、3、4加1)

男：同基本步的第1～5步，左右、左右左，在第1～5步上向左1/8转。女：同基本步的第①～⑤步，右左、右左右，在第1～5步上向左1/8转。

⑥男：右脚后退，不转。女：左脚前进，开始左转。

⑦男：重心移回左脚，不转。女：右脚后退，并稍向侧旁。

⑧～⑩男士左手与女士右手相握持。

男：右脚移到侧旁，跳快滑步(右左右)女：左脚后退，跳快滑步(左右左)，继续转，在第⑥～⑩步上向左1/4转。

△结束在扇形(或开面)位置。

△脚法：始终前脚掌、平面。

△引导：在第⑥步上男伴用右手轻(勾)压，引导女伴向前，而在第7～8步上以放开右手并用左手轻推，来引导女伴后退。

(3)阿列曼娜步：

该舞步共10步，音乐2小节(数拍：2、3、4加1，2、3、4加1)。

准备姿势：由扇形(或开面)位置开始，男伴脚分开，重心在右脚，女伴重心在左脚上。

①男：左脚前进，不转。女：右脚靠到左脚，不转。

②男：重心移回右脚，不转。女：左脚前进，不转。

③～⑤男：左脚几乎靠到右脚，跳快滑步(左右左)，不转。女：右脚前进，跳快滑步右左右，开始右转。

⑥男：右脚后退，不转。女：左脚前进，继续右转。

⑦男：重心移回左脚，不转。女：右脚前进，继续右转，在第6～7步上右转1/2周。

⑧～⑩男：右脚几乎靠到左脚，跳快滑步右左右，不转。女：左脚前进，跳快滑步左右左，继续右转，在和3～10步上完成转。

△结束于闭面(或女伴在男伴的右侧与他成直角，正常握姿态，或右并肩)位置。

△脚法：始终前脚掌、平面。

△引导：在第1拍上让女伴把右脚靠到左脚，引导她跨步向前。在第3～5步上继续引导她向前，并开始让她右转。在第10步上恢复正常握姿，结束时，女伴在男伴的右侧与他成直角，在第10步上放低左臂到腰部水平位置，并使左臂向右下方移动，结束在右并肩位置上。

(4)曲棍步：

该舞步共10步，音乐2小节(数拍：2、3、4加1，2、3、4加1)。

准备姿势：由扇形位置开始，男伴脚分开，重心在右脚上，女伴左脚在后，为重心脚。

①男：左脚前进，不转。女：右脚靠到左脚，不转。

②男：重心移回右脚，不转。女：左脚前进，不转。

③~⑤男：左脚几乎靠到右脚，跳快滑步左右左，不转。女：右脚前进，跳快滑步右左右，不转。

⑥男：右脚后退，开始右转。女：左脚前进，开始左转。

⑦男：重心移向左脚，无转动。女：右脚前进左转 1/2 周后，变为右脚在后，脚跟向侧旁。

⑧~⑩男：右脚向前跳快滑步右左右，继续右转，在第 6~10 步上完成 1/8 转。女：左脚后退，跳快滑步左右左，继续左转，在第 6~10 步上完成 5/8 转。

△结束在开面位置(或反并进位置或左并肩位置)。

△脚法：始终前脚掌、平面。

△引导：第 1 步让女伴将右脚靠到左脚，第 2~5 步，渐渐地抬高左臂引导女伴向前，第 6 步，使女伴左转，第 7 步，继续带动她转，第 8~10 步，渐渐地落低左臂。

(5)三个恰恰恰步：

该舞步共 9 步，音乐小节(数拍：4 加 1、2 加 3、4 加 1)。

三个恰恰恰快滑步可以在某个方位上渐进地跳，例如：

①向前跳(前进步)：

(a)在闭面位置上——在基本步的第 1~7 步之后(在 9 个步子右左右、左右左、右左右上不转或渐渐地弯向左，直到 3/8 转)，女伴是左右左，右左右，左右左后面跟随基本步。

(b)在开面位置上——在曲棍步的第 1~7 步之后(在 9 个步子右左右、左右左、右左右上不转或渐渐地弯向左，直到 3/8 转)，女伴是左右左，右左右，左右左。用基本步恢复正常握姿态跟随。

(c)在右并肩位置上——在手拉手步的第 2~12 步之后(不转或向右 1/8 转，向左 1/8 转和向右 1/8 转，交替在每一快滑步左右左、右左右、左右左的每一步上)，女伴是向左 1/8 转，向右 1/8 转和向左 1/8 转——右左右，左右左，右左右。用原地定点左转步(女伴向右)跟随其后。

(d)在左并肩位置上——在手拉手步的第 7 步之后(不转或向左 1/8 转，向右 1/8 转和向左 1/8 转交替在快滑步右左右、左右左、右左右的每一步上)，女伴是向右 1/8 转，向左 1/8 转和向右 1/8 转——左右左，右左右，左右左。用定点右转步(女伴向左转)跟随其后。

②向后跳(后退步)：

在闭面或开面位置上——在基本步的第 2 步之后(不转或渐渐地向右或向左拐弯，达到 3/8 转)。左右左，右左右，左右左；(女伴右左右，左右左，右左右)。当不转动时，后面用基本步的第 6~10 步接跳；当向左拐弯时，用扇形步的第 6~10 步跟随；而当向右拐弯时，用右陀螺转步跟随。如果由右陀螺转步接跳时，前面舞步的最后一步要到侧旁并稍后退。

(6)右陀螺转步：

该舞步共 15 步，音乐 3 小节(数拍：2、3、4 加 1，2、3、4 加 1，2、3、4 加 1)。

准备姿势：由闭面位置开始，男伴脚分开，重心在左脚上，女伴右脚在前，为重心脚。

①男：右脚到左脚后面，脚尖对脚跟，脚尖转向外，身体右转。女：左脚到侧旁，开始向右转。

②男：左脚到侧旁，继续右转。女：右脚到左脚前面，右脚尖转向外，继续向右转动。

③～④男：重复第1、2步6次，继续右转，在第1～15步间完成转。

女：重复第1、2步6次，继续右转，在第1～15步间完成向右转。

⑤第15步（数拍：1）男：右脚靠到左脚。女：左脚到侧旁。

△结束在闭面位置上。

△脚法：

男：始终前脚掌、平面。右脚的脚跟不必完全落下。女：始终前脚掌、平面。

表22-2

舞 步	小节
基本动作	2小节
纽约步	3小节
臂下右转	1小节
手对手	3小节
原地左转	1小节
开式基本动作（前进后退各加2次锁步）	4小节

2. 恰恰恰铜牌动作套路（表22-2）

五、跳好体育舞蹈的基本原则

体育舞蹈，不论是摩登舞还是拉丁舞，都有着某些共同的基本原则，是舞者所要努力在舞蹈中表现的。如果是在竞赛中，有经验的裁判，本身就是标准舞大师，将会着重观察舞者对这些基本原则的掌握和表现。以下列举一些最重要的，加以论之：

（一）领舞者主动，跟随者被动

在交谊舞中，通常领舞者是男士，跟随者是女士。有时社交舞会上可以看到两女士共舞，其中一位是领舞者。领舞者必须承担起发起动作、控制运动的节奏和速度、解释音乐和控制身体以发出清晰明确的领带信号的责任。跟随者所要做到的是在接收到信号后，立即作出合理的反应，使得领舞者的动作意图得到最快速的实现。

因此，在领舞者发起动作后，跟随者应当顺着领舞者的动作方向立即移动，将领舞者的动作阻力降至最小以至为零。但是过分的移动将牵拉领舞者，破坏领舞者的预期重心移动，也是不对的。

总论之，女士在舞蹈中应将注意力放在敏锐地感知男士的带领信号并作立即反应上，而不应在音乐的解释或动作的节奏和速度上去试图“帮助”男士。有些步法令人感到似乎是女士在帮助男士，但实际上这是两人的正确联系机制的自然作用，不是女士在有意的帮助男士。因此有些大师不同意女士帮助男士的说法，因为这样容易引起误导。

（二）良好的姿态和体势是基本的基本

摩登舞和拉丁舞中，良好的姿态和体势有利于两人连接和信息传递的有效，使对方动作的阻力最小是最重要的目的，美观是其次。姿态（Posture）是指身体的挺拔稳固，头肩背腿腰腹线条的美观和平稳。体势（Poise）指的是身体重心与地面的角度，从足底感觉上说，是指重心在足底与地面的最大压力点的位置。

摩登舞中，女士应将身体正对着男士的右侧，并使自己的从胸膈膜到胯部的中线位置和男士的右侧有平稳而轻微的接触（不是压迫）。在Swing舞（华尔兹，狐步舞，快步舞和维也纳华尔兹）中通常让背面的人能看到男士胸部的中线就足够，而在探戈中要顺着男士左手的内靠的位置，更加趋于男士右侧一点。原始的摩登站姿要求不论男女，都是放在左脚足底的前方。当男女搭手时，身体上和精神上都保持向前的正确势态是形成一个有效联系反应机制的关键：由于双方向前的体势，导致双方的连接处（基本面对式舞姿中是男方的左手和女方的右手）产生了原始压力（阻力）。控制得当的体势，只要使这一原始压力维持在能被感觉到的程度就足够

（原始压力小为好）。过于前倾和推挤会造成动作的阻力太大，反应减慢。这个原始压力，就是俗称为“联系”的科学解释。对于女士来言，这个原始压力就是男士信号的定量指标：原始压力增加，就后退以还原之，原始压力减小，就前进以寻求之。

（三）女士的任务是向阻力最小的方向走步

不论是摩登舞还是拉丁舞，女士在有阻力时停止，在感到阻力增加时，顺着来力的方向后退以化解之。在没有阻力时本能上就应该向前走步。

在摩登舞中，由于男女的全面连接，女士的重心在跟着男士的重心运动时的阻力是最小的。因此在绝大多数舞步中，女士的任务就简化到向重心移动的方向走步就足够，要做到在重心到位之前，脚先到位以承接重心。如在“向后”的步法中，如“Reverse Wave”中，男士先发起向后退让的动作，给女士让出前进的通道。这时女士的本能就发挥作用，向前的体势和阻力的消失使得重心开始前移，于是动作脚必须快速前迈，以求在重心到位之前到达位置承接之。这就形成一个向前走步。客观上女士的前走步又反过来帮助了男士的后退，给了一定的助力。在某些旋转步法中的原理也是一样的。因此女士必须一开始就明确向前的体势，当和男士搭手时，虽然由于男士档在前面而停止向前走，但体势和内在的精神还是保持向前，以至于每当男士作出让路的动作，暗示女士要向前时，自然地，向前的 Poise 自动导致女士向前迈步，这样反过来就帮助了男士的后退或后撤转身。Halen Hilton 反复强调女士应始终保持向前的 Poise 就是这个道理。由于向前的 Poise，致使在两人开始搭手时，女士的重心需保持在脚掌的前方。但这种趋势不能过分到使得男士感到压迫感，原则是只要在男士后撤时，女士的重心的前倾恰好能提供女士自动向前迈步的足够的动能就够了。分寸的把握能力需要男女搭手对基本站姿进行反复训练，并且多在舞会上实战才能逐渐获得并巩固。

在拉丁舞中，原理也是一样的。区别在于女士的活动空间更大，女士的原则是向阻力最小的方向走前后走步。在连接上，要注意保持手臂的形态（放松的伸直态），以及手背的方向和身体方向的关系，以使能形成对男士的引导作出最有效的联系反应机制。并反复练习，以求形成了机制性的条件反射能力。具备了这样的能力，在舞蹈中就根本不必去死记硬背套路了。

（四）能量以身体中心为原点，向周围发散

这句话的理解会有一点难度。什么叫“能量”？在中国气功中，有“气”的说法，意思接近于这里所述的“能量”。这里的“能量”还带有用意念控制的用力方向的含义。总体看来，有着保持向四周放射能量和光芒的精神状态（对男士而言，想象自己是光照天地的神）的含义。这项原则是标准舞所要表现的精神[神圣，高贵，典雅，权威（男士），谦卑，总之，像基督教中的上帝耶稣]的直接形体和精神要求（社交拉丁风情舞中就没有这种要求）。如果用更技术化的、分解式的说法，可以是以下的理解：

“身体中心”可以理解为肚脐向里，胸膈膜以下，命门之前，会阴之上的区域。如果精确到点的话，就是这个区域的中心点（大概是腰部脊柱的位置）。朝向这个中心点，由四周向中心稍稍收缩仅仅这个区域的肌肉（包括大腿根，胯部，臀部，背的下部，小腹，腰部），那么就会产生能量汇聚于身体中心的感觉，并使身体的中段稳固，重心得到控制。

“向四周发散”，就是头顶要朝上顶，手臂向外伸展，脚往地下施加压力，在摩登舞中肩肘向外扩展和胸部向前向上扩展的感觉。但是关键在于人体的肌肉是只能收缩，自己是不能拉伸的。比如说，如果要伸展手臂的正面，不能用拉伸手臂正面的肌肉来达成，只能靠收缩手臂背面的肱三头肌来达成。由此我们就知道所谓“身体向某某方向延伸”，“肩部向某某方向延伸”等说法，仅仅很模糊地说出了一种感觉，实践起来是经不起推敲的。“头往上顶”的感觉，我们需通过向下收缩背部的肌肉来实现，与此同时，背部肌肉的收缩也使得前胸产生了向前向上向外扩展的效果。我们不能用拉伸前胸的方法来制造前胸扩展的效果，这样我们会收缩了不该收缩的肌肉，使得脊柱向后弯，高度变短，并使得整个前胸十分僵硬，女士无法有效地接受男士的身体引导信息并及时反应，男士的形态变坏，无法有效精确地传递信息。我们必须对人体构造和运动生理学知识有所了解，来弄明白达到这些伸展效果所要收缩的肌肉。

保持手臂向前向外伸展是女士所必须坚守的原则，不仅是形式上，而且在内力的流向上，在整个舞蹈过程中始终持续保持这种状态。这对男女之间的接受信息和即时反应的机制是至关重要的。在舞蹈技术文献中，这叫做“维持手臂的张力”。如果这种“张力”中断，体现出来的就是女士的手臂突然软如棉花，男士给出的信号(原始压力的增加)如同打在空气中，毫无反应。

但这种张力的保持，并不意味着女士要在接受到信号时用力向前推。“推”和“拉”的做法都是错误的技术，除了在预先设计的套路中，半懂不懂的舞程设计者设计了这种“技术”来表现一些特殊效果之外，这种做法会给真正的舞伴舞蹈带来严重的困难：“推”的做法先抵消了男士给予信号的同时给予的助力，在后退的前面加了“进一步前倾”和“还原”两个动作过程，等于将反应的时间延长了三倍，并花了三倍以上的力气来完成一个反应过程。男士会觉得女士出乎意外的沉重，不得不增加力量，而这将导致女士会对应地再度加大对抗的力量。当两人相互习惯了对方的力量大小，“磨合”到一个双方都能接受的用力习惯之后，他们将发现已经无法和其他舞者共舞了：他们不得不重新花大量的时间，探索双方新的平衡点，这已经不是真正的舞伴舞了。最好的舞伴舞蹈技术，理所当然地应当让舞者能随时随意地交换舞伴。在这里真正的技术原理是，维持这种“Arm Tension”，是敏锐感知男士给予的“原始压力”的变化的基本前提。如同我们收看电视，需要先打开电视机通电，然后电视机就可以从天线收信号，我们才看到图像和声音。在舞蹈中，手臂相当于天线，而手臂中的“张力”相当于电流。如果“张力”失去，如同电视机断了电，我们无法看到任何信号了。而当女士一接收到信号，就要按照“基本原则三”来立即行动。这种“张力”的大小，在能提供敏锐感知能力的前提下，越小越好。

往回收缩的力量流向，“拉”的动作，不但起到了和断电一样的效果，更进一步牵拉了男士，男士被出乎意外的拉力牵拉，极易失去重心，站立不稳。而当男士主动给予女士拉力时，相当于原始压力突然减至零或负，女士也应按照“基本原则三”行动，顺着拉力走。除非是女士本身处于不平衡状态的特别的造型中。

要维持这种手臂始终伸展、内力外发的状态，简单的方法是女士按照“基本原则”二和三中的要求，维持一个向前的体势，同时留意保持手臂呈放松的伸直态 ，略微收缩肘部周围的肌肉，固定住手臂的形态，并略微收缩手臂和前胸接合处周围一小块的肌肉群，固定住手臂和躯干的方位。为了舒适地反应，这两处的固定不要过于僵硬，而是要保持一定弹性。

(五)身体引导

摩登舞中，身体引导指的是男士发出动作指令，绝大部分是通过身体(躯干)的重心移动，身体的升降和身体的转动来完成的。左手在引导中是基本不起直接作用的，左手的作用是帮助维持一个合理的架型，但这种维持是通过形状和位置的固定来达成，不能用死力。合理的架型导致男女身体的完美联系，使得男士的身体的细微动作都能从女士那里得到正确回应。右手在少数关键的地方，确实要直接施力引导，通常是在从闭式舞姿转变成开式舞姿的过程中，男士需用右掌根对女士左肩胛下施以压力，暗示女士转变舞姿。这种暗示动作需十分小巧，在外形上不注意是看不出来的。典型的步法是 Open Telemark，参考 Alex Moore 的 Ballroom Technique。

拉丁舞中，身体引导是指男士的身体动作，本身就是女士接收到的第一信号，因为女士眼睛看见的速度是最快的。另一种情况是，身体动作首先发起，并使运动方向的意图通过身体的延长——手传递给女士。其最终的接触点是手，女士也是从手上的力量变化得知男士的意图。通常身体(躯干)动作和手臂动作是一个协整关系：手臂是放松的，手臂动作是由躯干的动作所导致。因此，躯干的动作应先于手臂动作而发生。当身体的运动方向和手的运动方向一致时，女士理解意图要容易许多：女士的眼睛从男士的身体运动中接收到信息，从手上也同时接受到信息，理解多重同样的信息当然要容易。当身体的运动方向和手的运动方向不一致甚至相反时(某些高级变形动作)，女士应该也只能通过手上的力量变化来反应做动作。此时男士的手上动作和力量必须更加肯定明白。

(六)发出指令的要点在于肯定和明确

有些人将舞蹈中男女的配合，完成动作归功于“交流”。所谓“交流”，就是男士发出信息，女士接受信息并作出反应的过程。每一个人在接受到信息时，都希望此信息：①足够清楚以被感知，所以要求有一定的稳定的力的变化。②方向明确，以让跟随者的身体不用多想就知道指明的方向。所以任何的犹豫不决或“欲语还休”都会造成女士的理解困难。

不知大家有没有看过日本电影“Shall We Dance”，片中女舞蹈老师教男主角跳舞时，反复训斥男主角，动作一定要肯定，直接。如果是用身体说话来比喻，说的话语必须是“你一定要马上如何如何”的语气，而不是“你可不可以这样？不然就那样？不行就算了？”之类的语气，不然女士根本无法领会男士的意图并正确反应，除非是预先设计的台词。

所以男士的责任是非常重大的，技术要求是相当高的：他必须在理解并解释音乐节奏的同时，做到选择舞步，发出肯定明确的信息。

当男士遇到由于身体能力或技术的差距，不能马上做到立即合理反应的女士时，男士要牺牲舞蹈的难度，精密衡量施加的力度，延长施力的距离和时间，让女士有充分的时间反应，而不是强硬的推拉女士，这是为了女士的健康和安全着想。过分粗鲁的动作容易使技术不佳的女士受伤。但是如果女士以为男士从技术上本就应该是软绵绵的，这种理解是不到位的，也未免对自己的技术要求实在太低了。请看东尼和盖娜的舞蹈，东尼经常做出爆炸性的发力动作，而盖娜也做出爆炸性的反应动作，其前提条件是盖娜的技术正确，而无论东尼发力多快多脆，盖娜的身体反应动作总是能将突增的压力即时化解，这样两人就合作演绎出爆炸性的舞蹈效果。

第三节　体育舞蹈竞赛与裁判

一、竞赛规则

竞赛规则是为了确保竞赛顺利进行，提高裁判的知识和能力，为选手、教练员在训练、编排、表演和比赛工作各过程中提供指导的材料。因此裁判员、教练员、运动员都需认真执行。

(一)裁判组的构成

全国性比赛设裁判长1人，副裁判长2～4人，裁判员若干，上场裁判7～11人。

(二)裁判员准则

(1)根据竞赛者的不同水平，向其解释竞赛规则。

(2)运用常识去确保竞赛精神不因为不要的或教条的解释方式而丧失。

(3)确保在场内，你的言行均符合裁判身份。

(4)选手无论表演水平高低，你都应赞扬他们的良好表现。

(5)判断时应保持一致性、客观性、中立性。带有偏见的评判将破坏竞赛的全部意义。

(6)避免评判自己的选手，如果无法避免，应采取客观态度去评判。

(7)对于有不是你的学生的选手的评判，不应怀有门派偏见。

(8)不应宽恕其他裁判带有偏见的评判行为。

(9)处罚危险或粗暴行为时应采取谨慎态度。

(10)通过参加专题研讨会提高你的裁判水平，并且不断了解舞蹈技术、风格和音乐的评判标准的发展状况。

(11)确保比赛在友好、欢乐的气氛中进行。

(12)不要当众对其他裁判的评判和可信性提出质疑。你的意见可以保留给由合适人选组成的仲裁委员会。

(三)裁判员必须具备的条件

(1)熟悉竞赛规则和裁判法。

(2)具备很好的音乐素养和身体条件。

(3)获得中国体育舞蹈联合会裁判资格证书。

(4)在比赛中有良好的风度和职业道德。

(四)裁判员纪律及要求

(1)提前30分钟到达比赛场地。

(2)必须参加赛前裁判预备会。

(3)公正、准确对各项比赛做出裁判。

(4)听从裁判长指挥。

(5)服装合乎要求：

男士：深色西装，配领带或领结。

女士：深色长礼服或西装套裙，不要过分装饰。

(五)裁判长职责

(1)赛前组织裁判学习，宣布纪律，统一评分尺度。

(2)安排上场裁判员顺序。

(3)协调各环节工作，及时处理赛场上出现的问题。

(4)检查裁判员所有评判是否公正、准确。

(5)发现违纪现象及时处理。

(6)抽查最后记分结果及各项评定结果。

(7)结束比赛后，召集裁判员总结本次比赛，写出书面材料上交比赛主管部门。

(六)裁判工作

裁判方法：

国际体育舞蹈联合会(IDSF)比赛的初赛、复赛、半决赛均采用淘汰法，决赛采用顺位法(名次法)。

淘汰法：入围选手用马克(marker)表示，即“V”或“O”表示。

顺位法：用数字表示名次1～6，然后用顺位法，评出名次。

(1)从下往上看：①先看脚下基本节奏。②再看身体整体效果。③最后看面部表情即艺术表现力。

(2)去少的原则(淘汰法)进入下一轮比赛，采取先挑选少数好的方法。

(3)均值(淘汰法)。

(4)抓两头，评中间。

(5)裁判过程(2 分 30 秒内完成)。

(6)注意事项：①裁判员拿到表格，首先看清楚内容，然后决定自己采用的方法。②淘汰赛时应尽量打满进入下一轮的选手数量马克。如有困难，起码打满 80%，但决不多打，否则此票作废。③选手在赛场出现意外，应适度处理。

二、裁判评判标准

(一)基本规则

(1)裁判工作自选手进入比赛位置时开始，只有当音乐停止时方告结束。在整个舞蹈表演过程中，裁判必须不断的给选手打分并在必要时修正分数。但不得在舞蹈结束后修改分数。

(2)如果音乐尚未结束而选手停止表演，则其该项舞蹈的分数列最后一位。如果在决赛中发生这种情况，处理同上。

(3)裁判必须在规定时间内对选手的特定舞蹈的表演进行单独评判。考虑任何其他因素，诸如选手的名气，以往的表现或在其他舞种中的表现，都是不允许的。

(4)裁判无须向选手解释评分结果。在比赛过程中或两轮比赛之间，不允许裁判和任何人讨论参赛选手或他们的表现。

(5)对于所有舞种，选手的时值和基本节奏是裁判打分的首要因素。因此，如果选手重复犯此错误，那么其该项舞蹈的分数列最后一位。

(二)评判内容

1. 时值和基本节奏

裁判必须确定选手是否按时值和基本节奏进行表演，“时值”是指每一舞步的时间值正好与音乐合拍，“基本节奏”是指舞步在规定的时间内完成并且保持舞步之间正确的时间关系。

选手的时值和基本节奏错误时，其该项舞蹈的所得分数必须是最低的。这种错误不能通过其在评判内容良好表现来弥补。

2. 身体线条

“身体线条”是指两位选手作为一个整体，在运动中身体各部位构成的整体效果，应表现出优美的舞姿。这包括：①手臂线条；②背部线条；③肩部线条；④胯部线条(骨盆姿势)；⑤腿部线条；⑥颈部和头部线条；⑦右侧和左侧线条。

3. 整体动作

裁判必须确定选手是否准确掌握该舞蹈的风格特点，并且评估选手动作的起伏、倾斜和平衡。在控制和平衡掌握良好的情况下，动作幅度越大，评分越高。

在拉丁舞中，必须评估每种舞蹈典型的胯部动作。

4. 节奏表现力

裁判必须评估选手的舞蹈节奏表现力。这揭示出选手对舞蹈节奏的感受、理解与适应能力和在舞蹈中对音乐的理解与表现。但若表演与节奏不合，也要按违反第一项处理。

5. 步法技巧

裁判必须评估选手正确表现舞步的脚法，如每一步足着点是脚掌、脚跟或脚趾等，以及脚步移动的控制和表达力。

三、场地要求

(一)比赛场地

一般赛场的地面应当平整、光滑。比赛场地长 23 米，宽 15 米，标准舞及拉丁舞中桑巴舞、斗牛舞按逆时针方向运行，交换舞程线时应过中心线。

(二)比赛服装

1. 标准舞服装

男选手穿燕尾服，男选手头发不得超过衣领，女选手穿不过脚踝的长裙。拉丁舞服装应有拉美风格，男女选手服装必须搭配协调，男选手不得佩带头饰，女选手穿露背短裙。

2. 青年组、成年组、壮年组服装

(1)男选手比赛服装：

①标准舞：穿黑色燕尾服、白衬衣系领结或领带

②拉丁舞：除肉色以外的任何颜色或混合花色。上装和下装可同色也可不同，不允许穿无袖衬衫及上装。

(2)女选手比赛服装：

①标准舞：连衣裙不允许上下身两截分开，领口不可开得过低，胸部和腰线至内裤下沿部分不能使用透明材料，裙子开叉不能超过膝盖以上，可使用装饰。

②拉丁舞：臀部和胸部不得使用透明面料，内裤不得过短，内裤上沿不得低于臀部上沿，且站立时，裙子应完全遮住内裤，上衣为两片时，不得仅仅是胸罩，鞋无限制。

注：拉丁舞服装应具有拉丁风格，男女选手服装应搭配协调。

男选手最好不留长发，如头发长，须系成马尾式。

第二十三章

瑜　伽

第一节　瑜伽概述

（一）瑜伽涵义

瑜伽，起源于印度，YOGA 源自梵语词根“YUJ”，“绑在一起”“ 抓紧”的意思。“瑜伽”一词，就像我们语言中的许多词汇一样，在不同的语境中有不同的含义。有时瑜伽只是一种工具、方法和手段——一种放弃理智、从而能进行更高级的精神活动的工具、方法和手段。有时，瑜伽意味着“结合”，即与“大我”联合、统一起来。有时，瑜伽被用来表达坚忍不拔的努力，约束感官和大脑，使被它们禁锢的本质获得解放，获得自由，从而达到“小我”与绝对精神的和谐统一。有时，瑜伽还可以是分离的意思，即从有污点的“小我”中分离出来。

瑜伽现广为世人所知，对大多数人来说，它是一系列的操练，是保持身体健康的一种方法。对许多人来讲，它是心理训练的手段，还有很少的一部分人，对他们来说，它是一种生活态度。

（二）瑜伽心灵生理学

瑜伽心灵生理学属于超物质范畴，为了更好地理解瑜伽，以现代西方科学理论来阐释瑜伽对人类的贡献，我们有必要简单了解瑜伽心灵生理学中基本概念。

1. 刹克拉(Chakra)

刹克拉是梵文 Chakra 的直译，英文意思是 psychic center，心灵中心的意思。在躯体水平上，刹克拉与身体的主要神经丛和内分泌腺有关。主要的刹克拉有 7 个，位于脊髓区域，从会阴到头顶，通过由纳地心灵通道组成的网络，它们之间相互联系，补充能量。

2. 纳地(Nadi)

纳地是梵文 Nadi 的直译，英文意思为 energy channel 或 energy flow，意为能量通道或能量流。由纳地组成的能量网络可以理解为人体生理学的神经网络或中医理论的经络。古文献记载着人的心灵体中有 72 000 条纳地，其中只有 3 条最为重要，分别是艾达(ida)、平加拉(pingala)和苏休姆纳(sushumna)，其中苏休姆纳最为重要，在脊髓内通过。艾达和平加拉是身体里流动着极性相反的生命能量的通路，位于脊髓的两侧，艾达代表阴性，平加拉代表阳性，相当于人体生理学中的内脏传出神经的交感和副交感神经。艾达和平加拉内的能量流是非随意和无意识的，通过瑜伽操练可以使它处于练习者的控制之下。瑜伽理论认为，只有当苏休姆纳流动了，冥想者可能进入最高级的冥想状态——三摩地(Samadhi)。

3. 元　气

瑜伽理论认为，元气是连接肉体和灵魂之间的介质。它是意识和物质之间的连接力量，是极其细微的能量物质，通过遍布全身的生命能量通道(纳地)而激活整个身体。什么是元气呢?

祖国传统医学理论认为，在元阳和元阴相互作用下，人体内某类物质或分子产生的运动。通过这类物质或分子的运动，将元阴与元阳相互作用的效能传递到各组织器官、各脏腑系统，并使得效能在各组织器官、脏腑系统上转化为各种生理活动。所以，对于元气来说，它含有三个特性：首先，元气是一种物质；其次，元气具有运动性；再次，元气具有效能。身体的元气分成五个基本部分：

（1）普拉纳（Prana），并非全部Prana（元气），而是身体中的一个特殊部分，位于喉咙和横膈顶端之间的区域。它和呼吸器官、发声、咽喉、食管以及以及支配这些器官活动的神经有关。它是主要的吸气力量。

（2）阿派纳（Apana），位于脐下区域，提供能量给大肠、肾脏、肛门和生殖器，与机体的泌尿系统、排泄系统和生殖系统有关。

（3）萨马纳（Samana），位于心脏和肚脐之间，激活和控制消化系统、循环系统，与营养物的吸收同化有关。

（4）尤达纳（Udana），位于身体喉咙以上各部分。

（5）佛亚纳（Vyana），这种生命力遍布全身，调节和控制身体的全部运动，并协调其他生命能量。它激活和协调全部肢体、肌肉、韧带和关节，维持直立姿势。

（三）瑜伽体系

1. 瑜伽流派

瑜伽派别众多，内容丰富，几乎涉及了人类生活的各个方面。对于天性不同或具有某种特质的人，具备某种发展倾向或生来具有某个方面的特长的人而言，实现灵魂自由的方法并不止一种。瑜伽有各种不同的形式。比如“王瑜伽”派别注重精神层次的追求，认为身体训练是精神追求的初始阶段，提高推理、逻辑能力和净化头脑保证了神经系统绝对不被干扰，以便进行更高层次的精神修炼。其中的“羯摩瑜伽派”主张过一种行善积德、忠于家庭和社会的生活，“巴科提瑜伽派”主张过一种无私地施予和虔诚神灵的生活。他们认为，爱是突破自私自利和不真实的个体牢笼的最强大的力量，会引导人走向圆满的境界。“俱那瑜伽派”信奉的是把纯粹理性的白色火焰引进头脑之中，以发现并消灭其中的缺点、盲目和愚蠢。在“哈他瑜伽”实践中，躯体的功能及活动被充分挖掘强化。通过哈他瑜伽实践，身体可以得到洁净。

2. 哈他瑜伽

在近代，哈他瑜伽几乎已经丧失了它原有的含义，变成了躯体瑜伽，而且和瑜伽体式、元气调控的操练错误地联系起来。经典的哈他瑜伽包含几种特殊技法，在古老的瑜伽文献中记载，每一个心灵追求者必须经过七个步骤，最终才能具备达到自我实现的境地。这七个步骤是：①通过哈他瑜伽，净洁身体；②通过练瑜伽体式，使身体和大脑稳定；③通过练目达法和收缩术，使身体和大脑更平静；④通过思绪内收，培养耐心、忍耐力和坚忍不拔的精神；⑤通过练习元气调控，使身体轻盈；⑥通过意守和入定，直接感知入定目的；⑦通过沉浸，达到无感受或与感觉经验的分离。

因此，在追求精神最高境界的道路上，首先需要净洁身体内环境，将毒素和脏物排出体外。为了实现身体内环境的洁净，古代瑜伽师发展了六种科学的瑜伽技法，而组成了瑜伽的分支之——哈他瑜伽。

它们分别是：

技法之一：清鼻术，这是一种清洗鼻腔，从而净洁鼻道的过程。

技法之二：洁身术，是清洁从口到肛门整个消化道的一系列技法。

技法之三：摩腹术，是一种按摩和强化腹部脏器的极有力的方法。

技法之四：灌肠术，是洗涤和强壮大肠的技法。

技法之五；净额术，是净化脑部额区的简单技法。

技法之六：集中凝视法，紧紧凝视一件物体以发展意念集中力和发展原本存在但很多时候意识不到的心灵之力。

(四)瑜伽修行方法

瑜伽的修行方法在印度许多古书中均有记载，一些宗教和哲学派别也加以吸收。如古代印度婆罗门六派哲学中的瑜伽流派，认为经过长期修炼，可以获得超自然的神力，达到主客合一，离欲解脱的境地。第一部系统介绍瑜伽方法的书籍《瑜伽笺言集》，诞生于公元前200年，由帕坦迦利(Patanjiali)阐释。该部著作既教授了修身的哲学和严格的伦理道德法典，还规定了苦行僧的生活方式和瑜伽练习的8个步骤，亦称为八支分法。前两步是伦理准备。一步是戒，包括戒除暴力、虚伪、偷盗、欲念、贪婪等；另一步是遵行，包括洁身、满足、简朴、学习、献身等。其次两步是肉体的准备。一步是姿势，或体式，指一系列舒适而能长时间维持的姿势操练；另一步是元气调控，指一系列稳定呼吸节律的操练。第五步是思绪内收，指的是将注意力从外界事物中收敛到头脑中来。上面五步亦称为瑜伽的外修行，下面三个是内修行，也称为冥想。它们是：意守，即把意念长时间集中在某一点上，入定，即忘却自我的出神，沉浸，即入定目标和入定者合而为一，目的在于使头脑放松、活力恢复，摆脱繁琐的意识冲动和欲望的束缚。

随着佛教在不同种族、文化地区的流传，瑜伽修行方法也传播开来，但方法有所差异。如，在东南亚一带，冥想仍沿袭2500年前的方式；藏传佛教则将冥想发展为注重视觉意象的复杂练习；在中国内地则以“念佛”“数息”等形式出现，讲求“止观双修”“随缘任运”；在日本冥想则往往采用禅坐形式。

第二节 瑜伽体式

一、导 言

古代瑜伽教科书《瑜伽笺言集》中对瑜伽体式有简明的定义：舒适和稳定的位置。瑜伽体式指生物的状态，在其中你可保持身心稳定、平静和舒适。所以，练习瑜伽体式是发展人的能力，用一种姿势静坐，延长一段时间，毫无不舒适感,。

瑜伽体式在中枢神经的指挥调控下，以脊柱为活动中心，开展前后、左右屈伸旋转，伴随肌肉交替伸展收缩。充分发展各关节的灵活性，是体式练习的主要内容。头在不同方向的姿势练习改善空间知觉和运动知觉，有助于提高平衡和协调能力。

瑜伽体式练习通过柔和地舒张和收缩肌肉、按摩内脏、调节神经，锻炼者的身体状况能够惊人地改善，生理和心理状态由不稳定趋向稳定，并向平衡状态发展，使身心达到趋向协调统一的境界。

瑜伽体式要慢慢地做，伴随着放松和意守，从而降低生理应激水平，减少毒素产生。

有史料记载的瑜伽体式达几百种，现代人将瑜伽体式分为初学者组、中级组和高级组。初学者适合于从未炼过瑜伽体式的人，适合于虚弱或病弱不能做难体式的人练习。其中包括一些基本技法，诸如练习体式所做的心身准备和入定姿势。这些体式虽然简单但锻炼效果并不亚于高级体式，并对增进健康很有帮助。这组姿势包括祛肠胃风的体式系列、入定前体式和入定体式。中级体式包括有相当难度的姿势，适合于能够毫不费力做初学组体式的人。而高级组适合已掌握中级组体式能广泛控制肌肉系统和神经系统的人，最好能在老师的指导下锻炼。

瑜伽体式练习分为动态练习和静态练习。动态练习是指涉及身体能动动作的体式，使肌肉收缩，伴随深长的呼吸，强壮心肺功能，促进消化和排泄器官的运动，对初学者尤为有用。动态练习包括朝日礼拜、祛风姿势系列、背伸系列等，是真正的锻炼。静态练习时，很少或没有身体的运动，常常一种体位保持几分钟或更多时间。这些练习意在柔和地按摩内脏、腺体和肌肉以及放松全身神经，同时关注心理层面的修炼，为练习者做瑜伽高级练习作准备。

在体式练习顺序上一般遵循以下原则：

(1)前后相接原则。脊柱前屈体式练习后，下一个体式接脊柱后，使肌肉收缩后再舒张，增加关节的灵活性、肌腱和韧带的弹性。

(2)左右对称原则。体现在脊柱的左右侧屈，如三角伸展式。

(3)动静结合。动态练习和静态练习交替进行，较费力的体式练习后，接放松姿势，这样可以将代谢产生的废物即时清除，避免疲劳积累。

二、瑜伽体式介绍

受篇幅所限，这里介绍一些经典的瑜伽体式，体式图示均来自印度 Awami Satyananda Saraswati 著《Asana ，Pranayama，Bandha》，并配以简要说明，练习者需在经验丰富的老师的指导下练习。

(一)坐 姿

1. 雷电坐

技法：双膝跪地，双脚后伸，两大脚趾交叠，臀部坐在两脚内侧，脚后跟尽量分开于臀旁。双膝应并拢，双手放在两膝上，掌心朝下。

时间：尽可能多练习雷电坐，尤其在进食后。

意守：集中在正常呼吸过程。闭上眼睛会带来心神的安宁。

效益：雷电坐梵文 Vajra，Vajra 是主要能量通道(Nadi)的名字，直接与生殖泌尿系统连接。所以雷电坐可改变盆腔和内脏的血液循环和神经冲动，减少外生殖器的血流，并按摩支配外生殖器的神经纤维，避免外生殖器过于充血膨胀。这种坐姿强壮盆肌，可以预防疝气，并有助于分娩。这种坐姿因放松胃肠壁，减少胃肠壁的压力，缓解胃肠溃疡引起的不适，有助于消化吸收。

2. 莲花坐

技法：坐位，双腿前伸。屈叠一腿，将其脚放到另一大腿上端，尽量向上，触及腹股沟，脚心朝上。屈叠另一条腿，将其脚放在对侧大腿上，接近腹股沟。

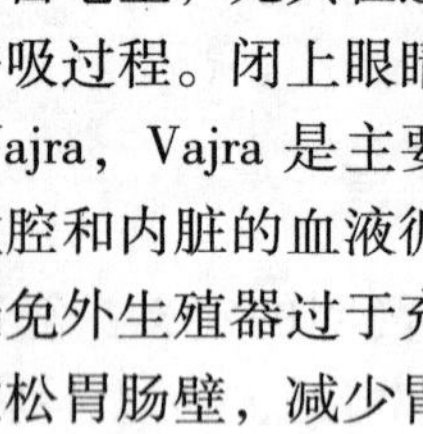

莲花坐

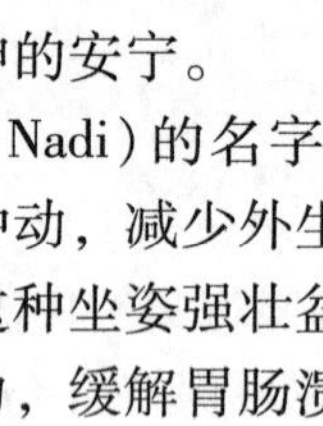

雷电坐

注意：练习莲花坐，要求髋关节、膝关节和踝关节很灵活，所以不必勉强。通过练习瑜伽体式打开各关节后较易练习。脊柱必须稳定竖直，初练时可以在臀部下垫一薄垫，较易维持。

限制：坐骨神经痛和骶部感染的人练习。

效益：一旦掌握了莲花式，可以使练习者在此姿势上很长时间保持稳定。身体的稳定带来心身的安宁。莲花式限制了血液向下肢的流动，更多的血液流向内脏和骨盆，减轻心脏负荷，有助于消除内脏疾患。在此姿势上练习元气调控和目达法，效果更佳。

(二)倒立体式

倒立体式是瑜伽体式中最重要的姿势。对大脑和全身有益。关键是要操练正确，否则有害无益。

倒立促使丰富的血液供应流向大脑，营养脑神经并有利于大脑血液或脑脊液中毒素的排除。对练习者有广泛的影响，促使中枢神经系统更有效的工作。有规律地练习倒立姿势，焦虑、紧张、神经官能症会得到控制或缓解。肢体处于倒立状态，有利于下肢和腹部静脉血液流回心脏，呼吸深且慢，大大缓解心脏的压力。

练习倒立姿势的原则：

(1) 进食后至少三小时才能练习倒立体式。

(2) 激烈运动后勿立即练习，待代谢产生的废物排除血液后进行。

(3) 身体有疾患的人血液不洁，不应练习。

(4) 练习环境应无障碍物，以防磕碰、受伤。

(5) 在毯子或垫子上练习，避免头部受伤，切勿在床垫或空气垫上练习。

(6) 初学者应在保护下练习倒立姿势。

(7) 在练习过程中发生任何不适，应立即停止。

(8) 无论动作多么熟练，总要缓慢、柔和地练习。

(9) 倒立后，练习仰卧式放松。

(10) 高血压、眩晕患者不适宜练习倒立式。

下面介绍三种倒立体式：

1. 头倒立

技法：取雷电坐。前屈，前臂着地，两肘分开大约一个手和前臂的距离。双手十指交叉抱头，调整头落地部位，下颏不过于内收，使后颈项保持放松(第一阶段)。

勾脚，脚趾着地，直膝，两肘不要离开地面，保持初始距离，重心向前移动(第二阶段)。

直膝移动双脚向前，使躯干笔直垂直于地面，慢慢将重心继续向前移动，腹肌内收，屈髋收大腿于胸前，两脚离地，用头和两臂支撑平衡(第三阶段)。

当在此体位保持平衡时，伸直两髋，使两腿向上(第四、五阶段)。

伸直两膝，使两腿完全竖直，身体笔直。除支撑部位肘、肩胛关节紧张外，臀部略收紧，其他部位尽量放松(最后阶段)。

屈髋，腹肌用力收大腿于胸前，然后脚落地，恢复至初始体位。

限制：高血压、眩晕、心悸、慢性便秘患者，或血液不洁净、高度近视者不应练此式。练此之前，应习惯做初级的倒立姿势。

效益：头倒力重新激活所有的生理系统功能。增加大脑和垂体血流，调整神经控制和内分泌腺疾病，有助于所有的内分泌平衡。重要的是练习头倒立时的状态，只有心理上做好练此式的准备后才着手练习，循序渐进，不要急于求成，练习后接仰卧放松式。

头倒立 第一阶段

头倒立 第二阶段

头倒立 第三阶段

头倒立 第四阶段

头倒立 第五阶段

头倒立 最后阶段

2. 肩肘倒立

技法：仰卧，双腿并拢，两臂放在体侧，手心朝下。靠腹肌收缩力量直膝举双腿、臀部，再以两肘支撑，双手撑住背部。躯干和两腿应向上，脚髋背呈直线，和颈部呈直角，下颏抵压锁骨窝。

意守：思想集中在呼吸或甲状腺。

限制：甲状腺、肝脾肿大、高血压患者或心脏病患者不宜练此式。

效益：刺激甲状腺，改善循环、消化、生殖及神经调节和内分泌调节。配合收缩术、目达法练习，效果更好。

肩肘倒立

犁式

3. 犁 式

技法：仰卧，双腿并拢，两臂放在体侧，手心朝下。靠腹肌收缩力量直膝举双腿、臀部，再以两肘支撑，双手撑住背部。举起双腿，再屈髋，慢慢放低两腿过头，脚趾触地。保持两腿伸直，下颏微收，全身放松。

（三）脊柱后屈体式

现代生活方式和工作条件容易造成背部容易产生淤血，造成慢性背疼。脊柱后屈体式可以使脊柱向后弯曲，同时伸展腹肌，强壮背肌，促进背部血液循环。三种体式，即眼镜蛇式、蝗虫式、弓式，如能连续锻炼，非常有益。它们使整个脊柱从颈至尾骨包括脊神经得以锻炼和刺激，每日练习可以维护良好的健康状态。

1. 眼镜蛇式

技法：俯卧，伸直双腿和脚背。两手手掌平放在肩下。额头触地，放松全身。边吸气边抬头，抬肩，试着不用两手支撑，靠背肌和腹肌慢慢抬起，肚脐尽量靠近地面。

意守：思想集中在喉、背、腹或呼吸。

限制：胃溃疡、疝气、肠结核或甲状腺功能亢进患者禁练。

效益：有助于清除妇女病，如痛经、闭经。刺激卵巢、子宫，刺激食欲，消除便秘。刺激腹部脏器，特别是肝、肾脏，帮助滑出的椎间盘复位，消除背痛。保持脊柱处于柔软健康的状态。

2. 背弓式

技法：俯卧，屈膝手抓双踝。收紧大腿，抬头、胸和大腿，两臂伸直，进一步收紧背肌、臀部。

意守：思想集中在动作过程中，最终体位意守在腹部或喉咙。

限制：疝气、胃溃疡、肠结核或椎间盘错位者禁练。

效益：刺激腹动脉，按摩腹部脏器，祛除慢性便秘、消化不良，迅速减少腹部脂肪。

3. 蝗虫式

技法：俯卧，双臂放在腹股沟下，手掌向下。两腿伸展，两臂夹紧躯干，尽可能保持直膝高举双腿，尽量使腹部离地。

意守：思想集中在喉区、心脏、腰、腹。

限制：胃溃疡、疝气、肠结核或心脏衰弱禁练。

效益：增强和调节腹部脏器，尤其是肠、胰、胃。对缓解和祛除肠胃疾病有益，刺激食欲。

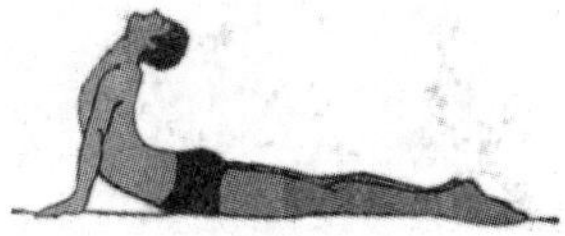
眼镜蛇式

背弓式

蝗虫式

（四）脊柱前屈体式

脊柱前屈体式可以伸展背部，刺激脊神经，压迫和按摩腹部脏器。代表性的体式有坐位体前屈、站立体前屈、犁式、鞠躬式等。

坐位体前屈

技法：取坐位，双腿前伸，两臂放在腿外侧。放松全身，尤其放松背部。身体慢慢向前屈曲，两手沿腿下滑，最后试用拇指和手指握住大足趾。如不能做到，则握住双足足底。如还困难，可握住脚踝或小腿外侧。再次自觉放松背肌和腿肌。保持直膝，屈肘低头看腹部，以舒适为度。

意守：思想集中在腹部和背部的放松或缓慢地呼吸上。

限制：椎间盘滑出者、坐骨神经痛、慢性关节炎及骶部感染者不能做此姿势。

效益：伸展，放松髋关节；有效消除过多地腹部脂肪。排出肠胃胀气、便秘、背痛。强壮腹部脏器和骨盆。促进新鲜血液流向脊神经和背肌，促进健康。

（五）扭脊式

扭脊可以使椎关节旋转，刺激脊神经，消除背部紧张，是脊柱前屈、后屈、侧屈的补充，是必不可少的体式。通过两侧交替扭脊，压迫和伸展腹部器官，促进脏器功能的恢复。初学者应小心练习，不要超过可承受的幅度，随着不断的练习，椎关节更灵活，会适应越来越强的扭转。

坐位体前屈

1. 半扭脊式

技法：取坐位，双腿向前伸直，右足在左膝外侧平放地上，左腿向右屈曲，左脚跟靠近右臀。左臂放在右腿外侧，抓住右足或右踝。右膝尽量靠近左腋窝。转体向右，右臂放在背后。尽量树式地扭转背部和颈部而不使扭伤。保持最后姿势片刻，然后慢慢回到开始时的体位。坚持每天练习。

意守：维持最后姿势的呼吸。

效益：刺激脊神经，使背肌柔软，脊椎放松。按摩内脏，恢复脏器功能。缓解腰酸背疼。

半扭脊式

扭脊及膝式

2. 扭脊及膝式

技法：取坐位，两腿笔直前伸。屈左腿，把后脚跟贴近会阴。向右侧屈，右手抓住右足。手心朝上，拇指抓住大脚趾。右肘在右腿内侧。左臂外展过头，抓住右脚趾。屈肘，向足部靠肩。将头垂在两臂之间，尽量扭转躯干向上看，以舒适为度。

限制：孕妇或背部疾患者不能练此式。

效益：兼有扭脊和坐位体前屈功效。

（六）脊柱侧屈

代表体式：三角伸展式。

技法：站立，双脚开立 1 米左右，右脚尖向右，左脚尖略内扣，右脚跟大约与左脚中点呈一直线。两臂外展与肩呈一直线，向右侧屈，收臀，左臂手臂上举，眼看左手。左侧肩胛骨放松，再随吸气伸展左臂与地面平行，手臂伸直，眼看左手，保持最后体位，深呼吸。

回抬左臂，抬起躯干，两臂回落。

左侧伸展同上。

效益：通过侧屈柔和按摩脊神经，伸展下背部和活动骶髂关节。向侧屈方向挤压腹内脏，促进肠蠕动。

（七）平衡体式

1. 祈祷平衡式

技法：两腿并拢站立，两臂垂于体侧。屈左膝抬腿，脚心贴右大腿内侧，脚跟靠近会阴。合掌于胸前，双眼固定前方某点，待身体稳定后，闭眼。坚持时间越长约好。

意守：思想集中于保持平衡的过程。

效益：闭眼保持可刺激中枢神经，发展平衡能力。单腿支撑可强壮大腿、脚踝、足弓。

2. 鹤禅式

技法：取蹲位，两腿分开与肩宽，抬踵，双手在体前着地，尽量使脊柱前屈，屈肘，使大腿内侧靠近上臂，大腿向内夹紧，腹肌内收。慢慢向前倾，单足离地，保持腹肌内收，大腿内夹，抬另一只脚，抬下颏，只用双手支撑，保持平衡。屏息保持最后

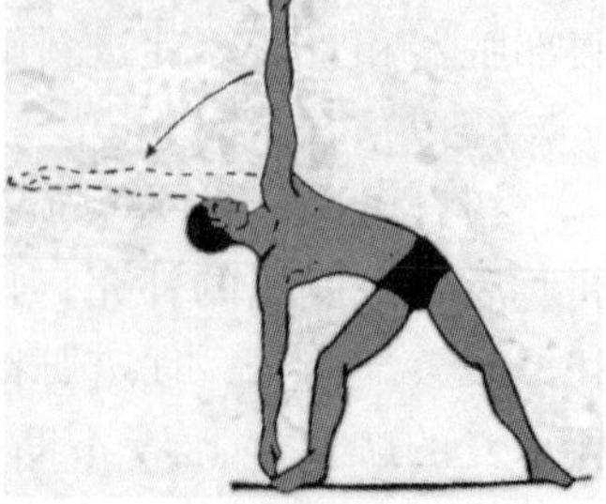
三角伸展式

体位。

意守：思想集中于保持平衡过程。

限制：高血压和脑血栓患者禁练。

效益：保持平衡的过程促使神经系统稳定，有助于排除紧张和焦虑情绪。强壮臂力和腕力。此姿势需要神经协调能力大于肌肉力量。为了尽可能的使脊柱前屈，必须强烈地内收腹肌，同时可以大大刺激和按摩腹内脏。

3. 湿婆神式

技法：站立，向后伸展右髋，抬右腿，右手抓住右踝，左臂向上向前伸展，左手左目达术，凝视左手。右脚尽量高抬。

意守：思想集中于保持平衡的过程，或眉心。

效益：刺激神经系统，有助于提高身体控制力，集中注意力。使两腿更柔韧。放松膝关节，伸展髋部，刺激骨盆。

祈祷平衡式

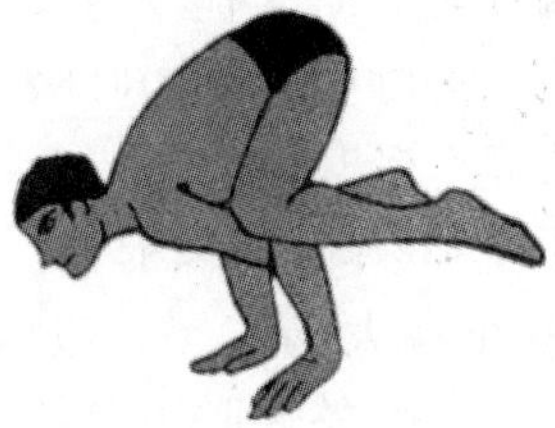

鹤禅式

湿婆神式

（八）仰卧式

现代社会人们生活节奏快，工作压力大，精神容易紧张和焦虑。放松练习尤为重要。放松可以在任何需要的时候进行。知觉在身体的各个部位轮转的过程，可以松弛紧张的神经，大脑趋于相对抑制休息状态。

技法：仰卧。两手在体侧，与身体并行，掌心向上。双腿稍分开至舒适位置。闭上眼睛，放松全身，调息至均匀。

意守：思想集中在呼吸上。

效益：呼吸均匀，身体安静后，从外周传向中枢神经的冲动减弱，大脑皮层兴奋程度降低。可以缓解神经紧张焦虑。

第三节 元气调控

1. 导 言

元气调控，梵文是PRANAYAMA，Prana为元气，Yama为控制，元气调控可以理解为一系列旨在刺激和增加生命能量和活力，并为了达到特殊目的将能量引导至特殊区域的技法。元气调控的最终目的为了完美地控制身体地元气流，而不仅仅是呼吸练习。其微妙之处是利用呼吸影响能量的载体——元气通道或经络中的元气流。利用呼吸净化经络，练习屏息使元气受到控制，最后达到驾驭意识和精神的作用。

2. 呼吸与生命过程之间的关系

古代瑜伽师们居住在森林和僻静之处，得以仔细观察动物。他们注意到呼吸频率慢的动物如象、蛇、龟等寿命很长；呼吸频率快的动物如鸟、狗、兔等只有几年的寿命，从中总结出寿命与呼吸频率有关。他们认为人的寿命很大程度上依赖于呼吸模式。短而急促的呼吸比慢而深的呼吸的人可能寿命短一些。斯瓦拉瑜伽(swara yoga)是瑜伽研究呼吸的一个分支。它被视为最终探索生命的强有力的方法。研究这门科学将揭示关于生命的许多奥秘。斯瓦拉瑜伽师通过跟踪鼻孔空气流的细微变化，能够预知即将发生的事情。通过深呼吸，能够从每次呼吸获得更多活力或元气，从而使其生理活动效率得到优化。

3. 呼吸运动

生理学上，人体呼吸过程由三个环节组成：①外呼吸，指血液通过肺与外界环境进行气体交换的过程，包括肺通气和肺换气。②气体运输，指氧和二氧化碳通过血液在肺循环与体循环中的运送，是沟通内外呼吸的渠道。③内呼吸，指血液通过组织液与组织细胞之间的气体交换过程。

呼吸运动是在中枢神经系统调节下，通过呼吸肌的节律性收缩而完成的，主要的吸气肌有膈肌与肋间外肌，此外还有斜角肌、胸锁乳突肌等辅助吸气肌，主要呼气肌有腹壁肌与肋间内肌等。按照呼吸深度，呼吸运动可分为平静呼吸和用力呼吸两种。按照呼吸形式，呼吸运动可分为腹式呼吸、胸式呼吸和瑜伽胸腹式完全呼吸。

呼吸运动是一种节律性活动，其深度和频率随体内外环境条件的改变而改变。现在生理学研究普遍认为，呼吸节律的调节中枢分布在大脑皮层、边缘系统、下丘脑、脑桥和延髓等部位，其中以延髓—脑桥部位尤为重要。产生原始性呼吸节律的基本部位在延髓，而均匀的呼吸节律有赖于脑桥呼吸调整中枢的作用。脑的各级部位在调节呼吸运动中的作用不同，但在正常情况下它们彼此相互制约、相互协调。

安静状态下呼吸运动常常是吸气为主动过程，呼气为被动过程。进行呼吸锻炼或气功锻炼时，呼气过程则变为主动过程。人们经常采用数息的方法，何谓一息？一息包括四个过程：①吸气过程；②内悬息过程；③呼气过程；④外悬息过程。悬息即呼吸停止，并非憋气，而是呼吸暂停而又很舒适的状态。进行呼吸锻炼，首先需要中枢神经兴奋，主动参与调节，最终达到均匀、缓慢、深长，形成稳定的接近原始的呼吸节律，即胎息，此时大脑皮层处于相对抑制状态，回归本源。

4. 元气调控的手段

经过数千年的实践，古代瑜伽实践者总结出通过控制呼吸达到疏导元气的作用。在练习元气调控前做简单的呼吸操有助于清除肺脏导气部残留的不洁气体。务必注意以下几点：选择在通气良好、温度适宜的环境练习；膀胱、胃肠尽量排空；身体尽可能放松，头、颈、背尽量保持在一条直线上；不应屏气过长或至不舒服程度，肺脏是娇嫩器官，任何使用不当易使其受损伤；应有经验丰富的指导者在场；练习元气调控不可吸食烟草、毒品等兴奋剂。

(1)心灵呼吸功(ujjayi pranayama，the psychic breath)

方法：收缩声门，近乎深呼吸，非常柔和，好像喉咙呼吸，像轻轻地打鼾或者一个睡眠中的婴儿的声音。这种方法可以配合任何瑜伽体式练习，可以长时间练习。

效益：此项练习很容易做，对全身的影响却是微妙的。对神经系统产生安抚的效果，可以稳定情绪，使心情平静。苦于失眠的人应该经常练习，可采取仰卧式。它可以减慢心博，对高血压的人有益。在精神层面上产生微妙影响，是入定练习的极佳准备。

(2)前额净化功(kapalbhati pranayama，frontal brain bellowing)

方法：可以在任何一种坐姿上进行。首先闭上眼睛，放松全身。只有在呼气时轻轻用力，吸气时应自发不用力。呼气 60~100 次。呼尽气，悬息于体外同时完成颏锁术、会阴强缩术和强化缩腹术。解除绷拉术，慢慢吸气，放松全身。

效益：抑制大脑皮层额区。思维和视觉自动停止，允许大脑休息，从虚无状态中重新获得活力。使心情平静，像天空一样广阔无垠。对缓解脑血栓形成是极佳的技法。

注意：患高血压、眩晕或心脏病者、初学者应在专家指导下小心练习。

第四节 收缩术

一、导 言

在瑜伽练习中收缩术(bandha)是非常重要的内容。它主要是身体练习的技法，可使练习者控制身体的不同器官和神经。梵文 Bandha 意思是“握住”或“绷紧”的意思。所以也叫绷拉术，这一词确切地描述了完成这些练习所需要的身体动作。身体的不同部位被轻柔而有力地收缩和绷紧。这种动作具有按摩内脏器官，清除淤滞血液，刺激和调整支配神经的效果，从而改善生理机能和健康。收缩术可以独立练习，也可以与瑜伽体式、元气调控和目达法结合，这样可以获得更大的收益。元气调控刺激了元气流，收缩术控制气流，并将其引导到需要的地方，避免了能量耗损，从而发挥更大的作用。

收缩术要求锻炼者屏息。练习初始时，无论屏气在体内或体外，屏气应该是短暂的，随着技能的成熟，将变得越来越长，而不对肺部造成任何损伤。

二、收缩术介绍

1. 颏锁术(Jalandhara，the chin lock)

技法：站立或坐于入定姿势。把双掌放在双膝上。放松全身，闭上眼睛。深吸气，屏气在体内，屈颈向前，把颏部紧紧压在胸骨上。伸直手臂，锁在固定位置上。同时向上向前耸起双肩，使手臂保持不动。手掌仍放在膝上。这是最终体位。保持最终体位尽量长，以能舒适地屏气为度。于是，放松肩膀，屈臂，慢慢地松解下巴，抬头，缓缓呼气，至呼吸恢复正常，再重复以上过程。此技法亦可屏气在体外完成。

意守：意识集中在喉区。

注意：直到颏锁解除和头挺直为止，不要呼气或吸气。

限制：有高血压、高颅内压或心脏病的人尽量不要练习此术。

效益：给全身心带来松弛感；减慢心博，放松心脏。以上两点躯体水平上是由于压迫颈动脉窦而完成。甲状腺和甲状旁腺受到按摩，使功能得以改善。这是一项减少和消除紧张、焦虑和愤怒的良好练习。

2. 会阴强缩术(Moola bandha，the perineum contraction lock)

技法：把双掌放在膝上。闭上双眼，放松全身。深吸气，屏气，并做颏锁术。然后收缩会阴肌肉上提。这是最终体位。尽量屏息。然后放松会阴肌，缓慢抬头，慢慢呼气。

注释：做此收缩术开始可呼气和屏气在体外，同时实行颏锁；或者同时在正常情况下维持长时间会阴收缩，而不作颏锁术。可以配合瑜伽体式和元气调控练习。

意守：集中在会阴。

注意：在专家指导下，小心地做。

效益：在做此收缩术，通过收紧会阴迫使身体肚脐以下较低部位的生命能量向上流动，从而和喉与心底部之间身体区域中的生命能量相融合，产生活力。通过此术，刺激盆腔神经，强壮性和排泄器官。肛门括约肌得到加强，肠蠕动加快，有效解除便秘。可用于消除痔疮。此收缩术象征瑜伽终极目标，通过限制意识活动寻找和体验创造力之源泉。

3. 缩腹术(uddiyana bandha，the abdominal retraction lock)

可分为坐式和立式两种。

技法：闭上眼睛，放松全身。深呼气，屏气在体外，完成颏锁术。然后尽量向内向上收缩腹肌，并保持此最终体式。尽可能长时间地、舒适地保持此体位。然后，慢慢放松腹肌，放松颏锁术，吸气。当呼吸恢复正常后，重复这一过程。

意守：集中在肾上腺的位置。

注意：必须在胃肠排空时练习此收缩术。

限制：心脏病或胃肠溃疡患者不要做此功法。孕妇禁做。

效益：练此收缩术，膈肌向上拉向胸腔，腹部器官拉向脊柱。对腹部、胃部不适都有效。便秘、消化不良、糖尿病皆可减轻甚至治愈。肝、胰腺、肾脏、脾等器官得到按摩。腹腔太阳神经从受到刺激，受其支配的器官功能得到改善。位于脐区的能量中心受到刺激，这是身体的元气中心。经常练习此术，体内元气的分布和流动性得到改善。

第五节 目达法

一、导　言

在印度古典舞蹈体系中，目达的意思是一种激起内心某种心境或情绪的象征性姿势。瑜伽很多目达法(mudra)多采用手来做，在练习者心中逐渐灌输一种内省的心灵境界。有些目达法用来控制非随意的生理过程。目达法使练习者觉察到体内微妙的生命能量之流动，最后获得对能量流的有意识控制。

许多目达法由不同的收缩术、瑜伽体式和元气调控组成，结合在一起练习，形成非常强有力的力量。它们可促使感觉从与外界事物的联系上分离，减少外周神经冲动向中枢的传导，使注意力更易集中。

二、目达法介绍

1. 启蒙目达法和意识目达法(心灵指锁法)

启蒙目达法：取某种坐姿，保持头颈背伸直，屈食指，使拇指指根部，舒展其余三指，呈舒展状。将手放在膝上，手掌向下，拇指和舒展的三指指向地面。

意识目达法：与启蒙目达法同样的方法，只是手放在膝上时，手心向上。

效益：此二法是简单但重要的意识—神经指锁。这些指锁使姿势完善而有力量，通过改变从手发出的神经冲动，帮助练习者长时间维持一种放松而警醒的状态。

注释：在瑜伽理论中每一个手指都有重要的象征意义。小指代表惰性、懒散、黑暗；环指代表活力、运动、激情等；中指代表纯洁、智慧、和平等；食指代表个体之心灵力量；拇指表示无处不在的大自然之神力。食指和拇指相接象征瑜伽的终极目的——个体之心灵与自然之神力的结合。

2. 凝视眉心法

技法：同启蒙目达法一样，向前看一固定点，然后，尽可能向上看，头不动，然后，把双眼紧凑在两眉中间。停止思维过程。

效益：这是瑜伽古文献中最受重视的操练之一。肉体上，可以增强眼肌；精神上，可以净化头脑，消除紧张和激怒情绪。

3. 凝视鼻尖法

技法：同启蒙目达法一样，两眼聚焦于鼻尖。

注意：随练习的深入，逐渐增加聚焦的时间，以不感到眼肌疲劳为度，不可过于心急，一味追求长时间练功。

效益：培养集中力。促使内省使练习者进入精神和心灵领域。

4. 瑜伽目达法(心灵合一法)

技法：取坐姿，放松全身，闭上双眼。慢慢呼气，屏息意守在海底轮。当感到呼吸和知觉逐渐从海底轮上升到眉心轮的同时吸气。再屏息意守眉心。接下来，随呼气屈体向前，尽量将空气从肺部排出，至前额触地。同时，感觉呼吸和知觉从眉心逐渐向下移动到海底轮。屏息在体外并意守于此。随着吸气抬起躯干到初始位置，呼吸和知觉随之至眉心。整个过程中，将呼吸、躯干前屈动作和意守协调配合。

效益：发展对心灵能量的觉知和控制。安定神经，缓解紧张情绪。

第六节 现代瑜伽健身运动

一、导 言

现代瑜伽健身运动是东西方文化、健身理念与技术相融合的产物。起源于东方的瑜伽，其原本涵义注重精神层次的修炼，姿势的练习是其外修的内容，主要目的是使修炼者身体健康、关节灵活以便能舒适的保持一种坐姿进行长时间的专注练习——冥想。修身是养性的基础、前提。而西方健身运动则强调塑造身型，锻炼肌肉，以修身为主要目标。东西方文化的交融碰撞，形成如今风靡世界的瑜伽健身运动。在运动中陶冶情操，促进身心和谐发展。

依照练习环境条件、练习目的、锻炼人群形成不同的风格和流派，名目繁多，比如阿师汤加瑜伽、流瑜伽、力量瑜伽、阴瑜伽、热瑜伽、水中瑜伽、减压瑜伽、瘦身瑜伽、理疗瑜伽、塑身瑜伽等。

二、瑜伽体式特点

无论瑜伽体式练习是何种风格，其动作的发生均以关节为枢纽、骨为杠杆，肌肉做功来完成的。瑜伽体式并非为发展强壮的骨骼肌而设计，体式练习中很少有突然发力的动作，但长期练习却可以使关节更灵活，增强骨骼肌耐力、韧带和肌腱的弹性。呼吸练习尤其是屏气，强壮了内脏平滑肌和呼吸肌，进而可以更好的控制动作。

科学试验证明，包括朝日礼拜与脊柱侧屈、扭转的动态与静态相结合的锻炼30分钟，属于中小强度的有氧运动。其特点是在意识的引导下，讲究呼吸和肢体活动协调配合。体式控制过程是闭合的控制系统。这种控制过程大量的神经冲动不断往返于中枢神经和外周神经，形成闭合环路，加大了对神经通路的刺激强度。体式控制过程中，主动肌收缩而对抗肌伸展，二者必须协调配合才能加大动作幅度，舒展自如。主动肌收缩维持体式，其他部位肌肉、韧带尽量放松，这样可以避免无谓的能量消耗，更重要的是大大降低了生理应激水平，减少有毒代谢物的产生。

瑜伽体式虽然运动强度较小，但因体位的不断变化而重新分配血液，对机体产生影响。体位不断变化会引起血压的变化，合理的血压变化加快血液流动，冲刷血管壁，带走沉淀血管壁的物质，起到净化血管的作用，还可以增加血管壁的弹性，血压在机体能承受的范围变化将起到积极的意义。但身体屈叠幅度较大，后仰举臂屏息时间过长，动作速度快等可能引起血压变化幅度加大、大脑暂时性缺血等生理现象，当这种刺激超过机体自身调节能力时，会引起一些不良反应，比如恶心、呕吐等，运动过程头部位置不断变化，比如一些翻滚、后仰、绕颈或日常很少做的姿势，可以改善空间知觉，改善大脑皮层运动中枢的整合能力。如果刺激强度超出自身大脑皮层整合调节能力，会引起眩晕、呕吐等不良反应。自身平衡能力差、高血压或低血压的人在练习初期应小心，慢慢地做，给机体逐渐适应的过程。一旦产生不适反应，不必紧张，停下来休息放松一会，不适症状就会消失。

体式练习可以分为三个层次：第一层次，在练习初期，单纯的学习模仿动作；第二层次，动作熟练，可以根据动作的需要，自如配合呼吸；第三层次，动作控制自如，可以将元气调控、目达法和收缩术结合起来，做到意守、呼吸和体位的完美结合。

瑜伽训练并非一日之功，若要从中获益，必须持之以恒。只有不断的实践，才能达到最佳的锻炼效果。

三、放松训练

放松训练是瑜伽运动中必不可少的内容。诱导放松多半采用止念入静的方法，通常从调息开始，由随意的瑜伽完全呼吸过渡到自然呼吸，直到形成稳定的呼吸节律。练习者在保持对呼吸的自我觉知状态下，随着诱导语音的提示而留意身体各部位逐渐放松的过程。在诱导放松初期，缺少对呼吸的主动控制过程使练习者尤其是初习者反倒容易产生紧张感，然而大脑皮层主动干预的呼吸控制过程更难以放松。只有当经过控制的呼吸变得深长缓慢恢复自然自发，呼吸节律平稳以后，令人感到沉静平和的状态才能实现。所以说，诱导放松过程实际上是形成平稳的呼吸节律的过程。初习者在开始练习时似乎很难把握尺度，尤其在仰卧放松时，随着呼吸节律的减缓，当与睡眠的呼吸节律合拍时很容易进入昏睡状态，甚至响起鼾声。对于心理长期处于紧张甚至焦虑状态、饱受失眠困扰的人来说，完全松弛后进入无意识昏睡状态无疑是一个良好的开始。

诱导放松通常从调息开始，由随意的瑜伽完全呼吸过渡到自然呼吸，直到形成稳定的呼吸节律。练习者在保持对呼吸的自我觉知状态下，随着诱导语音的提示而留意身体各部位逐渐放松的过程。当肌肉处于相对放松状态，本体感觉冲动逐渐减少，使大脑皮层运动中枢活动水平降低，而自发的非随意的呼吸节律使大脑皮层呼吸高级中枢也逐渐抑制，导致皮层大量神经元兴奋性下降，能量消耗降低。诱导放松是一个条件反射建立过程，语速平缓的诱导温和地刺激中枢神经，使其处于适宜的兴奋状态，血管壁舒张，改善大脑内血液循环，氧供给多于消耗，大脑处于蓄能状态。

诱导放松引起的大脑皮层神经元活动水平的变化不是简单的抑制过程，而是使大脑皮层主动调整至适宜的兴奋程度，使大脑本身自发电活动得到有序化加强的过程。因初始状态大脑皮层兴奋程度不同，导致诱导放松时神经元电活动抑制程度的差异；运动后诱导放松可以加深大脑皮层的主动抑制程度。

四、冥 想

冥想是瑜伽运动中重要的内容，在冥想的道路上，每个人前进的步伐不同。心理学认为冥想是一种意识状态，通过将注意力从外部转向集中于内部体验的仪式化练习改变意识的功能。大量的神经生理、心理实验证明了冥想可以缓解紧张焦虑。然而冥想的目标不只是暂时缓解紧张，冥想是对心理和精神自我的一种内在关注。

噢姆(OM)被认为具有丰富的象征性，并概括了世界上所有的声音，它也被视为声乐学中发声技术的一部分，当然，不同的训练目的人们所关注的重点不同，方法各异。作为冥想练习，稳定的呼吸节律是必要的，而非音质、音量和音调。

OM 语音冥想过程采用逆式呼吸即胸腹式呼吸相结合，充分调动所有的呼吸肌，随着呼气发声。呼气时首先是肋骨内收，膈肌舒张，直到主要的呼其肌腹肌向内收缩，将肺部残留的二氧化碳尽可能排除，吸气时膈肌自然回缩，肋骨外翻，主要呼吸肌交替舒张收缩，力量逐渐动员起来，呼吸频率逐渐减慢，随之带来一系列的生理反应，比如肺通气量逐渐增加，血液中 CO_2 含量减少，内脏活动加强，兴奋性冲动通过神经传导传入中枢，引起内脏中枢活动的加强；横膈运动增加对主动脉和回心静脉脉管的刺激，使血液循环加快。发声时由于声带振动在口腔甚至胸、腹腔内共鸣，产生的振荡波在体内传播。尽管目前的神经生理学研究对内脏传入在中枢内的传导途径定位尚不明确，但普遍认为下丘脑和边缘系可能是掌管内脏活动的皮层下中枢。科学实验证明，OM 语音冥想过程 $\alpha2$ 脑波由枕区增强，转化为枕弱额强，可能是皮层下丘脑、下丘脑、边缘系间具有直接或间接纤维联系或投射联系的核团活动趋强而引起皮层空间有序化放电的表现。这种多而强地感觉刺激传向中枢的过程，经过可塑性的突触间耦合，加强神经元间有机整合。

OM 冥想信奉者认为它有助于挖掘潜藏在每个人自身的灵性。随息发声所产生的振荡波在体内传播，神经冲动有规律地传向大脑皮层，整个过程练习者的不同的意识水平发挥了作用，他首先"意识到我在发声，我意识到发声产生了振荡波，我意识到这振荡波正在体内的传播，我意识到振荡波在传播过程按摩了我的内脏、喉咙、枕项，一直蔓延到手指、脚心、整个大脑皮层，直到身躯内的各个角落。当振荡波消失时，大脑中一片空寂。躯体好像不知去向，但意识仍然警醒"。经过一段时间持续的训练，很多练习者都产生过这种体验。然而具有某些特质的一类人却不需要经过有序的诱导训练，可以很容易地实现大脑从一种意识状态向另一种意识状态的转换。

这就是前人所说的在寻找精神自我的道路上，没有循规蹈矩，每个人都有属于自己的历程，唯一能做到的就是积极实践，在实践中不断发现自我，超越自我。享誉世界、被誉为的伟大的灵性导师克里士那穆迪(Krishna Mudi)认为，冥想是一种灵魂的自由状态，在这种状态里你保持着对周围事务的察觉而不为所动。

有人将冥想的生理学意义解释为宁静的机敏状态或较低唤醒水平的放松状态。冥想训练实际上是大脑皮层唤醒水平的自我调节过程。

保持身心健康状态不仅要坚持锻炼，还应纠正不良的生活习惯，培养健康的生活方式，乐观的生活态度，积极向上的人生观。应做到：①适当的锻炼；②恰当的呼吸；③平衡的膳食营养；④积极思考和冥想；⑤合理的休息。

第二十四章 轮　滑

第一节　轮滑运动的概述

轮滑(roller skating)，又称滚轴溜冰、滑旱冰，是穿着带滚轮的特制鞋在坚硬的场地上滑行的运动。

一、轮滑运动的起源

最早于公元1100年的溜冰鞋是利用骨头装在长皮靴脚掌上，帮助猎人在冬天才能进行的打猎的游戏。由苏格兰人Dutchman于公元1700年爆炸性的创造了第一对溜冰鞋；他希望能在夏天模拟出冬天溜冰，于是把敲钉的线轴长条木附在他的鞋子上。同年在爱丁堡组成了第一个溜冰俱乐部。

1863年，美国的Plimpton，发现一途径制造可使用的溜冰鞋。他提出一双有四轮的溜冰鞋且轮子并排，溜冰轮鞋它允许转弯、前进和向后溜冰，也就是最传统的溜冰鞋！它便于转弯，还能倒滑，活动自如，安全灵敏，滑行起来具有更多的优越性，深受欢迎。1866年，纽约建造了室内轮滑场，并成立了纽约轮滑协会。而1884年，有人发明滚珠轴承的轮子，使得之后的溜冰运动得蓬勃发展。

1979年，美国冰球运动员奥尔森兄弟，为了在球季之余能够继续练习，便对其家乡明尼苏达州的明尼阿波利斯发现的轮子为一条直线的轮滑鞋进行重新设计，根据轮滑鞋的原理，采用现代的材料，并用聚氨酯做轮子装在刀底座之内，再装上橡胶制的制动器，于是产生了第一双单排轮滑鞋。这种轮子排列成一条直线的溜冰鞋正式的学名为In－LineSkate，这就成为了今天单排轮滑正式名称。

1983年，斯科特·奥尔森成立了专门生产单排轮轮滑鞋和器材的Rollerblade公司，使单排轮轮滑运动非常迅速地在美国，继而在全世界普及起来。

二、轮滑运动的项目分类

1. 速度轮滑(roller speed skating)

速度轮滑是运动员脚穿轮滑鞋，在轮滑场地内或公路上，在规定的距离内，以快慢决定胜负的比赛滑跑速度的运动项目。

2. 花样轮滑(roller artistic skating)

花样轮滑是运动员脚穿轮滑鞋，在轮滑场地内，在音乐的伴随下，进行各种曲线、步伐、跳跃、转体、旋转、舞蹈动作的滑行，是一项体育与艺术紧密结合的表演性运动项目。

3. 单排轮轮滑球(roller inline hockey)

单排轮滑球运动是运动员脚穿单排轮滑鞋，手持冰球杆，在轮滑球场上快速滑行、运球、传接球、射球，力争将球射入对方球门的对抗性集体运动项目，是一项快速敏捷的轮滑技艺与娴熟高超的用杆技巧相结合的运动项目。

4. 双排轮轮滑球(roller hockey)

双排轮轮滑球运动是运动员脚穿双排轮轮滑鞋，手持轮滑球拍，在轮滑球场上快速滑行、运球、传接球、射球，力争将球射入对方球门的对抗性集体运动项目，也是一项快速敏捷的轮滑技艺与娴熟高超的用杆技巧相结合的运动项目。

5. 极限轮滑(extreme in line skating)、滑板(skating board)

极限轮滑是运动员脚穿轮滑鞋，在轮滑场地内的各种道具上进行各种惊险的滑行、跳跃、转体、翻转等动作，是一项惊险、刺激、技巧性极强的表演性运动项目。

滑板是运动员双脚踏一块底下有 4 个轮子的特制板，在轮滑场地内的各种道具上进行各种惊险的滑行、跳跃、转体、翻转等动作，也是一项惊险、刺激、技巧性极强的表演性运动项目。

6. 轮滑速降(speed roller skating)

轮滑速降是运动员脚穿单排轮轮滑鞋，从较陡峭的高坡上快速滑下，有的比赛还需运动员围绕障碍物做回转式滑下，以速度取胜，也是一项惊险、刺激、技巧性极强的表演性运动项目。

三、轮滑运动的特点

轮滑运动的普及面之大和发展速度之快，特别是单排轮轮滑鞋重新诞生之后，是非常惊人的，可以说滑轮滑的人遍布街头巷尾。之所以如此，是由于该项运动的特点有巨大的吸引力，人们总结的一句话是：场地到处都有，技术容易学，强身健体好，兴趣特别多。

1. 容易普及

轮滑运动虽然对场地有着一定的要求，但那只是针对竞赛而言，如果只是为健身和游戏，那么在街头巷尾，公园马路，有一块平坦的地面就可以滑轮滑。现在市场上轮滑鞋又多又好又便宜，普通人家都可以消费得起，因此普及起来非常容易。现在很多中小学都已将轮滑作为体育课内容之一。

2. 技术简单易学

轮滑初步滑行的技术比较简单，只要在走路的基础上将蹬地的方向稍微改变，即可滑行起来。很多青少年都是无师自通，稍加练习，即可滑得熟练、潇洒。

3. 强身健体

轮滑作为体育运动，自然有着很高的锻炼和健身价值，经常参加轮滑运动，可以有效地提高身体各方面的素质，改善身体机能，提高平衡能力，培养人勇敢顽强、吃苦耐劳的良好意志品质。

4. 趣味性强

当人开始学习轮滑时，对于轻轻一蹬，即能轻松向前滑行，会产生很强的兴趣和继续学习的欲望，当你能轻松滑行，自如转弯，随心所欲的做动作时，就能吸引你去掌握更高的技术，这就是轮滑的魅力。

第二节 轮滑的基本技术

速度比赛由四部分组成，分别是：起跑、途中滑、弯道、终点冲刺与撞线，每一部分的有效结合都对比赛的胜利起着至关重要的作用。

一、起跑技术

起跑是各项距离比赛的开始，起跑的主要任务是在最短时间内，最大限度地进入最高滑跑速度。速度轮滑的起跑根据比赛项目分为个人起跑和集体起跑，其中场地赛的300米和公路赛的200米是个人起跑，其他项目均为集体起跑。

1. 个人起跑

根据场地赛的300米和公路赛的200米运动员是单个出发，由于起、终点均采用切光计时器，无需发令员发令，运动员在规定的14秒内自行出发即可，所以运动员在起跑时均采用单腿后伸、上体摆动加速的技术方式。从近几年世界锦标赛的情况看，世界各国优秀选手个人出发，几乎都是采用“正面八字式”，从预备姿势到启动基本采用同样程序、同样的技术动作。

(1)站位：运动员正对起跑方向，两脚靠近起跑线，成八字形站立，脚尖尽可能的外分，脚跟相对，前脚后轮顶住后脚第三个轮子的位置，两臂端起，取得有力的支持，支点稳固。

(2)后腿伸出：身体保持上文所说站位的姿势不动，后腿照直后伸，后脚与起跑线近乎平行，后轮内沿顶住地面，支撑牢固。

(3)摆动出发：在前面姿势的基础上，身体直立起来，身体从上、向下、向后大幅度摆动，紧接回摆，重心开始前移，当身体重心投影点超过前脚支点时，前腿以爆发性力量快速伸展蹬地，与此同时后腿用力前摆，脚尖外转，两臂短促有力摆动。

运动员迈出第一步，进入疾跑阶段，便开始急剧地切跑，蹬地腿全力向后方蹬切式蹬地，两脚外转角度由大变小，步伐由小变大，姿势由高到低。当滑速接近或达到一定速度时，应及时调整姿势、调整节奏、调整呼吸等，很自然地向途中滑跑过渡。

2. 集体出发

场地比赛集体出发少则几名，多则几十名；公路赛少则几十名，多则几百名、几千名同时出发，必然要经过一段混乱的场面，因此必须考虑稳妥的出发方式。

(1)选择好自己的位置：如果是有经验的选手就应站在队伍的前面，而不应站在比自己水平低的人群的后面，如果是中等水平的话，可站在队伍的中间部分。

(2)采取保护性滑法：为避免碰撞、踢到、绊倒等情况的发生，必须采用自我保护性滑法：降低重心、降低姿势、提高身体的平稳性；重心移动幅度小、蹬地幅度小，不要充分蹬直；以小幅度、快节奏、高频率来保持速度；上体稍抬起，头要抬起，目视周围情况，善于观察判断场上变化的情况。

当冲出众多人群后应大幅度地移动重心加强蹬地力量，提高滑速。同时，要加强两臂的摆动，控制周边的空间，提高平衡性与安全性。

(3)集体出发通常采用的方法有两种，一种是正面起跑，另一种是侧面起跑。

①正面起跑：站位方法与个人起跑方式相同，但由于发令员发令前不能移动，因此没有向后伸腿的动作，而是重心位于前脚支点之上，当发令枪一响，前脚迅速抬起，后腿迅速后蹬，使重心迅速前移。前脚抬起后，仅向前迈一小步落地，不要超过重心的投影点，以免形成反支撑。前脚落地后，后腿即抬起前移，即进入疾跑阶段，两脚迅速地进行切跑。

②侧面起跑：站位方法是两脚平行，接近于肩宽，两脚与起跑线呈15°~30°，重心置于前脚支点之上。当听到发令枪响时，前脚迅速抬起外转，后脚蹬地，上体抬起，重心前移。前脚外转呈大八字脚同时稍前迈一小步落地，后腿蹬地，进入疾跑阶段。

二、途中滑行技术

1. 滑跑基本姿势

速度轮滑滑跑的基本姿势必须符合该项运动特点的需要，即尽可能地减少高速度运动中的空气阻力、尽可能地便于发挥人体的运动能力。

(1)减少前进阻力：速度轮滑运动员告诉滑跑中最大的阻力因素是空气阻力。减少空气阻力的最好的办法就是使身体接近流线型。因此采用上体前倾至几乎与地面平行的姿势，并要使上体尽量放松。上体与地面角度约 15°~30°，超过这一角度空气阻力将大大增加。同时膝部深屈，降低重心，力求缩小身体正面的横截面积。

(2)增加前进动力：运动员的滑行是靠腿的屈伸动作来进行蹬地而产生速度，适当的蹲屈角度便于运动员腿部力量的发挥。速度轮滑运动员腿部规范蹲屈角度，膝关节深屈至 110°~120°、踝关节深屈至 70°~80°。根据速度轮滑运动的技术特点以及腿部发挥最大力量时最佳角度的生物力学研究结果，都已经充分证明上述角度的合理性。

在比赛中，运动员的身体姿势，根据长、短距离的不同，根据尾随、短冲、超越等战术的需要，姿势的高低也要相应的有一定的灵活性。

正确的滑跑姿势是充分发挥技术、战术水平的基础，也是保证能量供应，节省体力消耗，最大限度地发挥蹬地效果的可靠保证。速度轮滑采取这种基本姿势的优越性在于：上体前屈是减小空气阻力，这样的膝关节角度能使支撑腿获得较长的蹬滑距离，最大限度地减少能量的消耗，最有利于蹬滑动作，有利于呼吸和内脏器官活动。采取这种蹲屈姿势还可以保证腿的充分侧伸展，使蹬滑距离延长，增加蹬滑力量。加快髋、膝、踝关节的伸展速度，完成有效的蹬地动作。由于重心相对稳定，有利于直线滑行的平稳性和加大动作的幅度，有效提高每一步的做功。

2. 直道滑行技术

速度轮滑直线滑跑的方法和步骤与初学轮滑的向前滑行基本相同，也是分为蹬地、收腿、着地、滑行几个阶段。但速度轮滑是为了创造最高的速度，对每一动作和阶段有极其严格的技术要求。在向前滑行中，蹬地和滑行是最重要的两个阶段，蹬地是产生和增加前进动力的阶段，滑行是减低速度的阶段，如何能最大限度地提高蹬地效果和如何尽可能减少降速是提高运动成绩的关键，因此对这两个阶段的技术进行重点分析。

(1)蹬地阶段技术。蹬地阶段技术是滑跑技术的核心部分，是由支撑腿的蹬地动作和相对应浮腿的摆腿着地动作所组成。蹬地阶段技术的主要任务是最大限度地产生向前的推动力。实践中可见，决定蹬地效果的因素很多，其中最主要的起着决定作用的因素是：蹬地用力方向、蹬地用力时机、蹬地用力角度、蹬地用力方法等，这些因素缺一不可地紧密联系在一起，以最佳的方式起作用，产生最佳蹬地效果。

①蹬地用力时机：从理论上讲当身体重心偏离支点，蹬地角形成之时，便是蹬地开始的准确时机。从动作上看此时臀部积极地向内侧移动，支撑腿开始展髋发力、压小膝、踝关节，全身的力量协调地、集中地压向支撑轮中后部。当适宜的蹬地角形成、牢固支点保持在身体的侧方，此刻是蹬地产生最佳效果的时刻，恰是最大用力的准确时机。此时的最大用力必将产生最佳效果。而早于此刻或晚于此刻都将减弱蹬地的力量。

②蹬地用力方向：蹬地用力方向取决于向前运动的速度。运动员从静止状态起速，蹬地用力方向必须向身体的后方，运动员身体已经起动，但速度不快时，蹬地用力方向必须是身体的

侧后方；为使运动员的滑速继续增加，则蹬地用力方向必须转向身体的侧方。因此准确地讲，蹬地用力方向必须是运动员支撑轮滑行进方向垂直的侧蹬方向。运动员在高速状态下，支撑轮的滑进方向直线性很强，蹬地用力方向接近身体的正侧方，因此蹬地用力动作也只有在身体的正侧方才能找到最有力的支撑点。教练员、运动员必须深刻理解，在高速中只有向侧蹬地才能继续增加速度。甚至优秀运动员有向侧前方送蹬感觉，待伸膝最大用力时，最有力的支点恰是在身体的正侧方，因而会不断增加滑行速度。

③蹬地用力角度：蹬地角是决定蹬地效果又一决定性因素。相对较小的蹬地角，会产生更好的蹬地效果。运动员应善于寻找最佳蹬地角度。蹬地角是从中心偏离支点时就开始形成，当蹬地最大用力之时，蹬地角应达最适宜的角度。研究表明，优秀运动员与一般运动员技术上的主要差距在于蹬地角。优秀运动员是在积极地倾倒，创造最佳蹬地角度，在更小的角度下完成蹬地动作，因此会产生更大的推进力与向前加速度。

力求在较小的角度下，水平移动的侧向蹬地在蹬地的过程中随着蹬地腿伸展和重心的移动蹬地角也在相应的变小，蹬地腿最大用力阶段蹬地角约在70°~80°，在蹬地结束之时蹬地角小至45°~50°。实践证明，优秀运动员的蹬地角普遍小于一般运动员，这是由于优秀运动员身体重心更大幅度地左右水平移动。重心横向移动幅度越大，蹬地角越小，蹬地距离越长，蹬地效果越好。技术改进的方向：小角度、水平移动、侧向蹬地。

④蹬地用力方法：蹬地动作是产生前进加速度的决定性因素。蹬地动作尽管在短暂的刹那间完成，但是必须有个准备和创造条件的过程。因此完整的蹬地动作应分为两个阶段完成：

其一，开始发力阶段：全身协调配合，全身力量集中地压向支撑的中后部；最有力的支点牢固的位于身体的侧方；上体积极倾倒，蹬地角形成；支撑腿推臀、展髋、压膝踝发力；浮腿积极配合前摆。为下一阶段最大用力创造最佳条件。

其二，最大用力阶段：在第一阶段创造条件的基础上，髋、膝、踝关节同时以最大力量、最大速度向侧方伸展，刹那间完成蹬地动作。用力的特点是爆发性与快速性，特别是膝关节的伸展速度尤其重要。即支撑腿以最大力量、最快速度，爆发性伸展刹那间结束蹬地。

在支撑腿蹬地用力阶段，浮腿要积极配合。浮腿动作应视为蹬地动作的一个组成部分。浮腿的配合方法应与蹬地腿的用力动作对应同步。蹬地腿用力伸展，则浮腿加速前摆，摆动速度与蹬地腿伸展速度同步。浮腿的加速度摆动与惯性力，可增加蹬地的力量，有助于增加冲滑的力量。浮腿着地的时间应是蹬地动作即将结束之时，浮腿的着地点，应在重心投影点的内侧，用支撑轮的外沿着地支撑滑进。如果着地点在重心投影点的外侧，则该腿的支撑必将是“反支撑”动作，增加阻力而降低滑速。

两个阶段有机相连，全过程是一个不断加大力量和不断加速伸展的过程。研究表明，优秀运动员与一般运动员在展腿技术上有较大差异性，优秀运动员膝关节伸展的角速度明显大于一般运动员。这是蹬地技术的关键所在。那些蹬地展膝动作“黏”“慢”等都不是合理的技术，教练员、运动员必须有清晰的正确技术的概念。

(2)滑行阶段技术。滑行阶段是指支撑腿蹬地结束后，新的支撑腿承接体重借助惯性向前滑行的过程，此阶段对应的浮腿恰是处于放松收腿的过程。

滑行阶段完全是借助的滑进，毫无增加速度的因素，相反，轮滑运动的特点是减速因素很多，如地面与轮子的摩擦力、轴承与轴轮的摩擦力、空气阻力等，都将直接减弱滑行速度。因此速度轮滑此阶段的一个重要特点是，为减少速度的下降，必须缩短滑行时间。为缩短滑行时间，浮腿的回收还原动作需要加快。使收腿动作要变得更加积极、主动，更加快速、严密，以其最短路线，直接收向中心面。收腿路线与时间的缩短和重心的加速移动可有效地缩短滑行阶段的时间，使滑跑节奏加快、频率提高，赢来了更多次的蹬地加速，而且减少了速度的下降，这是提高滑速的重要潜力所在，完全符合速度轮滑运动的特点。因此，快蹬、快收、快节奏、高频率是速度轮滑技术发展的方向。

(3)直道着地技术。从收腿动作结束后至轮滑鞋落地的动作阶段称为着地结束。着地动作主要包括两个阶段，一是向前收腿阶段：二是轮滑鞋着地动作阶段。实际滑行当中，收腿动作和着地动作是紧密联系在一起的，两个动作之间没有停顿。但是，着地动作非常重要，因为着地动作直接关系到滑行的路线和蹬滑的质量。

着地时浮腿的大腿和小腿要靠近支撑腿并明显的积极向前，使浮腿放松，这时要注意的是应充分利用体重蹬滑，轮滑鞋尽量不要太早落地使浮腿过早的承担体重而使浮腿变成支撑腿。

3. 直道摆臂技术

(1)摆臂的作用。速度轮滑运动两臂的摆动十分重要，其主要作用在于：

①控制身体的平衡。

②控制腿部动作，臂的动作节奏可带动腿部动作。

③增加蹬地力量，两臂的摆动惯性力，有效地作用于蹬地支点，增加蹬地力量。

④提高动作的协调性，提高臂、腿、全身的配合能力。

除此之外，摆臂动作还有重要的战术意义，两臂大幅度的摆动，可控制身体周围的空间，防止被其他人近身超越，对于短冲、超越、阻挡和重点冲刺，都具有特殊的甚至是决定性作用。

(2)摆臂的要点。运动员在高速运动中两臂的摆动应遵循以下技术要点：

①两臂的摆动以肩为轴，大臂带动、紧贴身体。

②两臂的摆动方向要与身体重心移动方向一致。

③前摆过垂直部位时屈肘，手臂摆至前高点，后摆直臂上摆至后高点。

④两手半握拳，手臂放松。

⑤与腿部动作协调配合，要提高频率时，臂的动作可领先腿的动作，带动腿部动作加快动作节奏，提高频率。

⑥起跑和短距离滑跑时，两臂摆动要短促有力，必要时可屈臂，以缩短摆动半径，提高动作速度与频率。

⑦两臂与腿的配合方法是：左腿蹬地、左臂前摆、右臂后摆；右腿蹬地、右臂前摆、左臂后摆。收腿时，臂、腿动作同步，协调一致。

三、弯道滑行基本技术

弯道有许多增加速度的有利因素，正常情况下滑弯道比直道快，出弯道比进弯道快，弯道又是运动员加速超越对手、抢占领先位置，实施各种战术方案的最佳区域，是运动员比赛中必争之地，弯道技术的重要性由此可见。

1. 弯道蹬地技术

(1)弯道提高速度的有利因素。弯道为什么比直道滑跑得更快？出弯道为什么比进弯道还要快？这是因为弯道存在更多提高速度的有利因素，如能认识弯道规律，充分发挥有利因素的作用，则大幅度地提高弯道滑跑速度是完全可能的。

①弯道高速运动中，企图甩离运动员的离心力作用是很大的，运动员必须采取更低的姿势

和更大的倾斜度滑跑，以克服离心力。很显然，这种低姿势和倾斜角度创造了更大距离、更小角度下、更加水平蹬地的有利条件。这是蹬地产生高速度的决定性因素。

②弯道高速运动中，身体始终是处于向左倾斜的状态下滑跑，身体重心毫无左右移动的过程，身体重心移动轨迹是紧贴弯道弧线延伸。这不仅缩短了重心移动的距离，而且为圆弧上形成了更多的切点，为实现高频率滑跑创造了条件。

③在弯道上由于身体一直保持倾斜状态，浮脚只要着地支撑，蹬地角便形成，即刻进入蹬地阶段，这就意味着弯道滑跑完全可以做到：一腿的蹬地加速与另一腿的蹬地加速紧密相接，交替加速的中间无任何借助惯性滑进的过程。那么弯道全程都是蹬地加速的过程，而无任何减速过程与减速因素的存在。采用这种技术弯道滑跑必将是越滑越快，出弯道也必将以最大速度冲出。实践中要想实现这一技术目标，两腿的动作必须加快，如同“剪式”交叉配合，很自然地实现无惯性滑进的快节奏、高频率，使弯道技术产生了质的飞越。在保证蹬地效果的基础上的快节奏、高频率是今后改进和提高弯道技术的方向。

(2)弯道蹬地技术方法。弯道右腿蹬地技术基本同直道，在此重点分析弯道左腿蹬地技术与右腿的配合。

①开始阶段：右腿蹬地结束，抬离地面之时左腿蹬地动作已经开始。头、肩、上体开始转向新的切线方向，重心向左移动，加大倾斜，同时左腿乏力、展髋压膝、踝，左膝深屈，压力重心集中地压向支撑轮的中后部，牢固的支点保持在身体的侧方。此阶段，右腿抬离地面后迅速屈膝，以大腿带动膝盖向内侧摆动，两膝靠拢。

②最大用力阶段：当右膝与左膝靠拢之时左腿进入了最大用力阶段。左腿是在第一阶段发力的基础上，以最大力量、最快速度伸展髋、膝、踝关节，以爆发性力量刹那间结束蹬地。当左腿最大用力伸展之时，右腿同步协调配合加速前摆，右脚后轮从左脚前轮上方越过在左脚前方着地。准确的着地点应在重力与离心力的合力点上。首先是右脚后轮内沿先触及地面，然后过渡到全内沿支撑，向着新的切线方向滑行。

左腿蹬地用力的准确方向应该是与滑进方向(切线)相垂直的离心力的方向。如果蹬地方向正确，蹬地结束时上体与蹬地腿成垂直状态，左腿前轮与右脚后轮呈相重叠的状态，而且弯道左右腿蹬地所形成的轨迹均成内弧形。内弧形轨迹是侧蹬技术与支点牢固的重要标志。

2. 弯道着地技术

右脚的着地动作是在右腿蹬地滑结束后，利用反弹大腿带动小腿快速向左脚左侧收腿并放在合适的位置。左腿收腿的全过程是，当左腿蹬滑完成时快速大腿带动小腿放在右脚左侧的合适位置。这里要注意的问题是：在收腿和着地的时候，小腿不要领先与大腿，尤其是踝关节位置不要领先于膝关节。

3. 弯道摆臂技术

弯道滑跑时摆臂不仅为了增加蹬地的力量，加快节奏提高频率，而且是为了更好地克服离心力的作用，帮助身体向左侧倾斜，保证顺利地滑跑弯道。因此弯道摆臂动作又有其不同特点。这种不同特点表现在左、右臂的摆动方法有着重要的区别。

弯道滑跑时，右臂的摆动方向是侧前、侧后，即前摆时向左前方、后摆时向右后方，带有一定的侧向性，同时摆动幅度大、有力量。弯道滑跑时左臂的摆动方向是紧贴身体前后摆动、摆动有力但幅度小。左臂如果做侧向摆动和大幅度的摆动，将影响身体的平衡和向左侧倾斜的动作。

弯道滑跑时两臂的摆动，还要与两腿的动作协调配合。正确的配合方法是：当右腿蹬地时，右臂前摆、左臂后摆；当左腿蹬地时，左臂前摆、右臂后摆，两臂要协调配合蹬地腿的用力。

在弯道需要追赶对手、超越对手而突然加速、短冲时，两臂屈肘，摆动快速而有力量，以两臂的快速有力的动作，带动腿部动作，加快节奏、提高频率、增加蹬地力量。不断增加弯道滑速，出弯道不仅能以高速冲出，而且可超越对手领先滑跑或者抢占有利位置。

四、终点冲刺与撞线技术

冲刺是全程最后一段路程上的拼搏，是比赛决定胜负的最后一关，撞线技术又是最终决定终点名次的最关键技术动作。

运动员应该以顽强的毅力，最大的力量跑完全程的结束段。运动员在越来越疲劳的情况下，应努力去保持该项最合理滑跑技术。为避免速度的下降，必要时，可以改变滑跑姿势，缩短惯性滑行时间，加快节奏，提高频率来赢得更多次的蹬地加速。

冲刺的距离长短，取决于滑跑的项目和运动员的训练水平，项目距离越长，运动员训练水平越高，冲刺距离就越长。在冲刺时运动员不仅仅是为了保持速度，而且要力求提高速度。因此在所有比赛项目中，冲刺时运动员都要摆臂滑跑，应像短距离滑跑那样。

运动员触及终点线的最后一步，蹬地腿用尽全力，以最快的速度爆发性伸展蹬地，与此同时浮腿大腿用力前跨，小腿前伸，刹那间前轮触及终点线滑完全程。

第三节 轮滑的基本战术

速度轮滑的战术手段和方法较多，可以大致分为个人战术和集体战术：个人战术是根据个人和同组对手的具体情况，为达到个人的目标而采取的战术手段和方法；集体战术是同队两名或两名以上队员在同一组比赛时，根据同组选手的具体情况，为达到一定目标，与队友相互配合而采取的战术手段和方法。具体战术方法有：

一、个人战术部分

1. 抢占有利位置

在速度轮滑比赛的起跑时抢占有利位置，并保持领先地位，特别是在短距离项目的比赛中，对取得理想成绩有着非常重要的意义。抢占有利地位，一般指在起跑时，运用爆发性的速度抢在其他运动员前面，占据第一或前三名的位置。从体力上说，有了领先地位可以避免消耗体力和精力去设法超越别人，而心理上则可以增强胜利的信心。取得领先地位后，应在规则允许的条件下不让其他人超过去，常用的方法有两种：一是运用摆臂扩大身体的空间区域，使后面的运动员在近处超不过去，而在远出受场地和体力影响也很难超过去；二是控制好场地的重要区域。进、出弯道和直道的中间地段是超越人的重要地点，所以在进、出弯道时一定要贴住弧线，不让对手从内侧超越。在直道滑行时，步幅要大而宽，并随时保持能加速的警戒状态，如对手要加速超越时，保持能马上加速使其超不过去。如能控制好这三个区域，就能保持领先地位，直至取得最后的胜利。

2. 领 滑

领滑指处于第一名的位置带领别人滑行。在中长距离比赛中，这需要有较强的实力，否则一般不敢全程领滑，因为很难始终保持住第一的位置，尤其到后半程，或到冲刺时，体力消耗很大，很容易被别人超越而前功尽弃。在个人战术中，一般多采用领滑和尾随交替使用的方法，而在集体战术中，同队队友取得有利位置后，多采用互相交替领滑和交替尾随的方法。

3. 尾 随

尾随是指紧随领滑者身后，按照领滑者的滑跑节奏、频率、步伐、速度滑跑，力求节省体力。因为紧随别人身后滑行，所受到的空气阻力会比较小，可以有效地保存体力，当进入到后半程时再超越进行冲刺。尾随滑行时既要注意不被领滑者甩开，还要注意不被后边人超越，设法保住有利位置以便最后冲刺。

在有了有利位置后，是领滑还是尾随，或是领滑与尾随交替进行，则需要根据对手的情况和自己的实力，灵活机动地运用，以争取最好的成绩。

4. 超 越

起跑后若没有抢到前三名的有利位置，继续滑下去则有可能被淘汰，或取不到好名次；或者虽然占据了第二或第三的有利位置，在比赛的后半程或者冲刺时还应设法争取更好的名次，这时就应在不犯规的情况下千方百计地滑上去，此时便需要使用超越技术。

速度轮滑比赛中超越对手的情况很复杂，有企图超越者，就必然会遇到反超越，困难肯定会很多，因此必须做好准备，选择恰当时机、合适的区域和位置，运用合理的技术动作，保证在不犯规的情况下超越过去。

根据比赛时间，运动员主要超越的区域是入弯道区和出弯道区及直道的中间段。其中成功率最高的是出弯道区，其次是入弯道区，再其次是直道区域。弯道途中较少超越，成功率较低。

超越前首先要能紧跟领先的运动员，一步不能落下，待领先的运动员出现滑跑不正常，或体力不佳，或出现战术疏漏时，要立即抓住机会超越过去，超越的方法一般是：入弯道和出弯道时最好从内侧超越，因为此时领先的运动员有时会有两种情况给你超越的机会：一是入弯道时为调整速度和准备弯道加速，会离开弧线，造成内侧的空隙；二是入弯道很好，贴住了弧线，并加速很快，造成出弯道时贴不住弧线，内侧出现空隙，给你超越的机会。从外侧超越的机会一般只有入弯道时，因为此时领先的运动员为贴住弧线，会出现速度的调整，而你应在直道的最后几步开始加速，当要入弯道或刚入弯道时用几个短促有力的压步超越过去。在直道时，内、外侧都可能超越。超越前要有足够的思想准备和体力、技术准备，一旦出现机会，即能用两三个快而有力的蹬步进行超越。

5. 变速滑行

在比赛的滑行过程中利用多变的速度来干扰破坏对手的正常滑行的战术方法。在滑行中有时领先但并不快滑，有时尾随但经常突然发动快滑并要超越，有时高速领滑，造成对手的精神紧张和体力分配的紊乱，使自己获得胜利的机会。

二、集体战术部分

集体战术主要是两人相互配合、互相掩护的方法。

(1)交替领滑战术：是为提高全程滑跑速度，同伴之间互相领滑一定距离的战术方法。

(2)阻挡对手滑行路线战术：利用同伴在前面滑行挡住对手滑行路线，使同伴在侧面超越或使同伴占据有利位置的战术方法。

(3)变换滑行位置战术：在入弯道或直道滑行过程中，两名同伴保持前后横向错位滑行，挡住对手超越路线，在出弯道时，外侧滑行的同伴可根据对手的情况滑至同伴的前位来保持领先滑行的位置的战术方法。

第四节 轮滑的竞赛规则简介

一、速度轮滑的场地

速度轮滑比赛分为场地赛和公路赛。比赛的跑道分为“场地跑道”和“公路跑道”。测量跑道的长度应以距场地跑道或公路跑道内侧30cm处测量。

(一)关于场地赛跑道

(1)场地赛跑道是指建在露天或室内，由两条长度相等的直道与两条相对称且半径相同的弯道相连接组成的椭圆状赛道。

(2)标准场地赛跑道规格如下。

①周长200米(±2厘米)，跑道宽度6米(±2厘米)，弯道半径13.42米。

②单个弯道长度42.16米，单个直道长度57.84米。

(3)跑道外侧应设有由适当材料制成的保护设施。

(4)起点与终点。

①起、终点线为宽5厘米的白色线，不得设在弯道处。

②起点线。

200米或300米个人计时赛：在起点线后60厘米处划一条虚线，称起跑限制线。

500米争先赛：起点线上按相同间隔划分6个起跑站位点。

③终点线设在距离前面直弯道分界线8米处。

④跑道状况。直道中间三分之一的部分要完全平坦；直道横切面的拱曲程度不得超过其宽度的1%；表面可以用任何材料铺成，但要求完全平坦，不滑，不黏。

(5)禁滑区。跑道内沿向内场延伸50cm为禁滑区，每隔10cm用2cm宽2mm厚的防滑黏条标识。

(二)关于公路赛跑道

(1)总体要求。

①宽度全程不得少于8米。

②路面必须平坦光滑，没有凹陷和裂缝。横切路面的拱曲度不得超过其宽度的5%。

③跑道外侧容易发生危险的地方应设有保护措施。

④任何赛段的坡度不得超过5%，有坡度的路段不得超过跑道总长的25%。

(2)“封闭式”公路赛跑道。

①由非对称的封闭环形公路组成，其起点和终点相衔接。

②除马拉松外，跑道长度不短于400米，不长于600米。

③举办马拉松赛(42.195千米)时，跑道长度至少为3千米。

(3)“开放式”公路赛跑道。

①起点和终点不衔接。

②若表面出现凹陷和裂缝，应修补填平。若不能修补，必须用白色的线做出警示。

③超过20千米的比赛应设置补水站，位置在比赛路线中点附近。

(4)公路赛场地的终点处设置。

①终点线前 150 米，终点线后 100 米设置栅栏围板。

②终点线前 300 米，终点线后 150 米设置警戒线或横幅。

③“开放式”公路赛在终点线上方要有写着“终点”字样的横幅，靠近终点线地面上要写有“终点”字样。在比赛最后 500 米处要设有指示标记。

④马拉松比赛，在临近终点的路段设立到达终点剩余距离的标识(1000 米，500 米及终点)。

(5)教练员指导区。教练员指导区设在终点直道段的跑道外侧。

二、速度轮滑的竞赛规则

(一)滑跑方向

在场地跑道或“封闭式”公路跑道举行的比赛，运动员的左手侧对应跑道的内侧边缘，比赛按逆时针方向滑跑。

(二)起跑的规定

(1)出发顺序。

①200 米与 300 米个人计时赛按照赛前抽签结果排列出发顺序。决赛出发按预赛成绩倒排序，即成绩好者后出发。

②500 米与 1000 米预赛，根据 200 米或 300 米个人计时赛最终成绩蛇形排列分组。若未进行个人计时赛，则在赛前进行抽签编组确定出发顺序。

③长距离比赛按照赛前抽签结果安排站位。

(2)出发站位。

①500 米和 1000 米比赛中，发令员根据分组结果逐一排位运动员。

②长距离比赛项目，运动员按发令员逐一点名由跑道内侧向外侧依次排列，每名运动员在起跑线后保持至少 50 厘米的距离。

③发令员两次召集运动员。如运动员未到，1 分钟后重新召集，仍未到者将被取消本项比赛资格。

(3)个人计时赛起跑。

①运动员至少有一脚位于起点线与起跑限制线之间，轮滑鞋的最初运动方向必须与比赛的方向相一致。

②运动员两只轮滑鞋必须与地面完全或部分接触，两脚不得滑动，允许躯干摆动。违规判警告 1 次。

③发令员决定运动员是否可以出发。发令员发出可以出发的指令后，每名运动员有 15 秒的起动时间。如在 15 秒内没有完成出发，运动员将被判起跑失败，警告 1 次。

④如果没有相应的电动计时设备，发令员发出两次信号，第一次信号为“预备”，第二次信号为鸣枪。

(4)争先赛、计时赛起跑。

①检录裁判员负责召集运动员，并把运动员带至起点，告知运动员在指定的地点活动。发令员为运动员安排起点位置后发出“预备”信号，短暂停顿之后，鸣枪。

②在发令员发出“预备”信号之后，运动员如有问题可以举手示意，发令员停止起跑程序，并示意所有的运动员离开起点线，每位运动员只有一次机会，问题解决之后，重新开始比赛。

③若起跑出现重大失误，影响到比赛的公正性，则召回运动员重新起跑。

(三)到达终点的规定

(1)集体出发的比赛(淘汰赛、积分赛、接力赛等)、预赛、团体计时赛、计时赛，要根据运动员轮滑鞋的最前点到达终点线的时间决定运动员的名次。到达终点线时领先的轮滑鞋必须与地面接触，否则以后脚轮子的前点到达终点线的时刻为完成比赛。

(2)在淘汰赛时，淘汰方式是以运动员后脚轮子的最后部分通过终点线为准。

(3)在耐力赛(定时赛)，终点线以运动员所滑至的地点为准。

(四)竞赛通则

(1)运动员除听取教练员的场外指导外，严禁接受任何形式的援助。

(2)各项比赛的滑跑途中，运动员应沿一条假想的直线滑行至终点，不得以曲线或横向滑行。

(3)在超越时不允许给其他运动员制造障碍。

(4)任何情况下，运动员不允许推其他运动员或者在他们前面横切。禁止拉、推、阻碍或者援助他人滑行。

(5)在封闭环形跑道的公路或场地比赛中，将被超越的运动员不能阻碍或者援助其他运动员。

(6)禁止运动员的轮滑鞋触及或踏出跑道线。

(7)当轮滑鞋出现故障时，在不妨碍比赛进行的情况下，运动员可以更换轮滑鞋或进行修理。

(8)运动员摔倒时，可以自己站起来继续比赛，不得由他人帮助。否则，将被淘汰。

(9)在消极比赛时，可以取消运动员的比赛资格。

(10)在开放式公路上进行比赛时，运动员必须沿公路右侧滑跑，不允许越过中线。

(11)退出比赛的运动员，要到终点通知裁判员，以便确定名次。

运动员如违反上述规则可被取消该项比赛资格。

(五)比赛服装

(1)参加比赛的同一单位的所有运动员都必须身着统一长袖或者短袖服装，颜色和图案要一致。

(2)队伍的名称或缩写应印在比赛服装上。

(3)比赛服的广告只允许在服装的前胸和后背上方处。广告不得影响各队队服颜色的识别，不得与号码布的位置相冲突(裁判有权调整号码布位置)。

(4)着装不合适的运动员可被取消比赛资格。

(5)运动员在领奖时必须身穿各队的正式服装，不允许戴帽子和太阳镜。

(6)轮滑鞋。

①每只轮滑鞋最多可以有 6 个轮子，可以是单排轮形式，也可以是双排轮形式。轮滑鞋最长不得超过 50 厘米。轮子和轮架必须牢固安装在鞋上，轮轴不能突出到轮子以外。禁止装有制动装置。

②轮子的最大直径为 110 毫米。

第二十五章

木　球

木球运动起源于中国台湾省，创始人名叫翁明辉。由创始人设计并改进的球杆，击球部分像一个酒瓶，一端为细颈，一端为瓶底状；球门是一个悬起来的可旋转的瓶状木制品，击球进门时以球门酒瓶至少转动一圈计数，若只是接触导致倾斜不算进门。因为运动规则与高尔夫相似，使用专用长杆击打实木圆球，最终进门为一个赛道的结束，所以又叫平民高尔夫。木球场地有草地、沙地等，讲究亲近自然，进行比赛时也考验选手对地形的分析把握。从 1990 年开始，翁明辉经过两年时间精心设计和反复修改、试验，直至 1992 年 5 月将球具和球道完成。由于木球适合各年龄层的人参与，很快风靡台湾省。世界上已有 21 个国家和地区成立了木球协会，在东南亚一带尤其盛行。亚洲之外的奥地利、意大利、匈牙利、英国、加拿大、美国等国也有了不少的木球爱好者，亚洲木球总会也已获得亚奥理事会的承认。2002 年，木球以新兴运动项目的姿态陆续在匈牙利、新加坡、马来西亚、中国沈阳、日本、韩国举办了 6 场国际比赛。在台湾省，如今正规的木球比赛就达 100 多场，台湾省每年 3 ~6 月间举办的"全民运动木球联赛"，平均有 2500 支队伍、20 多万人报名参赛。木球虽小，爱好者众。

第一节　木球运动的概述

一、木球运动的概念

木球运动是以球、球杆和球门为运动器具，在天然草地或沙滩地上规划球道，依据规则的规定，用球杆击打球，并逐一将球打过规定的球门(图 25-1)。木球场地通常设置 12 个球道，在规则规定的范围内，击球杆数最少为胜。在运动的过程中，由于参与者的目的不同，所以木球具有以竞技比赛和休闲娱乐为目的的双重性特征。

图 25-1

二、木球运动的特点

1. 简单性

木球的简单首先是场地的简单，可设在公园、草地、沙滩、泥土地、山坡地等；其次是技术的简单，基本技术可分为挥杆技术和推杆技术两种；最后是球具的简单，包括球、球杆和球门。无论从场地要求、基本技术、球具设计来说，木球都是比较简单的。另外木球运动规则也结合了现代高尔夫和门球的一些特点。在学习过程中，由于场地、技术和规则等的简单与可操作性，能使人们在很短的时间内学会基本技术动作，从而产生兴趣，给身心带来愉悦。无论是男女老少只要一杆在手，一般 2 ~3 个小时就可以基本掌握，3 ~5 天就可以进球道打球，但要想打好木球，必须经过一段时间的练习，有一定的球龄，因此，有人把木球比喻成了练太极。

2. 健身性

国内外学者一致认为，持续时间在30分钟以上，大、中、小强度涉及全身各大肌肉参与的有氧运动，能达到健身效果。木球运动需要全身各大肌肉群参与，打一场12个球道需要1小时左右，属于小强度有氧运动。如果是正式比赛有时必须完成24个球道的击打，需要在球场上来回步行，伴随不断挥杆与推杆动作和多次弯腰放球与捡球，这种运动形式，能达到较好的健身效果。

3. 安全性

在训练或比赛过程中，球被击打后没有弹跳乱飞的危险，球员之间也没有身体接触、对抗、冲撞，因而它有别于某些以牺牲健康为代价的运动项目，活动空间也较为轻松安全。

4. 休闲性

木球运动对身体条件要求不高，可以不分性别，年龄、身高参加比赛。根据球员的需要可以任意调整比赛方式，身体活动量可大可小、可轻松可激烈。球员置身于大自然环境中，在阳光的照射下，呼吸着清新的空气，休闲自在，丝毫感受不到比赛紧张激烈的气氛。

5. 娱乐性

木球运动不仅在基本技术上跟高尔夫相似，在活动环境上也很接近，灿烂的阳光，清新的空气，更多是在绿色的草地上进行的活动。通过对木球基本技术的学习，不仅可以享受挥杆的乐趣，促进身心方面的发展，并且通过打球交流能够增进人与人之间的友谊，使人在身心愉悦的氛围中体验运动的乐趣。

三、木球的运动功能

1. 健身功能

任何一项体育运动，从其本质而言，都是在特定的场地范围内，通过不同运动方式来展现球员运动技能，以达到相互交流、提高水平、增强机体运动能力、促进身体健康为目的。木球运动也一样，而且相比之下，木球运动不需要通过对机体的“超量恢复”训练来建立球员良好的专项素质，对身体运动素质要求也不高。因此，只要掌握一定的技术与规则，并能因人而异，就可以下场打球，达到健身的目的。

同时，进行木球运动还可以缓解平时工作、学习、生活中所带来的压力，通过打球不断调节心理变化，增强自信心，培养平常心，对个人性格、性情培养起到一定的促进作用。

2. 娱乐功能

木球运动的娱乐功能，是指球员在竞赛或休闲健身运动过程中，通过特定的运动规则，最大限度发挥球员的运动技术水平，并取得最好运动成绩，以满足个性特征自我实现的过程。在体验木球运动实践过程中，竞赛和娱乐是木球运动过程中的核心。

人们通过带有娱乐性质的竞赛方式，体验胜利后或技术水平不断提高后的精神快慰和身心满足感，同时也获得了自信心、自豪感和与同伴合作、交往、沟通情感的需要。当人们在体验和感受木球运动对促进身心健康、增强体质的作用时，其娱乐成分贯穿在运动的始终。因此木球以一种积极健康的娱乐方式，使人身心健康、精神愉悦、生活多姿多彩。木球运动具有竞技又休闲、健康加快乐的功能。

3. 社会功能

首先，木球跟高尔夫一样将礼仪行为规范纳入了木球运动规则。当人们进行木球运动实践时，木球运动所推崇的礼仪行为规范，会不断影响着人们的基本行为准则，促进个性的良好发展，促进人的社会化。

其次，打木球一般是4~6人同组竞技，挥出一杆需要走一段距离，才击打第二杆。可以边打球，边聊天，为了攻门大家目标一致，拉近了彼此距离，很容易结交新朋友，增进人与人之间的交流和沟通，构建和谐的人际关系，而和谐人际关系是和谐社会的必备条件。

最后，木球团体比赛，是计算团队中前四名队友的总杆数成绩，可以说每个人每一杆球对团体名次都起到关键作用。因此，通过团体比赛，可以培养每个人对团体的责任心与荣誉感，让人人都认识到自己是团体中的一员，绝不能因为个人失误而影响团体成绩。另外，木球的双打和混合双打需要两个人默契的配合也有利于培养团结与协作精神。

第二节　木球运动基本技术

(一)挥杆技术：基本部分、挥杆动作

1. 握杆方式：十指式、重叠式、连锁式

十指式：双手靠拢，十指排列握杆。十指式老少皆宜，手腕及手臂力量不足者，采用十指握杆能有效地增加挥杆力量及稳定性，如图25-2(a)。

重叠式：让右手小指嵌入左手的食指与中指之间，双手有部分的重叠，如图25-2(b)。

连锁式：是左手食指和右手小时互相勾在一起，如图25-2(c)。

(a)　(b)　(c)

图25-2

2. 击球姿势：要点、站姿方式

要点：根据握杆要领双手握住球杆，两脚自然站立，与肩同宽，两脚距离随着球离球门越近而越窄。左脚尖向外打开约15°，两膝微屈，上体稍向前倾，背部自然挺直，双臂自然伸直放松，双肩与双臂成倒三角形，左肩高于右肩，头部稍偏向右侧。双眼自然向下俯视正好看到球杆头，身体的左侧朝向出球方向。

注意事项：

(1)两脚间距离：随着球离球门越近，两脚间距离越窄，适当调整两脚间距离有利于身体转动及稳定性，有助于力量的发挥。

(2)身体重心：球离球门由远至近，身体重心偏向左脚尖、左脚跟延长线和双脚中间。

(3)球杆与身体关系：球杆顶端一般与身体距离一个拳头，球离球门近时更近些，球离球门远时更远些。

站立方式：击球姿势根据双脚站立位置和球行进方向的关系，又分为平行式、开放式和闭锁式三种脚位(图25-3)。

(1)平行式：是指球员两脚脚尖的连线与击球路线平行。这种姿势球员的两脚尖连线、腰部、肩部、手都与目标线平行。平行式站立是最基本、最标准的站姿，是球员的首选站位。一般发球或击打中间的球时使用。

(2)开放式：是指在平行式站立的基础上，球员的左脚稍向后退，采用此站法所击出的球路会向左偏。开放式站位经常是球靠近右边线或从右边线出界后，再次击打球时使用。

(3)闭锁式：是指在平行式站位基础上，球员的右脚稍向后退。采用此站法所击出的球往往会向右偏。闭锁式站位经常是球靠近左边线或从左边线出界后，再次击打球时使用。

图25-3

3. 球 位

球位是指在准备击球时，球与两脚的位置与距离。一般来说球的位置应该在两脚之间偏左，离左脚尖20~30厘米。根据挥杆幅度、击球距离和推杆击球等，可以在此距离上适当调整球位。

注意事项：

(1)挥杆击球时，球离球门越远，球的位置越靠近左脚，即左脚尖延长线与左脚跟延长线之间，球与双脚的距离稍远。

(2)推杆击球时，球离球门越近，球的位置越靠近两脚中间，球与两脚的距离稍近。

提示：球放置的位置或人离球的距离都应根据自己的身高进行调整，身材高大者相对远点，身材矮小者相对近点。

4. 瞄准：击球前瞄准、击球时瞄准

击球前瞄准：从球的正后方观察，用球杆瓶的瓶底部位对准球的后中部，使球门或目标、球和杆头球瓶三者在一条直线上，杆头瓶底指向就是击球方向，球杆球瓶的瓶底离球体后方最近点2厘米左右。

击球时瞄准：站立握杆时，杆面、视线、肩膀、臀部、膝盖与双脚都必须平行对准目标或球门，即与球行进路线平行。

5. 挥杆动作

身体转动加双臂摆动构成整套挥杆动作。整个挥杆动作是身体左右转动，带动双臂和球杆产生画出圆弧的过程，与高尔夫开球打法原理相似。挥杆动作大致可分为上杆、下杆、送杆、收杆四个部分。

(1)上杆。

①杆头从瞄球的位置开始，通过左肩右转，手臂、手和球杆同时移动、带动球杆头沿着目标线向球后方移动(图25-4)。

图25-4

②当杆身运动至与目标线和地面平行时，从身体右侧看，杆头还在身体前方，此时双臂达到最大限度的延伸，左臂伸直，右手臂则贴近身体内侧略弯曲，肩膀转动约45°，双手和手腕的动作较小，右臂位于左臂下方，到达此上杆位置最主要依靠双肩的转动(图25-5)。

③挥杆达到杆身与地面垂直时，左手臂与地面平行，双手、手臂和球杆处于身体的前方，左手臂和杆身间形成L形，肩转动约60°，右手腕弯曲(图25-6)。

图25-5

图25-6

④挥杆达到顶点时，杆身近似于与地面平行，头部相对躯干保持不变，眼睛注视球，肩以颈椎为中心向右转动90°，同时胯部转动45°，左手臂保持打直，右手臂维持内弯，右上臂与右臂成直角，右手腕达到最大弯曲。身体重心转移只有脚内侧，右膝稍内扣，左肩转至下颌时，上挥杆动作完成(图25-7)。

(2)下杆

①在到达挥杆顶点时，球杆和身体没有停顿，只是在改变球杆方向时，挥杆的速度减慢，下杆动作的开始就是上杆动作的完成，此时头保持不变，通过髋、肩的回转，身体的重心逐渐移到左脚上，顺势下拉球杆。

图25-7

②即将触球时，手臂继续随身体的回转向下挥杆，右臂保持贴近身体，手腕保持上翘(图25-8)。

③到下杆底部时，双肩和双臂保持三角形，借着身体转动产生的惯性，带动杆头与双手顺势下挥的力量，将球击出。左臂和球杆几乎成直线，髋部继续向左转动，身体重心落在左脚尖上，右腿起支撑和平衡的作用(图25-8)。

(3)送杆。杆头击到球后，身体持续向左转，重心也随着左移，双手继续往前送，右手臂

图25-8

图 25-9

翻转，在左手臂上面，杆头指向目标，右脚跟离地，右肩稍微下沉，头部保持不变(图 25-9)。

(4)收杆。随着重心完全转移，落在左脚脚跟外侧，头部和上体转向目标，背部挺直，右脚跟抬起，右大腿靠近左大腿，双手与球杆至左肩上方，形成自然、放松的手感动作(图 25-10)。

图 25-10

(二)推杆技术分析

在打木球过程中，球员必须在规定 12 或 24 道，不断运用推杆技术使球靠近球门或直接推杆攻门，它对结束每道球、每场球起着决定性作用，推杆技术由基本部分和推杆动作组成。根据站位、握杆和技术原理的不同可分为侧面推杆与正面推杆两种技术。

1. 推杆技术分析

(1)侧面推杆技术：侧面推杆技术跟挥杆技术有着相似的技术特点，有利于动作的迁移，常常被采用。

基本部分：可分为站姿、置球、瞄准、握杆四个部分(图 25-11)。

①站姿：两脚自然站立略小于肩宽，上体前倾，双膝稍微弯曲。

②置球：球位于左脚脚跟的延长线上，距离脚尖约 15～20 厘米。

③瞄准：击球前，从球的正后方观察，用球杆球瓶的瓶底部位对准球的后中部，使球杆的球瓶、球体以及球门的球杯三个实体点成一直线；击球时，杆面、视线、肩膀、臀部、膝盖与双脚平行对准目标或球门，即与球行进路线平行。

④握杆：由于球杆摆动的幅度较小，只做钟摆动作，可采用挥杆时使用的十指式[图 25-12(a)]或采用手腕稳定性较高的握杆方式，即左手的食指压住右手的后三指[图 25-12(b)(c)]。

2. 推杆动作

以肩关节为支点，以双臂和球杆为摆臂，做预摆，回摆击球与送杆连贯钟摆动作产生的力量将球击打出去(图 25-13)。

(1)正面推杆技术：在有效过门区域，当攻门角度很偏时适当采用正面推杆技术攻门成功率较高，该技术与其他技术区别较大，不利于动作的迁移，不提倡使用。

图 25-11

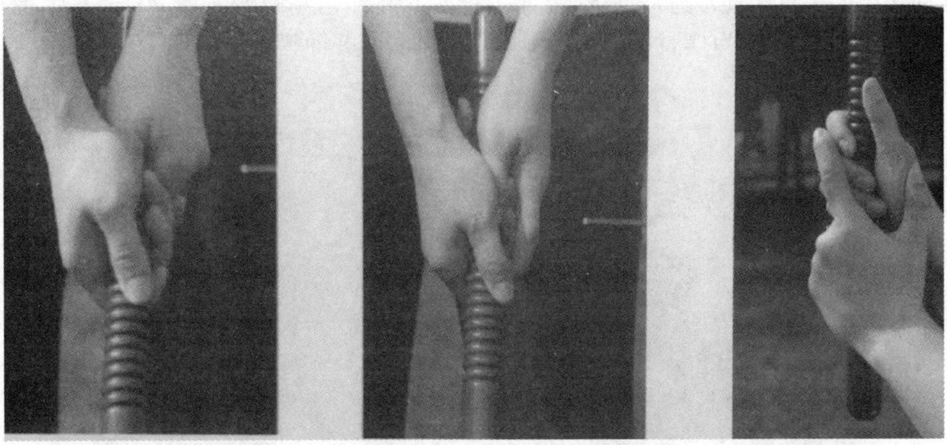

(a) (b) (c)

图 25-12

图 25-13

基本部分：可分为站姿、置球、瞄准、握杆四个部分。

①站姿：面向球门，双脚前后站立略大于肩宽，双膝弯曲。

②置球：球体位于前脚脚掌的外侧，距离前脚脚掌 5 厘米左右。

③瞄准：从球的正后方观察，用球杆球瓶的瓶底部位对准球的后中部，是球杆的球瓶、球体以及球门的球杯三个实体点成一直线(图 25-14)。

图 25-14

④握杆：采用双手分开握杆，即一只手握住球杆的握把部位，另一只手握住球杆中部偏下端。

推杆动作(以右手习惯为例)：右臂伸直，右手下握杆，左前臂弯曲 90°，左手握杆处握杆为支点，靠右手臂和球杆为摆臂，做预摆，前摆击球连贯钟摆动作产生的力量将球击打出去(图 25-15)。

图 25-15

第三节 木球的比赛通则

(一)通 则

(1)木球比赛应依大会竞赛规程和木球规则进行。

(2)每位球员必须赛完第 1 至第 12 个(或规定)球道后，依比赛总杆数多寡判定胜负。

(3)球员如有未赛完一球道或中止比赛，均不予核计该球员比赛成绩。

(二)比赛制度

1. 比赛方式

(1)个人赛：个人为单位之比赛。

(2)团队赛：以队为单位之比赛。

2. 比赛方法

(1)杆数赛：以 12 个球道击球总杆数低者为胜。

(2)球道赛：12 个球道中获胜球道(杆数低者)多者为胜。

第四节 比赛进行

一、比赛开始

(1)当裁判员宣布比赛开始，球员应依编配或抽签顺序开始发球比赛。

(2)当裁判员宣布比赛开始后，参赛者如迟到五分钟或拒绝参赛，取消比赛资格。

(3)当球员进入发球区发球时，其他球员应退至发球区后方，以策安全。

(4)发球时应将球放置于发球区内，并向球门方向发球。

二、比赛中

(1) 比赛时，比赛球穿过球门金属棒，并位于球杯后方、球体不得接触球杯，即为完成一球比赛。

(2) 比赛中球体落在界线外地面上，即为界外球。

(3)发生界外球时，应将球拾回放置在以出界点为中心，二个球瓶长度为半径的球道上。

(4)比赛球如果掉落或进入坑洞、树丛、水塘……等障碍内，无法打击时，得移出置于障碍物入界点为中心，按界外球处理或无限向后延伸的球道上新球位，但须加计一杆。

(5)比赛中，球员挥杆时其他球员应退至打击者的球道两侧或后方三公尺以上之安全距离。

(6)球门前方或后方，球道上的球均可直接攻门。

(7)比赛中如因不可抗拒的天然事故，是否继续进行比赛，由大会宣布。

(8)完成一球道比赛后，始能继续进行次一球道比赛，类推至全部球道赛完为止。

(9)次一球道发球顺序，可依编配号码顺序轮流发球。

(10)比赛中球员如需更换球具时，必须赛完一球道后(如球具损坏时不受此限)，经裁判员检查合格后才可使用。

(11)球员击球时，如在击中球之同时，球杆断裂仍视为完成一次中击球，不可要求重新打击。

(12)比赛球被不同球道之球碰击，新停球点为其球位，如球被碰击出界，以界外球处理，但不罚计一杆。

(13)球员身体任何一部分或球具不得触及自己或他人的比赛球。

(14)攻门或击球时，手握球杆不得握触球瓶。

(15)打击时，球杆不得由双腿胯下击球或攻门。

(16)每一球道距离球门五公尺，如设有标示线，线外直接攻门而完成过门时，该球道杆数减一杆。

(17)中或长球道中如设有三十公尺超越线时，球员发球若未超越此线者加计一杆，若三十公尺内出界时。或超越此线后球再出界时，以界外球处理。

三、胜负结果

1. 每位球员必须有每一球道的比赛杆数，以及赛完 12 个球道的总杆数记录，否则不予核算成绩。

2. 胜负判定：

（1）杆数赛：

①每位球员赛完每一场 12 个球道的总杆数判定胜负，以低杆者为胜。若总杆数相同者，以杆数低的球道多者为胜，依此类推；或由大会指定球道加赛至分出胜负为止。

②团体胜负判定，以该团队最佳四人总杆数总和低者为胜。若总杆数相同时，以各该队个人总杆数低者为胜，依此类推。

（2）球道赛：每一场球赛中获胜球道多者为胜，若相同时，由大会指定球道加赛至分出胜负为止。

四、发球犯规及罚则

（1）球员就位后，裁判员作出打击手势，球员应在 10 秒钟内完成击球动作，违者警告，再犯时罚计一杆。

（2）发球时，球员应将球置于发球线上或发球区地面上，从静止状态下开始击球，违者罚计一杆，重新发球，计第二杆。

（3）发球后，球未能离开发球区应计一杆，再重新发球，计第二杆。

五、击球犯规及罚则

（1）每次击球时，应从双脚站立双手握球杆置于球体后方的静态下开始挥杆打击。不可在行走中击球，违者罚加计一杆，并从新球位击下一杆。

（2）出击球时，如因挥空杆或击球前之预备挥杆练习（不得碰触球体），均不予计杆，但不得一而再地练习而拖延比赛，违者警告，再犯时罚计一杆。

（3）轮到打击顺序时，球员不得有拖延行为，应在 10 秒钟内完成击球，违者警告，再犯时罚计一杆。

（4）球员击球时，前方球道上禁止有人穿越、走动。如球员犯规，该犯规球员罚计一杆。

（5）球员击球时，其他球员不得喊叫或有不当言行而影响打击，违者罚计一杆。

（6）击球时，因挥杆而碰触球体或使球体移动，即算一次击球，计一杆。

（7）击球时须以球杆头碰击球体，瓶头、瓶底均可使用。禁止以球瓶侧面或以握杆击球，违者罚加计一杆，并从新球位击下一杆。

（8）禁止以球杆做持球推送动作，违者罚加计一杆并从新球位击下一杆。

（9）滚动中的球不可连击，违者罚加计一杆，并从新球位击下一杆。

六、比赛时犯规及罚则

（1）球道上的比赛球，依距球门远者先击球或经裁判员指示击球。不可任意击球，违者罚加计一杆，并从新球位击下一杆。

（2）球道上的比赛球，因击球而球体落在球道界线外地面上球体未接触线时，以界外球论，每次界外球，均须罚加计一杆。

(3)比赛时，球如须拾起，须经裁判员同意后执行，并在球体点放置记号。违者罚计一杆。

(4)比赛球如碰撞到做为界线之障碍物再弹回在球道上的球不以出界论；如碰撞界线外之障碍物，即以出界论，并按界外球处理。

(5)在各种弯曲式球道上比赛时，球体必须在球道上进行，不可截弯取直方式击球飞越界外区，违者以界外球论。

(6)球道上之比赛球，因击球而碰撞时：

①被他人击中之球未出界者，以新球位为准，如球过门，即算完成该球道比赛，如球出界以界外球处理，但不罚计一杆。

②如打击者之球因碰撞而出界，以界外球处理，罚加计一杆。

③如打击者之球因碰撞后仍留在球道上，即以新静止点为准。

(7)比赛进行中，球员如违反运动员精神，警告并要求违者改善，同时罚计一杆。再犯时；则取消比赛资格。

(8)比赛球员身体任何一部分或其所持球具碰触自己或他人所打之比赛球时，罚计一杆，而球之停止点为新球位。

(9)比赛球员未依规定挥杆打击或由双腿胯下击球，违者罚加计一杆，并从新球位击下一杆(过门不算)。

七、球门区犯规及罚则

(1)球门区内的比赛球，裁判员可视状况决定球员击球顺序，原则以距离球门近者先打，违者罚加计一杆，并从新球位击下一杆。若击球过门不算。

(2)球员不可故意破坏球门，违者警告，并罚计一杆，再犯者取消比赛资格。

第三篇　奥林匹克运动知识

第二十六章 奥林匹克运动的起源

体育无国界，“奥林匹克”是世界语言。从公元前776年第一支奥林匹克火炬在奥林匹亚熊熊燃起，2 000多年过去，奥林匹克“圣火”在世界各地越燃越旺。四年一度的奥林匹克运动会已成为举世瞩目的盛会。“更快、更高、更强”的奥林匹克格言成了世界体坛的响亮口号。

奥林匹克运动为何经久不衰，为何受到众多国家青睐，其奥秘究竟何在？走向世界，必须研究世界，发展奥林匹克运动，必须了解奥林匹克运动。为此，我们编写了奥林匹克知识，以使同学们对奥林匹克运动有一个较全面的认识。

一、古希腊奥林匹克运动会

有人认为，现代奥林匹克运动是古希腊奥运会的继承和发展，这是不确切的。因为现代奥林匹克运动是在古代奥运会终止1503年之后才在新的历史条件下兴起的。它们的宗旨、目的、形式和内容都有很大的差别。但也不可否认，现代奥林匹克运动与古代奥运会有着重要的历史渊源。

(一)古希腊神话

古希腊不仅是欧洲文明的摇篮，而且对世界文化做出了重大贡献。它地处巴尔干半岛南端的欧、亚、非三大洲交汇处，漫长的海岸线和许多良港构成了优越的自然条件，为航海交通、对外贸易及文化交流提供了便利。古希腊引进东方文化较早，致使它在科学、文化、艺术、教育等方面成为古代欧洲最发达的地区之一。

古希腊民族信仰泛神宗教并崇拜英雄，这正是古代奥运会在希腊兴起的历史文化背景。古代奥运会首先是作为宗教祭祀而发展起来的。

古代奥运会中的圣火和橄榄枝编织的桂冠都有它们的神话传说，圣火是心地善良的普罗米修斯背着宙斯从太阳引来火种，温暖了人间，成为希望的象征。橄榄枝是智慧女神雅典娜奉献给人类的，因为它全身是宝，意喻生活和生命，成为加冕冠军的奖赏。至今奥运会奖牌上都有橄榄枝的图案。因此古代奥运会充满了理想和寄托。

(二)古希腊奥运会的兴衰

关于古希腊奥运会开始的确切时间，历史上并无可靠记载，据传在公元前1100多年希腊运动会已盛行。但直到公元前776年才正式定名为第1届奥林匹克运动会。从此以四年一度的奥林匹亚德为纪元的奥运会一直延续到了1173年，共举行294届，直到公元393年才告结束。

古代奥运会从兴起到衰败，大致可分为三个阶段：第一阶段(公元前8世纪~公元前6世纪)，奥运会从只限于伯罗奔尼撒西部城邦参加的小范围的祭祀赛会，逐渐发展成为希腊各城邦参加的盛会；第二阶段(公元前6世纪~公元前4世纪)，为古希腊城邦奴隶制的全盛时代，古奥运会也达到鼎盛时期；第三阶段(公元前4世纪~公元4世纪)，古希腊先后被马其顿和罗马帝国征服，城邦奴隶制逐渐崩溃，古奥运会进入衰落期。古奥运会和整个古希腊文化一样，随着奴隶制的繁荣而兴盛，随着奴隶制的崩溃而衰败。

古代奥运会的固定会址是在奥林匹亚，这本是祭祀宙斯神的圣地，它由各种神庙和竞技场组成。奥林匹克神圣休战是古代奥运会的一个重要特点。在古奥运会举行期间，所有通往奥林匹亚的道路任参加奥运会的人自由来往，任何人不得阻拦，否则就违背神意。由于奥运会休战期从开始时的1个月延长到3个月，充分表达了古希腊人渴望和平的意愿，也赋予奥运会成为和平与友谊盛会的特点。

古奥运会的仪式十分隆重，它以祭祀竞技为主，内容和形式丰富多彩。盛会期间，每天都有多种宗教仪式，但以第一天的宙斯祭祀最为隆重，然后奥运会便在熊熊的"圣火"中正式开幕。运动员和他们的父兄以及教练员都要到宙斯像前宣誓。

古奥运会优胜者被视为英雄，享有极高的荣誉。比赛结束时，在宙斯神坛前为各项目优胜者举行庄严而隆重的发奖仪式。最初的奖赏偏重于荣誉，授予橄榄枝的桂冠，制作雕像。以后逐渐发展成为优厚物质奖励和授予某种特权。

由于古希腊的衰亡，古代奥运会也随之坠入深渊。公元前4世纪，马其顿征服希腊，这时奥运会虽仍按期举行，但其规模和人们对它的热情已大大下降。到公元前146年，罗马人征服了希腊，希腊成为罗马帝国的一个行省，古奥运会更进一步衰落，公元1世纪，罗马统治者拉和尼禄先后破坏奥运会传统，篡改比赛规则，使奥运会面目全非。公元393年，罗马皇帝狄奥多西立基督教为国教，下令关闭一切异教活动场所，从此，历时1173年的古代奥运会便随着奴隶制的崩溃而销声匿迹。

（三）古希腊奥运会给我们留下的精神财富

古代奥运会虽早已衰亡，但它给人类社会留下了宝贵的精神财富，在世界文化和体育史上占有十分重要的地位，对现代奥林匹克运动有深远的影响。

（1）创造了一种综合性的运动竞赛模式。古代奥运会从运动训练到竞赛制度，形成了一种独特的体系，而且它的活动又与经常性体育锻炼相结合，并与文化、科技、艺术等活动相联系，这对现代竞技体育与奥林匹克运动的发展起到了启蒙、借鉴和楷模作用。

（2）形成了一种奥林匹克精神。这种精神包含和平友谊、公平竞争、追求健美、奋发上进、崇拜英雄等内容，是现代奥林匹克运动继承和弘扬的精神财富。

此外，它还揭示了奥林匹克运动会的教育功能，并在体育理论与实践上留下宝贵财富。但古希腊奥运会是在奴隶制时代发展起来的一种体育文化，它剥夺广大奴隶参加奥运会的权利，不富裕的自由民也不得参加，女子不仅不能参加也不能观看，这一切都打下了奴隶社会的烙印。

二、顾拜旦的体育思想

在我们学习和宣传现代奥林匹克运动的时候，不能不首先对它的创始人皮埃尔·德·顾拜旦（Pierre de Coubertin）的体育思想有所了解。《奥林匹克宪章》基本原则第一条指出："现代奥林匹克主义是皮埃尔·德·顾拜旦提出的。"

（一）顾拜旦生平简介

顾拜旦于1863年1月1日出生在一个法国贵族家庭，享有男爵爵位。他曾获得过文学、科学和法学3个学位。他的贵族家庭希望他进入军界、外交界或政界，但他立志要"把自己的名字和伟大的教育改革联系在一起"。他坚信只有改革教育，增强青少年体质才是救国之道。他多次到英国考察，十分推崇被誉为现代体育之父的英国教育家托马斯·阿诺德（Thomas Arnold)的教育改革。阿诺德主张“没有身体运动的教育就不能成为教育”，并首先把竞技运动列入学校体育课程，使学生在体育锻炼中培养刚毅、果断、尚武、勇敢、遵守纪律和公正无私等品质。顾拜旦在1888年和1889年先后发表两篇重要论著，主张在法国学生中开展体育活动，并以体育为重点来改革教育，因此教育思想是顾拜旦体育思想的核心。顾拜旦也是一位历史学家，1890年，他在欧洲陆续访问之后，到达古代奥林匹克运动会的发源地希腊雅典的奥林匹亚，看到了古奥运会的遗址，产生复兴奥林匹克运动会的念头。并于1892年11月25日在巴黎大学发表了“重建奥运会”的构想。在他不满32岁时，成功地组织了“巴黎国际体育代表大会”，从1894年6月16日至23日，会议讨论并决定了恢复奥运会的原则，选定希腊雅典为举办第1届现代奥林匹克运动会的城市，同时还成立了国际奥林匹克委员会，制订了第1部《奥林匹克宪章》。但顾拜旦当时并未担任国际奥委会主席，第1任主席由希腊诗人德米特里尤斯·维克拉斯担任。从1896年第1届奥运会后，顾拜旦开始担任国际奥委员会主席直到1925年主动引退，重新投入教育改革工作。由于他对现代奥林匹克运动的卓越贡献，被国际奥委会授予终身名誉主席称号，这一荣誉是史无前例的。

顾拜旦的一生是为国际奥林匹克运动奉献的一生。1937年9月2日，顾拜旦与其夫人在日内瓦公园的林荫道上散步时，突发心肌梗塞而离开了人世，享年74岁。他的遗体安葬在瑞士洛桑的国际奥委会总部附近，心脏根据他的遗嘱于1938年安放在希腊雅典的奥林匹亚村。他光辉的一生可以说为奥林匹克运动做到了“鞠躬尽瘁、死而后已”，为世界文化史和体育史留下了不朽的篇章。

（二）“参加比取胜更重要”是顾拜旦体育思想的重要体现

顾拜旦体育思想是一个比较完整的思想体系，贯穿在整个奥林匹克运动中，其中“参加比取胜更重要”是其体育思想的重要体现。这一名言是顾拜旦1907年7月24日在第4届伦敦奥运会期间提出的，他强调说：“请牢记这铿锵有力的名言，这个论点可以扩展到诸多领域，对于人生而言，重要的绝非凯旋而是战斗。这意味着主要不是已经获胜而是进行战斗。传播这些格言，是为了造就更加健壮的人类——从而使人类更加严谨审慎而又勇敢高贵。”他把奥运会的参加与取胜引申到如何看待人生。这一哲理推断使我们清楚地看到，顾拜旦提倡和复兴奥林匹克运动具有非常广阔的胸怀，是从全人类的不断完善自己为出发点，绝非仅仅是号召人们，单纯地为了夺取桂冠和金牌。

（三）《体育颂》是顾拜旦留下的不朽诗篇

1912年在斯德哥尔摩举行的第5届奥运会文艺比赛中，顾拜旦用笔名发表了《体育颂》这一不朽诗篇，热情歌颂了体育的教育、健身与娱乐功能。顾拜旦眼中的体育是神圣的，至高无上的，他以浪漫主义手法，满怀激情地赞美体育是：“天神的欢娱。生命的动力。……你像是高山之巅出现的晨曦，照亮了昏暗的大地。”

他看到当时资本主义兴起后的社会种种不良现象，多么渴望通过体育来拯救人类的灵魂，改变这不合理的世界。顾拜旦在《体育颂》中用了许多高尚词句来赞美体育。他心目中的体育是美丽、正义、勇敢、荣誉、乐趣、活力、进步与和平的化身。每一段落都贯穿着教育这根红线。例如：“啊，体育，你就是美丽！你塑造的人体变得高尚还是卑鄙，要看它是被可耻的欲望引向堕落，还是由健康的力量悉心培育。”在歌颂体育是正义时，他写道：“体现了社会生活中追求不到的公平合理，任何人不可超过速度一分一秒，逾越高度一分一厘。取得成功的关键，只能是体力与精神融为一体。”当发现有人为追求荣誉而不择手段时，他说：“荣誉的赢得要公正无私，反之便毫无意义。有人要弄见不得人的诡计，以此达到欺骗同伴的目的，他内心深处都受着耻辱的绞缢。有朝一日被人识破，就会落得名声扫地。”

顾拜旦在《体育颂》最后一段中，用诗的语言抒发了他复兴奥运会的宗旨。他说：“啊，体育，你就是和平！你在各民族间建立愉快的联系，你在有节制、有组织、有技艺的体力较量中产生，使全世界青年学会相互尊重和学习，使不同民族特质成为高尚而和平竞赛的动力。”

三、奥林匹克主义

《奥林匹克宪章》明确指出，“现代奥林匹克主义是皮埃尔·德·顾拜旦提出的”，并指出“由国际奥委会领导的奥林匹克运动来源于现代奥林匹克主义”。因此，我们只有了解什么是奥林匹克主义。才能更好地理解奥林匹克运动。

所谓奥林匹克主义既是一种学术主张，又是一种指导思想和行动纲领。《宪章》对奥林匹克主义是这样界定的：“奥林匹克主义是增强体质、意志和精神并使之全面发展的一种人生哲学。”同时还指出：“奥林匹克主义谋求把体育运动与文化、教育融合起来，创造一种在努力中求欢乐，发挥良好榜样的教育价值并尊重基本公德原则为基础的生活方式。”《宪章》还指出：“奥林匹克主义的宗旨是使体育运动为人的和谐发展服务，以促进建立一个维护人的尊严的、和平的社会。”

从这些论述中不难看出，奥林匹克主义是指导奥林匹克运动的哲学思想，它的含意远远超出体育运动的范围，我们必须从更高层次和更广的视野认识和理解。

（一）奥林匹克主义的来源

奥林匹克主义的来源虽然至今没有定论，但我们从顾拜旦的著作和实践中，可以看到奥林匹克主义的形成与发展包含着许多历史的、宗教的、社会的和教育的因素。

（1）泛神宗教与希腊哲学：古代奥运会是与宗教祭祀融为一体的，它既是体育活动，也是宗教活动。顾拜旦在《现代奥林匹克主义哲学基础》一文中说：“古代奥林匹克主义和现代奥林匹克主义的第一个主要特点就是它是一种宗教。古代运动员是‘为诸神争光’，现代运动员是为祖国、为民族、为国旗争光。我认为有理由恢复奥运会就是根据这一原则，即以国际主义和民主来改造并扩大宗教意识，从而建立革新的奥林匹克主义，它具有时代特点，但这也正如在古希腊引导青年人在宙斯祭坛下去争取他们的胜利一样。”由此可见，古代奥运会是人们对神的崇拜和奉献，是一种愿望的寄托，希望神降福于人类，而现代奥运会是人们对人的崇拜，也是一种愿望的寄托，希望人类自己在竞争中超越自我，求得团结、友谊和进步。

（2）文艺复兴与教育改革：文艺复兴最初产生于14～15世纪的意大利，以后又相继扩展到法国、德国、英国、西班牙和荷兰。进入16世纪，随着西欧资本主义的发展和反封建斗争的高潮，文艺复兴达到全盛时期。

人文主义是整个文艺复兴的指导思想，是在与天主教神学体系对立中发展起来的。中世纪神学认为，神高于一切，而人是渺小的，人们满身罪孽，只能听任神的摆布，自己不能有所作为。人文主义者就竭力强调和颂扬人的价值、人的尊严和人的力量，以人性反对神性。

文艺复兴和人文主义思想对顾拜旦体育思想的形成有直接的影响。他和奥林匹克运动先驱们竭力主张奥林匹克教育应教导人们通过心理、身体及精神的锻炼达到个人的最佳境界。

（3）神圣休战与理想社会：神圣休战即在古代奥运会举行期间，希腊各城邦之间的一切纷争都暂时停止。因此奥运会自古以来就带有促进和平的性质。现代奥运会沿袭的四年一度的奥林匹克周期也有神圣休战的传统含义。

奥林匹克主义带有浓厚的理想色彩，它追求人类的真、善、美。“要让世界人民彼此相爱”是顾拜旦追求的目标。尽管对奥林匹克主义可以从多种角度来理解，但都承认它是一种崇高的理想，它的宗旨是“促进建立一个维护人的尊严的、和平的社会”。

(二)奥林匹克主义的性质与特点

奥林匹克主义是奥林匹克运动的指导思想，是奥林匹克运动的理论体系，它具有以下特点：

(1)继承古代奥运会的传统：从现代奥运会恢复的宗旨到现代奥运会的仪式等等，均保留了古代奥运会的传统。如四年一度的奥林匹克周期，点燃圣火，开、闭幕式的隆重仪式，特别是神圣休战的和平气氛和对优胜者的荣誉等等，都充分反映了奥林匹克运动的继承性。

(2)教育是奥林匹克主义的核心：教育是奥林匹克主义的出发点和归宿。顾拜旦认为：“在现代人生活中最重要的是教育。”从这一思想出发，顾拜旦的基本目的不是以奥林匹克运动去推行竞技运动，而是把竞技运动纳入教育，把体育纳入一般教育，进而把一般教育纳入人类文化的生活过程之中。

(3)“国际主义”与和平共处的理想：现代奥林匹克运动比之古代增加了“国际主义”和“民主与科学”。顾拜旦提倡的“国际主义”，实际上是一种人道主义的信念，他追求的目标是四年一度不同国家和民族、不同政治和宗教信仰的运动员“相聚一堂”，奥林匹克五环标志正是象征五大洲的团结。

(4)公正竞赛与独立自主：奥林匹克主义发扬古代奥运会的传统，是崇拜精英、崇拜英雄的，但这种精英必须来自公平竞争。奥林匹克主义的独立性，是国际奥委会创建以来一直坚持的原则，它是“一个国际的、非政府的、非营利的组织”。也就是说它不受政治和经济的干扰。

第二十七章

现代奥林匹克运动

一、奥林匹克运动

（一）奥林匹克运动是国际文化现象

如果以1894年6月23日成立国际奥林匹克委员会作为奥林匹克运动兴起的标志，至今已100多年了。一个世纪以来，奥林匹克运动作为一种文化运动和教育运动，在全球广泛开展，对社会发展、人类进步和世界和平起到了巨大的促进作用。它的影响已远远超出体育运动范围，成为当今世界规模最大的，影响最深，受到世界各国政府和人民普遍关注的一种国际社会文化现象。

在组织上，奥林匹克运动的最高权力机关是国际奥林匹克委员会（International Olympic Committee 简称 IOC）。《宪章》规定："在国际奥委会最高权力机关的指导下，奥林匹克运动包括接受奥林匹克宪章指导的组织、运动员和其他人员，同奥林匹克运动建立关系的标准是取得国际奥委会的承认。"这说明，奥林匹克运动是有它的组织系统的，只有符合上述组织原则的活动才是奥林匹克运动。

奥林匹克运动的宗旨是什么呢？《宪章》也规定得很明确："通过没有任何歧视，具有奥林匹克精神——以友谊、团结和公平精神互相了解的体育活动来教育青年，从而为建立一个和平的美好的世界做出贡献。"这说明奥林匹克运动就是通过具有奥林匹克精神的体育活动来教育青年，以达到它的崇高的目的。

《宪章》还规定："奥林匹克运动的活动是经常的、普遍的。其最高层次的活动是使世界上的运动员在盛大的体育节，即奥林匹克运动会上相聚一堂。"可见，奥林匹克运动的活动不仅仅是奥林匹克运动会，还应该包括经常的、普遍的大众体育（或称社会体育、群众体育），包括学校体育和广泛的奥林匹克教育，还包括体育文化艺术活动。

（二）教育是奥林匹克运动的核心

前任国际奥委会主席萨马兰奇在为我国出版的《奥林匹克运动》教材作序时说："离开了教育，奥林匹克主义就不可能达到其崇高的目标。"我们可以从三个方面来理解奥林匹克运动的教育意义，并从中认识奥林匹克运动的核心是教育。

（1）顾拜旦恢复奥运会的真正目的在于通过体育活动来教育广大青少年。他和现代奥林匹克先驱们都竭力主张通过奥林匹克教育来教导人们进行体育锻炼和竞赛，使身体和精神都达到最佳境界。1927年4月17日，顾拜旦在《致各国青少年运动员书》中说："奥林匹克主义能建立一所培养情操高尚与心灵纯洁的学校，也是发展身体耐力和力量的学校，但这必须在进行强化身体练习的同时不断加强荣誉观念和运动员大公无私精神条件下才能做到。未来属于你们青年。"

顾拜旦认为："竞技体育是一种身体训练，在以全部身心为非物质目标进行努力奋斗中，人就从其动物性的基础上得到升华。”按他的观点，运动训练是教育过程，运动竞赛的体验会对运动员产生有益的教育效果，它提高了人们所期望的那些身体的、精神的、社会的和道德的诸方面品质，有益于青少年健康成长，并为其了解自我提供绝好的机会。竞技体育所表现的伦理价值和教育价值就是顾拜旦推崇备至的骑士气概、公平诚实和运动道德。

(2)教育是体育的本质功能。奥林匹克运动是通过体育活动来教育青年的，这正好反映体育的本质功能。任何一种体育活动都具备这些功能。有人往往把金牌和取胜看成是竞赛的目的，其实根据奥林匹克精神，参与比取胜更重要。在竞赛中胜负都是一种体验，都是一种教育过程，因此，“更快、更高、更强”这一奥林匹克格言正是为了激励青年不断追求、不断向上、不断战胜自我、不断克服障碍去夺取胜利，在思想上达到一个新的境界。

(3)奥林匹克教育的特殊性和广泛性。正因为奥林匹克教育是通过体育运动来进行的，因此它不同于一般的政治思想教育。它是寓教育与体育之中，只有亲身参加体育实践才能更深刻地接受这一教育。奥林匹克教育还有它的无可比拟的广泛性。当今世界，人们有多种不同的政治信仰以及不同民族习俗，但所有的人，不分男女老少、职位高低，都可以团结到奥林匹克大家庭来。奥林匹克运动具有最大的广泛性。

二、奥林匹克运动的三大支柱

“奥林匹克运动三大支柱”是指国际奥委员、国家(地区)奥委会和国际单项体育联合会。它们之间从组织上并不存在领导与从属关系，只是一种承认关系，这一点是与其他任何国际组织不同的一种组织形式。

(一)国际奥委会

国际奥委会的法律地位是一个国际性的、非政府的、非营利性的组织，是没有限期的，具有法人地位的协会。1981 年 9 月 17 日被瑞士的联邦议会法令承认，它的总部设在瑞士洛桑，任务是按照奥林匹克宪章领导奥林匹克运动。

国际奥委会由各国委员组成，委员的产生方式很特殊，一般先由国家奥委会推荐，然后国际奥委会从它认为合格的人员中挑选并选举产生。条件是：“他们必须是他们的定居地或主要利益中心所在国家的国民，而该国家设有被国际奥委会承认的国家奥委会。”这意味着委员并不代表本国去参加国际奥委会事务，而是经过国际奥委会挑选派驻在多国的代表。因此体现在他们的就任誓词中有这样的保证：“我决不接受任何政治的或商业的影响和掺杂任何种族的或宗教的考虑，并在一切情况下维护国际奥委会的利益和奥林匹克运动的利益。”到 2003 年 10 月国际奥委会一共有 126 名委员，其中 14 名运动员，12 名女性委员。先后有 9 名中国人成为国际奥委会委员，自 1922 年至今，共有 7 位中国人担任过国际奥委会委员职务，他们是：王正廷、孔祥熙、董守义、徐亨、何振梁、吴经国、于再清。

国际奥委会的组织机构有国际奥委会、执行委员会和主席。主席任期 8 年，可竞选连任一次，任期 4 年。迄今已有 8 位主席，他们是维凯拉斯、顾拜旦、巴耶·拉图尔、埃德斯特隆、布伦戴奇、基拉宁、萨马兰奇和罗格。这些主席对奥林匹克运动都做出了重要贡献，但他们的社会地位和政治观点往往对国际奥委会的各项决策有重大影响。

(二)国家奥委会

国家奥委会的任务是依据奥林匹克宪章在各自国家发展和维护奥林匹克运动。它是国际奥委会在世界不同国家和地区的代理法人，它们负责各自国家的奥林匹克运动，也是唯一有权选派代表队参加奥运会的权力机构。此外，目前在五大洲还设有国家奥委会的洲际协会，有非洲国家奥委会总会，亚洲奥林匹克理事会，泛美运动联合会，欧洲国家奥委会总会，大洋洲国家奥委会总会，它们在洲际行使国际奥委会授予的权力，如历届亚运会就是在亚奥理事会领导下召开。

国家奥委会的作用是：在全国体育活动范围内宣传奥林匹克主义的基本原则；保证奥林匹克宪章在本国得到遵守；促进运动技术水平以及群众体育的发展；培训体育管理人员，保证这些培训有助于传播奥林匹克主义的基本原则；尽力采取行动反对运动中任何形式的歧视和暴力，禁止使用国际奥委会或国际单项体育联合会禁用的药物和方法。

目前，报国际奥委会承认的国家和地区奥委会已达200个，遍及全世界，它们在奥林匹克运动中起着重要作用。

（三）国际单项体育联合会

国际单项体育联合会是在世界范围内管辖一项或几项运动项目并接纳这些项目的国家级体育单项组织的国际性的，非官方的体育组织。

《宪章》规定，就国际单项体育联合会在奥林匹克运动内的作用来说，它们的规章、做法和运动，必须和奥林匹克宪章一致。在前述条件下，各国际单项体育联合会在管辖其运动项目方面保持独立性和自主性。

目前国际奥委会已承认48个国际单项体育联合会，其中列入奥运会项目的有38个，即田径、赛艇、羽毛球、棒球、篮球、拳击、皮划艇、自行车、马术、击剑、足球、体操、举重、手球、曲棍球、柔道、摔跤、游泳、帆板、铁人三项、垒球、跆拳道、花样游泳、艺术体操、跳水现代五项、网球、乒乓球、射击、射箭、排球、帆船、雪车、冰球、雪橇、滑冰、滑雪、冬季两项。

这些国际组织为了维护自身利益又分别成立了4个联合组织，即夏季奥林匹克项目国际单项体育联合会总会、冬季奥林匹克项目国际单项体育联合会总会、国际奥委会承认的国际体育联合会总会、国际单项体育联合会总会。

（四）三大支柱的关系

国际奥委会、国家奥委会和国际单项体育联合会是支撑奥林匹克运动的三大支柱，也可以称为三足鼎立。因为它们之间互相制约，互为依存，各司其职。既团结合作，形成了日益壮大的奥林匹克大家庭，又矛盾重重，钩心斗角，危机四伏。

现任国际奥委会主席萨马兰奇的主要功绩之一就是善于协调三者的关系。他在1988年曾经说过："如果维护这三种力量的团结，奥林匹克运动将变得坚强有力，否则我们将付出高昂的代价。"

事实上《宪章》中对三大支柱的权利、作用、任务和职责已作了明确规定。国际奥委会本身虽无实力，但它拥有最高权力，它的承认与否，对其他两大系统中的任何一个组织都起到决定性作用，也就是说，作为国际奥委会和国际单项体育联合会，能否在奥林匹克运动的活动中行使权利和义务，前提是必须得到国际奥委会的承认，这是国际奥委会权威的体现。国际单项体育联合会无论在经济上还是业务上对所管辖的项目有绝对权威，它既可遵守奥林匹克宪章，又有自身的独立性和自主性。各国家奥委会在国际奥委会中几乎没有什么决策权，一切问题的讨论和决定都在国际奥委会的内部进行，国际奥委会全会是最高决策机构。

三、奥林匹克运动会

奥林匹克运动的活动可分为两个层次，一个层次是持续的、全球性的群众性体育活动，这是奥林匹克运动的基础；另一个层次是奥林匹克运动会，这两个层次不是并列的，奥运会是奥林匹克运动的最高层次。

（一）奥运会的目的

奥运会是迄今世界上历史最久、规模最大的综合性运动会，它是奥林匹克运动的主旋律，它不仅是奥林匹克精神的具体体现，也是促进人类和平和社会发展的一种力量，在它的推动下，奥林匹克运动得以在世界发展壮大，成为人类文明的一种标志。奥运会虽然是世界竞技体育最高水平的竞争，但竞争只是手段，真正的目的在于教育，在于以奥林匹克精神教育青年，教育每一个人。

（二）奥运会的举办

关于奥运会的举办，《宪章》作了以下规定：

1. 奥林匹克夏季运动会

在奥林匹克周期第一年举行。所谓"奥林匹克周期"（Olympiad），是指4年的周期，还是沿袭古代奥运会的纪元方法。现代奥运会从1896年开始，每4年算一个奥林匹克周期，即使奥运会因战争中断，周期不变，届数也按周期计算。

2. 奥林匹克冬季运动会

从1994年第17届奥林匹克冬季运动会开始，奥林匹克冬季运动会在奥林匹克周期的第二年举行，这意味着今后冬夏季奥运会将错开，不在同一年举行，例如第18届冬季奥运会在1997年举行。

3. 举办城市

国际奥委会将主办奥林匹克运动会的荣誉授予被选定承办的城市。申办必须符合以下条件：只有经本国奥委会批准具有申办资格的城市才能申请。主办城市必须具备国际奥委会所要求的条件。申办城市应提出认为满意的财务保证。遴选工作在听取申办城市调查委员会的调查报告后在一个非申办国家进行投票。一般在举办前7年做出决定，然后签订书面协议。众所周知，由于举办国在政治、经济、文化、科技等各方面可以取得综合效益，尤其对一个国家的经济振兴效益显著，所以申办城市的竞争日趋白热化。申办本身也是一个国家展示自己的机会，同样是"参加比取胜更重要"。

4. 奥运会的参加

原则上任何人均不受政治、经济、宗教和社会等因素的限制，可以不受任何歧视地参加奥运会，但事实上并非每个想参加的个人可以任意参加，参加者必须符合《宪章》的规定和要求。《宪章》第45条规定："运动员要具备参加奥林匹克运动会的资格，必须遵守奥林匹克宪章以及被国际奥委会批准的有关国际单项体育联合会的规则，并且由本国奥委会报名。"除这一原则规定外，各国际单项体育联合会还根据《宪章》制定本项目的参赛资格标准，所以事实上并非每个要想参加的人都能随心所欲地参加奥运会。在这一条规定的附则中，对运动员还有3条要求，即：

（1）尊重公正比赛和非暴力精神，并在运动场上表现出来。

（2）不使用国际奥委会或国际单项体育联合会规则禁用的药物和方法。

（3）尊重并遵守国际奥委会条例的一切方面。

5. 奥运会的项目

奥运会项目的设置一方面反映奥运会本身的发展壮大，另一方面也反映现代竞技体育的国际化趋势正方兴未艾。事实上从举办国来说场地设备的负担越来越沉重，例如1988年汉城奥运会耗资31亿美元，1992年巴塞罗那奥运会耗资12.74亿美元。这些数字对发展中国家来说是无力承担的，因此项目控制也势在必行。

目前国际奥委会已承认的夏季奥运会项目为32个，冬季奥运会项目6个。现在仍有不少单项运动联合会想成为奥运会基础上的国际组织。按规定，只有至少在75个国家和4大洲的男子中和在至少40个国家和3大洲女子中广泛开展的运动项目，才可列入夏季奥运会项目。只有在至少25个国家和3大洲中广泛开展的运动项目，才可列入冬季奥运会项目。

每届奥运会均有最低项目限制，如夏季奥运会至少包括15个大项，而举办国有权选择对本身有利的项目并可增设表演项目。

6. 奥运会的未来

现代奥林匹克运动已经历了100多年光辉而崎岖的路途，它的总趋势是不断发展壮大。随着国际形势的发展，未来奥运会虽然还会出现一些问题，但总的形势是有利于奥运会的发展。可以预期有以下发展趋势：即奥林匹克大家庭更加团结壮大；奥运会将不断促进竞技体育水平的提高和科学技术进步；奥运会经济效益不断增长，给奥运会带来生机。最重要的一点是奥运会作为奥林匹克运动的集中体现，它具有最大的凝聚力。仅仅在巴塞罗那运动场，就有来自184个国家和地区的172个代表团的10 055个运动员、还有约5 000名体育官员、1.1万名记者和4.4万名志愿人员。这还不包括来自许多国家的元首、90万旅游者的观众。至于通过空间卫星转播而及时领略比赛实况的人数难以精确统计。有人估计在欧洲和美国有90%的人平均每人收看奥运会达25小时。可见，奥运会有多么大的魅力。

2001年7月，国际奥委会迎来了历史上第八位、也是21世纪第一位主席比利时人罗格。罗格在上台后施政纲领时宣布：在未来的国际奥林匹克运动运动中，最需要解决的问题一是如何控制越来越庞大的奥运会，二是如何在全球范围内开展有效的反兴奋剂斗争。为此，国际奥委会与世界反兴奋剂机构(WADA)展开了密切的合作，呼吁各国政府参与到反兴奋剂的运动中来；成立了一个国际奥委会奥运会研究委员会，专门对如何有效地控制奥运会规模进行研究。

国际奥委会主席罗格已经公开表示，今后的每一届夏季奥运会的比赛大项将保持在28个，如果有新的项目要进入，将必须有旧的项目退出。国际奥委会还将对每一届奥运会的比赛项目的受欢迎程度进行追踪，从而做到在每一届奥运会的项目设置上“有的放矢”。奥林匹克运动在20世纪已经为世界体育的发展和人类社会的进步做出了巨大贡献，在21世纪，尽管它还会遇到各种意想不到的困难和挫折，但是它会在困难和挫折中走出自己的发展之路，继续以其独特的方式，促进人类社会的和平、友谊和进步。

展望未来，奥林匹克运动在迎来它的一百周年的时候，将进入一个相对平衡的发展阶段。一方面奥运会向职业运动员开放，意味着奥运会将成为世界上第一流的运动员竞技场，集中地表现出人类向自己极限挑战的最高水平，比赛场面也将更加激烈和扣人心弦。另一方面，奥林匹克运动将进一步均衡，以奥运会为代表的高水平竞技运动将与大众体育相结合，并促进大众体育的发展。国际奥委会通过成立“大众体育委员会”、赞助国际大众体育科学大会、发起“奥林匹克日”的大众体育活动等措施，使大众体育成为奥林匹克运动的有机组成部分。此外，奥林匹克运动在文化、教育、体育科学研究等方面的活动也日益活跃，奥运会的文化色彩更加丰富，各项文化艺术活动会达到更高的水平，更多的城市包括发展中国家的城市申办奥运会，会使更多的人认识奥林匹克运动的丰富内涵和独到作用，奥林匹克运动将更加具有广泛性。

已经开始的奥林匹克运动改革将继续进行下去，奥林匹克运动将更加充满活力，在不断地迎接挑战和不断地满足社会需要的过程中走向未来，在人类社会的发展中将发挥更加重要的作用。

第二十八章 奥林匹克运动与中国体育

一、奥林匹克运动与中国体育

由于社会背景的巨大差异，奥林匹克运动传入我国并取得发展，经历了一个漫长的历程。随着社会变革的深入和现代体育的逐渐兴起，奥林匹克运动终于克服种种困难，冲破重重阻力，在这个有着悠久历史的东方古国传播开来。随着 1979 年中国奥委会在国际奥林匹克组织中合法席位的恢复，特别是 1984 年在第 23 届洛杉矶奥运会上，中国实现了奥运金牌“零”的突破，迎来了中国奥林匹克运动史上新的时代。

(一)中国奥林匹克运动的发展阶段

1. 启蒙阶段(1919 年以前)

据说，当 1896 年第 1 届现代奥运会在雅典召开时，顾拜旦曾经给清政府发过邀请，当时这个封建王朝竟无一人知道究竟奥林匹克是何物。现在有据可查的是在 1904 年许多中国报刊曾报道过第 3 届奥运会在美国圣・路易举行的消息，但这并未引起社会上的任何反响。1908 年伦敦奥运会前夕，一些基督教青年会和教会学校人士开始在社会上宣传奥林匹克运动。

同年 10 月 24 日，我国著名教育家、体育家张伯苓先生在天津青年会第五届学校运动会的演讲中，建议中国加紧准备，争取早日参加奥运会。这一年，《天津青年》在一篇题为《竞技运动》的文章里提出了争取在中国举办奥运会的建议。两年以后，在“争取早日参加奥运会”和“争取早日在中国举办奥运会”口号的鼓舞下，在南京举办了中国历史上第一次全国运动会。这就是 1910 年 10 月 18～20 日在南京举行的“全国学校区分队第一次体育同盟会”，即旧中国的第一届全运会。1913 年开始举办的远东运动会，是奥林匹克运动在亚洲的先驱，中国是发起国之一。远东运动会是亚洲运动会的前身。举办全国运动会和发起远东运动会都是中国体育向奥林匹克运动迈出的第一步。

2. 参与时期(1919～1949 年)

为参与奥林匹克运动与国际体育竞赛，并管辖国内的竞技体育，1924 年 8 月 1 日中国成立了第一个全国性体育组织——中华全国体育协进会，这就是中国早期的奥林匹克组织，它标志着奥林匹克运动在中国发展的新阶段。这样就结束了相当一段时间由外国人管辖中国体育的局面，对中国奥林匹克运动的发展起到很大的促进作用。

在全国体协成立之前，由于中国积极筹办和参与远东运动会，与国际奥委会开始建立了联系。1915 年国际奥委会致电远东运动会组委会，承认远东体协并邀请中国参加原订 1916 年在柏林举行的第 6 届奥运会，后因第一次世界大战而未举行。1922 年王正廷担任国际奥委会委员，他是我国第一个国际奥委会委员。1924 年全国体协成立后，陆续参加了田径、游泳、体操、网球、举重、拳击、足球、篮球等 8 个国际单项运动联合会。1931 年全国体协被国际奥委会正式承认为中国国家奥林匹克委员会，从此中国奥委会与国际奥委会有了组织联系，并先后有王正廷、孔祥熙和董守义三人被选为国际奥委会中国委员。

1928年旧中国首先获准参加在荷兰阿姆斯特丹举行的第9届奥运会，但由于准备不足，只派宋如海1人作为观察员出席而未参加比赛。1931年中华全国体协被承认为中国奥委会后，联系逐渐密切，而后参加了第10届、第11届和第14届奥运会，由于当时中国政治腐败，民不聊生，体育十分落后，参加奥运会也得不到政府的支持，所以从未有一个项目进入决赛。由此可见，没有一个大的社会变革，不改变落后的政治经济状况，奥林匹克运动在中国是不可能发展的。

3. 更新时期(1949~1979年)

新中国建立后，党和政府十分重视发展体育运动，增强人民体质，为在中国推行奥林匹克运动提供了良好的社会基础。1949年10月，在原中华全国体育协进会的基础上，召开了全国体育工作者代表大会，改组为中华全国体育总会(即中国奥林匹克委员会)。1979年以后，由于形势发展的需要，全国体总和中国奥委会分立，进入一个新的发展时期。

新中国与国际奥委会的关系也曾经历过曲折的过程。1952年中国奥委会宣布将派出运动员参加赫尔辛基奥运会，但遭到拒绝，直到开幕前两天才发出邀请，但同时邀请了台湾的体育组织参加。此后，国际奥委会在多次会议上，都对中国代表权问题进行激烈的辩论。直到1954年5月，在雅典召开的国际奥委会第49次会议上终以23票对21票通过决议，承认中华全国体育总会为中国奥林匹克委员会。但国际奥委会主席布伦戴奇仍把台湾体育组织以“中华民国”名义列入国际奥委会承认的国家奥委会名单，以制造“两个中国”，这是我们所不能接受的。为此，在1958年8月，全国体总和有关单项运动协会不得不宣布中断与国际奥委会和有关9个国家单项运动联合会的联系，从此中国和国际奥委会的正常联系被迫中断。

直到1979年11月，国际奥委会全体委员以通讯表决方式通过决议，规定中华人民共和国的奥委会为“中国奥林匹克委员会”，会址在北京。设在台北的奥委会名称为“中国台北奥林匹克委员会”，其会旗、会歌和会徽均须经国际奥委会批准，这就是著名的“奥运模式”或“名古屋模式”，这为海峡两岸的体育交流打开了渠道，也为“一国两制”创造了先例。

4. 发展时期(1979年至今)

1932年8月，中国首次参加了在美国洛杉矶举行的第10届奥运会，刘长春作为中国唯一参赛的选手，预赛时就被淘汰。中国队作为全部37个参赛国中为数不多的吃“零蛋”的国家，满怀遗恨地离开了洛杉矶。半个世纪过去了，洛杉矶再次成为第23届夏季奥运会的主办地。而此时的中国，刚刚恢复了在国际奥委会中的合法席位。重返国际体坛后的中国将在这个世界舞台上第一次全面亮相。中国将从这里走向世界，世界也将从这里认识中国，认识中国体育。中国派出了225名运动员、50名教练组成的强大阵容，参加篮球、排球、手球(女)、田径、体操、游泳等16个项目的比赛。这是中国在阔别奥运会32年之后第一次重返国际大家庭，也是中国有史以来派出的规模最大的体育代表团。

1984年7月29日，在比赛的第一天，许海峰在男子自选手枪慢射个人项目的比赛中，以566环夺得本届奥运会首枚金牌，这也是中国人获得的第一枚奥运会金牌。第一次全面出征奥运会的中国体育代表团，在这次历时半个月，有140个国家参加的盛会中，共夺得金牌15枚，银牌8枚，铜牌9枚。金牌数仅次于美国、罗马尼亚、联邦德国等世界体育强国，位居第四。中国，是第23届奥运会当仁不让的明星。中华健儿在奥运会的出色表现，改变了人们对中国体育旧有的认识，世界开始重新认识中国。洛杉矶奥运会，中国实现了奥运会金牌“零”的突破，也迎来了中国奥林匹克历史上的新时代。此后，我国连续参加了第24届、25届、26届、

27 届、28 届、29 届、30 届夏季奥运会。

2000 年 9 月 15 日至 10 月 1 日，来自全球 200 个代表团的 11000 多名运动员，参加了 20 世纪最后一次奥运会——在澳大利亚悉尼举行的第 27 届奥运会。中国体育代表团在悉尼奥运会上共夺得 28 枚金牌、16 枚银牌和 15 枚铜牌，在金牌榜和奖牌榜上均排在第三位。中国首次进入奥运会金牌榜前三名，取得了历史性的突破。在会期的 9 月 22 日，中国代表团日进六金、三银、一铜。这一天被称为“中国日”。

2004 年在希腊雅典举行的第 28 届奥运会上，中国体育代表团共有 407 名运动员参加了 26 个大项、203 个小项的比赛，获得了 31 枚金牌、17 枚银牌、14 枚铜牌，金银铜奖牌共计 62 枚。中国在奥运会金牌榜上位居第二，继上届奥运会后再次取得历史最好成绩，实现了运动成绩和精神文明双丰收，获奖牌的项目和人数更多，锻炼了队伍、培养了新人，为 2008 年奥运会全面参赛打下基础。

在 2002 年盐湖城第 19 届冬奥会上，杨扬一人独得女子 500 米短道速滑和 1000 米短道速滑 2 枚金牌，此外，中国代表团还获得了 2 枚银牌和 4 枚铜牌。尽管与夏季奥运会成绩相比，中国运动员在冬季奥运会的取得的战绩相对“薄弱”，但杨扬在这届冬奥会上实现金牌零的突破，让中国的冬季项目也迎来了奥运会的夏天。

在 2006 年第 20 届都灵冬奥会上，韩晓鹏以 250. 77 分的总成绩夺得自由式滑雪男子空中技巧冠军。张丹/张昊在双人滑项目自由滑比赛中抛四周失败，张丹劈叉摔到冰面上，但仅过了一两分钟，张丹擦干眼泪，执意要重新上场比赛。在全场观众的掌声中，比赛继续进行，张丹/张昊在音乐《龙的传人》中圆满完成了剩下动作，最终获得银牌。在半个月的比赛中，中国代表团获得 2 金 4 银 5 铜，排在金牌榜第 14 位。尽管名次比上届冬奥会下降了一位，但这是中国首次在一届冬奥会上获得“两位数”的奖牌。

2008 届奥运会在中国北京举办，中国勇夺 51 枚金牌、21 枚银牌和 28 枚铜牌。奖牌总数共 100 枚，比上届增加 59% 。首次在中国举办的奥运会理所当然地伴随着一系列新纪录的诞生。中国代表团总共派出 639 名运动员，是有史以来奥运参赛人数最多的一届，并超过了美国队和俄罗斯队。中国队将参加北京奥运会的全部 28 个大项的比赛，这在中国奥运史上同样是第一次的突破。代表团中首次出征奥运的有 469 人占到 73%，已经夺金的 60 位冠军中第一次登上奥运最高顶奖台的有 46 人也占到 77%。此外中国代表团中共有 38 名外籍教练，他们来自 16 个国家并执教 17 个大项的赛事，不仅创中国奥运的历史新高，也是本届所有代表团中之最。

在 2012 年伦敦奥运会上，中国队共获得 38 枚金牌、27 枚银牌、23 枚铜牌，奖牌总数 88 枚，排名金牌榜第二、奖牌榜第二。其中，中国选手打破 6 项世界纪录和 6 项奥运会纪录。这也是中国代表团在境外参加奥运会的最好成绩。

伦敦奥运会上，中国代表团取得了众多突破。有 8 个项目首次获得奥运会金牌、17 个项目首次获得奥运会奖牌。刘鹏指出，这反映出中国竞技体育在项目结构调整、均衡发展上取得了成效。他同时称赞了帆船运动员徐莉佳、男子花剑运动员雷声、男子游泳运动员孙杨等人的表现。

此外，中国队“新老交替，以新为主”的队伍也经受住了考验。刘鹏称，代表团中有 62% 运动员是第一次参加奥运。在目前获得的金牌中，有 23 枚是由首次参赛的年轻选手争得。此外，还有 11 位雅典和北京奥运会冠军蝉联金牌。

刘鹏表示：“他们展现出了良好的作风，已经成为中国竞技体育新生力量。”

(二)百年奥运路，中国在路上

1. 奥林匹克的奥秘

2001年7月13日这是一个历史性的日子。国际奥委会第112次全体会议在莫斯科国家大剧院开幕。北京时间22时国际奥委会全体委员开始正式投票选举2008年夏季奥运会的主办城市。经过2轮投票萨马兰奇主席郑重宣布："2008年夏季奥运会的主办城市是——北京！"历史新的一页掀开了。百年期盼，一朝梦圆。

发源于古希腊的奥林匹克运动是人类的一项伟大创举，是全世界的优秀文化遗产。经过2000多年的冲刷，成为不同国家、不同信仰、不同肤色、不同种族共享的文明成果和共有的人文财富。

发端于1896年的现代奥林匹克运动会是奥林匹克运动的一个重要载体，经过100多年的发展，国际奥委会成为拥有203个成员的大家庭，奥运会也成为世界上规模最大、最具影响力的体育盛会。奥林匹克是一种竞技精神，它倡导"更快、更高、更强"，挑战自我，超越自我。奥林匹克是一种价值观念，它彰显公正、公平、自由、平等，崇尚规则，遵循秩序。

奥林匹克是一种人生哲学，它将身体、心理和精神方面的各种品质均衡地结合起来，使之得到提高。

奥林匹克是一种社会责任，它通过个体锻炼和大众参与，使人们拥有健康的体魄和乐观高尚的精神世界。

现代奥林匹克运动的发展，折射出不同文明互相了解、交流、融合、进步的过程，没有取代，只有互补。当今世界，没有哪项活动能像奥运会这样让参与者抛除歧见，为了共同的目标汇聚在同一条跑道上。

中国承诺举办一届什么样的奥运会？回答是：有特色、高水平。

这种特色是鲜明的中国风格：展示中华民族五千年悠久历史和灿烂文化，体现浓郁的东方韵味，让2008年奥运会成为世界感知中国的窗口。

这种特色是丰富的人文风采：尊重和集中展示世界各国各民族精彩纷呈的多元文化，使奥运会成为弘扬中华优良传统，增强公民文明素质和提高公共道德水平的平台。

这种特色是崭新的时代风貌：表达中国人民自强不息、奋发有为的精神风貌，与世界人民共同追求和平、友谊、进步的强烈愿望。

这种特色是广泛的大众参与：展现占世界人口五分之一的中国人民积极参与奥林匹克运动的热情，世界将会看到一届社会公众参与程度最广泛的奥运盛会。

奥林匹克精神更加全面地进入中国人的生活，中国的人文环境更加开放地吸纳世界优秀文明的成果。2008年北京奥运会是一次东西方文明的伟人握手和雄伟交汇，源远流长的中华文明与历史悠久的奥林匹克在同一个坐标系中衡量，从理念的简单认同升华到民族优秀传统与奥林匹克精神的主动契合。

"同一个世界，同一个梦想"，承载着和平、和谐、和睦的人类共同理想。在北京成功举办2008年奥运会之后，这一共同理想将在申冬奥的序幕中奏响。

2. 北京申冬奥的理念

坚持以体育和运动员为中心的理念。计划形成三个相对集聚的场馆群。北京奥运村距冰上项目场馆群最长不超过20分钟车程。位于张家口和延庆的奥运村距赛场均不超过15分钟车程。北京—延庆—张家口三地由高速铁路、高速公路等交通路网连接。京张高铁建成通车后，从北京市区20分钟可到达延庆，1小时内可到达张家口。该理念不仅体现在交通出行上，还将体现在住宿、餐饮、医疗、安保等各项赛事服务中。

坚持可持续发展的理念。改建和新建的场馆，在冬奥会后将作为运动员训练比赛、大众冬季休假健身、商务会展及其他大型活动的场地。所有场馆及配套基础设施均采用节能环保技术和可再生资源，以提升城市的可持续发展能力。

坚持节俭办赛的理念。计划启用12个竞赛场馆，5个场馆需要新建；其余场馆改扩建后可以满足赛事需要。冬奥会开、闭幕式将在北京的国家体育场举办。北京国际广播中心、主新闻中心和媒体住地均使用现有设施，山地场馆群媒体中心将以临建设施为主，节省公共开支，便于赛后利用。

北京联合张家口申办2022年冬奥会，得到了中国各级政府和广大民众最强有力的支持。冬奥会理念及相关计划与中国政府和北京市、河北省及张家口市正在实施的国民经济和社会发展第十二个五年规划，以及制定后续长期规划所遵循的核心价值理念高度契合，能够很好地融入中央和地方政府长期战略规划。

冰上项目场馆群选址在北京奥林匹克中心区，主要考虑北京具有一定的冰上运动基础，且可以充分利用2008年奥运遗产。雪上项目场馆群选址在张家口，因为张家口开展滑雪运动已有近20年的历史，5个雪场集聚度高，并已建成比较完备的体育服务设施。延庆位于京张两市之间，具备举办高山滑雪项目的条件，且京张高铁和高速公路途经此处，交通便捷。奥运会期间预期北京将全力奉献一届精彩、安全、纯洁、欢乐的冬奥会和冬季残奥会。

高铁和高速公路连接三个场馆群，公共交通专线直达每个赛场，使赛事运行更为便捷顺畅。奥运村及指定医院将为所有运动员提供全方位、高质量的住宿、餐饮和医疗服务。

北京具有做好重大国际赛事安保工作的充足警力和丰富经验，将采取一切必要的措施确保冬奥会安全有序。

一些场馆坐落于长城脚下，精彩的赛事和沿途丰富多彩的名胜古迹，将给各方来宾带来与众不同的体验。

3. 申冬奥的在中国的发展前景

申办冬季奥运会在弘扬奥林匹克精神的同时，也将造福于国家，城市和人民。具体如下：

首先，从国家层面来讲，申奥有利于对外展示中国，进一步让世界了解中国，以及中国进一步了解世界。如果这次申办成功，将创造两项历史：第一，北京是世界上第一个既举办夏季奥运会，又举办过冬季奥运会的城市。第二，中国将成为世界上第一个既举办过夏季奥运会，又举办过冬季奥运会、青年奥运会、残奥会的奥运全满贯的唯一国家。这反映了我们的实力，也反映了中国人民能够屹立于世界民族之林的一种扬眉吐气的表现。

其次，申办冬奥会，能全面地促进北京民生工程建设，给老百姓带来实实在在的益处。体育民生工程的建设，会给老百姓的健身带来很大的方便。另外，大气污染、交通拥堵的治理、生态环境建设等工作，也都会直接给老百姓带来实实在在的利益。申办冬奥会，北京市民很多实际利益和新的需求会得到很好的满足。

而且，2022年冬奥会将充分传承2008年奥运遗产的价值，着力创造新的遗产。加快实施“冬季体育振兴计划”，将推动中国冬季运动快速发展，增进人们对体育和奥林匹克运动的热爱。持续实施“绿色发展计划”，将培育民众绿色健康的生活方式和消费方式，改善空气质量和居住环境，实现可持续发展。

将全面提升场馆和城市基础设施，形成冬季旅游和冰雪运动的热点区域，更好地服务区域经济协调发展。实施奥林匹克文化教育项目，将使志愿服务和尊重关爱残疾人成为社会风尚，奥林匹克运动倡导的和平、友谊、公平、发展等核心价值更加深入人心。

最后，申办冬奥会是推动国家体育事业均衡发展的过程，是促进城市可持续发展的过程，也是带动实行国家战略、京津冀协同发展的过程，是惠国、惠城、惠民的。

北京申奥必胜，胜在经验丰富。这些年中国总在办大事，很多盛会云集华夏大地，而北京作为首都城市，更是以一次又一次上佳的表现将中国最美好的形象展现在全世界的面前，为下一次活动积累着经验，经验让北京更显淡定从容，2008 年奥运会让世界认识了中国北京，2022 年冬奥会将让世界爱上中国北京。

奥运会又一次来到世界的东方，毫无疑问，会成为中国社会发展的推动器！

第四篇　体育法规政策

说 明

为了便于我国普通高校大学生了解和掌握国家关于学校体育工作的重要法规和方针政策，本篇选编了我国宪法、法律、法规和中共中央、国务院文件中有关学校体育工作的主要条文，以及教育部等有关部委关于学校体育工作的主要文件和规定。

中华人民共和国宪法
（节选）

（2004年3月14日第十届全国人民代表大会第二次会议通过的《中华人民共和国宪法修正案》修正）

第一章 总 纲

第二十一条 国家发展体育事业，开展群众性的体育活动，增强人民体质。

第二章 公民的基本权利和义务

第四十六条 中华人民共和国公民有受教育的权利和义务。

国家培养青年、少年、儿童在品德、智力、体质等方面全面发展。

中华人民共和国教育法
（节选）

（1995年3月18日第八届全国人民代表大会第三次会议通过1995年3月18日中华人民共和国主席令第四十五号公布自1995年9月1日起施行）

第一章 总 则

第一条 为了发展教育事业，提高全民族的素质，促进社会主义物质文明和精神文明建设，根据宪法，制定本法。

第五条 教育必须为社会主义现代化建设服务，必须与生产劳动相结合，培养德、智、体等方面全面发展的社会主义事业的建设者和接班人。

第六条 国家在受教育者中进行爱国主义、集体主义、社会主义的教育，进行理想、道德、纪律、法制、国防和民族团结的教育。

第四章 教师和其他教育工作者

第三十二条 教师享有法律规定的权利，履行法律规定的义务，忠诚于人民的教育事业。

第三十三条 国家保护教师的合法权益，改善教师的工作条件和生活条件，提高教师的社会地位。教师的工资报酬、福利待遇，依照法律、法规的规定办理。

第三十四条 国家实行教师资格、职务、聘任制度，通过考核、奖励、培养和培训，提高教师素质，加强教师队伍建设。

第五章 受教育者

第四十四条 教育、体育。卫生行政部门和学校及其他教育机构应当完善体育、卫生保健设施，保护学生的身心健康。

第六章 教育与社会

第四十五条 国家机关、军队、企业事业组织、社会团体及其他社会组织和个人，应当依法为儿童、少年、青年学生的身心健康成长创造良好的社会环境。

第五十条 图书馆、博物馆、科技馆、文化馆、美术馆、体育馆(场)等社会公共文化体育设施，以及历史文化古迹和革命纪念馆(地)，应当对教师、学生实行优待，为受教育者接受教育提供便利。

广播、电视台(站)应当开设教育节目，促进受教育者思想品德、文化和科学技术素质的提高。

中华人民共和国高等教育法
(节选)

(1998 年 8 月 29 日第九届全国人民代表大会常务委员会第四次会议通过 1998 年 8 月 29 日中华人民共和国主席令第七号公布自 1999 年 1 月 1 日起施行)

第一章 总 则

第四条 高等教育必须贯彻国家的教育方针，为社会主义现代化建设服务，与生产劳动相结合，使受教育者成为德、智、体等方面全面发展的社会主义事业的建设者和接班人。

第六章 高等学校的学生

第五十三条 高等学校的学生应当遵守法律、法规，遵守学生行为规范和学校的各项管理制度，尊敬师长，刻苦学习，增强体质，树立爱国主义、集体主义和社会主义思想，努力学习马克思列宁主义、毛泽东思想、邓小平理论，具有良好的思想品德，掌握较高的科学文化知识和专业技能。

中华人民共和国体育法
(节选)

(1995 年 8 月 29 日第八届全国人民代表大会常务委员会第十五次会议通过 1995 年 8 月 29 日中华人民共和国主席令第五十五号公布自 1995 年 10 月 1 日起施行)

第一章 总 则

第一条 为了发展体育事业，增强人民体质，提高体育运动水平。促进社会主义物质文明和精神文明建设，根据宪法，制定本法。

第二条 国家发展体育事业，开展群众性的体育活动，提高全民族身体素质。体育工作坚持以开展全民健身活动为基础，实行普及与提高相结合，促进各类体育协调发展。

第五条 国家对青年、少年、儿童的体育活动给予特别保障，增进青年、少年、儿童的身心健康。

第七条 国家发展体育教育和体育科学研究，推广先进、实用的体育科学技术成果，依靠科学技术发展体育事业。

第二章 社会体育

第十一条 国家推行全民健身计划，实施体育锻炼标准，进行体质监测。

国家实行社会体育指导员技术等级制度。社会体育指导员对社会体育活动进行指导。

第三章 学校体育

第十七条 教育行政部门和学校应当将体育作为学校教育的组成部分，培养德、智、体等方面全面发展的人才。

第十八条 学校必须开设体育课，并将体育课列为考核学生学业成绩的科目。学校应当创造条件为病残学生组织适合其特点的体育活动。

第十九条 学校必须实施国家体育锻炼标准，对学生在校期间每天用于体育活动的时间给予保证。

第二十条 学校应当组织各种形式的课外体育活动，开展课外训练和体育竞赛，并根据条件每学年举行一次全校性的体育运动会。

第二十一条 学校应当按照国家有关规定，配备合格的体育教师，保障体育教师享受与其工作特点有关的待遇。

第二十二条 学校应当按照国务院教育行政部门规定的标准配置体育场地、设施和器材。

学校体育场地必须用于体育活动，不得挪作他用。

第二十三条 学校应当建立学生体格健康检查制度。教育、体育和卫生行政部门应当加强对学生体质的监测。

第六章 保障条件

第四十五条 县级以上地方各级人民政府应当按照国家对城市公共体育设施用地定额指标的规定，将城市公共体育设施建设纳入城市建设规划和土地利用总体规划，合理布局，统一安排。

城市在规划企业、学校、街道和居住区时，应当将体育设施纳入建设规划。乡、民族乡、镇应当随着经济发展，逐步建设和完善体育设施。

第四十六条 公共体育设施应当向社会开放，方便群众开展体育活动，对学生、老年人、残疾人实行优惠办法，提高体育设施的利用率。

任何组织和个人不得侵占、破坏公共体育设施。因特殊情况需要临时占用体育设施的，必须经体育行政部门和建设规划部门批准，并及时归还；按照城市规划改变体育场地用途的，应当按照国家有关规定，先行择地新建偿还。

第四十七条 用于全国性、国际性体育竞赛的体育器材和用品，必须经国务院体育行政部门指定的机构审定。

第四十八条 国家发展体育专业教育，建立各类体育专业院校、系、科，培养运动、训练、教学、科学研究、管理以及从事群众体育等方面的专业人员。

国家鼓励企业事业组织、社会团体和公民依法举办体育专业教育。

学校体育工作条例

（1990年3月12日发布）

第一章 总 则

第一条 为保证学校体育工作的正常开展，促进学生身心的健康成长，制定本条例。

第二条 学校体育工作是指普通中小学校、农业中学、职业中学、中等专业学校、普通高等学校的体育课教学、课外体育活动、课余体育训练和体育竞赛。

第三条 学校体育工作的基本任务是：增进学生身心健康、增强学生体质；使学生掌握体育基本知识，培养学生体育运动能力和习惯；提高学生运动技术水平，为国家培养体育后备人才；对学生进行品德教育，增强组织纪律性，培养学生的勇敢、顽强、进取精神。

第四条　学校体育工作应当坚持普及与提高相结合、体育锻炼与安全卫生相结合的原则，积极开展多种形式的强身健体活动，重视继承和发扬民族传统体育，注意吸取国外学校体育的有益经验，积极开展体育科学研究工作。

第五条　学校体育工作应当面向全体学生，积极推行国家体育锻炼标准。

第六条　学校体育工作在教育行政部门领导下，由学校组织实施，并接受体育行政部门的指导。

第二章　体育课教学

第七条　学校应当根据教育行政部门的规定，组织实施体育课教学活动。

普通中小学校、农业中学、职业中学、中等专业学校各年级和普通高等学校的一、二年级必须开设体育课。普通高等学校对三年级以上学生开设体育选修课。

第八条　体育课教学应当遵循学生身心发展的规律，教学内容应当符合教学大纲的要求，符合学生年龄、性别特点和所在地区地理、气候条件。

体育课的教学形式应当灵活多样，不断改进教学方法，改善教学条件，提高教学质量。

第九条　体育课是学生毕业、升学考试科目。学生因病、残免修体育课或者免除体育课考试的，必须持医院证明，经学校体育教研室(组)审核同意，并报学校教务部门备案，记入学生健康档案。

第三章　课外体育活动

第十条　开展课外体育活动应当从实际情况出发，因地制宜，生动活泼。

普通中小学校、农业中学、职业中学每天应当安排课间操，每周安排三次以上课外体育活动，保证学生每天有一小时体育活动的时间(含体育课)。

中等专业学校、普通高等学校除安排有体育课、劳动课的当天外，每天应当组织学生开展各种课外体育活动。

第十一条　学校应当在学生中认真推行国家体育锻炼标准的达标活动和等级运动员制度。

学校可根据条件有计划地组织学生远足、野营和举办夏(冬)令营等多种形式的体育活动。

第四章　课余体育训练与竞赛

第十二条　学校应当在体育课教学和课外体育活动的基础上，开展多种形式的课余体育训练，提高学生的运动技术水平。有条件的普通中小学校、农业中学、职业中学、中等专业学校经省级教育行政部门批准，普通高等学校经国家教育委员会批准，可以开展培养优秀体育后备人才的训练。

第十三条　学校对参加课余体育训练的学生，应当安排好文化课学习，加强思想品德教育，并注意改善他们的营养。普通高等学校对运动水平较高、具有培养前途的学生，报国家教育委员会批准，可适当延长学习年限。

第十四条　学校体育竞赛贯彻小型多样、单项分散、基层为主、勤俭节约的原则。学校每学年至少举行一次以田径项目为主的全校性运动会。

普通小学校际体育竞赛在学校所在地的区、县范围内举行，普通中学校际体育竞赛在学校所在地的自治州、市范围内举行。但经省、自治区、直辖市教育行政部门批准，也可以在本省、自治区、直辖市范围内举行。

第十五条　全国中学生运动会每三年举行一次，全国大学生运动会每四年举行一次。特殊情况下，经国家教育委员会批准可提前或者延期举行。

国家教育委员会根据需要，可以安排学生参加国际学生体育竞赛。

第十六条　学校体育竞赛应当执行国家有关的体育竞赛制度和规定，树立良好的赛风。

第五章　体育教师

第十七条　体育教师应当热爱学校体育工作，具有良好的思想品德、文化素养，掌握体育教育的理论和教学方法。

第十八条 学校应当在各级教育行政部门核定的教师总编制数内，按照教学计划中体育课授课时数所占的比例和开展课余体育活动的需要配备体育教师。除普通小学外，学校应当根据学校女生数量配备一定比例的女体育教师。承担培养优秀体育后备人才训练任务的学校，体育教师的配备应当相应增加。

第十九条 各级教育行政部门和学校应当有计划地安排体育教师进修培训。对体育教师的职务聘任、工资待遇应当与其他任课教师同等对待。按照国家有关规定，有关部门应当妥善解决体育教师的工作服装和粮食定量。

体育教师组织课间操(早操)、课外体育活动和课余训练、体育竞赛应当计算工作量。

学校对妊娠、产后的女体育教师，应当按照《女职工劳动保护规定》给予相应的照顾。

第六章 场地、器材、设备和经费

第二十条 学校的上级主管部门和学校应当按照国家或者地方制定的各类学校体育场地、器材、设备标准，有计划地逐步配齐。学校体育器材应当纳入教学仪器供应计划。新建、改建学校必须按照有关场地、器材的规定进行规划、设计和建设。

在学校比较密集的城镇地区，逐步建立中小学体育活动中心，并纳入城市建设规划。社会的体育场(馆)和体育设施应当安排一定时间免费向学生开放。

第二十一条 学校应当制定体育场地、器材、设备的管理维修制度，并由专人负责管理。

任何单位或者个人不得侵占、破坏学校体育场地或者破坏体育器材、设备。

第二十二条 各级教育行政部门和学校应当根据学校体育工作的实际需要，把学校体育经费纳入核定的年度教育经费预算内，予以妥善安排。

地方各级人民政府在安排年度学校教育经费时，应当安排一定数额的体育经费，以保证学校体育工作的开展。

国家和地方各级体育行政部门在经费上应当尽可能对学校体育工作给予支持。

国家鼓励各种社会力量以及个人自愿捐资支援学校体育工作。

第七章 组织机构和管理

第二十三条 各级教育行政部门应当健全学校体育管理机构，加强对学校体育工作的指导和检查。

学校体育工作应当作为考核学校工作的一项基本内容。普通中小学校的体育工作应当列入督导计划。

第二十四条 学校应当由一位副校(院)长主管体育工作，在制订计划、总结工作、评选先进时，应当把体育工作列为重要内容。

第二十五条 普通高等学校、中等专业学校和规模较大的普通中学，可以建立相应的体育管理部门，配备专职干部和管理人员。

班主任、辅导员应当把学校体育工作作为一项工作内容，教育和督促学生积极参加体育活动。学校的卫生部门应当与体育管理部门互相配合，搞好体育卫生工作。总务部门应当搞好学校体育工作的后勤保障。

学校应当充分发挥共青团、少先队、学生会以及大、中学生体育协会等组织在学校体育工作中的作用。

第八章 奖励与处罚

第二十六条 对在学校体育工作中成绩显著的单位和个人，各级教育、体育行政部门或者学校应当给予表彰、奖励。

第二十七条 对违反本条例，有下列行为之一的单位或者个人，由当地教育行政部门令其限期改正，并视情节轻重对直接责任人员给予批评教育或者行政处分：

(一)不按规定开设或者随意停止体育课的；

(二)未保证学生每天一小时体育活动时间(含体育课)的；

(三)在体育竞赛中违反纪律、弄虚作假的;

(四)不按国家规定解决体育教师工作服装、粮食定量的。

第二十八条 对违反本条例，侵占、破坏学校体育场地、器材、设备的单位或者个人，由当地人民政府或者教育行政部门令其限期清退和修复场地、赔偿或者修复器材、设备。

第九章 附则

第二十九条 高等体育院校和普通高等学校的体育专业的体育工作不适用本条例。

技工学校、工读学校、特殊教育学校、成人学校的学校体育工作参照本条例执行。

第三十条 国家教育委员会、国家体育运动委员会可根据本条例制定实施办法。

第三十一条 本条例自发布之日起施行。原教育部、国家体育运动委员会1979年10月5日发布的《高等学校体育工作暂行规定(试行草案)》和《中、小学体育工作暂行规定(试行草案)》同时废止。

高等学校体育工作基本标准

教体艺[2014]4号

为落实立德树人根本任务，加强高等学校体育工作，切实提高高校学生体质健康水平，促进学生全面发展，根据国家有关规定，制定本标准。本标准适用于普通本科学校和高等职业学校的体育工作。

一、体育工作规划与发展

1. 全面贯彻党的教育方针，服务立德树人根本任务，将学校体育纳入学校全面实施素质教育的各项工作，认真执行国家教育发展规划、规章制度及各项要求。创新人才培养模式，使学生掌握科学锻炼的基础知识、基本技能和有效方法，学会至少两项终身受益的体育锻炼项目，养成良好锻炼习惯。挖掘学校体育在学生道德教育、智力发展、身心健康、审美素养和健康生活方式形成中的多元育人功能，有计划、有制度、有保障地促进学校体育与德育、智育、美育有机融合，提高学生综合素质。

2. 统筹规划学校体育发展，把增强学生体质和促进学生健康作为学校教育的基本目标之一和重要工作内容，纳入学校总体发展规划，全面发挥体育在学校人才培养、科学研究、社会服务和文化传承中不可替代的作用。制订阳光体育运动工作方案，明确工作目标、具体任务、保障措施和责任分工，并落实各项工作。

3. 设置体育工作机构，配备专职干部、教师和工作人员，并赋予其统筹开展学校体育工作的各项管理职能。实行学校领导分管负责制(或体育工作委员会制)，每年至少召开一次体育工作专题会议，有针对性地解决实际问题。学校各有关部门积极协同配合，合理分工，明确人员，落实责任。

4. 加强学校体育工作管理，在学校体育改革发展、教育教学、教研科研、竞赛活动、社会服务等各项工作领域制订规范文件、健全管理制度、加强过程监测。建立科学规范的学校体育工作评价机制，并纳入综合办学水平和教育教学质量评价体系。

二、体育课程设置与实施

5. 严格执行《全国普通高等学校体育课程教学指导纲要》，必须为一、二年级本科学生开设不少于144学时(专科生不少于108学时)的体育必修课，每周安排体育课不少于2学时，每学时不少于45分钟。为其他年级学生和研究生开设体育选修课，选修课成绩计入学生学分。每节体育课学生人数原则上不超过30人。

6. 深入推进课程改革，合理安排教学内容，开设不少于15门的体育项目。每节体育课须保证一定的运动强度，其中提高学生心肺功能的锻炼内容不得少于30%；要将反映学生心肺功能的素质锻炼项目作为考试内容，考试分数的权重不得少于30%。

7. 创新教育教学方式，指导学生科学锻炼，增强体育教学的吸引力、特色性和实效性。建立体育教研、科研制度，形成高水平研究团队，多渠道开展以提高学生体质健康、教学质量、课余训练、体育文化水平等为目标的战略性、前瞻性、应用性项目研究，带动学校体育工作整体水平提高。

三、课外体育活动与竞赛

8. 将课外体育活动纳入学校教学计划，健全制度、完善机制、加强保障。面向全体学生设置多样化、可选择、有实效的锻炼项目，组织学生每周至少参加三次课外体育锻炼，切实保证学生每天一小时体育活动时间。

9. 学校每年组织春、秋季综合性学生运动会(或体育文化节)，设置学生喜闻乐见、易于参与的竞技性、健身性和民族性体育项目，参与运动会的学生达到50%以上。经常组织校内体育比赛，支持院系、专业或班级学生开展体育竞赛和交流等活动。

10. 注重培养学生体育特长，有效发挥体育特长生和学生体育骨干的示范作用，组建学生体育运动队，科学开展课余训练，组织学生参加教育和体育部门举办的体育竞赛。

11. 加强校园体育文化建设，促进中华优秀体育文化传承创新。学校成立不少于20个学生体育社团，采取鼓励和支持措施定期开展活动，形成良好的校园体育传统和特色。开展对外体育交流与合作。通过校报、公告栏和校园网等形式，定期通报学生体育活动情况，传播健康理念。

12. 因地制宜开展社会服务。支持体育教师适度参与国内外重大体育比赛的组织、裁判等社会实践工作。鼓励体育教师指导中小学体育教学、训练和参与社区健身辅导等公益活动。支持学校师生为政府及社会举办的体育活动提供志愿服务。

四、学生体质监测与评价

13. 全面实施《国家学生体质健康标准》，建立学生体质健康测试中心，安排专门人员负责，完善工作条件，每年对所有学生进行体质健康测试，测试成绩向学生反馈，并将测试结果经教育部门审核后上报国家学生体质健康标准数据管理系统，形成本校学生体质健康年度报告。及时在校内公布学生体质健康测试总体结果。

14. 建立健全《国家学生体质健康标准》管理制度，学生测试成绩列入学生档案，作为对学生评优、评先的重要依据。毕业时，学生测试成绩达不到50分者按结业处理(因病或残疾学生，凭医院证明向学校提出申请并经审核通过后可准予毕业)。毕业年级学生测试成绩及格率须达95%以上。

15. 将学生体质健康状况作为衡量学校办学水平的重要指标。将体质健康状况、体育课成绩、参与体育活动等情况作为学生综合素质评价的重要内容。

16. 建立学生体质健康状况分析和研判机制，根据学生体质健康状况制定干预措施，视情况采取分类教学、个别辅导等必要措施，指导学生有针对性地进行体育锻炼，切实改进体育工作，提高全体学生体质健康水平。

五、基础能力建设与保障

17. 健全学校体育保障机制，学校体育工作经费纳入学校经费预算，并与学校教育事业经费同步增长。加强学校体育活动的安全教育、伤害预防和风险管理，建立健全校园体育活动意外伤害保险制度，妥善处置伤害事件。

18. 根据体育课教学、课外体育活动、课余训练竞赛和实施《国家学生体质健康标准》等工作需要，合理配备体育教师。体育教师年龄、专业、学历和职称结构合理，健全体育教师职称评定、学术评价、岗位聘任和学习进修等制度。

19. 将体育教学、课外体育活动、课余训练竞赛和实施《国家学生体质健康标准》等工作纳入教师工作量，保证体育教师与其他学科(专业)教师工作量的计算标准一致，实行同工同酬。

20. 体育场馆、设施和器材等符合国家配备、安全和质量标准，完善配备、管理、使用等规章制度，基本满足学生参加体育锻炼的需求。定时维护体育场馆、设施，及时更新、添置易耗、易损体育器材。体育场馆、设施在课余和节假日向学生免费或优惠开放。

教育部关于印发《全国普通高等学校体育课程教学指导纲要》的通知

教体艺〔2002〕13号(2002年8月6日)

现将《全国普通高等学校体育课程教学指导纲要》(以下简称《纲要》)印发给你们，请各主管部门转发所属高校。

《纲要》自2002年新学年开始先在教育部直属高校中施行，以取得经验。2003年新学年开始在全国所有普通高校中施行。各地、各校在施行中有何意见和建议请及时告我部体育卫生与艺术教育司。已经施行《纲要》的学校即不再施行教体〔1992〕11号文件。

全国普通高等学校体育课程教学指导纲要

为了全面贯彻党的教育方针，促进学生的健康发展，使当代大学生成为社会主义事业的建设者和接班人，根据《中共中央国务院关于深化教育改革全面推进素质教育的决定》和国务院批准发布实行的《学校体育工作条例》的精神，在总结高等学校体育课程建设和教学改革经验的基础上，特制定本纲要。

本纲要是国家对大学生在体育课程方面的基本要求，是新时期普通高等学校制订体育课程教学大纲，进行体育课程建设和评价的依据。

一、课程性质

第一条　体育课程是大学生以身体练习为主要手段，通过合理的体育教育和科学的体育锻炼过程，达到增强体质、增进健康和提高体育素养为主要目标的公共必修课程；是学校课程体系的重要组成部分；是高等学校体育工作的中心环节。

第二条　体育课程是寓促进身心和谐发展、思想品德教育、文化科学教育、生活与体育技能教育于身体活动并有机结合的教育过程；是实施素质教育和培养全面发展的人才的重要途径。

二、课程目标

第三条　基本目标

基本目标是根据大多数学生的基本要求而确定的，分为五个领域目标。

运动参与目标：积极参与各种体育活动并基本形成自觉锻炼的习惯，基本形成终身体育的意识，能够编制可行的个人锻炼计划，具有一定的体育文化欣赏能力。

运动技能目标：熟练掌握两项以上健身运动的基本方法和技能；能科学地进行体育锻炼，提高自己的运动能力；掌握常见运动创伤的处置方法。

身体健康目标：能测试和评价体质健康状况，掌握有效提高身体素质、全面发展体能的知识与方法；能合理选择人体需要的健康营养食品；养成良好的行为习惯，形成健康的生活方式；具有健康的体魄。

心理健康目标：根据自己的能力设置体育学习目标；自觉通过体育活动改善心理状态、克服心理障碍，养成积极乐观的生活态度；运用适宜的方法调节自己的情绪；在运动中体验运动的乐趣和成功的感觉。

社会适应目标：表现出良好的体育道德和合作精神；正确处理竞争与合作的关系。

第四条　发展目标

发展目标是针对部分学有所长和有余力的学生确定的，也可作为大多数学生的努力目标，分为五个领域目标。

运动参与目标：形成良好的体育锻炼习惯；能独立制订适用于自身需要的健身运动处方；具有较高的体育文化素养和观赏水平。

运动技能目标：积极提高运动技术水平，发展自己的运动才能，在某个运动项目上达到或相当于国家等级运动员水平；能参加有挑战性的野外活动和运动竞赛。

身体健康目标：能选择良好的运动环境，全面发展体能，提高自身科学锻炼的能力，练就强健的体魄。

心理健康目标：在具有挑战性的运动环境中表现出勇敢顽强的意志品质。

社会适应目标：形成良好的行为习惯，主动关心、积极参加社区体育事务。

三、课程设置

第五条 普通高等学校的一、二年级必须开设体育课程(四个学期共计144学时)。修满规定学分、达到基本要求是学生毕业、获得学位的必要条件之一。

第六条 普通高等学校对三年级以上学生(包括研究生)开设体育选修课。

四、课程结构

第七条 为实现体育课程目标，应使课堂教学与课外、校外的体育活动有机结合，学校与社会紧密联系。要把有目的、有计划、有组织的课外体育锻炼、校外(社会、野外)活动、运动训练等纳入体育课程，形成课内外、校内外有机联系的课程结构。

第八条 根据学校教育的总体要求和体育课程的自身规律，应面向全体学生开设多种类型的体育课程，可以打破原有的系别、班级建制，重新组合上课，以满足不同层次、不同水平、不同兴趣学生的需要。重视理论与实践相结合，在运动实践教学中注意渗透相关理论知识，并运用多种形式和现代教学手段，安排约10%的理论教学内容(每学期约4学时)，扩大体育的知识面，提高学生的认知能力。

第九条 要充分发挥学生的主体作用和教师的主导作用，努力倡导开放式、探究式教学，努力拓展体育课程的时间和空间。在教师的指导下，学生应具有自主选择课程内容、自主选择任课教师、自主选择上课时间的自由度，营造生动、活泼、主动的学习氛围。

第十条 应把校运动队及部分确有运动特长学生的专项运动训练纳入体育课程之中。对部分身体异常和病、残、弱及个别高龄等特殊群体的学生，开设以康复、保健为主的体育课程。

五、课程内容与教学方法

第十一条 确定体育课程内容的主要原则是：

健身性与文化性相结合。紧扣课程的主要目标，把"健康第一"的指导思想作为确定课程内容的基本出发点，同时重视课程内容的体育文化含量。

选择性与实效性相结合。学校应根据学生的特点以及地域、气候、场馆设施等不同情况确定课程内容，课程内容应力求丰富多彩，为学生提供较大的选择空间。要注意课程内容对促进学生健康发展的实效性，并注意与中学体育课程内容的衔接。

科学性和可接受性相结合。教学内容应与学科发展相适应，反映本学科的新进展、新成果。要以人为本，遵循大学生的身心发展规律和兴趣爱好，既要考虑主动适应学生个性发展的需要，也要考虑主动适应社会发展的需要，为学生所用，便于学生课外自学、自练。

民族性与世界性相结合。弘扬我国民族传统体育，汲取世界优秀体育文化，体现时代性、发展性、民族性和中国特色。

充分反映和体现教育部、国家体育总局制定的《学生体质健康标准(试行方案)》的内容和要求。

第十二条 教学方法要讲究个性化和多样化，提倡师生之间、学生与学生之间的多边互助活动，努力提高学生参与的积极性，最大限度地发挥学生的创造性。不仅要注重教法的研究，更要加强对学生学习方法和练习方法的指导，提高学生自学、自练的能力。

六、课程建设与课程资源的开发

第十三条 体育教师是课程教学的具体执行者和组织者。学校应当在上级行政部门核定的教师总编制内，按照体育课程教学计划授课、开展课外体育活动以及完成培养优秀体育人才训练的任务，配备相应数量合格的体育教师。

第十四条 体育教师要与时俱进，努力提高自身的政治、业务素养。学校应当有目的、有计划地安排体育教师定期接受教育培训，不断完善他们的知识结构、能力结构，逐步提高学历水平，从而提高体育师资队伍的整体水平，以适应现代教育的需要。

第十五条 体育教师在强化培养人才职能的基础上，逐步加强学校体育科学研究的职能和社会服务(含社区体育)的职能，开展经常性的科学研究和教育教学的研究，不断推广优秀教学成果。

第十六条 学校应当按照教育部发布的“普通高等学校体育场馆设施、器材配备目录”及有关规定进行规划和建设，创造条件满足体育课程的实际需要，采取措施延长体育场馆、设施的开放时间，提高对各项体育设施的利用率。

第十七条 要建立、健全体育课程的各项规章制度和教师培养聘任制度；各类教学文件和教师、学生考核资料须归档立案；建立《学生体质健康标准》测试管理系统；建立体育场馆设施、器材的管理系统；逐步实现体育课程管理的科学化、系统化和计算机网络化。

第十八条 各校应根据本纲要和学校的实际情况制订教学大纲，自主选择教学内容，有的放矢地进行教学改革和试验，加强教学过程控制，防止以改革之名行无政府主义之实的不良现象发生。根据体育课程的实际情况，为确保教学质量，课堂教学班人数一般以30人左右为宜。

第十九条 体育课程教材的审定工作由教育部全国高校体育教学指导委员会统一规划与组织。本着“一纲多本”的原则，博采众长编写高质量的教材。未经全国高校体育课程教学指导委员会审定通过的体育课程教材，各地、各高校均不得选用，以杜绝质量低劣的教材进入课堂。

第二十条 因时因地制宜开发利用各种课程资源是课程建设的重要途径。如：

充分利用校内外有体育特长的教师、班主任、校医、家长、学生骨干等，开发人力资源。

充分利用校内外的体育场馆设施，合理布局，合理使用有限的物力和财力，开发体育设施资源。

做好现有运动项目的改造和对新兴、传统体育项目的利用，开发运动项目资源。

充分利用各种媒体(广播、电视、网络等)获取信息，不断充实、更新课程内容。

充分利用课外时间和节假日，开展家庭体育、社区体育、体育夏(冬)令营、体育节、郊游等各种体育活动，开发课外和校外体育资源。

充分利用空气、阳光、水、江、河、湖、海、沙滩、田野、森林、山地、草原、雪原、荒原等条件，开展野外生存、生活方面的教学与训练，开发自然环境资源。

七、课程评价

第二十一条 体育课程评价包括对学生的学习、教师的教学和课程建设等三个方面。学生的学习评价应是对学习效果和过程的评价，主要包括体能与运动技能、认知、学习态度与行为、交往与合作精神、情意表现等，通过学生自评、互评和教师评定等方式进行。评价中应淡化甄别、选拔功能，强化激励、发展功能，把学生的进步幅度纳入评价内容。教师的教学评价内容主要包括教师业务素养(专业素质、教学能力、科研能力、教学工作量)和课堂教学两个方面，可通过教师自评、学生评价、同行专家评议等方式进行。课程建设评价的内容主要包括课程结构体系、课程内容、教材建设、课程管理、师资配备与培训、体育经费、场馆设施以及课程目标的达成程度等，采用多元综合评价的方式进行。评价过程中，应重视学生的学习效果和反应，重视社会有关方面的评价意见。

第二十二条 体育课程建设的评价由教育部组织进行。各省、自治区、直辖市教育行政部门应根据教育部有关规定制定评价方案，定期表彰和奖励有突出贡献的个人和成绩优秀的单位。教育部在四年一次的全国大学生运动会上进行全国性表彰和奖励，充分发挥教育评价的导向和激励作用。

八、附　则

第二十三条 本纲要适用于全国普通高等学校。普通高等学校体育类专业不适用本纲要。

教育部关于印发《国家学生体质健康标准(2014年修订)》的通知

教体艺[2014]5号

各省、自治区、直辖市教育厅(教委),新疆生产建设兵团教育局,部属各高等学校:

为建立健全国家学生体质健康监测评价机制,激励学生积极参加身体锻炼,引导学校深化体育教学改革,推动各地加强学校体育工作,促进青少年身心健康、体魄强健、全面发展,在认真总结各地实施现行《国家学生体质健康标准》的基础上,结合新时期青少年体质健康状况和学校体育工作实际,我部组织对现行《国家学生体质健康标准》进行了修订。现将《国家学生体质健康标准(2014年修订)》印发给你们,请认真贯彻执行。

教育部

2014年7月7日

附:国家学生体质健康标准(2014年修订).doc

附件:

国家学生体质健康标准(2014年修订)

一、说明

1.《国家学生体质健康标准》(以下简称《标准》)是国家学校教育工作的基础性指导文件和教育质量基本标准,是评价学生综合素质、评估学校工作和衡量各地教育发展的重要依据,是《国家体育锻炼标准》在学校的具体实施,适用于全日制普通小学、初中、普通高中、中等职业学校、普通高等学校的学生。

2. 本标准的修订坚持健康第一,落实《国家中长期教育改革和发展规划纲要(2010-2020年)》、《国务院办公厅转发教育部等部门关于进一步加强学校体育工作若干意见的通知》(国办发〔2012〕53号)和《教育部关于印发〈学生体质健康监测评价办法〉等三个文件的通知》(教体艺〔2014〕3号)有关要求,着重提高《标准》应用的信度、效度和区分度,着重强化其教育激励、反馈调整和引导锻炼的功能,着重提高其教育监测和绩效评价的支撑能力。

3. 本标准从身体形态、身体机能和身体素质等方面综合评定学生的体质健康水平,是促进学生体质健康发展、激励学生积极进行身体锻炼的教育手段,是国家学生发展核心素养体系和学业质量标准的重要组成部分,是学生体质健康的个体评价标准。

4. 本标准将适用对象划分为以下组别:小学、初中、高中按每个年级为一组,其中小学为6组、初中为3组、高中为3组。大学一、二年级为一组,三、四年级为一组。

5. 小学、初中、高中、大学各组别的测试指标均为必测指标。其中,身体形态类中的身高、体重,身体机能类中的肺活量,以及身体素质类中的50米跑、坐位体前屈为各年级学生共性指标。

6. 本标准的学年总分由标准分与附加分之和构成,满分为120分。标准分由各单项指标得分与权重乘积之和组成,满分为100分。附加分根据实测成绩确定,即对成绩超过100分的加分指标进行加分,满分为20分;小学的加分指标为1分钟跳绳,加分幅度为20分;初中、高中和大学的加分指标为男生引体向上和1000米跑,女生1分钟仰卧起坐和800米跑,各指标加分幅度均为10分。

7. 根据学生学年总分评定等级:90.0分及以上为优秀,80.0~89.9分为良好,60.0~79.9分为及格,59.9分及以下为不及格。

8. 每个学生每学年评定一次,记入《〈国家学生体质健康标准〉登记卡》(附表1~6)。特殊学制的学校,在填写登记卡时可以按规定和需求相应地增减栏目。学生毕业时的成绩和等级,按毕业当年学年总分的50%与其他学年总分平均得分的50%之和进行评定。

9. 学生测试成绩评定达到良好及以上者,方可参加评优与评奖;成绩达到优秀者,方可获体育奖学分。

测试成绩评定不及格者，在本学年度准予补测一次，补测仍不及格，则学年成绩评定为不及格。普通高中、中等职业学校和普通高等学校学生毕业时，《标准》测试的成绩达不到50分者按结业或肄业处理。

10. 学生因病或残疾可向学校提交暂缓或免予执行《标准》的申请，经医疗单位证明，体育教学部门核准，可暂缓或免予执行《标准》，并填写《免予执行 < 国家学生体质健康标准 > 申请表》（附表7），存入学生档案。确实丧失运动能力、被免予执行《标准》的残疾学生，仍可参加评优与评奖，毕业时《标准》成绩需注明免测。

11. 各学校每学年开展覆盖本校各年级学生的《标准》测试工作，《标准》测试数据经当地教育行政部门按要求审核后，通过"中国学生体质健康网"上传至"国家学生体质健康标准数据管理系统"。测试和数据上传时间由教育行政部门确定。

12. 本标准由教育部负责解释。二、单项指标与权重

测试对象	单项指标	权重(%)
初中、高中、大学各年级	50米跑	20
	坐位体前屈	10
	立定跳远	10
	引体向上(男)/1分钟仰卧起坐(女)	10
	1000米跑(男)/800米跑(女)	20

注：体重指数(BMI)=体重(千克)/身高^2(米^2)。

(一)单项指标评分表

男生体重指数(BMI)单项评分表(单位：千克/米^2)

等级	单项得分	大学
正常	100	17.9~23.9
低体重	80	≤17.8
超重		24.0~27.9
肥胖	60	≥28.0

女生体重指数(BMI)单项评分表(单位：千克/米^2)

等级	单项得分	大学
正常	100	17.2~23.9
低体重	80	≤17.1
超重		24.0~27.9
肥胖	60	≥28.0

男生肺活量单项评分表(单位：毫升)

等级	单项得分	大一大二	大三大四
优秀	100	5040	5140
	95	4920	5020
	90	4800	4900
良好	85	4550	4650
	80	4300	4400
及格	78	4180	4280
	76	4060	4160
	74	3940	4040
	72	3820	3920
	70	3700	3800
	68	3580	3680
	66	3460	3560
	64	3340	3440
	62	3220	3320
	60	3100	3200
不及格	50	2940	3030
	40	2780	2860
	30	2620	2690
	20	2460	2520
	10	2300	2350

女生肺活量单项评分表(单位：毫升)

等级	单项得分	大一大二	大三大四
优秀	100	3400	3450
	95	3350	3400
	90	3300	3350
良好	85	3150	3200
	80	3000	3050
及格	78	2900	2950
	76	2800	2850
	74	2700	2750
	72	2600	2650
	70	2500	2550
	68	2400	2450
	66	2300	2350
	64	2200	2250
	62	2100	2150
	60	2000	2050
不及格	50	1960	2010
	40	1920	1970
	30	1880	1930
	20	1840	1890
	10	1800	1850

男生 50 米跑单项评分表(单位：秒)

等级	单项得分	大一大二	大三大四
优秀	100	6.7	6.6
	95	6.8	6.7
	90	6.9	6.8
良好	85	7.0	6.9
	80	7.1	7.0
及格	78	7.3	7.2
	76	7.5	7.4
	74	7.7	7.6
	72	7.9	7.8
	70	8.1	8.0
	68	8.3	8.2
	66	8.5	8.4
	64	8.7	8.6
	62	8.9	8.8
	60	9.1	9.0
不及格	50	9.3	9.2
	40	9.5	9.4
	30	9.7	9.6
	20	9.9	9.8
	10	10.1	10.0

女生 50 米跑单项评分表(单位：秒)

等级	单项得分	大一大二	大三大四
优秀	100	7.5	7.4
	95	7.6	7.5
	90	7.7	7.6
良好	85	8.0	7.9
	80	8.3	8.2
及格	78	8.5	8.4
	76	8.7	8.6
	74	8.9	8.8
	72	9.1	9.0
	70	9.3	9.2
	68	9.5	9.4
	66	9.7	9.6
	64	9.9	9.8
	62	10.1	10.0
	60	10.3	10.2
不及格	50	10.5	10.4
	40	10.7	10.6
	30	10.9	10.8
	20	11.1	11.0
	10	11.3	11.2

男生坐位体前屈单项评分表(单位：厘米)

等级	单项得分	大一大二	大三大四
优秀	100	24.9	25.1
	95	23.1	23.3
	90	21.3	21.5
良好	85	19.5	19.9
	80	17.7	18.2
及格	78	16.3	16.8
	76	14.9	15.4
	74	13.5	14.0
	72	12.1	12.6
	70	10.7	11.2
	68	9.3	9.8
	66	7.9	8.4
	64	6.5	7.0
	62	5.1	5.6
	60	3.7	4.2
不及格	50	2.7	3.2
	40	1.7	2.2
	30	0.7	1.2
	20	-0.3	0.2
	10	-1.3	-0.8

女生坐位体前屈单项评分表(单位：厘米)

等级	单项得分	大一大二	大三大四
优秀	100	25.8	26.3
	95	24.0	24.4
	90	22.2	22.4
良好	85	20.6	21.0
	80	19.0	19.5
及格	78	17.7	18.2
	76	16.4	16.9
	74	15.1	15.6
	72	13.8	14.3
	70	12.5	13.0
	68	11.2	11.7
	66	9.9	10.4
	64	8.6	9.1
	62	7.3	7.8
	60	6.0	6.5
不及格	50	5.2	5.7
	40	4.4	4.9
	30	3.6	4.1
	20	2.8	3.3
	10	2.0	2.5

男生立定跳远单项评分表(单位：厘米)

等级	单项得分	大一大二	大三大四
优秀	100	273	275
	95	268	270
	90	263	265
良好	85	256	258
	80	248	250
及格	78	244	246
	76	240	242
	74	236	238
	72	232	234
	70	228	230
	68	224	226
	66	220	222
	64	216	218
	62	212	214
	60	208	210
不及格	50	203	205
	40	198	200
	30	193	195
	20	188	190
	10	183	185

女生立定跳远单项评分表(单位：厘米)

等级	单项得分	大一大二	大三大四
优秀	100	207	208
	95	201	202
	90	195	196
良好	85	188	189
	80	181	182
及格	78	178	179
	76	175	176
	74	172	173
	72	169	170
	70	166	167
	68	163	164
	66	160	161
	64	157	158
	62	154	155
	60	151	152
不及格	50	146	147
	40	141	142
	30	136	137
	20	131	132
	10	126	127

男生一分钟引体向上单项评分表(单位：次)

等级	单项得分	大一大二	大三大四
优秀	100	19	20
	95	18	19
	90	17	18
良好	85	16	17
	80	15	16
及格	78		
	76	14	15
	74		
	72	13	14
	70		
	68	12	13
	66		
	64	11	12
	62		
	60	10	11
不及格	50	9	10
	40	8	9
	30	7	8
	20	6	7
	10	5	6

女生一分钟仰卧起坐单项评分表(单位：次)

等级	单项得分	大一大二	大三大四
优秀	100	56	57
	95	54	55
	90	52	53
良好	85	49	50
	80	46	47
及格	78	44	45
	76	42	43
	74	40	41
	72	38	39
	70	36	37
	68	34	35
	66	32	33
	64	30	31
	62	28	29
	60	26	27
不及格	50	24	25
	40	22	23
	30	20	21
	20	18	19
	10	16	17

男生耐力跑单项评分表(单位：分·秒)

等级	单项得分	大一大二	大三大四
优秀	100	3′17″	3′15″
	95	3′22″	3′20″
	90	3′27″	3′25″
良好	85	3′34″	3′32″
	80	3′42″	3′40″
及格	78	3′47″	3′45″
	76	3′52″	3′50″
	74	3′57″	3′55″
	72	4′02″	4′00″
	70	4′07″	4′05″
	68	4′12″	4′10″
	66	4′17″	4′15″
	64	4′22″	4′20″
	62	4′27″	4′25″
	60	4′32″	4′30″
不及格	50	4′52″	4′50″
	40	5′12″	5′10″
	30	5′32″	5′30″
	20	5′52″	5′50″
	10	6′12″	6′10″

女生耐力跑单项评分表(单位：分·秒)

等级	单项得分	大一大二	大三大四
优秀	100	3′18″	3′16″
	95	3′24″	3′22″
	90	3′30″	3′28″
良好	85	3′37″	3′35″
	80	3′44″	3′42″
及格	78	3′49″	3′47″
	76	3′54″	3′52″
	74	3′59″	3′57″
	72	4′04″	4′02″
	70	4′09″	4′07″
	68	4′14″	4′12″
	66	4′19″	4′17″
	64	4′24″	4′22″
	62	4′29″	4′27″
	60	4′34″	4′32″
不及格	50	4′44″	4′42″
	40	4′54″	4′52″
	30	5′04″	5′02″
	20	5′14″	5′12″
	10	5′24″	5′22″

（二）加分指标评分表（学生成绩超过单项评分100分后，以超过的次数所对应的分数进行加分）

男生引体向上评分表（单位：次）

加分	大一大二	大三大四
10	10	10
9	9	9
8	8	8
7	7	7
6	6	6
5	5	5
4	4	4
3	3	3
2	2	2
1	1	1

女生一分钟仰卧起坐评分表（单位：次）

加分	大一大二	大三大四
10	13	13
9	12	12
8	11	11
7	10	10
6	9	9
5	8	8
4	7	7
3	6	6
2	4	4
1	2	2

男生1000米跑评分表（单位：分·秒）

加分	大一大二	大三大四
10	-35″	-35″
9	-32″	-32″
8	-29″	-29″
7	-26″	-26″
6	-23″	-23″
5	-20″	-20″
4	-16″	-16″
3	-12″	-12″
2	-8″	-8″
1	-4″	-4″

女生800米跑评分表（单位：分·秒）

加分	大一大二	大三大四
10	-50″	-50″
9	-45″	-45″
8	-40″	-40″
7	-35″	-35″
6	-30″	-30″
5	-25″	-25″
4	-20″	-20″
3	-15″	-15″
2	-10″	-10″
1	-5″	-5″

附表：1.《国家学生体质健康标准》登记卡（大学样表）

2. 免予执行《国家学生体质健康标准》申请表（样表）

附表 1 《国家学生体质健康标准》登记卡（大学样表）

学　　校__________

姓　　名		性　　别		学　　号	
院（系）		民　　族		出生日期	

单项指标	大一			大二			大三			大四			毕业成绩	
	成绩	得分	等级	成绩	得分	等级	成绩	得分	等级	成绩	得分	等级	得分	等级
体重指数（BMI）（千克/米^2）														
肺活量（毫升）														
50 米跑（秒）														
坐位体前屈（厘米）														
立定跳远（厘米）														
引体向上（男）/ 1 分钟仰卧起坐（女）（次）														
1000 米跑（男）/ 800 米跑（女）（分·秒）														
标准分														
加分指标	成绩		附加分	成绩		附加分	成绩		附加分	成绩		附加分		
引体向上（男）/ 1 分钟仰卧起坐（女）（次）														
1000 米跑（男）/ 800 米跑（女）（分·秒）														
学年总分														
等级评定														
体育教师签字														
辅导员签字														

注：高等职业学校、高等专科学校参照本样表执行。

学校签章：　　年　月　日